JUNG
E A
ASTROLOGIA

Kathleen Burt

JUNG E A ASTROLOGIA

Autoconhecimento e Individuação
Através dos Arquétipos do Zodíaco

Tradução
Euclides Luiz Calloni
Cleusa Margô Wosgrau

Editora
Pensamento
SÃO PAULO

Título do original: *Archetypes of Zodiac*.

Copyright © 1988 Kathleen Burt.

Publicado originalmente por Llewellyn Publications, Woodbury, MN 55125 – USA – www.llewellyn.com

Copyright da edição brasileira © 1993, 2022 Editora Pensamento-Cultrix Ltda.

2ª edição 2022.

Todos os direitos reservados. Nenhuma parte deste livro pode ser reproduzida ou usada de qualquer forma ou por qualquer meio, eletrônico ou mecânico, inclusive fotocópias, gravações ou sistema de armazenamento em banco de dados, sem permissão por escrito, exceto nos casos de trechos curtos citados em resenhas críticas ou artigos de revista.

A Editora Pensamento não se responsabiliza por eventuais mudanças ocorridas nos endereços convencionais ou eletrônicos citados neste livro.

Obs.: Publicado originalmente como *Arquétipos do Zodíaco*.

Editor: Adilson Silva Ramachandra
Gerente editorial: Roseli de S. Ferraz
Preparação de originais: Maria Fernanda F. da Rosa Neves
Gerente de produção editorial: Indiara Faria Kayo
Editoração eletrônica: Join Bureau
Revisão: Adriane Gozzo

Dados Internacionais de Catalogação na Publicação (CIP)
(Câmara Brasileira do Livro, SP, Brasil)

Burt, Kathleen
    Jung e a astrologia : autoconhecimento e individuação através dos arquétipos do zodíaco / Kathleen Burt; tradução Euclides Luiz Calloni, Cleusa Margô Wosgrau. – 2. ed. – São Paulo: Editora Pensamento, 2022.

    Título original: Archetypes of zodiac
    ISBN 978-85-315-2181-2

    1. Arquétipo (Psicologia) 2. Zodíaco I. Título.

21-96060   CDD-133.52

Índices para catálogo sistemático:
1. Signos do zodíaco e arquétipos: Astrologia: Ocultismo 133.52
Cibele Maria Dias – Bibliotecária – CRB-8/9427

Direitos de tradução para o Brasil adquiridos com exclusividade pela
EDITORA PENSAMENTO-CULTRIX LTDA., que se reserva a
propriedade literária desta tradução.
Rua Dr. Mário Vicente, 368 – 04270-000 – São Paulo – SP – Fone: (11) 2066-9000
http://www.editorapensamento.com.br
E-mail: atendimento@editorapensamento.com.br
Foi feito o depósito legal.

Manifeste a Oitava Superior no seu Mapa Astral

Há, desde os anos 1980, entre astrólogos e psicólogos, um crescente interesse pelas obras de C. G. Jung, cada vez mais difundido. O número de conferencistas que abordam temas relacionados aos arquétipos e mitos aumenta a cada ano. Esse interesse progressivo pelo tema do inconsciente é um forte indício de que um livro como este é muito oportuno no momento presente.

Kathleen Burt oferece uma visão aprofundada da relação da astrologia com os arquétipos junguianos. A técnica adotada baseia-se na integração dos regentes esotéricos e dos signos com seus opostos. Essa técnica ajudará o leitor a compreender seu comportamento instintivo, ativará sua criatividade e modificará as energias negativas de seu mapa natal.

Ao compreender os mitos e os arquétipos, você pode alcançar o potencial de seu mapa natal – o mapa da sua jornada de vida – e controlar conscientemente os instintos que o dominam. Com esta obra, você tem a oportunidade de transformar padrões instintivos que o aprisionam e tornar-se mais saudável e produtivo.

Qualquer estudioso da astrologia e dos arquétipos – conselheiros, astrólogos profissionais e até pessoas leigas – será beneficiado com as informações aqui contidas. Você pode ativar as oitavas superiores de seus signos e manifestá-las em sua vida, e, ainda, aprender a ajudar os outros em sua prática como conselheiro. Baseado em conceitos junguianos, este livro, há muito esperado, prestará a você e aos outros um grande auxílio. Sua leitura o levará a uma fascinante jornada através dos signos do Zodíaco.

Este livro é dedicado a
Swami Sri Yukteswar Giri,
com amor e gratidão.

Agradecimentos

Em primeiro lugar, gostaria de agradecer ao meu marido Michael, que dedicou pacientemente muito do seu tempo a este livro, contribuindo com ideias preciosas, sobretudo, para os questionários.

Agradeço especialmente a Mircea Eliade (*in memoriam*), Professor de Religiões Comparadas na Universidade de Chicago; a Goswami Kriyananda (dr. Melvin Higgins – *in memoriam*) do Templo Kriya, Chicago, e a Sri Kriyananda (Reverendo J. Donald Walters – *in memoriam*), fundador da Comunidade Ananda, na Carolina do Norte.

Pela ajuda na datilografia e na revisão de provas, agradeço a Dagny Bush, minha secretária, e também à minha amiga e colega astróloga Anne Neighbors.

Pelo trabalho na edição e na produção de *Jung e a Astrologia*, quero expressar minha estima a Terry Buske e Emily Kretschmer. Sou particularmente grata ao artista Martin Cannon pelas ilustrações, e a Carl Llewellyn Weschcke, que me incentivou a pesquisar incansavelmente os conceitos iniciais que deram origem a este grandioso empreendimento.

Meu reconhecimento se estende também a tantos outros, por demais numerosos para serem nomeados – membros do Amigos de Jung de San Diego, colegas astrólogos dos Estados Unidos e da Índia, alunos dos cursos de astrologia do Mira Costa College e meus muitos amigos e clientes.

Sumário

Prefácio 13
Introdução 15
Mapa das Polaridades 21

Capítulo Um 23
    Áries: A Busca da Identidade Individual

Capítulo Dois 59
    Touro: A Busca do Valor e do Sentido

Capítulo Três 95
    Gêmeos: A Busca da Variedade

Capítulo Quatro 135
    Câncer: A Busca da Deusa-Mãe

Capítulo Cinco 177
    Leão: A Busca do Ser e da Totalidade

Capítulo Seis 213
    Virgem: A Busca do Serviço Significativo

Capítulo Sete 255
    Libra: A Busca da Alma Gêmea

Capítulo Oito 299
    Escorpião: A Busca da Transformação

Capítulo Nove 343
    Sagitário: A Busca da Sabedoria

Capítulo Dez 385
    Capricórnio: A Busca do *Dharma*

Capítulo Onze 455
    Aquário: A Busca do Santo Graal

Capítulo Doze 517
    Peixes: A Busca do Castelo da Paz

Glossário 567

Prefácio

Estes ensaios sobre os signos do Zodíaco e seus regentes, esotéricos e mundanos, foram compilados a partir das transcrições do curso "Arquétipos do Zodíaco", apresentado no Programa de Serviço Comunitário do Mira Costa College, em Del Mar, Califórnia, entre 1982 e 1985.

O tema do curso começou a tomar forma, como a deusa Atena no crânio de Zeus, quando um aluno da etapa intermediária do curso de astrologia perguntou um belo dia: "Como podemos *lidar* com o padrão de energia presente em nosso mapa de nascimento? Como usar meu livre-arbítrio de forma consciente para direcionar o 'Touro dentro de mim', em vez de andar pela vida inconscientemente 'reagindo como um Touro'?".

A ideia nasceu: "Vamos criar um curso. Vamos experimentar a energia 'superior', ou seja, a do regente esotérico de cada um dos doze signos. E também a energia do regente mundano, expresso por quase todos nós de maneira instintiva todos os dias. Vamos ainda examinar o 'ponto de equilíbrio' de cada um dos signos e nos esforçar para alcançar o que ele representa". Quem sabe, ao entrarmos em sintonia com os significados mais elevados das regências planetárias, possamos descobrir modos de utilizar, de forma mais construtiva, a energia dos signos.

As regências esotéricas haviam atraído minha atenção desde os anos 1960, quando li, pela primeira vez, *Astrologia Esotérica*, de Alice Bailey. Para esse curso, os regentes esotéricos de cada signo foram extraídos de seu último livro, *Os Trabalhos de Hércules*. Os mitos foram coletados ao longo de vários anos e de diversas fontes. Os alunos, versados em Jung, em religiões orientais, em Edgar Cayce etc., fizeram com que o simbolismo ganhasse vida por meio de sua participação.

Acredito que o curso tenha sido excitante, mas nem ele nem esses ensaios têm a intenção de ser a última palavra sobre os arquétipos do Zodíaco.

Introdução

Considerando que alguns de vocês já possuem conhecimento astrológico e outros já tiveram contato com as obras psicológicas de Jung ou com as religiões orientais, deve ser oportuna uma revisão dos principais conceitos antes de apresentarmos o primeiro dos arquétipos da personalidade: Áries.

O primeiro conceito é *arquétipo*. Muitos de nós conhecemos seu significado não psicológico: modelo ou protótipo. Entretanto, para os objetivos deste curso, é preferível adotar o sentido psicológico de arquétipo. Jung, em sua vasta obra, define arquétipo de diferentes modos. Um deles é "... um padrão instintivo de comportamento contido no inconsciente coletivo". Ele é "transcendente". Em outras palavras, os arquétipos não pertencem apenas ao inconsciente pessoal de um indivíduo, mas a algo bem maior. Eles transcendem o indivíduo e têm forma independente de existência no nível coletivo.

Jung diz também que o arquétipo "imita a forma do cristal", ou que é "como um recipiente vazio", abarcando "modos de comportamento idênticos em todos os indivíduos, e em toda parte". Afirma ainda que, dentro desse padrão "recipiente vazio", um indivíduo consciente pode dar forma ao arquétipo; pode, igualmente, decidir participar da energia positiva do arquétipo e não da energia negativa.

Enquanto tivermos um recipiente vazio da Deusa, o arquétipo de Câncer ou a *Magna Mater* de Jung, por exemplo, teremos um cristal puro, um recipiente transparente e, todavia, sem forma. Poderíamos chamar esse recipiente vazio de "Ventre", como no *Rig Veda*, mas um indivíduo teria dificuldade de venerá-lo ou de se relacionar com a *Magna Mater* nesse estado. Várias culturas dão forma à *Magna Mater*, a Grande Mãe: algumas são positivas; outras não (veja a Mãe Terrível ou Devoradora). As *formas* é que são adoradas. Para o fanático, o recipiente não está mais vazio, e o cristal não está mais puro.

Em *As Máscaras de Deus – Mitologia Ocidental*, Joseph Campbell menciona que seria improvável um católico se ajoelhar e orar em um santuário dedicado à deusa Ísis. Assim que a arte modela formas individuais da Deusa – e cultos locais são embelezados com o mito e o rito –, as culturas personalizam o arquétipo. A *Magna Mater* reveste-se de muitas formas, desde a compassiva Kwan Yin, da China, até a terrível mãe Kali, da Índia, adornada com caveiras em torno do pescoço, serpentes no cabelo e a língua para fora. O arquétipo contém inúmeras formas. Estamos livres, como o católico em visita ao Egito, para não nos ajoelharmos em alguns dos santuários, se assim o preferirmos.

Cada mapa natal contém muitos arquétipos. A maioria de nós tem familiaridade com o nosso signo solar, mas nosso signo da Lua e o signo em elevação (o ascendente) podem caber no mesmo recipiente arquetípico. Uma pessoa pode ter Sol em signo de Fogo, Lua no elemento Terra e um ascendente em Água. Ou um signo solar que se prende ao passado, um signo lunar que anseia por novidades e deseja projetar-se no futuro e um ascendente indeciso que intermedeia a energia do Sol e a da Lua. Nosso mapa astral é a mais pessoal das ferramentas para o desenvolvimento individual. Se levarmos a sério o processo de individuação proposto por Jung – ou se em nossa busca por iluminação desejamos ser felizes –, é importante compreender as energias arquetípicas e integrá-las.

Se explorarmos os arquétipos e observarmos seus padrões de comportamento instintivos, compreenderemos melhor a nós mesmos e aos outros. Pelo menos nossa tolerância aumentará. Se a leitura dos mitos que ilustram os vários arquétipos nos agradar – se os padrões de ação e reação nos deixarem felizes –, ótimo! Contudo, se nos identificarmos com o herói ou com a heroína cuja jornada é árdua e dolorosa, ou cujo final não é como gostaríamos – e se por acaso ouvirmos um eco das reclamações de nossos companheiros, colegas de trabalho ou chefes ao longo dos anos –, então, talvez, queiramos purificar o cristal e encontrar usos mais apropriados e mais positivos para a energia arquetípica. Por que ser infeliz como uma terrível Kali quando se pode ser feliz como uma Kwan Yin?

O segundo conceito a ser definido é *mito*. Ao tomar forma, a ideia (arquétipo) tem de passar por um processo de desenvolvimento. O rei Leão precisa recuperar seu trono. O herói de Áries sai para travar suas batalhas no mundo exterior. O

Escorpião penetra no interior de si mesmo (o mundo interior) para lutar contra seus demônios e resgatar sua Perséfone. Touro enfrenta os obstáculos para criar um mundo confortável e seguro ou tem de abandonar esse mundo depois de tê-lo criado com toda solidez. Há muitas definições de mito. Em *Mito e Realidade*, Mircea Eliade afirma que "um mito é uma história sagrada que explica como o mundo passou a ser como é (para determinada cultura) e por que somos como somos. Recriamos, muitas vezes, o mito por meio de rituais, mesmo que seja apenas para reviver uma memória ou renovar nossos votos matrimoniais nas datas de aniversário.

Existem várias definições interessantes de mito, que o distinguem dos fragmentos lendários e dos contos de fada. Mas minha definição preferida é: mito não é algo que aconteceu no passado, em terras distantes, aos *outros*; mito é algo que acontece constantemente, a cada dia, exatamente aqui e agora, em *nós*. A ênfase que Eliade dá ao sagrado nessa definição de mito é importante para nossos objetivos. Cada um dos signos tem um símbolo – um animal, um deus, um livro (ou escritura) – que, numa determinada época, foi adorado em algum lugar da Terra. Há aqui um elemento bastante real do sagrado.

Gostaria de dizer algumas palavras sobre termos astrológicos que podem ser novos para aqueles que imergiram mais profundamente na obra de Jung e que, por isso, têm maior conhecimento dos arquétipos e mitos. Vocês provavelmente conhecem o básico, como o nome dos doze signos e os dez corpos estelares regentes (mundanos). Mas, por favor, memorizem quais planetas se relacionam com quais signos. E lembrem-se também de que o simbolismo astrológico evoluiu ao longo dos séculos. Nem sempre houve doze signos. Leão/Virgem eram antigamente, no Egito, indiferenciados e representados pela Esfinge. Em oposição à Esfinge, do outro lado da roda celeste, a Taça representava o símbolo combinado de Aquário/Peixes. Era a Taça que transbordava todos os anos quando a estação das cheias levava chuvas fertilizadoras ao delta do Nilo. Alguns dizem até hoje que o 13º signo, Ofícuo, vai se introduzir entre Escorpião e Sagitário nos próximos milênios. As formas, apesar de não ser visível durante o período de vida de um indivíduo, mudam.

Qual a diferença entre regentes mundanos e esotéricos? A maioria das pessoas pode entender com facilidade o termo *mundano*: usual, ordinário, costumeiro. Na ordem do dia. Maçante também é um correlato da palavra mundano. Os junguianos que conhecem os mitos de Afrodite (Vênus) facilmente associam Libra ao regente mundano, observando o comportamento instintivo de Libra e dos ascendentes em Libra. "Vaidade, teu nome é mulher." (Modelos que se assemelham a Vênus de Milo etc.) Se você conhece um ariano que seja contestador, ousado, impetuoso, aventureiro, compare-o a Marte, o regente mundano, o deus da guerra. Os capricornianos são personalidades saturninas (regidas por Saturno) e anciãos sábios quando chegam à velhice. As colunas astrológicas dos jornais já lhe disseram que os cancerianos são filhos da Lua. Nesse caso, o planeta mais feminino (Lua) rege o signo mais feminino (Câncer). A Lua tem muitas fases, correspondendo aos variados estados de ânimo de Câncer. Os junguianos que já têm conhecimento dos mitos e aprenderam um pouco sobre os signos terão facilidade de fazer as devidas associações.

A palavra *esotérico*, em geral, é definida como conhecimento ou informação oculta, de interesse apenas de alguns especialistas. Alice Bailey não define propriamente o uso que faz do termo esotérico, mas afirma que "o regente esotérico do Sol e do Ascendente... indicam o propósito de vida do indivíduo". O discípulo ou iniciado aprende com os regentes esotéricos qual é a sua missão nesta vida, o velho karma a ser cumprido e as novas lições a serem aprendidas. Por outro lado, os regentes mundanos e ordinários do Sol e do ascendente descrevem o trabalho que fazemos no mundo exterior ou os tipos de problemas que encontramos em nosso ambiente. Realidade objetiva é igual a mundano; realidade subjetiva é igual a esotérico.

Exaltação é o último termo que precisamos definir. Um planeta exaltado em um signo do Zodíaco é mais poderoso que outro planeta seria nesse mesmo signo, porque sua energia está em harmonia com a do signo, ampliando-a. Há uma relação sinérgica entre planeta e signo. Assim, os planetas exaltados são sempre poderosos, mas nem sempre positivos no sentido de ser possível lidar com eles com facilidade. Alguns dos planetas em seu signo de exaltação são "inflados" ou um tanto opressores para as pessoas que convivem diariamente com o planeta exaltado. Um exemplo disso é o Sol (planeta) em Áries (signo). O planeta EU SOU é o Sol; o signo EU SOU é Áries. Não obteríamos a mesma energia confiante, impetuosa, assertiva se o Sol estivesse em qualquer um dos outros onze signos porque o Sol não estaria exaltado neles.

Para Touro, o planeta exaltado é a Lua. Se você conhece alguém que tem Lua em Touro, perceberá o EU TENHO manifestando-se, porque a Lua representa apego e possessividade. A Lua é família, e, assim, o apego se estende à vida dos filhos. Se forem tipos taurinos artísticos, essas pessoas possuirão livros, manuscritos e outros objetos colecionáveis. Você conseguirá se mover com dificuldade em suas casas, por causa das inestimáveis coleções.

As exaltações eram tradicionalmente atribuídas aos sete planetas descobertos antes da invenção do telescópio – aqueles que os antigos podiam ver e identificar a olho nu. Especulações sobre os signos de exaltação de Urano, Netuno e Plutão diferem de astrólogo para astrólogo. Neste livro, mencionarei minhas ideias sobre as posições exaltadas dos planetas exteriores. Por ora, apresento a seguir uma tabela dos regentes esotéricos e mundanos, bem como os planetas exaltados em cada signo. As exaltações que sugiro estão entre parênteses.

	Regente mundano	Regente esotérico	Exaltação
Áries	Marte	Mercúrio	Sol (Plutão)
Touro	Vênus	Vulcano	Lua
Gêmeos	Mercúrio	Vênus	(Urano)
Câncer	Lua	Netuno	Júpiter
Leão	Sol	Sol	(Netuno)
Virgem	Mercúrio	Lua	(Urano)
Libra	Vênus	Urano	Saturno
Escorpião	Marte	Marte	–
Sagitário	Júpiter	Terra	–
Capricórnio	Saturno	Saturno	Marte
Aquário	Urano	Júpiter	Mercúrio
Peixes	Netuno	Plutão	Vênus

Há mais um conceito importante: a integração dos opostos da roda zodiacal. Tanto C. G. Jung quanto a astróloga esotérica Alice Bailey enfatizaram a importância de equilibrar a personalidade fazendo a união dos opostos. Na astrologia, temos doze signos – ou seis polaridades. (Veja diagrama, p. 22.) Diante de cada signo de Fogo, dinâmico, ativo, aberto, há um signo de Ar, pensativo, reflexivo. Em oposição a cada signo de Terra, bem alicerçado e realista, encontramos um signo de Água, que deseja que a cruel realidade desapareça, mas que também oferece à sua polaridade terrena os dons da intuição, da imaginação e, às vezes, poderes psíquicos para fertilizar o solo árido.

Ao contrário do modelo junguiano dos opostos, a astrologia não opõe as funções pensamento e sentimento, ou o masculino e o feminino. Particularmente, acredito que o sistema astrológico do masculino e feminino deriva da Alquimia, para a qual Saturno poderia ser feminino como *Mercurius Senex*. (Onde mais poderia Capricórnio-Terra ser feminino? Ou Escorpião-Água ser feminino?)

Incluí em cada capítulo uma seção sobre a progressão do Sol (do signo original até os posteriores). Do ponto de vista espiritual e psicológico, o Sol progredido é um fator importante no desenvolvimento e na evolução da personalidade. Se você não conhece o tema das progressões, encontrará aqui uma maneira fácil de descobrir.

É simples: se você tem conhecimento do grau e do signo do seu Sol no momento do nascimento, some um grau e considere-o como um ano. Ao chegar aos trinta anos, o Sol estará entrando no signo seguinte. Exemplo: Sol natal a 18 graus de Escorpião. Em doze anos, o Sol dessa pessoa terá progredido até Sagitário. Siga esse método para determinar suas próprias progressões solares.

Uma palavra final antes de concluir: lembre-se de que o signo do Sol não é o único arquétipo no mapa do indivíduo. Quando falamos do arquétipo de Áries, não estamos nos limitando exclusivamente às pessoas com o Sol em Áries. Suponha que um mapa tenha um Sol em Áries e cinco planetas (um *stellium*) em Touro. Ele participa do arquétipo de Áries ou de Touro? Participa de ambos! Se a Lua ou ascendente estiver em Gêmeos, então teremos que levar em conta os três. Qualquer conjunto de três ou mais planetas em um signo fará com que o indivíduo manifeste características arquetípicas desse signo.

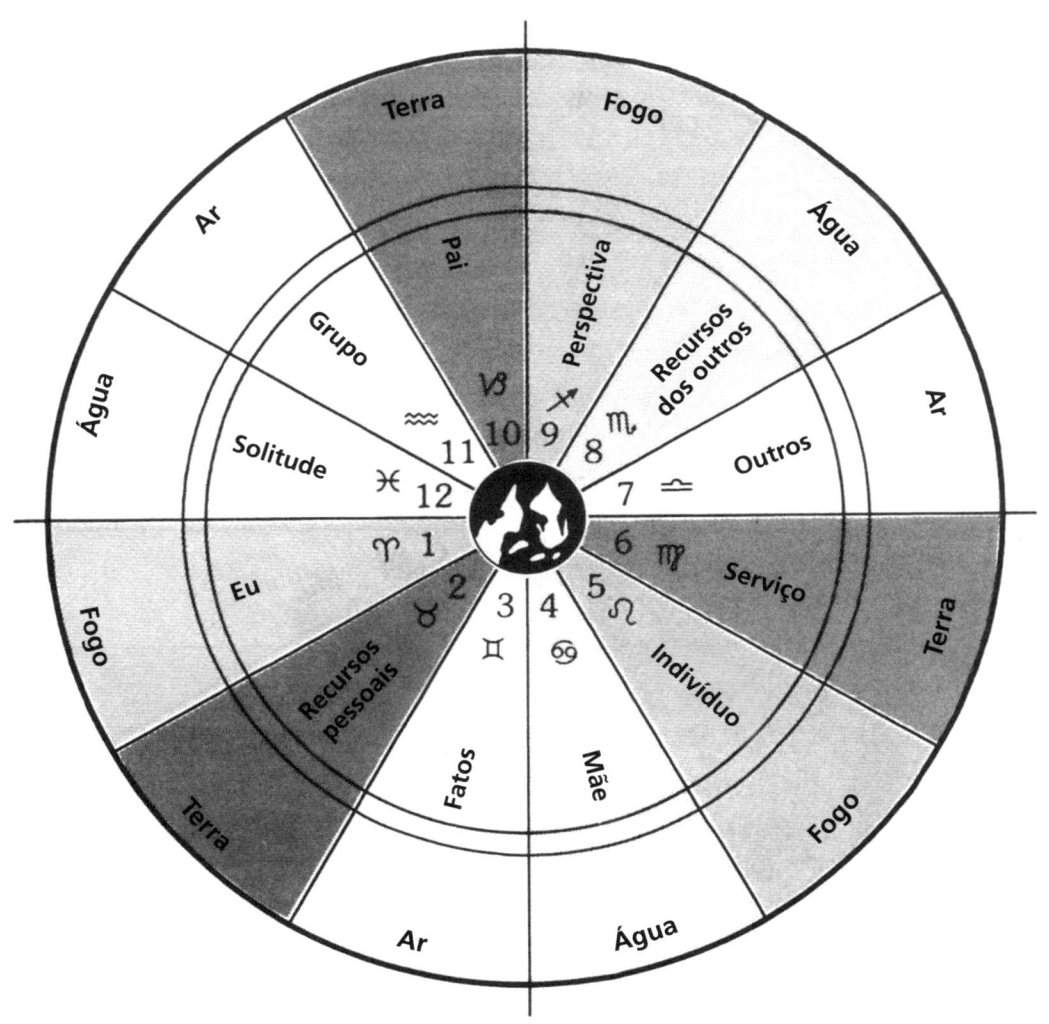

Casas do Zodíaco Natural por Elemento e Palavra-chave

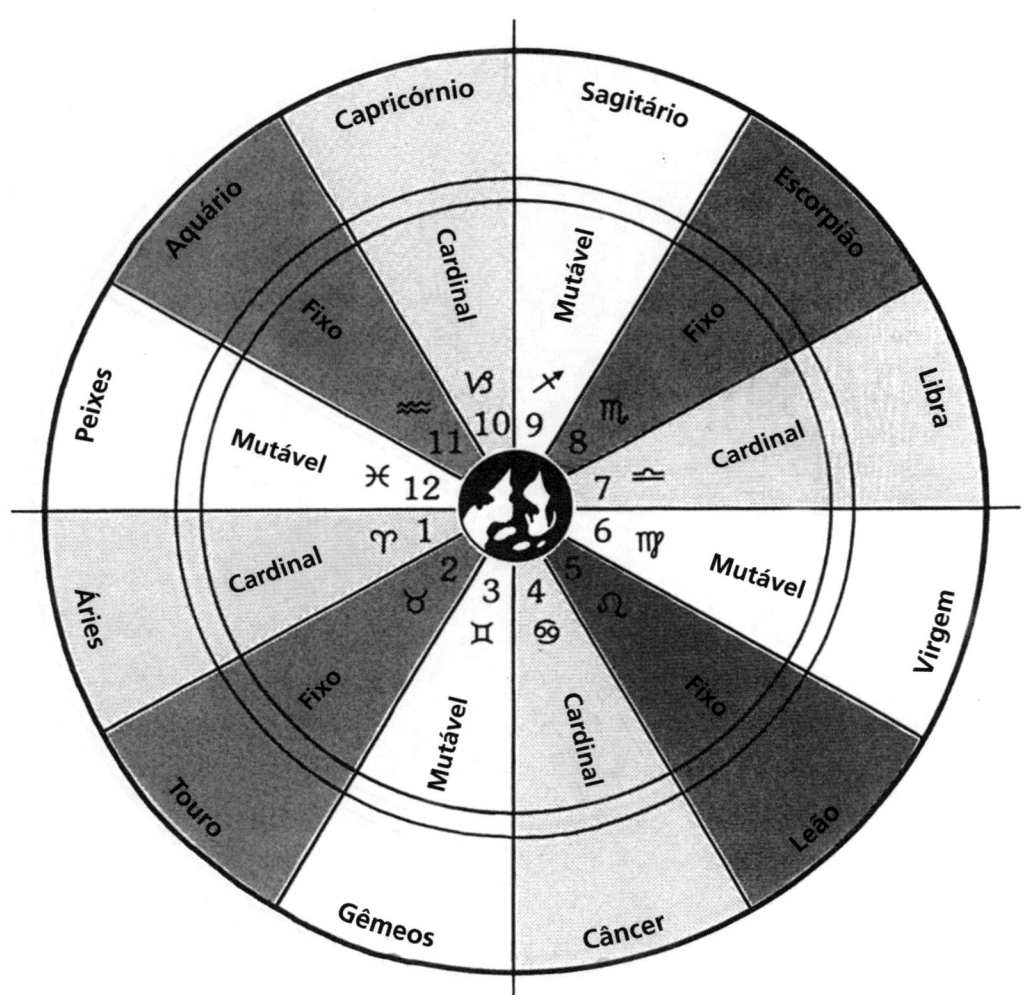

As Seis Polaridades

Áries: 1

A Busca da Identidade Individual

A Era de Áries é uma era solar, masculina. É a Era do Carneiro, de Marte e do Herói. Em termos históricos, começa com as mudanças drásticas do final da Idade do Bronze e se estende até cerca de 583 a.C., próximo ao nascimento de Buda. No final da Idade do Bronze, heróis helênicos na Grécia e invasores arianos na Índia atacaram os bosques sagrados e as grutas da Grande Deusa. Esses heróis montados em cavalos, esses príncipes em Carruagens Solares, usurparam o poder dos governantes locais. Além disso, destruíram os cultos de fertilidade, suas sacerdotisas e oráculos que davam sustentação às velhas dinastias.

A Mãe Terra, deusa dos períodos precedentes, com seus vários nomes e formas, exigira tributo por meio de sacrifícios rituais de jovens príncipes e guerreiros para garantir a fertilidade do solo. Na Índia, os sacerdotes dos conquistadores arianos realizaram o matrimônio de deusas locais com deuses masculinos do panteão védico e tentaram banir os sacrifícios humanos. Na Grécia, heróis como Perseu, Rei de Micenas, invadiram o templo sagrado de Medusa, protetora de Atena, destruindo suas máscaras rituais, quebrando suas estátuas e expulsando as sacerdotisas. Também foram bem-sucedidos ao darem fim aos sacrifícios rituais de jovens príncipes. Com a substituição do príncipe por uma ovelha ou cordeiro sacrificial, deram proteção à instituição da realeza. No final da Idade do Bronze e início da Idade do Ferro, o Patriarcado substituiu o Direito Materno, e os sacerdotes substituíram as sacerdotisas. Mitos heroicos sobre príncipes guerreiros derrotando monstros com formas de dragões femininos revelam que eles acreditavam estar libertando o país dos cruéis demônios femininos que tornavam a terra inóspita. Acreditavam também que o poder passara das antigas deusas a eles, dotados de visão de mundo solar, ou masculina, mais ordenada e racional. Mas, para os povos locais de Micenas, da Índia e de outros lugares, o poder ainda permanecia com a Mãe Terra, embora heróis estrangeiros tivessem violado seus lugares sagrados e a tivessem unido a seus estranhos deuses.

Talvez o que Joseph Campbell chamou de "trauma sociológico" do final da Idade do Bronze, em sua obra *As Máscaras de Deus – Mitologia Ocidental,* seja, para nós, um exemplo do problema de enfrentar fogo com fogo, ou seja, de responder a um tipo de violência (o sacrifício humano) com outro (fazer guerra contra a Grande Deusa). Na verdade, não se pode destruir um arquétipo; a Grande Mãe simplesmente se instalará em nosso inconsciente de forma ainda mais assustadora. O que realizamos no mundo exterior – atividade de Áries (a realeza, por exemplo) – tem seu preço no mundo interior, subjetivo: o inconsciente coletivo da nossa época. A doce Medusa tornou-se um demônio, e a venturosa mãe Kali, do início dos *Upanishads*, tornou-se uma verdadeira Mãe Terrível.

A Era de Áries provocou uma mudança dramática no simbolismo: do feminino lunar para o masculino solar. O período ariano caracterizou-se pelo heroísmo violento, com seus feitos e suas proezas. Todos os anos, experimentamos um pouco da energia da Era de Áries na época do Equinócio da Primavera.* Na zona temperada, emergimos da melancolia do final de Peixes, que Shakespeare chamou de Idos de Março. Celebramos, então, o Ano-Novo Astrológico próximo a 21 de março, embora os anos bissextos e outras variações às vezes alterem ligeiramente a data. Temos a impressão de que, após o longo inverno, a natureza, de repente, se torna novamente selvagem.

Na zona temperada, os quatro signos cardinais tradicionalmente marcavam as mudanças de estação, e a passagem de cada uma delas era celebrada com ritos e festivais. Nos tempos anteriores à era cristã, a primavera era uma estação de renovação – renascimento da vida animal e vegetal. Era uma época de esperança, otimismo e confiança nos bons tempos vindouros. Posteriormente, os cristãos escolheram o período próximo ao Equinócio da Primavera para celebrar seu festival

---

* No Hemisfério Norte, o Equinócio da Primavera coincide com a entrada do Sol no signo de Áries. No Hemisfério Sul, o Equinócio da Primavera é marcado pela entrada do Sol no signo de Libra, oposto, na roda zodiacal, a Áries. Toda menção às estações nesta obra deve ser entendida como uma referência simbólica. Portanto, quando o Equinócio da Primavera for mencionado, por exemplo, deve-se entender como o início mítico, simbólico, dessa estação. (N. da P.)

de esperança e renovação – a Páscoa. É uma época do ano apropriada para celebrar a ressurreição de um Messias e o nascimento da personalidade do herói.

A energia de Áries é como os raios solares – clara, consciente, franca, direta, plena de luz e calor e visível a todos. Embora os três signos do Fogo sejam solares por natureza, Áries é o mais exuberante, à semelhança da primavera, a mais exuberante das estações. Assim, os astrólogos dizem que o Sol se exalta em Áries. Um planeta exuberante em um signo exuberante leva a uma personalidade exaltada. O Sol é o planeta EU SOU; Áries é o signo EU SOU. Áries arquetípico orgulha-se de estar encarnado na Terra; sente orgulho de si mesmo, de sua capacidade criativa, de seu impulso para realizar seus desejos no mundo exterior. Observe o entusiasmo da criança de Áries, que ainda não teve tempo de ser reprimida pela sociedade. Nela você verá o arquétipo de Áries manifestando-se: excitação, orgulho, impulso, autoconfiança absoluta, forte sentido de descoberta e impaciência para experimentar o mundo ao redor. Como Ícaro, ela está pronta para desobedecer às ordens de seu pai, pôr sobre si suas asas e voar o mais próximo possível do Sol. Ela não tem o sentido do perigo. Não quer ser ensinada a voar. Quer voar, simplesmente. Áries quer ir e agir.

Vamos considerar os glifos de Áries e Marte, seu regente mundano. O glifo de Áries corresponde aos chifres do carneiro. Áries abre espaço em meio à multidão ou em uma fila de espera. Ele mesmo anuncia ao garçom do restaurante: "Estou aqui!". Áries representa a "Força Irresistível", como diz Dane Rudhyar. Este é o poder dos chifres do carneiro. Exteriormente, pode ser um carneiro destemido ("Apresento-me como voluntário para as linhas de frente de batalha!") e, ao mesmo tempo, tímido interiormente. E pode ser uma ovelha no mundo subjetivo dos relacionamentos pessoais.

Quando apaixonado, Áries é espontâneo, mas incapaz de usar palavras para expressar seus sentimentos mais românticos. "Meu marido ariano toma a iniciativa com rapidez no mundo exterior (negócios), porém deixa todas as decisões de casa para mim", lamenta-se a companheira de Áries. "Ele se esforça ao máximo para elogiar e encorajar seus funcionários no escritório, mas nunca diz nada para me incentivar."

Lembre-se, Áries é impulso exterior e Logos. Na astrologia médica, Áries rege a cabeça, e parte do trabalho dele no planeta Terra é saber quando usar a lógica (Logos) e quando agir pelas emoções – Eros. Afrodite (Eros) está em oposição a Marte assim como Áries está em oposição de 180 graus a Libra na roda zodiacal. Um Áries pouco desenvolvido – uma criança ou alguém que não tenha

estudado ou observado o comportamento social dos outros – fará uso da palavra "Eu", solar e de Marte, com muita frequência. Um exemplo é o turista de Áries que diz a 25 outras pessoas do grupo "Vamos voltar para o hotel. Estou cansado". Áries amadurece à medida que vai tomando consciência e usando a palavra "nós" com mais frequência que o pronome "eu". Sua lógica funcionará bem no mundo dos negócios, onde seu Marte assertivo e sua natureza cardinal competitiva também lhe dão grande suporte.

O ariano que abre caminho nos relacionamentos profissionais será, muitas vezes, um cordeirinho no lar, demonstrando autêntica inocência nos relacionamentos com o sexo oposto. Ele perceberá que sua esposa não aprecia sua lógica quando lhe faz uma pergunta retórica como: "Você gosta do meu novo vestido de seda?". Marte pode se adiantar com uma resposta espontânea, instintiva: "Para ser honesto, querida, ele faz você parecer mais gorda". A mulher que acabou de comprar o vestido e está maravilhada não vai se impressionar com sua honestidade. Para um ariano, cada pergunta merece uma resposta honesta e lógica. Marte é apaixonado, mas não exatamente delicado ou consciente em relação aos sentimentos dos outros. Tem muito a aprender sobre relações com os demais antes de magoá-los de maneira impetuosa.

O signo de Eros, Libra, afastado 180 graus de Áries, segura aqui a balança. Marte precisa sintetizar Logos com Eros. Marte é independente; Vênus, regente de Libra, deseja ser querida e quer causar boa impressão. Ela pode ajudar Marte a refrear sua espontaneidade, a pensar antes de falar, a ampliar ao pensar "nós" antes de "Eu".

O glifo de Marte (♂) é o símbolo biológico indicativo do sexo masculino. Muitas pessoas cuja energia de Áries se manifesta no nível mundano identificam-se com Marte – com a libido e os sentidos, com os impulsos e instintos do corpo. Isso levou diversos astrólogos, ao longo dos séculos, a observar que, para muitos arianos, a lição da vida implica distinguir entre luxúria e amor. Aqui a polaridade de Libra provê a balança. Nos mitos, Marte é identificado com Cupido, filho de Vênus/Afrodite, regente de Libra. Cupido/Marte aprendeu sobre o amor com Afrodite, que é também experiente em sutileza, popularidade e sedução. A 7ª Casa, o Outro, é a de Afrodite, e da consideração, da reciprocidade e da partilha. A 1ª Casa, o Eu, a qual Áries simbolicamente rege, precisa equilibrar sua independência com consciência de reciprocidade. Nenhum homem é uma ilha.

É interessante localizar Vênus/Afrodite no mapa de um nativo com Sol ou ascendente em Áries. Vênus faz aspecto positivo com Marte? Se não fizer, o nativo pode preferir independência a relacionamento. Áries exaltado pode até mesmo considerar as mulheres seres inferiores. Isso tende a ser verdadeiro tanto para homens quanto para mulheres com Sol ou ascendente em Áries.

Áries curte uma vida selvagem, ao ar livre, e, especialmente, trabalhar com as próprias ferramentas, ou seja, sua arma ou, sua motocicleta, sua chave inglesa ou sua chave de fenda, seu martelo e seu serrote – ferramentas forjadas em metal de Marte. O homem com Sol ou ascendente em Áries em geral se sente bem com essas ferramentas nas mãos. Marte, Áries e a 1ª Casa do mapa se referem ao corpo, e Áries mundano provavelmente manterá boa forma durante toda a vida. Poderão ser encontrados se exercitando com pesos (halterofilismo) na academia de ginástica, preparando-se para a maratona local de dez quilômetros ou para a partida de futebol com o pessoal do escritório. Marte rege a adrenalina, e o verdadeiro tipo de Marte é um viciado nela. Ele se sente melhor após uma série de exercícios, o que libera as frustrações do dia. Mesmo que seu trabalho seja fisicamente extenuante, em geral ele tem energia de sobra, necessitando, por vezes, apenas de quatro ou cinco horas de sono. Arquetipicamente, consideramos que o homem de Marte é como o motorista de um carro esporte ou mesmo um corredor profissional nas 500 milhas de Indianápolis. Marte procura "ir aonde nenhum homem foi ainda", o que talvez explique por que tantos pilotos de prova com Sol em Áries se inscreveram no treinamento para astronautas – pioneiros do espaço exterior.

Muitos dos meus clientes de Áries têm um *hobby* perigoso, como voar de asa-delta, saltar de penhascos ou mergulhar em águas não mapeadas e perigosas. Outros têm *hobbies* que um dia poderão ser registrados no *Guinness Book*, se conseguirem sobreviver. Há os que estão envolvidos com artes marciais. Outros serviram no exército, a tradicional carreira heroica, que os habilita a "defender a realeza". Nesses casos, apresentam-se com muita elegância em seus uniformes, dispondo de oportunidades competitivas a fim de provar que estão em ótima forma, e sentem prazer na companhia de "homens de verdade". Se chegam a ser oficiais e atraem riqueza e poder, então satisfarão sua necessidade marciana de conquistar mulheres belas e sensuais.

Mas e o arquétipo da mulher de Áries no nível mundano, instintivo? Como será? Mencionei anteriormente que algumas mulheres de Áries podem gostar de uma cantada mais rústica. Elas são atléticas, em geral, e se mantêm em forma, apreciando quando os homens as notam por isso. Suas atitudes são um tanto masculinas, a ponto de as mulheres-Afrodite não simpatizarem com ela. Nas palavras de uma mulher de Áries: "Os homens me acham divertida, atraente, dinâmica. Já as mulheres não parecem gostar tanto de mim. Tenho muita energia, sou assertiva e vou direto ao ponto! Gosto de dançar. Na base militar em que resido com meu marido, participo de festas enquanto ele está em missão externa... Não me agrada ficar escondida e entocada enquanto todos se divertem. Escolho os homens que convido para dançar – mesmo se forem casados! Acho que as esposas não gostam muito. Mas o que posso fazer? Essas mulheres recatadas me tiram do sério. Sou direta, honesta, falo o que penso. Elas pensam, às vezes, que sou grosseira, mas quem se importa? Eu é que não, com toda certeza!".

Pessoas com Sol ou ascendente em Áries ou com Marte angular são atraídas por climas bélicos e batalhas. Brigas domésticas são comuns depois de um evento social como o que a mulher de Áries descreveu acima. "Como você se atreveu a dançar com *ela* quando eu, sua mulher, estava lá sentada? Estou furiosa..." Ela diz coisas, ele retruca, e os vizinhos chamam a polícia. Às vezes, ele acaba atrás das grades. Viver uma vida de paixões, instintos e desejos pode ser excitante: Áries sai para defender o rei, retorna e a paixão em casa se inflama novamente. A energia explode e se expande, como flores desabrochando na primavera. Mas há, com frequência, um descontrole da energia.

Em termos históricos, mulheres com Sol ou ascendente em Áries tinham poucas possibilidades de desenvolvimento profissional para dar vazão a seu espírito competitivo e apaixonado, de modo que seu Marte era vivido estritamente em ambiente doméstico. Marte se arriscava, portanto, através da carreira do marido, em geral um homem bonitão, em um cargo de alto risco. O primeiro casamento dessas mulheres é, com frequência, com um soldado, um policial, um atleta ou jogador profissional. Há um caso de uma mulher de Áries que se casou com dois bombeiros, um após o outro! Foi a maneira que encontrou para dar vazão à sua energia, à sua necessidade de estímulo e de descobrir a própria carreira. A exploração *interior* por meio da psicologia junguiana, do I Ching e da metafísica foi um incentivo para que ela avançasse na jornada de vida que a heroina de Áries requer. Áries precisa *ir em frente*, não ficar parado ou recuar.

Áries e Marte fazendo aspecto com Mercúrio pode dotar o nativo de bons reflexos e destreza. Minhas três últimas costureiras eram arianas autônomas e muito rápidas e precisas no uso de objetos de metal, como tesouras e agulhas. As três eram um tanto impulsivas, ansiosas e inquietas, em constante busca por novos horizontes. Eram muito detalhistas e rápidas nas entregas. Encontramos homens e mulheres de Áries com aspectos positivos entre Marte e Mercúrio em funções que exigem habilidade com ferramentas e também em esportes que requerem reflexos rápidos. Quando ficam mais velhos, podem ensinar sua perícia a gerações mais jovens de esportistas, alfaiates, marceneiros ou esteticistas.

Desse modo, dizemos que indivíduos com Sol ou ascendente em Áries ou com Marte angular estão sintonizados, dispostos por Marte, o regente instintivo. Mas o que diferencia Áries espiritual ou esotérico de Áries mundano, instintivo? Em nível esotérico, Áries começa a trabalhar de forma consciente com Mercúrio, seu regente espiritual. Na mitologia grega, sobretudo nas obras épicas de Homero, a função de pensador e conselheiro exercida por Mercúrio como sábio Deus Mensageiro era desempenhada por Hermes ou Atena, dois símbolos quase intercambiáveis do Logos. Zeus os enviava para auxiliar o herói em tempos de necessidade. Com Hermes e Atena, Áries pode se tornar o Buscador Consciente e desenvolver a disciplina e o intelecto necessários para controlar seu irrequieto e explosivo Marte. Hermes ou Atena conhecem os usos apropriados da energia de Marte. São capazes de se distanciar da experiência imediata e da raiva espontânea e refletirem: esta emoção é construtiva ou destrutiva? Estou direcionando minha raiva à pessoa certa? No momento certo?

Nos *Upanishads* e no *Bhagavad Gita*, a Carruagem Solar e seus cavalos referem-se à procura interior do Buscador – o controle dos irrequietos sentidos (cavalos) através da mente. Na astrologia, Mercúrio/Hermes, o planeta mental ou Logos, é o cocheiro, o herói que segura as rédeas dos cavalos. A energia de Áries foi representada em diversas esculturas gregas e romanas por um cordeiro inocente e manso. Hermes, o bom pastor, era o protetor do cordeiro, o guia dos instintos do impetuoso carneiro. Se a mente prudente, Mercúrio/Hermes, fosse seguida, o carneiro seria salvo. É esse o significado da bela estátua de Hermes carregando um carneiro, do Museu da Acrópole de Atenas, das estátuas romanas do cordeiro dormindo enrolado aos pés de Hermes e de muitas colunas com o mesmo motivo em toda a Grécia continental e em Éfeso, na Turquia. Os instintos precisam da função pensamento – Hermes/Mercúrio – para refrear os selvagens cavalos de Diomedes.

Pessoas com Sol ou ascendente em Áries ou Marte angular, ao filtrar as emoções de Marte, podem se tornar cientistas e pesquisadoras depois de passar anos na Academia. Se isso ocorrer, é provável que sua parte animal e instintiva se manifeste em sonhos e lhes revele algumas coisas. Ao contrário do homem esportista de Áries, que está em contato com seu corpo e confia na informação que Marte emite através dele, o erudito de Áries talvez reprima Marte a ponto de levar uma vida sem paixão e sem graça, de sentir falta de energia (Marte rege a adrenalina), de perder o impulso sexual ou mesmo o interesse por seu projeto. Ou o preocupado acadêmico ariano pode chegar a bater a cabeça (a parte do corpo regida por Áries) como um aviso. Há uma história sobre Atena jogando pedras contra a cabeça de Áries. Ela provavelmente estava tentando lhe dizer: "Acorde! Esteja consciente do que faz!". Atena não é uma deusa fria. Como Nike, é a deusa da Vitória e protetora da cidade de Atenas. Homero, na *Ilíada*, a chama de "Atena dos olhos cintilantes", e ela certamente reluziu seus olhos para Aquiles na véspera da batalha, quando a situação suplicou pelo aparecimento do herói. Aquiles estava prestes a desembainhar a espada e matar o rei Agamenão quando, subitamente, Atena apareceu.

> Homero nos diz: "Ele estava absorvido por seu conflito interior, com sua longa espada parcialmente desembainhada, quando Atena desceu do céu... Ela se pôs atrás dele e segurou-lhe os cabelos dourados. Ninguém mais além de Aquiles percebia a presença dela; os demais nada viam. Ele moveu-se de cá para lá com admiração, reconheceu Palas Atena imediatamente – tão terrível era o brilho de seu olhar – e dirigiu-lhe a palavra com ousadia: 'E por que vieste aqui, ó Filha de Zeus? É para testemunhar a arrogância do meu Senhor Agamenão? Digo-lhe com toda a franqueza, e não faço ameaças frívolas, que ele há de pagar seu ultraje com a vida!'.
>
> 'Vim do céu', retorquiu Atena dos Olhos Cintilantes, 'com a esperança de reconduzir-te ao teu bom senso... Vamos, desiste dessa luta e retira tua mão da espada... Eis uma profecia para ti. Chegará o dia em que dádivas três vezes mais valiosas do que as agora perdidas serão depositadas a teus pés por esta afronta. Contém tua mão, portanto, e fica por nós admoestado!'
>
> 'Senhora', respondeu Aquiles, o grande corredor, 'Quando deusas ordenam, o homem deve obedecer, não importa o quanto tomado pela ira ele possa estar. Melhor para ele se assim o fizer; o homem que dá ouvidos aos deuses é por eles ouvido!'" (*Ilíada*, Livro I)

Dar ouvidos ao intelecto (Mercúrio ou Atena) e a Deus é importante para um herói impetuoso como Aquiles e para os que pertencem ao arquétipo heroico de Áries. Embora sua ira se justificasse, pois o rei Agamenão não agira com justiça, sua recompensa seria imediata. Ele devia esperar. Ouvir e esperar são coisas muito difíceis para qualquer pessoa com Marte vigoroso.

É interessante ver Atena substituir o carneiro como símbolo de Áries em vários zodíacos nabateus da Palestina e aparecer sentada nele, em outros. Alguns autores teorizam que Atena foi escolhida porque as deusas representam a fertilidade, de modo que seria necessária para unir Áries, o signo do Equinócio Vernal, à fertilidade da primavera. Para mim, um carneiro é tão eficaz como símbolo da fertilidade quanto uma deusa. E ainda, se qualquer Grande Mãe serviria para simbolizar a fertilidade, por que escolher Atena, uma deusa solar masculina? Por que não escolher uma deusa lunar, como Deméter, que *claramente* significaria fertilidade?

Parece mais provável que os nabateus tenham escolhido Atena de forma consciente porque ela pertencia a Áries. Como deusa solar que brotou plenamente florescida do crânio do Pai Zeus, Atena representava todas as qualidades do Logos – pensar, planejar, elaborar estratégias, organizar. Atena sentada no carneiro simbolizava o poder de controlar os instintos do Logos, questão abordada com frequência por Homero na *Ilíada*. A mitologia de Atena demonstra que ela simplesmente é tão corajosa quanto Áries, o Marte grego, porém mais sábia. Homero nos informa na *Ilíada* que ela fora enviada por Zeus para impedir que Áries, impulsivamente, provocasse uma devastação total durante a guerra de Troia. Ela cumpriu a vontade de Deus (Zeus) com prudência e confiança. Era destemida no campo de batalha da vida. Sua coragem é admirável. Muitas pessoas com Marte interceptado ou na 12ª Casa podem se beneficiar dessa coragem para dizerem *não* diretamente e permanecerem firmes quando a mente e os instintos lhes disserem para agir assim.

Como Logos, Atena tempera os impulsos de Marte para satisfazer aos desejos imediatos dele com a razão e a discriminação dela. Ela se mostra uma conselheira sábia a Telêmaco, o jovem herói da *Odisseia*. As pessoas de Sol e ascendente em Áries que exibem a prudência de Atena quando ameaçadas, que são bem organizadas e calmas, que leem e aperfeiçoam a mente, que controlam seu humor e seus instintos, que sublimam a paixão do momento em favor de objetivos futuros mais importantes são semelhantes a Atena.

Algumas "jovens Atena", ou garotas de Áries, sobressaem-se nos esportes, mas talvez não sejam encorajadas a competir pelos adultos. Em vez disso, são aconselhadas a ter um comportamento refinado, próprio de uma dama, a usar fitas e mesuras e a desenvolver habilidades domésticas. Para jovens mentalmente curiosas, de inteligência rápida e corpos irrequietos, isso é triste.

Os talentos naturais de competição e liderança das jovens de Áries podem, então, ser testados e aprimorados – e parte da inquietação de Marte ser liberada pela prática de esportes. A lenda diz que os escultores que trabalhavam no Panteão

receberam instruções de retirar as asas das estátuas de Atena/Nike para que ela jamais pudesse abandonar Atenas. Se as asas das jovens arianas não forem cortadas na infância, elas terão menos propensão a abandonar a escola e a fugir com algum homem perigoso que represente seu Marte, às vezes de modo violento ou abusivo.

Há mulheres arianas que me falaram sobre pessoas violentas em sua vida ou sobre abusos que parecem atrair do sexo oposto ou da vida em si. O Sol exaltado em Áries com vários planetas receptivos em Peixes manifesta, com frequência, um mapa natal passivo-agressivo. A paixão de Áries pode despertar reações de maus-tratos emocionais ou físicos. Os planetas em Peixes reagem como vítima ou mártir: "Como você pôde ferir meus sentimentos dessa maneira?"; "Coitada de mim!". O passivo-agressivo precisa desenvolver a discriminação de Atena. Atena é a deusa da sabedoria, e quem está sintonizado com ela sempre se pergunta: "Isso é prudente?".

Áries, muitas vezes, pode parecer valentão e provocar os outros. O Sol (o ego) exaltado está posicionado de forma poderosa. Áries, inconscientemente, pode tratar os outros, sobretudo as mulheres, com desrespeito. Arianos de ambos os sexos que se queixam de ter poucos amigos podem descobrir que não fazem muito esforço nesse sentido. Em geral, as mulheres são criadas para ser impotentes e, portanto, nem sempre parecerão tão interessantes a Áries quanto os homens. Por esse motivo, os pais arianos deveriam ouvir as mensagens inconscientes que estão transmitindo a suas filhas. O mesmo é válido em relação aos avós arianos e suas netas.

Recentemente, uma avó ariana comentava com o filho perto dos netos: "Lisa tira notas melhores que Bobby. É triste quando a menina herda o cérebro da família. Quero dizer que ela vai querer se casar quando crescer".

A própria avó era uma mulher de negócios bem-sucedida, com poucas amigas do sexo feminino. Quase sempre recontava as histórias de sucesso do filho, mas raramente as de sua também bem-sucedida filha.

As mulheres Atena, quando querem, podem ser donas de casa organizadas. Foi Atena quem introduziu as artes domésticas e as ferramentas na Grécia. Como já vimos, as mulheres de Áries com bons aspectos entre Mercúrio e Marte são, com frequência, muito habilidosas. Algumas delas usam o tear, a ferramenta doméstica favorita de Atena. (A arte da tecelagem, com certeza, também está simbolicamente ligada a "estratégias entrelaçadas".) Logos, todavia, indica uma mente inquieta. Há arianas que passam a sofrer de claustrofobia em casa quando os filhos são pequenos e anseiam por colocar em ação, no mercado de trabalho, suas habilidades mentais competitivas. Há mães de Peixes e de Câncer que se regozijam com os anos em que os filhos são bebês graciosos, atraentes e dependentes; as mães de Áries, ao contrário, em geral me relatam que os anos mais agradáveis foram aqueles em que os filhos estavam no colégio ou até na faculdade. "Era tão interessante ver como eles se desenvolviam, observá-los praticando esportes, ver quem escolhiam como amigos e o que desejavam ser quando crescessem." As mulheres arianas cujas personalidades têm pouco elemento Água no mapa não são particularmente maternais e tendem a alimentar a independência dos filhos. Não procuram mantê-los em casa para sempre!

O que dizer da ariana que tem quadratura, um aspecto negativo, entre os regentes esotérico e mundano Mercúrio e Marte? Ela pode se comunicar com sarcasmo, dar rédeas ao humor ou falar alto. Como um sargento, talvez demonstre alguma tirania e não ligar para o que as pessoas pensam dela. Atena rege a educação, o processo de desenvolvimento da mente. Em nossos dias, a mulher de Áries pode muito bem dirigir um negócio de seminários sobre comunicação assertiva. Como Atena disse a Aquiles, ouvir é parte importante do ato de comunicação.

Em *As Deusas e a Mulher*, Jean Shinoda-Bolen afirma que as mulheres de Atena cujos pais lhes deram apoio moral e financeiro para atingir seus objetivos educacionais tendem a avançar nos negócios e na vida acadêmica, mas que, após conquistarem o sucesso, passam a apoiar os valores do patriarcado, tornam-se conservadoras, opõem-se à igualdade de direitos e posicionam-se ao lado dos homens contra as mulheres. Ademais, estratégias mentais que atraem a atenção na Academia negam, com frequência, a função sentimento. Participar da vida acadêmica e ser notada, por exemplo, ajuda Atena a obter graus universitários, mas também pode levá-la a desenvolver, em excesso, o lado solar, masculino, da personalidade, à custa do lado lunar, do sentimento.

No mapa de uma mulher de Áries/Atena cuja função sentimento (elemento Água) era baixa, realmente senti o que Jean Shinoda-Bolen chama de armadura de Atena. Ela construíra forte defesa contra qualquer relacionamento que pudesse tornar seu trabalho vulnerável. Sua empresa não mantinha os empregados na folha de pagamento depois que se casavam. Embora encontrasse homens interessantes em eventos corporativos, ela não se permitia sair com eles. Se o fizesse, sua própria organização poderia decidir que ela não era mais confiável, porque estava próxima demais da estrutura de poder e conhecia segredos da empresa que os concorrentes ficariam felizes em descobrir. Na verdade, ela não queria se casar dentro da estrutura de poder e tinha pouco respeito por mulheres de Afrodite que agiam dessa maneira. Uma vez, ela me disse: "Não sou uma fêmea frágil, com sorriso afetado. Não cheguei aonde cheguei flertando com a gerência. Devo meu sucesso à inteligência e ao trabalho árduo. Quero pertencer à estrutura de poder por meus próprios méritos, e não deixar meu trabalho para lavar fraldas". Isso, de fato, parecia uma armadura bem forte.

O Partenon, templo que por séculos foi um marco na Acrópole que circundava a cidade de Atenas, é dedicado a Atena Partênia; Atena, a Virgem. Há pessoas Áries/Atena na universidade, no mundo dos negócios e na vida religiosa que correspondem a Atena Partênia. Ela não era suscetível a Afrodite e ao Cupido. Como esse tipo de mulher parece estar tão completamente no controle dos instintos, pode dar a impressão de ser fria e impiedosa. "Trabalhar para minha chefe, uma ariana, é mais difícil que trabalhar para o meu antigo chefe", disse uma secretária executiva. "Eu podia telefonar ao meu chefe e dizer que estava doente; ele me compreendia perfeitamente. Já ela diz: 'Ah, suponho que sejam problemas femininos de novo! Não chamo esse problema de doença, por que, então, você o faria? O que vai fazer realmente hoje? Vai ao cabeleireiro?'. Ela parecia não ter hormônios femininos".

É provável que mulheres de Áries com Água no mapa, especialmente Câncer, se deem melhor com outras mulheres por não se identificarem tanto com o patriarcado – os valores da organização masculina. Planetas em Câncer, em geral, significam estar sujeita a estados de ânimo e a problemas femininos. As arianas, assim como os arianos, com frequência deixam de perceber que os outros onze signos podem não dispor da sua energia, força, vitalidade e até (nas rodovias federais) de seus rápidos reflexos e coordenação. Marte tem pouca paciência com o fracasso ou a fraqueza. Planetas em Peixes no mapa de nativos com Sol Áries ou com Áries ascendendo acrescentam uma dimensão de compaixão. Eles tendem a se sentir culpados depois de um confronto e a pedir desculpas, por exemplo. Para a personalidade de Áries, o processo de filtragem mental – o distanciamento seguido da análise das razões subjacentes à sua raiva na situação – é muito importante.

Na astrologia médica, a cabeça, Áries, está em oposição aos rins, Libra. A função dos rins é filtrar as impurezas da corrente sanguínea antes que causem problemas ao organismo. Pelo processo de filtragem das emoções negativas, separando as emoções construtivas das destrutivas, Áries pode se poupar de enxaquecas, batidas e cortes, e doenças ligadas aos rins. Embora eu tenha encontrado mais arianas que arianos com problemas nos rins e na bexiga, é importante que essa polaridade seja levada em conta na leitura de um mapa.

Muitos arianos da geração Netuno em Libra têm Sol ou ascendente oposto a esse planeta obscuro e indefinível. Descobri que alguns deles apresentam sintomas da falta de filtragem libriana, por exemplo, não lidando de maneira apropriada com suas emoções; descarregando a raiva nas pessoas erradas ou em circunstâncias errôneas. (Ficar enfurecido em casa quando a esposa não fez nada para merecer tal comportamento e ser diplomático no trabalho quando a gerência está pisando nele! Ou tratar os homens com tolerância e "descarregar" a raiva nas mulheres.) Ou, como Atena em sua couraça, sacrificando o romance (Netuno em Libra) para fazer com que as coisas funcionem, pragmaticamente, através da lógica de Áries, na área profissional.

Quando pensamos no Fogo cardinal (Áries), pensamos no impulso competitivo em direção ao sucesso, na busca do mundo exterior, porque Marte é o regente mundano do signo. A coragem dos filhos de Marte é surpreendente; muitos clientes com signo de Terra, cautelosos, têm observado, no decorrer dos anos: "Os arianos são poderosos!". Com efeito, Marte deposita uma confiança maravilhosa em Áries. Dê a Áries uma oportunidade de tentar algo novo – uma tarefa, um compromisso, uma habilidade –, e ele provavelmente responderá: "Claro, sei que posso fazer isso!". Seu lado inventivo, empreendedor, pioneiro, combinado com a sagacidade mental de um bem desenvolvido regente esotérico (Mercúrio/Hermes), isto é, com a educação e técnica adequadas, o levará longe na vida. Ele se considerará preparado para ler mapas mesmo com conhecimento rudimentar de astrologia; por outro lado, um aluno de astrologia mais inibido, menos confiante e menos corajoso dirá: "Realmente, a astrologia é um *hobby*. Estudei-a por dez anos apenas. Não sei o suficiente para ler um mapa!". Os arianos são os instrutores potenciais que estimulam a assertividade das pessoas com pouco Fogo ou com Marte debilitado no mapa.

Com tão pouca ou nenhuma inibição, o que impede Áries mundano ou regido por Marte de ser bem-sucedido em sua busca? O temperamento. A impaciência. A agressividade em relação às pessoas tímidas e quietas, que pensam que ele é rude mais que franco e direto. Seu desejo de gratificação imediata de anseios e objetivos. O fato de desenterrar as sementes que acabou de semear antes que elas pudessem germinar, aborrecendo os jardineiros, dos quais depende. Um exemplo:

uma cliente de Áries enviou a várias empresas uma proposta de financiamento para seu projeto científico, mas não consegue esperar o retorno. Ela telefona para seus contatos todos os dias para saber se já o leram. Isso faz com que os possíveis financiadores se irritem, porque pessoas com temperamento mais burocrático não gostam de ser pressionadas.

Realização instantânea é o desejo mais ardente do impaciente Marte. Logos, a mente de Áries, deseja *conhecer* o resultado, para que assim possa prosseguir para a fase seguinte. Ele *age* antes (lança as sementes), mas as desenterra em seguida; perde o interesse pelo projeto porque uma nova ideia lhe surge. Marte tem prazer em um novo projeto mais que no empreendimento presente, que se tornou enfadonho ou frustrante. É fácil Áries ser desviado de sua busca. Às vezes, o nativo de Áries chega a uma sessão sentindo-se como Dom Quixote empunhando a lança contra moinhos de vento. A dúvida se instalou, e ele começa a querer saber se, porventura, os outros, que não se apresentaram como voluntários na linha de frente da batalha de *marketing* da companhia, sabiam alguma coisa que ele não sabia. Talvez, afinal de contas, isso seja uma "Missão Impossível?". "O que o astrólogo pensa...?", ele pergunta. Os signos fixos, incluindo os de Fogo, têm mais probabilidade de perseverar depois que os primeiros dragões foram destroçados, mas o nativo de Marte, um signo cardinal, tende a perder o interesse.

Isso lembra um velho ditado bem apropriado a Áries: "Nunca devemos mudar de cavalo no meio do rio". O cavalo é um símbolo importante da Era de Áries, ou Era dos Heróis, porque sem cavalos para puxar as Carruagens Solares as tribos arianas e helênicas não teriam conquistado o Vale do Hindu ou a Grécia e substituído o Direito da Mãe pelo patriarcado. Embora o cavalo também esteja relacionado a Sagitário, outro signo solar ou Fogo masculino, o ditado popular é particularmente apropriado ao impetuoso Áries. A espontaneidade, a iniciativa e o entusiasmo de Áries no estágio inicial de seus projetos são lendários, mas depois de vencido o primeiro obstáculo o Fogo de Áries, muitas vezes, se extingue. Áries, montado a cavalo no meio do rio, anseia por um veículo mais rápido, por um cavalo diferente, por uma nova direção. A energia de Marte é bem apropriada a aventuras de curta duração, mas, ao contrário do Fogo fixo, Leão, Áries tende a perder o interesse. Muitas pessoas consultam os astrólogos para saber se é hora de uma nova aventura. Alguns, com efeito, recebem a sugestão: "Contenha seus cavalos!".

Marte é, naturalmente, um planeta ambicioso, e Mercúrio, o regente esotérico de Áries, um estrategista. Entretanto, ambos são rápidos e inquietos. Como, então, tantos líderes de Áries, entre meus clientes, conseguem permanecer no poder? Arianos que iniciam a carreira por iniciativa própria sem dúvida passam de um trabalho a outro ou mudam de profissão com frequência. Outros tendem a permanecer no emprego pelo tempo necessário, especialmente os arianos com Mercúrio forte e bem desenvolvido. Muitos deles também são atraídos pelo poder, na Academia e no exército. Ter poder e influência, impressionar e alcançar objetivos pessoais (1ª Casa) é, para eles, mais interessante que fazer dinheiro. "O cargo é ótimo, mas o poder de fazer as coisas que desejo é mais importante", é a impressão que tenho com frequência após atender uma pessoa de Áries.

Ponderando sobre o arquétipo de Áries durante anos e relacionando-o com meu estudo sobre exaltações planetárias, concluí, por fim, que, além do Sol exaltado, há um segundo planeta que ganha destaque nesse signo: Plutão. (Os três planetas exteriores, descobertos mais recentemente, não têm ainda exaltações estabelecidas e determinadas.) Em mapas de arianos que desenvolveram os próprios negócios, foram administradores bem-sucedidos ou cientistas envolvidos com pesquisas e descobertas, percebi a recorrência de Plutão angular (na 1ª, 4ª, 7ª ou 10ª Casas) e/ou com forte aspecto com Marte. Nos mapas mais esotéricos, Plutão está em contato com Mercúrio, que cumpre a Função Pensamento, além de ser o regente esotérico de Áries. Desse modo, comecei a considerar Plutão mais seriamente nos mapas dos arianos e a analisar seus aspectos, anotando, antes de qualquer coisa, se eram positivos (trígonos, sextis e algumas conjunções) ou negativos por natureza (quadraturas, oposições e algumas conjunções).

Como planeta regente de Escorpião, Plutão traz firmeza de propósito e vontade de poder à personalidade marciana. Tem os pontos fortes de Escorpião, que aumentam o dinamismo e a ambição de Marte, mas também suas fraquezas, que expõem as qualidades negativas de Marte. Plutão, por exemplo, é um planeta recluso que, no mapa de um cientista ariano, pode ajudar a sublimar a energia sexual de Marte. Plutão e Marte podem ficar longos períodos de tempo no laboratório. Plutão oferece o controle e a habilidade de manter o foco na luta contra velhos hábitos e obstáculos ao longo do caminho. Fortalece o nativo com perseverança inabalável quando, de outro modo, este poderia facilmente perder o interesse e se enveredar em um novo projeto. Arianas com aspectos entre Plutão e Marte ou entre Plutão e Mercúrio, cujos pais encorajaram, mas foram incapazes de ajudá-las financeiramente, por exemplo, trabalharam muito para ser bem-sucedidas nos estudos. A combinação da vontade e dos poderes de concentração de Plutão com a energia física de Marte fez com que essas mulheres fossem capazes, no futuro, de realizar vários cursos, mantendo, ao mesmo tempo, um emprego de em tempo integral.

Mais uma vez, Marte, Plutão e Mercúrio podem realizar maravilhas pela sublimação da polaridade libriana – Eros. O magnetismo de Plutão aumenta o de Marte; é realmente fácil reconhecer alguém de Áries com aspecto forte entre Marte e Plutão. A intensidade e determinação de Plutão contrabalançam a inquietação de Marte quando os dois estão em aspecto positivo.

No caso de aspectos negativos entre Marte e Plutão, encontramos a manipulação, a dissimulação, o implacável impulso ao poder, o vingativo desejo de destruir os oponentes e, nos relacionamentos, uma tendência sádica e cruel, um desejo de descontar todas as frustrações no outro.

Plutão na 1ª Casa (correspondente a Áries no Zodíaco natural) também desempenha papel exaltado. Posicionado próximo ao Ascendente, parece gozar de maior magnetismo que qualquer outro planeta na mesma posição. Há uma aura de confiança subjacente à pessoa de Plutão na 1ª Casa, no sentido de que no final ela vencerá, pois recursos interiores estão à sua disposição para superar qualquer desafio imposto pela vida, não importando o tempo que o nativo levará para alcançar um objetivo importante. Todavia, há também uma espécie de poder intuitivo que determina quando avançar, quando fazer mudanças, quando tentar novos empreendimentos. Essas pessoas são hábeis em destruir os obstáculos que se interpõem à obtenção de poder no mundo exterior; algumas são capazes, ainda, de remover os próprios obstáculos interiores – os maus hábitos que se interpõem no caminho da meta final. Plutão é, de fato, forte para transcender e transformar. Entretanto, aquele que se relaciona com a pessoa de Plutão na 1ª Casa pode se queixar de que ela é introvertida e até obcecada. É importante examinar os aspectos para determinar como Plutão funciona no mapa do nativo de Áries, especialmente aqueles entre Plutão e Marte e Plutão e Mercúrio.

Desse modo, embora nunca tenha encontrado um cliente com Plutão em Áries, sinto que, pela força na 1ª Casa e pela influência sobre meus clientes arianos, essa deve ser sua posição de exaltação. Isso também está de acordo com a tradição esotérica segundo a qual Plutão é o planeta da oitava superior de Marte. Plutão foi descoberto em 1931, e, mesmo se o localizarmos nos mapas de clientes nascidos antes de sua descoberta, o cliente precisaria ser bem velho, tendo em vista que Plutão deixou Áries pela última vez em 1851.

Chegamos agora aos mitos correspondentes a Áries. Ambos são solares e heroicos, com heróis jovens, ingênuos, independentes, altamente confiantes. No primeiro mito da história, Hércules se dá conta da importância de harmonizar-se com Hermes/Mercúrio, seu regente esotérico. No segundo, Jasão reconhece a necessidade do princípio de Eros, filho da deusa Afrodite, além de sacrificar sua independência, acalmando-se em seus braços.

Em *Os Trabalhos de Hércules*, Alice Bailey reconta o mito da Busca de Áries, o primeiro dos famosos trabalhos de Hércules. O herói recebe a ordem de atravessar o Portão (duas colunas geminadas da Dualidade, símbolo da entrada no mundo da ilusão) e capturar as éguas selvagens de Diomedes, os animais de guerra que o rei criava. O interessante nesse mito é que os temidos animais eram fêmeas (as éguas) que "devastavam a região". Parece adequado a uma Busca de Áries ter Logos (o pensamento) lutando contra o lado destrutivo do feminino, como Perseu lutou contra a deusa Negra que estava tornando a terra árida. Contudo, Hércules não refletiu nem planejou. Lançou-se de cabeça no combate, com confiança total, e depois se viu em desvantagem; havia muitas éguas selvagens relinchando em sua direção. Então, ele se lembrou do amigo, Abdéris, "a quem muito amava", e gritou por socorro. Juntos, elaboraram um plano para encurralar e capturar as éguas. Quando completaram a tarefa, Hércules ficou aborrecido e inquieto. Em vez de permanecer com Abdéris, começou a executar a tarefa seguinte. Deixou as éguas com o amigo e instruiu-o a conduzir os animais de volta pelos Portões. Por que deveria o herói solar se demorar e perder tempo com um projeto antigo? Um líder deve ir em frente e executar missões mais importantes. Abdéris deveria ser capaz de concluir a tarefa. Porém, não tinha coragem de arrear e controlar as éguas. Elas sentiram isso e voltaram-se contra ele, esmagando-o com as patas. Em seguida, fugiram para as regiões mais remotas e selvagens do inconsciente, o Reino de Diomedes.

O orgulho exaltado de Hércules foi humilhado; depois disso, ele ficou abatido pela dor, e mais sábio, de acordo com a narração de Alice Bailey. Retomou, então, sua tarefa, cercando as éguas e conduzindo-as pelos Portões.

Esse mito contém vários temas. Muitas vezes, acreditamos que aquilo que compreendemos com facilidade é percebido com a mesma naturalidade pelos outros. Para Áries, é fácil ter coragem, confiança e enfrentar desafios. Por isso, as pessoas de Áries ficam surpresas quando os outros não possuem essas qualidades. Pobre Abdéris! Provavelmente não possuía os rápidos reflexos de Hércules nem sua bravura. Hércules lhe disse: "Veja, vou lhe mostrar apenas uma vez; olhe com atenção. Isto é fácil. Para prender essas éguas selvagens, você tem de fazer assim... Agora, apenas continue e termine o trabalho para mim, certo?". Ele então desapareceu, e Abdéris foi pisoteado até a morte pelas instintivas éguas. Hércules teve que recomeçar e ainda sofrer pela morte do amigo.

O segundo tema é o orgulho, ou a exaltação do Sol em Áries. Não ocorre a Hércules que Abdéris pode falhar, ou que ele, por intermédio de Abdéris, também. Se somos confiantes demais, as coisas podem parecer fáceis. Temos, então, que recomeçar, o mesmo projeto enfadonho. Um líder precisa estar consciente não só das próprias limitações, mas das deficiências de seus seguidores. Aprender a antecipar, para os outros e para si mesmo, é importante para Áries. O orgulho, muitas vezes, "antecede a queda" ou resulta em energia desperdiçada.

O tema mais importante dessa história parece ser a reflexão. A parte mais triste da Busca de Áries por Hércules não foi seu fracasso parcial na execução da tarefa, mas a perda de um amigo. Mais importante até do que ser guiado por Logos (percepção consciente de Hermes/Mercúrio) é a incorporação da polaridade Libra/7ª Casa. O Eu independente, a 1ª Casa, está posicionado no lado oposto do Outro, ou Eros, a 7ª Casa. A independência de Marte opõe-se ao sentido de reciprocidade de Vênus/Afrodite. Alguém que tenha vários planetas na 1ª Casa está centrado na personalidade. Quem tem vários planetas na 7ª Casa está consciente da interdependência da própria vida com a vida de outros.

Com frequência, após uma perda, como a de Abdéris por Hércules, o cliente com muitos planetas na 1ª Casa, ou em Áries, diz: "Veja, nunca me dei conta de quanto fulano ou sicrano trabalhou exceto depois que se aposentou". Ou: "Nunca percebi quanto minha mulher significava para mim senão após sua morte. Sempre me considerei uma pessoa capaz, independente. Estou começando a perceber agora quão dependente eu realmente era, e gostaria de ter demonstrado mais gratidão no passado...".

A busca de Jasão

A busca do tesouro solar que Jasão empreende – o Velocino de Ouro e o trono que é seu por direito inato – não é desejada apenas por aqueles que têm o Sol ou o ascendente em Áries, mas é a busca de cada homem e de cada mulher pelo Eu, o direito inato divino. No mito, o Velocino, a lã de um carneiro dourado, é o presente do regente esotérico, Hermes, e consagrado ao Pai Zeus (Júpiter). Todas essas implicações que cercam o Velocino revelam que se trata de um tesouro importante. Ele é frágil, delicado, dourado, da cor do Sol. A lã de ovelha também significa inocência. Jasão começa a busca inocente e entusiasmado, procurando o tesouro no mundo exterior. Ao possuí-lo, o Eu levaria liberdade, paz e felicidade ao trono, além da responsabilidade de servir a realeza com sabedoria.

A princípio, Jasão, como a maioria de nós, não tem consciência do quão difícil será a busca pelo Velocino efêmero, impossível. Em nome de seu tio, Pélias, de quem o carneiro dourado foi roubado, ele iça as velas com onze amigos de confiança para recuperá-lo para a Grécia. Aporta na Cólquida e descobre que os rumores estavam corretos: o Velocino está guardado ali. O rei da Cólquida não tem a intenção de se desfazer de um tesouro assim, mas é muito velho para lutar contra Jasão e não deseja cair em desgraça. Em vez de lutar, desafia Jasão: "Faça o impossível, e eu, com certeza e voluntariamente, lhe cederei o Velocino". A tarefa consiste em prender dois touros que expelem fogo pelas ventas a um arado feito com dentes de dragão e semear um campo. Entretanto, assim que termina de arar a terra, os dentes do dragão irrompem como guerreiros prontos a matá-lo em defesa do Velocino. Mas, como esse é um mito de Áries, e como Áries procura repetidamente fazer o que outros consideram impossível, Jasão, participando do arquétipo, diz: "Vencerei o desafio, com certeza".

O rei da Cólquida pensava que o desafio desencorajaria o jovem herói e faria com que perdesse o interesse pela busca. Mas um herói não gosta de esperar, e Jasão se sente desencorajado. Não se trata de um desafio que Marte possa resolver do seu jeito – independentemente nem somente com força, energia e entusiasmo. É preciso estratégia, reflexão, ajuda.

O herói precisa de um aliado, e Jasão invoca a deusa Afrodite. A deusa do Amor envia Cupido (Eros) com seu arco e flecha, e ele fere primeiro Jasão e, em seguida, Medeia, a filha feiticeira do rei da Cólquida. Medeia aparece inesperadamente no campo, pronta para ajudar o deprimido Jasão. Ambos se apaixonam de imediato.

Medeia tem um frasco de óleo que derrama nos dentes dos dragões quando Jasão termina de arar a terra, de modo que estes deixam de se transformar em guerreiros. Juntos, os dois concluem o trabalho, e, teoricamente, Jasão ganha o Velocino de Ouro.

A vida, no entanto, está repleta de complicações. Jasão descobre que ainda tem de vencer o pai de Medeia em uma batalha. No final da história, quando Jasão, seus amigos e Medeia navegam com o Velocino de Ouro, Medeia sente que traiu a família. Sua ajuda resultou na morte do pai, do irmão e dos primos. O uso que fez do óleo calmante resultou em violência.

Encontramos em parábolas bíblicas a frase: "E os violentos arrebatarão o reino". As portas do céu são assaltadas por corajosos signos de Fogo. Este parece ser um padrão kármico. Há ira, coragem e luta pelo patrimônio – o Trono do Pai, a herança (o Velocino de Ouro), o Reino que é *meu* por direito. Alcançando as expectativas do Pai Zeus (Júpiter), e com frequência ultrapassando-o, os signos de Fogo completam sua busca.

O que acontece ao Herói quando chega à terra natal com Medeia e o Velocino? Por acaso, o tirano Pélias entrega-lhe o trono de bom grado e resignadamente? Não. Segue-se uma batalha sutil, um período de intriga orquestrado por Medeia, que tem como resultado a morte de Pélias. Então, a poção de amor de Cupido lentamente perde a força em Jasão e Medeia, enquanto Glauce, a princesa de Corinto, começa a dirigir-lhe apelos – e seu reino torna-se a nova busca de Jasão. Como personalidade de Marte, Jasão não deseja se acomodar em casa com Medeia. Ele é inquieto; quer continuar em movimento, buscando.

Quando Jasão diz à esposa que não precisa mais dela e que ama a princesa de Corinto, Medeia responde aos berros: "O quê? Depois de tudo o que fiz por você – traí minha família e minha pátria –, depois de todo o sangue que tenho em minhas mãos por sua causa...!?" E ele diz naturalmente: "Oh, não. Não lhe devo nada, Medeia. Foi a deusa que me ajudou. Afrodite respondeu à minha oração enviando você e fazendo-a se apaixonar por mim. Foi Afrodite que me ajudou, não uma simples feiticeira mortal!".

Medeia se enfurece e decide se vingar. Aos poucos, vai se transformando na Mãe Terrível que um dia devorará os próprios filhos.

Liz Greene, em *A Astrologia do Destino** (Áries, p. 179), assinala que, se considerarmos Medeia a *anima* de Jasão, seu lado feminino, ele certamente a rejeitou, a abandonou. Quando velho, provavelmente se tornou tirano como o tio Pélias e não tentou integrar sua polaridade (Libra/Eros) para estabelecer uma relação de confiança, usufruir da paz de seu reino e distribuir justiça a seus súditos como um

---

* Publicado pela Editora Pensamento, São Paulo, 1989 (fora de catálogo).

libriano. Fez uso do presente de Hermes (o Velocino), seu regente esotérico, e da magia enviada por uma pessoa de Hermes – Medeia, a feiticeira. (Hermes, como veremos mais adiante, rege a feitiçaria, a alquimia, a magia e aqueles que chegam de repente, não se sabe de onde, como aconteceu com Medeia. Veja o capítulo 6, Virgem.) Porém, Jasão não aprendeu a discriminação prudente nem a sabedoria de Hermes. Uma coisa, porém, é gratificante: ele prestou sua homenagem a Afrodite. Admitiu que ela o ajudara, que necessitara de alguém; ele orara e ela lhe respondera. Para uma pessoa de Marte, independente, essa expressão de gratidão é significativa.

A essa altura, vários leitores com Sol em Áries ou Áries no ascendente estarão pensando: "Eu não sou assim. Não me reconheço em nada disso. Me casei muito jovem e sacrifiquei, com alegria, minha independência a Eros. Estou num longo e feliz relacionamento. Minha mulher e eu compartilhamos tudo. Ouço atentamente o que ela diz e mudo com frequência de ideia, seguindo e agindo de acordo com a opinião dela. Tenho boas amigas que escuto tanto quanto meus amigos. Preocupo-me em saber se meus companheiros e minha equipe de trabalho gostam de mim. Tenho um sócio há vários anos e nos damos bem. Não me vejo abrindo um negócio sozinho. Vejo-me como um 'jogador de equipe' no jogo da vida. Aprecio o conforto e a constância. As pessoas me acham diplomático, nunca grosseiro. Pode apostar que jamais me alistaria no exército; antes, preferiria fugir para um país estrangeiro. Não suporto o exército. Jamais abriria caminho às cotoveladas, como um carneiro batendo os chifres".

Se concordar com pouco mais da metade dessas afirmações, você pode estar vivendo na polaridade de Libra. Se tem Sol em Áries, você pode ter nascido próximo ao pôr do sol e ter Libra, seu signo de polaridade oposta, em elevação, no Ascendente. Pode ter também alguns planetas na 7ª Casa e experimentar a polaridade libriana desse modo. Ou Vênus/Afrodite pode estar em uma casa forte (1ª, 4ª, 7ª ou 10ª), com Marte em uma casa mais fraca. Seu mapa pode estar dominado por aspectos artísticos/estéticos. Você é um carneiro suave, com a polaridade Libra/Áries? Se for, pode ter uma profissão libriana – moda, floricultura, arquitetura, fotografia, produtos de beleza, e assim por diante. Muitos Touros na cúspide de Áries tendem à polaridade Afrodite/Libra. O romance (Eros) é, para eles, mais importante que o sexo; o amor é mais importante que a paixão.

Você pode, ainda, revelar a inquietude de Áries – a tendência a desenterrar as sementes antes que os projetos germinem ou brotem. Sua companheira pode se queixar de que você sempre volta do mercado com aquilo de que *você precisa*, mas sem os produtos que ela pediu, quando você mesmo não os usa! Essas qualidades tendem a se manifestar até no carneiro mais tranquilo e suave. Você pode tirar proveito da leitura do questionário sobre estar em contato com Marte, o regente mundano, já que Vênus, provavelmente, é mais forte no seu mapa.

Qual é, então, o significado do ciclo de Áries na longa jornada da alma? A encarnação de Áries está na agitada busca da aventura pela aventura, da descoberta pela descoberta. É uma vida que vai, faz e age, impondo-se sobre a mediocridade e a monotonia. É, todavia, uma vivência importante, pois é quando a identidade do ego se cristaliza e aprende a estabelecer limites, a desenvolver um sentido de separação através do desenvolvimento da mente (Logos). Por meio da espada da discriminação, o intelecto aprende a distinguir os opostos e a quantificá-los. O tempo e o espaço, por exemplo, são medidos pelo matemático, pelo geógrafo ou pelo astrólogo de Áries. O intelecto reúne os fatos áridos e os observa de novos e diferentes modos. Às vezes, cientistas arianos, estabelecendo fronteiras e categorias, são capazes de fazer, de maneira inesperada, descobertas milagrosas. Simbolicamente, batem na rocha com sua varinha mágica (a mente) e produzem água. Mas é longe da companhia dos companheiros, no isolamento do laboratório, que o cientista faz a descoberta ou o arqueólogo descobre o tesouro.

Povos originários acreditam que o Divino criou uma diversidade de formas de vida, incluindo as identidades egoicas humanas, para usufruir de uma variedade de experiências. Se isso for verdade, que alegria Deus deve encontrar em Áries, que, com sua coragem, seu entusiasmo e sua exuberância, vive a vida na plenitude e com total confiança. Durante o período de vida de Áries, a alma experimentou uma fertilidade de recursos e de autoconfiança interiores. Mesmo os arianos que integraram a polaridade libriana por meio de um matrimônio longo e feliz parecem nunca perder o sentido do eu, da individualidade. Embora sejam prudentes, e usem o "nós" em vez do egoísta "eu", ainda assim existe um sentido interior de reserva. Sua alma lhes pertence. Se o companheiro o menospreza ou ameaça sua autoestima, o nativo de Áries, exceto aqueles que tiverem um *stellium* na 7ª Casa ou a Lua no ascendente, dará a volta por cima. No final da vida, nem todo ariano estará consciente de que EU SOU é o Eu, mas quase todo nativo com Sol em Áries, ascendente em Áries ou Marte angular tem orgulho e respeito pela singularidade de sua personalidade egoica.

Áries parece corresponder à fase da *separatio* do processo alquímico interior. Em *Anatomia da Psique*,* no capítulo *Separatio*, Edward Edinger discute a importância desse estágio alquímico no estabelecimento de limites. Nessa fase, o ego se vê não apenas como herdeiro e filho de Deus, mas como o filho único do Divino, e valoriza sua própria singularidade. Na fase Logos, o intelecto constantemente define, compara e estabelece limites. Trata-se do aguçar da lógica ou da Espada da Discriminação que Edinger chama de "o cortador". Logos quantifica e mede as esferas duais do espaço e do tempo usando o relógio, o compasso e outros instrumentos, refugiando-se em fatos, limites, categorias e fronteiras. Desenvolve uma perspectiva independente que Edinger compara ao verso do poema de Robert Frost, "Paredes Restauradoras": Boas cercas fazem bons vizinhos. Nesse sentido, os limites do Logos se opõem à fusão do Eros, cuja perspectiva, no poema citado, é "há algo que não ama uma Parede". Logos, ou *separatio*, é, então, o cortador ou a espada, ao passo que Eros, ou *conjunctio*, é o aglutinante. O aglutinante é regido por Afrodite, mãe de Eros (Cupido). O nativo de Áries tende a se mover na direção da *conjunctio*, da integração da Função Sentimento, através do matrimônio. Seus primeiros anos foram solitários – isolados em sua torre de marfim, no laboratório ou no mosteiro –, ou eles podem ter viajado sem parar pelo mundo exterior ou mesmo pela própria imaginação. Mas, com a progressão do Sol de Áries para Touro, o ariano inclina-se para Afrodite e para a *anima* (no caso das arianas, ao *animus*, aos sábios anciãos – o guru da vida religiosa, dos negócios, da academia – ou ao marido).

Se durante esse ciclo Vênus progredida entrar em contato com o Sol ou com o ascendente em Áries, o romance poderá estar próximo. Para a ariana, Marte em progressão para Vênus natal tende a ter o mesmo efeito. Eventos similares acontecem quando Marte ou Vênus natal passam do movimento retrógrado ao direto. É quando o "aço cortante" do Logos ganha flexibilidade e cede ao "aglutinante" Eros.

A progressão em Touro tem duração de trinta anos. A impaciência e a impulsividade de Áries diminuem, e, em alguns casos, a ambição também parece declinar. Touro é um signo que constrói lentamente e pode ser complacente. Muitos arianos que entram nessa progressão no final dos vinte anos perdem um pouco do interesse por atividades físicas, por exemplo, e desenvolvem um gosto venusiano por sobremesas engordativas. Todavia, na maioria dos casos, eles se

---

* Publicado pela Editora Cultrix, São Paulo, 1990.

ajustam à energia e percebem que se sentem melhor quando estão fisicamente ativos. A maioria volta a correr ou recomeça algum outro exercício – quase sempre individual, raramente um esporte de grupo. Pessoas com Áries natal têm natureza instintiva e fortes desejos, mas se focam quando progridem para Touro. Coisas materiais (Terra), como propriedades ou estabilidade nas relações, bem como lealdade, constância e conforto, começam a aparecer. Isso, naturalmente, não ocorre da noite para o dia, mas aos poucos, ao longo dos anos. Indivíduos de Áries que nasceram nos primeiros graus do signo parecem ser solteirões contumazes, mas se casam logo depois que o Sol progride para Touro, para surpresa dos pais e amigos. A estabilidade do signo fixo pode ser uma oportunidade para Marte alcançar seus objetivos. É importante orientar o cliente ariano a se harmonizar com os assuntos de Touro que ele considera positivos, como perseverança e habilidade de construir solidamente em diversas áreas da vida; de outro modo, parte da inércia taurina pode pegá-lo desprevenido. Nos primeiros anos de uma nova progressão, precisamos observar os pontos fortes e fracos do signo em que estamos entrando e ficarmos alertas.

Ao longo do meu trabalho com leitura de mapas natais, descobri que clientes com Mercúrio retrógrado tendem a analisar cada um de seus pensamentos, sentimentos e motivações. Essa interminável autoanálise não colabora para fortalecer a autoestima. Desse modo, desenvolver os planetas relacionados aos sentimentos pode auxiliar pessoas com Mercúrio retrógrado porque Eros – Edinger nos diz – é também o aglutinante, o que une e remenda o pobre e ferido ego. (*Anatomia da Psique, Separatio*.) Por ser um signo que se joga de cabeça, Áries se beneficia, com frequência, do contato com os planetas do coração no mapa. Em muitos mapas em que Marte e Mercúrio são retrógrados (os regentes mundano e esotérico da cabeça, Áries), emoções reprimidas, nunca liberadas no mundo exterior, podem se desdobrar em problemas de saúde. A cabeça filtra em demasia. No caso de Marte retrógrado, há arianos que voltam sua raiva e suas frustrações contra si mesmos, em vez de confrontar terceiros diretamente sobre questões que realmente o aborrecem. Já relacionei, inúmeras vezes, Marte retrógrado a enxaquecas nos mapas de pessoas com Sol em Áries. Assim como o intelecto, os instintos e os sentimentos merecem ser respeitados.

Uma mudança que percebi em meus clientes arianos depois de dez anos com o Sol progredido em Touro é a diminuição da intensidade com que discutiam antes política e religião. Marte, regente do Sol natal, gosta de uma boa luta, mas Vênus, regente do Sol progredido, é mais cordial e sabe quando se manter em silêncio ou ser socialmente diplomático. Muitas vezes, penso em Éris, deusa da Discórdia, irmã de Ares. Certa vez, ela pegou uma maçã dourada, deu-lhe o nome de "a mais bela" e jogou-a em meio a uma cerimônia nupcial no Monte Olimpo. A maçã era tão extraordinária que as deusas decidiram que ela simplesmente seria dada à mais bela, o que significava que um concurso de beleza deveria ser realizado, e as deusas, comparadas umas às outras. Logo, começaram a discutir. O pobre Páris teve de julgá-las. O pagamento que recebeu pelo julgamento foi Helena de Troia, e a guerra foi a consequência final. Todos nós conhecemos pessoas como Éris, aquelas com aflições de Mercúrio/Marte que sempre semeiam a discórdia. Bem, o que percebo durante a progressão de Áries para Touro é que o lado promotor da paz de Vênus aparece, e muitos arianos com características de Éris tendem a guardar suas maçãs e procuram manter a harmonia. "Promova a paz, não a guerra" é uma mensagem que Vênus tenta passar aos filhos de Marte e de Áries nessa progressão. Muitos deles parecem amadurecer ao final do ciclo dos trinta anos.

Quando Áries termina sua jornada através de Touro, tem início o ciclo de trinta anos por Gêmeos. Por ser regido por Mercúrio, planeta da lógica e dos fatos, o ciclo de Gêmeos pode aumentar sua harmonização com Atena, deusa da Sabedoria. O período de embasamento (manutenção da casa, obrigações com o empregador) e de responsabilidade de Touro ajudou a estabilizar Áries, e agora ele está pronto para explorar novas facetas de sua personalidade e talentos nessa progressão altamente versátil. Arianos entram em Gêmeos a qualquer momento a partir dos trinta até os sessenta anos, e quase todos veem essa passagem como um novo e estimulante começo – o começo de um ciclo menos enfadonho que a progressão em Touro.

A impaciência de Gêmeos ressoa com Áries: muitos planejam ter por perto um filho ou um neto, ou ir morar em uma região mais quente do país. Esse é um ciclo que aspira a novas aventuras. Enquanto os contemporâneos dos outros onze signos se lastimam de dores diversas, Áries, que se manteve em boa forma, pensa: "Que velhos enferrujados! Eu me sinto muito jovem, de fato!". Alguns experimentam Gêmeos no nível mais mundano e buscam o aprendizado no mundo *exterior* – lendo e discutindo as descobertas científicas da Era de Aquário, desde os programas espaciais até os transplantes cardíacos. Outros se voltam para dentro e leem sobre a consciência, as experiências pós-morte, as técnicas para a realização do

Eu. A flexibilidade de Gêmeos permite que Áries se desligue das tendências fixas de Touro e o ajuda a se adaptar a novas circunstâncias. Às vezes, Áries vai viver com um irmão neste ciclo (Gêmeos se refere também a irmãos), mas isso pode não funcionar por conta da personalidade independente do ariano. Há também aqueles que buscam a verdade há tempos, sendo vistos como Velhos Sábios, ou Atenas Sábias, por pessoas jovens que deles se acercam.

Embora eu conheça poucos arianos que passaram pela progressão para Câncer – eles são bastante idosos –, podemos fazer algumas generalizações. Traços pouco característicos de Áries se manifestam na personalidade – mau humor, nostalgia, concentração no passado, hipersensibilidade. Essas novas qualidades realmente confundem amigos e membros da família que se lembram do ariano como alguém franco e direto. "Costumávamos poder dizer *tudo* ao tio Harry. Tínhamos conversas muito interessantes. Agora ele está tão sensível! O que aconteceu?". Ou dirá a esposa: "Você nunca foi romântico! Por que, de repente, está aí lembrando canções do nosso tempo de namoro, de cinquenta anos atrás?".

Muitos arianos parecem desenvolver um apego particularmente forte aos membros da família e se conectam ao corpo nos últimos anos de vida. O apego é um aspecto importante de Câncer. O cônjuge de um ariano poderá observar: "Ele costumava ser tão independente, mas agora parece ser tão dependente! Gostaria de saber o que vai acontecer se eu morrer antes! Outrora, sempre parecia que *eu* era a pessoa dependente. O que eu faria se sobrevivesse ao meu Áries?". Câncer, entretanto, parece um signo adequado para concluir a jornada da vida. No sistema filosófico de Platão, Câncer era a Mãe Terra, a quem nossos restos terrenos retornavam; contudo, era também a grande deusa lunar que nos daria nossa nova forma, mais forte e mais saudável! Os discípulos de Platão acreditavam que as almas se deslocavam até a Lua, recebiam novas formas e retornavam à Terra para realizar seus desejos, adotando novas personalidades à medida que fossem percorrendo o Zodíaco.

A jornada de Áries tem probabilidade de ser valorosa e, portanto, no caso de muitos buscadores espirituais, vitoriosa no final. A esperança brota eternamente nesse signo de Fogo. A atitude é suprema para o Buscador Espiritual, e o espírito otimista de Áries é contagiante. Áries tem o poder de motivar e inspirar os demais a acreditar em si mesmos, a crer que há luz no fim do túnel, a continuar sempre em frente, mesmo nos momentos mais difíceis da vida.

Questionário

Como o arquétipo de Áries se expressa? Embora se destine especialmente aos que têm o Sol ou o ascendente em Áries, qualquer pessoa pode aplicar este questionário à casa na qual Marte está localizado – ou às casas que Marte rege (ou com Áries interceptado). As respostas indicarão o grau de contato do leitor com seu Marte natal, seu "Deus da Guerra", seus instintos arianos.

1. Meu estilo de comunicação é direto e convincente:
    a. Sempre.
    b. Quase sempre.
    c. Raramente.

2. Em geral, eu mesmo tomo a iniciativa, sugiro o projeto, considero-o meu e trabalho nele com entusiasmo:
    a. 80-100% das vezes.
    b. 50-80% das vezes.
    c. 25% das vezes ou menos.

3. Não percebo o valor de virtudes como humildade, paciência, diplomacia, prudência e obediência às normas:
    a. A maioria das vezes.
    b. 50% das vezes.
    c. 25% das vezes ou menos.

4. Entre minhas melhores qualidades, incluo o otimismo, a autoestima, a coragem, a vitalidade e a habilidade de motivar os outros:
    a. Geralmente.
    b. Aproximadamente 50% das vezes.
    c. 25% das vezes ou menos.

5. Entre minhas qualidades negativas, provavelmente incluiria a impetuosidade. Às vezes me jogo de maneira impulsiva a uma nova ideia e assumo riscos desnecessários. Se esperasse alguns dias mais, provavelmente não compraria certa mercadoria, carro, apartamento, mas não esperei. Tomo decisões impulsivas:

a. 80% das vezes.
   b. 50% das vezes.
   c. 25% das vezes ou menos.

6. **Meu maior medo é:**
   a. Perder minha independência.
   b. Falir.
   c. Perder meu cônjuge.

7. **O maior obstáculo ao meu sucesso provém de:**
   a. Meus concorrentes e/ou de circunstâncias além do meu controle.
   b. Dentro de mim mesmo.

8. **Sinto que a parte mais fraca do meu corpo, a que me causa maiores problemas, é:**
   a. A cabeça (enxaquecas ou outras dores de cabeça, problemas nasais ou oculares).
   b. A área da garganta (tireoide, perda da voz, garganta irritada).
   c. Os rins ou dores lombares.

9. **As atividades mais importantes da minha vida são marcianas, como esportes, sexo, carros velozes e as últimas novidades em equipamento mecânico:**
   a. Muito importantes.
   b. Moderadamente importantes.
   c. Sem qualquer importância.

10. **Sou propenso a acidentes. Bato a cabeça:**
    a. Raramente.
    b. Com certa frequência.
    c. Frequentemente.

Os que assinalaram cinco ou mais respostas (a) estão em contato significativo com seus instintos. Os que marcaram cinco ou mais respostas (c) estão na extremidade oposta do nível instintivo. Marte, nessas pessoas, não consegue se expressar de forma adequada. Um sintoma possível de um Marte frustrado é que a pessoa tende a "atrair" acidentes. Os que responderam (c) na questão 10 devem rever seu

Marte natal. Ele está na 12ª Casa? É retrógrado? Está interceptado? É importante que trabalhem de forma consciente os planetas que aspectam Marte natal para ajudar na expressão de instintos positivos como coragem, confiança, autoestima, comunicação direta, vitalidade, assertividade.

Onde está o ponto de equilíbrio entre Áries e Libra? Como Áries integra o Eu e o Outro? Embora essa questão diga respeito particularmente aos que têm o Sol ou ascendente em Áries, todos nós temos Marte ou Vênus em algum lugar do nosso mapa. Muitos têm planetas na 1ª ou na 7ª Casas. Para todos nós, a polaridade Áries/Libra implica aprender a nos relacionarmos com os outros sem perder nosso sentido do Eu.

1. Meu cônjuge diz que só lhe dou ouvidos quando ele expõe uma opinião sobre um assunto sobre o qual ambos devemos decidir. Então, diz que dou a impressão de concordar, mas na semana seguinte faço exatamente o que bem entendo, como se nunca tivéssemos discutido a questão. Ouço isso:
   a. Nunca.
   b. Várias vezes.
   c. A maioria das vezes.

2. Quando entro em uma loja para comprar algo de que preciso, lembro-me de meu cônjuge mencionando que precisa de um produto que eu nunca uso. Compro o produto para meu cônjuge:
   a. 25% das vezes ou menos.
   b. Aproximadamente 50% das vezes.
   c. 80-100% das vezes.

3. A competição é muito mais importante que a cooperação:
   a. 25% das vezes ou menos.
   b. 50% das vezes.
   c. 80% das vezes ou mais.

4. Em casa e no trabalho, os outros acham difícil suportar meu gênio, mas, na minha opinião, é muito melhor "estourar" e depois deixar que as coisas se acalmem que guardar ressentimento:

a. Raramente ou nunca.
   b. Várias vezes.
   c. Quase sempre.

5. Detesto depender dos outros. É muito mais rápido e fácil fazer as coisas sozinho:
   a. Aproximadamente 25% das vezes.
   b. Aproximadamente 50% das vezes.
   c. A maioria das vezes.

Os que marcaram três ou mais respostas (b) estão desenvolvendo um bom trabalho com a integração da personalidade na polaridade Áries/Libra e Eu/o Outro. Os que têm três ou mais respostas (c) precisam trabalhar mais conscientemente o desenvolvimento da Vênus natal em seus mapas. Os que têm três ou mais respostas (a) podem estar em desequilíbrio na direção do outro (Marte fraco ou pouco desenvolvido). Estude ambos os planetas no mapa natal. Há algum aspecto entre eles? Qual deles é mais forte por posição de casa ou localização em seu signo de regência ou exaltação? São retrógrados, interceptados, em queda ou em detrimento? Aspectos relacionados ao planeta mais fraco podem indicar o modo de integração.

O que significa ser um ariano esotérico? Como Áries integra Mercúrio na personalidade? Nem todo ariano tem um aspecto entre Mercúrio e Marte, mas tem Mercúrio posicionado em algum lugar do mapa. As respostas às questões a seguir indicarão em que grau Áries está em contato com Mercúrio, seu regente esotérico. Lembre-se de que Mercúrio se relaciona com a Função Pensamento e também com a reflexão.

1. Antes de tomar decisões e de agir, percebo a importância da reflexão, obtendo todos os fatos e levando em conta os possíveis resultados de cada alternativa:
   a. Quase sempre.
   b. 50% das vezes.
   c. Quase nunca.

2. Levo em conta as opiniões dos outros antes de tomar uma decisão que os afeta:
   a. Quase sempre.
   b. Às vezes.
   c. Quase nunca.

3. Minhas ocupações exigem paciência, precisão e domínio de detalhes técnicos, como ensino, escultura ou alguma outra arte:
   a. Verdadeiro.
   b. Gostaria que assim fosse.
   c. Falso.

4. Esforço-me para me manter informado sobre as mais recentes novidades da minha área de atuação. Leio ou faço cursos:
   a. Sempre que posso.
   b. Às vezes.
   c. Não, se posso evitar.

5. Meu desejo de aventura é satisfeito em áreas que envolvem pesquisa e descoberta científica:
   a. Verdadeiro.
   b. Não, mas gostaria que fosse.
   c. Falso.

Os que marcaram três ou mais respostas (a) estão em contato com o regente esotérico. Os que marcaram três ou mais respostas (b) precisam trabalhar mais na integração de Mercúrio, de acordo com a localização por casa do planeta em seus mapas astrais. Tais pessoas precisam parar, pensar e planejar antes de agir através da casa que serve de domicílio a Mercúrio. Muitas vezes, livros de autoajuda e seminários que tratam da casa em que Mercúrio está localizado são úteis. Os que marcaram três ou mais respostas (c) podem não ter um aspecto entre Mercúrio e Marte. Mercúrio também pode estar interceptado, em queda ou em detrimento. Para integrar o regente esotérico, a objetividade pode ser desenvolvida pelo estudo das ciências e da psicologia. Objetividade e discriminação são chaves valiosas para desenvolver e integrar o regente esotérico.

Referências Bibliográficas

Alice Bailey. *Esoteric Astrology*, Lucis Publishing Co., Nova York, 1976.

_____. *Labours of Hercules*, Lucis Publishing Co., Nova York, 1974.

C. G. Jung. *Symbols of Transformation*, "The Origin of the Hero", Princeton University Press, Princeton, 1967.

_____. *The Integration of the Personality*, Keagan Paul Trench Trubner and Co. Ltd., Londres, 1948.

Edith Hamilton. *Mythology*, "The Quest for the Golden Fleece", Mentor Books, Nova York, 1969.

Edward Edinger. *Anatomy of the Psyche*, "Separatio", Open Court, La Salle, 1985. [*Anatomia da Psique*, Editora Cultrix, São Paulo, 1990.]

_____. *Ego and Archetype*, G. P. Putnam's Sons, Nova York, 1972. [*Ego e Arquétipo*, Editora Cultrix, São Paulo, 2ª edição, 2020.]

F. R. S. Raglan. *The Hero: A Study in Myth, Tradition and Drama*, Methuen, Londres, 1936.

Homero. *Iliad* (Livro I), "Athene Counsels Achilles", Penguin Books, Nova York, 1982.

_____. *Iliad* (Livro XV), "Ares and Athene", Penguin Books, 1982.

_____. *The Odyssey* (Livro I), "Athene Visits Telemachus", Penguin Books, Nova York, 1978. [*Odisseia*, Editora Cultrix, São Paulo, 2ª edição, 2013.]

James Hillman. "Ananke and Athene", *in Facing the Gods*, Spring Publications Inc., Irving, 1980. [*Encarando os Deuses*, Editora Pensamento, São Paulo, 1992.] (fora de catálogo)

Jean Shinoda-Bolen. *Goddesses in Everywoman*, "Athena", Harper and Row, San Francisco, 1984.

Jolande Jacobi. *The Way of Individuation*, Harcourt Brace and World, Nova York, 1967.

Joseph Campbell. *Occidental Mythology*, Penguin Books, Nova York, 1982.

_____. *The Hero with a Thousand Faces*, Princeton University Press, Nova York, 1968. [*O Herói de Mil Faces*, Editora Pensamento, São Paulo, 1988.]

Joseph L. Henderson. "Ancient Myths and Modern Man-Heroes and Hera Makers", *in* C. G. Jung (org.), *Man and His Symbols*, Doubleday and Co., Garden City, 1969.

Karl Kerényi. *The Heroes of the Greeks*, H. L. Rose, tradutor, Thames and Hudson, Londres, 1959. [*Os Heróis Gregos*, Editora Cultrix, São Paulo, 1993.] (fora de catálogo)

Liz Greene. *The Astrology of Fate*, Sam Weiser, Inc., York Beach, 1984. [*A Astrologia do Destino*, Editora Pensamento, São Paulo, 1989.] (fora de catálogo)

Michael Grant. *Myths of the Greeks and Romans*, Mentor-New American Library, Nova York, 1962.

2

Touro:

A Busca do Valor e do Sentido

Como símbolos para a Era de Touro (2500-1500 a.C.), temos o touro, a deusa e Buda. Afrodite/Vênus é a regente mundana de Touro, e Hefesto/Vulcano, o esotérico. A obra *Mitologia Primitiva* (pp. 37ss), de Joseph Campbell, é fonte fecunda do simbolismo do Touro e da deusa lunar. O pesquisador põe à nossa disposição muitos dados referentes à deusa de Creta e a seu consorte-touro, trazendo Europa e o Touro na Grécia continental, Innana e seu touro na Suméria e, obviamente, Parsífae, a esposa do rei Minos, e Touro Celeste de Poseidon em Creta. O mito do labirinto do Minotauro é talvez o mais conhecido da deusa e seu consorte. Campbell menciona que "o quadrante taurino no mundo" estendia-se do início até meados da Idade do Bronze, desde o Vale do Indo, no Sudeste asiático, passando pelo Irã, por Creta, por Micenas, na Grécia continental, até Stonehenge, na Inglaterra.

A conexão entre o Touro e a deusa é muito importante para a astrologia: o glifo de Touro (☿) é constituído de uma cabeça de touro encimada por uma lua crescente. Há uma influência duplamente feminina em Touro – o regente mundano é Vênus, e a Lua está em exaltação nesse signo. Com a dupla influência feminina, temos a receptividade da Mãe Terra que Isabel Hickey descreveu como "a terra recém-arada da primavera, pronta para receber a semente". Passiva, paciente e plácida, a terra de Touro é sexualidade fértil e fecunda. Assim como o regente mundano e instintivo de Touro, Vênus, o princípio de atração, tem forte magnetismo físico. Como Linda Goodman afirmou em *Signos Estelares*, Touro não tem uma energia sexualmente agressiva; prefere atrair os outros a persegui-los. Touro é associado à reprodução biológica e a outros tipos de criatividade. Essa relação de Touro com o feminino pode parecer estranha. Hoje, quando pensamos nesse animal, as primeiras associações que fazemos são, muito provavelmente, masculinas. Nossa tendência é pensar em touros reprodutores e toureiros "machos". Atualmente, o touro está investido de autoridade masculina, não estando mais associado à Mãe.

No sul da Índia, o templo de Brihadisvara, em Thanjavur, abriga uma estátua gigantesca de Nandi, o Touro, considerado o veículo da divindade masculina, o Senhor Shiva. Nos tempos pré-arianos, na Era de Touro, Nandi era esposo de Sati, deusa do Amor e da lealdade matrimoniais. Sua estátua em Thanjavur, como muitas outras de touros da Idade do Bronze, tem expressão suave, delicada, quase feminina. O templo está repleto de esculturas fálicas, símbolo da fertilidade e da criatividade biológica. Nandi representa o lado masculino da Mãe Terra. A deusa Durga, montada em um leão, perseguiu e matou um touro selvagem em um sacrifício ritual para garantir a fertilidade da Terra. Os ritos sacrificiais de touros ou a perseguição de touros por cães, na Índia, são mencionados no *Markandaya Purana* e no *Chandi Purana*. Algumas das edições ilustradas das histórias dos puranas reproduzem as pinturas rupestres da deusa Durga, a fase escura da Lua, cavalgando sua feroz leoa em perseguição ao touro, que será o sacrifício ritual. Em nível mundano, o sacrifício de um animal poderoso, sexualmente potente, tinha a intenção de fertilizar a Mãe Terra com seu sangue para a estação da semeadura seguinte. Do ponto de vista espiritual, essa questão do sacrifício continua pertinente para os buscadores do eixo Touro/Escorpião que tentam eliminar seus desejos, especialmente sexuais. Mas é preciso se manterem celibatários para entrar em contato com sua criatividade taurina? Devem eles chegar ao extremo da reclusa polaridade de Escorpião? Ou podem agradar a Deus e também ser pessoas artisticamente criativas? Talvez os cretenses, com sua visão de "montar" ou de domar o Touro físico da Mãe, o corpo e seus instintos, estivessem corretos. Os zen-budistas, como os cretenses e persas, dispunham de técnicas para controlar o touro.

A mitologia mais elevada da Era de Touro talvez seja a do Senhor Krishna e das gópis, as pastoras de vacas do norte da Índia. Em seu *Gnostic Circle*, Patrizia Norelli-Bachelet afirma que Krishna era o Avatar (Messias) da Era de Touro na Índia. Na arte e no mito, ele estava constantemente rodeado de jovens mulheres que suspiravam pelo som de sua flauta, como a alma anseia pela realização do Divino ou do Espírito. A constância e a lealdade, como também a receptividade das

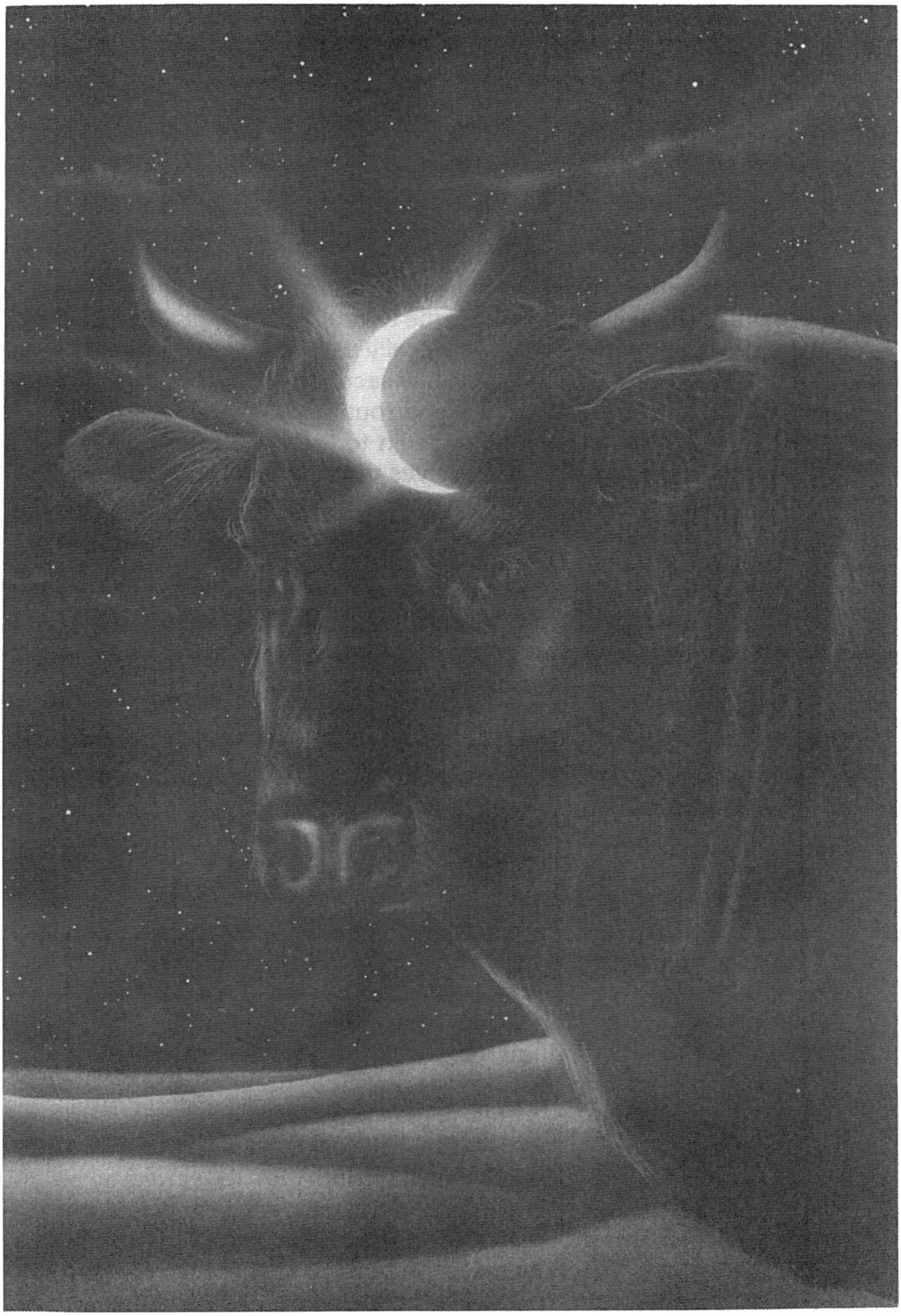

gópis, parecem características da Lua em Touro, sua exaltação simbólica. A Lua reflete a luz do Sol, e as almas das gópis refletiam o Espírito, o Senhor Krishna.

Embora muitas pessoas com a Lua em Touro reflitam o interesse taurino por segurança emocional e financeira, há algumas que desdenham do mundo e procuram somente agradar ao Divino, como faziam as gópis. Há outras cuja natureza lunar reflete a inércia ou, como os hindus chamavam, o *tamas* de Touro. Na primeira metade da vida, elas sacrificam os próprios talentos criativos aos horários e às rotinas de outras pessoas. Depois, começam a se sentir vagamente insatisfeitas, pois deram muito de si desempenhando profissões de sustentação dos outros, muitas vezes em instituições voltadas à saúde ou ao ensino, ou dando apoio financeiro ou moral a familiares. Frequentemente, na meia-idade, pessoas com Lua, Sol ou ascendente em Touro se sentem desapontadas com o pouco esforço que, ao longo dos anos, puseram a serviço do desenvolvimento dos próprios talentos criativos, psíquicos ou espirituais. "Quem *me* deu apoio para *meus* dons?" é a pergunta que surge, na maioria das vezes. "Você pediu alguma ajuda a alguém?" é, sem dúvida, parte da resposta. Há uma inércia muito clara em Touro, o signo de Ferdinando, o Touro, pastando enquanto os anos passam. Todavia, Touro se sente frustrado, pouco estimado e, às vezes, até passa despercebido por aqueles a quem tanto deu e a quem está tão apegado. A Lua em Touro caracteriza apego duas vezes maior às pessoas, aos lugares e às coisas, porque reflete as qualidades da natureza EU TENHO.

Ao ouvir as lamúrias de taurinos de meia-idade – que sofrem a influência dos planetas exteriores (especialmente Saturno) opondo-se a Touro e fixando-se "no que poderia ter sido" –, lembro-me do ditado chinês: "A Lua não conhece a própria beleza". Servir aos outros parece ser parte do karma dos signos de Terra na primeira metade da vida. A maioria das pessoas com a Lua em Touro cumpre essa parte a contento. Mas como as oposições ocorrem na polaridade introvertida/introspectiva de Escorpião é muito provável que Touro pergunte: "A que sacrifiquei meus desejos ou minha criatividade?". É quando a energia social de Afrodite, que os arrastou ao mundo extrovertido, ativo, desvanece, e a energia e a paixão contidas de Plutão e de Escorpião os impelem ao mundo interior. Satisfazem-se, então, com poucas pessoas e preferem passar mais tempo sozinhos. Os nativos com Lua em Touro, em particular, querem descobrir a própria beleza na relação com os outros. Às vezes, isso acontecerá nos trânsitos de Plutão e/ou Netuno, quando estiverem totalmente a sós. "Sob o céu, há um tempo para tudo." É o que se percebe nos indivíduos de Touro ou Escorpião, que vão de um extremo a outro: das posses acumuladas até a renúncia total.

O significado psíquico ou espiritual de Touro, especialmente da deusa Lua e o Touro, provém da associação do touro Ápis do Egito com a profecia. As civilizações da Idade do Bronze do Vale do Nilo, no Egito, eram muito semelhantes às do Vale do Indo, na Índia, às de Stonehenge, na Inglaterra, e à cultura minoica de Creta. A deusa reinou suprema sobre os campos com seu potente amante, o touro. Por volta de 1600 a.C., os egípcios adoravam um touro que, diziam, nascera à meia-noite, na face oculta da Lua (fase da Lua Nova), e que, por isso, é representado com uma lua crescente entre os chifres. O touro Ápis, o animal, usado para os rituais de fertilidade, era escolhido porque tinha uma lua crescente no flanco. Ele era negro como a face oculta da Lua. Às vezes tinha forma de águia em um dos flancos. Algumas fontes dizem que o touro Ápis foi sacrificado, e outras, que morreu de velhice, mas todas concordam que depois da sua morte ele ficou conhecido como Osíris ressuscitado. Esse animal especial era considerado um oráculo. Se lambesse a roupa de um astrônomo, por exemplo, considerava-se que o homem morreria em pouco tempo. Desse modo, simbolicamente, havia forte ligação entre o touro lunar e o dom da profecia.

Muitas pessoas com a Lua em Touro também têm dons psíquicos. Algumas, sem nenhum tipo de estudo prévio, podem desfocar o olhar e enxergar auras coloridas ao redor de indivíduos ou animais. Um homem me perguntou se qualquer um poderia fazer isso se tentasse. Presumivelmente, qualquer pessoa tem condições de desenvolver essa habilidade através do exercício prolongado de alguma técnica, mas não de forma espontânea, desde a infância, sempre que se sentisse inclinada a agir desse modo. Assim, há nas pessoas com a Lua em Touro muito talento psíquico, receptividade espiritual, além de potencial devocional a ser explorado; as pessoas com Sol, Lua ou ascendente em Touro se caracterizam pela habilidade artística latente. Entretanto, Touro deve, antes, sacrificar suas inseguranças e inibições interiores e acreditar no próprio talento em vez de ficar na dependência do constante incentivo e encorajamento de terceiros. O processo é favorecido quando a infância foi uma experiência positiva – quando a Mãe (simbolicamente, a deusa Lunar de Touro exaltada) acreditava nos dons do filho taurino e os alimentava. Se esse não foi o caso, muito provavelmente se faz necessário um ciclo hefaístico de trabalho interior, com o desenvolvimento da habilidade da pessoa para acreditar em seus dons femininos, criativos e intuitivos lunares antes de poder concretizar suas potencialidades. Esse aspecto do papel de Hefaístos como regente esotérico será desenvolvido a seguir.

É interessante observar que mais tarde, na Era Patriarcal dos Heróis, mesmo o touro solar, Amon-Rá, encarnação do deus Sol, era conhecido como "o touro de sua mãe". Temos, por exemplo, este belo hino:

> "... a Amon-Rá, o touro de Heliópolis
> que preside a todos os deuses,
> deus benevolente e amado,
> doador do calor da vida a todo rebanho viçoso.
>
> Salve, Amon-Rá,
> Senhor dos tronos de... Tebas
> *Touro de sua mãe,**
> Comandante dos campos...
> Senhor do firmamento,
> Filho primogênito da terra,
> Senhor de tudo o que existe,
> Ordenador das coisas
> Ordenador de todas as coisas."

O touro era, assim, o símbolo da fertilidade e da força, símbolo esse que, no Egito e em outros lugares, ficou associado à realeza e ao masculino. Porém, no início da Idade do Bronze, ele era o cônjuge da deusa, ou o Touro de sua Mãe; na arte, era representado junto a ela do mesmo modo como figurava nos afrescos cretenses (Jack R. Conrad, *The Horn and the Sword*, pp. 82-3). A Lua e Afrodite (energia feminina dual) parecem dominar a Idade do Bronze no mundo todo.

Um fato interessante relativo às civilizações taurinas é a presença de Vênus nas artes, desde a graça e a beleza dos afrescos em Creta e Micenas até as linhas arquitetônicas do palácio de Cnossos. Os trabalhos em ouro da joalheria de Creta, expostos no Museu Histórico de Atenas, têm indisfarçável delicadeza venusiana, um toque feminino. Não há hordas de heróis a cavalo pilhando e tiranizando na Era de Touro. Há calma nas cidades. A ilha de Creta, por exemplo, é isolada e livre

---

* Grifo nosso.

de invasores, exceção feita, naturalmente, aos invasores subterrâneos – os vulcões e os terremotos. Foi um terremoto que supostamente devastou o palácio do rei Minos (local do mito do Minotauro). Afirmava a lenda que foi Vulcano, ou Hefaístos, o feio ferreiro coxo em sua oficina subterrânea, que destruiu o confortável mundo que pertencia à deusa e a seu touro em Creta. O monstro Minotauro é também uma espécie de imagem de Vulcano. A besta horrível é parcialmente divina e não deve morrer; deve viver na solidão para gravar seus cascos na prisão labiríntica e sacudir a terra com sua força. Nikos Kazantzakis, autor de *O Pobre de Deus*, afirma em *Report to Greco* que, quando criança, ao assustar-se com um tremor subterrâneo, em Creta, alguém da família lhe disse com toda seriedade: "É o Minotauro. É o touro de Minos escavando e bufando debaixo da terra". O mito continua vivo em sua terra natal.

Afrodite foi dada em casamento por Zeus a Hefaístos/Vulcano – a Beleza unida à Besta. O regente mundano de Touro unido ao esotérico. O deus Hefaístos/Vulcano, o feio ferreiro, cujo martelo causa mudanças abruptas (até mesmo o caos), ligado por laços matrimoniais à deusa da harmonia, da paz e da ordem, Afrodite. Pergunte a qualquer taurino como ele se sentiria se houvesse um terremoto que devastasse sua casa e todas as suas belas posses. A Lua exaltada em Touro provavelmente responderia com mais veemência que o Sol em Touro, em decorrência de um apego mais profundo, mais emocional ao conforto, à segurança e à beleza. Destruição repentina das estruturas tão cuidadosamente construídas – esse é o impacto de Vulcano sobre Touro.

Hefaístos trabalha sob a superfície do "bom provedor" taurino. Um astrólogo geralmente encontra um nativo de Touro pela primeira vez depois de o patrão o pressionar a se aposentar ou quando está prestes a falir. Vulcano esteve trabalhando.

Se considerarmos o aspecto materialista/mundano de Afrodite regendo a Terra no signo de Touro, poderemos perceber certa decadência, um tanto semelhante às últimas fases da arte da Idade do Bronze em Creta – as damas usando joias e ricas vestimentas da corte de Cnossos, como figuradas nos afrescos. Às vezes a complacência do Touro bem-sucedido parece convidar Vulcano a realizar seu trabalho contra as forças da inércia. A estrutura parece entrar em colapso de repente. E o bom provedor taurino se sente emocionalmente desolado. Afrodite é uma regente muito emocional.

Um taurino com essas características disse: "Não compreendo isso. Minha esposa encontrou um homem rico e quer me deixar. Ela acha que não lhe dou a devida atenção porque preciso ganhar dinheiro. Parece que não entende que trabalho tão duramente para prover os recursos necessários a ela e aos nossos filhos, de modo a obter o melhor que o dinheiro pode comprar. Exatamente no momento em que, por fim, penso que consegui tudo isso para minha família, eu a perco, e por razões que não consigo sequer imaginar. Estou atordoado!".

Afrodite é uma deusa que gosta de qualidade. O problema é que os taurinos têm dificuldade de compreender o que isso significa, já que a busca no nível mundano toma todo seu tempo e energia, não lhes sobrando muito para doar; Vulcano, então, irrompe em algum trânsito a Vênus/Afrodite e ameaça a segurança das relações de Touro, sejam elas pessoais ou financeiras.

O regente esotérico, Vulcano, apresenta características acentuadas de Escorpião no que diz respeito às explosões subterrâneas. Seu poder de provocar mudanças turbulentas nos lembra o signo oposto a Touro. A polaridade Touro/Escorpião tem a ver tanto com os recursos interiores como com os materiais e com as possibilidades. A pergunta que se faz é: pode uma pessoa de Terra manter as estruturas flexíveis o bastante para suportar as alterações de Vulcano? Pode ela projetar uma vida como os arquitetos projetam prédios, com propriedades específicas para regiões com falha geológica, com os edifícios balançando com os movimentos dos abalos sísmicos? Pode Touro lidar com o lado complacente, indolente, satisfeito e confortável de Afrodite? Pode o taurino trabalhar com a qualidade interior da vida e também com a qualidade material/exterior? Essas são algumas questões pertinentes. Como regente da 2ª Casa no Zodíaco natural, a dos valores pessoais, Vênus necessita de satisfação interior e de expansão no mundo exterior, material.

Outra questão, dirigida mais para as pessoas com a Lua em Touro, seria: Minhas posses me possuem? Consigo fazer uma longa viagem sem me preocupar com elas? Conseguiria alugar minha casa a uma família desconhecida se minha empresa me enviasse ao Oriente Médio por seis meses? Estou livre ou preso ao mundo material? Sou uma personalidade dependente? Apego-me possessivamente a meu namorado ou a meus filhos em vez de deixá-los livres para cometerem os próprios erros? Se considerarmos Touro a *prima materia* (matéria-prima ou argila de modelagem) e a Lua a forma (como Platão a chamou), teremos a impressão de dupla dose de receptividade na Lua de Touro. Poderemos encontrar uma pessoa forte que se tornará dependente de outro(s), e cuja dependência poderá alienar ou causar claustrofobia nesse(s) outro(s).

Muitas dessas questões relacionadas à possessividade, aos relacionamentos dependentes e ao tolhimento da liberdade de terceiros aplicam-se a pessoas com

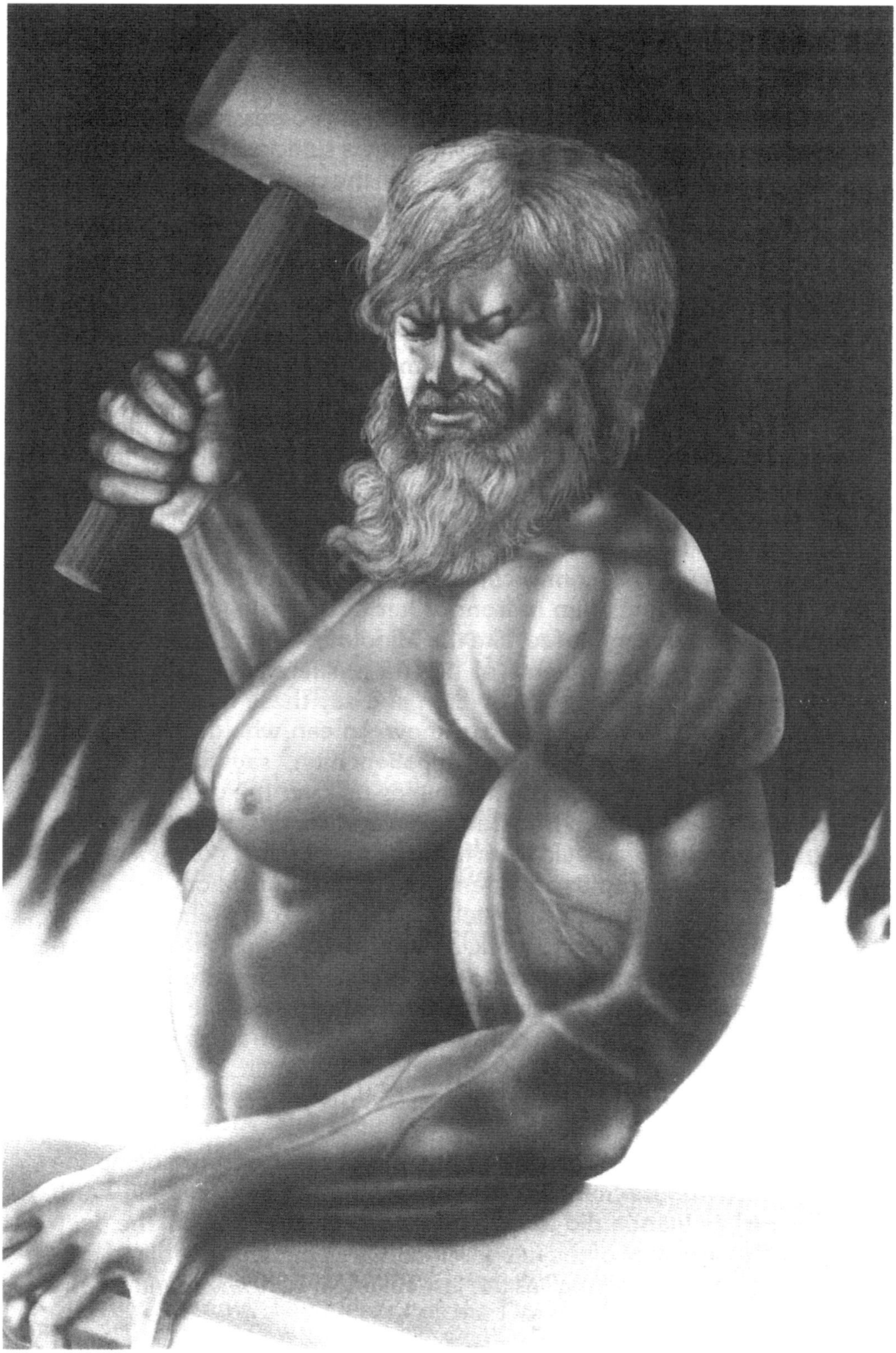

ascendente em Touro. Em Áries, regido por Marte, havia uma emissão espontânea de energia. O herói de fogo se lança ao confronto direto e se satisfaz com isso. Touro, no entanto, regido por Vênus/Afrodite, reflete sua influência mais gentil, serena, feminina. Não comunica desprazer diretamente. Afrodite não "faz cenas" – o que seria muito vulgar e nada harmonioso. Esse tema será retomado quando entrarmos em Libra.

Você pode ter lido *Signos Solares*, de Linda Goodman, no qual ela analisa o chefe de Touro. Nessa obra, o chefe taurino contrata uma nova funcionária, que gasta duas horas no almoço. O patrão se mostra incomodado por alguns meses, mas não diz nada. Para ele, a nova funcionária deveria perceber seu descontentamento, mas ela continua a agir do mesmo modo. Ela também começa a descuidar do serviço. Um belo dia, ela o encontra em sua mesa, remexendo os papéis, esbravejando, batendo os pés como o Minotauro. Ao encaixotar suas coisas, depois de ser demitida, ela sacode a cabeça, perplexa, dizendo a si mesma: "Por que ele não disse o que o aborrecia? Como eu poderia saber?". "Tenha cuidado com a cólera do homem paciente!", diz o provérbio. Um vulcão não entra em erupção com muita frequência; vai acumulando ao longo dos anos e então explode. É assim também que a raiva de Touro se manifesta, muitas vezes.

Nesse caso, os taurinos podem aprender com seu signo oposto, Escorpião. Os nativos de Escorpião também se comunicam de forma indireta. Mas um Escorpião em cargo de direção geralmente manifesta seu Marte (humor) se você chega atrasado ao trabalho todos os dias. Como ocorre com todos os signos, quanto mais consciente é o taurino, mais ele se esforça para integrar o signo da polaridade oposta para trabalhar de forma consciente o poder do regente esotérico. Se Touro está conscientemente harmonizado com Vulcano/Hefaístos, a probabilidade de ele explodir por dentro, no subterrâneo, é menor. Como, então, pode Touro se sintonizar com as qualidades positivas de Hefaístos?

Sacrificando o apego e removendo o véu da deusa Inanna, deixamos para trás a árida e ressequida Terra (Touro), como o fez Inanna, para penetrar no mistério desconhecido, as profundas águas escorpiônicas do inconsciente. Muitas vezes, a falência, o divórcio ou a "sensação de ninho vazio", quando o último filho deixa o lar para se casar (a negação de um forte desejo pelo mundo exterior num trânsito semelhante ao de Vulcano) vão precipitar a descida de Touro às profundezas de Escorpião. Sylvia Brinton Perera analisou isso muito bem em *Descent of the Goddess*, quando afirmou que a energia liberada de parte da psique, pela liberação de uma forma exterior – um apego –, vai emergir novamente em outra parte da psique. A vida não é algo fixo e imóvel, mas, sim, um processo em constante mudança e desenvolvimento.

É assustador pôr de lado a velha *persona*. "Sou mãe de cinco filhos muito solicitada." "Sou o presidente de um banco." "Em pouco tempo serei doutor em Medicina." O sacrifício, entretanto, retirou Touro da estaca em que estava preso (fixo), à semelhança de Inanna no inconsciente. Quando, após descansar e relaxar no aquietado ciclo da introversão – no trânsito de Netuno ou Plutão –, a taurina Inanna surge novamente à luz do dia, não há como dizer quais os poderes criativos que trará consigo.

Inanna desceu aos infernos para presenciar o sacrifício de um touro e foi acompanhada por diversos escorpiões; assim, o mito parece estar de acordo com a integração da polaridade, nos ciclos social e de isolamento – sua concentração na matéria e no espírito em diferentes períodos no decurso da vida. Para Inanna, o touro parece ter servido de bode expiatório pelos desejos não realizados. Ela queria se casar com outra pessoa, e não com a que fora escolhida pelo deus Sol para ela, mas aquiesceu à decisão masculina, sem objeção. Sacrificou os próprios sentimentos, sua intuição e seus valores; isso lhe exigiu a descida, a reenergização e a cura. Taurinos que dão ouvidos à voz do deus Sol – a mente racional –, à custa de seus valores, sentimentos e intuições subjetivos, raramente são felizes. Esse é um signo duplamente feminino.

Como um de meus alunos bem disse, o Touro de Inanna é também "as armas de Inanna" – sua coragem, sua capacidade de decisão, sua raiva, sua habilidade de enfrentar as dificuldades da vida. Empalada numa estaca (símbolo fálico), ela parece ter recuperado sua luta. Sempre ouço falar de taurinos do tipo passivo, presos em um ciclo negativo, que têm sonhos violentos ou nos quais se veem se despindo – tirando as velhas *personas* –, de modo que todos possam se ver como são. Também no mundo exterior a complacência taurina fica fragmentada depois que uma série de sonhos dessa espécie tem início. O resultado final do ciclo de morte e renascimento de Escorpião é, em geral, positivo; entretanto, é, às vezes, dramaticamente positivo, depois de Touro estar por longo tempo num estado negativo, queixoso, ruminante.

Como, então, pode Touro harmonizar-se conscientemente com as qualidades *positivas* de Vulcano/Hefaístos? Como pode evitar as explosões vulcânicas no mundo exterior que os desejos frustrados atraem? Em *Símbolos da Transformação*, C. G. Jung diz que Hefaístos é um Ancião Sábio arquetípico. Como

Inanna, contudo, sua sabedoria tem origem através de um longo e doloroso processo, uma descida aos Infernos, período durante o qual se livra de grande parte de sua amargura, de seu ressentimento e de seu ódio. (É interessante que a deusa, o feminino, primeiro teve de entrar em contato com esses sentimentos – admitir que os tinha –, ao passo que o deus masculino se deleitava com essas emoções.)

Hefaístos não teve uma infância feliz. Quando nasceu, Hera, sua mãe, estava furiosa com Zeus, seu marido. Zeus gerara uma filha sem qualquer participação de Hera e, no caso, sem a participação de qualquer outra mulher. Atena saíra de sua cabeça. Hera decidiu que, se as mulheres não eram necessárias a Zeus, os homens também não seriam necessários a ela. E gerou Hefaístos por partenogênese. Entretanto, para sua consternação, as coisas não correram como no caso da filha de Zeus, Atena. Hefaístos era um anão muito feio, com os pés deformados. Hera, horrorizada, jogou-o do Olimpo e continuou sua vida normalmente. Hefaístos, no inferno, meditava. Por que era órfão quando todos os outros tinham pais, ou pelo menos um dos pais, que os amavam? Odiava Hera com todas as forças. Ele, inicialmente, procurou criar objetos úteis e, em seguida, tentou fabricar objetos artísticos, mas estava bloqueado pelas próprias emoções negativas. Sentia sua deformidade com tanta intensidade que não podia acreditar em seu talento, e os deuses nos infernos o evitavam tanto pela disposição melancólica quanto pela aparência física.

No mundo subterrâneo, ele se tornou amigo de algumas mulheres, pois tinha espírito feminino. Era filho de uma Mãe, assim como Atena era filha de um Pai. Ele pertencia ao inconsciente criativo. Por longo tempo, embora vivesse no subterrâneo criativo, Hefaístos não conseguia reconhecer a fonte da criatividade em si, em sua própria alma. Em seu estado sombrio e melancólico, começou a tramar vingança contra a mãe. Faria com que ela sentisse o que significava ser abandonado. Talhou um trono para ela, e, quando ela se sentou nele, ficou presa. Hera ficou aprisionada e suspensa no ar, numa espécie de balanço. Hefaístos a deixou no limbo, nem acima nem abaixo, e totalmente sozinha. Isso lhe serviria de lição. A iniciativa, entretanto, apenas fez com que o anão se sentisse pior. Ele amarrara e suspendera no ar a própria criatividade, seu lado feminino. Já vi muitos clientes com a Lua em Touro fazer coisas semelhantes apenas por ressentimento obstinado – terminar o relacionamento com uma mulher (muito provavelmente outra pessoa criativa, com a qual poderiam descobrir muitas coisas em comum) por causa de uma antiga ferida. Eles precisam se esquecer de Hera e se livrar da amargura, parar de recriminá-la pela infância roubada e dar continuidade ao processo de ser um artesão adulto e de se tornar um artista autêntico, assim como um artífice.

Dionísio, em uma de suas idas anuais aos infernos, teve compaixão de Hefaístos, a quem deve ter reconhecido como um espírito semelhante, outra alma feminina, artística, cuja inspiração teve origem na quietude do inconsciente. O compassivo Dionísio sabia que muitos deuses haviam tentado se aproximar de Hefaístos pedindo o perdão para Hera, mas sem resultado. Ele realmente era um caso difícil, porém Dionísio nunca perdeu as esperanças. Usando de artifícios, conduziria o anão ferreiro a um estado alterado de consciência e então causaria nele uma mudança de coração. *In vino veritas* (no vinho está a verdade) era o mote de Dionísio. E se deu bem. Ele retirou o anão adormecido dos infernos e o levou ao Olimpo – às alturas da consciência – jogado no lombo de um humilde asno.

Ao despertar na Luz do Olimpo, Hefaístos sentiu-se muito melhor. Sentiu-se livre de todas as emoções negativas e pleno da beatitude da taça sagrada de Dionísio. Então, soltou Hera e imediatamente descobriu, para sua surpresa, que afrouxara também as amarras e os obstáculos da própria criatividade. Desse momento em diante, Hefaístos passou a produzir objetos artísticos maravilhosos, que de fato pareciam vivos (arte imitando a vida), como o escudo de Aquiles, que Homero descreve minuciosamente na *Ilíada*. Também fabricou objetos de grande utilidade para deuses e deusas.

Murray Stein acredita que Hefaístos se apaixonou por Atena quando ela foi à procura de um de seus objetos – uma nova lança –, e que a deusa era sua alma gêmea. Ele era um deus do sentimento, ou do tipo feminino, e ela, uma deusa do tipo masculino, reflexivo. Na opinião de Stein, eles teriam formado um casal equilibrado se Atena não tivesse sido tão radicalmente indiferente a Hefaístos. (Ela era indiferente a todos.) Stein também pensa que Afrodite e Hefaístos não constituíam um casal equilibrado porque ambos eram almas femininas.*

Em sua ascensão ao Olimpo para concluir seu processo de cura, Hefaístos também completou sua iniciação e ocupou seu lugar como um igual entre os deuses e deusas. Dos habitantes do Olimpo, apenas a vaidosa Afrodite não se impressionou com a transformação de Hefaístos. Com sua soberba estética, Afrodite viu apenas o mesmo velho e deformado corpo, não uma bela alma. Talvez para estimular o desenvolvimento de Afrodite, Zeus arranjou o casamento deles, mas quem

---

* Veja "Hephaistos, A Pattern in Introversion", de Murray Stein, in *Facing the Gods*, p. 79. (*Encarando os Deuses*, Editora Pensamento, São Paulo, 1992.) (fora de catálogo)

pode compreender a vontade dos deuses? Quem sabe, afinal, ela aprendesse a estimar a constância e a dependência de Hefaístos? Contudo, sua reação imediata foi ter um caso amoroso com o irmão dele, Ares, o belo deus da guerra. Algumas fontes sustentam que o filho de Afrodite, Eros (Amor ou Cupido), teve como pai Hefaístos, e não Hermes.

Segundo Stein, Hefaístos era "da Terra" e, por causa da ligação estreita com a Mãe Terra, seu lado feminino, um "intuitivo natural". Depois de liberar todas as emoções arraigadas – em astrologia diríamos "fixas" –, começou a cuidar de sua forja de fogo interior com a devida atenção, e, desse momento em diante, nada havia que Hefaístos não pudesse modelar com toda beleza, fosse uma ferramenta ou um objeto de arte. Sua história apresenta muitos aspectos que correspondem à jornada da vida dos meus clientes com Sol, Lua ou ascendente em Touro, que são buscadores e aspirantes espirituais. Esses clientes possuem nas forjas da própria alma muito do talento e da batalha interior de Hefaístos, com a teimosa recusa em se livrar dos obstáculos externos e ir em frente.

Por Touro ser o primeiro dos signos fixos (Terra fixa ou matéria-prima), este pode ser o momento adequado para refletir sobre os símbolos que remetem ao tema da fixidez, que é poder. Consideremos o touro selvagem e o leão, dois animais terrestres. O mesmo deve ser dito da águia. Nenhuma outra criatura pode superá-la no ar. O quarto signo fixo é simbolizado pelo homem iluminado, o *Bodhisattva* ou o Messias, que também está sozinho em seu domínio. Os artistas usam esses símbolos de poder derivados dos signos fixos do Zodíaco; sua presença na heráldica também é frequente. Na Idade Média, Dionísio recebeu as formas do touro e do leão. Os quatro símbolos dos signos fixos podem ser encontrados em vitrais que representam os quatro evangelistas.

Na zona temperada do hemisfério norte, começamos o ano astrológico com o signo cardinal Áries e a partir dele definimos nossos festivais e ritos sazonais para os outros pontos cardinais, os solstícios e equinócios. Mas fora da zona temperada, nas terras secas onde os signos fixos são os precursores da estação das monções e da fertilidade, os calendários e os festivais são estabelecidos com base nesses signos fixos. No Iucatã dos maias, por exemplo, Vênus era utilizada para definir o calendário de rituais. A órbita de Vênus pode ter sido usada também para determinar o tempo da plantação e da colheita do milho, conforme especula Rodney Collin em *The Theory of Celestial Influence*. Sabemos com certeza que, para os maias, o ano começava quando o aglomerado das Plêiades, situado na constelação de Touro, ficava visível no firmamento. Quando isso acontecia, as chuvas estavam próximas. Plutarco diz que o mesmo acontecia com os gregos: 27 dias após o Equinócio da Primavera era celebrada a cerimônia do touro, e tinha início o período de lavragem e semeadura. Um antigo camafeu representando o touro com as Três Graças nos chifres e as Plêiades como sete estrelas está exposto no Museu Hermitage de Leningrado. (Jane Harrison, *Epilegomera and Themis*, p. 205, figura 53.)

As Plêiades constituem um aglomerado místico no Egito, na Índia, entre os maias e também na mitologia grega clássica. O poder delas de trazer as chuvas da primavera era um sinal externo, mundano, de seu poder espiritual. Como Alice Bailey afirma em *Os Trabalhos de Hércules*, o poder de Touro e de Afrodite para atrair abundância vai além do domínio do que é físico e material. Esse poder de atração está centrado em Alcione, o Grande Sol Central da galáxia, localizado nas Plêiades. Alcione exerce atração estável e contínua do nosso Sol e dos planetas que o orbitam. Para os antigos, a atração de Alcione simbolizava a força do espírito de atrair a matéria; Alcione mantinha os mundos em suas posições; o Espírito atraía e animava a Matéria. Órion, o Caçador ou Buscador, também está localizado na constelação de Touro, assim como Aldebarã, o olho do touro.

A questão que se coloca é a do poder dos elementos – clima frio na zona temperada e tempo seco aliviado pelas chuvas no restante do mundo. O poder estava ligado às mudanças sazonais, o poder das forças da natureza. Assim, os poderes de fertilidade, robustez e resistência eram associados a Touro. O vigor taurino é o vigor da própria Mãe Terra, na qual as plantações eram semeadas na primavera para serem aguadas pelo Pai Céu. Essa resistência ou lealdade é, para mim, a qualidade mais característica de Touro – ela supera até mesmo a teimosia, a ganância ou o apego encontrados em histórias que abordam o lado menos atrativo do regente mundano, Vênus, nome do qual derivamos a palavra "venal" – como o legendário rei Midas, dono de verdadeiro caráter venal. Touro/Escorpião têm em comum a resistência – os recursos interiores para perseverar a despeito de traumas ou vicissitudes temporárias. As polaridades fixas têm autocontrole interior e força física.

Touro e Escorpião estão historicamente associados à concentração e ao foco. Para o yogue, o olho do touro, ou o terceiro olho da meditação, é o significado esotérico de Touro. Muitas vezes, Buda é chamado de Touro, e a lenda assinala seu nascimento na temporada de Touro. Quando criança, na corte do pai, ele era mimado, mas não encontrou satisfação nas alegrias materiais de um mundo que oferecia apenas sofrimentos, doenças e morte. Então, saiu em busca da Iluminação e por meio da concentração liberou a força yogue interior. Buda sentou-se em sua inamovível sede sob a Árvore do Conhecimento até alcançar a Iluminação. Se Touro pode ser complacente (Afrodite pode ser indolente no nível mundano), a inércia taurina ou a habilidade de se sentar podem ser muito proveitosas para ele no caminho espiritual. Enquanto um signo de Fogo, em geral, é muito inquieto, um taurino pode se sentar em posição de relaxamento por longo tempo. Tem a perseverança e a lealdade para se manter firme no caminho.

No budismo chinês, o touro representa a verdade em ação. Há dez etapas para a realização da natureza interior da pessoa – Os Dez Caminhos do Touro – desenhadas artisticamente pelo mestre zen Kakuan, que escreveu, no século XX, sobre os valores verdadeiros ou a qualidade verdadeira (Afrodite). Cada caminho foi ilustrado em gravura sobre madeira. As gravuras de Kakuan, com o respectivo comentário, estão reproduzidas em *Zen Flesh, Zen Bones* (capítulo 10, "10 Bulls").

Interessantes também são as ilustrações de Mitra, o iniciado persa (Figuras 26, 27 e 28 de *Mysteries of Mithra*, de Franz Cumont). Depois de capturá-lo na floresta e ser por ele arrastado, Mitra monta no touro em pelo e o subjuga numa caverna. Encontramos no mito de Mitra os dois níveis já discutidos – o mundano e o esotérico. O mundano é a história comum do sacrifício do touro no tempo da primavera, realizado para que seu sangue fertilizasse o solo e a Mãe Terra produzisse uma nova colheita no ano seguinte. No nível esotérico, refere-se à domesticação do touro como metáfora do domínio dos desejos e dos pensamentos, à maneira do budismo chinês. O culto de Mitra era Solar por natureza, e não Lunar, mas incluía sete níveis de iniciações, das quais as duas mais importantes eram o touro e o leão. Cada iniciação implicava desnudar um dos sete corpos, ou planetas, conhecidos no tempo de Mitra. Os hinos se perderam, mas obras de arte descrevem as iniciações esotéricas. São especialmente interessantes as ilustrações que Cumont faz de Mitra montado no touro no centro da roda, com o Zodíaco e seus símbolos em torno deles, no círculo externo. Segundo Cumont, o iniciado buscava a Luz, ou a Iluminação, enquanto o não iniciado apenas via o símbolo do touro como parte de um ciclo anual de fertilidade. Além do touro sacrificial com uma haste de trigo brotando da espinha, havia outro touro celestial imortal, que um dia deveria retornar com Mitra. Mitra era conhecido como o Juiz dos Mortos; uma águia, símbolo da morte ou das trevas, aparecia em seu ombro em algumas gravuras, com uma serpente a seus pés.

Do ponto de vista esotérico, se considerarmos Touro em sua receptividade à Luz Divina, matéria-prima na busca da Iluminação; nos poderes de concentração inerentes a esse signo tenaz ou fixo; na força da vida, no vigor, na lealdade e na perseverança, veremos que há muito a admirar. No entanto, com a tendência venusiana à inércia, ou de um signo de Terra a levar demasiadamente a sério esse mundo transitório, há uma real necessidade de Touro integrar o lado obscuro, aquoso de Escorpião. Se Touro representa luz e vida – Vênus é a brilhante estrela da manhã adorada pelos maias, como a fertilidade da primavera –, então o Escorpião outonal representa as trevas e a morte, seguidas pela experiência do renascimento da 8ª Casa. Talvez seja essa a razão por que, em muitas culturas, o touro era sacrificado e renascia trazendo prosperidade para a terra e para o povo. Ele servia para lembrar que nada é permanente; a primavera é seguida pelo outono; a juventude, pela velhice; a morte, pelo renascimento ou pela imortalidade.

Se concebermos a 2ª e a 8ª Casas como um eixo de valores, então, para que encontre a paz, a alegria e a bem-aventurança dos dez touros, Touro precisa primeiro morrer para os desejos pessoais (2ª Casa) e renascer com um sistema de valores mais iluminado na 8ª Casa (valores dos outros). Afrodite, como planeta do valor e buscador da qualidade, é muito subjetiva e pessoal em Touro. Falta-lhe a objetividade que adquire como regente do aéreo signo de Ar: Libra. Em nível mundano, há nativos de Touro que tentam superar essa subjetividade e transcender o desejo, como fez Buda, por uma espécie de renúncia. Muitas vezes, não estão conscientes de que é isso que estão fazendo quando dizem: "Posso desenvolver meus talentos criativos mais tarde; agora preciso prover uma vida de qualidade para minha esposa e meus filhos (os outros)". Ou "Gostaria de continuar minha carreira de cantora, mas meus filhos precisam de mim em casa. Talvez... quando estiverem no Ensino Médio...".

Outros seguem o caminho da renúncia consciente, abandonando a segurança do trabalho, como Buda fez com seu reino terreno, para buscar a verdade, voltar à escola e estudar filosofia, ou viajar para o exterior, vivendo o desconforto físico em hotéis baratos, à procura sabe-se lá de qual verdade. Como o taurino que se sacrifica pela esposa e pelos filhos, esse é um movimento em direção aos valores dos outros (8ª Casa), à custa do conforto e do desejo pessoal – nesse caso, o ensinamento representa os valores dos outros, os "valores dos patriarcas", como o autor de "10 Bulls" os denominou. Tendo adquirido mais tarde, na vida, uma perspectiva ou a objetividade, o taurino pode retornar para satisfazer aos seus fortes desejos, regidos mundanamente pela terrena e ardente Afrodite. Essa é minha experiência com clientes taurinos esotéricos. A primeira metade da vida é vista através dos valores ou das filosofias dos outros, e a segunda volta-se para o romance e para a busca pessoal da felicidade terrena.

Na maioria dos manuais, Touro está relacionado à expressão EU TENHO. Mas a expressão EU CONSTRUO também é importante, porque o cliente esotérico, sintonizado com Vulcano/Hefaístos, é, muitas vezes, um construtor. Vulcano, o modelador ou ferramenteiro dos deuses, para usar a expressão de Alice Bailey, trabalha com empenho no interior dos taurinos e não se sente satisfeito se algum tipo de projeto criativo não está em andamento. Em Touro, temos o construtor que se harmoniza esotericamente, aposentando-se cedo e utilizando seu tempo livre em atividades humanitárias. Muitos taurinos esotéricos conhecidos meus se sacrificaram financeiramente ou sublimaram desejos pessoais para construir estruturas como centros holísticos de cura ou orfanatos, tanto em comunidades rurais quanto urbanas – onde os buscadores podem viver e aprender com pessoas que compartilham as mesmas ideias.

Ao contrário da energia taurina mundana, que constrói para si mesma ou para os próprios filhos, e se apega à riqueza, os taurinos esotéricos encontraram uma alegria real. Parece que encontraram a pomba da paz de Afrodite. A paz é ilusória se Vulcano não trabalha construtivamente com suas ferramentas, sejam elas artísticas, artesanais, financeiras ou meditativas. O Hatha-Yoga é a ferramenta favorita de muitos taurinos para "montar o touro" – controlar o corpo. O Zen e outras técnicas, como o *pranayama*, são ferramentas úteis para controlar a mente e as emoções. Ao usar suas ferramentas, Touro se harmoniza e coopera conscientemente com seu regente esotérico, tornando menos provável a possibilidade de ser ferido com o martelo de Vulcano nos trânsitos mais difíceis dos planetas transaturninos.

Um Touro que "monta o touro" com sucesso alcança um estado de bem-aventurança em que "nada pode perturbá-lo; ele não precisa mais dos patriarcas; move-se entre os homens e é veículo para a iluminação deles" ("10 Bulls", p. 186). Um Buda moderno. Essa parece ser a mensagem do culto de Mitra, na Pérsia, dos Dez Caminhos do Touro do mestre zen chinês, e, mais que provável, dos que montavam o touro em Creta reproduzidos nos afrescos. O touro Ápis, com sua morte e renascimento sacrificial anual simbolizando a fertilidade da primavera e a morte no outono e no inverno, assemelha-se à integração alquímica da 2ª e 8ª Casas. Nesse processo, a 2ª Casa (a substância, ou Matéria-Prima) perde sua estrutura, vivencia o caos e depois de uma sensação de perda – trevas, depressão ou morte interior – renasce na 8ª Casa. Após a solitude e o repouso do final do outono em Escorpião, a Fênix ressurge das cinzas. O touro Ápis não é símbolo apenas da primavera e da vida taurina, mas a águia em seu flanco nos lembra o outono, Escorpião, a morte e o renascimento.

Jung, em um estudo sobre a alquimia da integração dos opostos, refere-se à Matéria-Prima e à Fênix, à Luz e às Trevas, à Vida e à Morte. Não podemos deixar de pensar no Zodíaco natural – na integração da esperança da primavera, exuberante de vida e fecundidade, com a estação melancólica do outono, o inerte Escorpião. Recomendo muito aos interessados na integração da energia Touro/Escorpião que leiam o Volume 13 das Obras Completas de C. G. Jung, *Estudos Alquímicos*, e reflitam sobre a ilustração do frontispício reproduzida de um manuscrito alquímico alemão. É um dragão escorpiônico com várias cabeças, incluindo a cabeça-Sol e a cabeça-Lua. O casamento do Sol e da Lua, do Masculino e do Feminino, da Luz e das Trevas dentro de todos nós era associado a Touro nos escritos alquímicos – Touro, onde a Lua e Vênus têm bom relacionamento. A exaltação da Lua em Touro não é mencionada especificamente por Jung, mas ele afirma que "Diana é a noiva" no matrimônio do Masculino e do Feminino, que acontece em Touro no delicado tempo da Lua nova. O frontispício diz que o glifo de Vênus (♀) e da Lua (☽) se combinam para formar o glifo de Mercúrio (☿), regente da alquimia. Assim, Mercúrio, o esquivo guia alquímico que conduz o buscador medieval ao segredo da pedra filosofal da transformação interior – à transformação da natureza humana inferior em ouro –, aparece na Lua nova em Touro.

Em *Estudos Alquímicos*, Jung afirma que a integração das Trevas com a Luz é difícil – que os dois realmente se distanciam um do outro. É difícil para a luz brilhar nas trevas; é difícil o inconsciente (8ª Casa ou Escorpião) tornar-se consciente. O astrólogo chama essa resistência de fixidez, porque nesse eixo lidamos com dois signos fixos, ou casas fixas. Ainda assim, a receptividade de Touro, seu lado duplamente feminino, dá a Escorpião uma abertura que outros signos, ou outras estações do ano, podem não ter. Escorpião é, ainda, um signo receptivo, no mesmo sentido da Água. Escorpião tem associações fúnebres – o ataúde de Osíris, as múmias, a morte – mas, tem também a Fênix. Se a matéria-prima taurina pode passar por mudança ou transformação, então a energia da primavera, análoga à Touro, não mais precisa ficar enraizada no solo (Terra), porém pode voar como uma Fênix e ser livre. Em geral, é difícil Touro perceber o lado obscuro, instintivo, de Escorpião – o inconsciente. Em casos reais de clientes que tinham boa dose de energia taurina, o que diziam de Escorpião revelava que consideravam a si mesmos a Luz, e os Escorpiões, entidades obscuras, caóticas, misteriosas, solitárias e irracionais. Se Touro impõe sobre Escorpião o que este não está pronto a suportar, Escorpião provavelmente fará Touro passar por traumas ou irrupções, mostrando a Touro sua própria sombra. Touro pode reagir integrando a intuição e agradecendo a Escorpião ou se afastando e concluindo que os Escorpiões são pessoas sarcásticas, desagradáveis, que devem ser evitadas. Pela integração de parte das trevas de sua polaridade Escorpião inconsciente, Touro pode aprender a desenvolver asas como a Fênix, deixar a insegurança e voar como o touro alado da arte assíria.

Assim como Touro se opõe a Escorpião, Afrodite se opõe a Marte, o regente de Escorpião. No mito do Minotauro, Ariadne, um tanto esnobe em termos sociais ou culturais, às vezes percebe Marte como demasiadamente grosseiro ou físico. Aqui, lembro-me mais uma vez da amável Afrodite sendo forçada a contrair matrimônio com Hefaístos, o aparentemente horrendo anão. Ela foi forçada a enfrentar o próprio ponto de vista superficial de que a beleza tem a profundidade da pele. Na leitura de mapas com Sol no signo de Touro, encontrei Afrodite, a elegante, com raiva do companheiro, com planetas em Escorpião, porque ele não estava disposto a ir a uma festa. "Por que ele precisa dessa total solidão?", ela se perguntava. Todavia, Touro pode aprender com a coragem silenciosa de Escorpião. Afrodite pode aprender, com Marte, a correr riscos – permitir que Vulcano continue a forjar. Marte pode ensiná-la a aceitar a mudança e a sexualidade – a permitir que sua própria energia primaveril seja liberada. Ambos, Escorpião e Touro, são intuitivos e possuidores de vontade forte. Cada um tem muito a aprender com o outro se ambos puderem ir além da resistência obstinada. Um touro esotérico, espiritual, é aberto e receptivo a deus. O mito do Minotauro trata da questão da receptividade. No mito, o rei Minos é teimoso e fechado a Netuno (deus). A ambição e o apego de Minos por um touro "digno de pertencer a um deus" fez com que trouxesse desgraça a toda a sua linhagem. Minos vive no mundo dos sentidos (Afrodite inferior), excluindo tudo o mais. Ele nos lembra os taurinos que conhecemos que estão sempre perguntando "O que vamos comer hoje?", "Onde vamos fazer compras hoje?", "O que poderíamos fazer para passar o tempo?" e dão a impressão de nunca refletirem sobre as questões esotéricas de Afrodite: "Onde posso encontrar um valor permanente?", "Qual é o sentido da vida?".

O mito do Minotauro

Vivia na ilha de Creta um rei filho de deuses da linhagem do touro – o rei Minos. Minos descendia de Zeus sob a forma de touro; portanto, o touro era símbolo de sua realeza. Para garantir a prosperidade de seu povo, Minos recebia regularmente um touro destinado ao sacrifício do deus conhecido como o Sacudidor da Terra – Poseidon (Netuno). Netuno, como sabemos pela astrologia, era um deus que prezava pela renúncia e que não via com bons olhos a ambição e o apego. Para testar Minos, um ano enviou-lhe um touro branco raro, particularmente belo.

Que beleza! Que esplendor! Minos nunca vira um touro semelhante. Um touro digno de um deus – ou digno do rei Minos? Ele estava ciente da sua responsabilidade para com a família e para com os subalternos quanto a fazer a vontade de Poseidon e sacrificar o mesmo touro que lhe fora enviado. (Como signo arquetípico de Terra, Minos tinha muita responsabilidade.) Foi sua ambição, porém, que triunfou. Ele preservou o Touro Celestial de Poseidon, trocando-o por um touro branco menor para o sacrifício.

A decisão foi seguida de uma série de catástrofes. Sua esposa Parsífae, a quem Minos, como um Touro ardente e apaixonado, estava profundamente apegado, apaixonou-se pelo Touro Celestial. Dédalo, o arquiteto, construiu uma vaca de madeira, de modo que ela pudesse se disfarçar e se unir ao touro. O resultado da união foi um monstro – metade homem, metade touro –, o Minotauro. Por ser esse um ser parcialmente divino, Minos não podia matá-lo. Dédalo então retornou ao trabalho e construiu um labirinto para abrigar o monstro. Com sua esposa, a quem amava, aprisionada no quarto e um Minotauro ruidoso correndo pelo labirinto, pouca satisfação restou a Minos.

Ele começou a pensar em meios de se livrar do monstro. De acordo com algumas fontes, havia em Creta, de sete em sete anos, um ritual destinado a pagar tributo a Minos por parte de outras ilhas e da parte continental da Grécia. Jovens guerreiros eram enviados para montar o touro – touros selvagens eram capturados e heróis desnudos tentavam se agarrar aos chifres, saltar sobre o lombo dos animais, firmar-se e cavalgar. Afrescos registram o montar do touro como um ritual, presenciado pelas damas da corte. Quando chegou o tempo da remessa do tributo, Minos começou a anunciar que estava à procura de um herói que quisesse matar o Minotauro. Assim, ele não seria responsabilizado pela morte de uma besta parcialmente divina. Seu filho percorreu a Grécia a fim de recrutar heróis para a tarefa, mas foi morto por um touro na cidade de Maratona.

Desse modo, Minos perdeu sua mulher para o Touro Celestial, e seu filho, para o touro de Maratona. Provavelmente, o final da história é mais conhecido de todos. Teseu apresentou-se como voluntário para executar a tarefa. Não era natural de Creta e não conhecia as habilidades necessárias para montar um touro. Apesar disso, teve êxito e decidiu aceitar o desafio. Teseu refletiu e percebeu que seu maior problema seria encontrar o caminho de volta do labirinto, e não matar o Minotauro – e estava certo. Entretanto, Ariadne, filha de Minos (de cujo nome teve origem o termo para aranha – aracnídeo), apaixonou-se pelo herói e acorreu em seu auxílio com seu fio. Teseu usou esse fio para achar o caminho para sair do labirinto e voltar para Ariadne. Após a morte do divino Minotauro, houve terremoto e fogo, e Ariadne saiu de Creta por mar com o povo "grosseiro" do continente. Enquanto olhava para trás e via seu palácio em chamas, pensava no que fizera ao ajudar os bárbaros gregos. Acabou discutindo com Teseu, e ele e seus marinheiros a deixaram numa ilha; todos estavam visivelmente cansados de suas lamúrias. Poseidon/Netuno, deus compassivo que é, teve pena dela e colocou-a no céu como constelação, para que todos pudessem vê-la. Outra versão narra que Netuno/Dionísio a recebeu em matrimônio e depois a colocou no firmamento. De qualquer modo, foi um triste final para a dinastia minoica, que acabou destruída por terremoto e fogo, resultado da ambição de seus governantes.

Há um ponto de equilíbrio na relação de Touro com a responsabilidade. Minos não assumiu suas responsabilidades com a devida seriedade e se deixou tomar pela ambição. Há os que participam do arquétipo de Touro e estão tão presos às responsabilidades que nunca tiram férias. Queixam-se: "Minha família sempre deixa todo planejamento e trabalho para mim". "Meus familiares são tão ineficientes." Afrodite opera melhor quando está regendo Touro que Libra. É importante que os taurinos encontrem o ponto de equilíbrio e deixem que os outros membros da família ou do escritório carreguem a própria carga, de modo que ele tenha tempo de se dedicar ao próprio desenvolvimento – e também para que Touro não se deixe levar pela tendência a acumular ressentimentos.

Na jornada de Áries, tivemos necessidade de controlar nossos instintos – nossos cavalos selvagens. Em Touro, temos de controlar o touro – das nossas paixões. Defrontamo-nos com nossos desejos, emoções, e até com nossa inércia, em meio a um mundo em mudança. Muitos taurinos agarram o touro pelos chifres, como no rito cretense ou de Mitra, na Pérsia, e exercem tal poder e controle sobre as emoções que Afrodite e seu consorte, Vulcano, tornam-se infelizes. Ambos são energias criativas; nenhum deles quer viver uma vida estruturada ou controlada a esse ponto.

Touro desenvolve seu discernimento no período de progressão para o signo de Gêmeos, mas nem sempre é o tipo de compreensão que o(a) companheiro(a) espera. Nas aulas de astrologia sobre progressões, uma mulher casada com um homem de negócios taurino pergunta: "A progressão para Gêmeos significa que ele virá às aulas de metafísica comigo? As leituras que fiz sobre Gêmeos dizem que este é um verdadeiro ciclo de aprendizagem. Ele vai mudar, se abrir para novas coisas?". No entanto, é mais provável que esse marido participe de seminários práticos sobre programação de computadores, regulamentação do imposto de renda ou, se tiver um pouco de ar no mapa natal, de palestras sobre vendas que tenham relação com seu trabalho; ele dificilmente desenvolverá interesse pela metafísica, pelo menos até o fim da progressão. A esposa deve aguardar a progressão do Sol dele para Câncer.

Outras perguntam: "Meu marido taurino vai ser menos teimoso no ciclo do adaptável Gêmeos? Afinal de contas, ele é imutável. É também analítico; Mercúrio rege Gêmeos. Ele vai analisar o próprio comportamento e trabalhar para a mudança?". É provável que, pelo menos nos primeiros anos do ciclo, ele perceba ou *insights* tenha sobre como os outros ao redor devem mudar – a esposa, os filhos, o chefe. Touro é um signo fixo. Muito provavelmente, se o nativo tiver planetas em Gêmeos, o Sol em progressão, ao passar por eles, se tornará crítico por vários anos antes de começar a introspecção e a mudar a si mesmo. Outros fatores entram no quadro geral. Mercúrio natal do nativo está em Gêmeos ou também progrediu para esse signo? Mercúrio natal faz aspectos com outros planetas? Se for retrógrado, a pessoa terá o hábito da introspecção sobre motivos ou comportamentos tanto pessoais quanto alheios. Mas a compreensão sobre a mudança dos hábitos há muito instalados não surge da noite para o dia.

Um efeito positivo secundário desse ciclo é o gosto que Gêmeos tem de falar sobre os mais variados assuntos. Os taurinos, tipos calados antes dessa progressão, desejarão se comunicar mais. De modo particular, o cônjuge de alguém com planetas no eixo Touro/Escorpião perceberá isso e terá mais facilidade em levantar questões delicadas. Todavia, mudanças de comportamento podem não ocorrer durante a progressão para Gêmeos. É divertido analisar e falar, teorizar e discutir sobre os mais diversos temas, mas mesmo para os signos fixos com Mercúrio natal em Gêmeos atitudes não seguem imediatamente à compreensão intelectual. "Oh, sim, eu sou assim. Isso deixa as pessoas atordoadas. Não é interessante?!". Essa é a reação comum de Touro progredindo para Gêmeos. Há boa porção de inércia em Touro.

A progressão para Gêmeos dá a Touro a oportunidade de experimentar sua versatilidade. Aqueles que têm pouca presença do elemento Ar no mapa natal podem permanecer na velha profissão – negócios, música, um trabalho prático que possibilita o sustento, que lhes dá sensação de segurança. Taurinos com muitos planetas em Ar, ou com ascendente em signo de Ar, ficam confusos nos primeiros anos de progressão, tendo em vista que se conscientizam da variedade de talentos relacionados à comunicação e à autoexpressão. (Gêmeos implica expor a palavra, escrita ou oralmente.) Uma mãe se referiu à filha adolescente, uma taurina com Sol que acabara de progredir para Gêmeos, deste modo: "Espero que você a ajude a encontrar um rumo. Ela mudou de área de estudos quatro vezes no ano passado, e o pai dela e eu não temos recursos para mantê-la na escola indefinidamente. Ela era tão prática. Queria obter um diploma. Preocupa-me o fato de que talvez não consiga um emprego".

A filha disse: "Até o ano passado, eu não sabia que tinha todas essas qualidades. Mamãe falou: 'Consiga um diploma para lecionar. Você sempre poderá voltar ao ensino quando se casar'. Soava prático decidir pela área profissional no Ensino Médio. Mas, no ano passado, tive uma professora de jornalismo excelente. Ela nos encaminhou à comunidade para entrevistar pessoas interessantes. Decidi que gostaria de trabalhar em um jornal. Então, me matriculei em alguns cursos de escrita criativa. Descobri que tenho o dom de escrever diálogos. Decidi escrever peças teatrais. Mas, então, meu irmão mais velho veio me visitar e falou que estava se dando muito bem em vendas, que é um campo das comunicações, e decidi trocar de área para comunicações empresariais. Tenho a intenção de cursar o Mestrado em Administração de Empresas e seguir os passos do meu irmão".

O problema dessa jovem é que ela recebia inúmeros incentivos do cosmos. Bons professores que estimulavam suas muitas qualidades; sua mãe, seu irmão, todos procuravam influenciá-la nessa progressão mutável. É bom que o astrólogo resista à tentação de acrescentar mais informações. Se não resistir, ao encontrar três *outras* possibilidades na área de comunicação, a cliente deixará a sessão mais confusa ainda. Procuro, então, apresentar as questões de Afrodite, que enfatizam o valor e o sentido. "O que mais lhe agrada? Voltar para casa depois de um dia excelente dando aula, alegre e feliz com os resultados de um trabalho com pessoas jovens? Ou voltar para casa depois de uma entrevista com o prefeito, sentindo-se mentalmente estimulada, pondo-se diante do computador e organizando o material da entrevista?".

Nos primeiros anos da progressão para Gêmeos, muitos campos são interessantes por certo tempo; Touro se sente um pouco como um Gêmeos natal. Mas pergunte a ele: "O que você se vê fazendo por longo tempo e gostando mais de fazer?". Os signos de Terra são planejadores a longo prazo. A questão subjacente do que seja prático é sempre importante de levar em conta. O nativo com Sol ou ascendente em Touro terá Sol ou ascendente em Gêmeos por trinta anos, durante a progressão, mas terá Sol natal ou Ascendente natal em Touro natal por toda a vida! Essa jovem, em particular, tentou o Mestrado em Administração, a escolha do irmão, mas não teve muito sucesso. Não era feliz! Por fim, retornou à escola e se tornou enfermeira. Vênus, no caso dela, achou significado na cura, na alimentação e na ajuda aos outros. Era uma escolha útil, prática, mas, diferentemente da área de vendas, a jovem sentiu que havia recompensas mais profundas além das materiais. As profissões da área da saúde, com frequência, exercem forte apelo a Touro no final do ciclo de Gêmeos (mental), quando Touro se prepara para progredir para o nutritivo signo de Câncer.

Outro aspecto importante para Touro durante a progressão para Gêmeos, se ele tiver irmãos mais velhos, é o de seguir os passos destes. O karma com irmãos é importante na fase de Gêmeos. Muitos clientes em progressão por Gêmeos se expressaram da seguinte maneira: "Gostaria de me formar na mesma área profissional de meu irmão" ou "Gostaria de me casar com alguém parecido com quem meu irmão se casou". Isso, na verdade, muitas vezes, o leva a ter encontros com o(a) cunhado(a). Às vezes, os resultados são favoráveis (no sul da Índia, casamentos entre primos e de dois irmãos com duas irmãs são comuns). Mas há outro problema. Se a pessoa confusa que progride para Gêmeos opta pela carreira do irmão, estará se dispondo a toda uma vida de comparações com o sucesso profissional do mais velho. Além disso, o irmão mais velho estará vários anos à frente: "Quantas apólices de seguro você vendeu no ano passado, querido?", pergunta Tia Ruth. "Oh, seu irmão mais velho vendeu duas vezes mais!". Geralmente, procuro levantar essas questões no decorrer da sessão. Se a escolha profissional do irmão se enquadra no mapa do cliente, e este vem pensando em uma carreira extensa, pode ser que dê certo, mas ainda assim é aconselhável comparar as qualidades do mapa do irmão às do cliente e lançar todas as luzes possíveis nas diferenças.

O interesse de Afrodite pelo bem, pela verdade e pelo belo está presente no inconsciente de Touro. A deusa procura prover calor e amor aos outros. Pode fazer isso pela cura, pela música ou pelas artes, através do casamento, da diversão ou de uma floricultura. Mas a satisfação dela é subjetiva; ela deveria encontrar alegria no trabalho diário. Nesse sentido, taurinos regidos por Vênus têm mais em comum com Libra que com os outros dois signos de Terra. Touro e Libra têm visão menos objetiva do trabalho. As pessoas que Touro encontra são mais importantes que os aspectos materiais. Isso não é tão verdadeiro em relação aos outros signos de Terra.

A progressão para Câncer é muito mais familiar a Touro. Trata-se de um ciclo conservador. O nativo pode se alegrar com o que construiu cedo na vida. Pode apreciar a casa, a família, as posses e a estabilidade familiar. A progressão para o elemento Água é importante no mapa de Touro porque revela o lado feminino, a sensibilidade intuitiva. No primeiro ou segundo ano do ciclo de trinta anos dessa progressão, Touro pode até sentir seu corpo hipersensível. Alergias são comuns, sintomáticas da nova abertura da natureza taurina. É bom visualizar a proteção do Mestre Espiritual como uma luz branca, nutrir-se de alimentos puros, beber água pura (Câncer está relacionado aos líquidos) e fazer exames esporádicos para verificar as reações do organismo aos produtos derivados do leite.

Embora muitos taurinos desempenhem profissões psíquicas ou nutritivas durante esse ciclo, é também importante que encontrem tempo para alimentar a criança interior, meditar, descansar e sair com a família nos finais de semana. Muitas vezes, o taurino espiritual dedicou-se aos outros na primeira metade da vida; o ciclo de Câncer, mais mediúnico, é uma mudança na direção da construção da alma, da construção interior, fortalecendo a busca de Afrodite pela beleza, pelo significado, pelo valor pessoal. O ambiente familiar pode ocupar o lugar das viagens quando a agitação do ciclo de Gêmeos passar. Comprar ou aumentar a propriedade torna-se importante, uma vez que Touro pode decidir trabalhar na própria casa e, já que passa mais tempo nela, quer que seja confortável. Muitas vezes, o karma com os pais ou parentes vivos mais velhos é trabalhado nesse ciclo, pois é nessa época que os pais, em geral, são bastante idosos e precisam de atenção. Se há questões antigas e dolorosas, ressentimentos ou lembranças negativas da infância (como as de Hefaístos), Touro quase sempre tem condições de liberá-las do inconsciente em Câncer, praticando técnicas de cura em si mesmo e nos outros. Isso é facilitado pelo fato de que pessoas mais velhas podem se tornar crianças necessitadas, seres humanos frágeis. Touro, com frequência, dirá: "Mamãe (ou papai) fez o melhor que pôde para nós. Vivi tempo suficiente para perceber que cometi minha própria cota de erros na vida, por isso posso ser mais compreensivo e tolerante com os demais".

Outra área kármica para o Touro espiritual é a da religião oficial, ou a Santa Madre Igreja. No ciclo de Câncer, muitos taurinos procuram voltar ao seio da organização da mãe espiritual de quem se separaram cedo na vida.

"Eu era muito teimoso e obstinado quando jovem", disse um Touro durante a progressão para Câncer. "Tive uma discussão terrível com o rabino de minha cidade. Ele também era uma pessoa teimosa e obstinada, e não aprovava minha noiva. Eu disse que o assunto não era da conta dele. Ele se recusou a celebrar meu casamento. Assim, juntei-me a um templo reformado. Mas minha noiva e o rabino estão mortos faz tempo. Gostaria de 'voltar para casa', para a ortodoxia. Essa situação me deixa bastante preocupado."

Ou então: "Estou muito irritado com a Igreja! Quando requeri a anulação do meu primeiro casamento, em 1946, você acha que eles me deferiram o pedido? Não! Agora, quarenta anos depois, fico espantado vendo-os conceder anulações como se fossem bilhetes de loteria que qualquer um pode comprar. Ainda gostaria de receber essa anulação, para ter meus filhos do segundo casamento legitimados pela Igreja, embora eles não se importem com isso. Eles já cresceram, e seus filhos são adolescentes. Acho que o significado disso é que eu gostaria de ficar em paz com a Igreja e de ser enterrado em um solo consagrado..."

A busca da legitimidade, de retorno às raízes e à própria tradição religiosa, é forte demanda emocional para muitos taurinos no ciclo de Câncer. Promover a paz é, ainda, um propósito de Afrodite, cujo símbolo é a pomba. Nem toda Mãe Espiritual, nem toda instituição religiosa vai receber de volta o nativo de Touro em progressão, especialmente se ele ainda estiver ditando as próprias regras. Entretanto, quando Touro se aproxima das autoridades com o coração aberto, bons motivos e boa vontade para ser flexível, encontra a própria paz interior a despeito de quaisquer burocratas inflexíveis que possa encontrar.

Espiritualmente, um ponto importante de Câncer é o desapego – em alguns casos, a organizações religiosas. Touro, muitas vezes, dedica-se à comunicação e à vida de forma indireta. Mas, no final da vida, pode se conscientizar da relação direta entre ele e o Divino, enraizada não na organização intermediária, mas no interior da própria alma. Há taurinos que, durante essa progressão, se tornaram menos dependentes das instituições e encontraram, a pomba de Afrodite no próprio interior, a *anima*, ou alma.

Em geral, Touro é abençoado com resistência física e capacidade de suportar. Muitos chegam a viver até a progressão para Leão. Aqueles que têm netos realmente se alegram com eles e gostam de incentivar sua criatividade e de lhes ensinar coisas novas. O Sol, progredido ou natal, pertence a Leão, de modo que este é um ciclo frequentemente jubiloso, de crescimento pessoal, pois o Sol brilha sobre Touro. Se ele foi generoso com seus recursos, e não mesquinho ou ambicioso, as graças serão devolvidas pela família e pela comunidade, e seus últimos anos serão plenos de amor, calor e gratidão. Ele poderá ser um respeitável Ancião Sábio (Anciã Sábia) na comunidade. No entanto, se não aprendeu sobre flexibilidade no ciclo de Gêmeos, a mudança poderá atingi-lo, em especial se seu companheiro morrer antes dele. (Veja Capítulo 5: Leão precisa de um companheiro.) Para os taurinos que trabalharam na mudança e no desenvolvimento de Hefaístos, este é um período muito estável e feliz. Touro se sente abençoado. Pessoas mais jovens, muitas vezes, o introduzem a novos passatempos, habilidades e interesses. Este pode bem ser o melhor período de sua vida em termos de autoestima, afeto e alegria.

Questionário

Como o arquétipo de Touro se expressa? Embora se destine, de modo particular, aos que têm Sol ou ascendente em Touro, qualquer pessoa pode aplicar este questionário à casa na qual Vênus está localizada – ou às casas regidas por Vênus (ou com Touro interceptado). As respostas indicarão o grau de contato do leitor com sua Vênus natal, sua "deusa da paz e do amor", seus instintos taurinos, valores e propósitos.

1. Quando a conversa se torna muito direta ou agressiva, sinto-me desconfortável:
   a. A maioria das vezes.
   b. 50% das vezes.
   c. 25% das vezes.

2. Ao entrar em um projeto, as pessoas podem confiar em mim. Entre meus pontos fortes estão a lealdade, a praticidade e a perseverança:
   a. Geralmente.
   b. 50% das vezes.
   c. Poucas vezes.

3. Prefiro a constância e a estabilidade; rejeito a incerteza e a mudança:
   a. 80% das vezes ou mais.
   b. Mais ou menos 50% das vezes.
   c. 25% das vezes ou menos.

4. Entre minhas características negativas, eu incluiria, provavelmente, a teimosia:
   a. Sou extremamente teimoso.
   b. Sou teimoso 50% das vezes.
   c. Não sou teimoso de maneira nenhuma.

5. A segurança financeira e emocional é:
   a. Extremamente importante.
   b. Moderadamente importante.
   c. Pouco importante.

6. Meu maior medo é:
   a. Falência ou pobreza na velhice.
   b. Perda da independência.
   c. Que meu segredo mais oculto seja descoberto.

7. O maior obstáculo a meu sucesso vem:
   a. De dentro de mim mesmo, da minha insegurança.
   b. Do mundo exterior e das circunstâncias além do meu controle.

8. Sinto que a parte mais fraca do meu corpo é:
   a. A garganta, o maxilar, as pregas vocais ou a tireoide.
   b. A cabeça e as cavidades nasais.
   c. O tubo digestório.

9. Na minha vida, os interesses de Vênus, como vida social, *status*, poupança e posses materiais, são:
   a. Muito importantes.
   b. Moderadamente importantes.
   c. Nada importantes.

10. Quando alguém pede para eu me apresentar diante de uma grande plateia ou de pessoas desconhecidas, tenho tendência a desenvolver inflamação da garganta ou laringite, apesar de todos os esforços feitos para que isso não aconteça. Isso ocorre:
    a. Raramente.
    b. Aproximadamente 50% das vezes.
    c. Com frequência.

Os que somaram cinco ou mais respostas (a) estão em estreito contato com seus instintos. Os que assinalaram cinco ou mais respostas (c) estão em movimento para a extremidade polar do nível instintivo – sua Vênus não consegue se expressar de maneira adequada. Um sintoma de uma Vênus frustrada é que o nativo fica paralisado quando lhe pedem que se apresente em público em circunstâncias sociais que lhe são estranhas. Os que responderam (c) na questão 10 devem rever o posicionamento de sua Vênus natal. Ela está na 12ª Casa? É retrógrada?

Interceptada? É importante que essas pessoas trabalhem conscientemente os planetas que fazem aspectos com Vênus natal, a fim de ajudar esse planeta a expressar seus instintos positivos – calor, graça de autoexpressão, tranquilidade social, expressão artística e sedução.

Onde se localiza o ponto de equilíbrio entre Touro e Escorpião? Como o taurino integra os recursos pessoais com a transformação? Embora essas questões digam respeito, de modo especial, aos que têm o Sol ou o ascendente em Touro, todos nós temos Vênus ou Marte em algum lugar de nosso mapa natal. Muitos temos planetas na 2ª ou na 8ª Casas. Para todos nós, a polaridade de Touro/Escorpião implica aprender a equilibrar a segurança pessoal com a mudança e a transformação.

1. Quando meu cônjuge não quer participar de um evento social importante para mim, aceito tranquilamente sua necessidade de ficar sozinho:
   a. 25% das vezes ou menos.
   b. Mais ou menos metade das vezes.
   c. 80% das vezes ou mais.

2. Ao entrar em uma loja, escolho a marca do produto que meu cônjuge ou colega de quarto pediu em vez de levar o que sinto ser uma escolha mais adequada:
   a. 25% das vezes ou menos.
   b. 50% das vezes.
   c. 80% das vezes ou mais.

3. Tenho facilidade em dizer não a alguém que me pede um favor quando, de fato, não quero fazê-lo ou quando realmente não disponho de tempo para isso:
   a. A maioria das vezes.
   b. Cerca de metade das vezes.
   c. Quase nunca.

4. Pratico a resistência passiva em vez de argumentar, dizer não ou competir abertamente:
   a. 25% das vezes ou menos.
   b. Cerca de 50% das vezes.
   c. 80% das vezes ou mais.

5. Os outros me consideram obstinado e exigente quando se trata de alterar um projeto de meu interesse:
   a. 25% das vezes ou menos.
   b. Cerca de metade das vezes.
   c. 80% das vezes ou mais.

Os que assinalaram três ou mais respostas (b) estão dando bom andamento à integração da personalidade na polaridade Touro/Escorpião ou em recursos pessoais/transformação. Os que marcaram três ou mais respostas (c) precisam trabalhar, de forma mais consciente, no desenvolvimento de Marte em seus mapas natais. Os que assinalaram três ou mais respostas (a) podem estar em desequilíbrio – não desenvolveram Vênus o suficiente. Estude ambos os planetas no mapa astral. Existe algum aspecto entre eles? Qual deles é mais forte por posicionamento de casa e/ou por signo (domicílio ou exaltação)? Um ou outro está retrógrado, interceptado, em queda ou em detrimento? Aspectos ao planeta mais fraco podem indicar um modo de integração.

O que significa ser taurino esotérico? Como Touro integra Vulcano à personalidade? Lembre-se de que Vulcano é o arquétipo da "mudança vulcânica". Em algum período da vida, todo taurino terá de lidar com Vulcano (irrupções nas finanças, nos relacionamentos, em organizações). Ascendente e/ou planetas em signos mutáveis dão flexibilidade ao mapa natal e ajudam o taurino a se adaptar às mudanças de Vulcano. A lição de Vulcano é – *sem mudança não há crescimento*. As respostas às perguntas a seguir indicarão até que ponto Touro está aberto à mudança e em contato com Vulcano, seu regente esotérico.

1. Considero-me uma pessoa que se adapta facilmente:
   a. 80% das vezes.
   b. 50% das vezes.
   c. 25% das vezes ou menos.

2. Quando atingido por mudanças repentinas e catastróficas nas finanças, nos relacionamentos ou na empresa em que trabalho, me adapto:

a. Muito bem.
   b. Bastante bem.
   c. Mal; resisto à mudança.

3. Quando forçado pelas circunstâncias externas a tocar a vida adiante, como aposentadoria, transferência profissional, divórcio ou morte de um ente querido, minha habilidade de desconectar do passado é:
   a. Muito boa.
   b. Razoável.
   c. Fraca.

4. Depois de atravessar uma crise profunda, agora compreendo e aprecio o modo pelo qual a mudança era necessária para meu desenvolvimento e minha transformação:
   a. Verdadeiro.
   b. Talvez.
   c. Falso.

5. Graças a meus recursos interiores, meus colegas de trabalho, minha família e meus amigos buscam em mim apoio nos momentos de aflição:
   a. Sempre.
   b. Às vezes.
   c. Nunca.

Aqueles que assinalaram três ou mais respostas (a) estão em contato com o regente esotérico de Touro, Vulcano/Hefaístos. Os que marcaram três ou mais respostas (b) precisam trabalhar, de forma consciente, a receptividade e a adaptabilidade às mudanças. Os que assinalaram três ou mais respostas (c) podem não ter planetas em signos ou em casas mutáveis no mapa natal. Felizmente, os taurinos evoluem e se desenvolvem por meio da progressão de seu Sol natal para Gêmeos, signo mutável, que dura trinta anos. Uma importante lição para os taurinos é que aqueles que resistem às mudanças são, muitas vezes, engolidos por elas. Tendo em vista que, esotericamente, a 2ª Casa é a dos valores, Touro representa a receptividade ou abertura espiritual à Graça Divina. É essa Graça que o sustenta e facilita seu desenvolvimento durante os períodos de irrupções vulcânicas.

Referências Bibilográficas

Alice Bailey. *Esoteric Astrology*, Lucis Publishing Co., Nova York, 1976.

_____. *Labours of Hercules*, Lucis Publishing Co., Nova York, 1977.

C. G. Jung. *Alchemical Studies*, Princeton University Press, Princeton, 1967.

_____. *Symbols of the Transformation*, Princeton University Press, Princeton, 1967.

E. A. Wallis-Budge. *The Egyptian Book of the Dead*, "Hymn to Amen-Ra", Dover Publications, Nova York, 1967. [*O Livro Egípcio dos Mortos*, Editora Pensamento, 1985.] (fora de catálogo)

Franz Cumont. *The Mysteries of Mithra*, Dover Publications, Nova York, 1956.

Jack R. Conrad. *The Horn and the Sword*, Mac Gibbon and Kee, Londres, 1959.

Jane Harrison, *Prolegomena to the Study of Greek Religion*, Meridien Books, Nova York, 1955.

Jolande Jacobi. *The Psychology of C. G. Jung*, Routledge and Kegan Paul, Londres, 1951.

Joseph Campbell. *Occidental Mythology Masks, of God III*, Penguin Books, Nova York, 1982.

_____. *Primitive Mythology, Masks of God I*. Viking Press, Nova York, 1959.

Karl Kerényi, *The Gods of the Greeks*, "Hephaestus", Thames and Hudson, Nova York, 1951. [*Os Deuses Gregos*, Editora Cultrix, São Paulo, 1993.] (fora de catálogo)

Larousse Encyclopedia of Mythology and Religions, "The Apis Bull".

Leonard Cottrell. *The Bull of Minos*, Grosset and Dunlap, Nova York, 1962.

Linda Goodman. *Sun Signs*, "The Taurean Boss", Taplinger Publications, Nova York, 1968.

Mircea Eliade. *The Forge and the Crucible*, University of Chicago Press, Chicago, 1978.

Murray Stein. "Hephaistos", in *Facing the Gods*, Spring Publications, Irving, 1980.

Nikos Kazantzakis. *Report to Greco*, Simon and Schuster, Nova York, 1965.

Patrizia Norelli-Bachelet. *The Gnostic Circle*, Aeon Books, Panorama City, 1975.

Pausanius. *A Guide to Greece*, Vol. I e II, trad. Peter Levi, Penguin Classics, Nova York, 1979.

Rodney Collin. *The Theory of Celestial Influence*, Samuel Weiser, Nova York, 1954.

Sylvia Brinton Perera. *Descent to the Goddess. A Way of Initiation for Women*, Inner City Books, Toronto, 1981.

Zen Flesh, Zen Bones, compilado por Paul Reps, Charles E. Tuttle, Rutland, 1983.

3

Gêmeos:

A Busca da Variedade

Examinamos o Fogo cardinal (Áries) e a Terra fixa (Touro). Agora, encontramos o delicado e jovial signo de Gêmeos. Gêmeos é alegre, brincalhão, um tanto evasivo, como seu planeta regente, Mercúrio/Hermes. Hermes era conhecido pelos gregos como Guia dos Três Mundos, Morador do Crepúsculo, Senhor dos Pastores (regente esotérico do Carneiro/Áries), Patrono dos Comerciantes, Padroeiro dos Ladrões. Era informalmente conhecido como patrono da magia, da feitiçaria e da alquimia, provedor da boa fortuna nas encruzilhadas, causador de infortúnios aos desprovidos de discriminação. Ajudava heróis e pessoas comuns na busca de solução rápida. Era o único do Panteão Grego que não tinha morada no Olimpo, estando sempre em movimento entre os três mundos. Era o Guia e o Mensageiro do Olimpo, da Terra e do Hades.

Hermes era eternamente jovem – o eterno adolescente. Às vezes, as estátuas de Hermes representavam-no como um jovem com barba pontuda e, às vezes, sem barba, mas quase sempre jovem. Os romanos, e mais tarde os alquimistas medievais, chamaram-no pelo nome que conhecemos da astrologia – Mercúrio. *Mercurius Alchemius*. Na astrologia, ele rege Gêmeos e Virgem. É interessante considerar que pessoas com um desses signos no Ascendente tendem a parecer vários anos mais jovens do que realmente são. O Ascendente é a atitude, e as dádivas de Hermes a Gêmeos e Virgem incluem atitude mutável e flexível em relação às circunstâncias variáveis da vida; a habilidade de analisar os próprios erros e adaptar o próprio comportamento; senso de humor em relação a si mesmo e curiosidade mental vívida a respeito da vida. A versatilidade também é um presente de Hermes. Um Ascendente em um signo fixo vê apenas uma maneira de reagir a certas circunstâncias e se agarra rigidamente a ela; Mercúrio provê ao ascendente em Gêmeos uma variedade de opções – inúmeras maneiras possíveis de reagir às mudanças. Jung nos diz que na alquimia o "Mercúrio astrológico" era a mente fluida, móvel, mercurial. A mente em si (separada do restante da psique) é dual e amoral. Pode nos levar tanto a uma direção positiva como a uma direção negativa. Hermes é o de "duas mentes", especialmente como regente de Gêmeos. Nos sonhos, diz Jung, o homem com o boné e a barba preta pontuda era visto como o demônio; Mefistófeles, em Fausto, era um guia negativo para a alma. (Jung, *Psicologia e Alquimia*, Sonho nº 14.) A curiosidade mental pode levar a descobertas brilhantes ou a experiências com consequências dolorosas.

É por isso que os alquimistas medievais rezavam pedindo o poder de distinguir entre o bem e o mal, para "... expulsar a escuridão de nossas mentes". (Jung, *Estudos Alquímicos*.) Os hindus têm uma oração semelhante: "Senhor, guia-nos da Escuridão para a Luz". Jung salienta que a civilização ocidental abandonou a oração dos alquimistas, e, ao deificar a razão, esqueceu também o lado mais sombrio da mente dual. Ele nos lembra que, no século XVIII, os filósofos franceses "iluminados" coroaram a deusa da razão na catedral de Notre-Dame. A veneração da razão continuou nos dois séculos seguintes, enfatizando o positivo, progressivo, inventivo e científico poder da mente. (*Estudos Alquímicos*.)

Em *Puer Aeternus*, Marie-Louise von Franz analisa os perigos de viver exclusivamente na cabeça. Ela diz que, segundo Jung, o tipo emocional tem mais probabilidade que o tipo racional de entrar em contato com as próprias qualidades criativas, sua singularidade e seu sistema de valores. Enquanto o tipo emocional é capaz de se envolver emocional e sinceramente em um relacionamento, o tipo racional tende a se deter e a analisar a si mesmo, a seu(sua) companheiro(a), a vida e, em geral, como diz Von Franz, "encontra pelo em ovo". Jung atribuiu isso à tendência do intelectual de pensar estatisticamente, o que é deprimente. Ele pensa: "Há milhares de pessoas como eu, com experiência idêntica, na cidade onde vivo. Há milhares de pessoas que saem todas as manhãs para trabalhos iguais ao meu. Penso que amo uma única mulher (ou homem), mas na realidade há milhares exatamente a ela(e)! Que tédio!". Isso não ajuda a pessoa a encontrar significado, felicidade, alegria no trabalho e nos relacionamentos. Além disso, o *puer/puella* também tende à baixa vitalidade e à libido fraca; ele(a) vê seu corpo como algo frágil e incapaz de realizar coisas que outros são capazes de concretizar na vida.

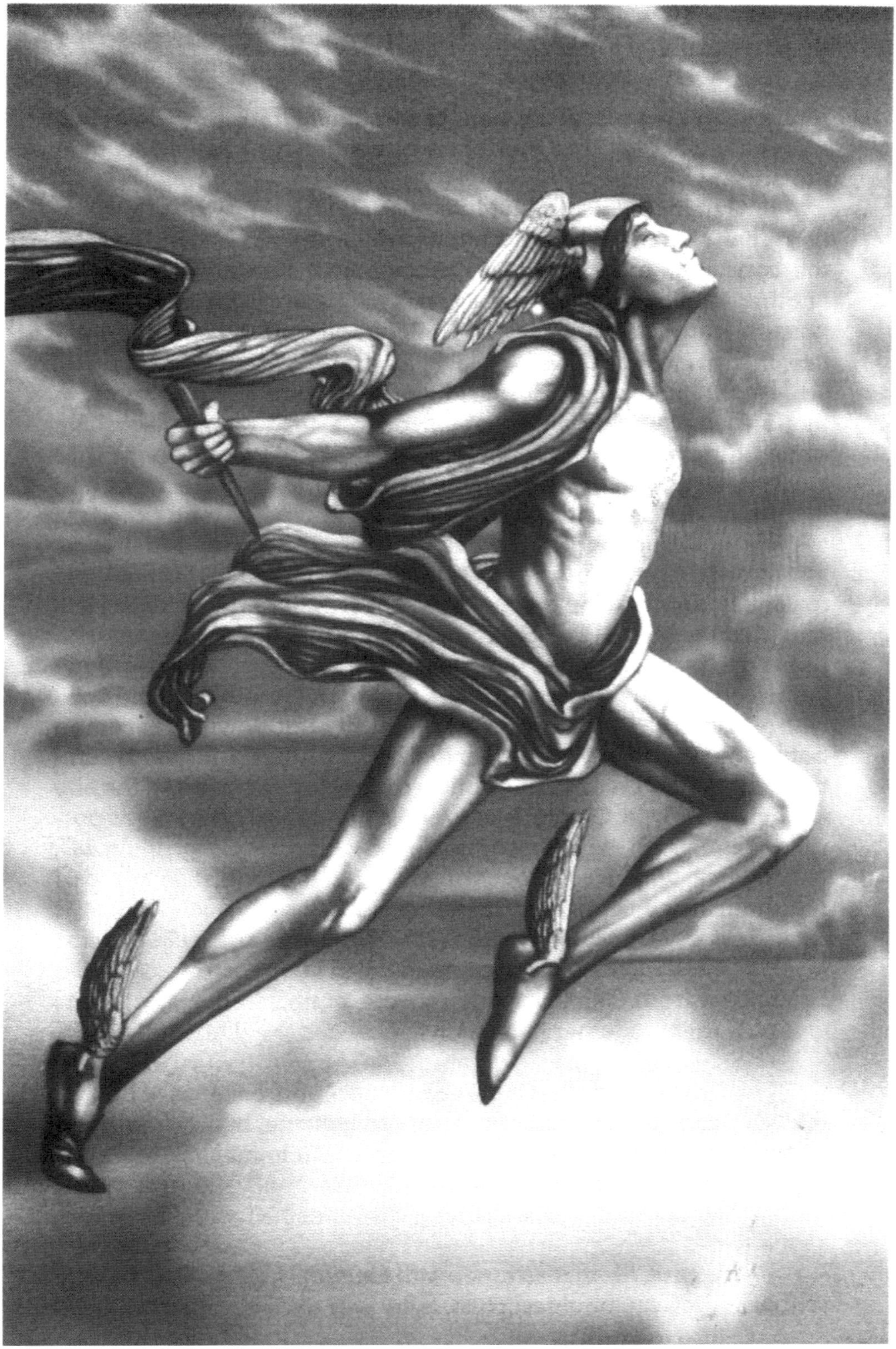

Portanto, pode dormir tarde, fumar bastante, fazer uso de drogas para se refugiar em um estado alterado de consciência, sonhar e fantasiar sobre o futuro, ver o momento presente como algo transitório que deve ser vivido e pensar que o futuro oferece mais possibilidades que o presente.

Em Gêmeos, lidamos com o Ar mutável, o qual representa a observação, a análise, a classificação racional dos dados, a objetividade. Temos a mente consciente (Mercúrio) processando a informação. Em Virgem, outro signo de Hermes mutável, encontramos *Mercurius psychopompus*, ou Hermes como Guia aos Infernos e aprendiz de feiticeiro, o curador mágico que empunha o Caduceu.

Como a mente fluida, o próprio Hermes parecia mais feliz quando em movimento. Não lhe agradava ficar no mesmo lugar por muito tempo. Se ficasse, poderia criar raízes. A situação ao redor poderia cristalizar-se através de vínculos e obrigações, rotinas e estruturas, e a vida se tornaria insípida. Sem fofocas e novas experiências, a vida deixaria de ser excitante, divertida e informativa. Seus sonhos para o distante futuro poderiam nunca ser realizados. Diante de uma realidade imperfeita, sem seu ideal de perfeição, Hermes ficaria perplexo. Hermes corresponde a Peter Pan, o Eterno Jovem (*Puer Aeternus*) que se recusou a crescer e a assumir responsabilidades. Por essa razão, Jung reconheceu o *puer* como o oposto do *senex* (Saturno) — como a criança que se recusa a crescer e a formar sua base, a sossegar (a se tornar uma personalidade saturnina). O *puer* avista o futuro e evita compromissos no presente; assemelha-se fortemente a Hermes e ao aéreo arquétipo geminiano. Gêmeos procura evitar a realidade enfadonha. Geminianos cujos mapas são escassos em relação ao elemento Terra e abundantes em Ar dirão ao astrólogo: "Não tenho muitos amigos de signos de Terra. Acho-os pesados, sérios e, para ser honesto, enfadonhos". Gêmeos é um signo muito inventivo, imaginativo — também uma característica dos mitos de Hermes —, e a alicerçada Terra, da perspectiva de Gêmeos, está tão estruturada que não tem condições de ser criativa. Assim, o geminiano coleta os fatos e os reúne de maneira inventiva, nova, experimental.

Muitas vezes, uma criança geminiana se aborrece com a escola e, por ser inteligente, diz aos pais: "Quero parar de estudar depois de terminar o Ensino Médio e viver a vida. Sou inteligente, você sabe, mamãe. É apenas uma decisão temporária. Algum dia, posso voltar à escola e me formar". Mas decisões de curto prazo têm consequências de longo prazo.

Nesse caso, mamãe pode concordar com o geminiano: "Ele voltará à escola. Ele é o mais brilhante dos meus filhos. Sempre foi o primeiro a aprender coisas novas; ele adora aprender. Em poucos anos voltará à escola (9ª Casa – Educação Superior) e então saberá que profissão escolher. Estará mais amadurecido nessa época".

Um astrólogo poderia dizer a essa mãe: "Sim, ele era o primeiro a aprender coisas novas, mas era também o primeiro a enjoar delas. Muitos dos que abandonam o Ensino Médio ou os primeiros anos da faculdade nunca voltam. A decisão temporária tem, de fato, consequências duradouras. Isso pode não ser inteligente. Por que não motivar o(a) filho(a) a consultar um orientador vocacional que possa indicar um programa de aprendizagem mais desafiador que a sala de aula ou ajudá-lo(a) a encontrar alguma variedade em cursos extracurriculares, com professores mais interessantes?".

Além dessas considerações práticas, como a capacidade de aprendizagem, que preparam o geminiano para um emprego, a 9ª Casa tem papel expansivo no desenvolvimento da jovem mente analítica. Os dois signos de Hermes, Gêmeos e Virgem, precisam mover-se do específico para o geral, do fato concreto para o quadro mais amplo. As demandas das artes liberais geralmente têm efeito de abertura. Os cursos interessantes para expandir a mente mercurial incluem filosofia, línguas estrangeiras, direito, história de culturas e civilizações estrangeiras, programas de viagem, cursos de literatura e grandes obras, que expõem o aluno a uma ampla variedade de ideias e a bons escritores que usam a língua materna com grande destreza. Todos esses são meios valiosos de integração da 9ª Casa.

Por fim, uma pessoa culta domina a arte de estudar; gosta de aprender. Sempre pode ocupar a mente de maneira positiva. Por gostar de estudar, preenche o tempo livre frequentando cursos sobre novos e diferentes assuntos. Pelo amor ao aprendizado, pode participar do arquétipo sagitariano escrevendo cartas ao cônjuge viajante ou trocando ideias com a esposa professora. Mas, se gostar do tema do estudo, o geminiano se dedicará, em vez de depender do companheiro para estimular sua mente. Por experiência, sei que muitas pessoas nascidas no arquétipo de Gêmeos se casam com viajantes, como vendedores, diplomatas ou professores em licença para viagens de estudo. Quando o cônjuge viajante se vai, o geminiano tem muito tempo à disposição. "Cabeça vazia, oficina do diabo", diz o velho ditado. Os signos de Ar tendem a se sentir intensamente entediados. A escola é uma saída para o tédio. O geminiano educado, que desenvolveu sua mente e seus recursos interiores, terá menos probabilidade que o não educado de ceder à tentação (Mefistófeles, ou o lado escuro da mente) e de ter seu negócio. Assim, mesmo eticamente, a educação ajuda a desenvolver as alternativas do geminiano – e a polaridade da 9ª Casa propicia grande variedade de opções para sua personalidade mentalmente inquisitiva.

Entretanto, ao falar do atendimento às pessoas com personalidade *puer*, Von Franz adverte que esse arquétipo não está inclinado a receber conselhos – especialmente aqueles que exijam trabalho, acomodação ou vida dentro de limites. (Hermes, lembramos, era o deus fora dos limites que ajudava o viajante em trânsito.) A escola é uma estrutura restritiva para o jovem. Pessoas com Sol ou ascendente em Gêmeos precisam estar em contato, desde o início da infância, com o estímulo da leitura, com os recursos interiores que podem ser descobertos e desenvolvidos por uma mente controlada. Von Franz também adverte que *puer/puella* é habilíssimo em convencer o terapeuta de que já concluiu o trabalho interior e acabou a terapia. O geminiano domina rapidamente o vocabulário, o jargão de qualquer terapeuta, e é muito precoce. É presenteado com um talento verbal considerável. Pode-se quase ouvir o *puer* geminiano dizer: "Oh, sim, liberei minha criatividade, integrei meus aspectos sombrios positivos, lutei com o lado sombrio negativo, me relacionei com o complexo materno – estou pronto!".

Von Franz diz que gasta energia para capturar o *puer*. Ela pergunta: "O que você fez esta manhã? Que horas se levantou? Que horas chegou em casa para almoçar? O que tem para o trabalho desta tarde?". De outro modo, as fantasias mentais do *puer* e seu sentido de realidade tendem a se misturar. C. G. Jung pensava que a *puella* deveria ficar em casa com as crianças mais novas, o que para ela é um trabalho difícil, pois isso lhe daria uma base. Tentei recomendar isso para geminianas na progressão para Câncer – geralmente não antes. A maioria delas pareceu ficar muito ofendida, menos as que tinham vários planetas natais em Câncer (maternal). Em *Puer Aeternus*, Von Franz considerou que Jung estava certo, mas não diz se alguma delas deu ouvidos ao conselho. Minha própria clientela *puella* consiste principalmente de mulheres acadêmicas com alta porcentagem de planetas em signos de Ar, muitas das quais têm Sol ou ascendente em Gêmeos. Tenho vários clientes com a conjunção Sol/Urano que são estudantes eternos, e quando se trata de realmente começarem a trabalhar na área escolhida encontram um "pelo em ovo" e voltam para a escola. Von Franz menciona que o *puer* junguiano é um tipo nervoso. Isso descreve também o tipo geminiano.

É interessante que o *puer* de Jung, o eterno adolescente do tipo Hermes, tem talento literário geminiano. Dois exemplos geralmente citados nas palestras e textos junguianos sobre a criança eterna são Antoine de Saint-Exupéry e Harry

Crosby, os quais não só flertavam com o perigo e desafiavam a morte como também se consideravam literatos, artistas das letras. Crosby conservou sua natureza traquina exuberante até o dia de seu suicídio, enquanto Saint-Exupéry derramou seu lado pueril em um personagem-sombra: o Pequeno Príncipe. Ele era ingênuo, inocente, espontâneo e capaz de expressar seus sentimentos, suas necessidades, o que Saint-Exupéry não conseguia fazer. Saint-Exupéry voava de um lado a outro, passava algumas semanas com a esposa melancólica, outras fumando ópio com a amante, e escrevia para a mãe, que preferia vê-lo com a amante viciada em ópio que com a esposa. Saint-Exupéry também deixou um livro belo e sentimental, repleto de encanto, de figuras infantis de sua sombra, seu Príncipe especial, e um relatório da viagem do *puer* à plenitude. Sua própria jornada foi abortada por uma queda fatal do avião no deserto. Voltaremos ao Pequeno Príncipe mais tarde.

Sagitário, a sabedoria, o poder de colocar os fatos em perspectiva, está na polaridade oposta, a 180 graus de Gêmeos. Júpiter, regente de Sagitário, era o pai de Hermes no mito. Hermes era escriba de Júpiter (embora a imagem de escriba se ajuste mais a Virgem do que a Gêmeos), e na mitologia babilônica, Nebo, o equivalente de Hermes, era escriba de Marduk, o Júpiter babilônico. Essa polaridade de Gêmeos a Sagitário significa que os fatos ajudam a levar Gêmeos à sabedoria se este souber colocá-los em perspectiva – e aprender a sintetizar. Ser escriba não é uma meta muito excitante, embora fazer uma série de cursos sem relação entre si possa ser bastante divertido para o eterno estudante geminiano. Júpiter rege a 9ª Casa, a academia, oposta à 3ª Casa ou Gêmeos, os fatos concretos e os hábitos de estudo.

Júpiter era o regente clássico de Peixes antes de Netuno ser descoberto. Assim, do ponto de vista mitológico, os mesmos deuses regiam o eixo 6-12 – Hermes (Virgem) e Pai Júpiter (Peixes), mas há ênfase maior na *lógica versus intuição* da 6ª à 12ª Casa. No caso dos dois signos regidos por Hermes, a integração das polaridades poderia envolver o aprendizado do que fazer com os fatos. Este é, com frequência, o dilema dos filhos de Hermes quando procuram um astrólogo. "Tenho seis boas razões para abandonar meu emprego e voltar à escola", diz o Hermes lógico, "e seis boas razões para não abandoná-lo." "Tenho seis boas razões para mudar para Nova York e seis para permanecer na Califórnia." "Acho que meu namorado é a pessoa certa para eu me casar, mas tenho seis boas razões para achar que não vai dar certo." Essa é a encruzilhada da tomada de decisão para nosso primeiro signo de Ar. Nosso próximo signo de Ar, Libra, enfrentará o mesmo dilema de indecisão, só que de maneira menos exaltada. Como regente de um signo de Ar mutável, Gêmeos, Hermes não tem sossego e é muito nervoso.

Gêmeos fica na encruzilhada e busca um guia. O glifo de Gêmeos (♊) é o símbolo que se assemelha ao numeral romano II – o princípio da dualidade, como os hindus o chamam nos *Upanishads*.* Os gregos chamavam o glifo de Portões de Hércules, os portões do mundo dos opostos. Recentemente, em Éfeso, na Turquia, nossa guia nos pediu para caminharmos em silêncio pelos assim chamados Portões de Hércules. "Vocês, por acaso, se tornaram mais sábios?", ela perguntou. Mas nenhum de nós admitiu ter mais sabedoria ou mais discriminação ao tomar decisões. Em Gêmeos, há certa falta de ligação emocional com a ideia; as ideias são buscadas e admiradas pelo próprio valor intrínseco – por puro estímulo mental.

Hermes, a mente lógica, está aí para dar uma solução rápida, mas não tem a pretensão de que seja necessariamente uma solução sábia. C. G. Jung o viu como malandro ou trapaceiro, e ele, de fato, tem esse lado na personalidade. É retratado em vasos, às vezes, dando uma poção sonífera a um marido e conduzindo a esposa ao encontro do amante – e, outras vezes, reunindo cônjuges separados. Ele é amoral. Hermes/Mercúrio opera no contexto de uma situação concreta, específica (3ª Casa). Ele avalia as circunstâncias particulares e determina um curso de ação apropriado. O arquétipo sagitariano, em oposição de 180 graus, representa um imperativo moral ou ético (9ª Casa). Júpiter (Pai Zeus, juiz dos homens, dos deuses e dos semideuses) atua com determinação enérgica baseada na percepção da verdade, da ética e da moralidade absoluta, aplicada à situação particular. Hermes/Gêmeos reflete; Júpiter reage.

Hermes travesso aparece também nos sonhos das pessoas quando elas se tornam muito pomposas ou excessivamente saturninas em seus papéis sociais (*personas*) no mundo exterior. Em *O Homem e seus Símbolos*, Jung apresenta um relato humorístico de um bispo trajado em todo o esplendor, assentado em seu trono, segurando no alto sua mitra (o cajado de pastor de Hermes), em um ritual solene, talvez uma crisma. De repente, uma telha, exatamente acima do trono, se solta e cai, atingindo o bispo na cabeça. Os adultos prendem a respiração, chocados, enquanto o grupo de coroinhas cai na risada. Coisas como essa acontecem nos sonhos e também no estado desperto para nos lembrar, por meio de nosso embaraço ou de nossa humilhação, que devemos manter nosso senso de humor, nossa espontaneidade e alegria infantis; que devemos agir de maneira apropriada

---

* Publicado pela Editora Pensamento, São Paulo, 1987. (fora de catálogo)

nas situações que se apresentam em vez de representar um papel social ou de usar uma máscara de autoridade.

Um exemplo da polaridade de Hermes/Saturno que o astrólogo frequentemente encontra é a da decisão momentânea com consequências duradouras. Um caso típico é o encontro do autor Antoine de Saint-Exupéry com seu *alter ego*, o Pequeno Príncipe. Quando o Pequeno Príncipe, uma criança especial de cabelo dourado vinda de um minúsculo asteroide, subitamente lhe apareceu no deserto, Saint-Exupéry tomou a decisão momentânea de se esquivar dele. Ele ainda não sabia se a aparição era uma sombra positiva ou negativa, uma figura útil que lhe apontaria um crescimento futuro ou alguém que o prenderia na infância. A situação claramente pedia que Saint-Exupéry se livrasse da criança e consertasse o motor para que o avião pudesse voar novamente, antes que seu estoque de água se esgotasse no deserto. E Saint-Exupéry não era tão hábil em coisas práticas, como mecânica de aviões.

Mas não pôde deixar de mostrar seus dois desenhos de infância ao Príncipe. Durante toda a vida, ele os levara consigo, na esperança de encontrar alguém que desse uma rápida olhada e reconhecesse sua jiboia tentando digerir um elefante; alguém que pudesse explicar por que os desenhos o assustavam. O Príncipe (que era, sem dúvida, parte do próprio Saint-Exupéry) disse-lhe imediatamente o que eram as criaturas nos desenhos, mas não o que significavam. Em vez disso, ele lhe pediu que desenhasse um carneiro que pudesse levá-lo para sua casa no asteroide. Saint-Exupéry, pensando na água que acabava, rapidamente tentou rabiscar três carneiros, mas nenhum deles satisfez ao Príncipe. Ele explicou que poderia ter se tornado um verdadeiro artista se os adultos à sua volta tivessem estimulado seu talento na infância, mas eles não o haviam feito, por isso ele não era bom em desenhar carneiros.

"Esse carneiro é muito velho. Esse outro é um bode; veja seus chifres!", disse o Príncipe.

Então, Saint-Exupéry disse: "Aí está uma caixa com buracos. O carneiro está dentro; você não pode vê-lo, mas ele está aí. Pegue-o e vá embora". E voltou ao seu manual de instruções. O Príncipe acreditou nele por algum tempo: "Oh, ele está dormindo na caixa; eu vejo. Vou voltar mais tarde. Preciso de uma mordaça para que ele não coma minha rosa. Você pode desenhar uma mordaça depois?".

A alucinação do Pequeno Príncipe do minúsculo asteroide é semelhante ao sonho arquetípico da criança. É a imagem do sonho um Hermes positivo ou negativo? Essa imagem provém do Self para nos guiar? Ou é parte de nós mesmos que deve ser encarada e, em seguida, liberada? Ela nos apresenta alguns traços negativos que vemos nos outros, mas que não queremos ver em nós mesmos?

Quando o Príncipe voltou para pegar o desenho da mordaça para pôr na caixa com o carneiro, falou a Saint-Exupéry sobre a vida no asteroide. O autor continuou trabalhando no avião. Havia dois vulcões ativos e um inativo no asteroide. Cada manhã, antes do desjejum, o Pequeno Príncipe os limpava para que não entrassem em erupção. (A mente limpa a *libido*.) Havia também uma bela rosa; para o Príncipe, ela era a única rosa que existia, porque ele nunca vira outras. Ela era sensível a correntes de ar e resfriava-se facilmente. Ele era responsável por ela, mas a regara e a abandonara, indo em busca de um carneiro para levar para casa. A rosa era uma criatura temperamental (como a esposa de Saint-Exupéry), em contato com seus sentimentos, e muito exigente; tinha valores arraigados. Tinham brigado. Sua viagem à Terra – o deserto – era, aparentemente, uma espécie de férias da presença da rosa. Ele não sabia se voltaria ou não para ela. Saint-Exupéry disse ao Príncipe que havia muitas espécies e cores de rosas, não apenas uma. O Príncipe chorou. Como sua rosa ficaria triste se soubesse disso. Como *ele* ficou triste ao sabê-lo! Ele rolou na areia do deserto, dizendo: "Não sou um Príncipe muito importante. Possuo apenas uma rosa e três vulcões, e um deles, ainda por cima, é inativo".

Saint-Exupéry ainda não terminara o desenho da mordaça para o carneiro quando o Príncipe saiu a perambular. Ele encontrou uma cobra amarela (um desejo de morte; a cobra oferecia a possibilidade de sua morte e o retorno a seu asteroide e à sua rosa). O Príncipe combinou de se encontrar com a cobra mais tarde, compartilhar de seu veneno e voltar para casa com os desenhos. Também encontrou uma raposa astuciosa e ladina. "Você poderia me domesticar. Você poderia ficar aqui, agora, neste planeta", disse a raposa. Mas o Príncipe não ouviu. Pensava na rosa e queria voltar para casa. Antes, porém, queria a mordaça para proteger a rosa do carneiro.

Saint-Exupéry, quase terminando o trabalho no motor, olhou para cima e viu que o Príncipe estava de volta. Balançou a cabeça: "Já de volta, e ainda não tenho sua mordaça". (A criança interior é muito exigente nos sonhos; parece estar sempre retornando.) De repente, Saint-Exupéry perguntou ao Príncipe por que ele precisava do carneiro e teve uma intuição instantânea da personalidade da Criança e do *puer*. "Oh, para que eu não precise mais trabalhar. O carneiro pode fazer o trabalho por mim", disse o Príncipe. "Veja, no asteroide temos os baobás que, se ficarem adultos, desenvolverão suas raízes através do asteroide e o partirão em dois. Isso aconteceu com um asteroide vizinho – ele foi destruído pelas árvores. Tenho que trabalhar para cortar todos os brotos jovens, mas um carneiro poderia facilmente fazer isso por mim, comendo-os, e assim eu estaria livre todo o dia."

Esse é um tema agradável ao coração do *puer*, liberdade em relação ao trabalho mundano, rotineiro. Como o Pequeno Príncipe e seu carneiro, o *puer* inventa muitas teorias boas para evitar o trabalho. Mas, provavelmente, nesse caso, a sombra Príncipe refletiu o ideal *puer* de Saint-Exupéry. Nesse evento, o Príncipe não é um guia que representa o Self, mas uma Sombra negativa enviada para mostrar ao *puer* seu lado obscuro. O Príncipe tinha desejo de morte como *puer*; queria deixar a Terra e retornar a um mundo ideal – o inconsciente – para ser livre.

Em seguida, Saint-Exupéry perguntou ao Príncipe se gostaria de levar o desenho do elefante – o favorito de sua infância – com ele para o asteroide. Talvez ele pudesse comer os brotos no lugar do carneiro. Mas o Príncipe disse: "Não! Meu asteroide não é bastante sólido para suportar o peso de um único elefante!". Isso sugere que Saint-Exupéry deveria tentar fazer um trabalho mais comum, como um carneiro faz, seguindo ocupações menos imponentes por algum tempo, em vez de se arriscar voando sobre o deserto. Von Franz vê o elefante como uma representação do complexo materno de Saint-Exupéry. Isso está de acordo com a interpretação asiática do elefante como símbolo da Deusa-Mãe. Saint-Exupéry sentira-se aprisionado na própria infância entre uma jiboia e uma mãe devoradora. Ele escapou pelo ar como piloto. O Príncipe vivia em um asteroide onde o solo não era firme. (Não havia base.) O asteroide poderia dividir-se ou partir-se facilmente; de fato, uma cópia sua, outro asteroide, passara por isso. O Príncipe dera a Saint-Exupéry um aviso muito real. Embora resistisse a seu trabalho de cortar brotos de árvores e fosse muito infantil, o Príncipe tinha, apesar disso, trazido uma importante mensagem. Se Saint-Exupéry não mudasse suas ocupações, se não fizesse algo ordinário ou não voltasse para sua rosa (sua esposa) por vontade própria, seu avião poderia se partir, como o asteroide.

Finalmente, Saint-Exupéry quase acabara o desenho; só precisava colocar uma correia na mordaça do carneiro. Seu avião estava pronto para levantar voo, mas assim que se aproximou do Príncipe a serpente amarela picou sua pequena Sombra, que, no momento, dava a impressão de assumir um corpo físico real, tão forte era a visão. Saint-Exupéry tomou o Príncipe nos braços e chorou, mas não podia trazê-lo de volta à vida. Sentiu muito sua falta e continuou a procurá-lo em toda parte, até o dia em que seu avião caiu, e ele morreu.

Os aspectos da vida do *senex* – praticidade, trabalho, vida ordinária insípida, compromisso com o cônjuge, responsabilidade –, tudo isso permeia livremente a história, muito embora os desenhos sejam infantis, e a linguagem, sentimental. Formar base e chegar a bom termo com os esforços pessoais são temas especialmente importantes. Saint-Exupéry, por exemplo, tinha curiosidade de saber se no asteroide o carneiro libertara-se da mordaça e comera a rosa, porque ele não terminara de desenhar a correia.

O ponto principal do sonho-visão em que Gêmeos fica na encruzilhada sugere que o intelecto não deve ser rápido demais em aceitar o mensageiro Hermes como vindo diretamente do Self nem em rejeitá-lo. Ele é malandro, mas provavelmente também tem uma mensagem válida. O desenho rapidamente esboçado de uma caixa com buracos com o intuito de iludir o Mensageiro funcionou. Ele voltou mais tarde, e o sonhador pôde obter uma compreensão mais clara de sua natureza, de seus motivos e de sua mensagem. Em uma série de sonhos ou visões, podemos pensar: "Há tempo – tornarei a contatar meu Guia mais tarde". Entretanto, na vida real (estado desperto), nem sempre temos o interesse ou a oportunidade. Decisões de curta duração podem se tornar soluções permanentes por negligência.

A serpente é uma figura interessante na história do Pequeno Príncipe. Sem dúvida, através de seu veneno poderoso, ela seria um libertador do Príncipe quando este estivesse pronto a voltar para casa. O desejo de morte do Príncipe era semelhante ao de Saint-Exupéry, porque o autor não desistiu de voar em missões perigosas e se acidentou. Von Franz analisa o medo que o *puer* tem de *senex* – a velhice. O *puer* não quer viver por muito tempo, não quer ficar velho e rijo. Não aspira ser um ancião sábio; prefere, antes, ser lembrado como uma eterna criança loura com grande potencial, com um futuro excitante à frente. Uma serpente em sonho, então, pode ser um desejo de morte para o *puer*, especialmente na meia-idade, quando ele está ciente das mudanças que se constituem em uma restrição das opções e oportunidades e do envelhecimento do corpo. A meia-idade, de acordo com Von Franz, é muito difícil para o *puer/puella*.

Não é com frequência que meus clientes *puer* mencionam pesadelos com cobras ou medo do envelhecimento. Entretanto, em contraste com os outros onze signos, quase todo geminiano levanta a questão dos irmãos. Esse vínculo kármico parece ser parte muito importante da jornada da vida nitidamente característica de Gêmeos. Mesmo o *Pequeno Príncipe*, o livro de consulta arquetípico do *puer*, teve, provavelmente, inspiração na morte do irmão mais jovem do autor. (Von Franz pensa que o Príncipe é uma versão da criança que morreu, e a cena deprimente no final, em que o autor segura nos braços o Príncipe moribundo e se sente tão impotente em sua incapacidade de trazê-lo de volta à vida, está ligada à morte real do irmão mais novo de Saint-Exupéry.)

Na astrologia, morte e transformação andam juntas. Às vezes, Hermes segura seu bastão-serpente, seu caduceu, sobre Gêmeos, quando este se encontra na encruzilhada da vida e parece acenar a um irmão para receber conselho ou ajuda. Em outros casos, o bastão-serpente parece significar a morte de um irmão e uma quase imediata transformação da vida do nativo de Gêmeos, que passa de *puer* a *senex*, quase sempre da noite para o dia, como concluo pelas experiências de meus clientes. Uma *puella* com ascendente em Gêmeos que, sem sucesso, tentara três profissões soube da morte do irmão mais velho às vésperas de um exame de qualificação. Na vez seguinte que a vi, toda sua animada despreocupação *puella* fora substituída por uma séria expressão saturnina.

"Assumi o posto do meu irmão na reunião do Conselho Diretor da empresa da família. Gostaria de tê-lo ouvido discutindo sobre os negócios ao longo dos anos, mas nunca me interessei por isso… Tinha meus próprios talentos e planos… Agora, bem, é um desafio, mas aprendo depressa. Não há mais ninguém que deseja executar esse trabalho; assim, acho que devo eu mesma enfrentá-lo. Minha família espera isso de mim…".

Mais tarde, quando o desafio inicial da aprendizagem dos produtos e contatos desaparecera, ela disse: "Sinto-me tão exausta! Como o deus grego Atlas quando tinha o peso do mundo sobre os ombros". Os signos mutáveis queixam-se, com frequência, de cansaço, de baixa vitalidade. Recomendei-lhe que desenvolvesse um projeto relacionado aos negócios – ou mesmo desvinculado dele –, algo estimulante que energizasse sua mente, sua vontade de viver. Obter mais lucro poderia ter sido um desafio excitante para seu irmão, mas seria muito ordinário para Gêmeos. Ela parece gostar do setor de pesquisa e desenvolvimento e da possibilidade de encontrar pessoas interessantes, pelo menos no momento atual.

Gêmeos tem um sistema nervoso sensível. As pressões da responsabilidade podem levá-lo a fumar em excesso. Do ponto de vista astrológico, Gêmeos está associado aos pulmões, de maneira que o fumo, cumulativamente, é muito prejudicial ao corpo. Ou, como Harry Crosby, o *puer* arquetípico de Gêmeos, os geminianos tendem a relaxar com o álcool e, por fim, perdem todo o interesse pelo trabalho. Ou, como Saint-Exupéry e o ópio, as drogas os fazem se sentir mais criativos. Nada disso é bom para um signo que realmente precisa fortalecer o corpo. Os geminianos têm mente boa ao nascer (a menos que Mercúrio esteja aflito, em mau estado cósmico); não há necessidade de "melhorar" a mente com qualquer substância artificial. É o corpo que necessita de atenção.

Quando Gêmeos substitui o irmão falecido ou incapacitado e assume as obrigações financeiras dele ou de seus filhos menores, a pressão aumenta. O ar fresco e os exercícios, assim como as distrações saudáveis, podem ser negligenciados. O *puer/puella* brincalhão interior quer uma saída para sua espontaneidade, seu lado travesso. Frequentemente, a vida pessoal (o casamento) sofre pela rigidez excessiva ocorrida quando *puer* se torna *senex*. Temos um caso arquetípico em foco: o único presidente norte-americano de Gêmeos, John F. Kennedy, que assumiu a realização das ambições paternas após a morte do irmão na guerra. Pueril e atraente, como era descrito pelos meios de comunicação, o *puer* de Kennedy aparentemente veio à tona nos casos extraconjugais. Essa instabilidade no relacionamento tende a aparecer nos geminianos que vivem o papel de um irmão, ou uma vida demasiadamente estruturada, através de uma sintonia com o Saturno em posição angular no mapa natal. (Veja Capricórnio, Capítulo 10.)

Muitos geminianos podem começar a vida como *puer* ou *puella*, mas mudam para um estilo de vida saturnino e se acomodam por volta dos trinta anos, idade do Retorno de Saturno. Como signo mutável, Gêmeos sente que circunstâncias além de seu controle o impeliram a certo caminho em um ano decisivo. Muitos citam o destino da família, com o qual tendem a se identificar se Saturno é forte em seus mapas. As aspirações, as expectativas e as ambições familiares tornam-se personalizadas. Um cliente meu, típico ascendente em Gêmeos, parece resistir à formação de uma base por mais tempo que os que têm o Sol em Gêmeos; talvez, em termos de atitude, ele seja mais Peter Pan – karmicamente menos ligado à família e aos irmãos que Sol em Gêmeos. Aspectos de Saturno em trânsito ao ascendente em Gêmeos são importantes no desenvolvimento do desejo de se estabelecer na carreira ou no casamento.

Mercúrio, ou Hermes, aparece no céu ao entardecer, quando os *Upanishads* nos dizem que as coisas não são o que parecem ser; esse é o momento do dia em que uma corda é facilmente confundida com uma serpente. Se é noite de Lua cheia, é difícil perceber Hermes no firmamento, porque ele se esconde; brilha com luz mais fosca que a da Lua. Também parece retrogradar em sua órbita três vezes por ano, em média. Em tempos antigos, quando as pessoas observavam o movimento dos planetas, isso dava uma aura de mistério aos deuses noturnos. Diz-se que Mercúrio se materializou de lugar nenhum, com seu caduceu mágico – duas serpentes que ele hipnotizou e entrelaçou para formar seu cajado. Ele fez suas sandálias com ramos de murta e nelas colocou asas para voar rápido. Portava um escudo e usava um capacete de invisibilidade que, às vezes, emprestava a heróis em necessidade. Tinha liberdade de aconselhar o herói, mas não lhe colocava as questões éticas mais profundas da busca.

Aqueles entre vocês que têm Gêmeos forte nos mapas apreciarão a leitura dos mitos fragmentados de Hermes no *Pausanius' Guide to Greece*, I & II, Penguin Paperbacks, ou no *The Homeric Gods*, de Otto Wallace. Essas histórias parecem mais fragmentos de mitos porque não são longas nem complicadas, como Jasão e o Velocino, ou Teseu e o Minotauro. Todavia, são completas e dão à mente humana a mesma ênfase que os *Upanishads* e os *Yoga Sutras* de Patanjali. Se fôssemos realmente examinar nossos motivos e monitorar nossos próprios pensamentos – nossos "humores mentais", como Liz Greene os denominou (*A Astrologia do Destino*, Capítulo 8 – O Mito e o Zodíaco "Gêmeos"), ficaríamos assombrados com a dualidade que encontraríamos dentro de nós – as sombras de luz e trevas que nossos pensamentos refletem.

Os mitos de Hermes me parecem tão fugazes quanto a atenção de uma criança geminiana. Na primeira história, Hermes ainda está no berço. É esperto, loquaz e precoce. Dizem que é o filho mais esperto de Júpiter, e Júpiter tinha uma prole considerável. No mito, Hermes engatinha do berço para a floresta, rouba o gado de Apolo, esconde-o e volta para o berço, fingindo dormir. Quando Apolo descobre a falta do gado, vai a Júpiter e exige que este seja encontrado e devolvido, e que o ladrão seja julgado. Hermes é chamado ante o Tribunal do Todo-Altíssimo Zeus (Júpiter) e responde à acusação com inteligentes histórias. Está curioso para descobrir se pode escapar ou não. Apolo está furioso. Júpiter ri até que lágrimas rolam por suas faces e diz: "Você não compreende que Apolo é o deus da profecia? Como ele poderia não saber quem roubou seu gado?". Júpiter estabeleceu uma data para a devolução dos animais. No dia combinado, enquanto Apolo esperava por ele, Hermes rouba seu arco e flecha e modela uma bela lira, que tentaria negociar com Apolo pelo arco e flecha.

Hermes recebeu muitos apelidos em função dessa pequena história – patrono dos ladrões, padroeiro dos negociantes (pela barganha com Apolo), descobridor de objetos perdidos (o gado) e mentiroso. Há também uma história em que ele ensina seu filho, Autólito, a contar mentiras convincentes. Tudo por diversão. Muito raramente há baixeza em Hermes ou Gêmeos. Você pode encontrá-lo no funcionário brincalhão do escritório ou em um companheiro bem-disposto, agradável e estimado por todos.

Hermes é generoso com seus serviços. Gosta de viajar entre os três mundos e de se manter a par de tudo o que é dito. Dá o melhor de si para viajantes em dificuldades, mas quando se vê em uma encruzilhada e precisa escolher um caminho a sabedoria (Sagitário) e a amabilidade (Peixes) de Júpiter podem ter grande valor. Gêmeos, muitas vezes, pede ajuda nas encruzilhadas da vida. Sente que os prós e contras que levantou realmente não indicam uma decisão apropriada. Há, ainda, um elemento desconhecido. Uma pessoa nunca pode coletar todos os fatos. Enquanto se assenta junto à coluna de Hermes, esperando inspiração, o nativo de Gêmeos consulta um conselheiro profissional de manhã, um terapeuta à tarde e um astrólogo à noite. Após todas essas sessões de aconselhamento, ouvirá seu cabeleireiro com a mesma seriedade no dia seguinte. É tudo um processo de colher dados. Na jornada da vida, todos passamos pela criança de Hermes.

A objetividade, como a discriminação, é uma virtude geminiana importante. Hermes pode ter duas mentes, mas ambas serão sempre abertas. Como signo mutável, Gêmeos é receptivo ao Companheiro da Estrada, Hermes, em seus muitos disfarces. Hermes rege a jornada em si e pode aparecer como um estrangeiro – Sagitário, "enviado de deus" (mensageiro de Júpiter), que oferecerá a Gêmeos uma oportunidade mágica no momento de necessidade. Para os gregos, encontros casuais com estrangeiros ou estranhos eram considerados encontros com o próprio Hermes, e tinham aura de destino – ou de acaso divino.

Na *Ilíada*, por exemplo, o rei troiano Príamo, desolado depois de saber da morte do filho, Heitor, no campo de batalha, suplicou a Júpiter que providenciasse a volta do corpo do filho para os ritos fúnebres apropriados. Somente assim um pai troiano poderia ter paz. Parecia um pedido impossível, porque o corpo estava retido no campo inimigo por Aquiles, general que desdenhava dos troianos.

Júpiter enviou Hermes a Príamo com estas interessantes palavras (do último livro da *Ilíada*): "Hermes, você, mais que todos os outros deuses, é o mais querido como companhia do homem". É como se Zeus tivesse dito: "Vá em frente – as pessoas gostam de você na Terra. Represente-me; use sua vara mágica e faça o impossível!". Hermes, então, inventou uma história para confirmar suas credenciais junto ao rei Príamo, que imediatamente lhe perguntou: "Quem é você e quem são seus pais?". Hermes mentiu criativamente: "Sou um nobre da província de Aquiles, na Grécia (um estrangeiro). Meu pai é muito rico. Sou o sétimo filho de um sétimo filho. Posso tornar-vos invisível com meu capacete, acelerar vossa jornada ao campo inimigo e fazer-vos passar furtivamente, pondo as sentinelas a dormir com meu bordão mágico. Então, sereis persuasivo com Aquiles (apesar de seu ódio pelos troianos), e eu providenciarei que ele vos devolva o corpo de Heitor. Ele fará uma trégua de doze dias para os funerais. Então vos farei retornar às escondidas com o corpo de Heitor antes que os guardas acordem ou que o rei Agamenão chegue ao acampamento e vos mate. Pelo ar vos levarei de volta ao vosso próprio acampamento para sepultar Heitor. Então, vossa paz de espírito será restaurada, e a alma de Heitor poderá descansar".

Príamo testou Hermes com um suborno – um cálice dourado. Hermes recusou-o. Príamo então aceitou essa "oportunidade impossível" oferecida pelo "enviado divino" na forma de um nobre estrangeiro, belo e jovem. A magia funcionou. O longo poema épico termina nesse mesmo capítulo com os funerais de Heitor.

O que é intrigante no arquétipo de Gêmeos é o número de clientes que, ano após ano, não apenas serviram de interlocutores ou intermediários para estrangeiros (traduzindo, tutelando etc.), mas também foram solicitados a auxiliar estrangeiros ilegalmente. "Você passaria este pacote pela alfândega por mim?" "Você esconderia da Imigração uma pessoa do movimento do Santuário?" – literalmente tornar alguém invisível, como Hermes fez com Príamo ao passar pelas sentinelas. Muitas vezes, a oportunidade do encontro fatídico envolve um suborno, como o cálice dourado que Príamo ofereceu a Hermes, o que comprometeria Gêmeos. Essa questão é um verdadeiro teste de ética, discriminação e objetividade. As circunstâncias diferem levemente no caso de cada cliente, mas a objetividade do elemento Ar é sua melhor defesa. O perigo é a identificação emocional com o estranho necessitado – que envolveria outros arquétipos do elemento Água presentes no mapa astral do cliente, não planetas em Gêmeos. Os testes éticos podem ser muito sutis. Júpiter oferece bom karma, especialmente em áreas que envolvem espiritualidade, nas quais os aspectos ético-legais são complexos. Príamo fez boas perguntas ao mensageiro de Júpiter. Não sabia que estava tratando com Hermes até o final da história. A salvo em casa, com o corpo de Heitor, Príamo deve ter respirado aliviado.

Nem todos os encontros com Hermes terminam tão bem como o de Príamo. É preciso cuidado especialmente com uma solução muito fácil. Será Gêmeos mais leal ou mais volúvel? Digno de confiança? Se há a presença de signos fixos no mapa, o geminiano tende a não mudar eticamente. Isso, em geral, é também verdadeiro se ele tem aspectos positivos entre Mercúrio e Júpiter no mapa astral ou se integrou padrões éticos a que esteve exposto na mais tenra infância. Crianças nascidas sob o astuto e precoce signo de Gêmeos precisam ser vigiadas e cuidadosamente orientadas quando se tornam muito inventivas com a verdade, assim como Júpiter orientou Hermes! É ótimo para as crianças de Hermes terem pais éticos.

Hércules, por exemplo, não era constante em seguir seu guia. Alice Bailey, na tarefa de Gêmeos, apresenta Hércules abandonando seu guia impulsivamente para acompanhar um falso professor que acabara de encontrar. Ele termina com as mãos e os pés amarrados a um altar sacrificial, durante um ano, devido à sua falta de constância. A maioria dos geminianos parece agir melhor que Hércules. (Bailey, *Os Trabalhos de Hércules*, p. 27.) Eles podem usar uma máscara trágica quando você os vê pela manhã, uma máscara cômica à tardinha e, mesmo com o passar dos anos, ainda mantêm a aparência jovem. Apesar de intelectualizar incessantemente, Gêmeos consegue não levar a vida ou seus próprios erros muito a sério.

Hermes, então, como símbolo da mente dualista, amoral, pode atrair tanto o bem como o mal. Ele deu o Velocino de Ouro, um grande tesouro, aos ancestrais de Jasão. Em sua honra, os gregos, em tempos imemoriais, generosamente deixavam alimentos e bebidas em hermas, ou colunas de Hermes (pedras limítrofes), para os fatigados viajantes. Mas os viajantes que tomem cuidado, pois outros filhos protegidos por Hermes, os ladrões, também estão na estrada à noite. Atenção e alerta conscientes são exigidas daqueles que têm ligação com a energia de Hermes.

Essa atenção é especialmente importante depois de um encontro com o Hermes brincalhão, o malandro. A mente, nos dizem os *Upanishads*, pode atrair tanto o que teme quanto o que deseja. Mesmo alguém do tipo Hermes muito inteligente, um Gêmeos com mente extremamente boa, vai, ocasionalmente, encontrar um malandro ou ladrão convincente em seu caminho. Mais tarde, ao recuperar a objetividade, Gêmeos pensa: "Como pude ser tão estúpido em acreditar nessa pessoa?".

Isso o leva a mais reserva e cuidado no próximo encontro com Hermes. Às vezes, leva à amargura. O humor de Mercúrio torna-se perspicácia afiada, sarcástica, e Gêmeos fecha a porta a novas companhias por algum tempo. Isso é triste, porque ele perde oportunidades – as quais Kerényi chamou de novas "alegrias, deleites e revelações" ao longo do Caminho. (Karl Kerényi, *Hermes, Guide of Souls*.)

Os astrólogos, às vezes, encontram geminianos mais velhos que se tornam cínicos como resultado de encontros negativos, especialmente os que tiveram progressão para Virgem. Isso é desastroso, porque parecem ter perdido a abertura e a flexibilidade – e a oportunidade de aprender com os relacionamentos. O aprendizado é o aspecto mais importante da jornada do signo de Hermes.

Faz muito tempo que Hermes Malandro está associado a acidentes na estrada. Pessoas apreensivas e cuja vida não inclui projetos mentais criativos como liberação da energia de Gêmeos são vulneráveis a acidentes, como batidas de carro ou cortes com papel, ou, às vezes, até mesmo de dimensões maiores no trânsito de Mercúrio. São comuns deslocamentos dos ombros e ferimentos nos braços, os quais afetam as áreas do corpo regidas por Gêmeos. Atenção no tráfego, apesar das preocupações, é importante para Gêmeos, em especial nos dias de trânsitos difíceis. Podemos, muitas vezes, tratar com o Malandro (energia mental nervosa de Hermes) nesses trânsitos: 1) examinando as efemérides; 2) oferecendo a Hermes uma alternativa – um projeto a estudar, a escrever, ou uma palestra a organizar –, mas não no carro. *Depois*, atingimos nosso destino! Viagens regulares e curtas são uma área de vida da 3ª Casa ou de Gêmeos em oposição a viagens de longa distância (9ª Casa).

A discriminação também deve ser utilizada para compras impulsivas, durante um Mercúrio retrógrado, por aqueles com Sol, Lua ou ascendente em Gêmeos. As lojas de departamentos parecem oferecer muitos produtos quando Mercúrio está na fase retrógrada. Essa deve ser uma das brincadeiras de Hermes. Se você é um geminiano impulsivo, procure evitá-las. Se comprar um novo acessório ou instrumento, é bem provável que ele não funcione ao chegar em casa. Se comprar um vestido em uma liquidação, é bastante provável que ele seja inadequado à ocasião que você tinha em mente – quando somente trajes para banho ou *jeans* serão usados. Ou então você vai a uma livraria com Mercúrio retrógrado – Gêmeos adora livros – e compra obras que, você descobre mais tarde, apenas repetem, de modo sutilmente novo, informações que você já tem nas estantes de sua biblioteca.

Hermes é um catalisador; um mensageiro. Transmite informações e reúne pessoas. É por isso que na astrologia médica Gêmeos rege o sistema nervoso;

funciona como uma rede que leva mensagens dos sentidos ao cérebro. Em situações sociais, o arquétipo geminiano também é um catalisador. Isso, naturalmente, envolve dois aspectos, um positivo e outro negativo (dual). No sentido positivo, amigos geminianos são ótimos para divulgar seu cartão de apresentação em eventos sociais. Dê-lhes uma pilha de cartões para acrescentar aos dos jardineiros, cabeleireiros, fornecedores e alfaiates deles. No sentido negativo, todavia, cuidado com a tendência à fofoca. Lembre-se de que Hermes, em constante trânsito entre os Três Mundos, falava com muitos deuses, heróis e homens. Portanto, se você tem tendência à privacidade de Escorpião, não confie seus segredos mais profundos ao filho de Hermes. Ele nem sempre relata os fatos com precisão. Hermes gosta de improvisar, criar e entreter.

No Zodíaco natural, a 3ª Casa, Gêmeos, está ligada às comunicações, aos parentes próximos (especialmente irmãos) e à vizinhança. As mães geminianas, muitas vezes, deixam as crianças com parentes próximos ou com uma vizinha amiga e vão trabalhar. Gêmeos suspira por companhia adulta e por um bate-papo; é muito difícil para ele ficar em casa com crianças com menos de 6 anos. A geminiana também retribui, atende e cuida dos filhos dos parentes; ela nem sempre demonstra paciência, mas é criativa em realizar essa tarefa a seu modo. Hermes foi preceptor de vários deuses. Entretanto, não foi bom por muito tempo com o próprio filho, Pã. Apesar de Pã ser uma criança feia, seu pai o adorava no início. Depois, Hermes entediou-se com a paternidade e o levou a Dionísio para ser educado. Tenho observado mulheres com Mercúrio na 5ª Casa, muitas delas profissionais das áreas de comunicação (vendas, ensino, publicidade etc.) ou da literatura. Quando discutíamos sobre os filhos como significado da 5ª Casa na vida delas, elas tendiam a responder: "Bem... acho que sou muito nervosa e tensa para querer ter filhos. Gosto de ensinar as crianças. Gosto de crianças. Mas ter crianças barulhentas em casa, à noite, depois de ter ensinado o dia inteiro? Não... acho que não, a menos que um parente pudesse me ajudar, para eu continuar trabalhando". Uma babá/parente faria isso. Lembrei-me de Hermes e Pã. Gêmeos trabalha nas comissões de bairro, está atento às necessidades de melhorias e mudanças, e, sem dúvida, se você está procurando sua amiga geminiana, tente a casa da vizinha. Ela pode estar lá... batendo papo.

Karl Kerényi, em seu *Hermes, Guide of Souls*, faz uma observação interessante sobre o Deus Mensageiro. Aonde quer que Hermes por acaso estivesse, qualquer coisa de que ele precisasse no momento se concretizava imediatamente para ele. Esse é um aspecto frequentemente observado também pelos geminianos. Eles parecem saber que, não importa aonde estejam, se estiverem atentos e à procura, a coisa ou informação necessária vai aparecer.

Kerényi nos dá um exemplo de Hermes surpreendido em uma situação que causa tensão à vida de muitos geminianos – a pressão de prazos fatais. Zeus decretara que, determinado dia, Hermes deveria enfrentar a ira do deus Sol, Apolo, e devolver o gado roubado. Apolo levara essa violação a sério; uma travessura pueril o embaraçara e lhe causara constrangimento entre seus pares no Panteão; ele, definitivamente, fora enganado pelo Malandro. Fazia-se necessário um presente para devolver-lhe o bom humor, mas que espécie de presente? Talvez alguma coisa que fizesse aflorar sua criatividade, uma vez que Apolo era um deus da 5ª Casa.

Hermes instintivamente foi à casa de sua mãe. Rastejando pela soleira da porta, estava aquilo de que ele, de fato, necessitava — uma tartaruga. Apolo gostava de música e, provavelmente, tinha habilidade oculta para ela. Hermes rapidamente agarrou a tartaruga, separou-a da casca e moldou um instrumento, a primeira lira da história, para o deus Leão. Apolo estava encantado. A mente inventiva triunfara; o meio ambiente satisfizera sua necessidade. Lembro-me dessa história muitas vezes, quando um cliente com muitos planetas em Gêmeos diz: "Preciso disto ou daquilo, até segunda-feira, para um projeto. Todavia, não disponho de muito dinheiro para esse fim. Mas sei que alguém fará uma oferta na reunião do fim de semana".

Poderíamos perguntar se isso não aconteceria a qualquer um de nós do modo como acontece a Gêmeos se estivéssemos mais alertas. A resposta é sim, poderia acontecer. O estado de alerta de Gêmeos é parte da magia de Hermes, como também o é sua inventividade. Muitos de nós, por exemplo, teríamos olhado para aquela tartaruga feia e a afugentado em vez de estabelecer uma relação entre ela e o problema em questão – como acalmar o deus Leão. *Teríamos* percebido como a tartaruga poderia se transformar em algo de que Apolo pudesse gostar mais que seu sagrado rebanho?

Hermes deu a Pandora a voz e a caixa, e as profissões da área das comunicações atraem os filhos dele, que podem ir ao encontro do público e também estarem livres para organizar o dia – uma variedade de assuntos, projetos ou tarefas sobre a escrivaninha. Eles odeiam ficar sentados; seu desejo é se movimentar pela sala ou se deslocar pela cidade de carro. A agitação mental de Gêmeos parece gerar um desassossego físico que remete Áries. Gêmeos gosta de ser o mensageiro ou o office boy do escritório.

Gêmeos é o arquétipo mais versátil. Hermes, como inventor da lira, era patrono dos instrumentos e das habilidades. Muitos geminianos são artífices criativos. Alguns são até ambidestros. Outros têm tão boa coordenação que podem costurar um vestido, assistir à TV, falar ao telefone (usando um suporte para o aparelho) e cuidar do jantar no forno, tudo ao mesmo tempo. Como regente de Gêmeos, Hermes é capaz de perfeição artística nas habilidades manuais, enquanto como regente de Virgem é perito na precisão detalhada em trabalhos escritos. Virgem, entretanto, geralmente é visto sentado em sua escrivaninha durante uma manhã inteira, absorto em um só projeto, ao passo que Gêmeos para várias vezes e gostaria de começar três projetos diferentes antes do meio-dia. Terminar antes do prazo final é um problema para ambos os signos regidos por Hermes. Gêmeos fica muito nervoso com a aproximação do Natal, uma vez que seus projetos de presentes para os parentes devem ser concluídos. Virgem também fica nervoso com cronogramas. Para completar o quadro, Virgem tem que fazer vários acréscimos no último minuto. As crianças de Hermes são encontradas, com frequência, trabalhando até de madrugada na semana anterior ao término do prazo.

Para Gêmeos, Hermes transmite sua perspicácia jovial e suas habilidades comunicativas, sua filosofia de horizontes abertos, sua versatilidade e sua destreza. O presente de Hermes, que à primeira vista parece dúbio ou mesmo de valor negativo, é a mente dual. Em um sentido, entretanto, no que se refere à consciência, Gêmeos tem uma vantagem: está ciente da dualidade. A filosofia hindu sustenta que todos devemos, antes de qualquer coisa, nos conscientizar da ilusão de *Maya*, ou da dualidade da natureza – frio e quente, luz e escuridão, prazer e dor, atração e repulsa –, a fim de transcender nossas preferências e aversões. Gêmeos talvez esteja mais bem equipado para analisar os pensamentos e observar as ideias luminosas e escuras que passam pelo córtex cerebral. Sem dúvida, o passo seguinte – *transcender* a dualidade, passar pelos Portões de Hércules e emergir do outro lado com Sabedoria (Sagitário) – ainda precisa ser dado. Gêmeos está constantemente coletando ideias, absorvidas de seu meio (3ª Casa), e armazenando dados (se forem lógicos) em seu banco de memória. Age muito como os *Upanishads* descrevem; observa seus pensamentos, registrando-os como lógicos ou ilógicos, e não se identifica com eles. É bem lento em rotular as ideias como "minhas". Estas ficam no arquivo até que ele encontre a ideia polar oposta – o outro lado da história –, momento em que põe ambas na balança. O geminiano fica, instintivamente, à espreita da verdade mais ampla (Sagitário), mas, às vezes, pensa que arquivar todos os fatos/opiniões lhe trará a verdade. Hermes, a Mente Mercurial, não personaliza; ele objetiva.

É interessante observar clientes geminianos lidarem com o lado sombrio, o qual, como diz C. G. Jung: "todos nós temos, mas poucos queremos conhecer abertamente". (Série "Os Arquétipos e o Inconsciente Coletivo", *Obras Completas*, Vol. 9). A menos que o geminiano tenha muitos planetas em Água (elemento agregador), tenho notado que, quando seu lado sombrio é exposto, ele reage dessa forma: "Sim, eu sou assim! Percebi essas tendências há muitos anos". Não há culpa nem tentativa de negar a situação. O lado sombrio é um fato. Gêmeos tem bastante consciência do que acontece em sua vida e em seus pensamentos.

Todavia, muitas vezes, em uma sessão com Gêmeos, se o astrólogo traz à baila outro aspecto que Jung aborda sobre a Sombra – instinto perfeitamente normal, adequado para ser expresso em determinadas circunstâncias, que pode até ser criativo (talvez se lhe devesse atribuir maior alcance) (C. G. Jung, *Aion*, VW V. 9, 266) –, o nativo torna-se pensativo, e a ruga nervosa de Hermes aparece em sua testa: "Não é racional. Não é um comportamento lógico". Uma geminiana com pouco elemento Fogo no mapa e educada em escola particular disse: "Uma *lady* não se comporta como uma vendedora de peixe! Quando estouro com alguma coisa, fico constrangida. Não é um comportamento normal para mim. Tenho disposição de ânimo pacífica". Fiquei pensando em sua falta de Fogo, em seu Marte retrógrado e em sua tendência a não demonstrar ressentimento/raiva, mas deixá-los crescer e explodir em incidentes menores. O que mais a aborrecia ao manifestar raiva *diretamente* aos outros quando a aborreciam era: "Não é um comportamento racional. Uma pessoa precisa pensar (Hermes), refletir se vale a pena se aborrecer porque seu filho adolescente e os amigos dele destruíram a casa enquanto você estava fora no fim de semana. Então, fiquei parada na soleira da porta, chocada, e pouco depois decidi entrar e desfazer as malas, pensando em como tratá-lo. Dois dias mais tarde, berrei com ele porque derramou algo no tapete, coisa que ele faz o tempo todo". Os instintos sabem como conduzir a situação de maneira impetuosa, direta, imediata, espontânea. Mas um tipo Hermes,

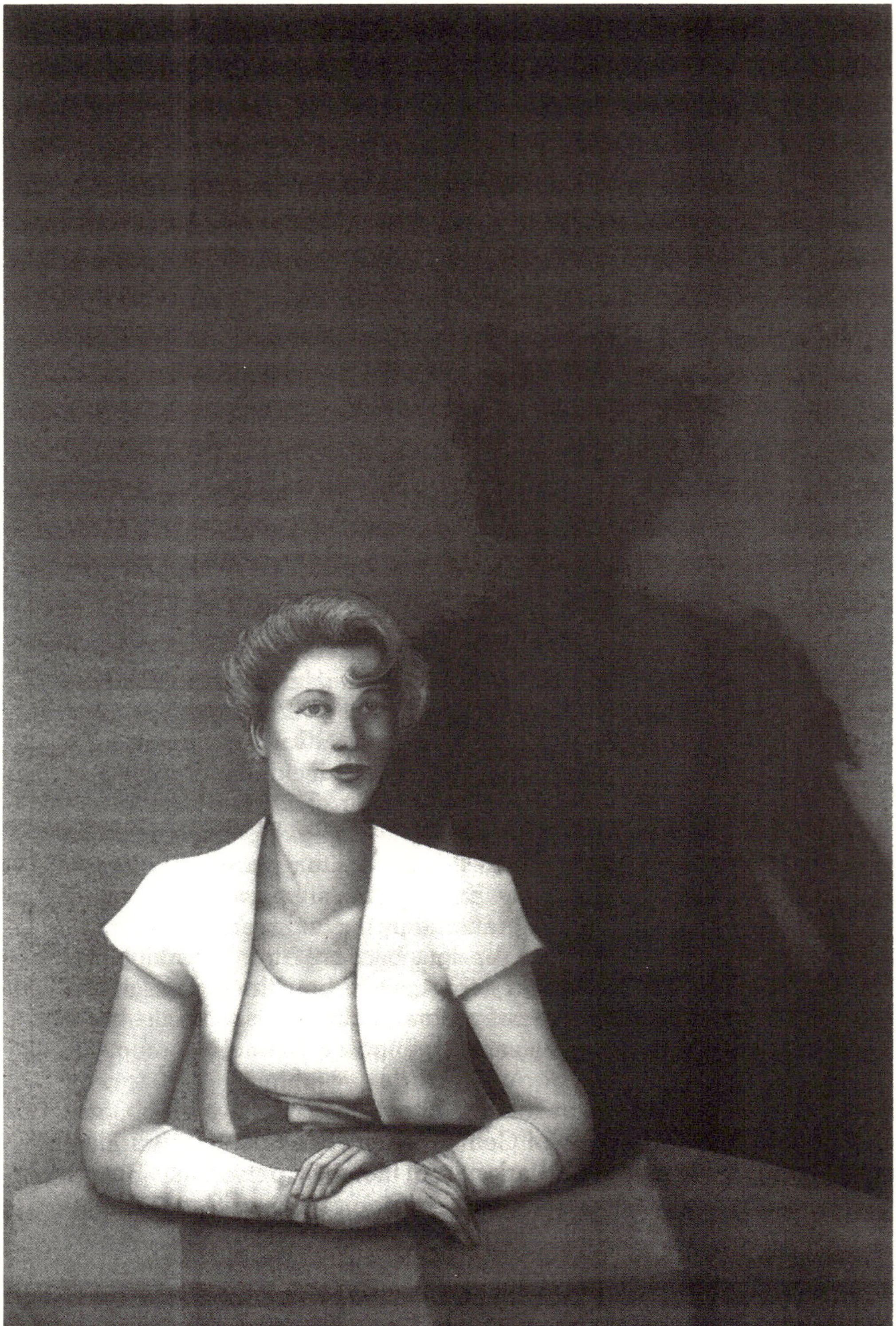

muitas vezes, vai rejeitar o que se apresenta como reação sombria, instintiva ou irracional. Até certo ponto, isso se aplica a todos os signos de Ar, porque Ar é um elemento pensante. A espontaneidade do signo de Fogo em oposição ao signo de Ar oferece uma chave para o tipo apropriado de ação. Sagitário é o comunicador mais direto do Zodíaco e é oposto a Gêmeos.

Mais uma palavra sobre a dualidade. Irmãos gêmeos também participam do arquétipo de Gêmeos. Trabalham com a compreensão da sombra, o lado oculto da própria personalidade. Mas, como Liz Greene observou no Capítulo 8 – O Mito e o Zodíaco "Gêmeos", de *A Astrologia do Destino*, é mais fácil para eles projetarem o lado sombrio que encará-lo interiormente. Ter à disposição uma réplica física, uma espécie de espelho, é uma oportunidade para o gêmeo "bom" projetar-se sobre o "mau". Tenho observado clientes lutarem com a sombra ao longo dos anos e ouvi de perto o que dizem a respeito. Homens gêmeos viam-se um ao outro como o dominador, ou bem-sucedido, e o dominado, ou malsucedido. Quando os trânsitos obrigavam o bem-sucedido a descer do pico grandioso de realização para o vale rochoso de miséria, ele observava que, de repente, passava a compreender, muito melhor, o irmão gêmeo. O sucesso não era o único valor na vida. Mulheres gêmeas viam-se uma à outra como a rebelde e a responsável/profissional. Havia inúmeros casos desse tipo. Ao trabalhar em um projeto com um psicólogo, apliquei o teste de personalidade Myers-Briggs para gêmeos, entre outras pessoas. Muitos gêmeos ficaram fascinados ao conhecer as diferenças entre suas personalidades. Uma mulher me chamou e disse: "Saí 'perceptiva', e ela, 'julgadora' – eu sabia! Sou a brincalhona; ela é a viciada em trabalho".

Como Alice Bailey observou, Gêmeos busca um bom guia na encruzilhada. É lá que meus clientes geminianos, com frequência, encontram um parente (3ª Casa) que será o árbitro ou o guia. Eles chamam uma tia e perguntam: "Estou certo, não? Aquele é o homem errado para minha gêmea, não é? Aquele outro emprego é melhor para ela... ?!". O astrólogo, às vezes, precisa lutar para não ser envolvido no papel da tia, quando a querida senhora está fora da cidade.

Irmãos gêmeos têm uma batalha prolongada com seu lado sombra, que envolve o ciúme e a dor da separação da identidade na idade adulta (após o Retorno de Saturno). Entretanto, também têm forte motivação para vencer a dor e manter vivo seu vínculo especial. Essa motivação é o que Mitchell Walker, em seu artigo na *Quaternary Magazine* (1975), chama de "O Arquétipo Duplo". O conceito de duplo parece similar à ideia hindu da alma gêmea – experienciar a unidade com alguém não apenas pela forte sintonia mental, mas também através dos sentimentos, da empatia. Em alguma etapa de nossa vida, quase todos nós ansiamos por um amigo que compreenda verdadeiramente como somos. "Por mais irritada que tivesse ficado com minha irmã, ou por mais ciúme que sentisse dela, sempre a amei mais que qualquer outra pessoa! E sempre soube que, se uma de nós realmente precisar da outra, não importa os compromissos que ela ou eu tenhamos no momento, nós estaremos lá, uma para a outra," comentou, certa vez, uma mulher gêmea. Um gêmeo disse: "Apesar de meu irmão e eu nos vermos apenas uma vez por ano (vivemos em regiões diferentes do país), quando nos encontramos é como se tivéssemos acabado de nos falar no dia anterior. Um de nós inicia uma frase, para para respirar, e o outro a termina".

A busca pelo duplo, especialmente pela compreensão mental do outro, parece a verdadeira busca de Gêmeos. Gêmeos físicos nascem um com o outro, mas Walker apresenta exemplos de colaboradores profissionais que, no processo de criar partituras musicais, peças ou novelas, alcançaram um nível de sintonia mental muito forte do comprimento de onda dupla. O trabalho fluía quando ambos estavam no escritório ou no estúdio. A energia circulava na sala; o estímulo acontecia para essas duplas como nunca ocorrera com nenhum deles antes com outra pessoa.

Todavia, outra temática de Mitchell mais interessante para mim, com exceção da compreensão mental e do fluxo criativo, é a androginia. Ele diz que o duplo opera somente entre pessoas do mesmo sexo. Ao longo dos anos, considerei os andróginos Hermes e Mercúrio, de fama alquímica (veja Virgem), o eterno adolescente. Crianças eternas sempre em fluxo – livres para viajar pelos três mundos. Contudo, até ler o artigo de Mitchell, eu nunca associara, de fato, o arquétipo geminiano e Hermes com meus clientes homossexuais. Uma vez feita a associação, porém, foi espantoso o número de homossexuais que observei na busca de Gêmeos por essa amizade mental – o relacionamento do colaborador perfeito. Quantos indivíduos criativos estão tentando reconciliar a dualidade e participar do arquétipo de Gêmeos – através do Sol, da Lua, do ascendente ou da 3ª Casa, das carreiras de Hermes na comunicação de ideias (incluindo sua profissão de comerciante ou vendedor) e de ligações fortes com parentes? Tenho visto vários clientes com Gêmeos como tema principal no mapa passarem por um período de envolvimento em relações homossexuais, muitas vezes durante os mesmos anos que consideravam ser o ápice de sua criatividade. Isso geralmente coincidia com trânsitos ou progressões pela 5ª Casa – amor e criatividade. O astrólogo pode encontrar no arquétipo duplo algo com que ocupar seu pensamento. Hermes, afinal, é o único planeta regente andrógino; os outros deuses e deusas são, decididamente, masculinos ou femininos.

VÊNUS/AFRODITE
Regente esotérico

Como, então, a mente inquieta de Gêmeos faz suas escolhas para concentrar energia e continuar a busca? A meta poderia ser escrever um roteiro adaptado de *O Senhor dos Anéis*; tornar-se o *youtuber* do ano; terminar o agasalho para o inverno; encontrar o duplo; lutar contra ou integrar a criatividade da Sombra; ou, algo mais interessante para os esotéricos, atravessar os Arcos de Hércules e transcender a dualidade! Enfoque sagitariano, inspiração ardente e energia constituem parte da solução. Mas Ar precisa se relacionar e criar. Cada casa de Ar do Zodíaco natural (3ª, 7ª e 11ª) apresenta um tipo diferente de relação.

Gêmeos começa se relacionando com o irmão(ã) e passa o resto da vida aprendendo com os parentes – ouvindo seus problemas, dando-lhes conselhos lógicos e objetivos, cuidando das crianças ou dos negócios da família. Mas, mesmo com parentes próximos e bons vizinhos (3ª Casa), algo ainda está faltando sem um companheiro. E, contudo, como *puer*, Hermes, muitas vezes, se compromete com sua liberdade. Ele poderia escrever um romance épico enquanto sua esposa voasse pelos céus como comissária de bordo. Ela poderia manter a liberdade participando de cursos, ensinando, organizando o escritório de alguém, aconselhando, criando, enquanto ele viajasse a trabalho. Casamentos com uma porção de quartos para percorrer, física e mentalmente, são, muitas vezes, um bom compromisso para Hermes. Ele não quer ficar atado ao presente. Vive no futuro. Deseja ser mentalmente livre. A dificuldade com os relacionamentos em que um dos cônjuges viaja bastante é perceptível para quem atende nativos de Gêmeos, pois existe a oportunidade de desenvolvimento de um triângulo amoroso. Com liberdade, há risco.

Com Vulcano longe, Afrodite e Hermes tiveram a possibilidade de ter um caso. Hermes, regente de Gêmeos, permaneceu livre para viajar entre os três mundos. Afrodite, todavia, teve dificuldades com seu marido, Vulcano. O desaparecimento – reaparecimento do cônjuge-viajante – parece ser uma fonte de excitação para muitos clientes geminianos. "Tudo é um eterno galanteio", disse uma esposa de militar. "Quando ele chega em casa, temos muitas coisas para conversar. É tão estimulante! Acho que, se ficássemos juntos todo o tempo, como outros casais, seria terrivelmente enfadonho!". Quase vemos Hermes, o Mensageiro Alado, sorrindo para ela. Ele também gosta de estar a par de todas as novidades e fofocas.

Contudo, o cliente veio para falar com o astrólogo não tanto sobre o estímulo ou o lado positivo do casamento, mas sobre o caso amoroso. Que paradoxo, pensa o astrólogo. O caso segue firme para a criança eterna, Gêmeos, mas o compromisso parece não ter base. A responsabilidade o assusta.

Qual é, então, o significado superior, espiritual, do encontro com Afrodite? De que se trata esotericamente? De início, parece incongruente o espírito aéreo, Hermes, apaixonando-se pela mais física das deusas, pela dama mais sensual do Panteão, a ardente Afrodite. Se considerarmos Afrodite como símbolo do físico, como uma deusa terrena (regente de Touro), vaidosa do corpo, preguiçosa, descansada (regente de Libra), e Hermes como a energia mental que nos causa insônia à noite, podemos ver o embasamento de Hermes e a junção de dois mundos – Ar e Terra. E também as polaridades do pensar (Hermes) e do sentir (Afrodite) que completam a personalidade – simbolicamente, o masculino e o feminino, quando a eterna criança de Ar encontra a deusa do amor. É uma união tão cheia de significado que sua descendência andrógina, o Hermafrodita, tem sido, pelos séculos afora, um importante tema para os artistas. É o arquétipo da plenitude – um símbolo do Self.

Em *Os Trabalhos de Hércules*, Alice Bailey enriquece o papel de Afrodite como regente esotérico de Gêmeos quando nos lembra que ela é harmonia – o poder de Eros de reconciliar opostos, de sanar os equívocos e transcender a dualidade em todas as formas. Ela é o princípio da unidade que alarga os Portões de Hércules.

Espero que todos vocês tirem um tempo para examinar a figura de Ishvara (em J. E. Circlot, *Dicionário de Símbolos*). Para os hindus, Ishvara representa a transcendência – a passagem pelos Portões de Hércules para além do ardiloso mundo de ilusões de *Maya*. Porque, quando uma pessoa tem a visão de Ishvara, transcende as polaridades quente/frio, noite/dia, prazer/dor e, mais importante, macho/fêmea. Há apenas a Alma e o Divino; o restante é ilusão.

Na tradição ocidental, Jung nos diz que, para os alquimistas, Mercúrio tem "uma ligação mais ou menos secreta com a deusa do amor" (*Estudos Alquímicos*). No *Livro de Krates*, obra de origem egípcio-copta que nos foi transmitido em árabe, por exemplo, Afrodite aparece segurando um vaso do qual verte um fluxo de mercúrio, o metal de Hermes. Na literatura alquímica, o buscador desce a uma caverna, onde entra no quarto de Vênus, que dorme em seu leito. O pensador (Mercúrio), ou o masculino, desce ao inconsciente para encontrar o sentimento, a deusa do amor, Afrodite, que na interpretação de Jung é a sua *anima* ou guia. O resultado dessa união hermafrodita é a plenitude.

Suponha que a busca de alguém com a energia de Gêmeos não seja a visão divina no outro lado dos portões de Hércules, mas simplesmente concluir um projeto – ficar focado, conseguir que a substância criativa flua. Ainda assim, Afrodite ajudará a reconciliar a mente divina de Gêmeos, parada à beira da estrada, na interseção da encruzilhada, e não consegue decidir que rumo tomar. Veja a casa onde Vênus se localiza, buscando conforto e segurança, não desejando trabalhar demais. Ela tem seus talentos. Veja seus aspectos com os outros planetas, especialmente com planetas em Gêmeos. Qual é o maior tesouro, a pérola mais valorosa para Vênus? Ela ajuda você a focalizar sua energia para que ela fique plena na casa de seu mapa natal, em que está localizada, ou em uma das casas que rege (Touro ou Libra). Você gostará de trabalhar com ela, especialmente se ela oferecer alguns elos harmoniosos, e não discordantes, aos outros planetas em seu mapa. Consciência (Hermes) e amor (Vênus e Eros) combinados formam uma sociedade muito intuitiva e criativa. Mais importante, porém, na minha experiência com Gêmeos que desenvolveram sua Vênus (ou regente esotérico) é o calor que projetam nos outros. As pessoas que fazem parte de sua vida sentem-se amadas e também analisadas.

A natureza mercurial de Gêmeos busca a variedade; sua curiosidade de espírito o leva a caminhos diferentes à medida que se desloca como explorador pelas vias da própria mente, nos seus primeiros trinta anos. Para Gêmeos, os atos são como alimento, e seus amigos costumam depender de sua companhia quando assistem a palestras e frequentam *workshops*. De repente, Gêmeos passa por uma mudança, e eles perguntam: "O que aconteceu com ele? Os únicos cursos de seu interesse são do tipo como aprender a cozinhar e reformar móveis antigos. Você pode imaginar isso? Ele costumava ser uma pessoa de ideias. E agora, além de tudo, tornou-se tão taciturno! Passa tanto tempo ao telefone com a mãe!".

Ou, no caso de uma geminiana: "O que há de errado com Ângela? O único livro que leu em um mês é sobre imóveis. Ela comprou um condomínio e quer vender as propriedades a outras pessoas. Na semana passada, eu a convidei para ouvir um conferencista maravilhoso na faculdade. Costumávamos ir juntas a palestras toda quinta-feira à noite. Esta semana ela disse: 'Estou sentada junto ao fogo, bem à vontade e satisfeita, em meu novo apartamento, enrolada em uma manta de lã que minha mãe me deu. Estou gostando da companhia dos cachorros, tomando chocolate quente e terminando uma caixa de biscoitos. Não quero sair esta noite'. Imagine!".

Os exemplos apresentados são de dois geminianos que realizaram sua progressão para Câncer, o signo mais doméstico do Zodíaco. Câncer relaciona-se com a nutrição de si mesmo e dos outros. O alimento é uma forma de nutrição; telefonar para a mãe, se ela for uma influência positiva, é outra. Ou, se a mãe é uma pessoa negativa, Gêmeos pode passar parte da progressão em Câncer discutindo a infância e o complexo materno com o terapeuta e dando fim à dependência. Isso seria nutrir e desenvolver a Criança Interior, o Hermes interno.

Se Gêmeos tem alguns planetas natais em Câncer, o Sol em progressão entrará em conjunção com eles durante o ciclo de trinta anos, e habilidades psíquicas ou imaginativas, em geral, vão emergir. A intuição se aperfeiçoa, exceção feita àqueles poucos geminianos (geralmente homens) que negam, a todo custo, ter um lado feminino. Comprar e mobiliar uma casa, ou vender imóveis aos outros, é uma maneira de se nutrir, de prover um ninho ou lar. Finalmente, o *puer* ou a *puella* se defronta com o principal problema de Câncer: ter ou não filhos. Aqui, parece haver uma diferença real entre o cliente que tem planetas natais em Câncer, para quem as obrigações paternas e maternas parecem mais fáceis e naturais, e o Gêmeos que tem *stellium* no signo solar (5 ou mais planetas). Essa pessoa quase sempre prefere desenvolver a progressão em Câncer direcionando-se a uma carreira imaginativa ou de nutrição em vez de ter os próprios filhos. Tenho entre meus clientes vários médicos com *stellium* em Gêmeos e muito pouca Água (nenhum Câncer) em seus mapas. Eles desviaram seu foco de hospitais grandes e impessoais, ou da pesquisa clínica, para clínicas menores, mais pessoais, orientadas à família. Um deles mudou de área de atuação para trabalhar exclusivamente com gestantes ou puérperas. Há muitas maneiras de experimentar o arquétipo.

A progressão em Câncer é regida pela Lua. Isso significa que o inconsciente, a natureza lunar, é muito poderosa e parece levar pessoas com ascendente em Gêmeos rumo à satisfação de suas necessidades interiores no mundo exterior, no campo profissional. Por exemplo, um homem com Sol em Gêmeos que nunca se importara em ler ficção – um escritor de manuais técnicos – de repente comunicou que estava participando de vários cursos de redação criativa no ciclo de Câncer. "Não posso suportar a ideia de ter que escrever mais um árido manual de computação!" Ele admitiu que essa afirmação lhe teria parecido ridícula dois anos antes, quando seu Mercúrio e Sol natais ainda estavam em Gêmeos.

A progressão em Câncer pode pôr Gêmeos em contato com velhas memórias de infância e com seu passado pessoal. Ele pode se lembrar de um incidente ocorrido durante a ceia de Natal muitos anos atrás, remoê-lo e então passar a levar para o campo pessoal observações que lhe são feitas no presente. Os membros da família poderão perguntar: "Onde está seu senso de humor? Por que ficou tão ofendido com minha brincadeira?". Gêmeos pode passar a impressão de que está perdendo a objetividade durante esse ciclo subjetivo. Entretanto, os signos de Água da família podem começar a gostar mais de Gêmeos no ciclo de Câncer. "Acho que ele está menos superficial; tem mais profundidade agora" ou "Ele não fere mais meus sentimentos com seu humor sarcástico, analítico. Acho que está mais amável, mais sensível. Fala menos e nos ouve mais." O elemento Água tem seus pontos bons e maus ao emergir em Gêmeos. As mudanças da progressão são sutis. Às vezes, é útil ler a respeito dos traços do caráter do signo em progressão num livro de signos solares, a fim de se harmonizar com os pontos positivos e se conscientizar dos negativos.

O ciclo de Câncer pode marcar a época em que Gêmeos perde um dos pais, ou ambos, para a morte, para o Pai Tempo, o inimigo. É penoso deixar as coisas irem nessa fase aquosa, de apego, uma vez que o inconsciente parece resistir à cura e quer permanecer. Será bem mais fácil se Gêmeos separou a própria identidade e suas metas das dos pais. E, se no final houver desarmonia com um ou ambos os pais, ajudaria se Gêmeos tivesse uma técnica de meditação ou de afirmação para liberar as próprias emoções e se chegasse a compreender que nenhum ser humano entende perfeitamente, de fato, outro ser humano – somente o Divino pode fazê-lo.

A busca da deusa faz parte do ciclo de Câncer para a maioria dos meus clientes geminianos, embora eles possam não lhe dar esse nome. (É possível que Von Franz talvez a denominasse complexo materno do *puer*). Para mim, parece ser uma tendência projetar a deusa nas pessoas menos próximas no mundo exterior. Muitas vezes, por exemplo, um cliente homossexual musculoso, um jovem Adônis, queixa-se do companheiro com ascendente em Gêmeos: "Ele quer que eu seja a mãe dele, que cuide dele. Estou cansado disso. Estou procurando um adulto com quem possa me relacionar. Vou me mudar". Para quem que vê de fora, parece espantoso que alguém com o Sol progredido em Câncer possa projetar a mãe nesse belo jovem halterofilista. Os hindus dizem: "A Mãe Divina está dentro". Jung disse algo semelhante: "A *anima*, o feminino interior, é a alma". Não podemos encontrar outra coisa senão desapontamento, projetando-a sobre os outros no mundo exterior. Encontramos a plenitude quando a percebemos em nós mesmos e seguimos sua orientação.

A progressão em Leão é mais consciente, portanto, mais confortável em muitos sentidos para Hermes regido por Gêmeos. A confiança é forte, e a vitalidade física geralmente melhora. Gêmeos se sente ativo. O magnetismo de Leão aperfeiçoa o pensamento original de Gêmeos. A cordialidade de Leão atrai pessoas positivas. A fixidez de Leão estabiliza o sistema nervoso. Como Câncer, Leão é um signo emocional. Pela confiança na intuição, assim como na lógica de Hermes, em Câncer, Gêmeos desenvolveu-se para dentro. Em Leão, um signo extrovertido, Gêmeos expressa emoção de maneira espontânea e para fora. A coragem de Leão fortalece a tomada de decisão hesitante de Gêmeos. Os outros veem Leão como alguém sincero, direto e genuíno, e não como o estrategista mercurial, como a mente astuta de Hermes dos primeiros anos de Gêmeos. Leão gosta dos sobrinhos adultos e, muitas vezes, também dos netos. Quando chegam a Leão, muitos geminianos seguem o caminho junguiano para a individuação. Criado por Carl Jung, ele mesmo um leonino, o Caminho da Individuação oferece técnicas para adquirir a integração dos opostos e transcendê-los. Este é também o alvo hindu – transcendência dos opostos ilusórios. Na astrologia esotérica, esta é uma tarefa de Gêmeos relacionada diretamente ao glifo dual e à jornada dos gêmeos.

O Sol rege a progressão em Leão. É um tempo em que Gêmeos pode, de fato, brilhar. Esses anos oferecem a muitos geminianos a oportunidade de renovar a espontaneidade, o entusiasmo, a alegria e até mesmo, ocasionalmente, o lado malandro da juventude. Leão é um signo de despertar consciente, conectado com o centro do Sol, ou Chakra Ajna. A atitude do logos hermético natal é favorecida quando Gêmeos entra nesse ciclo de trinta anos.

Não tive contato com muitos geminianos que tenham vivido tempo bastante na progressão de Virgem. Esta é uma dupla influência de Hermes e, portanto, muito mental, tendo em vista que Mercúrio rege tanto o signo natal como o que está em progressão. Mercúrio é um regente que aborrece. Quer se comunicar a todo custo, e a ausência de parentes com quem possa fazê-lo é difícil quando a família mora longe. Imagino que essa progressão possa gerar alguns rabugentos crônicos, dada a sagacidade cínica de Hermes. Mas, há também alguns Gêmeos/Virgem muito prestativos! Professores, por exemplo, que prestam serviço voluntário aos menos afortunados, aos analfabetos. As pessoas que doam sua mente e seu coração aos outros recebem grandes recompensas interiores. Hermes, afinal, é o Amigo da Humanidade.

Nosso trabalho interior na astrologia espiritual implica deixar a alma aflorar para guiar a personalidade. Na juventude de Gêmeos, o intelecto em desenvolvimento tem liberdade para explorar muitos caminhos diferentes, como um entusiasmado buscador de variedades. Durante a progressão em Câncer, a intuição emerge, especialmente se Gêmeos tem planetas em Água proeminentes em seu mapa ou nas casas psíquicas (4ª, 8ª ou 12ª). O inconsciente pode se tornar um domínio tão interessante quanto o consciente, estado desperto de Hermes, seu regente mundano. Em Leão, a ênfase é posta na integração da personalidade – plenitude, crescimento nas profundezas emocionais da personalidade, assim como da mente e da intuição. Afrodite, como regente esotérico, pode começar a desempenhar seu papel de sugestão da cordialidade, do relacionamento (Eros), para equilibrar o Logos de Hermes – o sentir para equilibrar o pensar. A integração da personalidade pode levar Gêmeos à extremidade polar, Sagitário – uma busca espiritual, filosofias estrangeiras, viagem para o exterior. Finalmente, a comunicação de valores (Afrodite/Eros) é uma função da progressão em Virgem, que é prestativa, prática, com bom relacionamento tanto com a palavra escrita como com a falada. Gêmeos gosta de tagarelar, e em Virgem, próximo ao fim da vida, muitas vezes tem algo significativo a dizer.

Questionário

Como o arquétipo de Gêmeos se expressa? Embora se destine especialmente aos que têm o Sol ou o ascendente em Gêmeos, qualquer pessoa pode aplicar este questionário à casa na qual Mercúrio está localizado – ou às casas que Mercúrio rege (ou com Gêmeos interceptado). As respostas indicarão o grau de contato do leitor com seu Mercúrio natal, seu "mensageiro dos deuses", sua mente consciente e seu poder de comunicação.

1. Minha habilidade de comunicar minhas ideias e meus conceitos aos outros é:
   a. Alta.
   b. Muito boa.
   c. Não muito boa.

2. Entre meus pontos fortes, listaria senso de humor, objetividade, versatilidade, animação e adaptabilidade:
   a. 80% das vezes.
   b. 50% das vezes.
   c. 25% das vezes ou menos.

3. Relaciono-me bem com pessoas de todos os tipos de formação básica, tanto social quanto educacional e econômica. Considero-me tolerante:
   a. 80% das vezes ou mais.
   b. 50% das vezes.
   c. 25% das vezes ou menos.

4. Algumas pessoas me veem como alguém inquieto, incapaz de desenvolver um projeto até o fim. Isso provavelmente é verdadeiro:
   a. 80% das vezes ou mais.
   b. 50% das vezes.
   c. 25% das vezes ou menos.

5. Sob pressão, fico propenso a me acidentar. Minhas mãos, meus dedos e meus braços tendem a sofrer contusões:
   a. 25% das vezes ou menos:

b. 50% das vezes.
   c. 80% das vezes ou mais.

6. Meu maior medo é:
   a. Que meu lado Sombra se torne visível a outras pessoas.
   b. Falência.
   c. Ser injustamente responsabilizado por algo que não fiz.

7. O maior obstáculo ao meu sucesso provém:
   a. Dos meus concorrentes e/ou das circunstâncias além do meu controle.
   b. De dentro de mim mesmo.

8. Sinto que a parte mais fraca de meu corpo – que me causa maiores problemas – é:
   a. Pulmões, pescoço rijo, tensão nos ombros e na coluna cervical.
   b. Coração e sistema circulatório.
   c. Músculo ciático, quadril ou coxa.

9. Áreas relacionadas com Mercúrio são importantes em minha vida, como amizade com irmãos, seminários, cursos e conversas. Esses aspectos são:
   a. Muito importantes.
   b. Mais ou menos importantes.
   c. Sem importância.

10. Como Mercúrio, o Mensageiro de Deus, gosto de me movimentar muito durante o dia. Meu dia envolve:
    a. Muito tempo em movimento.
    b. Certo tempo em movimento.
    c. Quase nenhum tempo em movimento.

Os que marcaram cinco ou mais respostas (a) estão em contato próximo com seu regente mundano, Mercúrio, a mente consciente. Os que marcaram cinco ou mais respostas (c) precisam desenvolver a consciência hábil de Mercúrio. A versatilidade, a destreza e as habilidades de comunicação precisam ser trabalhadas. Um sintoma de Mercúrio frustrado é a tendência a sofrer acidentes – atraindo cortes e machucados. Pessoas que responderam (c) à questão 5 deveriam rever seu Mercúrio natal. Ele está na 12ª Casa? Está retrógrado ou interceptado? É importante que trabalhem conscientemente com os planetas que fazem aspecto com Mercúrio natal, a fim de ajudá-lo a se expressar de maneira construtiva. Cursos que envolvam habilidades práticas, desenvolvimento da coordenação corporal, cursos de oratória ou análise de dados podem ser úteis.

Onde está o ponto de equilíbrio entre Gêmeos e Sagitário? Como Gêmeos integra a situação concreta e a perspectiva geral? Embora isso se relacione particularmente com aqueles com Sol ou ascendente em Gêmeos, todos nós temos Mercúrio e Júpiter em algum lugar de nosso mapa. Muitos de nós têm planetas na 3ª ou na 9ª Casas. Para todos nós, a polaridade de Gêmeos/Sagitário envolve a habilidade de analisar e sintetizar – ir da informação específica ao quadro geral.

1. Considero-me um estrategista. Seleciono os fatos e decido quanta informação devo passar e a quem. Faço isso:
   a. Nunca.
   b. Algumas vezes.
   c. Quase sempre.

2. Sinto-me confortável com "a ética da situação" porque posso ver os dois lados de cada fato:
   a. Nunca.
   b. Algumas vezes.
   c. Geralmente.

3. Gosto de viajar:
   a. Para fora do país – para países distantes.
   b. Tanto para curtas quanto para longas distâncias.
   c. Somente para curtas distâncias (principalmente no meu próprio país).

4. Estou mais interessado no espírito que na lei:
   a. A maioria das vezes.
   b. 50% das vezes.
   c. Não faço distinção entre os dois.

5. Minha educação superior inclui:
   a. Pós-graduação.
   b. Graduação.
   c. Pouca coisa além do Ensino Médio.

Os que assinalaram três ou mais respostas (b) estão desenvolvendo um bom trabalho com a integração da personalidade na polaridade Gêmeos/Sagitário. Os que têm três ou mais respostas (c) precisam trabalhar de forma mais consciente no desenvolvimento de Júpiter natal em seus mapas. Os que têm três ou mais respostas (a) podem estar em desequilíbrio na outra direção (Mercúrio fraco ou pouco desenvolvido). Estude Mercúrio e Júpiter no mapa astral. Há algum aspecto entre eles? Qual deles é mais forte por posição de casa ou localização em seu signo de regência ou exaltação? Um ou outro está retrógrado, interceptado, em queda ou em detrimento? Aspectos relativos ao planeta mais fraco podem indicar o modo de integração.

O que significa ser um geminiano esotérico? Como Gêmeos integra Vênus/Afrodite, sua regente esotérica, na personalidade? Todo Gêmeos terá ambos, Mercúrio e Vênus, em algum lugar do mapa. Vênus bem integrada acrescenta cordialidade e amabilidade ao Gêmeos mercurial. As respostas às questões abaixo indicarão até que ponto Gêmeos está em contato com sua Vênus.

1. Em meu trabalho, vou além das técnicas e faço de minhas atividades profissionais uma forma de arte:
   a. Frequentemente.
   b. Esporadicamente.
   c. Raramente.

2. Procuro temperar minha conversa com gentileza:
   a. A maioria das vezes.
   b. Algumas vezes.
   c. Quase nunca.

3. Tento conscientemente ser amável e ao mesmo tempo analítico em meus relacionamentos pessoais:
   a. A maioria das vezes.
   b. Algumas vezes.
   c. Quase nunca.

4. Sou considerado não apenas perspicaz e inteligente, mas uma pessoa solícita:
   a. Pela maioria das pessoas que conheço.
   b. Por cerca de metade das pessoas que conheço.
   c. Por poucas pessoas.

5. Se um colega de trabalho apresenta um relatório em que alguns dos fatos estão distorcidos:
   a. Controlo a crítica e lhe dou o benefício da dúvida.
   b. Controlo a crítica no momento, mas faço depois minhas articulações.
   c. Critico-o impiedosamente.

Os que marcaram três ou mais respostas (a) estão em contato com seu regente esotérico. Os que marcaram três ou mais respostas (b) precisam trabalhar mais na integração de Vênus de acordo com a casa, o signo e os aspectos em seus mapas natais: tratar situações mais com o coração que com a razão, por meio do posicionamento por casa de Vênus natal. Os que marcaram três ou mais respostas (c) devem estudar sua Vênus natal. Ela está interceptada, retrógrada, em queda, em detrimento? Desenvolver e integrar Vênus alivia o fio da navalha do cinismo, do sarcasmo e da ironia de Mercúrio à medida que os anos passam.

Referências Bibliográficas

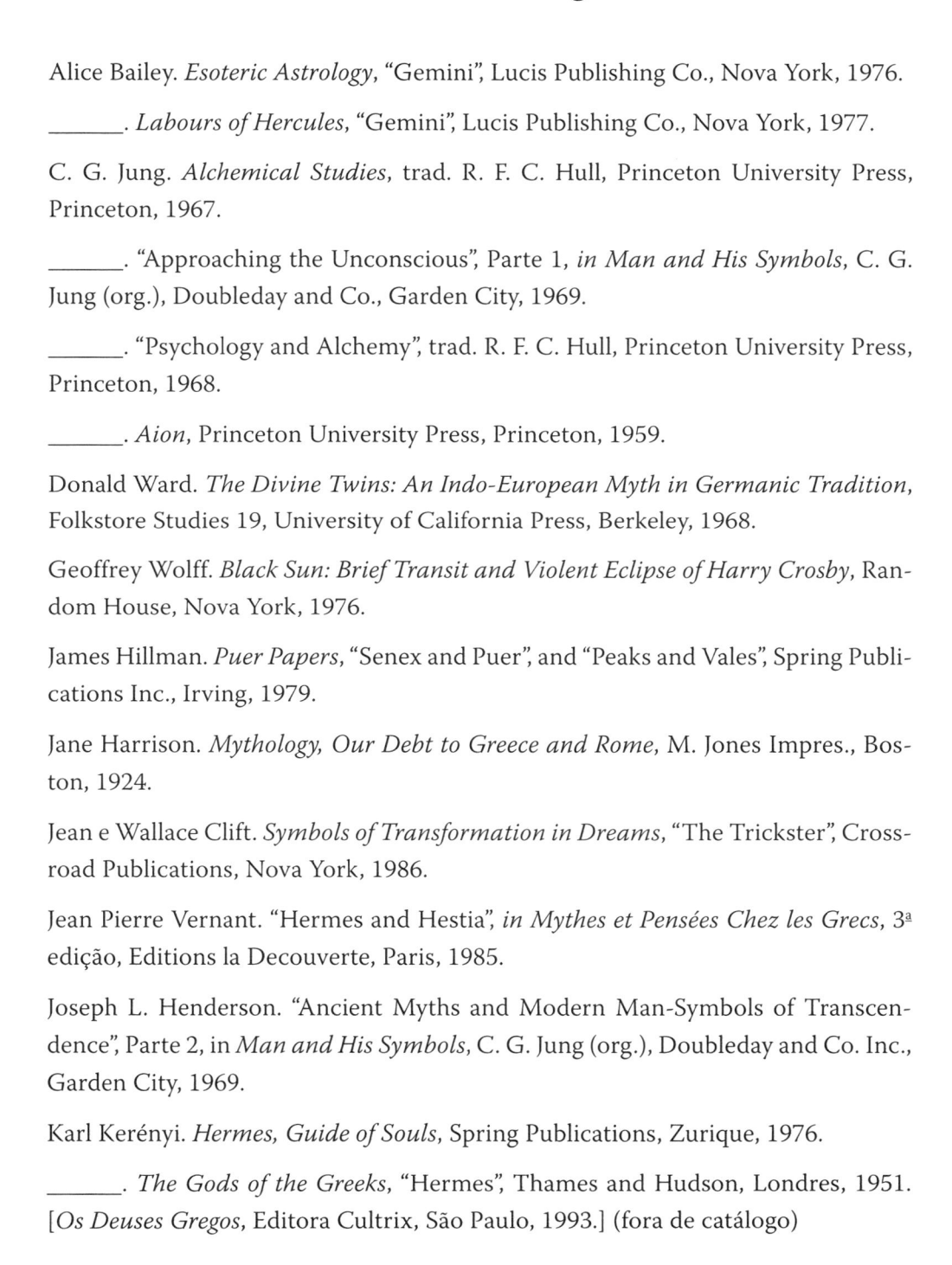

Alice Bailey. *Esoteric Astrology*, "Gemini", Lucis Publishing Co., Nova York, 1976.

_____. *Labours of Hercules*, "Gemini", Lucis Publishing Co., Nova York, 1977.

C. G. Jung. *Alchemical Studies*, trad. R. F. C. Hull, Princeton University Press, Princeton, 1967.

_____. "Approaching the Unconscious", Parte 1, *in Man and His Symbols*, C. G. Jung (org.), Doubleday and Co., Garden City, 1969.

_____. "Psychology and Alchemy", trad. R. F. C. Hull, Princeton University Press, Princeton, 1968.

_____. *Aion*, Princeton University Press, Princeton, 1959.

Donald Ward. *The Divine Twins: An Indo-European Myth in Germanic Tradition*, Folkstore Studies 19, University of California Press, Berkeley, 1968.

Geoffrey Wolff. *Black Sun: Brief Transit and Violent Eclipse of Harry Crosby*, Random House, Nova York, 1976.

James Hillman. *Puer Papers*, "Senex and Puer", and "Peaks and Vales", Spring Publications Inc., Irving, 1979.

Jane Harrison. *Mythology, Our Debt to Greece and Rome*, M. Jones Impres., Boston, 1924.

Jean e Wallace Clift. *Symbols of Transformation in Dreams*, "The Trickster", Crossroad Publications, Nova York, 1986.

Jean Pierre Vernant. "Hermes and Hestia", *in Mythes et Pensées Chez les Grecs*, 3ª edição, Editions la Decouverte, Paris, 1985.

Joseph L. Henderson. "Ancient Myths and Modern Man-Symbols of Transcendence", Parte 2, in *Man and His Symbols*, C. G. Jung (org.), Doubleday and Co. Inc., Garden City, 1969.

Karl Kerényi. *Hermes, Guide of Souls*, Spring Publications, Zurique, 1976.

_____. *The Gods of the Greeks*, "Hermes", Thames and Hudson, Londres, 1951. [*Os Deuses Gregos*, Editora Cultrix, São Paulo, 1993.] (fora de catálogo)

Liz Greene. *Astrology of Fate*, "Gemini", Samuel Weiser Inc., York Beach, 1984. [*A Astrologia do Destino*, Editora Pensamento, São Paulo, 1989.] (fora de catálogo)

Marie-Louise von Franz. "The Process of Individuation", Parte 3, *in Man and His Symbols*, C. G. Jung (org.), Doubleday and Co. Inc., Garden City, 1969.

_____. *Puer Aeternus*, Spring Publications, Zurique, 1970.

Mitchell Walker. "The Archetype of the Double", *Quaternary Magazine*, 1975.

Norman O. Brown. *Hermes, The Thief*, University of Wisconsin Press, Madison, 1947.

Paul Carus. *The Gospel of Buddha*, Open Court Publications Co., La Salle, 1973.

Pausanius: A Guide to Greece, Vols. 1 e 2, "Hermes", trad. Peter Levi, Penguin Classics, Nova York, 1979.

Swami Prabhavananda. *How to Know God: The Yoga Aphorisms of Patanjali*, Christopher Isherwood (org.), Mentor Books, New American Library, Nova York, 1969. [*Como Conhecer Deus – Aforismos Iogues de Patanjali*, Editora Pensamento, São Paulo, 1988.] (fora de catálogo)

The Thirteen Principle Upanishads, trad. R. E. Hume (2ª edição revisada), Oxford University Press, Oxford, 1931.

William Doty. "Hermes", *in Facing the Gods*, James Hillman (org.), Spring Publications, Irving, 1980. [*Encarando os Deuses*, Editora Pensamento, São Paulo, 1992.] (fora de catálogo)

4

Câncer:

A Busca da Deusa-Mãe

Câncer, o ventre cósmico, é também o primeiro signo de Água. A relação entre Câncer e a água é muito importante. Como o processo do nascimento físico implica o rompimento das águas, do mesmo modo o processo de Câncer envolve a criatividade. Muitas vezes, surgem complicações durante o processo do parto; assim é também com algumas de nossas aventuras criativas, que não fluem tão suavemente como as outras. Para liberar a criatividade de Câncer, precisamos, antes, cortar o cordão umbilical que nos mantém presos ao Karma familiar, abandonar o ventre seguro do lar e escolher nossa própria direção na vida.

O glifo de Câncer (♋) é formado pelas sementes masculina e feminina. O arquétipo de Câncer é o Ventre Cósmico, em que as sementes da criatividade germinam e de onde desabrocham de maneiras diversas – criatividade biológica, artística, intuitiva, imaginativa e até nos negócios. Há também, no nível esotérico, criatividade mística – dar à luz a Criança Divina interior. A *Magna Mater* é a mais antiga manifestação pessoal da divindade encontrada em todo o mundo.

Esse simbolismo arquetípico pode ser estudado através dos mitos da criação. Frequentemente perguntamos: como a Terra começou a existir? A resposta que recebemos é: "O solo separou-se da água, e o firmamento, da terra". (*Antigo Testamento*, Gênesis, Capítulo 1). O que era úmido ou que produzia chuva (o firmamento) separou-se do que era seco. Ou havia uma deusa chamada Padma (Lótus) que permanecia sentada num córrego (água) enquanto a terra saltava de seu umbigo. Ou, na Suméria, a deusa Inanna dava origem ao mundo. Ou a Terra formou-se da gema de um ovo cósmico. Os mitos da criação estão repletos de símbolos de Câncer. No hemisfério norte, o Solstício de Verão corresponde à época do ano em que a terra está madura. No hemisfério norte, Câncer está no lado oposto ao Solstício de Inverno (Capricórnio), quando o terreno está seco, estéril. A Deusa-Mãe opõe-se ao Velho Inverno. O texto místico do Taoismo chinês nos diz que o Tao é a "Mãe de todas as coisas; ela tudo permeia, todavia, não pode ser vista em lugar nenhum". É a força e a energia que sustenta a própria vida.

Poder, energia ou *Shakti* são os títulos da Grande Deusa na Índia. Aos indianos, basta levantar os olhos ao céu noturno para ver Kali, a Mãe Negra. Basta dirigir o olhar para a Lua para ver a deusa Lakshmi, "nascida da Lua". Se fechássemos os olhos neste exato momento e visualizássemos o céu da noite com a pálida Lua em seu fundo escuro, teríamos uma imagem da Deusa Negra – misteriosa e noturna. Na Índia, todas as espécies de criaturas saem de seu esconderijo durante a noite. Um tigre emerge da selva. Uma víbora despenca de uma árvore. Os devotos menos conscientes de Kali, os tugues – casta de ladrões –, podem aparecer. É fácil entender como a Deusa Negra era temida pelos povos originários. Para os que receberam educação formal, Kali é a deusa do tempo. Uma Yuga inteira recebe seu nome – Kali-Yuga, a Era de Kali. Kali, por sua dança no Templo de Chidambaram, tem o poder de levar a criação para dentro e para fora da existência. Os hindus também acreditam que cada forma de vida tem sua duração de tempo determinada (número de respirações): quando seu dia fixado para mudar de forma chega, Kali a devora. O ventre cósmico de Kali lhe dará uma nova forma para um novo período de vida.

Há outros dois pontos importantes no mito da dança de Kali. O primeiro é que o Ventre dá forma ou contorno à entidade. A Lua, regente de Câncer, foi chamada tanto na Índia quanto no Ocidente (nos escritos de Platão, de modo particular) de Doadora de Forma. A própria Lua passa por tantas alterações na forma – Lua Cheia, os quartos da Lua, Lua Nova ou Negra etc. – que os antigos a relacionavam ao nascimento e à morte das formas e plantavam suas sementes de acordo com suas fases. Além disso, os humores eram observados em relação ao trânsito lunar de 28 dias; as mudanças fisiológicas no corpo da mulher eram associadas à órbita da Lua; e os estados de ânimo, relacionados a esse ciclo. A deusa e suas sacerdotisas e oráculos eram considerados capazes de misteriosas intuições, como o poder da mediunidade em transe. A Lua era doadora dos dons do sentimento, da intuição e dos instintos da nutrição que os homens pareciam não possuir. Durante a Idade do Bronze, os cultos da deusa da fertilidade tiveram grande desenvolvimento e eram presididos por sacerdotisas que, como as pessoas acreditavam, tinham poderes ocultos sobre a vida e a morte.

A temática que aborda a vida e a morte (os hindus diriam a vida, a morte e o renascimento) é importante porque temos a 4ª Casa, a raiz, os pontos Alfa e Ômega do mapa. Câncer é o 4º signo e a 4ª Casa do Zodíaco natural. Câncer é a Casa da pedra angular; os planetas na 4ª Casa descrevem o karma da pessoa – as circunstâncias que a rodeiam no princípio e no fim da vida. Eles indicam a natureza do karma familiar. Os trânsitos dos planetas transaturninos sobre o Nadir deixam a pessoa tremendo, como se estivesse prestes a ter um encontro com Kali, a Deusa Negra, como se tivesse sorte de ter sobrevivido a esse encontro e de ainda estar na Terra.

Revendo o simbolismo, temos as sementes (o glifo de Câncer), o ventre, Shakti (ou o poder sobre a vida e a morte) e a Lua, a que dá forma, como regentes mundanos. A Lua representa os sentimentos e as emoções. É um planeta instintivo, intuitivo, nutritivo, mas também que cultiva o apego emocional à forma que cria. Já encontramos a exaltação lunar em Touro como apego à segurança emocional e financeira. O Caranguejo, a criatura que tenazmente agarra com suas pinças, é um símbolo adequado para o apego de Câncer. Há duas personalidades distintas no arquétipo da Grande Mãe – a Mãe Amorosa, como Kwan Yin, a Mãe Misericordiosa e Compassiva da mitologia chinesa e a Mãe Terrível, como a Mãe Kali, da Índia, e a grega Medusa.

No capítulo "A Mãe Dual" (*Símbolos da Transformação*), C. G. Jung discute os aspectos mais claros e mais sombrios da Grande Deusa-Mãe, tendo como ponto de referência as mitologias hindu e grega. As fases clara e escura da Lua relacionam-se à experiência do indivíduo com sua mãe, o que, por sua vez, está na raiz de seu complexo materno positivo ou negativo. Às vezes, a mãe não participou da formação do complexo – ele se estruturou pela projeção da própria criança sobre a mãe ou por fantasia; outras vezes, a mãe teve participação ativa. Jung também se refere a Nokomis, a mãe-avó do poema "Hiawatha", de Longfellow. Embora Nokomis tivesse morrido e ido para a Lua, "a terra das avós", ainda fazia parte da psique de Hiawatha, de sua *anima*. Como herói jovem, ele assumiu compromissos impossíveis para apaziguá-la e para vingar sua honra.

Em *Símbolos da Transformação*, Jung cita, ainda, a fantasia do herói alimentada por Miss Frank Miller como fonte da Grande Mãe. Miss Miller não teve coragem de cortar o cordão umbilical e deixar sua mãe, mas fantasiava um herói, um corajoso indígena americano chamado Chiwantopel, que disse o seguinte sobre o amor materno:

"Não há ninguém que possa me compreender, ninguém que se pareça comigo ou que tenha alma irmã da minha. Não há ninguém que conheça minha alma, ninguém que possa ler meus pensamentos – longe disso, não há ninguém que seja capaz de buscar comigo os cumes reluzentes ou de me explicar o sublime mundo do amor". Ele deixou seu lar e partiu à procura da mãe.

É desse mundo sublime do amor que meus clientes sentem falta quando ocorre a morte da mãe, porque ninguém jamais a substituirá, ninguém nunca os amará tanto novamente. No mesmo livro, Jung analisa o amor materno, *understanding*, em inglês, *compreende*, em francês, *begreifen*, em alemão. *Erfassen* originalmente significava "segurar" nas mãos e depois "agarrar firme nos braços". É isso que o lado positivo da Deusa-Mãe faz – segurar e agarrar. Embora Jung não tenha analisado a palavra inglesa *understand* (compreender), citada na fantasia de Miss Miller, esse é um termo que meus clientes com planetas em Água usam com frequência. "Quero um companheiro que me compreenda [*understands me*]..." Creio que essa palavra possibilita associações com a ideia que temos de Mãe, ou de pessoas de Câncer, no sentido de serem indivíduos que ouvem com simpatia e tolerância. *Understand ou stand-under**, creio eu, é uma referência a dar suporte ao desenvolvimento, às habilidades e aos objetivos de alguém. Isso pode ir longe demais, e provavelmente vai, se levarmos em conta a Mãe que persiste em prover recursos financeiros ao filho desempregado de quarenta anos e à família dele.

A mãe de Câncer positiva pode ser vista em ação quando seu "filhinho" é levado pela primeira vez ao maternal. Ela diz: "Eu chorei. Ele chorou. A professora acabou me empurrando para fora e batendo a porta. Fiquei olhando para o relógio o dia inteiro, contando os minutos até poder estar de novo com meu primogênito. Esperava que ele corresse para mim e me agarrasse. Eu o seguraria firme nos meus braços. Novamente juntos depois de um dia terrível desses! As três horas pareceram uma eternidade. Fui buscá-lo, mas encontrei-o brincando na caixa de areia com os coleguinhas. Ele disse: 'Ah, mãe, quero terminar de construir meu castelo'. Tive que arrastá-lo de lá!". Mas a mãe de Câncer não lhe passou um sermão. "Você não sentiu falta da mamãe?". Nem fez com que ele se sentisse culpado. Ela tratou da própria hipersensibilidade de modo adequado. Mais tarde, quando se tornou

---

* Jogo de palavras impossível de ser feito com a palavra portuguesa. *Stand*, levantar-se, estar ou ficar de pé, assumir posição vertical; *under*, sob, debaixo. Daí, segundo a autora, dar suporte, aguentar, apoiar. (N. dos TT.)

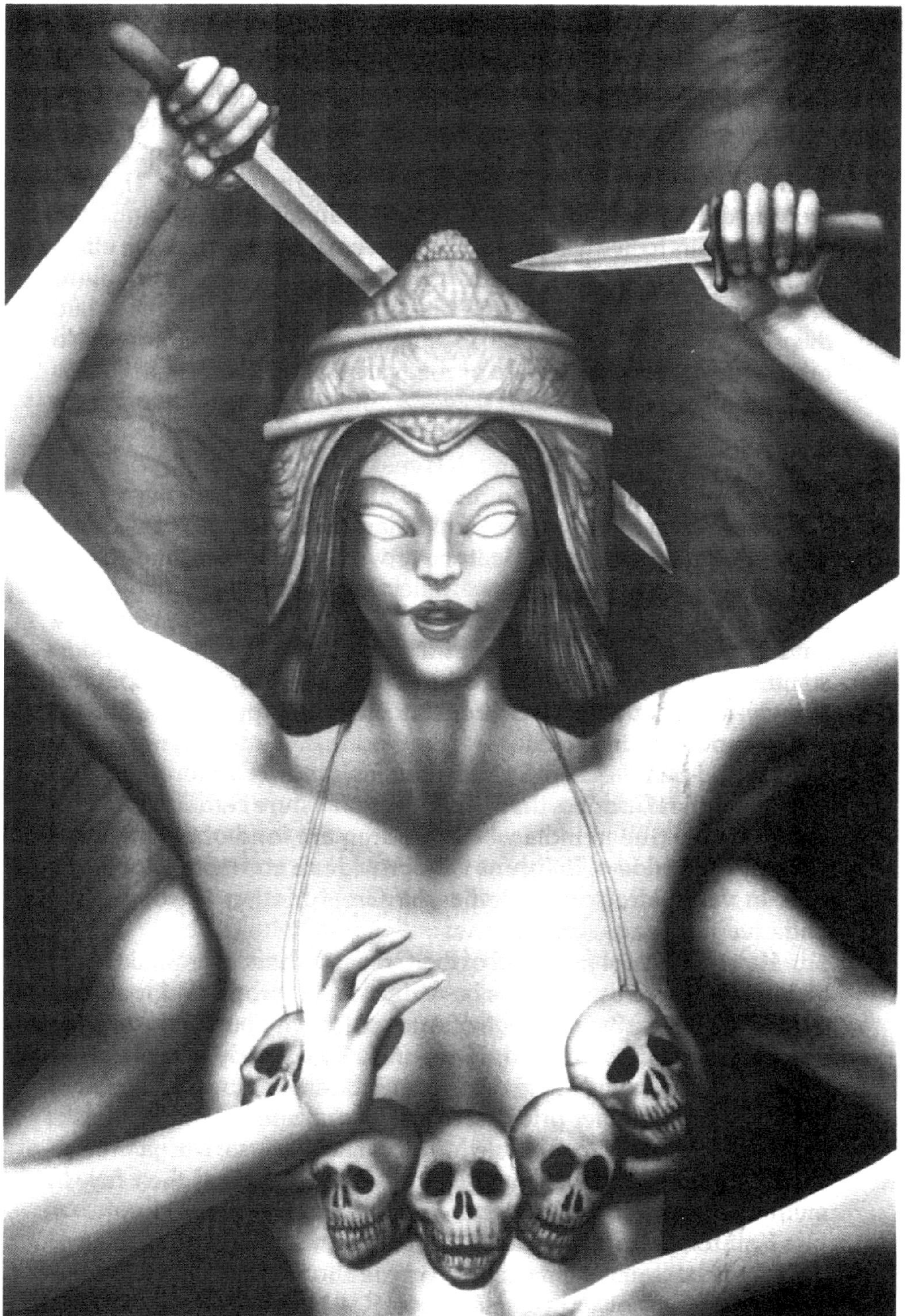

cada vez mais difícil arrancá-lo dos projetos escolares, ela aceitou o fato de não ser mais a única estrela no seu céu, a única deusa em seu panteão.

Mães devoradoras são, muitas vezes, mulheres autoritárias que "mandam no galinheiro" com firmeza. Em "O Processo de Individuação" (*O Homem e seus Símbolos*), Marie-Louise von Franz fala de uma mãe que estava constantemente dizendo ao filho pequeno que fosse menos ativo e agitado. "Não bata a porta. Não se suje. Não brinque com esse brinquedo dentro de casa." Esse filho tende a sempre voltar de casos amorosos para viver com a Mamãe. O lar parece ter o mesmo efeito que teve a Ilha de Calipso sobre Ulisses – feitiço. Ele se mostra incapaz de ficar longe por muito tempo. Muitos homossexuais com ascendente em Câncer parecem ter tido essa espécie de Mãe-Sereia, cujo canto ficou o tempo todo chamando-o de volta. Nenhuma outra mulher poderia competir nem chegar aos pés da Mãe.

Uma mãe positiva, entretanto, pode formar uma *anima* igualmente positiva num jovem. Mais tarde, na vida, ela pode aparecer em seus sonhos como guia espiritual ou Anciã Sábia. É mais fácil, para ele, se relacionar positivamente com seu feminino interior se a mãe lhe serviu de apoio, em vez de ser uma mãe devoradora. Em seus sonhos, ele pode ver Kwan Yin ou a Virgem Maria como guia positivo e confiável da *anima*. Beatriz mostrou ser esse guia ao poeta Dante no "Paraíso". Se refletirmos sobre a amável Kwan Yin ou a Virgem Maria de pé sobre a Lua Crescente no quadro de Dürer, chegaremos ao significado do Feminino como guia nutritivo, simpático e compreensivo do Self. Na teologia católica, a Virgem Mãe é conhecida como a Mediadora de todas as Graças. Esse parece um título adequado a uma intercessora tão poderosa como a deusa. Como disse o poeta bengali Ramprasad Sen, uma criança se sente mais confiante rezando a uma Deusa-Mãe que a uma Divindade-Pai, mais rigorosa e austera. Isso é particularmente verdadeiro na Índia, onde as crianças gostam da maternal deusa familiar Lakshmi, que a todos propicia abundância de bênçãos. Em várias regiões da Índia, a Grande Mãe é venerada sob vários nomes e formas.

Kali é a mais poderosa das Grandes Mães. Sua Shakti supera o poder que os teólogos consideraram adequado a uma deusa no Ocidente, desde o momento em que o patriarcado da Era de Áries entronizou Medusa e que Zeus matou a dragoa Tifão. Na época da Idade dos Heróis (Idade do Bronze posterior), a deusa fora banida de seus bosques sagrados, suas sacerdotisas foram expulsas, e suas máscaras e estátuas sagradas, destruídas. As Mães terríveis, como Medusa, Durga, a Destruidora, Hera e a devoradora Medeia começaram a expressar sua fúria na mitologia.

Kali também se tornou mais violenta. Certo dia, em uma aula de língua tâmil, tive, de repente, a percepção de toda raiva, frustração e poder oculto projetados sobre Kali no sul da Índia. Estávamos repassando uma lista de provérbios tâmis, todos em tom geral de tristeza. Um em particular me chamou a atenção:

"Na infância, a mulher está sujeita ao pai; depois da puberdade, ao marido; e, quando viúva, está sujeita ao filho."

Depois da invasão ariana, essa "sujeição" deve ter resultado no aumento do poder de Kali no inconsciente coletivo, assim como do poder das deusas locais da varíola e da malária. Durante as epidemias, homens e mulheres acorreram ao templo da deusa para suplicar e abrandar a divindade. Na visão de muitos indianos, seu poder é maior que o de Shiva ou Vishnu; somente a ela pertence o poder sobre a vida e a morte. A ela pertence o Alfa e o Ômega – o Nadir do mapa.

Em minha estada no sul da Índia em 1979, li em um jornal sobre um sacrifício humano numa vila remota. Ele foi realizado para aplacar a Grande Deusa durante uma estiagem. Algumas semanas mais tarde, viajei ao templo de Kali em Chidambaram, muito conhecido pelas peregrinações. Enquanto admirava a escultura de Kali dançando em seu rito de criação sobre a forma prostrada de seu consorte, o Senhor Shiva, um brâmane veio a mim: "Interessante, não é?", perguntou ele. "Você viu também os *yonis*, os receptáculos, estruturas semelhantes a um vaso, que simbolizam a Mãe Kali, no santuário interior? Sempre tive curiosidade de saber o que Freud teria pensado de nós aqui na Índia. Quando estava na Universidade, li sua teoria (muito ocidental) sobre a inveja do pênis. Se é isso que vocês têm no Ocidente, então, sem dúvida, o que temos na Índia é a inveja do ventre.

No lado externo desse templo há uma estrutura que chamamos de Godão, um abrigo para a vaca sagrada, que também é um símbolo de Kali-Ma. Seu leite e *ghee* (manteiga) são distribuídos nas refeições como *prasad* (oferenda sagrada) para nutrir e sustentar. Não há saúde maior na Índia que a do leite e do *ghee*. Mas todos esses são símbolos femininos. Sem dúvida, devemos ser muito diferentes para vocês". Naturalmente, há também templos de Shiva com colunas fálicas, da vertente do lingayatismo, no sul da Índia, mas o sentido de poder (Shakti) não é o mesmo. Os lingayats não favorecem Shiva como Kali.

Há muitos níveis de veneração a Kali – muitas "Kalis", poderíamos dizer, na Índia. A Kali da casta tugue, os assaltantes que praticam sacrifícios sangrentos; a

Kali dos aldeões assustados, que é uma deusa da fertilidade; a Kali dos universitários, que apreciam a dança e a arte relacionadas à sua mitologia; e a Kali venerada pelos yogues. Kali-Ma foi a bem-amada de Ramakrishna, talvez o mais famoso dos seus devotos do século XX. Seu pequeno quarto no Templo Dakshineswar, em Calcutá, é visitado todos os anos por milhares de seguidores provenientes de todas as partes do mundo. O grande yogue nos apresenta esta descrição de Kali e do que ela significa para ele:

> Quando o Sol, a Lua, os planetas e a Terra ainda não existiam, quando a escuridão estava envolta na escuridão, então a Mãe, a Divina Informe, a Maha-Kali, o Grande Poder, formava unidade com Maha-Kali, o Absoluto. Shyama Kali tem um aspecto mais suave e é adorada nos lares hindus. É a Doadora de Dádivas e a Doadora do Medo. As pessoas adoram Raksha Kali, a Protetora, em tempos de carestia, terremotos, secas e enchentes. Shmashana-Kali é a personificação do poder de destruição. Ela habita o altar da cremação, rodeada de cadáveres, chacais e espíritos femininos terríveis. De sua boca escorre sangue, de seu pescoço pende uma grinalda de cabeças humanas, e o cinto que cinge sua cintura é de mãos humanas.
>
> Após a destruição do universo, ao final do grande ciclo, a Mãe Divina armazena as sementes para a criação seguinte. Ela é como a velha senhora, patroa da casa, que guarda em seu baú todos os diferentes artigos de uso doméstico... Depois da destruição do universo, minha Mãe Divina, a personificação de Brahma, junta as sementes para a criação seguinte. Após essa criação, o Poder Primal habita o próprio universo. Ela dá origem a esse mundo fenomenal e, em seguida, o permeia... É Kali, minha Mãe Divina, de compleição negra? Ela aparece negra porque é vista a distância; mas, se intimamente conhecida, não é mais assim... Servidão e liberdade são ambas obras suas. Pela *Maya* dela as pessoas mundanas emaranham-se em "mulheres e ouro" e, de novo, por sua graça, alcançam sua libertação. Ela é voluntariosa, e tudo deve ser feito conforme seu desejo. Ela é plena de beatitude.

Para Ramakrishna, assim como para muitos yogues, a busca era beatitude. Seu caminho era um Caminho Lunar de receptividade, entrega, obediência e devoção. O yogue no Caminho Lunar espera humildemente Shakti (o poder de transformação da deusa) e é receptivo à sua aproximação. Shakti extirpa todos os hábitos, todos os padrões de comportamento inconscientes que se interpõem entre ele e as metas de beatitude, alegria e paz. Shakti o desperta. Mas, no caso de Ramakrishna, ele precisava, literalmente, quebrar a imagem que tinha de Kali, fragmentar a estátua dela, seu apego à forma física dela, para vivenciar a bem-aventurança que procurava com a Divina Informe.

Tudo isso é relevante para nosso estudo de Câncer porque seu regente mundano, a Lua, tradicionalmente representa não apenas o apego à forma, mas, ainda, nossos hábitos conscientes. Se um cliente pergunta ao astrólogo qual a época mais favorável para abandonar o cigarro ou para encontrar a força de vontade necessária para perder cinco quilos, o que o astrólogo procura descobrir? Ele tenta encontrar um aspecto de Saturno em trânsito (disciplina) para a Lua, ou da Lua em progressão para Saturno natal, devido à tradicional conexão entre a Lua e o hábito. "Comece o jejum, a dieta ou abandone o hábito do cigarro na data de Saturno/Lua, ou da Lua em trânsito (Lua Nova) a Saturno", dizemos. Procuramos controlar uma ansiedade ou um instinto inconsciente com a ajuda de Saturno, o planeta da disciplina consciente.

A Lua contrasta fortemente com Hermes, regente de Gêmeos. Em Gêmeos, signo de Hermes, a mente está conscientemente ativa, ao passo que o arquétipo Câncer opera em nível psíquico, instintivo e inconsciente. De modo semelhante, costumamos analisar nosso comportamento através de nosso signo solar: "Hoje estou agindo como um ariano impaciente" ou "Hoje estou agindo como um geminiano entediado e inquieto". Mas não paramos para pensar: "Hoje estou me comportando como minha Lua em Touro, possessiva", ou "Hoje me senti culpada por coisas que não me dizem respeito, como minha Lua em Peixes!". Nossa parte lunar é como uma criança conhecida – nós a alimentamos quando está faminta, mas não prestamos muita atenção nela na idade adulta; estamos ocupados com questões adultas em algum outro lugar de nossos mapas. Quando observamos os padrões de comportamento da nossa parte lunar, em geral há algum trânsito de Saturno – conjunção, quadratura ou oposição – ou uma progressão lunar que faz os outros nos indicarem que nossos hábitos os estão levando à loucura.

Se não estamos interessados no Caminho Lunar de Ramakrishna ou de outros *bhaktas*, podemos sempre esperar por nossos trânsitos e progressões para trabalhar nossos hábitos. Não precisamos invocar a ajuda de Kali de modo ativo, como ele o fez. Uma palavra final sobre Kali. Os ocidentais sempre a viram como uma figura sombria, vinda de um pesadelo, mas para os hindus ela é parte da vida normal de cada um. Representa o ciclo da vida, da morte e do renascimento. Ao passar por um abutre devorando uma carcaça em sua aldeia nativa, o hindu tem consciência de que o selvagem tigre e o gracioso cervo têm como residência a mesma floresta. Caçador e presa são ambos parte da Lila, ou drama cósmico, que Kali representa enquanto dança em Chidambaram, gerando o mundo de *Maya*, ou ilusão.

A deusa grega que considero mais próxima do arquétipo da Grande Mãe é Deméter, deusa dos cereais. Quando Perséfone, sua filha, foi raptada por Hades e levada aos infernos, Deméter sentou-se junto a seu poço sagrado em Elêusis e começou a definhar até que a própria Terra passou a ficar árida e seca; as plantações não vicejaram. Temos aqui um indicador claro do poder de Deméter, que, para mim, é parte essencial do arquétipo de Câncer. Ela tinha o poder de arruinar a safra. O Pai Zeus, que até então não demonstrara interesse pelo destino de Perséfone, deu-se conta de que seus adoradores humanos estavam irritados e haviam perdido a paciência com os deuses do Olimpo. Então, enviou seu mensageiro Hermes ao Hades a fim de buscar Perséfone e devolvê-la à mãe.

No mito de Deméter, temos um tipo de comportamento característico de muitos nativos de Câncer – chantagem emocional. "Se tu não fizeres o que eu quero, ó Deus (Zeus), simplesmente vou ficar aqui sentada, emburrada, recusando-me a fazer meu trabalho; *isso* vai te forçar a aparecer!" Jean Shinoda Bolen diz que o comportamento de Deméter foi passivo-agressivo, e que a deusa entrou em greve para chamar a atenção de Zeus. (Veja Jean Shinoda-Bolen, *As Deusas e a Mulher*, sobre a "greve" de Deméter.) Enquanto lia Bolen sobre o afastamento de Deméter, veio-me à mente a imagem do caranguejo Câncer retraindo a cabeça para dentro de sua concha-morada, recusando-se a sair até que o mundo coopere novamente. Em sua concha, Câncer está seguro e protegido e tem tudo confortavelmente arranjado. Câncer está no controle também no lar. A Grande Mãe quer estar em casa com os filhos ao redor e, mais tarde, com os netos.

Muitos pais do arquétipo de Câncer temem que um filho seja sequestrado, como Perséfone, por isso tornam-se superprotetores e demasiadamente cuidadosos. É interessante examinarmos no nosso mapa a cúspide da casa em que Câncer está localizado para verificar se temos algum tipo de apreensão ou ansiedade de que os filhos dessa casa sejam raptados. Os filhos, sem dúvida, nem sempre são biológicos. Poderíamos nos preocupar com o fato de que nossas ideias sejam roubadas por plagiadores ou de que possamos perder nossos investimentos, dependendo da cúspide da casa regida pela deusa devoradora.

Para os pais de Câncer, as emoções e os sentimentos tendem a ser mais fortes que a lógica. Eles sabem, por exemplo, que a universidade que fica a 250 quilômetros de distância tem condições de oferecer à sua filha uma variedade maior de cursos e que viver da república com outros jovens seria uma experiência de amadurecimento social para ela. Mas diz o pai de Câncer: "Ela é tão nova. Não queremos perdê-la ainda, não é?". E assim os pais emitem sinais à filha de que, apesar de ser, de fato, uma boa universidade, talvez ela preferisse continuar em casa e frequentar a faculdade local por mais dois anos, o que economizaria dinheiro à família.

Existe também o apego das mães de Câncer aos filhos. Quase todos conhecemos um caso arquetípico – uma mãe de Câncer que tem um filho de 35 anos, solteiro, que sempre volta para morar com ela. "Caramba! Já morei em apartamentos tão frios e tristes", diz ele. "Não é tão confortável como em casa. Mamãe sempre frita os ovos exatamente como gosto. E ela também lava minhas roupas com perfeição. E, além disso, é bem mais barato." Por que crescer e sair quando a vida é tão tranquila em casa?

As mães de Câncer, às vezes, dirão à astróloga que sacrificaram a própria criatividade em favor dos filhos, que lhes deram todas as vantagens e que agora, quando os filhos estão adultos, elas se sentem vítimas. Qual é a razão de tudo se "não temos o que se chama gratidão?". A filha mudou-se de cidade com o marido, e o filho não a levou com ele nas três últimas férias que tirou com a esposa e os filhos.

Há também o profissional de Câncer (ou com Meio do Céu em Câncer): "Veja que ingratidão! Depois de todas as horas que gastei treinando Anna, ela deixou o emprego depois de apenas oito anos. E esses clientes! Trabalho duro, mas como são instáveis! Se me ausento por um fim de semana por estar resfriado, eles mudam de terapeuta".

Esse arquétipo nutritivo investe energia emocional e espera retorno desse investimento. O mesmo se aplica ao casamento. Câncer quer um marido de confiança, um homem responsável que seja bom pai para os filhos. Câncer ascendente também quer um homem de sucesso. (Ela define essa palavra de acordo com o próprio *status* social dela.) Tem Capricórnio na cúspide de sua 7ª Casa, e o homem "talentoso", cujo ego ela gosta de nutrir ou de formar com seu Ascendente, com frequência não obtém sucesso no teste de Capricórnio. O tipo de companheiro atraído pelo Ascendente maternal dela nem sempre é o tipo que Capricórnio respeita. Se termina um relacionamento com um Peter Pan (veja "Gêmeos", Capítulo 3), em geral ela tira o maior proveito possível disso e suspira bastante.

Seus filhos a respeitarão ainda mais por realizar sozinha todo o trabalho de dois; com isso, seu poder no lar aumenta.

Minha definição favorita de família para o signo de Câncer provém de uma sessão com uma cliente duplamente canceriana recém-saída da faculdade. Ela disse: "Na aula de Sociologia, tivemos de estudar definições realmente tolas do significado da unidade familiar. Por que os textos simplesmente não dizem que essa unidade consiste em uma mulher com os filhos ao redor e de um homem provedor financeiramente?". Deméter tomando conta de Perséfone... parecia tão simples, mas não poderia imaginar nenhum outro signo astrológico dando essa mesma definição do casamento.

Quando uma canceriana fala em encontrar um pai de confiança, um pai responsável para seus filhos ainda não nascidos, isso traz à mente a polaridade de Capricórnio, oposto 180 graus de Câncer. Capricórnio também é um signo ligado aos pais, e, assim como a Lua e Câncer simbolizam a *Magna Mater*, Capricórnio e Saturno (*Senex*, Capítulo 10) simbolizam o Pai. E o que Capricórnio é senão um pai cumpridor de seus deveres, alguém confiável e responsável, um tanto rigoroso e severo às vezes? Conheço vários casais que participam desse arquétipo materno/paterno – Câncer e Capricórnio – que tiveram um matrimônio longo e feliz. Às vezes, a mulher é Capricórnio, e o homem, Câncer. Nesse caso, ela leva a sério os filhos – eles são uma de suas profissões. Mas, ao mesmo tempo, em geral, confessa que teria um ou dois filhos a menos, "se dependesse de mim. Eu gostaria de voltar a trabalhar o mais rápido possível – pelo menos em tempo parcial". A 10ª Casa seduz. Mas ela fez a vontade do marido de Câncer, que queria mais filhos. Algo profundo no arquétipo de Câncer anseia por criar ou proteger coisas desprotegidas – filhos, animais, pássaros etc.

Pais de Câncer e Capricórnio são competentes em dar estrutura aos filhos, organizando excursões escolares e eventos esportivos, participando da diretoria da Associação de Pais e Mestres etc. Com muita frequência, o Pai, Câncer, é perito na cozinha. (A mãe capricorniana não cozinha, a não ser que *tenha que* fazer isso em vários matrimônios arquetípicos.) O casamento mais tradicional seria um pai capricorniano e uma mãe canceriana. Ambos são prudentes, sérios, econômicos, cautelosos. Gostam da legitimidade à antiga e das cerimônias nupciais na igreja – nada desse viver junto moderno para esse arquétipo. O futuro dos filhos é muito importante. Eles gostam de coisas antigas, em geral, e projetos conjuntos incluem reformar uma casa, dar um novo acabamento a móveis antigos, ir a exposições de antiguidades, comprar juntos coisas baratas. São muito orgulhosos um do outro em casa (que é o domínio da mulher), e ele não dá muitas sugestões, a não ser que ela lhe peça. Ela é a administradora da casa, e ele, o arrimo da família. Cada um é a autoridade cardinal no seu domínio. Esses papéis podem parecer fora de moda para muitos de nós, mas para os que participam fortemente dos arquétipos de Câncer e Capricórnio essas funções são corretas – isto é, para pessoas com vários planetas em Câncer/Capricórnio.

É importante que todo pai e toda mãe compreenda o significado desse eixo parental, também correspondente às Casas 4 e 10. Se, por exemplo, apenas um dos pais for canceriano, ele ou ela pode se enganar em relação ao amor e "estragar" a criança. De fato, quer manter o filho em casa e não deseja que ele desenvolva uma preferência pelo pai ou pela mãe que o visita aos sábados. Disciplina – dizer não e ponto-final – é uma área em que os pais cancerianos, especialmente os que vivem sozinhos, precisam trabalhar. Por outro lado, se um pai ou uma mãe está na polaridade Capricórnio, seu filho experiencia a disciplina, as altas expectativas de Saturno, e é deixado sozinho por mais tempo para desenvolver a independência. (A independência, valor da 10ª Casa, é a última coisa que uma pessoa arquetípica da 4ª Casa procuraria desenvolver em uma criança.) Mais tempo junto à criança e mais afeição são aqui importantes; dê um abraço na criança e diga-lhe que não há problema por ela não ter se saído bem no teste de Matemática.

Cheguei a compreender a exaltação arquetípica de Júpiter em Câncer, e na 4ª Casa, ouvindo cancerianos discutirem sobre a qualidade de vida que planejam para os filhos. Júpiter é mais conhecido como o planeta da abundância e da generosidade. Há um pequeno paradoxo aqui, entretanto, uma vez que Câncer é um signo conservador e frugal para a expressão de Júpiter. Júpiter, como Vênus/Afrodite, quer o melhor, e para os cancerianos, em geral, isso se traduz como "o melhor para meus filhos" e "Vou economizar em outras áreas da vida, como em *minhas* aulas de arte, para poder pagar as deles, ou em *minha* viagem à Europa, para que eles possam ir ao Grand Canyon". Ou "Vamos comprar bicicletas para os meninos este ano em vez de um aspirador de pó novo."

As pessoas com Sol ou ascendente em Câncer que não são pais tendem a se expandir (Júpiter) nos negócios e a viciar a clientela. Nos anos iniciais, ao implantar o negócio, elas não conseguem recursos para proporcionar a Júpiter ampla liberdade para seus desejos decorativos grandiosos. Muita energia, se não dinheiro, é investida para prover um ambiente nutritivo – por exemplo, em salas de estar que fazem o cliente se sentir tão amado e confortável como em casa. O problema é que o cliente pode se tornar uma espécie de criança mimada; ele se sente tão à vontade com seu terapeuta ou astrólogo que, muitas vezes, é preguiçoso para fazer sua tarefa de casa, acadêmica ou psicologicamente. "Mamãe" está fazendo o trabalho e demonstra receptividade com todos os problemas que surgem, então eles chegam atrasados e não fazem a lição. "Mamãe" ajusta a agenda *dela* e encaixa o aluno/paciente/cliente. A dependência do cliente em relação ao astrólogo ou ao terapeuta pode se tornar semelhante à de uma criança com um dos pais.

Uma cliente tem um chefe canceriano. "Ele é tão amável e compreensivo quando ficamos doentes. Sempre envia flores ao hospital ou visita os funcionários. Mas, você sabe, embora seja, de fato, um bom chefe em vários aspectos (gostamos de trabalhar para ele), faz muito tempo que ele não dá nenhum aumento a ninguém." A exaltação de Júpiter pode não ser generosa do ponto de vista financeiro. A parcimônia de Câncer predomina, e ele pensa: "Bem, faço coisas para meus empregados que nenhum chefe faz. Por que devo aumentar também os salários?".

Durante uma sessão de astrologia, queixas sobre falta de dinheiro ou de oportunidades mascaram, em geral, a questão real: dependência, sentimentos de ingratidão ou de negligência, falta de sensibilidade aos sentimentos ou ao progresso dos outros. Do ponto de vista arquetípico, a exaltação de Júpiter em Câncer sugere que Câncer vê a si mesmo como o empregador modelo, acolhedor, cuja equipe se torna uma extensão de sua família e que, como seus filhos, vive de uma mesada beneficente. "Sei que esta é uma empresa pequena, impessoal", disse um empresário canceriano. "Gisele sabe disso também. Durante todos esses anos, tenho sido o ombro onde ela pode chorar. Ofereci-lhe abonos e emprestei-lhe dinheiro. Agora, de repente, ela me deixa para trabalhar em uma empresa que lhe ofereceu o dobro do salário que recebia aqui. Afinal, o que é o dinheiro?" Gisele assumira o dobro das responsabilidades iniciais, mas recebera apenas alguns aumentos em reconhecimento por seus esforços. "Eu era sua menina; tínhamos um relacionamento interdependente, como de pai para filha. Mas ele nunca me pagaria de acordo com meu merecimento, porque não conseguiria me ver como uma adulta que poderia exercer um cargo de supervisão, de autoridade, com salário adequado. Assim que tive oportunidade, deixei o ninho", disse Gisele.

É em ambientes sociais como restaurantes que podemos observar a generosidade de Câncer. Ela se estende além dos membros da família, abrangendo outros que estão à mesa? Depois que você terminou o jantar com Câncer, seu cônjuge e os cinco filhos dele, ele por acaso pega o cartão com real intenção de pagar? Ou espera e observa o que *você* vai fazer? Você vai pagar pelos sete? Por acaso, o Júpiter dentro dele trabalha meramente para o autoengrandecimento e para sua própria família ou sua amplitude é maior? Se a benevolência de Câncer se estende além do núcleo familiar, Júpiter está, de fato, operando positiva e espiritualmente, abrindo sua personalidade além dos limites de Câncer.

Os pais cancerianos querem o melhor para seus filhos, mas, como o profissional, esforçam-se em demasia. "Puxa", disse a filha de uma mãe canceriana, "eu gostaria que ela tivesse participado daqueles cursos de arte e feito aquela viagem à Europa, e que também tivesse comprado aquele aspirador de pó. Mas sabe de uma coisa? Acho que ela não queria ir à Europa de verdade. Papai e ela têm bastante dinheiro agora e nunca mais falaram nisso. Ela gosta de voltar ao Leste e visitar a família em todas as férias. Penso que ela gostava mais de fazer os biscoitos para meu grupo de escoteiras que assistir àquelas aulas de arte à noite. Ela se sente como mártir por razões que não consigo entender. Nenhum de nós lhe pediu que desistisse do que quer que fosse por nossa causa!" O irmão dessa garota disse: "Mamãe diz que simplesmente quer que sejamos felizes (joviais e jupiterianos), mas há algo além. Ela quer se orgulhar de nós. Queria que nos casássemos com a moça do apartamento ao lado e que comprássemos uma casa perto dela. Hoje, não quer que fale de minha esposa. E diz também que não a ouço mais, e que só presto atenção ao que minha esposa diz".

Quando o filho mais novo da mãe canceriana chega à adolescência e está pronto para sair do ninho, Câncer, em geral, consulta a astróloga pela primeira vez. O que ela fará? Se está na casa dos trinta anos, ainda poderia ficar em casa e ter outros filhos. Ela sabe que tem competência para encontrar trabalho no mundo corporativo. Isso não é problema. As mulheres cancerianas me dizem com frequência que uma pessoa organizada e eficiente como elas seria uma aquisição valiosa para qualquer empresa – e elas estão certas. Câncer é um signo cardinal, e para muitas pessoas desse signo os negócios se constituem o meio criativo mais forte do mapa astrológico. Mas Câncer procura realização para a Lua, para algo que seja nutritivo, para pessoas que precisam de ajuda. A canceriana dirá: "Claro, eu poderia criar figurinos teatrais. Qualquer um que consegue confeccionar roupas caprichadas para o *Halloween* em uma semana pode dar conta de um grupo de teatro". Ou, "Claro, eu poderia assumir a gerência de um dos restaurantes da família. Seria uma boa anfitriã. Já tive todos os tipos de experiência organizando refeições para um grande número de pessoas. Poderia até abrir um serviço de *delivery*". Ou ainda: "Eu poderia abrir uma loja de antiguidades; tenho salas e salas abarrotadas de móveis que reformei, e, como meus filhos já se foram, não há motivo para não vendê-los".

Mesmo assim, a canceriana hesita em deixar o ninho. Está segura, e, ainda mais importante para sua parte Kali-Shakti, sua base de poder está aí. É muito difícil deixar seu domínio na metade da vida e assumir um posto onde outra pessoa seria a detentora da autoridade, o chefe.

Às vezes, discutimos o trabalho autônomo como uma possibilidade. Em seu próprio domínio, com a concha de caranguejo ainda intacta, e com as questões familiares ao redor, ela não se sentirá vulnerável. Poderá dar andamento a algum tipo de negócio segundo suas próprias regras, de acordo com seu próprio ritmo. Abrir uma escola maternal, se tiver treinamento e experiência para isso, ou uma loja de antiguidades são possibilidades para estar perto de casa. A rede de restaurantes da família também é uma possibilidade, apesar de estar a certa distância da residência. A vantagem é que ela trabalharia com pessoas que já conhecem sua competência e eficiência como gerente. (Os parentes a viram trabalhar sob pressão e sabem que ela é uma trabalhadora capaz e competente.)

A canceriana, às vezes, cogita a possibilidade de voltar à escola para concluir um antigo curso ou dar início a um novo. Isso, porém, a assusta. "Todas aquelas pessoas mais novas na mesma sala que eu." (Ela tem apenas trinta e cinco anos.) Ou, "Não tive uma aula sequer durante anos... Não sei. Quando deixei o colégio para me casar com John, pensava que estava me preparando para uma profissão útil – trabalhar em um hospital como enfermeira (ou como nutricionista), tomando decisões que ajudariam muitas pessoas". Temos aqui Júpiter exaltado em Água cardinal. Ela queria tomar decisões (aspecto cardinal) que ajudariam (Água) muitas pessoas (Júpiter). Há também a polaridade integrada Capricórnio/Terra – uma profissão útil. Ou "Meu terapeuta diz que tenho muita empatia e intuição. Às vezes, parece-me claro, em meus sonhos, que devo terminar meu curso de serviço social. Eu poderia intuir o problema real do cliente – o que ele *não* está me dizendo".

Esta é, então, uma realização lunar ou pessoal, com a perspectiva exaltada de Júpiter em Câncer querendo acolher muitas pessoas, compreender e ajudar. Há o desejo de ser necessária. Teoricamente, eu poderia abrir aqui todo um leque de profissões imaginativo-intuitivas. A canceriana poderia estudar a escrita de ficção à semelhança dos famosos escritores de Câncer, como Hesse, Guimarães Rosa, Orwell, Hemingway, Proust. Em teoria, isso traria realização pessoal. Ela poderia ler cartas de tarô ou interpretar sonhos. Poderia, ainda, praticar pintura japonesa ou *silkscreen*; isso seria muito criativo. A canceriana já mencionou que o marido não precisa dela para ganhar dinheiro; como mantenedor da família, ele tem um bom emprego. O que ele quer é que ela "seja criativa".

A Lua poderia encontrar satisfação pessoal e emocional de muitos modos, mas ela é também um planeta inquieto. Embora se diga que a Lua é proeminente em mapas de escritores, um escritor criativo de sucesso parece ter capacidade de ficar sozinho por horas a fio, desligando-se totalmente da família, harmonizando-se com sua Musa e trabalhando em seu romance. Hemingway e muitos outros escritores cancerianos chegaram à realização pessoal desse modo, mas meus clientes de Câncer não são Hemingway. Não estão acostumados a se isolar e a se sintonizar com a Musa interior. Estão habituados a se sentar frente a frente com outro ser humano e a se sintonizar com as necessidades *dessa* pessoa. Ou, em muitos casos, não se sentem serenos e sossegados: movem-se graciosamente durante todo o dia, como a Lua no céu da noite. Movimentam-se pela cozinha preparando sanduíches, telefonando a outras mães para organizar uma reunião, dirigindo pela cidade para ir a lojas, escolas, bancos e ginásios esportivos, fazendo a entrega de calçados de corrida esquecidos por algum atleta.

Certa vez, emprestei a uma cliente canceriana o exemplar de uma biografia de Hemingway escrita por uma das ex-esposas do autor. Ao devolver o livro, ela disse: "Que homem egoísta. Eu também poderia escrever excelentes romances se tratasse as pessoas que amo igual a ele". Ocorreu-me que esse era um comentário revelador de Câncer sobre a diferença entre potencial e habilidade concretizada. Para a astróloga, era também um comentário revelador sobre a diferença entre o manual teórico de Câncer e o verdadeiro Câncer. Fazer coisas em prol dos outros parece ser a maior fonte de realização que observei em tipos lunares. A vida parece muito mais agradável aos indivíduos de Câncer harmonizados com sua natureza feminina, sentimental, capazes de reconhecer e satisfazer ao desejo de serem necessário que para aqueles que negam o feminino.

Em nossa sociedade, o poder (Shakti) está associado a conquistar poder no mundo dos negócios. Nos últimos quinze anos, muitos cancerianos voltaram-se para o setor imobiliário. Uma mulher, depois de vencer as várias etapas do curso de corretagem, vendera a primeira casa e recebera a primeira comissão. Ela me visitou, maravilhada, compartilhando a novidade. "Não há nada tão gratificante quanto isso, senão dar à luz. Acabei de fechar negócio com uma família que adquiriu uma casa antiga que combina perfeitamente com ela. Quando a tiverem reformado, será uma casinha adorável. E veja este cheque. O magistério nunca me proporcionou um pagamento igual a esse. Finalmente me sinto um membro digno da sociedade." Bens imóveis – profissão perfeita para a 4ª Casa.

Muitos homens com Sol ou ascendente em Câncer desenvolveram sua natureza lunar através de profissões como serviço social, aconselhamento, artes, concepção criativa. Os que têm sintonia particularmente forte com Júpiter expandiram seu interesse na comunidade, pondo seu tempo, sua energia e sua vida à disposição dos sem-teto – imigrantes em seu próprio país ou doentes e famintos em outros países. Alguns estão envolvidos com o ministério (pastoral), enquanto outros promovem as artes, os fundos para bolsas de estudo ou o trabalho cívico local. Uma das funções arquetípicas de Câncer é ir ao encontro das necessidades básicas das outras pessoas, provendo alimento, vestuário, abrigo e remédios. O modo de pensar de um homem de negócios que exerce sua profissão sobretudo através de sua função solar deriva, em grande parte, de sua satisfação pessoal interior de atos de ajuda aos outros, preenchendo, assim, essa natureza lunar.

Infelizmente, alguns homens de Câncer parecem relutantes em reconhecer seu lado feminino, o lado da relação, o lado criativo e intuitivo (apesar de boa parte de sua atividade derivar dessa energia lunar). Talvez julguem que outros homens os considerariam débeis, dependentes ou sentimentais. Eles se mantêm próximos à mãe, às filhas, e tendem a escolher uma mulher ultrafeminina, frágil, amável, gentil – muitas vezes, uma mecenas das artes – para carregar o feminino por eles. Se, todavia, nunca trabalharam para desenvolver seu lado feminino, podem sentir um vazio na meia-idade; deve haver algo mais na vida do que ganhar dinheiro e prover o sustento de filhos, agora já crescidos e fora de casa. É nesse momento, na metade da vida, que procuram o astrólogo ou o analista pela primeira vez, perguntando: "Agora que minha família se espalhou e minha mãe já morreu, o que mais resta da vida?".

Indisposições estomacais, problemas de deficiência de cálcio, intolerância a lactose, muitas vezes, se desenvolvem em pessoas de Câncer que, na metade da vida, estão aprendendo a redirecionar a energia nutritiva do mundo exterior para o Self, a fonte interior da criatividade, ou em cancerianos que se sentem emocionalmente famintos, negligenciados ou abandonados. Outra possibilidade é ingerirem grandes quantidades de sorvete, massas cremosas, sobremesas saborosas. Câncer tende a comer quando a Criança Interior se sente posta de lado e, de modo especial, a desejar produtos derivados do leite. O leite materno é, sem dúvida, a fonte primeira de nutrição de que o inconsciente se lembra. Na metade da vida, os órgãos femininos de mulheres acostumadas a nutrir os outros são sintomáticos da mudança do processo de autonutrição, que passa do exterior para o interior.

Entre os quarenta e os cinquenta e cinco anos, um grande número de mulheres com Sol ou ascendente em Câncer desenvolve a ansiedade. "Preciso de uma mastectomia? Isso aparece no meu mapa? Receio que alguma coisa tenha que ser cortada do meu corpo muito em breve. Esta é, definitivamente, uma premonição." Tendemos a atrair para nós coisas que alimentamos, com as quais nos preocupamos. Em geral, pergunto: "Alguma coisa foi tirada de sua vida, de sua casa, recentemente? Seu filho caçula está prestes a se casar, a se formar na faculdade, a se alistar no exército, a se mudar?". Muitas vezes, a resposta é "sim". Sinto, intuitivamente, que muitas histerectomias desnecessárias são realizadas em mulheres nessa faixa etária, cuja natureza amorosa foi tão dirigida para fora que não conseguem mais se sintonizar com o que são. Elas não conseguem relaxar e meditar, ou rezar o terço concentradas, ou praticar as técnicas devocionais de sua religião, ou deixar de lado a ansiedade e encontrar a paz.

Câncer é apegado ao passado – a tradição, o lar, a família. Muitas vezes, o marido de uma canceriana se aposenta e anuncia: "Vamos nos mudar para a Flórida; é muito frio aqui". Ou: "Vou comprar um *trailer* e sair para conhecer o país". Se ela estiver se recuperando de uma cirurgia, será muito difícil para ele realizar essas mudanças que esteve planejando por vinte anos. Às vezes, ele se vai sem a esposa, deixando a responsabilidade de dar amor e atenção à mãe para a filha que mora próximo. Ela permanece em sua concha, em sua amada casa.

Astrologicamente, o movimento da Lua em progressão pode nos dar uma pista quanto à direção que o inconsciente está tomando, e o astrólogo pode ajudar a canceriana a se tornar mais consciente do motivo de ela estar comendo todos os produtos lácteos ou por ter medo de uma cirurgia no aparelho reprodutor. Esse é um indicador importante no mapa de intuitivos, em geral, e de Câncer, em particular. Há muitos anos, Derek e Julia Parker afirmaram no *The Compleat Astrologer* que os cancerianos tendem a viver a vida em ciclos de 24 a 28 meses, no ritmo da Lua em progressão secundária, à medida que muda de signos e de Casas. Perguntei a clientes cancerianos (de Sol, Lua ou ascendente) a respeito disso, e a grande maioria deles concordou. Essas pessoas parecem intimamente ligadas ao inconsciente e podem descobrir suas necessidades durante as progressões lunares.

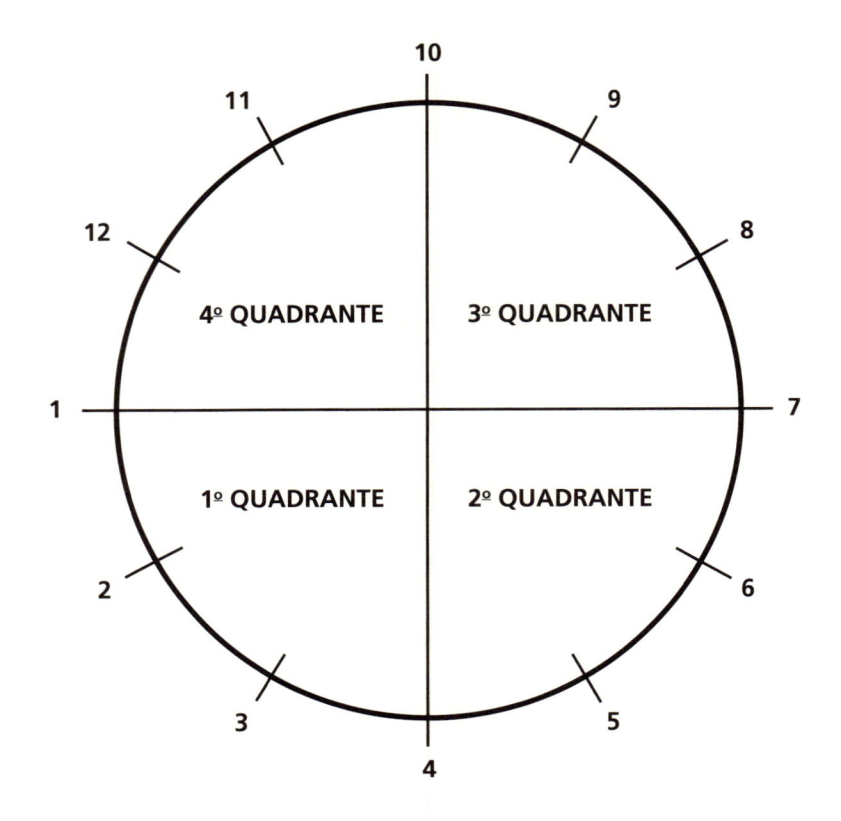

Em geral, sigo a sugestão de Noel Tyl e identifico o quadrante do mapa (uma "fatia do bolo" que abrange três casas, começando com uma angular e terminando antes da angular seguinte) em que a Lua está em progressão. Ela está pondo a pessoa em contato com sua personalidade (1º Quadrante)? Com suas habilidades (2º Quadrante)? Com a cooperação/os recursos conjuntos (3º Quadrante)? Com novas metas/recursos psíquicos (4º Quadrante)? O astrólogo pode localizar o quadrante em um simples olhar; depois de certo tempo, o olho automaticamente se dirige para lá. Essa é a área em que o cliente está se desenvolvendo no momento e, com frequência, onde velhos hábitos são questionados. Esses hábitos se tornarão mais fortes, mais entrincheirados, ou cairão por terra? Observo a modalidade; a mutabilidade se dá bem com a mudança; a cardinalidade é feliz tentando algo novo; mas a fixidez quer o *status quo*. Considero o quadrante um ciclo de aprendizagem de sete anos na área da vida interior, subjetiva, pessoal, de como o indivíduo se relaciona com sua Mãe, em particular, e com as mulheres em geral, e se está interessado no desenvolvimento espiritual, com a *anima*, a deusa interior.

Onde os anseios, os desejos e os humores lunares infantis vão estourar? Na casa em que a Lua em progressão ocupa durante o ciclo de 24 a 28 meses, o signo por onde ela passa e de acordo com a natureza dos planetas natais que ela contata. (Se ela passa sobre Marte ou forma quadratura com Urano, o estado de ânimo será agitado, suscetível, volátil, e se Água estiver envolvida, ferida.)

A que tipo de pessoa as cancerianas serão receptivas? Aos pais (4ª Casa)? Ao cônjuge (7ª Casa)? Ao mentor, professor ou guru (9ª Casa)? Se a Lua progredir pela 9ª Casa, o astrólogo pode discutir assuntos de interesse de Câncer no nível de consciência em que é feliz. Isto é, se Câncer está interessado em netos, a astróloga pode dizer: "Este é, de fato, um bom ano para levá-los em suas férias. A Lua em progressão está na 9ª Casa, ativando seu Grande Trígono natal". Ou, se Câncer não tem netos, mas é religioso, pode dizer: "Pergunte em sua paróquia se alguém está levando um grupo a Fátima ou a Roma este ano. Você está bastante receptiva à ideia de uma peregrinação, muito aberta a bênçãos neste momento". (Em outros anos, ela provavelmente não gostaria de gastar seu dinheiro ou talvez preferisse ficar em casa lavando a roupa branca do altar.)

Portanto, a satisfação pessoal, interior, está ligada às progressões lunares. Dediquei bastante tempo a esse estudo com intuitivos e pessoas de Câncer. Entretanto, os intuitivos podem saber de antemão o que vou lhes dizer, especialmente se a Lua está prestes a deixar um quadrante e a entrar no seguinte. Eles "sentem" seu movimento com muita força. Retornar sete anos é outra boa técnica a aplicar quando a Lua em progressão está mudando de quadrante. Em geral, pergunto diretamente: "Agora que a Lua está quase entrando na 10ª Casa, você sente como se tivesse atingido o pico em uma área da vida, como se quase tivesse a obrigação de começar um novo ciclo de mudança?". Quase sempre recebo a resposta: "Como você sabe disso? Todos os dias me arrasto ao trabalho ansioso por saber por que meu corpo ainda vai para lá. Minha alma está entristecida com aquele ambiente, com aquelas lições, e, por incrível que pareça, assumi essa posição há sete anos. Parece um mistério."

Como astrólogos, é claro que não tentamos assustar ou intimidar pessoas sensitivas de Câncer com nossos "mistérios"; procuramos ajudar. O inconsciente quer fazer alguma coisa diferente quando a Lua entra em um novo quadrante. Ajudar uma pessoa a descobrir qual pode ser a nova direção é, creio, mais útil que indicar determinados eventos ainda por vir. A tendência, a direção de sete anos, é importante para tipos intuitivos e emocionais. Pode também aquietar os medos, as premonições nervosas, ou evitar a consulta ao cirurgião até que ele tenha tido tempo para observar os significados alternativos dos sintomas físicos. Signos de Água sensitivos, como Peixes e Câncer, têm corpos sensíveis que captam uma mensagem do inconsciente frustrado antes que a mente consciente possa concebê-la. Nossa ciência empresta clareza e objetividade e auxilia ou a confirmar as intuições ou a colocá-las em perspectivas apropriadas.

Saturno, com sua natureza prática, realista e bem fundamentada, é o regente do signo da polaridade oposta – Capricórnio. É também um importante planeta para alcançar a objetividade. A Lua em progressão nos dirá qual é a ansiedade do inconsciente, o que deseja estabelecer, mas não nos dirá se, no mundo real, o nativo de Câncer será capaz de encontrar suas necessidades neste momento específico do tempo. Shiva e Kali – Saturno e Lua – constituem um par. Lidam com a mudança criativa (a Lua) no mundo do tempo finito (Saturno). Saturno em trânsito, como a Lua em progressão, passa, aproximadamente, sete anos em um quadrante. Assim, o olho do astrólogo se volta na direção dos trânsitos de Saturno, onde as aspirações, as ambições, os eventos e os desafios provavelmente estão centrados. Em seguida, depois de observar o quadrante, ele considera a casa e o signo por onde Saturno se movimenta. Por exemplo, se a Lua em progressão está entrando na 10ª Casa e a canceriana pergunta: "Conseguirei passar no exame de licenciamento para a venda de bens imóveis?", os trânsitos de Saturno esclarecem a situação. Saturno em trânsito pela 3ª ou 6ª Casa, por exemplo, ajudaria a concentração disciplinada. Entretanto, se Saturno fosse transitar para trás, em movimento retrógrado, sobre o Mercúrio da mulher, ela poderia ter que refazer o exame, o que seria desanimador. Isso ajuda a compreender os sentidos positivos (disciplina) e negativos (resultados retardados) de Saturno.

Muitos bons astrólogos, incluindo Noel Tyl (*The Expanded Present*) e Alexander Ruperti (*Ciclos de Evolução**), perceberam que tanto Saturno quanto a Lua têm ciclo orbital relacionado ao número 28. A Lua em trânsito demora por volta de 28 *dias* para percorrer os 12 signos. Saturno natal leva por volta de 28 *anos* para retornar a seu signo, à Casa, ao grau de longitude. A Lua, simbolicamente, movimenta-se por sua órbita secundária em progressão pelos 12 signos também em 28 anos. Assim, o planeta de nossa vida interior e pessoal, a Lua em progressão, e o planeta que preenche nossa ambição e nossos desejos externos, Saturno, estão justapostos a cada 28 anos, e, muitas vezes, o equilíbrio entre eles é restabelecido

---

* Publicado pela Editora Pensamento, São Paulo, 1986. (fora de catálogo)

nesse ponto. Pessoas próximas dos trinta anos observarão com frequência: "Quero tudo – uma profissão e um casamento sólidos", satisfação interior e exterior. Perto dos cinquenta e seis anos, podem dizer: "Fui muito unilateral. Coloquei muita ênfase no desenvolvimento exterior, nos negócios (Saturno/10ª Casa), e pouca na realização interior (Lua/4ª Casa)". Ou, no caso de muitas mães cancerianas tradicionais, a pessoa que pensa que era lunar demais na primeira metade da vida e anseia por realização exterior; a pessoa que era muito saturnina no primeiro ciclo sonha em ficar em casa, cozinhar, decorar, brincar com os netos e se dedicar a passatempos de natureza criativa.

Entretanto, espiritual e psicologicamente, há algo mais que essa mudança de energias na meia-idade. Karmicamente, um tipo lunar forte, uma pessoa com conjunção Lua-Ascendente, alguém com Sol e ascendente em Câncer, vai pensar sobre a família de maneira mais profunda durante esses períodos. A Mãe é um espelho do Self; a aprovação ou desaprovação dela em comparação ao modo como a vida se desenrolou espelha a própria análise de uma pessoa. Se a Mãe desempenhava sua função biológica (tendo filhos), mas a filha não, então a faixa dos trinta anos é um tempo em que sua própria falta de filhos pode aborrecer a filha. Ela pode iniciar um processo terapêutico para trabalhar essa questão, para analisar cuidadosamente suas memórias infantis cancerianas. Ou, entre mulheres de geração mais jovem, talvez Mamãe fosse uma bem-sucedida mulher de negócios, e a filha, uma canceriana que preferiria ficar em casa com os filhos. Próximo aos trinta anos, isso também a incomoda. Será que ela deveria conseguir um trabalho de meio período ou mesmo de tempo integral? E isso apesar do fato de que se sentiria culpada deixando os filhos pequenos com uma babá? O que era a realização para uma pessoa lunar dos anos 1980? Geralmente, levava os nativos de Sol ou ascendente em Câncer a se lembrar de que há muito tempo à frente. Dizia: "Deleite-se com os pequenos, a realização lunar interior. A segunda metade da vida só começa aos quarenta".

Complexos maternos positivos e negativos costumam surgir no retorno da Lua progredida. Manter contato com o lar e ligar-se às suas raízes são questões importantes para Câncer quando a Lua em progressão cruza o Ascendente ou o Nadir (ou Fundo do Céu). Câncer pode pensar em retornar ao passado, talvez mesmo à cidade natal, o local natal onde o mapa de nascimento tomou forma, para uma reunião familiar ou escolar. É psiquicamente estimulante para Câncer se relacionar novamente com mulheres do passado nessas progressões. Os homens cancerianos encontraram antigos amores, tias que os adoraram quando crianças ou a professora que lhes ensinou literatura no ensino médio e que acreditava que estavam destinados a escrever o grande romance de sua geração. "Quando a encontrei, ela parecia tão envelhecida, tão insatisfeita com a própria vida. Minha deusa caiu do pedestal", comentou um homem. "E minha querida, a imagem da *anima* de minha infância, não é alguém com quem eu faria questão de me encontrar neste momento. Como o gosto muda!"

Outra mulher observou: "Quase fiquei em casa porque, você sabe, não fiz grandes coisas criativas. Então, pensei, talvez elas também não tenham feito nada de especial! Pelo que me lembro, não vi seus nomes nas manchetes nesses anos todos. Em seguida, ocorreu-me: será que devo me vestir como quem mora na Califórnia, o que tenho feito por vinte anos, ou seria melhor comprar alguma coisa apropriada para o outono de Boston? Algo de lã, elegante, que ficará para sempre no meu guarda-roupa na Califórnia?". Ela acabou viajando a Boston e se divertindo bastante em seu traje. Uma terceira canceriana disse: "Quase morri ao ir à reunião. Gosto de minhas memórias como elas são – apenas memórias. Quero me lembrar de todos como jovens, cheios de esperança para o futuro, belos e atraentes. Prefiro folhear meu velho álbum de fotografias a vê-los nos seus quarenta anos e ouvir que seus casamentos fracassaram ou que outras coisas tristes aconteceram".

Uma mulher de Câncer, cujos planetas da 9ª e 10ª Casas a levaram aos negócios e não ao trabalho doméstico, disse: "Se for ao casamento, não sei o que vou falar com minhas irmãs. Ao telefonar, o único assunto são os filhos. Nossa família enfatizou demais os filhos como função da mulher... de minha parte, estou contente por ter quebrado o padrão familiar coletivo e seguido meu próprio movimento na vida. Estou satisfeita por não ter seguido a consciência de massa e por não ter sido arrastada pela vida inconsciente de tudo". Ela também tomou a decisão de não ir para casa na Lua em progressão sobre o Nadir. Se tivesse feito isso, como intuitiva, ela poderia ter se beneficiado. A percepção posterior dos fatos do passado geralmente ilumina o presente. Uma nova intimidade e um mútuo respeito poderiam emergir de um encontro pessoal com a irmã, o que seria muito diferente das chamadas telefônicas frias e impessoais ao longo dos anos. Ela tem bons aspectos com sua Lua na 3ª Casa (irmãs).

Quando um canceriano telefona para marcar uma consulta, em geral anoto mentalmente se seu ano de nascimento colocaria Câncer na primeira ou na segunda metade da vida. Se o novo cliente tem menos de quarenta anos, isso significa que pode ter filhos pequenos em casa e que tem por eles grande interesse. Então, pergunto: "Você fará perguntas sobre os filhos durante a sessão? Se sim, poderia antecipar os dados de nascimento deles para que eu possa ter seus mapas prontos no momento da consulta?". Isso, em geral, entusiasma a pessoa, porque Câncer, na grande maioria das vezes, é mais cuidadoso com a vida dos filhos que com a própria. Pais cancerianos quase sempre têm uma ou duas perguntas sobre negócios e propriedades, mas, em seguida, querem saber sobre a filha. Há um vínculo kármico muito especial entre os homens com Sol, Lua ou Ascendente em Câncer e sua filha, mesmo que ela tenha cinquenta anos no momento da leitura do mapa.

Se o novo cliente é um dos raros cancerianos que não têm filhos, em geral digo: "Você sabe, há um elo kármico entre Câncer e a Mãe. Se sua mãe ainda está viva, talvez você queira fazer algumas perguntas sobre sua interação com ela...". De cada dez pessoas, nove ficam muito contentes por receber os devidos esclarecimentos. A décima pessoa tem o que Jung chamaria de complexo materno negativo (Veja "A Mãe Dual", em *Símbolos da Transformação*, de Jung, e também "O Complexo Materno", em *Os Arquétipos e o Inconsciente Coletivo*) e, inicialmente, não quer pensar sobre ela, mas quase sempre telefona na noite anterior à leitura dizendo: "Isso está me incomodando durante toda a semana. Consegui os dados de mamãe e quero dedicar parte da sessão analisando nossa interação astrologicamente".

Na segunda metade da vida, considero com o cliente o desenvolvimento interior e a criatividade emergindo de Câncer. Observo a Lua em progressão e os planetas posicionados na 11ª Casa (objetivos, esperanças, sonhos e desejos pessoais).

Do ponto de vista espiritual, Câncer e a 4ª Casa são muito importantes para todos nós. Ao fazermos uma leitura astrológica esotérica, podemos considerar a cúspide de nossa própria 4ª Casa, o planeta que a rege, e os planetas que estão localizados nela.

Netuno: O regente esotérico
O Senhor do Mar encontra a Mãe da Forma

Este capítulo começou com Kali, a Deusa Negra, dançando sobre a forma inerte de Shiva, seu consorte. Demos uma volta completa e agora retomamos a Kali. Ela continua dançando, criando novas formas de vida dentro dos limites do tempo e do espaço. Shiva parece estar dormindo, mas, na verdade, está em transe yogue formando uma unidade com o Divino Informe. Shiva está além do espaço, do tempo e das limitações da consciência ordinária. As eras passam; as formas nascem, morrem e renascem. E Shiva, todavia, continua em meditação.

Shiva é o Senhor dos Mares, o Desintegrador das Formas. Se ele subitamente despertasse e levantasse seu tridente, todo o trabalho de Kali se dissolveria no Oceano Informe. Ele é o mais impessoal dos deuses, e ela, a deusa mais pessoal. Os dois são opostos polares cósmicos: macho e fêmea, passivo e ativo, temporal e eterno.

Na mitologia grega, Poseidon (Netuno, deus dos mares), também era um grande desintegrador ou destruidor, e também usava um tridente para destruir os apegos. Se a forma resiste à mudança quando chegou o tempo do despertar de Shiva, ou do sacrifício exigido por Poseidon, então tempestades rapidamente surgem no oceano de nossa vida. É como se, em terra, um taurino se encontrasse com Vulcano.

A luta entre a Mãe da Forma e o Deus do Mar é, na verdade, um processo de nascimento – um processo de cúspide de 4ª Casa de morte e renascimento interior. Shiva e Poseidon nos tornam mais impessoais, mais altruístas, mais sensatos. Mas, se resistimos, o processo de nascimento é mais doloroso; as "águas" devem romper-se naturalmente. Não devemos tentar em demasia. A criatividade, o nascimento espiritual ou artístico, é uma questão de sintonia serena (o transe de Shiva) com a realidade universal, sem forma.

O apego à família é um aspecto muito particular se Sol, Lua ou Ascendente participam do arquétipo de Câncer. É doloroso ver os filhos saírem de casa para a escola, depois para a faculdade e, por fim, para se casarem. O envolvimento de um filho com o exército ou uma transferência para outros estados do país é algo que dói muito. É difícil para Câncer se armar com a impessoalidade de Netuno e simplesmente observar os filhos cometendo erros. Mas, se um(a) filho(a) da Lua puder fazer isso, se puder observar seu filho "mudar de forma" – crescer para se tornar um adulto interessante –, essa será uma sensação de realização das mais significativas.

Outro perigo, especialmente para um pai ou uma mãe de Câncer com a criatividade artística ou espiritual frustrada, é a tentativa de viver através dos filhos. Tendo-lhes proporcionado todas as oportunidades, é difícil, como diz o *Bhagavad-Gita*, não ser "apegado ao fruto de nossas labutas". Essa espécie de vida vicária pesa sobre a criança, que precisa expressar os dons do seu mapa natal, e não de seus pais, e traz como resultado sentimentos de frustração para pais e filhos. Às vezes nos deparamos com uma criança particularmente talentosa, a quem muito é dado e de quem muito esperam. Um nativo de Câncer geralmente não usaria palavras como essas, típicas de um pai de Capricórnio: "Quando se formar, espero que

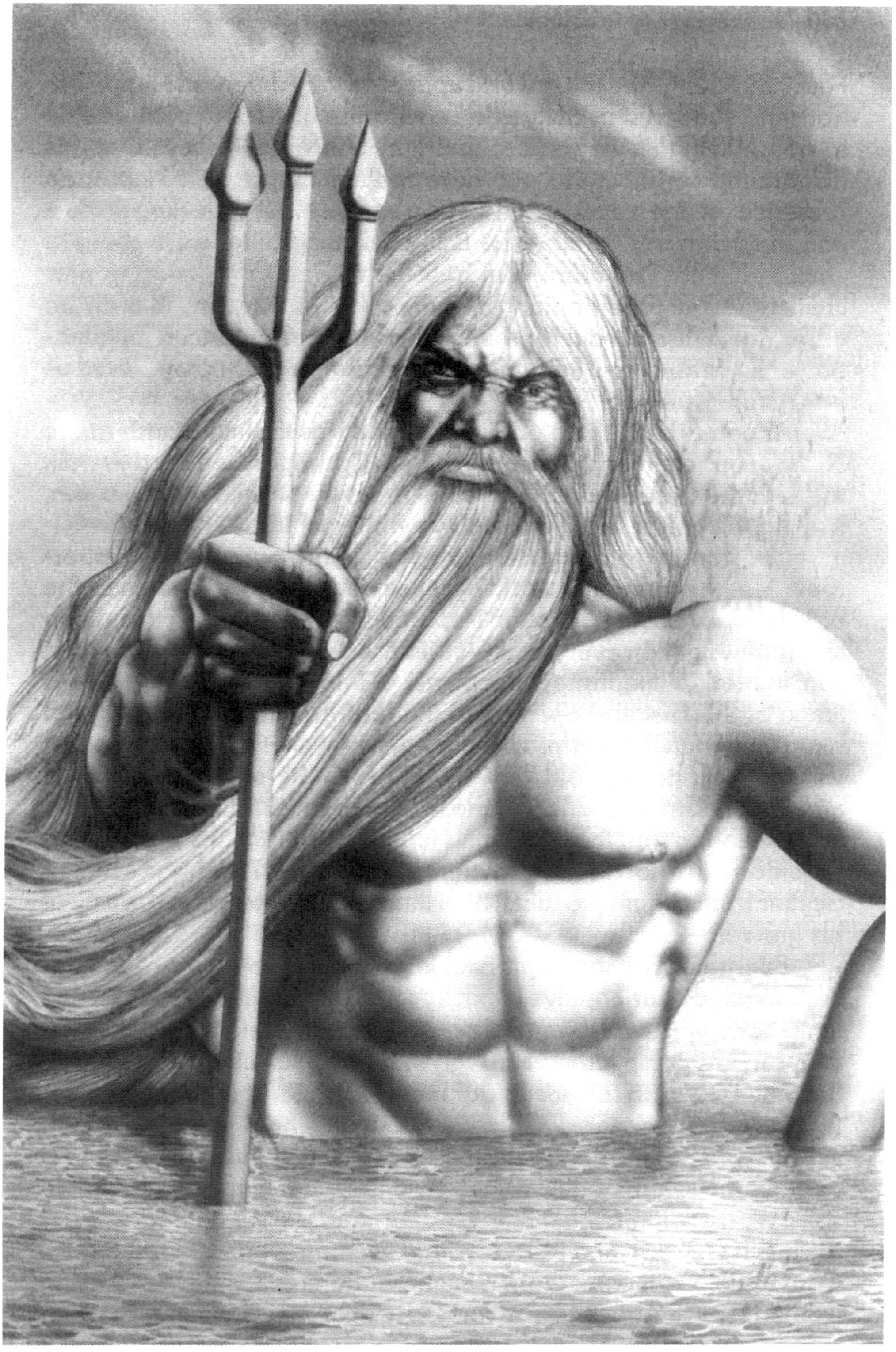

venha trabalhar em meu escritório de advocacia, em seguida entrar na política e, por fim, concorrer a uma cadeira no Congresso". O nativo de Câncer, especialmente como Mãe, quer filhos criativos, felizes, bem ajustados, que ganham bastante dinheiro para ter qualidade de vida à época em que ela está pronta para começar sua função de educadora em relação aos netos. Esse é um fardo emocional pesado, tanto para pais quanto para filhos – e isso a despeito de o filho ter dois ou três planetas em Câncer e gostar de corresponder às expectativas da mãe e de ser colocado no pedestal. Chegará o dia em que as águas de Netuno açoitarão a base do pedestal e ameaçarão dissolver a "imagem" da criança; isso se não levarem consigo a própria criança.

Certa vez, Alice Bailey disse algo muito interessante a respeito de Câncer: "A casa que você está construindo está iluminada? É uma casa cheia de luz ou uma prisão escura? Se for uma casa cheia de luz, você atrairá essa luz e esse aconchego a todos os que estão à sua volta". (*Astrologia Esotérica*). Se você construir seu próprio templo interior, as outras pessoas, incluindo os filhos, sempre retornarão a ele. Netuno/Poseidon não vai dissolver a ligação entre pais e filhos quando estes estiverem na idade adulta.

Aqueles de nós que consideram Netuno um planeta espiritual podem ter notado que, ao receber uma iniciação ou ao começar a praticar uma técnica de meditação, esotericamente nos sintonizamos com o Desintegrador da Forma. De repente, o mundo exterior parece diferente. Muitos de nós percebemos uma inesperada sensibilidade em relação ao meio; parecia incômodo continuar vivendo do modo como vivíamos na época. Alice Bailey diz que essa sensibilidade intensificada em relação às nossas circunstâncias é sinal da presença de Netuno. De início, podemos ter tido uma sensação intuitiva, vaga, de que crescemos mais que nossa concha confortável, de que as coisas iriam mudar para nós. Os mais aventureiros adiantaram-se em assumir novos desafios; mas outros ficaram presos à casca até que o mundo exterior a dissolveu para eles, até que um dos cônjuges manifestou a intenção de partir e seguir em uma direção diferente, ou até que o empregador os demitiu de seu emprego seguro.

Em momentos como esses, temos a impressão de que Shiva se coloca junto ao Nadir (ou Fundo do Céu) de nosso mapa e brande seu tridente. É necessário coragem para passar pelo portão sobre o Nadir e adentrar ao inconsciente, às vezes sozinho, deixando para trás a casca vazia, o vazio ventre.

Entretanto, permanecendo no limiar, nos tornamos conscientes de novas oportunidades no mundo ordinário porque novas portas se abrem à medida que as velhas vão se fechando. Através dos trânsitos de Netuno, a intuição ampliada lança novas luzes sobre todas as coisas – profissão, relacionamento com a(o) filha(o), ou com a Mãe. Netuno é o planeta da fé, e a fé é necessária para deixar de lado o passado e se abrir ao futuro, em vez de se manter agarrado às formas exteriores com a tenacidade de caranguejo. Para os que podem voluntariamente sacrificar a maneira antiga, o velho papel, a velha profissão, os antigos apegos, para passar a confiar em sua intuição, Netuno é libertador. Lembre-se: Poseidon não dissolve nada do que ainda precisamos. Ele apenas impede que um buscador continue preso ao que o limita ou ao que se interpõe no caminho de seu desenvolvimento.

Mais dia, menos dia, na jornada netuniana que abre nossa intuição, que expande nossa capacidade criativa e nos libera de limitações autoimpostas, chegamos a uma posição vantajosa em que obtemos uma perspectiva mais universal (netuniana). Através do aumento da sensibilidade em relação aos outros, torna-se mais fácil superar nossos hábitos e controlar nossos instintos mais negativos. Reagimos com menos afetividade e mais sensibilidade. Também passamos a ver nosso horóscopo sob uma luz nova e mais brilhante. À medida que nos tornamos conscientes de novos modos de usar os velhos talentos, assumimos certos riscos. Procuramos escrever em vez de ler mapas por certo tempo ou entramos no mundo dos negócios e vendemos bens imóveis apesar dos protestos da família, que argumenta: "Você provém de um ambiente de mulheres dedicadas ao magistério e à enfermagem; os negócios pertencem ao universo dos homens". Passamos por uma experiência libertadora quando assumimos riscos e quando a nova aventura criativa realmente flui. Se a experiência de utilizar nossas habilidades de uma nova maneira é bem-sucedida, talvez tenhamos coragem de assumir outros riscos.

Durante a progressão do Sol para Leão, ciclo que dura por volta de trinta anos, Câncer parece irradiar parte da confiança desse signo de Fogo magnético e autoconfiante. Algumas das dúvidas que marcavam os anos iniciais desapareceram. (Ascendente em Câncer progredindo para Leão também parece perder, aos poucos, a timidez). O Sol se movimenta mais lenta e mais constantemente que a Lua, de modo que seu corregente da personalidade empresta a Câncer uma estabilidade fixa durante essa progressão. A fixidez também tende a tomar conta das opiniões de Câncer, tornando-as mais firmes e mais rígidas. É durante esse ciclo que Câncer lança fortes raízes entre a vizinhança. Se o cônjuge é transferido ou se tenta levá-lo para outro lugar, Câncer não irá com facilidade. No geral, é uma época feliz, gratificante. Câncer se sente no controle (Leão tem relação com o estar no controle) em casa e no trabalho.

A canceriana pode ser escolhida enfermeira-chefe, nutricionista-chefe ou receber a maioria dos votos na eleição da professora do ano da pré-escola. Nos negócios, seu magnetismo e poder de persuasão lhe trazem promoções. O gosto por investimentos – associado à Leão e à 5ª Casa – muitas vezes se amplia nessa progressão. Câncer parece se dar bem com investimentos, sobretudo nos campos que beneficiam os necessitados e na área imobiliária. Novas aventuras nas áreas do lazer ou de alimentos e bebidas também podem trazer sucesso. Tanto Câncer quanto Leão são signos cordiais, emotivos, envolvidos com crianças e jovens. Câncer pode ter ficado em casa bem à vontade, decorando sua concha e preparando jantares antes da progressão em Leão, mas, neste ciclo, Câncer provavelmente será encontrado na Associação de Pais e Mestres fazendo declarações acaloradas, ou como uma mãe responsável pelos escoteiros, ou como organizadora da guarda da vizinhança. Qualquer coisa que faça deste mundo um lugar mais seguro e mais feliz para as crianças exerce forte atração sobre Câncer neste ciclo. Os que têm planetas em Leão natal podem descobrir, nos anos em que o Sol em progressão entra em conjunção com esses planetas, um entusiasmo pelo teatro da comunidade, pela dança, por levar os filhos ao balé.

Nativos de Câncer de visão mais tradicional surpreendem os próprios pais pela dramática mudança de religião neste ciclo. Se foram educados em um ambiente conservador, mas forçados a criar raízes em uma nova região em consequência de uma transferência de trabalho, podem passar a considerar que a escola paroquial oferece mais vantagens às crianças que a escola pública, ou, se frequentaram uma escola confessional, que a Escola Montessori proporciona agora melhores oportunidades. No ciclo de Leão, cancerianos também podem descobrir o processo de individuação de Jung (ele mesmo um leonino) nessa progressão orientada ao desenvolvimento. Elas podem deixar uma religião tradicional que, de repente, pareceu conceitualmente estreita ou que interfere na liberdade de decisão pessoal. Em o *Castelo Interior ou Moradas*, Santa Teresa de Ávila fala em abandonar os velhos hábitos, os quartos imprestáveis do castelo interior, a alma. Em nosso tempo, a religião vivida na infância pode nos parecer um quarto demasiado pequeno e desgastado. Ouvindo cancerianos fazerem referência a esse assunto, vem-me à memória o poema "Chambered Nautilus", em que uma criatura marítima semelhante ao caranguejo de Câncer construiu "mais mansões imponentes" para sua alma.

Câncer, entretanto, está próximo dos pais e dos avós. É difícil explicar o fato de sair da religião tradicional ou de não matricular os filhos na escola, ou, mais tarde, na *alma mater*. No ciclo de Leão, as cancerianos geralmente demonstram tristeza pela perda das tradições familiares, mas também manifestam uma atitude positiva de Leão: "O progresso é que é importante. Queremos o melhor para nossos filhos. Eles precisam ser educados para o futuro, não para o passado, não importa quão belas sejam nossas próprias memórias. Talvez um dia Mamãe chegue a compreender isso!". Muitas vezes, há uma espécie de escolha subliminar entre o bem da Mamãe e o bem dos próprios filhos. O astrólogo pensa também nas palavras de Cristo ao jovem: "Deixa teu pai e tua mãe e segue-me". Aqui, a mulher de Câncer está deixando a Mãe para seguir o caminho da individuação, se não para si mesma, por seus filhos. Ela pode sentir tristeza por deixar o passado, como ela o vê, para trás.

Sol ou Ascendente progredido em Leão é fisicamente mais forte e vigoroso que Sol ou Ascendente natal em Câncer. Se alguém disser a um canceriano de sol ou Ascendente em cujo mapa quase não tenha Fogo: "Hoje vamos fazer alguns exercícios mais dinâmicos", é muito provável que ele responda: "Vá você. Vou tirar uma soneca e nos encontramos depois!". Mas, em Leão, Câncer parece desenvolver, aos poucos, interesse em se manter em forma por meio de um esporte favorito. O esporte pode não exigir demasiado do corpo, mas, em geral, ele o pratica de modo regular, e como resultado acha que se sente bem. Em *Símbolos da Transformação*, Jung diz que os dois primeiros signos do Zodíaco, os signos da Primavera mítica, Áries e Touro, têm muita energia, mas que, depois que o solstício começa a decrescer, há um período de sossego e de falta de vitalidade. Penso que esse período se localiza entre meados de Câncer e de Leão, e é por isso que Câncer tem uma sensação de fadiga até que a energia aumente novamente em Leão. Isso é fácil de visualizar ao se considerar o Nadir do mapa como Câncer e, imediatamente após o Nadir, Leão como energia em ascensão. Na astrologia médica, Leão é o coração. O corpo e as emoções são fortalecidos em Leão. A energia solar de Leão é muito mais positiva e extrovertida que a do Câncer lunar.

A coragem surge se progressões de Mercúrio, bem como do Sol, cruzam os planetas de Leão natal. Em geral, a época é propícia para Câncer trabalhar a própria criatividade em vez de apenas acalentar a criatividade dos filhos. Com acréscimo de vigor, os cancerianos no ciclo de Leão podem decidir trabalhar meio período em uma área de interesse, se isso não interferir nas necessidades da família e se puder se adequar aos programas dos filhos. Ao passo que, com planetas no Meio do Céu (Zênite) do mapa, podem não se sentir culpados por deixar os filhos pequenos com babás. Os cancerianos podem nutrir outras pessoas no próprio trabalho ou um negócio com a originalidade de Leão. A maioria das cancerianas, entretanto, adotam o estilo de Leão na profissão somente depois que o filho mais novo concluiu os estudos. Os cursos podem ressaltar enfoques criativos no ensino de crianças superdotadas ou crianças com déficit de aprendizagem. A canceriana quer que os próprios filhos se sobressaiam nesse período leonino da vida e providenciará todos os tutores e apoios considerados necessários.

Em termos espirituais, lembro-me do que Paramhansa Yogananda disse sobre a atitude do "Nós quatro e mais ninguém" na progressão de Câncer para Leão. Para a maioria dos cancerianos, a ênfase natal na casa e nos filhos é reforçada em Leão, o signo da 5ª Casa (filhos). A mãe de Câncer tende a centrar sua atenção nas atividades dos filhos, e a família imediata torna-se seu principal ponto de interesse. Ela pode se sentir culpada pela morte de uma parente mais velha: "Não dei a devida atenção à pobre tia Ruth; gostaria que não tivéssemos vivido tão longe dela".

Para muitos nativos de Câncer, a progressão em Leão significou um desenvolvimento da percepção consciente. Leão é o Sol Central, ou o Chakra Ajna. Em Leão, muitos começam a fazer perguntas mais conscientes, como: "Depois que Mamãe morreu, comecei a me perguntar se a vida é apenas isso: primeiro nos mudamos de casa e nos separamos de nossa mãe; seguimos nossos cônjuges. Depois, nos apegamos a nossos filhos. Em seguida, temos de nos separar novamente à medida que eles crescem e seguem seu caminho. Por fim, envelhecemos e temos de nos separar da própria vida. Morremos e voltamos ao inconsciente somente para ter de renascer em outro corpo e começar tudo de novo. Parece que a vida toda é um constante abandonar. Deve haver um significado maior nisso tudo que um simples destino biológico".

O glifo de Câncer representa a semente do Divino no centro da alma (a psíquica 4ª Casa). À medida que Câncer esotérico envelhece, sente necessidade interior de se ligar ao Self como centro psíquico e integrar a vida em torno dele. Há necessidade de regar a semente através da meditação ou de outro trabalho interior, vê-la crescer e desabrochar, fortalecendo os dons intuitivos natais. Muitos cancerianos se interessaram pelo Caminho da Individuação de Jung durante essa progressão e habilitaram-se a interpretar os próprios sonhos e os dos outros. Quando o ego se liga ao Self, entra em contato com uma fonte extraordinária de poder de cura. Câncer, em geral, começa a aplicar seu toque curador aos que ama e, em seguida, na progressão em Virgem, estende-o aos demais como serviço.

Virgem é um signo que faz sextil com Câncer, e está relacionado à nutrição, à cura e à comunicação, tanto verbal como escrita. No início do ciclo de Virgem, Câncer lê, faz palestras e, às vezes, escreve sobre dieta e nutrição. Entretanto, em casa, Câncer continua a consumir aquelas sobremesas deliciosas repletas de colesterol. A energia física do fogo de Leão tende a se dissipar em Virgem, e geralmente pergunto a meus clientes cancerianos nesse ciclo se eles *realmente* aderem à rotina de exercícios que recomendam aos outros nas preleções e colunas de jornal. (Câncer é um signo com boas relações com os meios de comunicação, e muitos disseminam suas ideias na imprensa escrita ou pelo rádio e pela televisão no ciclo de comunicação de Virgem.) Câncer, em geral, fica confuso e pergunta: "É muito estranho. Eu costumava praticar Hatha-Yoga (ou aeróbica, ou correr seis quilômetros por dia) há alguns anos, mas, de algum modo, não consegui mais encaixar essa atividade na minha agenda nos últimos tempos". A palavra "agenda" é uma chave ao fato de Câncer estar agora pensando como um virginiano apegado à rotina; se está na agenda, o programa de exercícios acontece; caso contrário, não – em especial se for uma atividade que exige esforço físico ou consumir tempo.

Embora tópicos de nutrição e saúde prática atraiam Câncer, o sextil do Sol em progressão em Virgem aos planetas de Câncer natal tem mais probabilidade de trazer à tona dons psíquicos. Virgem é uma energia Ísis (veja Capítulo 6) bem adequada à cura intuitiva por meio de ervas, mantras, orações e outras técnicas. Câncer é também o psíquico da bola de cristal, e muitos têm a habilidade de entrar em transe mediúnico. Nos últimos tempos, um número cada vez maior de nativos de Câncer está procurando informações sobre cura psíquica, pedras preciosas e cristais. A influência duplamente feminina de Câncer e Virgem (a Lua é a regente esotérica de Virgem), entretanto, os deixa esgotados após longas sessões de orientação ou de massagem a pessoas doentes, que deixam no local boa quantidade de energia negativa. É importante lembrar de oferecer o karma e a energia remanescente a deus, à deusa ou ao guru. Virgem se relaciona (especialmente no Egito) com o ritual. Seria muito útil realizar um rito de purificação na sala de cura, todos os dias, nesse ciclo em progressão.

Para cancerianos nessa progressão que ainda estão aprendendo a meditar, é importante que leiam sobre os chakras e se relacionem com um orientador espiritual que possa responder às perguntas e às dúvidas que tiverem, e que também possa ajudar com técnicas adequadas. Caso tenham desenvolvido seus dons mediúnicos, poderão descobrir, em Virgem, que os outros o consideram a Sábia Anciã. Por certo, a discriminação se aperfeiçoa neste ciclo regido por Mercúrio, e Câncer está menos propenso a pedir ao orientador ou ao analista que explique as coisas. Há mais confiança na própria Função Pensamento. (Embora Leão fosse uma progressão solar-masculina, é emocional e não lógico ao tomar decisões.) Mercúrio é um regente inquieto, e Câncer pode se dar conta de estar viajando mais do que gostaria, distante da paz de seu lar, de sua cozinha, de sua mesa de costura, pois possui habilidades de que os outros precisam, e, muitas vezes, os filhos ou outros parentes distantes pedem a sua ajuda.

O que dizer de nativos de Câncer que não se interessam pela cura psíquica ou intuitiva, ou pelo trabalho espiritual interior? O que acontece com eles durante o ciclo de Virgem? Alguns oferecem seus serviços à igreja ou às organizações sem fins lucrativos, consertam coisas para a lojinha do hospital ou cuidam de crianças desamparadas. Os que não encontram meios de dar vazão a seu sentido de doação e nutrição tendem a demonstrar alguns traços negativos de Virgem; essas pessoas se tornam meticulosas, irritáveis, nervosas; preocupam-se com as finanças e podem abrir um pequeno negócio depois da aposentadoria para suplementar a renda fixa. Um dinheiro extra proveniente de uma pequena estofaria, do fornecimento de marmita ou da costura para fora cobre os presentes de Natal para os netos e aumenta a poupança para os tempos de necessidade. Câncer, às vezes, preocupa-se com a saúde (Virgem) e com a possibilidade de despesas médicas à medida que o corpo vai envelhecendo. Os homens cancerianos, em geral, têm boa soma de dinheiro derivada de investimentos ou de aluguéis de imóveis. Também se preocupam com o futuro e podem utilizar suas habilidades financeiras (progressão em Virgem) para preparar a declaração de imposto de renda dos amigos e vizinhos.

Em geral, o último ciclo para as pessoas de Câncer é o de Libra. É durante esses anos que passam a conhecer, de fato, pela primeira vez, o cônjuge, pois Libra diz respeito ao relacionamento matrimonial. Cancerianos mais tradicionais, por exemplo, chamam o cônjuge de mãe ou pai diante dos filhos, tão identificados estão com a função parental. Todavia, depois que os filhos se vão, formam novamente um casal, estabelecendo entre si uma relação de companheiros românticos. É provável que o cônjuge do canceriano se sinta feliz pela demonstração de interesse, uma vez que quase nunca lhe dava ouvidos, dedicando grande parte da atenção aos filhos. Ou estava, acima de tudo, preocupado com os negócios e depois com os filhos, o que deixava à mulher (mãe) a menor porcentagem de atenção. "Que somos nós sem os filhos?", querem saber os clientes de Câncer no início da progressão em Libra. O cônjuge pode ficar doente, e Câncer irá pessoalmente se dedicar ao papel nutritivo previamente desempenhado com os filhos ou com o negócio.

O ciclo de Libra é mais conceitual que qualquer outro. É o primeiro signo de Ar objetivo que essa personalidade natal subjetiva tem em progressão. Muitos avós cancerianos observam: "Preciso tomar cuidado para não mimar meus netos. Acho que fiz demais por meus filhos. Percebi que os filhos casados dos meus vizinhos não vêm para casa pedir empréstimos ou trazer roupas para a Mãe lavar. Não sugerem que ela cuide dos netos durante o verão... Posso ter sido indulgente demais".

A objetividade também ajudará Câncer a ser melhor parente por afinidade. Jung mencionou em *Símbolos da Transformação* que Deméter teria sido uma sogra muito difícil. A única maneira que Perséfone tinha de fugir de casa e se casar era ser raptada por Plutão. Então, Deméter forçou seu genro (Plutão) a concordar que Perséfone passasse o verão com a mãe todos os anos. Filhos e filhas de pais e mães cancerianas sabem que encontrarão um ouvido compreensivo, amável e simpático no outro lado da linha telefônica sempre que houver uma discussão com o cônjuge. Os atributos de objetividade e equilíbrio de Libra tornam-se uma real aquisição se Câncer conseguir se sintonizar com eles.

Câncer tem início com uma relação kármica com a Mãe; em seguida, desenvolve uma ligação com os filhos; e, no final da vida, em Libra, conclui o karma com o cônjuge. É uma vida de relacionamentos, uma vida em que Eros, e não Logos, é mais forte. Com toda certeza, as pessoas que se desenvolvem de maneira consciente contribuem, de modo muito positivo, com aqueles que amam. Os dons intuitivos, se desenvolvidos de modo consciente, ajudam Câncer a entrar mais profundamente em si mesmo e, a partir daí, a dirigir-se ao mundo exterior.

Questionário

Como o arquétipo de Câncer se expressa? Embora se destine especialmente às pessoas com Sol ou ascendente em Câncer, todos podem aplicar este questionário à casa em que sua Lua está localizada ou à casa que tem Câncer (ou Câncer interceptado) na cúspide. As respostas indicarão o grau de contato do leitor com sua Lua natal: nutrição, necessidades emocionais, sensibilidade, ansiedades instintivas.

1. Para mim, minha família é:
   a. A coisa mais importante na vida.
   b. Mais importante que muitas coisas.
   c. Menos importante que minha profissão.

2. Entre meus pontos fortes, incluiria:
   a. Nutrição e proteção.
   b. Disciplina.
   c. Versatilidade e adaptabilidade.

3. Ao tomar uma decisão importante, me apoio:
   a. Nos meus sentimentos, na maioria das vezes.
   b. Na lógica fria, na maioria das vezes.
   c. No que os outros me dizem.

4. Entre minhas características negativas, citaria:
   a. Aborrecimento e hipersensibilidade.
   b. Rigor.
   c. Insensibilidade.

5. A segurança financeira e emocional é:
   a. Extremamente importante.
   b. Moderadamente importante.
   c. Nada importante.

6. Meu maior medo é:
   a. Que algo aconteça a meus filhos ou à minha casa.

b. Não ser reconhecido quando mereço.
　　c. Ser considerado entediante.

7. O maior obstáculo ao meu sucesso provém:
    a. De dentro de mim mesmo.
    b. De outros, fora de mim.

8. Sinto que a parte mais fraca do meu corpo é:
    a. Meu aparelho digestório.
    b. Meus joelhos.
    c. Meus nervos.

9. Acho que sou supercauteloso:
    a. 80% das vezes.
    b. 50% das vezes.
    c. 25% das vezes ou menos.

10. Um prazer realmente grande para mim é:
    a. Confraternizar-me com meus amigos e com minha família em um jantar saboroso em casa.
    b. Ver meu negócio se expandir.
    c. Viajar sempre que posso.

Os que assinalaram cinco ou mais respostas (a) estão em contato significativo com a Lua – a natureza sensível. Os que assinalaram cinco ou mais respostas (b) estão na direção da extremidade polar. As qualidades nutritivas da Lua podem necessitar de mais espaço para expressão. Pode ser que uma quantidade maior de energia esteja sendo canalizada mais à vida profissional que à pessoal. Os que assinalaram cinco ou mais respostas (c) não estão em contato com o regente mundano. Veja se a Lua está interceptada, em detrimento, em queda ou na 12ª Casa. É importante trabalhar com a imaginação criativa quando se trata da Lua. Qualquer espécie de trabalho que envolva a cooperação do inconsciente trará satisfação pessoal interior e expressão positiva de energia receptiva da Lua.

Onde está o ponto de equilíbrio entre Câncer e Capricórnio? Como Câncer integra seus mundos interior e exterior? Embora isso diga respeito, de modo particular, a quem tem Sol ou ascendente em Câncer, todos temos a Lua e Saturno em algum lugar do nosso mapa. Muitos de nós têm planetas na 4ª ou 10ª Casas. Para todos nós, a polaridade Câncer/Capricórnio envolve equilibrar a nutrição com a disciplina, a satisfação pessoal com satisfazer aos outros, a vida pessoal com a responsabilidade profissional.

1. Quando discuto com minha mãe alguma coisa que realmente quero fazer:
   a. Faço o que parece o melhor para mim, sem, de fato, levar em conta as objeções maternas.
   b. Levo cuidadosamente em consideração o que minha mãe diz, mas no fim acabo tomando minha própria decisão.
   c. Deixo por conta de minha mãe se sua desaprovação é realmente forte.

2. No relacionamento que mantenho com minha família e amigos:
   a. Penso que o respeito está acima de tudo.
   b. Sinto que o amor e o respeito andam juntos.
   c. Sinto que o amor está acima de tudo.

3. De minhas memórias da mais tenra infância:
   a. Lembro de minha mãe como disciplinadora rígida.
   b. Lembro de minha mãe como uma pessoa amorosa, mas firme.
   c. Lembro de minha mãe como uma presença bastante ativa, mas não verdadeiramente "junto".

4. Como pai(mãe), eu:
   a. Colocaria a disciplina acima de tudo.
   b. Combinaria amor com disciplina.
   c. Colocaria o amor à frente da disciplina.

5. Se eu fosse empregador, valorizaria nos meus empregados, acima de tudo:
   a. A lealdade, a organização, a adequação à imagem da empresa.
   b. A lealdade, a confiança, o bom senso.
   c. A lealdade, a sensibilidade e a compaixão.

Os que marcaram três ou mais respostas (b) estão desenvolvendo um bom trabalho no sentido da integração da personalidade na polaridade Câncer/Capricórnio. Os que marcaram três ou mais respostas (c) precisam trabalhar mais conscientemente no desenvolvimento de Saturno em seu mapa. Os que assinalaram três ou mais respostas (a) podem estar em desequilíbrio. Podem ter Lua fraca ou pouco desenvolvida. Estudem a Lua e Saturno no mapa natal. Há algum aspecto entre eles? Qual deles é mais forte por posição por signo e/ou casa? Estão interceptados, em queda ou em detrimento? Aspectos relativos ao planeta mais fraco podem indicar o modo de integração.

O que significa ser um canceriano esotérico? Como Câncer integra Netuno (espiritualmente, abandonando o apego)? Como Câncer pode se sintonizar com Júpiter (o Guru, a abundância), seu planeta de exaltação, positivamente? A percepção consciente pode ser desenvolvida durante a progressão em Leão. As respostas a essas questões indicarão até que ponto Câncer está em contato com Netuno, seu regente esotérico, e com a sabedoria de Júpiter exaltado.

1. Em um restaurante com minha família e amigos, quando a conta é apresentada, eu:
   a. Me apresento para recebê-la imediatamente.
   b. Pago a minha parte.
   c. Espero para ver se alguém vai pagá-la primeiro.

2. Quando me dizem que devo mudar totalmente o ambiente de minha casa, minha resposta é:
   a. Aceitar bem a mudança, com a esperança de que será para melhor.
   b. Aceitá-la em um período de tempo relativamente curto e executá-la no decorrer do tempo.
   c. Remoer sobre ela por um tempo e resignar-me.

3. Minha capacidade de abandonar o passado é:
   a. Boa.
   b. De razoável para fraca.
   c. Praticamente inexistente.

4. Quando se trata de ser caridoso, prestar um serviço comunitário ou colocar tempo e energia à disposição de outros:
   a. Presto minha contribuição quando e onde for necessário.
   b. Encontro tempo para dar minha contribuição na escola de meus filhos.
   c. Sinto que a caridade começa em casa, e é aí que presto meu serviço.

5. Na casa da Lua e/ou na casa com Câncer na cúspide:
   a. Não temo o futuro e não estou apegado.
   b. Tenho limitações, mas sou consciente delas e estou trabalhando nessa área de minha vida.
   c. Me preocupo e, às vezes, me sinto abatido.

Aqueles que assinalaram três ou mais respostas (a) estão em contato com seu regente esotérico. Os que marcaram três ou mais respostas (b) precisam trabalhar mais conscientemente para se harmonizarem com Netuno e Júpiter. Os que assinalaram três ou mais respostas (c) precisam deixar de lado o medo inconsciente e a preocupação. A sintonia com Netuno e Júpiter vai liberar Câncer do medo inconsciente por meio do desenvolvimento da fé. Quando Netuno dissolve o *status quo*, Júpiter oferece a oportunidade de crescimento. Os que responderam (c) nas perguntas 1 e 4 precisam se sintonizar com Júpiter como Sabedoria Cósmica. Generosidade relaciona-se com Sabedoria no sentido de que ela traz expansão e abundância. A lei cósmica da abundância diz que é mais sublime dar do que receber. Ter fé e doar são atos que atraem bênçãos espirituais e segurança material. Se esperamos que boas coisas aconteçam, nós as atraímos; se temos medo da perda, tendemos a atrair o que tememos.

Referências Bibliográficas

Alexander Ruperti. *Cycles of Becoming*, C. R. C. S. Publications, Davis, 1978. [*Ciclos de Evolução*, Editora Pensamento, São Paulo, 1986.] (fora de catálogo)

Alice Bailey. *Labours of Hercules*, "Cancer I e II", Lucis Publishing, Nova York, 1974.

Bruno Bettelheim. *A Good Enough Parent: A Book on Child Rearing*, Alfred Knopf, Nova York, 1987.

Carl Olson (org.). *The Book of the Goddess Past and Present*, Crossroads Publications, Nova York, 1986.

C. G. Jung. *Mysterium Coniunctionis*, Princeton University Press, Princeton, 1976.

_____. *Symbols of Transformation*, "The Dual Mother", Princeton University Press, Princeton, 1956.

_____. *The Archetypes and the Collective Unconscious*, "The Mother Complex", Princeton University Press, Princeton, 1959.

Erich Neumann. *The Great Mother*, trad. Ralph Manheim. Princeton University Press, Princeton, 1955.

Jean Shinoda-Bolen. *Goddesses in Everywoman*, "Demeter", Harper and Row, Nova York, 1984.

John Blofield. *Bodhisattva of Compassion: Mystical Tradition of Kwan Yin*, Shambhala Publications, Boston, 1977.

Joseph L. Henderson. "Ancient Myths and Modern Man", Parte 2 de *Man and His Symbols*, C. G. Jung (org.). Doubleday and Co. Inc., Garden City, 1969.

Marie-Louise von Franz. "The Process of Individuation", Parte 3 de *Man and His Symbols*, C. G. Jung (org.). Doubleday and Co. Inc., Garden City, 1969.

Marion Woodman. *The Pregnant Virgin: A Process of Psychological Transformation*, Inner City Books, Toronto, 1985.

Noel Tyl. *The Expanded Present*, Llewellyn Pubs., St. Paul, 1976.

Ramprasad Sen. *Grace and Mercy in her Wild Hair*, trad. Leonard Nathan, Great Eastern Publications, Boulder, 1980.

Sylvia Brinton Perera. *Descent to the Goddess: A Way of Initiation for Women*, Inner City Books, Toronto, 1980.

W. C. Lawton. "Hymn to Demeter," in *The Successors of Homer*, Cooper Square Publications Inc., Nova York, 1969.

5

Leão:

A Busca do Ser e da Totalidade

Nossa jornada arquetípica prossegue de Câncer para Leão, do mundo noturno, lunar, para a claridade da percepção consciente. Essa transição da noite para o dia talvez possa ser mais bem compreendida, se por alguns momentos, fecharmos os olhos e visualizarmos o céu noturno, com seu fundo negro repleto de estrelas, e a Lua pálida, crescente, suspensa sobre nossa cabeça. Em seguida, vamos supor que mudamos de cenário. Visualize o céu do meio-dia, em pleno verão. Em Câncer, testemunhamos a energia, o potencial e o mistério pertencentes ao Feminino, a Shakti, simbolizado pela luz da Lua prateada à medida que esta passa por seus muitos estados de espírito ou fases. Em Leão, chegamos ao princípio solar, Masculino – a confiante energia do Sol. Ficaram para trás as sutilezas de Câncer; experimentamos, agora, os raios dourados do Sol.

O arquétipo de Leão apresenta uma constância que parece derivar da órbita do próprio deus Sol. Os antigos sabiam que podiam ter certeza do surgimento de Hélios Apolo, ou Rá, todas as manhãs ao alvorecer, trazendo o calor e a luz de que a Terra necessita para sua sobrevivência. Muitos mitos mencionam a órbita do Sol em sua carruagem de fogo, movendo-se através do espaço desde seu nascimento, no Leste, até o ocaso, no Oeste. Na Grécia, o caminho de Hélios Apolo era o ponto central de muitos mitos, inclusive o da lenda de Ícaro. No Egito, o deus-Sol Rá tinha duas barcas, uma para o período da manhã e outra para levá-lo além do horizonte, ao cair da tarde. Seu Disco é nosso glifo astrológico atual para o Sol (☉). Foram também os egípcios que nos legaram o glifo da cauda do leão para Leão (♌).

A constelação assemelhava-se a uma cauda suspensa sobre o Vale do Nilo. O aparecimento do Leão é mencionado no *Gilgamesh* como a estação decisiva do ano para as enchentes do delta. (*Gilgamesh*, conforme narração em *Ancient Myths*, Goodrich, p. 34.)

O Sol, portanto, merecia confiança; podia-se contar com ele. Era sempre o mesmo disco alaranjado. Não mudava de forma nem passava por fases. Os egípcios tinham hinos de louvor a Rá que manifestavam os sentimentos de devoção ao deus mais importante e essencial:

> Salve, ó Disco, senhor de raios que levantas no horizonte dia após dia... Homenagem a ti... que és o autocriado; quando te elevas no horizonte e lanças teus raios de luz sobre as terras do Norte e do Sul, és belo, sim, belo, e todos os deuses regozijam-se quando te veem, ó Rei do Céu... E venho ante ti para estar contigo e contemplar teu Disco todos os dias. Possa eu não ser lacrado no túmulo; possa eu não ser repelido; possam os membros do meu corpo rejuvenescerem quando eu contemplar tuas belezas, como todos os teus agraciados, pois sou um dos que te adoraram na terra. Possa eu entrar na terra da eternidade; possa eu entrar na terra sempiterna; porque, ó meu senhor, isto ordenaste em meu favor...
>
> Homenagem a ti, ó tu que ascendes no horizonte como Rá, tu descansas sobre a lei imutável e inalterável. Tu passas no céu e todas as faces observam a ti e a teu curso, pois (à noite) estavas escondido ao seu olhar... o número de teus raios vermelhos e amarelos não pode ser conhecido nem contados os teus feixes luminosos. Possa eu avançar, como tu avanças, possa eu jamais deixar de prosseguir, como tu jamais deixas de prosseguir, mesmo que seja por um momento; com largas passadas num instante cruzas espaços que exigiriam dos homens milhões e milhões de anos; isto fazes e em seguida descansas. Tu pões um fim às horas da noite e as contas, e as estendes à estação que te está destinada, e a terra torna-se luz...
>
> Oh, permite que eu possa entrar no céu perene... onde se encontram os teus favoritos... que eu possa reunir-me a esses Seres Refulgentes, santos e perfeitos, que estão no mundo subterrâneo, e possa eu surgir com eles para contemplar a beleza deles quando tu resplandeces ao entardecer e te diriges para tua Mãe Nu. Então te pões no Oeste e minhas duas mãos se elevam em adoração a ti quando te deitas como um ser vivo... A ti ofereci meu coração sem hesitar, a ti que és o mais poderoso dos deuses. Um hino de louvor a ti,

ó tu que te elevas como o ouro, que enches o mundo com luz no dia do teu nascimento. Tu iluminas o curso do disco.

Ó, grande Luz que brilhas nos céus, tu fortaleces as gerações de homens como as enchentes do Nilo, e causas alegrias em todos os campos, em todas as cidades, e em todos os templos.

Ó, vitorioso dos vitoriosos, tu que és o Poder dos Poderes, que fortaleces teu trono contra os inimigos maus; que és glorioso em majestade na barca da manhã e na da tarde, faz-me glorioso através de palavras que quando ditas devem fazer efeito no mundo subterrâneo, e concede que na região dos mortos eu esteja sem mal...

Homenagem a ti... quando te levantas, um grito de alegria em teu louvor brota da boca de teus povos... em todos os lugares todos os corações se enchem de alegria no teu surgir eterno.

Ó, deus da vida, todos os homens vivem quando tu brilhas, tu és coroado rei dos deuses... Rei da Justiça e da Verdade, Senhor da Eternidade, Soberano de todos os deuses, tu, deus da vida. Os mortos se levantam com brados de alegria para ver tua beleza todos os dias... as almas do Leste te seguem, as almas do Oeste te glorificam... tu tens a alegria do coração em teu santuário, porque a serpente inimiga Nak foi condenada ao fogo, e teu coração se alegrará para sempre.

Citado do "Papyrus of Nekht", folha 21. *In*: E. A. Wallis-Budge, *Gods of the Egyptians*, V. I, pp. 337-39.

Esse magnífico hino da religião solar do Egito transmite uma impressão de reverência, majestade e luminescência. Acredito que haja aqui um sentido especial do que Leão, ou o magnetismo da 5ª Casa, realmente quer dizer em versos como: "Faz-me glorioso através de palavras que quando ditas devem fazer efeito". Os egípcios acreditavam que a palavra, quando usada com concentração, é causativa – força criadora e transformadora. Simbolicamente, a magia de Rá é o poder persuasivo subjacente às palavras de Leão.

Esse hino dá uma boa indicação dos dois níveis em que o Sol opera na regência de Leão – como regente mundano e esotérico. Se o recitarmos como o devoto que pede a Rá que lhe dê força, coragem e confiança para enfrentar seus inimigos (pois Rá mantinha o inimigo, ou a serpente do mal, afastada do próprio trono) ou como buscador mundano que suplica viver uma vida de bem, ética, para depois

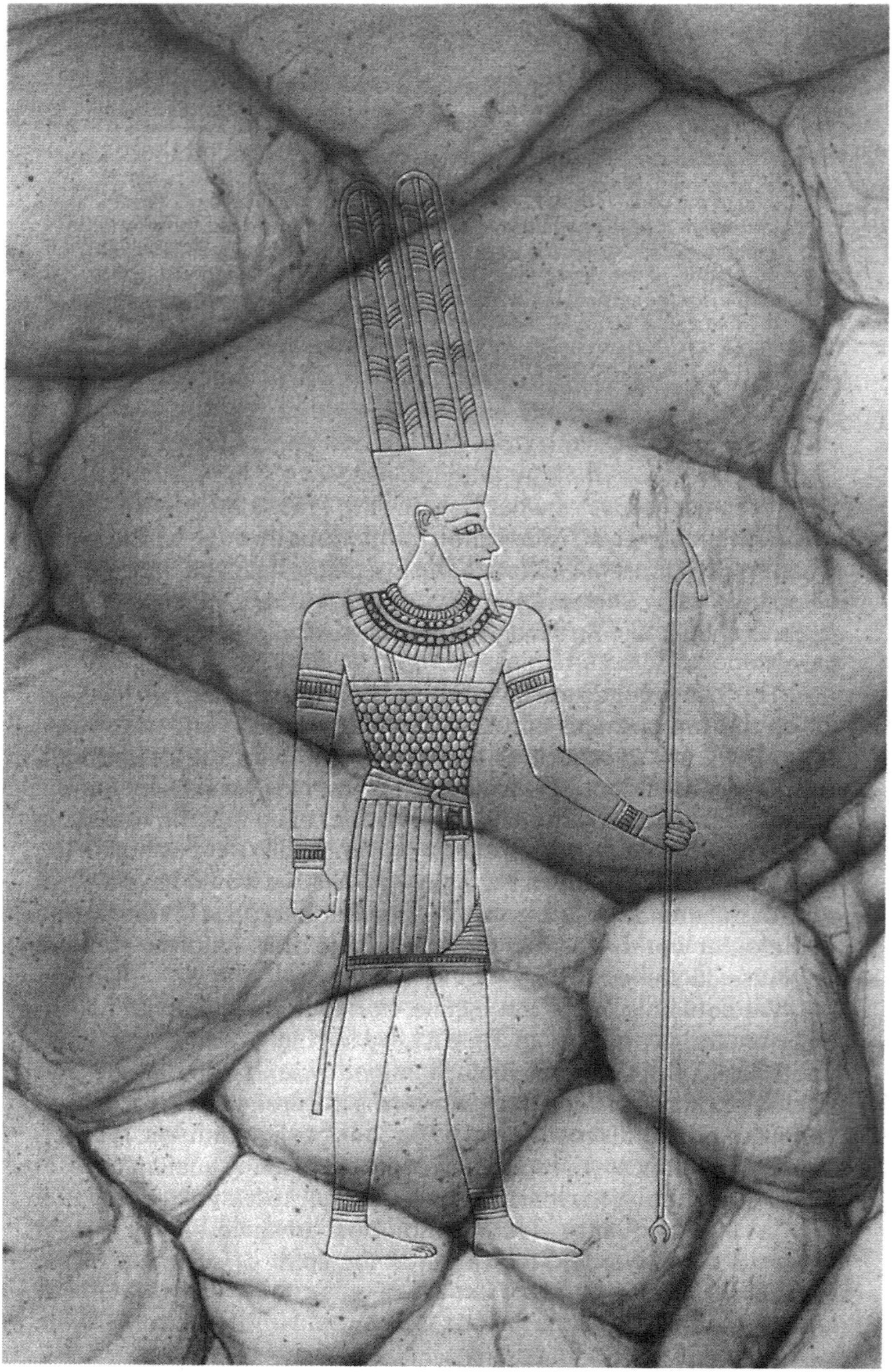

compartilhar do gozo do pós-vida na companhia dos Seres Refulgentes, teremos um ótimo texto ilustrativo do Leão mundano que vai em busca do trono no mundo exterior – o que significa estar em evidência, atrair seguidores, procurar o aplauso, brilhar.

Também podemos ler o hino como um apelo à iluminação, um apelo a Rá como Senhor da Luz, um de seus títulos. Esotericamente, o Sol representa a iluminação. Na Índia, o Centro do Sol, ou o ponto entre as sobrancelhas, é a área em que o yogue se concentra durante sua meditação em busca da iluminação. Ver a luz é um indicador de iniciação espiritual em muitos cultos antigos. Para mim, pessoalmente, quer se trate de uma ou de outra dessas buscas, as palavras que mais representam Leão são: "... Possa eu avançar, como tu avanças... Possa eu jamais deixar de prosseguir". Isso sintetiza o espírito de muitos de meus clientes leoninos.

O hino também nos mostra a alegria que caracteriza os planetas da 5ª Casa e os clientes com Sol ou ascendente em Leão. É a alegria e a liberdade do verão em na plenitude, quando o Sol brilha no espaço e as pessoas estão nas praias, absorvendo-o. A leveza da estação, a casa do entretenimento (a 5ª), e Leão, tudo isso se encontra na peça de Shakespeare, *Sonho de Uma Noite de Verão*. O enredo da peça não é sério, mas ela nos brinda com uma abundância de costumes e de confusões românticas (5ª Casa), nos mostrando a jovialidade do tempo de verão. O Sol passa pelo seu ponto de solstício (em torno do dia 21 de junho, quando o deus Sol faz sua parada no céu – ou parece ficar parado –, fazendo que os dias sejam mais longos e as noites, mais curtas) e parece avançar com entusiasmo pelo espaço celeste, trazendo com ele tepidez e calor. No Hemisfério Norte, durante Leão, experimentamos um signo de Fogo. Basta dar uma olhada no termômetro.

Quando o Sol pula do ponto do Nadir do Zodíaco natural e se movimenta pela 5ª Casa, a energia das responsabilidades familiares e da construção de bases se transfere para passatempos, esportes ou idas ao parque de diversões. Quando consideramos a 5ª Casa e levamos em conta todos os seus significados, a imagem da família que podemos formar é como nas férias de verão: o pai passando horas a fio mexendo no carro novo ou no futebol com os amigos (esportes da 5ª Casa); os filhos correndo de cá para lá no parquinho, andando de roda-gigante e de carrossel; a mãe participando de uma nova exposição de algo que a interessa. Individualismo. À medida que anoitece, nenhum dos pais se preocupa se os filhos se levantarão tarde demais pelas regras que eles mesmos estabeleceram, ou se talvez os filhos estariam melhor se estivessem em um acampamento organizado ou em uma escola de verão, como um pai ou uma mãe de Capricórnio faria. Nenhum deles acha que um adulto deve observar os filhos a cada segundo, como Câncer faria. Eles aproveitam bem o dia e se divertem com seus filhos, a quem respeitam como tais e não como adultos em miniatura. Se os pais leoninos erram, isso não deve ser atribuído ao seu aspecto conservador, mas, sim, à magnanimidade, à liberalidade e à generosidade que os caracterizam. Se os pais de um nativo de Leão não lhe propiciaram tempo suficiente no parquinho quando era criança, ele compensará esse fato, e muito, concedendo esse tempo aos próprios filhos.

Entretanto, o pai e a mãe leoninos são, também, adultos individualizados. Se lhes for apresentado um desafio, como a oportunidade de uma transferência para outra parte do país, provavelmente a aceitarão com entusiasmo. Um leonino certamente não perderia essa oportunidade por saber, por exemplo, que as escolas locais podem não ser tão boas. Ele pensaria: "As escolas desta cidade são boas, mas podem ser ainda melhores na nova cidade. Além do mais, as crianças ainda estão na pré-escola e no ensino básico. Temos ainda muito tempo pela frente para planejar seus estudos no ensino médio e na faculdade". Ele atrairá os filhos para sua própria órbita em vez de orbitar em torno deles, como pais cancerianos fariam. Esse é o padrão solar.

Na Grécia, Hélios Apolo regia a 5ª Casa, e podemos imaginar a namoradeira Afrodite ao seu lado. A 5ª Casa está associada ao galanteio, não ao amor matrimonial. (É a 7ª Casa que se refere ao amor matrimonial comprometido ou contratual.) Apesar de aparentemente contra sua vontade, Afrodite estava unida ao deformado Hefaístos por ordem de Zeus (Júpiter). Talvez Júpiter quisesse acomodá-la e subjugar sua vaidade com a lealdade de Hefaístos. Ela era infeliz e tinha muitos casos amorosos com mortais e com deuses. Um dos pontos importantes da 5ª Casa é manter Afrodite satisfeita; mantenha o romance em seu casamento. É importante achar uma saída para os planetas da 5ª Casa.

Já vimos que quando Hermes ofereceu a lira a Apolo, este a tocou muito bem. (Veja Capítulo 3, Gêmeos.) A música é uma saída possível para qualquer pessoa com Vênus ou Netuno na 5ª Casa. Um Saturno natal nessa casa indica a presença de habilidades administrativas e de supervisão e não é muito vulnerável às flechas de Cupido... embora eu tenha visto casos de clientes com Saturno na 5ª Casa desfazendo o casamento quando o tédio e a inquietude se instalaram em trânsitos de meia-idade como Saturno em oposição a Saturno ou Urano em oposição a Urano. Se você for casado, é muito importante ter uma saída para seus planetas natais da 5ª Casa na metade da vida apenas para manter Afrodite e Apolo, esses românticos, sob controle.

Se seu Plutão natal está na 5ª Casa, você provavelmente já entrou em contato com a psicologia como paciente ou terapeuta. Nesses casos, a base psicológica poderá ajudá-lo a compreender o sentido de destino que você sente nos primeiros encontros, o sentido de mistério e encanto que vivencia quando encontra uma antiga namorada do passado, mesmo se já está casado agora. É importante manter o romance, o enlevo, o mistério (Plutão) no casamento.

Ter vários planetas na 5ª Casa é equivalente a ter o Sol em Leão ou Leão no ascendente. Certa vez, participei de uma palestra com vários de meus alunos. A conferencista subiu ao atril e assumiu seu trono. Tinha uma aura magnética, uma presença imponente, um porte distinto, e, quando falava, o vigor de suas palavras indicava uma típica leonina. "Ela é de Leão, não é?", perguntou uma das alunas. Respondi: "Não! Ela não tem nenhum planeta sequer em Leão. Apesar disso, porém, ela realmente transpira energia leonina. Sua 5ª Casa natal tem cinco planetas. Ela está absolutamente tranquila e confiante lá, sentada diante de seus súditos".

Podemos considerar os planetas em Leão natal ou na 5ª Casa como nossos leões pessoais, interiores. Em *Eranos Lecture*, "The Thought of the Heart", James Hillman cita uma tradição mencionada por Fisiólogo que sustenta que os filhotes de leão são natimortos. "Eles devem ser despertados para a vida por um rugido. É por isso que o leão tem um rugido tão forte – para despertar os jovens leões adormecidos no nosso coração. Sem dúvida, o pensar do coração não é algo simplesmente dado – uma reação espontânea inata –, sempre pronta e disponível. Ao contrário, o coração deve ser provocado, chamado..." Ele continua seu comentário mencionando os leões natimortos modernos em seu "estupor carnívoro", adormecidos diante de seus aparelhos de televisão. Os planetas da 5ª Casa se referem a nossos filhos, quer físicos, mentais (ideias-filhos, como livros), ou espirituais. Poucos pais leoninos deixariam seus filhotes – seus filhos físicos – dormir na frente da televisão. Depois da aula, eles estariam em cursos de dança ou de teatro, ou em seus quartos trabalhando em seus projetos escolares, desenvolvendo sua criatividade.

Como pais e mães leoninos, todos precisamos trabalhar para encontrar uma saída para as energias da 5ª Casa. Se essa energia, se esses planetas da 5ª Casa são deixados dormindo até a meia-idade, ocasião em que trânsitos pela 11ª Casa se opõem a eles, então pode ocorrer o surgimento de um ponto crítico. O resultado da crise é o lançamento de uma ponte entre o ego e o Self, o que libera (11ª Casa, Aquário) a energia dos planetas da 5ª Casa. A pessoa não mais consegue viver no moderno deserto materialista, nessa paisagem estéril de nossa época. Ela precisa encontrar o sentido pessoal, o valor, o amor do coração. Às vezes, a busca é dirigida pelo ego – com suas manias, em Leão, de controle consciente da mudança na meia-idade. Outras vezes, em leoninos mais esotéricos e receptivos, a busca implica ouvir abertamente o Self. Mas a crise, o desafio do mundo exterior ao poder do ego, é o rugido que desperta o leão adormecido. Se os antigos enfoques do ego relativos à vida não mais operam no mundo exterior, material, o ego é reencaminhado ao Self, ficando na dependência da fé e da introspecção para descobrir uma nova identidade – um modo de ser novo, de maior plenitude.

A crise de meia-idade da 5ª Casa na esfera do romance ou da criatividade, muitas vezes, me traz à mente a imagem do grande e poderoso leão com um espinho em sua pata. O leão ferido fica imobilizado. Alice Bailey observou que uma crise sofrida pelo ego é o meio pelo qual a personalidade transcende a um nível mais elevado e entra em contato com o Self. A crise é um rito de iniciação. Em *Problems of the Puer Aeternus*, Marie-Louise von Franz também se refere à sensação do ego de estar morrendo, mas explica que não há uma morte como tal, mas que o ego cai temporariamente em um fosso entre dois opostos, ou se sente crucificado em uma cruz formada por duas polaridades conflitantes. Em meu trabalho com clientes com quadratura em T na faixa dos quarenta aos cinquenta anos, muitas vezes encontro egos que se sentem rejeitados pelos opostos e impelidos a se libertarem. Isso se aplica, de modo particular, aos clientes com quadratura em fixos, mais rígidos.

Os sonhos ou visões e a imaginação ativa de tal ciclo ajudam a esclarecer assuntos diversos, uma vez que o extrovertido leonino se recolhe para refletir, para praticar a introspecção. Muitas vezes, ele sai desse estado como um xamã, um curador compassivo, um transformador de outras pessoas necessitadas.

Mircea Eliade costumava contar a seus alunos a história de um ameríndio, caçador, como muitos de sua tribo, que começou a ter visões. Ele rejeitava a mensagem de que se tornaria xamã, pois esse não era o desejo de seu ego. Estava muito satisfeito como caçador, e apenas desejava que a vida continuasse seguindo seu padrão fixo e constante. Aconteceu, porém, que caiu doente. Por isso teve que deixar a tribo e sonhar para poder ser curado. Ele enfrentou a experiência sozinho, isolado de todos. Quando saiu dela, estava em contato com seu Self, e transformado em curador. Ele ainda podia caçar, se quisesse; ainda podia desempenhar o papel da velha *persona*, mas entrara em contato com uma habilidade mais profunda, mais realizadora – o papel de curador. Sua vida era mais rica devido à crise e à mudança interior induzidas pelo Self. Ele começou resistindo, mas, por fim, tornou-se receptivo ao Self, uma vez que seu corpo o obrigou a ceder no clímax da crise. Seus últimos anos foram vividos com o Self, e não mais com o ego, como produtor/diretor de suas ações no mundo exterior. A obstinação transformara-se em disponibilidade. Sua forte natureza emocional tornou-se servidora do Self, não mais permanecendo sujeita ao ego. E o centro de controle também ficou alterado, tornando o ego instrumento do Self.

Leão é um signo dramático, dinâmico. Os planetas da 5ª Casa também compartilham, no drama, o dinamismo. Alguém poderia perguntar: "A experiência da visão não traz como resultado um ego inflado quando há o retorno à consciência normal, ao estado de vigília? Ela não reforça a vaidade e o orgulho de Leão?". Aqui parece que a progressão para Virgem ajuda a acrescentar bom senso, discriminação e, acima de tudo, humildade. Os planetas da 5ª Casa progridem para a humilde e serviçal 6ª Casa, que é a casa da cura de si mesmo e dos outros. Todas as religiões, tanto do Ocidente como do Oriente, enfatizam a necessidade de "pôr os pés no chão" após uma experiência psicológica ou religiosa superior. Elas também acentuam a necessidade de atribuir a Deus, e não a si, os méritos da ação praticada. "É Deus quem realmente faz." Leão se movimenta por Virgem como servidor da humanidade, e não como uma personalidade influenciada pelo ego. Esse foi o caso do ameríndio da história do Dr. Eliade e de muitos clientes com Sol em Leão, ou com ascendente Leão, ou também de planetas da 5ª Casa. Se passou por uma crise pessoal, Leão pode tentar integrar a polaridade aquariana em uma comunidade ou organização espiritual, o que ajuda a fortalecer seu sentido de disponibilidade. Mais adiante, apresentaremos mais detalhes sobre a integração da polaridade.

Qual é, então, a busca de Leão, do Sol, e da 5ª Casa? É simplesmente sentar-se num palco e receber os aplausos dos súditos? Ou ser um piloto de carros esportivos? Um jogador profissional? Um promotor de eventos? Um vendedor convincente? Uma mãe de inúmeros filhos engenhosos e individualistas que brincam sem limites e controle (na opinião do vizinho capricorniano)? Trabalhar com crianças? Concorrer a um cargo público como um líder de Leão? Ser um déspota benevolente ou um Leão tirano com seu magnetismo da 5ª Casa? O que é realização para Leão? Ela sempre deriva do mundo exterior, das pessoas que ele, com sucesso e generosidade, rege, supervisiona e coordena?

Ao longo dos anos, muitos clientes leoninos me disseram que sua busca tem relação com o estar no controle. Isso nos lembra o primeiro signo fixo, Touro, aquele que monta o touro, que procura controlar seus instintos. Para Leão, que se orienta pelo coração (regido por Leão na astrologia médica), a questão é o autocontrole – o autodomínio é o caminho para o sucesso e a realização. Para muitos leoninos, a realização é inteiramente mundana, naturalmente. Como os taurinos, eles exercitam a força de vontade e a perseverança, mas essas qualidades fixas são combinadas com a energia ígnea. Quando pensamos em Leão, nos lembramos de São Paulo dizendo: "Combati o bom combate; conservei a fé; terminei a minha jornada; desde já me está reservada a coroa da justiça, que me dará o Senhor, justo Juiz, naquele Dia".

No Irã, a iniciação do Leão era a parte mais importante do culto de Mitra. Existem afrescos que representam Mitra, ou o iniciado, montando no leão em pelo. Este é o triunfo da habilidade e do autodomínio, da força de vontade e da coragem. Em *Os Trabalhos de Hércules*, Alice Bailey também nos diz que Hércules lutou contra o leão de Nemeia sem nenhuma arma. O ritual do Leão simbolizava controlar o leão interior das fortes reações emocionais, assim como a iniciação do touro de Creta simbolizava controlar os instintos físicos. Como o taurino esotérico, o iniciado leonino pode empregar sua energia controlada tanto para o sucesso mundano quanto para os propósitos esotéricos. Não há medo nem descontrole em nenhuma parte dele, como o leão de Nemeia, "devastando a terra", impedindo-o de alcançar a realização.

O leão heráldico também é interessante, pois foi uma escolha popular para muitos escudos familiares dos tempos medievais. T. H. White, em seu *Book of Beasts*, menciona que, pela lenda, era esperado que o leão tivesse compaixão do inimigo vencido. Na Inglaterra, a família Thrale divulgou uma história sobre um ancestral chamado Sir Henry que, tendo derrotado um inimigo em batalha, o viu prostrar-se diante dele recitando o mote do brasão da família: "Prostro-me diante do leão" (*Sat est protase leoni*), o que levou Sir Henry a ser compassivo e a deixar o inimigo viver.

É de histórias semelhantes que derivamos nossos muitos ditos populares sobre o Leão. Um leão não é voraz; ele para de comer depois de se alimentar o suficiente para aquele dia. Um leão nunca se alimenta de restos. Ele não fica enraivecido, a menos que seja seriamente ferido. Ele é inimigo do escorpião, o qual, como a serpente, pode matá-lo com seu veneno. No período mais fértil da leoa, nascem cinco filhotes, e, então sua ninhada se reduz para um filhote de cada vez. Para mim, esse último aspecto é o mais interessante da obra de White, devido à associação da fertilidade ou criatividade com o quinto signo, Leão, e a 5ª Casa. Jung também nos diz que o número cinco é o da mão humana, que, com seus cinco dedos, é nosso instrumento criativo.

T. H. White nos diz mais alguma coisa sobre o rei dos animais:

> (O leão) é conhecido como selvagem porque está acostumado à liberdade por natureza, e a ser governado por seus próprios desejos. Os leões vagueiam de cá para lá, imaginam-se livres e vão aonde bem entendem. [...] "Leon" foi traduzido ao latim a partir de uma raiz grega porque ele é o príncipe de todos os animais. [...]
>
> A coragem dos leões tem sua sede no coração, enquanto sua constância está na sua cabeça... Um leão... orgulhoso na força de sua própria natureza, não sabe andar na companhia de qualquer um mas, como rei que é, desdenha ter uma porção de mulheres diferentes.

A constância ou lealdade do signo fixo é também característica do leão astrológico, que não é nenhum galanteador. Descobri que isso, em geral, é verdadeiro também em relação aos leões humanos, embora, naturalmente, o mapa de qualquer indivíduo contenha dez corpos estelares espalhados por vários signos e elementos diferentes.

Os mitos específicos de Leão são solares por natureza, incluem a cor dourada, a realeza e a conquista ou retomada do trono. Na verdade, poderíamos usar o mito de Jasão para Leão e não para Áries, pois ele contém todos esses elementos. Ele também é um mito heroico solar, mas parece mais apropriado à natureza obstinada, impetuosa e com pequenas crises de desânimo de Áries. Leão demonstra uma coragem e constância mais consistentes. Por isso, trocamos a Grécia e o Egito pela Índia e pelo mito de Narasimha, a encarnação de Vishnu como homem-leão, e pelo paciente Prahlad, o herói silencioso. Há no *Livro dos Juízes* da Bíblia uma história análoga sobre Sansão e Dalila. A história de Prahlad é importante porque ilustra mais claramente do que muitos outros mitos solares a falta de apoio do pai, aparentemente uma parte do karma de Leão. Tal falta de apoio parental é, com frequência, uma questão a ser resolvida em nível emocional durante o processo de individuação – o processo de transformação em adulto espiritual. Observei essa luta em muitos leoninos, tanto homens como mulheres. No mito e nos contos de

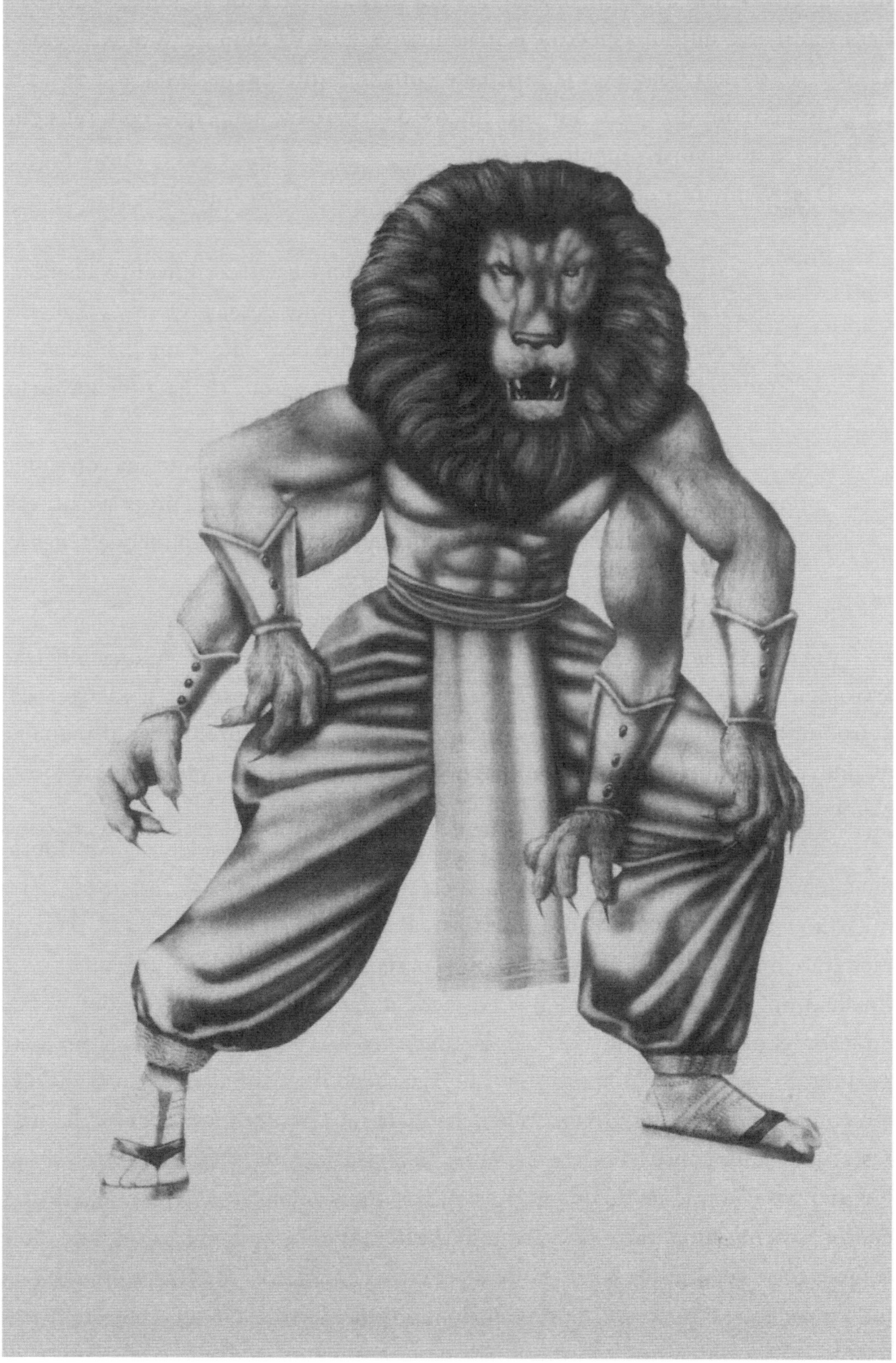

fada, o gigante é um símbolo exagerado do pai, porque para uma criança pequena o Pai parece ser um gigante todo-poderoso.

Nesse mito, uma história dos *Puranas* hindus, o Senhor Vishnu se manifesta na Terra em resposta a uma oração. O nome do herói e herdeiro do trono, preterido pelo pai em favor do irmão mais novo, é Prahlad, que significa "o devotado" ou "o constante". No início da história, seu pai, o rei, tinha a impressão de que Prahlad era fisicamente mais fraco e menos corajoso que seu irmão, e para Prahlad seu pai parecia ser um gigante malvado. O pai se chamava Hiryana-Kasipu, que significava "Velocino dourado", em sânscrito. Essa é uma reminiscência ao Velocino de Ouro de Jasão, do mito de Áries. O pai não queria que Prahlad se prostrasse por várias horas em oração a Vishnu e ridicularizava sua devoção. Prahlad sabia que perderia o trono para o irmão e temia que o pai, o gigante, o mandasse matar. Passando muitos dias em vigília e meditação, Prahlad rogou a Vishnu que o libertasse. Vishnu, inicialmente, respondeu que não poderia fazer isso porque Brahma, famoso pela generosidade com as pessoas mais extravagantes, prometera a Hiryana-Kasipu que ele não poderia ser assassinado por homem ou animal, dentro ou fora de casa, com armas feitas por homens, deuses ou demônios, durante o dia ou à noite. Prahlad via-se em total desvantagem – um pai gigante e uma promessa de Brahma que não podia ser revogada. Ainda assim, Prahlad manteve sua coragem, apesar de o pai ter tentado envenená-lo por três vezes.

Por fim, convencido pela determinação, fé e coragem do herdeiro do trono, Vishnu apareceu sob a forma metade homem, metade leão de Narasimha, nem homem, nem animal, nem deus. Ele apresentou-se no pátio ao cair da tarde, não sendo nem dia nem noite. Saltou de uma coluna alpendre (nem dentro nem fora de casa) e matou o Velocino dourado (Hiryana-Kasipu) com sua pata, que não era arma feita por homens, deuses ou demônios. O trono, então, pertencia a Prahlad, cuja coragem e jejum o haviam reduzido a um espectro nas ilustrações que acompanham a história nos *Puranas*. Esse é o verdadeiro domínio dos próprios medos: a ameaça ao corpo e a perda emocional de ter o próprio pai de Leão deserdando-o em favor de um irmão de menor valor. Este é um teste extraordinário para o orgulho de Leão. Aqui, somos levados a pensar no vigor interior necessário porque a tristeza maior está na separação emocional do pai e na dificuldade de ser ouvido por Vishnu (Deus).

Para mim, essa história é mais animadora que muitos mitos gregos que retratam uma busca mais exterior que interior. O teste de Prahlad incluía as emoções, que são muito fortes em Leão. Nos textos mais recentes, Prahlad é representado como um rei bom e sábio, não como uma réplica do pai. Ele não descuidou de seu reino para se lançar em outras buscas, como fizera Jasão. Tampouco sucumbiu à *hybris*, lutando contra seu destino ou tentando suplantar Vishnu. Como o leão da história de Sir Henry Trahle, o ego de Prahlad não assassinou o inimigo, embora ele, sem dúvida, fosse o vitorioso e o trono lhe pertencesse. O Self o libertou. Ele se assemelha a muitos leoninos tímidos conhecidos meus que desenvolveram a coragem e a bravura, que superaram seus medos e cresceram a ponto de se tornarem leoninos adultos vigorosos. Seu ego débil transcendeu para entrar em contato com o Self por meio de uma experiência de crise.

Há, na Índia, muitos símbolos esotéricos que se referem à coluna do alpendre, porque ela representa a espinha astral, na qual encontramos a chave para o sucesso – os chakras, ou centros de força, por meio dos quais os yogues, em meditação, dirigem a força vital. A encarnação homem-leão de Vishnu irrompeu da fonte da força – a coluna. Sem dúvida, essa é a passagem interior ao êxito, oferecendo a todos nós acesso ao "trono".

É interessante que o mesmo simbolismo se repete na história de Sansão no *Livro dos Juízes*. Os eventos ali narrados ocorreram num tempo em que "Israel estava sem um rei" (*Juízes* 19:1). A história de Sansão está relacionada à força física e é também um teste emocional. Aqui, o herói, ao contrário de Prahlad, é fisicamente forte e também popular no mundo exterior entre o povo acéfalo. Seus inimigos (os filisteus) temiam que Sansão se tornasse rei e fizesse das tribos israelitas um povo forte. Decidiram impedir que isso acontecesse investigando a origem de seu grande vigor. Enviaram então Dalila, uma belíssima mulher, para seduzir Sansão e descobrir seu segredo. Embora vitorioso nos campos de batalha externos, Sansão deixou-se levar pelas emoções e apaixonou-se pela espiã inimiga. Após contar-lhe várias mentiras, ele finalmente revelou a Dalila a verdade – que o segredo de sua enorme força estava em seu cabelo (sua juba de leão). Ela cortou suas sete madeixas enquanto ele dormia e o entregou aos filisteus, que o cegaram e o amarraram entre duas colunas. Centenas de pessoas aproximavam-se para escarnecer e zombar dele.

Sansão orou ao Senhor Deus com grande concentração, fé e coragem: "Senhor Iahveh, eu te suplico, vem em meu auxílio; dá-me forças ainda esta vez, ó Deus, para que, de um só golpe, eu me vingue dos filisteus por causa de meus dois olhos". Então ele empurrou o edifício com todas as suas forças, que desmoronou sobre os príncipes e sobre todo o povo que ali se encontrava (*Juízes* 16:30). Ele venceu com uma força interior, embora sua cabeleira tivesse sido cortada; ele era um leão. A história de Prahlad em seu jejum e a de Sansão na prisão do inimigo nos trazem à memória as palavras: "Sua força era como a força de dez, porque seu coração era puro". Ambos eram, a seu modo, heróis de Leão; enfrentaram testes de coração, uma luta com o Pai num caso, e com Dalila, no outro. Ambos sofreram interiormente, mas, ainda assim, possuíam enorme força de vontade, coragem e fé que os impulsionaram à vitória.

Isso me leva a fazer uma observação. Na tradição esotérica, não há exaltação em Leão. Vários autores acham que o Sol é suficiente. Além do mais, se você é junguiano, o Sol simboliza a iluminação, ou a individuação. Tudo em nosso Sistema Solar orbitando em torno dele. Em nível mundano, os filhos de Apolo estão destinados ao centro do palco e a muito aplauso. Sua liderança será reconhecida. Entretanto, pode-se levantar uma questão em relação às histórias de Prahlad e Sansão em favor da exaltação de Netuno em Leão. Netuno tem ligação com a fé e o sacrifício – a rendição humilde do controle do ego. Netuno parece uma proteção natural para um herói que de outro modo poderia desenvolver o que os gregos chamam de *hybris* – a atitude arrogante para com os deuses ou a tentativa de usurpar seus poderes, o que acarretava a punição imposta pelas Parcas. *Hybris* levava ao padrão familiar do herói, o que trazia como consequência, por sucessivas gerações, uma geração que repetia os erros da anterior. O filho de um tirano rebela-se contra o pai, usurpa o trono e, por fim, ele mesmo se torna tirano. A exaltação de Netuno tem relação com o atribuir a Deus (a Vishnu ou ao Senhor Iahveh) os benefícios recebidos, o que protege Leão do "orgulho que precede a queda".

Em suma, a busca de Leão é como a Busca Solar de Jasão em Áries. Em geral, encontramos Leão desempenhando o papel de líder no mundo exterior – delimitando seu reino e conquistando-o. O reino poderia ser uma praça de vendas, uma herança de terras e poder, ou o mundo das artes visuais, da dança e do teatro. O reino poderia ser o país todo – o artista Leão poderia "pegar a estrada" e fazer apresentações por onde fosse parando. Tenho vários clientes que participam do arquétipo de Leão através do palco.

Muitas vezes, como Áries, Leão opta por uma busca que requer a luta contra um gigante e contra desvantagens assustadoras em seu caminho. Às vezes, o gigante não é um pai, mas uma figura do pai, com reputação de gigante. Suas próprias emoções parecem ser o maior teste para Leão. Como acontece com os outros signos fixos, a traição perpetrada por amigos pessoais ou membros da família o fere profundamente, e ele lutará por princípio. Ainda assim, Leão é constante, como o Sol em sua órbita, ou como o leão do bestiário de T. H. White, que aparecia em muitos brasões familiares da Europa medieval.

Muitos leoninos são atraídos por Jung e sua psicologia da individuação. O próprio Jung era leonino e considerava a busca interior do indivíduo pela plenitude algo particularmente fascinante. Ser tudo o que podemos ser "para retirar as camadas da cebola e chegar ao cerne do que você é", disse ele certa vez. Essa é uma busca digna de um Leão. No sentido de que Leão significa iluminação, todos os discípulos nos vários caminhos que levam à montanha do Divino são Leões esotéricos. De modo que este é, de fato, um signo importante. Áries era obreiro e ativista; Leão é alguém em processo de transformação – uma personalidade no processo de tornar-se ela mesma. Sempre que revejo um cliente leonino, ele está "avançando" (como os egípcios expressam no hino a Rá, anteriormente transcrito). Foi Apolo, o deus Sol, que trouxe o espírito do homem. Leão tem espírito. É como diz a canção: "Você precisa ter coração, muito coração".

Em sentido mais amplo, há muito a ser aprendido com o arquétipo de Leão, porque muitos de nós somos Leões esotéricos, não importando se temos planetas na 5ª Casa ou a energia de Leão em nosso mapa. O Caminho Solar é muito popular no moderno Ocidente. É um caminho mais mental – o da percepção consciente. O Caminho Lunar do arquétipo de Câncer, que é menos consciente, é ainda muito popular na Índia. Esse Caminho enfatiza uma rendição passivo-receptiva à vontade de uma divindade pessoal e uma dependência em relação à graça. Esse foi o caminho de Ramakrishna à realização através de sua relação pessoal com a deusa Kali. (Veja Câncer, Capítulo 4.)

O Caminho Solar implica participação ativa e consciente, ou o uso da própria vontade e da compreensão da pessoa – uma cooperação com o Divino. Ele inclui o zelo ígneo de Leão – a coragem do Leão que avança de modo independente e assume riscos, que audazmente encara a aventura da vida e comete erros, desejoso de aceitar a "parte do leão" da responsabilidade por esses erros. Um filósofo Vaishnavita medieval, Ramanuja, usava a analogia do gatinho e do filhote do macaco para comparar os Caminhos Lunar e Solar quanto à meta. O gatinho é levado pela mãe; ela o levanta e o deposita no chão. Ele é totalmente dependente e apegado, como uma pessoa religiosa. Em contrapartida, o filhote do macaco está no Caminho Solar. Ele se lança à frente, com independência, para experimentar a vida e dela aprender logo que tem condições de caminhar. Ambos os animais vão crescer e se dar bem na vida. Eles apenas estão em dois níveis diferentes, como diferentes personalidades humanas. Os que seguem o caminho à plenitude, ao Self, ao Divino, de maneira ativa, consciente, sem medo, com perseverança, assemelham-se muito ao Leão arquetípico. Precisamos nos precaver contra a *hybris*, manter nossa compaixão na vitória e nossa satisfação de viver quando emocionalmente feridos. Mas o Caminho Solar também contém em si muito prazer e grandes alegrias.

Meus alunos de astrologia do signo de Leão que nasceram na cúspide de Câncer parecem mais introvertidos que a maioria dos leoninos e manifestam, com frequência, uma aversão contra a psicologia ocidental. "Este processo de individuação não passa de um reforço do ego! O ego já é bastante ruim. É cheio de desejos que simplesmente nos desviarão de nossa busca do Self. Ele nos joga para o mundo exterior, o do corpo e dos objetos sensoriais." Essas objeções provêm de leoninos de religiões orientais que têm seu Sol interceptado ou na 12ª Casa. É isso que passei a chamar de filhote de leão ou padrão de leão tímido. O Leão ainda não aprendeu a rugir, mas durante sua longa caminhada solar através de Leão ou da 12ª Casa, e de sua eventual progressão, liberará suas emoções e seus movimentos criativos. Sua jornada se parece mais com a do leão de *O Mágico de Oz* que com a do Leão comum. Sua timidez se revela pela aversão ao mundo objetivo dos sentidos, o dinâmico mundo da paixão e do desejo por meio do qual o ego-consciência estabelece suas relações.

Em minhas sessões com leoninos tímidos, em geral menciono a analogia de C. G. Jung sobre o ego orbitando em torno do Self, como a Terra em torno do Sol, e apresento a definição de individuação retirada de seu livro *O Desenvolvimento da Personalidade*. É... "um processo psicológico que transforma um ser humano num 'indivíduo' – uma unidade única, indivisível, um 'homem completo'". Se recuperarmos porções reprimidas de nós mesmos e nos conscientizarmos delas, poderemos criar mais efetivamente. Nos sentiremos vivos e vitais. Em seguida, poderemos nos empenhar em integrar os opostos (como os *Upanishads* nos pedem que façamos) e em ter algo digno a ser oferecido a Deus – uma consciência egoica forte. Antes de submeter nosso ego ao Divino (como Leões da cúspide de Câncer, interceptados ou na 12ª Casa muitas vezes sentem necessidade de fazê-lo), devemos ter um ego para submeter. Como um guerreiro grego, Leão pode sentir *aretê*, um orgulho justificado por excelência, sem *hybris* (tentando assumir os poderes que só pertencem a Deus). Jung analisou muito bem a questão do ego inflado em seu *Resposta a Jó*, que é, penso eu, um ótimo livro para o leonino terapeuta. Jó via-se como um homem virtuoso com intelecto brilhante, capaz de resolver os problemas dos outros com seu apurado conselho. Imagine seu horror quando Iahveh respondeu a seu inflado ego demonstrando que o mundo exterior não mais cooperava com suas expectativas, seus planos e seus desejos.

Jung observou que, quanto mais consciente o ego se torna, mais longa é a Sombra que projeta no mundo exterior. Pessoas magnéticas como os leoninos comportam-se de maneira perceptível aos outros. Mas esse signo do verão mítico tende a permanecer inconsciente da própria sombra por longos períodos de tempo, até que, frustrado como Jó pelo mundo exterior, Leão relaxa seu controle consciente e começa a dar ouvidos ao Self. A obstinação transforma-se em disponibilidade, e a liderança, em cooperação. É difícil ver a sombra ao meio-dia em um dia de verão, com o Sol a pino. Muitas vezes, o mundo exterior age de modo a pôr em confronto Leão com sua sombra, forçando-o a encarar o lado obscuro e a integrar seus aspectos positivos.

Devem os planos de Leão ser seriamente contrariados antes que ele relaxe o controle do ego e permita que o Self se manifeste? Nem sempre, nos diz Jung em seu tratado sobre a alquimia interior, *Mysterium Coniunctionis*, "porque com muita frequência acontece que o ego-consciência e o senso de responsabilidade do ego são muito débeis e têm necessidade, se não de outra coisa, de fortalecimento..." Nem todo leonino sofre da *hybris* de um ego inflado. Muitos leoninos tímidos ainda lutam para emergir do inconsciente, recuperar sua vitalidade, suas emoções reprimidas, aceitar os conteúdos positivos de sua Sombra para se tornarem plenos para criar de acordo com seus singulares talentos. Os nascidos próximos à cúspide de Câncer podem achar o Capítulo 4 muito útil.

A alquimia interior envolve, com frequência, um matrimônio místico, simbolizado pela união da Rainha com o Rei, do inconsciente com o consciente dentro de nós, do sentimento feminino intuitivo e criativo, a Rainha, com o Logos, o Rei, a função masculina do pensamento que encontramos em Áries e em Gêmeos. Segundo Jung, se a mente consciente não se der conta de que há uma habilidade imaginativa e criativa no inconsciente, então o ego a negará. A habilidade pode também não existir. Isso, sem dúvida, é verdade para todos nós, mas é especialmente triste para Leão, que tem uma ligação arquetípica com a criativa 5ª Casa. Assim, o matrimônio interior entre a mente consciente e inconsciente deve acontecer. Essas duas facetas da psique não se opõem uma à outra, mas são complementares. Se o ego teve um dia ruim, por exemplo, o inconsciente pode enviar um agradável sonho compensatório para fazer com que ele se sinta mais confiante.

Assim, um matrimônio interior é muito apropriado. No sistema de Jung, o Self também coordena os conteúdos do Inconsciente, sendo o centro e a fonte tanto de sonhos inconscientes quanto de visões supraconscientes, de modo que a integração do inconsciente nos aproxima do Self.

Como isso funciona? De várias maneiras. O inconsciente pode enviar um sinal à mente consciente por intermédio do corpo, por exemplo, com a finalidade de conseguir a atenção do ego. Se o coração do Leão não está pulsando com seu trabalho, poderá desenvolver dores no peito, que, na astrologia médica, é sinal de: "pare e dê atenção à psique. Dê-lhe espaço para que faça a mudança em sua vida, se ela perceber que há necessidade". A mente consciente de Leão, signo fixo, tende a resistir. Um contador próximo dos cinquenta anos, nascido na cúspide de Leão/Virgem, me disse: "Tenho dores no peito todos os anos durante o período de declaração do imposto renda. Sinto um cansaço tão grande que quase não consigo me levantar de manhã e ir trabalhar". Eu lhe respondi: "Seu coração não está mais no trabalho; você talvez esteja pensando em fazer alguma outra coisa? Algo interessante, criativo? Algo com que seus planetas em Leão se alegrassem e que seus planetas de Virgem pudessem estudar? Algo que lhe dê mais tempo livre?". "Não, não tenho nenhum talento criativo. Ser contador me proporciona uma vida boa e segura. Foi muito boa para Papai durante aqueles anos todos...", respondeu ele, com seu *stellium* em Virgem que odeia correr riscos.

Mais tarde, quando seu problema cardíaco se agravou, ele admitiu interesse em aprender programação computacional e em idealizar um programa de impostos para pequenos comerciantes. Imediatamente se entusiasmou com a área de *marketing* e se sentiu motivado a se matricular em uma escola de computação. A confiança que adquiriu através da mudança de profissão estendeu-se para outras áreas da vida; o magnetismo de sua aura se ampliou. Ele não parecia mais um leonino tão tímido e, em pouco tempo, atraiu uma mulher autoconfiante – sua companheira também de Leão.

Quando o corpo, especialmente o coração, envia mensagens a Leão, é importante relaxar e dar ouvidos aos instintos, aos sentimentos, às emoções, às intuições e a outros habitantes do inconsciente. É essencial desejar fazer mudanças, seguir a inclinação ígnea de correr riscos, movimentar-se além da fixidez. Leão não apenas viverá por mais tempo, mas obterá muito mais satisfação da vida.

Depois de ter falado do matrimônio interior, alquímico, dos opostos, consciente e inconsciente, chegamos agora a um tópico querido ao coração da maioria dos leoninos: "Onde está meu companheiro no mundo exterior?". Sem dúvida, há alguns leoninos para quem o romance divino da alma com Deus é o caminho da vida – uns poucos renunciantes –, mas a maioria segue o padrão do Leão do *Bestiary* de T. H. White, que procura uma companhia para a vida toda. Homens leoninos parecem ter mais facilidade para atrair companhia que as mulheres com Sol ou ascendente em Leão. O signo é muito romântico e espontâneo. Com muita frequência, leoninas chegam e anunciam: "Encontrei minha alma gêmea às 10 horas da manhã de hoje; gostaria de consultá-la para uma leitura sobre o relacionamento". Todavia, a leonina também é capaz de passar muitos anos sozinha, remoendo seus ressentimentos e aprazendo-se em mostrar seu valor no mundo exterior ou na busca interior, introspectiva, do Self. Isso se verifica de modo especial após um divórcio doloroso, se o orgulho dela foi ferido.

Os homens, em geral, admitem se sentir intimidados pela mulher leonina "Ela é tão forte e autoconfiante", disse um homem sobre sua bela bailarina com ascendente Leão. "Gosto de ser visto com ela apoiando-se em meu braço. No entanto, no momento de assumir um compromisso definitivo... bem... você sabe... ela é tão envolvente, tão imponente; não sei se conseguiria viver com ela todos os dias." Um outro homem se expressou assim: "Ela se vira tão bem por conta própria; não creio que precise de alguém de fato". As leoninas parecem muito competentes, quase maiores que a vida para muitos homens (a menos que sejam do tipo tímido). Ainda assim, é muito importante que as leoninas respeitem seus maridos. Uma leonina raramente é feliz com um homem que se rebaixa.

Sabe-se que a harmonização com os planetas de Água do mapa natal é de grande ajuda às pessoas. Mulheres de Leão que decidiram deixar um ambiente de trabalho competitivo como *marketing*, por exemplo, por uma profissão mais criativa, menos agressiva, começam a irradiar uma energia mais suave, mais feminina. Elas não são mais vistas como concorrentes pelos homens. Pelo contrário, apresentam-se como mulheres amáveis, graciosas e cordiais. O lado feminino (planetas de Água) se manifesta, e os homens não se sentem mais intimidados.

Harmonizar-se com os dons místicos, metafísicos, musicais ou meditativos de Netuno também ajudam a manifestar as virtudes de Netuno da suavidade, da bondade, da compaixão e a habilidade de confiar novamente nos homens, se a leonina foi magoada em seu último relacionamento. O inconsciente pode estar dizendo: "Não se apresse em estabelecer uma nova relação; você pode se machucar de novo". Mas pessoas de signos de Fogo correm riscos, pois sabem, no fundo do coração, que "quem não arrisca não petisca". Ao final, a leonina arriscará seu orgulho e aproveitará uma nova oportunidade de compromisso.

Chegamos agora à polaridade oposta – Aquário. Se Leão representa o indivíduo, resplandecente em sua glória solar, o que de Aquário precisa ser incorporado? Creio que todos já ouvimos alguém dizer que Leão ama a pessoa da casa do lado, mas acha que a humanidade é um conceito amplo demais para ser apreendido. Temos aqui Urano, planeta que rege Aquário, para apoiar Leão. Se você se lembrar de seus amigos e clientes com ascendente em Leão perceberá isso de imediato. Eles têm a tendência a escolher pessoas de aparência exótica ou incomum (tipo aquariano) como companheiros de vida. O companheiro de uma pessoa com ascendente em Leão o leva além de sua própria esfera na direção de uma comunidade maior. Assim, Leão supervisiona um território maior em parte porque seu companheiro exige isso dele. Leão no ascendente tem seus próprios projetos – seu reino pessoal. Mas o companheiro acrescenta uma dimensão Urano de voluntarismo e, através dos interesses do companheiro, o ascendente Leão torna-se o presidente do comitê do aquariano. Um cliente com Leão ascendendo disse-me que antes de seu casamento ele pensava que tinha muita responsabilidade em seu trabalho. Ele costumava jogar *softbol* ou relaxar com seus amigos homens. Após o casamento, sua mulher aquariana o levava a todos os seus grupos de sustentabilidade ambiental e para levantar fundos para pessoas desabrigadas. Ele imediatamente se percebeu mais ocupado que nunca, mas se sentindo realmente satisfeito. Agora tem mais responsabilidades fora do trabalho que nele. Na verdade, ele gostaria de ter mais tempo para dedicar aos filhos, mas isso simplesmente não iria acontecer com ele. Ele me disse: "Apesar de tudo, há satisfação no trabalho que minha mulher executa. Aprecio essa sensação de poder contribuir... de ajudar a comunidade mais amplamente".

Como Áries, que se beneficia pela integração da energia libriana, Leão tira proveito da incorporação do altruísmo e da objetividade do Ar de Aquário. Se um problema profissional está aborrecendo Leão, ele pode chamar um amigo de Aquário para discuti-lo com ele. Se o aquariano conceber uma maneira que faça com que o Leão, com o orgulho ferido, não perca o prestígio e se comprometa, ele prové objetividade. Lembre-se: se você for o cônjuge, o colega de trabalho ou mesmo o concorrente, *jamais* insulte o Leão. Deixe sempre espaço para que o rei mantenha seu prestígio; jamais lhe cause embaraço diante de outras pessoas. Pessoas de Escorpião, muitas vezes, cometem esse erro. Esta, acredito, é parte da dificuldade com a quadratura entre Leão e Escorpião.

Na obra *Beasts*, de T. H. White, podemos ler: "O veneno da serpente e do escorpião podem matar o leão". Na parte final do já transcrito "Hino a Rá", o deus Sol enfrentou a serpente e a jogou no fogo. Tapeçarias, escudos familiares e obras de arte registram a luta do leão com a serpente, ou do leão com o touro, e, muitas vezes, a mim pareceu, observando isso em meus clientes, que a polaridade Escorpião/Touro é muito sutil para nosso Leão franco, consciente, aberto. Os signos de Fogo se comunicam abertamente e por isso podem se ressentir ou se confundir diante das táticas indiretas de Touro ou Escorpião. Aquário também é fixo, mas os filhos de Urano são alertas, conscientes e ótimos comunicadores. Eles podem se unir a Leão e apresentar sugestões para lidar com outros signos fixos – que os aquarianos consideram igualmente frustrantes. Como Escorpião, Leão tem dificuldade de confiar uma segunda vez se julga que uma pessoa o traiu. Deixar de lado amizades desfeitas é uma fonte de sofrimento tanto para Leão como para Escorpião.

Resumindo esse aspecto de Leão, o Sol, e da busca do controle emocional, talvez devamos mencionar que Leão é constância (Fogo fixo ou perseverante), orgulho e, às vezes, *hybris* (arrogância), mas é menos impetuoso e mais determinado que Áries (Fogo cardinal) e tem gosto pela vida maior que a maioria dos outros signos. Do ponto de vista arquetípico, Leão representa a pessoa engajada no processo de se tornar íntegro. Leão é o signo da liderança. Minha experiência com pessoas do sexo masculino e feminino com planetas na 5ª Casa, Sol ou ascendente em Leão é que elas se aproximam do astrólogo mais por questões pessoais que profissionais.

O Sol tem necessidade de alguém a quem possa aquecer e sobre quem possa brilhar. Um leonino não gosta de ficar sem sua leoa, sua companheira. De modo semelhante, a leoa também quer manter seu companheiro por perto, não importando o grau de sucesso que alcançou ou quão criativa seja. Isabel Hickey fez a seguinte observação, muito significativa, em seu livro *Astrology, The Cosmic Science*, sobre Leão no ascendente: "Problemas no coração são, muitas vezes, consequência de problemas emocionais não resolvidos". Assim, a busca interior da realização pessoal, emocional, é uma das questões mais importantes para a maioria das pessoas de Leão, sejam elas esotéricas ou mundanas. Por consequência, é importante verificar os trânsitos e progressões que envolvem a vida emocional do cliente de

Leão, mesmo que ele seja a primeira e a mais aplaudida bailarina, ou o vendedor mais premiado, ou mesmo o prefeito.

As reações emocionais de um leonino ferido no amor ou no coração, a área da 5ª Casa da vida, revelam seu nível de controle consciente e de autodomínio. É ele um Leão totalmente mundano ou um Leão esotérico? Quão indulgente é ele com a ex--esposa que lhe foi infiel e depois se prostrou diante dele como o inimigo derrotado na batalha? De quanto tempo necessitará para ser capaz de confiar novamente em alguém? Há a compaixão de Netuno exaltada nesse Leão em particular? Ele integrou a polaridade de Aquário com a tolerância e a fria avaliação próprias de Urano? ("Afinal de contas, minha ex-mulher era humana.") Em quanto tempo ele se recupera de uma ação em público que feriu seu orgulho e sua dignidade? Pode ele vociferar e rugir e, em seguida, se distanciar e esquecer? Ou ele sente a ferida por anos?

Apolo Febo (de raios dourados) tinha sobre a entrada principal de seu santuário em Delfos um mote que os peregrinos liam sempre que fossem em busca de orientação de seu oráculo. Dizia: "Conhece-te a ti mesmo". Muitos mestres espirituais ao longo dos séculos levantaram essa mesma questão: "A menos que primeiro encaremos nosso mapa natal, como esperamos nos tornar a pessoa que desejamos ser?". Como podemos alcançar todo o potencial da personalidade? Como podemos alcançar a plenitude (individuação) ou encontrar o Self interior e alcançar a iluminação? Um Leão pode levar seu gosto pela vida – seu magnetismo, sua confiança, sua coragem, sua força de vontade e seu estilo – de um desejo a outro, e cada vez se separar desse desejo se sentindo vazio, ou pode ser o senhor do trono de sua própria personalidade, soberano interior de suas emoções, diretor do drama de sua vida. Alice Bailey nos diz que a vontade de dirigir, o instinto de liderança no interior do Leão, deve, primeiro, ser usada para conquistar o esbravejante Leão interior. Não matar, mas montar o leão – controlá-lo em vez de ser controlado por ele. Na sequência, o Leão esotérico desenvolve sua vontade de iluminar, e, em sintonia com o Sol como regente esotérico, seu magnetismo se estende para atrair o(a) companheiro(a) certo(a) e os amigos verdadeiros (polaridade aquariana). Bailey vê o Leão esotérico como alguém que se dirige pela meta (a 11ª Casa ou Aquário representam as metas pessoais) e pelo propósito – um planejador consciente. (Bailey, *Astrologia Esotérica*.)

Há uma qualidade quase mágica no Leão esotérico. Alguns o veem como um homem incomum – realizado, iluminado ou divino. Para os egípcios, o Faraó tinha o poder interior de proteger a realeza e de assegurar sua prosperidade. Era um ser mágico ou divino. (Campbell, *As Máscaras de Deus – Mitologia Primitiva*.) No Egito, o período do Sol em Leão era a época mais importante do ano – o período das chuvas. Esporadicamente, porém, as chuvas eram imprevisíveis e vinham durante o período de Virgem. Para essa época do ano (Leão/Virgem) inteiramente mágica, para a sabedoria e o serviço abnegado (Virgem) do Faraó, e também para sua coragem e poder interior leonino, os egípcios desenvolveram um símbolo: a Esfinge. Há algum tempo li sobre esse símbolo Leão/Virgem no livro *Astrological Signs, The Pulse of Life*, de Dane Rudhyar, e desde então meu inconsciente vem trabalhando sobre ele.

Incentivo a todos os que estão empenhados na busca da individuação ou da iluminação a refletirem sobre a Esfinge. Ela é um extraordinário símbolo de totalidade que combina as melhores qualidades de Leão e Virgem. Pessoas que têm nos mapas quaisquer combinações da energia de Leão e de Virgem talvez gostem de ter sua imagem por perto para contemplá-la de vez em quando – pessoas de Virgem com ascendente ou Lua em Leão, ou com planetas na 5ª Casa; Leão com ascendente em Virgem, planetas na 6ª Casa ou Lua em Virgem; pessoas na cúspide – as combinações são infindáveis. Na Esfinge, temos a constância e a perseverança de Leão (fixidez) combinada com a flexibilidade (mutabilidade) de Virgem; temos a sabedoria, a discriminação e a prudência (Virgem) combinadas com a coragem, o zelo, a atividade e a força de vontade (Leão). Temos o espírito do serviço humilde (Virgem) combinado com a autoconfiança, o vigor físico e a resistência (Leão). Temos a cabeça fria (Virgem) e o coração quente (Leão). A Esfinge é muito semelhante à carta da Força do Tarô, pois ambas combinam um leão e uma virgem – poder e inocência. A Esfinge também é um símbolo de integração da personalidade, se considerarmos a junção de Masculino (consciência) e Feminino (inconsciência) na virgem e no leão.

Quase sempre o líder de Leão supõe, automaticamente, que sabe o que é melhor para seus seguidores. Reage de modo exagerado em momentos de crise e conduz os liderados em uma direção tangencial, distanciando-os da via principal da verdade. Apolo, deus da Verdade, rege o 5º signo e a 5ª Casa. O leão do deserto, a Esfinge de Gizé com seu sorriso perspicaz, sua consciência da verdade interior, parece ser um símbolo apropriado para Leão/Virgem. Ela está enraizada em sua postura de meditação, o olhar fixo no Sol, ouvindo serena e pacientemente. (Como vimos no capítulo sobre Áries, ouvir não é algo particularmente fácil para os signos de Fogo.) Ao contrário da Esfinge de Tebas, que apenas procurava apanhar Édipo com uma charada, a Esfinge de Gizé é uma inspiração ao cansado viandante que inesperadamente se depara com ela quando se encontra em estado de solidão e aridez espiritual. Ela tem uma direcionalidade interior. Dá ouvidos à sua alma e às necessidades do inconsciente coletivo, a quem sua atitude humilde e prestativa está totalmente aberta.

Qual o significado para Leão dessa progressão em Virgem no que diz respeito às questões práticas do dia a dia? Em um primeiro momento, ela pode parecer um obscurecimento da luz do Sol natal. Um leonino mencionou que a impressão que tinha era como se alguém tivesse posto uma cesta sobre sua cabeça e a tivesse deixado no escuro. "É isso que é ser de Virgem; e, se assim for, sua duração será realmente de trinta anos?", era a dúvida que expunha. Esse cliente experimentou uma sensação de indiferença, uma espécie de enervação, que descreveu como "perda da vitalidade e tendência a me preocupar com a saúde, coisa que nunca fizera em toda minha vida. Talvez esteja me tornando um hipocondríaco virginiano. E, além disso, de repente tenho este trabalho literário, que odeio. No entanto, parece que estou preso a isso, porque o trabalho de meio período se enquadra muito bem à minha agenda e consigo participar de aulas à tarde. Assim mesmo, é frustrante. Há poucos anos, eu tinha uma energia inesgotável; conseguia manter um emprego em tempo integral, frequentar a escola noturna e ainda me sentir descansado pela manhã. Agora, meu trabalho de meio período me cansa. Quero concluir o curso, sair e *fazer* coisas na vida". O ciclo de aprendizado de Virgem proporcionou a esse cliente a capacidade de reflexão através de cursos práticos que desenvolviam as habilidades que ele um dia precisaria para expor seu currículo. A habilidade de esperar pacientemente, de trabalhar laboriosamente e de aprender com profundidade, tudo isso é desenvolvido durante a progressão em Virgem. Esse indivíduo aprendeu o que muitos arianos descobriram na progressão para o signo de Terra, Touro – seja paciente e atencioso com os outros, pois eles podem não ter a vitalidade própria dos signos de Fogo! A compreensão em relação aos sentimentos e ao ritmo de vida de signos menos fascinantes surge por meio das progressões em Terra, quando os signos de Fogo aprendem a construir lentamente e bem.

Virgem representa a espada da discriminação, a mente regida por Hermes dos videntes egípcios. Hermes rege a alquimia, o progresso interior da transformação que chegou à Grécia vindo do Egito. No ciclo de Virgem, às vezes, parece, à primeira vista, tão espiritualmente árido como o deserto egípcio. O Leão extrovertido tem oportunidade de se recolher em introspecção e, através de uma abertura mutável, usar de maior discernimento em relação às suas opiniões fixas. Talvez a verdade esteja em todos os lugares, e não apenas na religião professada por Leão, seja ela oriental ou ocidental, mística ou psicológica. No decorrer da progressão em Virgem, seu dogmatismo contumaz pode se dissolver, e muitos leoninos parecem menos inclinados a interferir na vida alheia, não mais levando os outros a encararem seus próprios erros e nem tentando salvá-los das próprias ilusões. A receptividade virginiana facilita a transformação espiritual e psicológica à medida que Leão se torna capaz de perceber sua sombra, passa a admiti-la e a, analiticamente, determinar quais partes de sua natureza ele precisa integrar e contra quais deve lutar, como Jacó lutou com o anjo. Ao recuperar as energias da sombra positiva, Leão geralmente descobre que sua hipocondria e seu cansaço ocorridos na progressão em Virgem diminuem. A preocupação, o alvoroço de Virgem com os detalhes insignificantes se acalmam.

Até mesmo o trabalho subalterno, modesto e despretensioso que Leão tem possibilidade de executar durante o período de aprendizado de Virgem é útil, porque lhe concede tempo extra da atividade do centro do palco, do correr desenfreado imposto pela ação e pelo desempenho no mundo exterior. O ciclo mais sutil e introvertido de Virgem lhe possibilita se recolher a uma espécie de período de gestação. Nos primeiros anos de Virgem, ele(a) pode se queixar por sentir-se sozinho(a), isolado(a), como um eremita ou um santo do deserto do cristianismo primitivo, e também conjecturar por que ele(a) não é seu Self social e extrovertido de sempre. Entretanto, depois de se acostumar à energia mais serena de Virgem, Leão geralmente é capaz de descer mais fundo em sua própria alma. Via de regra, seus colegas de trabalho são parte de sua situação de aprendizagem. O astro Leão, de repente, é membro da banda ou apenas mais um aluno do Mestre, agarrado a um trabalho monótono, a uma agenda virginiana rotineira. Se Leão anteriormente se identificava com sua *persona* criativa, pode se sentir muito semelhante à Esfinge de Gizé, ressequido e solitário no deserto. O que ele fez recentemente que seja original, que reflita seu ego, que seja merecedor do aplauso das outras pessoas? A menos que tenha um Grande Trígono na Terra para ativar o Sol em progressão, a resposta pode ser "muito pouco".

Entretanto, Virgem aprende por observação. Hermes é um bom imitador. O professor-mestre, seja um artista, um cantor ou um guru, tem um aluno pronto durante este ciclo. Leão está no seu nível mais ativo, de maior consciência. Leão está aprendendo a ser liderado para que um dia possa liderar, mas com sua alma, não com sua personalidade, com seu ego. Virgem é uma boa progressão para desenvolver uma alma. Muitos velhos hábitos acumulados no Leão fixo desde vidas anteriores podem ser liberados durante Virgem, se aquele o desejar. Parte do segredo, porém, esconde-se nas técnicas de Virgem. Pode-se ficar observando um mentor durante o dia todo, mas se não se põem em prática suas técnicas o que acontece quando ele não está mais por perto para que se possa perguntar: "E agora, o que faço?". As técnicas podem ser orientadas à pesquisa artística, musical, curativa (Virgem é um signo relacionado à saúde), mas, como o Instrutor, elas, de algum modo, se tornam úteis a ele durante esse ciclo.

Em muitos casos, um ego inflado traz tendência à identificação com a *persona*: "Eu sou o Messias". Tendo em vista que o signo do Sol natal está ligado à consciência e ao poder do ego, o Leão forte (não o tímido) deve se observar em termos de vaidade. Por que ele é tão impaciente durante esse ciclo de Virgem? Por que deveria se destacar mais rapidamente que os outros? É a *persona*, o EU SOU exterior, tão importante assim? O ciclo de Virgem, com sua energia calma, em geral faz Leão encarar essas questões se ele estiver espiritual ou psicologicamente consciente.

Há muitos mitos gregos que abordam a temática do herdeiro ao trono, o herói do signo de Fogo cheio de coragem e confiança que se submete a testes e vence obstáculos. Mas as consequências dessas histórias são sempre mais interessantes. O que o herói tem intenção de fazer depois de se apossar do trono? Após realizar-se ou "individuar-se"? Será ele um rei tirano, como alguns dos governantes gregos, ou um rei filósofo? Vai atrair e motivar outros a buscar o Divino dentro de si mesmos? Virgem se relaciona intimamente com o serviço, buscando a posse do trono interior com a finalidade de ajudar os demais, e não simplesmente para ser mais criativo e impressionar o mundo exterior. Em *Ego e Arquétipo,* Edinger afirma que o homem que passou pelo processo da individuação não tem necessidade de se manifestar no mundo exterior, de competir, de se comparar constantemente com outras pessoas de sucesso. *Ele sabe quem é!* Na mesma obra, Edinger explica que o ego inflado, entretanto, acredita não apenas que ser o Filho de Deus e Herdeiro do trono, mas também que é "o filho único de Deus!".

A beleza da progressão em Virgem, espiritual e psicologicamente, parece ser a de que sua capacidade de servir subliminarmente afeta Leão. Ao final dos trinta anos, parafraseando Edinger, ele pode ter evoluído a ponto de ver a si mesmo não como o único ego criativo da Terra, mas como parte de todo o organismo planetário. E nem sequer sente necessidade de ser uma parte proeminente.

Em relação ao leonino tímido, que ainda está trabalhando a coragem ou formando uma identidade egoica distinta dos egos dos pais ou de sua casta, a impressão que se tem é que o ciclo de Virgem opera de modo diferente. É possível que o Sol em progressão esteja cruzando um *stellium* de planetas em Virgem, como se descesse um lance da escada, e a cada conjunção a cliente pode observar: "Tenho tantas dúvidas sobre mim mesma e tantas incertezas. Não sei como prosseguir. Minha professora do ensino médio considerava minha habilidade de escrita superior à de muitos outros alunos, mas sinto que vou sempre ficar presa a um consultório médico, operando uma máquina de raios X e recebendo clientes em uma recepção. Sinto que decepcionei minha professora, mas, pior que isso, estou desapontando a mim mesma". Com muitos planetas em Terra, essa tímida leonina vê o tempo passar e se sente abatida. Os trânsitos positivos vêm e vão, porém ela não abandona o trabalho que odeia, mas que lhe dá segurança, e não se matricula em cursos que lhe dariam técnicas, habilidades e, muito importante, datas para entregar sua tarefa à professora. Ela tem um verdadeiro tesouro colhido da observação de pacientes na sala de espera do médico. Contudo, sem a aula de dissertação, ela pode passar muitos anos acumulando informações sem nunca transcrevê-las do inconsciente para o papel. A terapia junguiana poderia ajudar o tímido leonino nesse ciclo, mas, com base na frugalidade de Virgem, provavelmente dirá: "É muito caro". Recomendo a leitura da mitologia; ela nos revela a respeito de leões, heróis e heroínas.

Durante a progressão em Libra, o Leão deixa as áridas areias do deserto de Virgem e passa a viver em Ar. Conceitos, objetividade, energia social extrovertida e autoexpressão positiva novamente passam a fazer parte de seu reino, uma vez que este ciclo se harmoniza muito bem com a energia de Leão natal. Um simbólico sextil opera desde os primeiros dias da progressão. Se ainda se questiona: "Onde está meu companheiro?", tem possibilidades de receber como resposta: "Aqui!". Libra diz respeito ao relacionamento matrimonial. Se Leão trabalhou algumas de suas teimosias na progressão da Terra Mutável, esses anos podem ser os mais felizes da sua encarnação. Libra proporciona o espírito de cooperação e a cordialidade que atrai a Leão pessoas que compartilham seus valores. Geralmente, Leão se aposenta em Libra, aproximadamente na época em que o Sol em progressão forma um sextil com o Sol Natal. Isso libera Leão da tediosa rotina de Virgem que o aborreceu durante a progressão anterior. Como pai ou mãe, Leão levou suas responsabilidades muito a sério em Virgem, especialmente supervisionando os hábitos de estudo dos filhos e incentivando-os a atividades extracurriculares. Os filhos podem ter considerado Leão muito exigente, já que queria que tivessem de tudo. Mas em Libra, se os netos entram em cena, Leão será bem diferente – uma pessoa suave, com grande senso de humor (Ar libriano).

Como artista criativo, mais que nunca Leão pode alcançar o sucesso em seus anos de aposentadoria, quando está mais relaxado e menos ansioso em se impor exteriormente. Após o ciclo analítico de Virgem, Leão relaxa também espiritualmente em relação ao progresso de sua caminhada e começa a se sentir bem. Ficaram no passado as pressões do esforço de seus primeiros anos. Nesse ciclo conceitual, sente prazer em discutir ideias com os outros em vez de impor as suas. Em retrospecto, Leão vê o progresso que fez ao longo dos anos, a transformação de antigos hábitos e atitudes. Geralmente, é um período de trinta anos muito positivo.

Na maioria dos casos, a progressão em Escorpião é a última de Leão. Parece apropriado deixar o plano terreno no signo arquetípico da morte e do renascimento. Tenho pouquíssimos clientes de Leão que viveram por longo tempo no período de Escorpião, de modo que pouco conheço a respeito. Creio que uma das razões desses poucos clientes se deve ao fato de que os ataques cardíacos estão associados a Leão, e estes reduzem a expectativa de vida em muitos anos. Os leoninos que cuidam de sua dieta, que praticam exercícios moderados, que têm o nível de colesterol controlado regularmente, que mantêm aberta uma saída para a criatividade (encontram algum interesse que envolva seu coração) devem viver Escorpião adentro. As gerações que nos precederam não conheciam a medicina preventiva como o leonino da atualidade; pode-se supor, assim, que o leonino de hoje deve viver até uma idade avançada.

Questionário

Como o arquétipo de Leão se expressa? Embora diga respeito especialmente àqueles que têm o Sol ou ascendente em Leão, qualquer pessoa pode aplicar este questionário à casa em que seu Sol está localizado ou àquela que tem Leão (ou Leão interceptado) na cúspide. As respostas a essas perguntas indicarão até que ponto o leitor está em contato com sua energia solar, seu orgulho, sua autoestima, sua confiança, sua coragem e sua criatividade individual.

1. Minhas lembranças da mais tenra infância me dizem que:
   a. Sempre fui autoconfiante.
   b. Às vezes fui autoconfiante.
   c. Sempre tive problemas de autoconfiança.

2. Se alguém perguntasse a meus amigos sobre minha característica mais forte, eles provavelmente diriam que sou:
   a. Generoso, corajoso, um ator por natureza.
   b. Quase sempre generoso, mas, às vezes, taciturno.
   c. Quase sempre retraído e pensativo.

3. Quando minha autoridade é questionada:
   a. Fico com raiva e magoado.
   b. Fico com raiva, mas esqueço tudo logo em seguida.
   c. Fico mais magoado do que com raiva e tenho dificuldade em esquecer.

4. Quando tomo uma decisão:
   a. Não a mudo jamais.
   b. Às vezes estou aberto a mudanças.
   c. Sou facilmente persuadido a mudá-la.

5. A parte mais fraca do meu corpo é:
   a. Em geral, sou saudável.
   b. Meu coração.
   c. Meus nervos.

6. Meu maior medo é:
   a. Perder o respeito dos amigos.
   b. Não ser escolhido para dirigir uma comissão.
   c. Descobrir que não conheço ninguém que está na festa.

7. Se não sou promovido em meu trabalho:
   a. Deixo o emprego e trabalho como *free-lancer* ou monto meu próprio negócio.
   b. Mantenho meu emprego, mas canalizo minha energia em um esporte ou em algum passatempo.
   c. Mantenho meu emprego e canalizo minha energia para minha vida amorosa ou familiar.

8. O maior obstáculo a meu sucesso provém:
   a. Dos outros, de fora de mim.
   b. De dentro de mim mesmo.

9. Vejo-me como uma pessoa bem-dotada:
   a. Quase sempre.
   b. Metade das vezes.
   c. Não com muita frequência.

10. Sou considerado orgulhoso e/ou arrogante por:
    a. 80% das pessoas que encontro.
    b. 50% das pessoas que encontro.
    c. 25% das pessoas que encontro ou menos.

Os que assinalaram cinco ou mais respostas (a) estão em contato significativo com sua natureza solar. Os que têm cinco ou mais respostas (b) precisam trabalhar na área da vida simbolizada pela casa que tem Leão na cúspide e/ou a casa em que seu Sol resplandesce. Os que marcaram cinco ou mais respostas (c) podem ser leoninos tímidos. Você pode ter nascido na cúspide de Câncer ou de Virgem. O Sol pode estar interceptado ou na 12ª Casa. Você pode precisar integrar qualidades solares positivas como confiança, autoestima, coragem e dignidade.

Onde está o ponto de equilíbrio entre Leão e Aquário? Como Leão integra a objetividade aquariana na vida pessoal? Embora diga respeito em especial a quem tem Sol em Leão ou Leão no ascendente, todos temos Leão e Aquário em nosso mapa natal. Muitos têm planetas na 5ª e 11ª Casas. Para todos nós, a polaridade de Leão a Aquário envolve a habilidade de se relacionar tanto a nível pessoal, calorosamente, quanto objetivamente, de modo impessoal, mais frio e ponderado.

1. Considero que minha habilidade de me relacionar com crianças é:
   a. Muito boa.
   b. De razoável para boa.
   c. De fraca para razoável.

2. Meu modo de ver a vida é:
   a. Por meio de meus sentimentos.
   b. Uma fusão de sentimento e análise.
   c. Analítico.

3. Uso minhas habilidades criativas:
   a. Sempre que tenho oportunidade.
   b. Sempre que sejam benéficas ao grupo ou a um projeto em desenvolvimento.
   c. Raramente.

4. Quando ponho meu tempo e minha energia à disposição de causas humanitárias, subordino minhas habilidades às necessidades do grupo:
   a. 25% das vezes.
   b. 50% das vezes.
   c. 80% das vezes.

5. Quando se trata do meu próprio tempo e minha energia, tenho a tendência de colocar minhas necessidades pessoais acima das gerais:
   a. 80% das vezes.
   b. 50% das vezes.
   c. 25% das vezes ou menos.

Os que marcaram três ou mais respostas (b) estão fazendo um bom trabalho com a integração da personalidade na polaridade Leão/Aquário. Os que assinalaram três ou mais respostas (c) precisam trabalhar de forma mais consciente no desenvolvimento da identidade pessoal (Sol em Leão), pois estão contando com o grupo para que este lhes diga o que são. Isso é particularmente verdadeiro para pessoas com vários planetas natais na 11ª Casa. Observe os planetas em sua criativa 5ª Casa. Pode ser que você precise trabalhar no desenvolvimento deles para promover um bem maior e também sua realização pessoal. Os que têm três ou mais respostas (a) podem estar fora de equilíbrio na outra direção. Podem ser inflexíveis, agarrando-se às suas opiniões subjetivas em detrimento das necessidades do grupo. Urano representa a objetividade, o bem geral do grupo, o idealismo altruísta, abertura para novas informações. Estude as casas com Urano natal ou com Sol natal em Leão. Qual é mais forte por posição de casa, aspectos? Descubra as casas com Leão e Aquário nas cúspides. Essas são as áreas que fornecem pistas à integração da polaridade Leão/Aquário.

O que significa ser um leonino esotérico? Como Leão integra o princípio da iluminação com a personalidade? O Sol expressa a si mesmo tanto no nível esotérico quanto no mundano? Por acaso Leão age como se o seu ego fosse instrumento do Self? Ou age somente a partir do ego? Netuno se exaltada em Leão. Netuno é o planeta da vontade submissa. Todo leonino terá tanto o Sol quanto Netuno em algum lugar em seu mapa. Bem integrado, Netuno ajudará Leão a transcender do ego ao Self. A receptividade de Netuno ao Self ajuda a transmutar obstinação em disponibilidade. As respostas às perguntas a seguir ajudarão a indicar até que ponto Leão transcendeu do ego ao Self.

1. Quando presto um serviço ou me ofereço para uma atividade:
   a. Trabalho bem com as pessoas.
   b. Dou muitas sugestões, mas trabalho bem com os outros.
   c. Em geral, sou o responsável pelo grupo.

2. Quando os votos são contra mim e tenho que desistir da autoridade:
   a. Vejo o fato como uma experiência de aprendizado e aceito de boa vontade.
   b. Cedo, mas de má vontade.
   c. Deixo o grupo.

3. Considero-me uma pessoa adaptável:
   a. 50-80% das vezes.
   b. 25-50% das vezes.
   c. Menos de 25% das vezes.

4. Quando ajo, vejo:
   a. Deus no comando. (Em minha mente, dou o crédito a Deus.)
   b. A mim mesmo no comando, fazendo o trabalho para os outros.
   c. A mim mesmo no comando.

5. Quando meus desejos são frustrados:
   a. Entro em introspecção e percebo que minhas próprias faltas são a causa da dificuldade.
   b. Tenho dificuldade em lidar com a frustração, mas, no final, tiro lições proveitosas.
   c. Fico com raiva e critico quem quer que esteja causando a frustração.

Os que assinalaram três ou mais respostas (a) estão em contato com o Sol esotérico. Os que assinalaram três ou mais respostas (b) precisam trabalhar conscientemente na mudança da obstinação em disponibilidade. Os que marcaram três ou mais respostas (c) precisam se harmonizar conscientemente com Netuno (render-se) como meio de transcender do ego ao Self.

Referências Bibliográficas

Alice Bailey. *Esoteric Astrology*, "Leo", Lucis Publishing Co., Nova York, 1976.

_____. *Labours of Hercules*, Lucis Publishing Co., Nova York, 1977.

C. G. Jung. *Aion*, "The Ego," "The Self", Princeton University Press, Princeton, 1959.

_____. *Mysterium Coniunctionis*, Princeton University Press, Princeton, 1976.

_____. *Portable Jung*, "Answer to Job", "Relations Between the Ego and the Unconscious," Joseph Campbell (org.), Penguin Books, Nova York, 1971.

_____. *Psychology and Alchemy*, R. F. C. Hull trad., Princeton University Press, Princeton, 1968.

_____. *The Integration of the Personality*, "The Meaning of Individuation", Kegan Paul, Trench Trubner and Co. Ltd., Londres, 1948.

Chang Chung-yuan. *Creativity and Taoism*, Harper Torchbooks, Harper and Row, Nova York, 1970.

Dane Rudhyar. *Astrological Sings, The Pulse of Life*, Shambhala, Boulder, 1978.

E. A. Wallis Budge. *Gods of the Egyptians*, vol. 1, "Hymn to Ra", Dover Publications Inc., Nova York, 1969.

Edward Edinger. *Ego and Archetype*, G. P. Putnam's Sons, Nova York, 1972. [*Ego e Arquétipo*, Editora Cultrix, São Paulo, 2ª edição, 2020.]

Edward Whitmont. *The Symbolic Quest*, G. P. Putnam's Sons, Nova York, 1969. [*A Busca do Símbolo*, Editora Cultrix, São Paulo, 1990.]

Franz Cumont. *Mysteries of Mithra*, Dover Publications Inc., Nova York, 1956.

Gret Baumann-Jung. "Some Reflections on the Horoscope of C. G. Jung", Spring, 1975.

H. D. F. Kitto. *The Greeks*, "The Greek Mind", Penguin Books, Baltimore, 1962.

Isabel Hickey. *Astrology, The Cosmic Science*, Altiere Press, Bridgeport, 1975.

James Hillman. *Eranos Lectures*, 2, "The Thought of the Heart", Spring Publications Inc., Dallas, 1981.

Jean e Wallace Clift. *Symbols of Transformation in Dreams*, "The Self", Crossroads, Nova York, 1986.

Joseph Campbell. *Primitive Mythology*, Vol. 1 de *The Masks of God*, Viking Press, Nova York, 1959.

Marie-Louise von Franz. "The Process of Individuation", Part 3 *in Man and His Symbols*, Doubleday and Co., Inc., Garden City, 1969.

"Narasimha-Avatara", Bhagavata Purana (também traduzido como "Srimad Bhagavata"), parte 7, capítulos 8-10, Syamakasi Press, Mathura, 1940.

Norma L. Goodrich. *Ancient Myths*, New American Library Mentor Books, Nova York, 1960.

Sallie Nichols. *Jung and Tarot, An Archetypal Journey*, "Strength", Samuel Weiser, Nova York, 1980. [*Jung e o Tarô – Uma Jornada Arquetípica*, Editora Cultrix, São Paulo, 1988.]

"Sansão", *Juízes* 16:1-31, Bíblia Sagrada, versão do rei James, World Bible Publishers Inc., s.d.

Swami Sri Yukteswar. *The Holy Science*, S. R. F. Press, Los Angeles, 1974.

T. H. White, org. *The Book of Beasts*, Dover Publications Inc., Nova York, 1984.

Vishnu Purana, parte 1, capítulos 17-22, Gorakpur, 1940.

6

Virgem:
A Busca do Serviço Significativo

No Hemisfério Norte, em Leão, experimentamos a exuberância do verão em seu pleno florescimento. Todos os anos, quando entramos em Virgem, o estado de espírito da Terra parece recolhido, introspectivo, mais quieto. O Hermes das folhas do outono não é o mesmo Deus Mensageiro bisbilhoteiro da primavera alegre de Gêmeos. Quando consideramos Mercúrio/Hermes regente de Virgem, várias imagens vêm à mente – a de Mercúrio Alquímico, de Hermes Psicopompo (Guia para o Hades), de Hermes Trismegisto, ou o Thot egípcio, e a de Hermes curador, que, como Asclépio, o médico, levantava seu bastão Caduceu para curar os doentes ou induzi-los a dormir para a jornada ao mundo inferior. Finalmente, podemos visualizar Hermes como Mercúrio retrogradando lenta, silenciosa e redundantemente em sua órbita. A natureza terrena de Virgem parece suprir Hermes com a paciência e os poderes de concentração necessários a seu sério trabalho alquímico e de cura. Como regente de Virgem, signo de Terra, Hermes parece menos caprichoso, mais firme, estável e consistente em seu comportamento que como regente do aéreo Gêmeos.

Minha primeira imagem é a de Hermes envolvido por vapores amarelados de enxofre, com lágrimas correndo pelas faces, ao mesmo tempo em que contorna a Roda da Transformação. Enquanto gira a roda, lenta e pacientemente, Hermes executa a impossível, e até mesmo irracional, tarefa de unir os opostos, de reconciliar os paradoxos científicos ou de "tornar o círculo quadrado". Hermes colocou seu próprio signo no recipiente impenetrável; ele está hermeticamente fechado.

Dentro dele, as impurezas da natureza (ou do corpo) serão purificadas, e a natureza em si mesma será mudada. A natureza animal (instintiva) será transformada em humana, e esta será aperfeiçoada para se tornar divina. Quando as impurezas foram retiradas da substância, depois que os excessos foram solidificados, o resultado final é a plenitude.

No processo de purificação alquímica, as virtudes de Hermes são as do arquétipo de Virgem: paciência, purificação ou perfeccionismo, atenção meticulosa à técnica e ao procedimento, obediência à metodologia, diligência e, acima de tudo, humildade. Quem senão um deus modesto poderia perseverar em meio a esses vapores desconfortáveis nesse mundo tóxico e sombrio? Em *Estudos Alquímicos*, Jung explica que o enxofre é um símbolo negativo, relacionando-se com o encarar o lado obscuro de nós mesmos, nossos instintos animais, os quais se tem intenção de transformar. Como um ser consciente, racional, Hermes, a Mente, não gosta de se defrontar com seu lado escuro; entretanto, é somente ao fazê-lo que sua magia pode fluir. São poucos os meus clientes geminianos ou virginianos que se sentem à vontade em observar sua natureza animal. Apesar disso, a magia de Hermes procede do inconsciente, e não da mente científica, racional, consciente. A magia ultrapassa os limites da natureza; ela é sobrenatural.

Depois de se ocupar com o sulfúreo, Hermes é como Ahasvero, o alquimista que aproveitou a pedra rejeitada pelos demais alquimistas – uma pedra comum, inferior e feia – e a transformou na Pedra Filosofal. Hermes pode apanhar o solo comum da Terra Virgem, a modesta argila, e com ele modelar uma obra de perfeição. Minha experiência com os que participam do arquétipo de Virgem, com planetas tanto em Virgem quanto na 6ª Casa, demonstra que podem realizar um trabalho diminuto, ordinário e corriqueiro com tanta precisão, detalhe e destreza que são capazes de fazer dele uma arte. Por trás da personalidade virginiana tímida esconde-se o Hermes mágico.

Nossa segunda imagem de Hermes para Virgem provém de um vaso grego. Nesse utensílio, Hermes Psicopompo (Guia de Almas) figura como um jovem resplandecente em condições físicas perfeitas, alado como o anjo da guarda dos cristãos. Ele estende ambas as mãos, com a atenção voltada a um espírito invisível que, em breve, o estará acompanhando em uma viagem aos infernos. Como Guia, Hermes parece representar a luz reluzente da inteligência que iluminará o caminho para a alma e tornará a escuridão menos terrível, mais inteligível.

O equilíbrio entre a mente e o corpo, ou entre a mente e a matéria, é fundamental na jornada de Virgem. Inúmeros astrólogos, desde Dane Rudhyar até Liz

Greene, referiram-se a ele ao longo dos anos. Minha própria experiência comprova que Virgem prefere focalizar em uma coisa de cada vez e gosta de compartimentar a vida. Por exemplo, meus clientes virginianos que estão na fase da vida de estudos ou aprendizado negligenciam o corpo em favor da mente. Sobrecarregam-se com longas horas de atividade mental e não dão atenção a atividades físicas. Esquecem a visita anual ao dentista e ao médico para um *check-up*. Com frequência, tal etapa é seguida de uma virada ao extremo oposto logo que se adaptam à estrutura de rotina segura do trabalho. A mente é, então, negligenciada, e Virgem vive à procura de rotinas rigorosas de Hatha-Yoga, dietas de moda passageiras e longos jejuns. Se a estagnação mental se instala no trabalho do escritório, Virgem tende a desenvolver estranhos sintomas físicos e consulta o astrólogo sobre sua saúde: "Tenho um bom dentista, um bom médico, um massoterapeuta e um instrutor de ginástica. O que meu mapa diz que está errado comigo?". Muitas vezes, o mapa diz que ele precisa de uma saída para a mente. Hermes, mesmo quando rege um signo de Terra, é um planeta inquieto. Precisa de fatos novos, de novas habilidades, de novos desafios. A meu ver, saúde, serviço e estudo (6ª Casa) inter-relacionam-se todos arquetipicamente. Quando Virgem sente que seu trabalho não é útil ou significativo, que de algum modo não há mais aprendizado ou crescimento, seu corpo começa a apresentar sintomas como um aviso de que uma mudança se faz necessária. O corpo é um barômetro de satisfação ou de falta dela nos vários significados da 6ª Casa. Em geral, é o empregado insatisfeito ou entediado que adoece.

Jung fez uma observação importante sobre o desprezo que o cristianismo tem pelo corpo, recuando até o Jardim do Éden e a "queda". É interessante perceber que, enquanto as religiões orientais oferecem um componente físico (Hatha-Yoga) ao desenvolvimento da mente e do espírito, o Ocidente não inclui o corpo em suas atividades espirituais. Talvez essa seja a razão por que, entre meus clientes, há tantos professores de Hatha-Yoga virginianos. Eles estão em busca de uma forma de equilibrar o corpo, a mente e a alma, modo esse que está faltando na tradição religiosa ocidental. O Hatha-Yoga é útil para superarem essa compartimentação. Conversar com clientes virginianos que estão na fase de negligenciar o corpo é como ter um encontro com Woden, o Hermes germânico, gênios aprisionados na garrafa. Esses clientes estão identificados com a mente, presos em um corpo entorpecido, preocupados e se precipitando de lá para cá em sua gaiola. Em geral, "pôr os pés no chão" para Hermes regendo Virgem é resultado do reconhecimento da necessidade de dar ao corpo o que lhe é devido. Para mim, a bela estátua de

Hermes alado de Praxíteles é símbolo do funcionamento adequado do corpo e da mente como um todo integrado. Quando o instrumento corporal está em boas condições, Hermes alado pode elevar-se para entregar suas mensagens.

As pinturas e as estátuas do Psicopompo têm ainda significado mais sutil. Como Guia das Almas, ou Guia para o Hades, Hermes é uma das poucas divindades capazes de descer aos infernos sem ser importunado. Somente ele é livre para ir e vir sem nenhum perigo de ficar preso. Para os gregos, o mundo inferior significava o local de repouso dos mortos, mas para Jung ele tem significado adicional – o inconsciente, a região por onde perambulamos em nossos sonhos. Através do bordão mágico, ou Caduceu, Hermes Psicopompo tinha o poder de fazer as pessoas dormirem por um curto espaço de tempo (como fez com os guardas na *Ilíada*) ou permanentemente. Assim, por seu papel no mundo inferior, ele é um deus de sonhos e também um mensageiro da morte.

Em *Psicologia e Alquimia*, os comentários de Jung sobre vários sonhos diferentes demonstram que Hermes Psicopompo, como Guia, representa a luz que o intelecto irradia para iluminar o Mundo Inferior habitado pela *Anima* (*Animus*), o Ancião Sábio e a Sombra. Para Virgem, a Razão claramente deveria iluminar esse mundo escuro. O Hermes da imagem do sonho não precisa ser luminoso como o Hermes do vaso e das estátuas; pode ter uma capa preta e uma barba negra ou vermelha, ou mesmo não ter barba nem asas. Mas geralmente ele é jovem e veloz, e sabe para onde vai. Às vezes, fico imaginando se outros virginianos o veem em sonhos.

A terceira imagem de Hermes associada a Virgem é a de Hermes Trismegisto (Thot) – o Hermes Três Vezes Grande –, o curador feiticeiro e o mágico que tem o poder de ressuscitar os mortos. Esse Hermes, em vez de empunhar o Caduceu, segura o *Livro dos Mortos*, do qual ele mesmo é o autor. Esse livro contém as conjurações proféticas e as técnicas de sua arte de curar, as mesmas palavras mágicas que Hermes ensinou a Ísis, sua discípula. Ele tende a curar por procuração (por intermédio de Ísis), especialmente através do chakra da garganta, usando frases encantadas e mágicas, embora se tivesse difundido que curava com a ajuda de criaturas do mundo inferior, como sapos e besouros. De vez em quando, ainda, é pintado artisticamente como a ave Íbis (Jung esclarece que a ave representa a Alma) ou como um deus com cabeça de macaco. De acordo com Jung, a cabeça de macaco significa que Thot entrou, com sucesso, no inconsciente e assimilou os conteúdos instintuais que considerava positivos e úteis (isto é, assimilou sua sombra primitiva, semelhante ao macaco). (*Portable Jung*, Dreams nº 16 e nº 22.) A reação dos artistas e escultores gregos à estátua do Thot-macaco oriunda do Egito foi muito interessante para mim porque tive a mesma reação por parte de meus clientes intelectuais virginianos mais susceptíveis. Os racionais artistas gregos que eram tão tolerantes com a reprodução de Ísis e com a síntese das imagens de Ishtar e Afrodite ficaram chocados quando contemplavam Thot. Eles achavam sua cabeça de macaco monstruosa. Não queriam sequer imaginar seu amigo Hermes, a mente mercurial, o espírito de Ar, o Deus Vento, com uma cabeça de macaco.

Por fim, chegamos à última imagem de Hermes – Hermes conselheiro, curador e amigo da humanidade, Hermes do Caduceu (varinha mágica), Hermes, o Encantador. Em Gêmeos, encontramos o Hermes prestativo da *Ilíada* usando o Caduceu para fazer os guardas gregos dormirem a fim de que o rei Príamo pudesse passar por eles para reaver o corpo do filho para os ritos fúnebres. Mas é na *Odisseia* que Hermes Psicopompo tem espaço real para sua magia. A *Ilíada* era um campo de batalha bastante mundano em comparação ao reino do inconsciente do elemento Água, carregado de perigos desconhecidos e figuras femininas assustadoras para o herói sitiado encarar.

Ulisses, o herói, vagueara pelos mares durante nove anos depois do término da Guerra de Troia. Netuno estava zangado porque ele se esquecera de oferecer um sacrifício ao Deus do Mar (honra ao inconsciente). Zeus, como favor a Netuno, atingira com um raio a embarcação de Ulisses na costa de uma ilha pertencente a uma ninfa formidavelmente poderosa, Calipso. Ulisses foi salvo por ela, seduzido e, depois, feito prisioneiro. Sua intenção era torná-lo imortal e mantê-lo como seu amante para sempre. Ulisses apenas desejava encontrar o Feminino na forma de sua esposa Penélope e retornar a seu reino, Ítaca. Mas não tinha condições de seguir para Ítaca. Não tinha navio nem guia. Zeus enviou Hermes com seu bastão mágico para manobrar Calipso. Nessa feiticeira de cabelos longos, sentada ao tear em sua caverna selando o destino de Ulisses, Hermes tinha uma oponente notável. Na luta de Hermes com Calipso, que tece a ilusão, temos uma versão ocidental da mente consciente em luta corporal com *Maya*.

Calipso estava sozinha e podia conversar, porque Ulisses se afastara chorando pela esposa perdida. Em uma refeição com ela, Hermes a encantou com suas palavras e persuadiu-a não apenas a libertar Ulisses de seus encantamentos, mas ainda a ajudá-lo a construir uma jangada mágica, provê-lo com alimento e bebida, e a dar-lhe orientações náuticas e um vento protetor. Em seguida, desapareceu sem nem ao menos ver o herói.

Hermes é conhecido como curador na vila de Tanagra porque supostamente salvou a região de uma praga, carregando um carneiro sobre os ombros ao longo dos limites da vila e recitando as palavras corretas. As conjurações ainda não tinham sido esquecidas na época do Império Romano, pois o viajante Pausânias observou que os aldeões ainda faziam estátuas de Hermes e o Carneiro em terracota durante a era cristã.

Outro feiticeiro que segue a tradição de Hermes é Merlin, o tutor e mago do rei Artur. Os que leram *The Crystal Cave*, de Mary Stewart, conhecem a lenda de seu humilde nascimento em uma caverna (e, portanto, sua associação com a magia e o inconsciente). Em uma crônica arturiana mais antiga, *Le Morte d'Arthur*, de Sir Thomas Malory, Merlin afirma: "Nasci em setembro, e Mercúrio é meu patrono". O papel de Merlin como tutor de Artur era ajudar o jovem príncipe a encontrar a espada da discriminação (o instrumento que lhe daria poder), ou o Masculino, exatamente como Hermes ajudara Ulisses a obter as direções náuticas e, assim, encontrar sua casa, seu Feminino interior.

Merlin era, portanto, um guia medieval da tradição de Hermes/Mercúrio. O mago tinha a personalidade do Encantador, um tanto introvertida ou "retrógrada", um estilo de vida celibatário e uma reputação de sabedoria e poderes sobrenaturais. Merlin era seletivo na escolha dos alunos. Isso também parece mais típico do enfoque virginiano que do geminiano. Gêmeos é mais democrático que seletivo em seus conceitos e suas informações. Ele partilha com todos. Muitos de meus clientes virginianos, talvez por causa da timidez, são mais seletivos com sua clientela como tutores, terapeutas e astrólogos. Como Hermes, Gêmeos e Virgem são hábeis em suas profissões, não importa o que decidam fazer.

Mercúrio retrógrado nos beneficia com a energia de Virgem três vezes por ano. Na próxima vez que Mercúrio estiver retrógrado, procure sentir a energia arquetípica disponível – a sensação de esperar pacientemente enquanto realizamos tarefas rotineiras, humildes – a introspecção, o planejamento laborioso ou, ainda mais importante, a retomada da antiga tarefa que foi imperfeitamente concluída. Em um Mercúrio retrógrado, esperamos e vivemos no "entretempo", o intervalo alquímico durante o qual parece que nada acontece. Talvez estejamos antecipando um evento e gostaríamos de apressar os dias do calendário, ou talvez estejamos apenas esperando por alguma novidade, como o resultado de um edital (o projeto foi bem recebido ou não?). Podemos correr ansiosos à caixa de mensagens todos os dias... e ficar desapontados. Ou revisamos, reescrevemos, refletimos. Um ciclo retrógrado é constituído de muitos "re". Como essa energia é diferente daquela do último signo, Leão! Leão era ativo, dinâmico e, acima de tudo, estava no controle. Virgem é mutável, ou responsivo-passivo aos eventos e circunstâncias, especialmente aos envolvidos com a 6ª Casa do trabalho, da saúde, do serviço e do estudo.

Em "Dream Symbolism and Alchemy", Jung nos diz que Mercúrio era *servus*, o Deus Servo. (*Portable Jung*, p. 341.) No Tártaro, Prometeu descreveu, de modo mais rude e sarcástico, a posição hierárquica de Hermes, quando lhe disse: "Eu não deveria ter falado com um escravo". (*Prometeu Acorrentado*). No Sonho nº 14 (*Portable Jung*), o sonhador está na América, o que, segundo Jung, representaria a terra do homem comum para um europeu como o sonhador, procurando um empregado. O interessante é que Hermes, o homem com a barba pontuda, aparece nesse sonho porque o sonhador está em busca de um empregado; a 6ª Casa representa o trabalho, empregados, colegas de trabalho, profissionais e, por certo, o corpo – o qual para muitos virginianos é simplesmente o serviçal mais inferior da mente. O leitor de Virgem poderá gostar da avaliação que Alice Bailey faz do teste Virgem de Hércules. Ela enfatiza a qualidade retrógrada, lenta, e às vezes frustrante que caracteriza o ritmo do tempo de Virgem. Na primeira vez, Hércules desincumbiu-se de sua tarefa de maneira errada e teve que realizar um segundo trabalho para se redimir e aprender a lição. (Veja *Os Trabalhos de Hércules*, "Virgem, o Sexto Trabalho.")

Com o passar dos anos, muitas pessoas com planetas de autoridade na 6ª Casa têm vindo a mim queixando-se de seus funcionários: "Por que gasto todo meu tempo ouvindo seus problemas, tentando ajudá-los? Eles têm à disposição consultas astrológicas, terapia, dentista. Eu deveria exigir que cumprissem suas responsabilidades profissionais. Adapto minhas férias à agenda deles. Você não acredita como é difícil para mim – com o Sol, Saturno, ou Plutão na 6ª Casa – ser chefe!". Isso é especialmente verdadeiro para clientes com planetas em signos mutáveis na 6ª Casa, tendo em vista que a mutabilidade reforça o significado do empregado. Apesar disso, encontrei também gerentes com Sol cardinal ou fixo na 6ª Casa com a mesma queixa – "o serviço, o tempo e a energia estão fluindo de maneira inadequada, de mim para o funcionário!". Sem planetas na 10ª Casa, eles tendem a ser serviçais. É difícil ser um executivo, alterar as coisas e responsabilizar uma pessoa que estão acostumados a pagar. Contratar um gerente é uma boa maneira de contornar o problema se a pessoa tem condições de encontrar o tipo certo de indivíduo – um administrador que saiba conservar o tempo e a energia do chefe.

Concluir um aprendizado – terminar a residência médica mal remunerada e com poucos benefícios – é mais difícil para Virgem do que para Gêmeos. Virgem, como um signo de Terra, sente-se seguro quando tem um emprego sólido e tende a permanecer por muito tempo no mesmo lugar, ou com o mesmo empregador, em vez de buscar algo mais lucrativo ou desafiador. Embora tanto virginianos como geminianos se comuniquem bem em entrevistas para emprego, é Virgem quem pergunta: "Quanto tempo preciso trabalhar aqui antes de conseguir uma mesa perto da janela ou uma sala só para mim? Ou uma promoção?". Gêmeos geralmente se aborrece se fica na mesma área de atuação. Ambos são signos hábeis e mentalmente alertas, mas Gêmeos é um planejador de curto prazo, enquanto Virgem busca algo permanente. Gêmeos prefere trabalhar com pessoas e conceitos, ao passo que uma pessoa ascendente em Virgem se sente perfeitamente à vontade em sua caverna, como Merlin, cercada por seu discos de *software* ou por seus livros de contabilidade, escondendo-se de interrupções caóticas. Para ela os dados são interessantes, mas as pessoas são difíceis.

As situações arquetípicas da 6ª Casa (relações com colegas de trabalho) também podem ser estressantes para Virgem. Outras posições reclusas ou retrógradas na 6ª Casa incluiriam, por certo, o laboratório do hospital e a sala de livros raros de uma biblioteca universitária. É claro que nem todos os virginianos são eremitas misantropos, mas o arquétipo tende a valorizar o silêncio e a privacidade dentro da rotina de trabalho diário. Dispor de tempo para juntar seus pensamentos ajuda seu sentido de eficiência. Virgem prefere enfocar uma única habilidade, tarefa ou técnica de cada vez e terminá-la, desenvolver um só projeto do começo ao fim. Gêmeos se aborreceria sem variação e preferiria aprender algo inteiramente novo em vez de terminar o antigo. O professor de Virgem geralmente aperfeiçoará o programa do ano anterior; o de Gêmeos o jogará no lixo e começará algo totalmente novo, permeado por um conceito diferente e renovado.

Virgem aprecia o sentido de continuidade em seu ofício, pois cada dia lhe traz a satisfação de aprender algo novo, não importa o quão trivial isso possa parecer aos outros. Isso também se aplica a pessoas com planetas na 6ª Casa. Elas, em geral, comentam: "Fiz hoje uma descoberta muito importante em meu trabalho. Se tentasse explicá-la, provavelmente pareceria insignificante; mas, por isso, minha atividade, de agora em diante, me parecerá inteiramente diferente". O "algo novo" poderia ser um conceito, uma abordagem relativa a um assunto ou às pessoas, um atalho nos procedimentos ou um refinamento da habilidade em si. Mas o sentido de satisfação nas pequenas descobertas brota da aplicação de uma técnica prática, útil, tangível e concreta que ajudará Virgem no futuro. As crianças de Hermes/Gêmeos também fazem essas descobertas, mas não têm necessidade de aplicar os conceitos – apenas descobri-las e, com elas, deleitarem-se teoricamente. Hermes como regente de Virgem tende a se aprofundar no mesmo campo de ação ao longo dos anos. Como regente de Gêmeos, ele coleta informações em muitas áreas diferentes.

Enquanto Gêmeos (3ª Casa) é sensível a qualquer ambiente, Virgem (6ª Casa) é particularmente sensível ao ambiente de trabalho. Os dois signos regidos por Hermes reagem a situações estressantes como prazos finais avançados ou aumento repentino do volume de trabalho. Hermes é regente do sistema nervoso central e suas crianças mutáveis muitas vezes abandonarão uma situação devido à tensão nervosa resultante da pressão. Professores virginianos deixarão uma universidade mais renomada por uma de menor prestígio só para não ter que lidar com prazos apertados. Por causa de sua natureza altamente contida, os textos de astrologia consideram os tipos de Mercúrio "melhores índios" do que "caciques", melhores empregados do que empregadores. Se conseguirem lidar com o estresse por meio de algum outro tipo de energia do seu mapa – por exemplo, a cardinalidade, que pode delegar trabalho, ou o Fogo, que pode dizer "Não ponha isso na minha escrivaninha! Coloque-o na dele" –, eles poderão controlar melhor o estresse.

Para as crianças Hermes/Virgem, o trabalho que traz recompensas é mais importante do que o trabalho lucrativo. Se dão bem como assistentes sociais, pesquisadoras, professoras, revisoras e profissionais da saúde porque preferem ser úteis e prestativas a executar serviços que remunerem bem, mas que não impliquem nenhuma dedicação altruísta. Virgem gosta de organizar o cosmos, de consertar o mundo mental, física e espiritualmente. É verdade que, às vezes, é esmagado pelos detalhes e acha que as primeiras árvores são a floresta toda. Mas quando se trata de destreza em seu ofício, é difícil encontrar alguém melhor do que uma pessoa de Virgem, seja um dentista, um encadernador ou qualquer outro técnico experiente, alguém capaz de trabalhar em um ambiente pequeno e com precisão absoluta.

Quando deixamos o ambiente de trabalho e nos voltamos para a área da vida social, há uma grande diferença entre os dois arquétipos regidos por Hermes: Virgem e Gêmeos. Gêmeos *não* é um eremita. É extrovertido, um Peter Pan que deseja se elevar, um *puer* que tem medo de ter as asas aparadas. Virgem é regido pelo mesmo planeta liberal, mas, como signo de Terra, tem tendências mais conservadoras. Um virginiano solteiro, geralmente, não expressa medo em ter suas asas cortadas (casar, para Gêmeos) quando procura sua leitura astrológica ao final dos vinte anos e início dos trinta. Pelo contrário, é capaz de dizer: "Mamãe tem uma opinião. Para ela, é melhor se acomodar cedo na vida, casar, pagar o aluguel, ter filhos, usufruir os benefícios de uma segurança emocional e financeira". Virgem não faz nenhuma objeção aos valores tradicionais da mãe. "Todavia", conclui, "gosto de fazer uma coisa por vez. Sinto que vou perder algo se tentar fazer tudo ao mesmo tempo, como trabalhar, estudar, constituir família. Por que desistir de meu potencial casando tão cedo? Por que não esperar até me estabelecer profissionalmente?". A jovem Virgem dirá: "Provavelmente mamãe está certa; seria melhor ter filhos antes dos trinta anos. Mas trabalhar é bem mais interessante que ficar em casa com crianças ativas e barulhentas". E pode também acrescentar: "Prefiro viver a vida etapa por etapa, e não fazer tudo de uma só vez".

Sol em Virgem ou Virgem no ascendente tem uma aparência bastante jovem aos trinta e no início dos quarenta anos. Quase posso ver Hermes saltitando pelos cantos da sala durante as sessões que abordam esse grave tópico do casamento. Hermes parece encorajar Virgem a deixar a questão temporariamente em suspenso, em vez de desistir de suas futuras opções – aprender sua profissão, adquirir experiência. A maioria dos virginianos primam por esperar, em parte porque acreditam em seu potencial. Resta-lhes muito tempo para encontrar seu nicho na vida, sua habilidade ou serviço, o que as ajudará a tornar o mundo um lugar melhor, ou pelo menos mais eficiente.

Muitos pais mencionam que se preocupam com a criança de Virgem. A fase eremita antissocial parece continuar indefinidamente. Todavia, para satisfação dos pais, em geral o ciclo eremita coincide com alguma espécie de aprendizado, não se tratando de um desajuste social. Quando Virgem se sente satisfeito e competente em sua profissão, desenvolve interesse pela vida social. Muitos de meus clientes com Sol em Virgem ou Virgem no ascendente com o passar dos anos observam: "Jamais poderia me casar em meu primeiro ano de magistério (ou enfermagem ou serviço social). Chegava em casa exausta, tirava um cochilo, abria os livros e trabalhava até o amanhecer. Não poderia me relacionar com ninguém em casa. Simplesmente não tinha energia". O corpo (6ª Casa) tinha absorvido tensão em excesso.

Um ou dois anos mais tarde, quando se sentisse competente no trabalho, Virgem talvez pudesse antecipar qualquer problema e aplicar uma solução lógica para resolvê-lo. Então seria mais fácil ter energia para marcar um encontro, preparar um jantar para mais alguém e ter outra companhia além do seu gato. Afinal, a

6ª Casa é a casa de pequenos animais e *hobbies*. O gato não exige muita energia nem utiliza mecanismos de defesa, como o sarcasmo e a crítica, que Virgem usa, com frequência, para manter o sexo oposto encurralado até que o período de aprendizagem chegue ao fim.

A virgindade é uma questão de atitude, não só de integridade do corpo. A pessoa de Virgem é pura no sentido de que está aberta e receptiva à vida. Embora minha clientela inclua muitas pessoas com Virgem no ascendente que permanecem solteiras até os quarenta anos ou mais, a maioria dos clientes com Sol em Virgem tende a se casar por volta dos trinta e cinco anos.

Virginianos, aos trinta ou quarenta anos, formulam algumas das mesmas questões que Gêmeos traz à sessão: "Estou aborrecido e impaciente" – especialmente durante Urano em oposição a Urano, próximo dos quarenta e um anos, quando a oitava superior de Mercúrio/Hermes – Urano – faz aflorar o lado impaciente, rebelde. "Devo voltar à escola e aprender um novo ofício? Quero fazer isso rápido, porém não tenho tanta paciência para frequentar a escola como tinha aos vinte anos. Algo tem que mudar em minha vida – o emprego, o casamento, o local de residência..." "Estou cansado de esperar."

Meu cliente virginiano mediano exerce uma profissão em que testemunha uma grande quantidade de tristeza humana há muitos anos. Aconselhamento, educação de excepcionais, serviço social, enfermagem, trabalho com presos em regime de liberdade condicional, programas governamentais com idosos ou enfermos em agências de beneficência social, todos esses são empregos para virginianos. Muitos pensam em voltar a escrever em vez de retornar à escola. A maioria, entretanto, observa que gostaria de aprender um novo ofício que compensasse melhor seu tempo e energia do que o emprego atual. Essas pessoas prefeririam uma rotina diária que envolvesse contato com pessoas alegres. O mundo dos negócios oferece muitas das coisas que Virgem busca, mas com o risco de causar mais tensão que a sala de aula, o hospital ou o escritório do governo. É uma troca – pressão, datas-limite e ambientes alegres com remuneração elevada *versus* satisfação em ajudar os menos favorecidos, em transformar a vida dos indivíduos, como Hermes/Thot, em vez de desfrutar saldos bancários e viagens ao Caribe. Com frequência, Virgem pensa em desenvolver um trabalho autônomo, sobretudo de consultoria, aconselhamento ou atividade de secretariado, mas Hermes parece se sentir mais seguro como Virgem escrevente ou "arauto dos deuses", o empregado arquetípico. Alguém de Virgem que tenta o trabalho autônomo pode achar mais fácil lidar, como secretária executiva, com o caos que o chefe lhe traz todos os dias do que com a Renda Interna como pessoa autônoma, ou viver com outras incertezas como os aborrecimentos do dia a dia sobre se os negócios vão bem ou mal, ou se a sua apólice e seguro é ou não adequada.

É difícil escolher um mito grego para Virgem. Perséfone parece se ajustar porque tem desenvolvimento tardio, mas lhe falta a energia mental que a maioria de meus clientes de Virgem demonstrou ao longo dos anos. Ártemis é independente, como Virgem, e é muito hábil no manejo do arco e da flecha, mas é excessivamente atlética e gosta de viver ao ar livre. Hera é, definitivamente, a deusa do Casamento. Deméter é a Grande Mãe todo-poderosa. Atena é muito cardinal. Afrodite é muito romântica, muito física. Higeia, a filha de Asclépio, seria bastante adequada a Virgem, mas não há nenhum mito específico a ela associado.

O arquétipo de Virgem, definitivamente, está mais ligado ao Egito do que à Grécia. No Egito, as chuvas que inundavam o delta do Nilo ocorriam de modo imprevisível durante o período e Leão e Virgem. Para os egípcios, os dois signos zodiacais convergiam ou coincidiam no tempo e se combinavam no mesmo símbolo, a Esfinge. A mim parece que a Esfinge absorve o espírito enigmático de Virgem (a atitude de aprendiz de feiticeiro e de mágico poderoso) mais plenamente que qualquer símbolo com que me tenha deparado na arte ou na mitologia grega. Hermes/Thot representa a magia de Virgem e também opera como tutor de feiticeiro, e a história de Ísis é um drama arquetípico. O glifo de Virgem (♍) também se origina no Oriente Próximo, o *locus* das línguas semíticas. Ele é formado pela letra hebraica *mem*, representando a Virgem com a Cauda de Peixe (a polaridade mística de Peixes). Este glifo mágico é apropriado para Hermes do Caduceu curador. Ísis também é um arauto apropriado para Hermes, uma mensageira, uma intermediária entre o homem e Deus. Como sua equivalente cristã, a Virgem Maria, mediadora de todas as Graças, Ísis retira seu poder de uma divindade masculina (Thot) e desempenha o papel de mensageira – a função suprema de Virgem. A história de Ísis é de humildade, eficiência, laboriosidade e perfeição técnica. Ela trouxe os segredos dos deuses à humanidade para assegurar a cura e a imortalidade.

Ísis era muito instruída. Estudou com o egípcio Hermes, o Deus Mentor chamado Thot, escriba do Deus Sol, Rá. Thot ensinou-lhe a ciência e a arte da cura com ervas, além de entoações, uso de besouros, sapos e pedras, até a habilidade de ressuscitar mortos pelo poder de Rá. Ela era uma curadora muito capaz, tanto no nível mental como no físico. Em seus santuários e templos, inscrições declaravam que aqueles que dormiam ali recebiam o consolo de Ísis em seus sonhos e eram

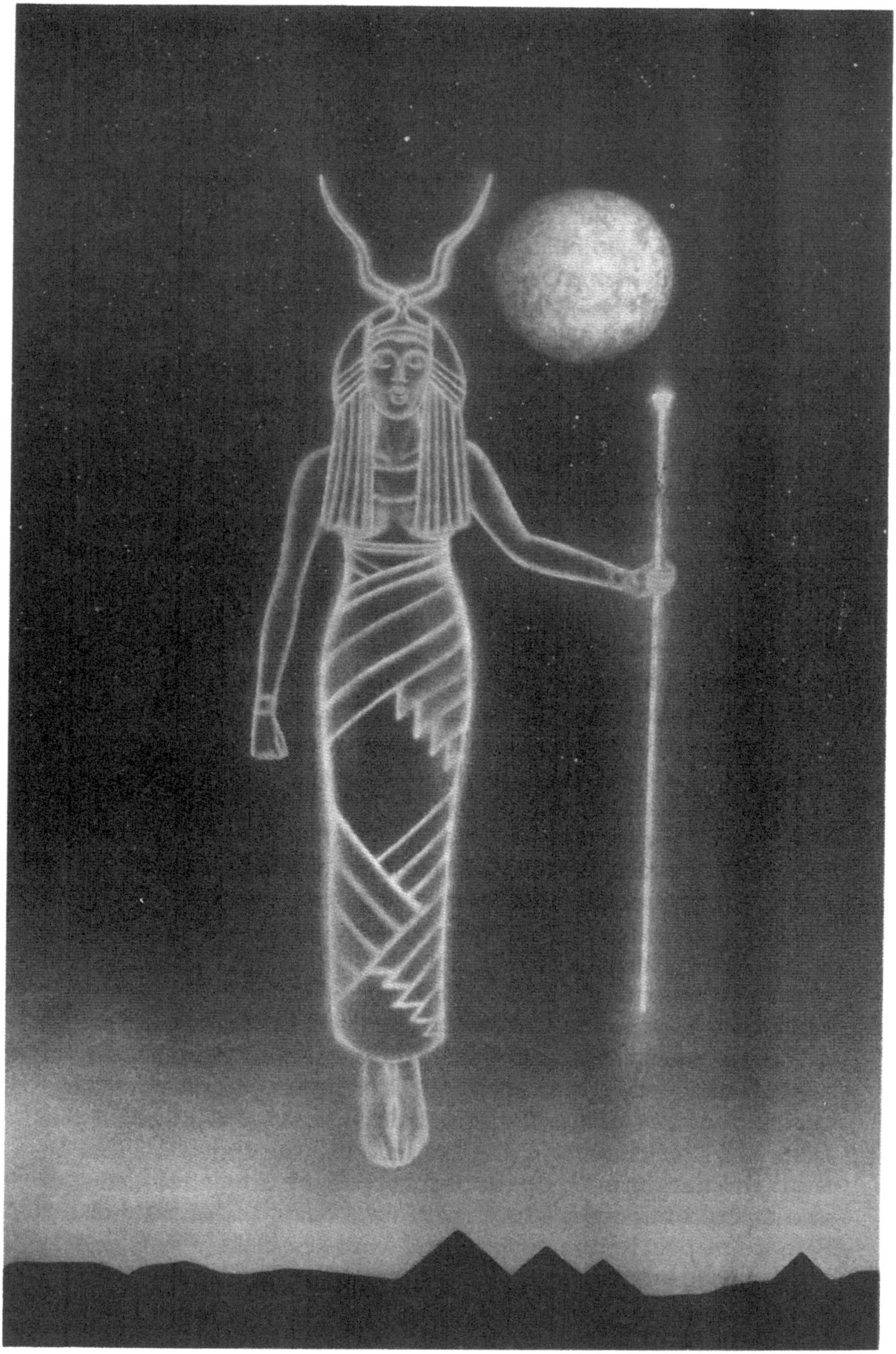

curados de problemas emocionais. Mulheres virgens consagravam-se a Ísis através de votos de castidade ao mesmo tempo que trabalhavam e estudavam em seus templos. Ela acumulava títulos interessantes: a Maga (ou a Sábia), a Encantadora, Senhora (Kyria) Ísis, a de Palavras Poderosas. Em uma cerimônia que podia muito bem ser de caráter astrológico, o iniciado era conduzido por meio de *doze* câmaras do Templo (Casa de Ísis), e em cada uma delas um novo manto com a imagem de um animal era colocado sobre seus ombros. Ele orava, jejuava e emergia da última câmara que dava diretamente sobre o Nilo; dali ele via passar o Barco de Ísis e sentia a paz de Osíris. O iniciado, então, passava a ser conhecido como Conquistador dos Sete Planetas, o que provavelmente significava a conquista de seu mapa natal, mestre de sua própria personalidade.

Antes de estudar a história de Ísis, vamos refletir brevemente sobre o significado potencial de Virgem. As estátuas de culto consideradas mais poderosas não eram as de Ísis sozinha, mas aquelas em que segurava seu filho, Hórus. Na arte, a imagem da mãe com o filho é um dos símbolos mais convincentes do mundo. A estátua representa realização (a criança) do potencial (o ventre). A autossuficiente Virgem, sozinha, não importa seu grau de Sabedoria, não está completa. A nova forma é a completude. Seja uma criança, um livro ou a fundação de um Centro Holístico – qualquer que seja a aventura criativa – alguma nova forma tangível precisa emergir. A forma geralmente requer uma longa e dolorosa gestação e trabalho, tal como a triste entrega de Hórus feita por Ísis. Para o nativo de Virgem, o aprendizado pode envolver um mentor que o mantém por muito tempo, e com salário baixo, em seu escritório, laboratório ou escola. Implica, ainda, batalhas com finanças e autoconfiança, dúvidas sobre o mentor e mesmo dúvidas sobre o valor do serviço em si. Mas, no final, em geral depois de um longo período de gestação, o regente esotérico de Virgem, a Lua, a Mãe da Forma, fará nascer sua nova criação.

Outro padrão a observar na história de Ísis e na vida de alguns clientes de Virgem são os enganos sombrios de Hermes – a ambiguidade espreita esses clientes, quer participem ativa e conscientemente do arquétipo ou não. As coisas com frequência não são o que parecem ser. Os sofrimentos de Ísis começaram quando seu cunhado, Seth, enganou e matou seu marido. Ísis não tinha certeza da morte de Osíris, mas já nos primeiros meses de sua gravidez ela começou uma longa e dolorosa jornada solitária, disfarçada de humilde governanta. Lembre-se de Ísis quando vir seus clientes virginianos disfarçados de professores e administradores. Quem poderia ser esse cliente? Um alquimista disfarçado, em uma jornada solitária num país estrangeiro. O poder de transformação da palavra que pertencia à Senhora Ísis também pertence *in potentia* a essas pessoas de Virgem que vivem sua vida no anonimato. Talvez o respeito pelo poder da palavra as impossibilite de escrever e falar até que tenham a mensagem adequada. Muitas vezes, se tem a impressão de que o perfeccionista Virgem impõe essa longa gestação ou aprendizado sobre si mesmo.

Ísis

Ísis e seu marido, Osíris, reinaram sobre o delta do Nilo, no Egito, como rainha e rei. Eles eram felizes, e seus vassalos os amavam, mas sua felicidade foi quebrada pelo fato de ainda não terem um filho que herdasse o reino. Osíris ficou conhecido por ter introduzido as artes e os ofícios no Egito e viajava com frequência ao exterior para ensinar povos menos afortunados. Enquanto permanecia fora, Ísis reinava "com sabedoria e bem". (Norma Lorre Goodrich, *Ancient Myths*, p. 29.) Ela também ficava atenta aos movimentos do cunhado Seth, da barba ruiva, que era invejoso e aguardava uma oportunidade para se apoderar do trono.

Certa vez, enquanto Osíris estava viajando, Seth e seus amigos fizeram um esquife perfeitamente ajustado a Osíris, feito de cedro belíssimo e ornamentado com ouro. Quando Osíris retornou, eles ofereceram um banquete em sua honra. (Ísis estava fora, na cidade de Coptos.) Depois de beber muito, os amigos de Seth sugeriram que todos eles experimentassem o belo caixão, digno de um rei. Os convidados eram todos muito altos ou muito baixos, exceto Osíris, é claro. Assim que Osíris se deitou, Seth fechou o esquife firmemente, e seus amigos o lacraram com chumbo derretido. Eles o levaram ao Nilo e o empurraram rio abaixo. Seth regozijou-se como novo regente do Egito. Osíris morreu aos 28 anos, num dia de Lua Minguante.

Ísis soube da morte do marido ainda em Coptos, mas não queria acreditar. Vestiu-se de preto e cortou o cabelo. Caminhou pelas margens do Nilo procurando o esquife entre os juncos, lugar para onde ele poderia ter sido arrastado. Ísis chorou, porque se dava conta agora de quão profundamente o amara. Algumas crianças lhe disseram que o esquife fora parar à margem na Síria, detido pelo tronco de uma tamargueira. O rei Melkarth da Síria, caminhando um dia ao longo do rio, maravilhara-se com a beleza da árvore e sugerira que fosse cortada e transformada em coluna para seu palácio. Ísis foi ao palácio, sentou-se na varanda e encostou seu rosto na coluna. As mulheres do palácio aproximaram-se dela e ela as ensinou a prender o cabelo ao estilo egípcio. Obviamente, a rainha Ishtar perguntou-lhe quem as perfumara e arranjara os cabelos. Elas responderam que haviam sido ensinadas por uma serva egípcia humilde que trajava um vestido de linho branco. Ishtar mandou buscar Ísis e a nomeou governanta de seu filho.

O afeto pela criança aumentava à medida que Ísis permanecia no palácio. À noite, ela segurava a criança sobre o fogo para queimar suas impurezas mortais e torná-la imortal. Em seguida, ela se transformava em uma andorinha negra e voava em torno do esquife de seu esposo, desejando abraçar Osíris e ter um filho dele.

Certa noite, a rainha Ishtar entrou no quarto de Ísis quando ela segurava o bebê sobre o fogo. Ishtar entrou em pânico, gritou e quebrou o encantamento de Ísis, privando, assim, o príncipe da imortalidade. Ísis foi forçada a contar a Ishtar quem ela era de fato – Senhora da Abundância, rainha do Sul (mundo inferior). Ishtar ajoelhou-se diante de Ísis e ajudou-a a retirar o corpo de Osíris da tamargueira. As duas mulheres envolveram a árvore em linho branco e a colocaram reverentemente no templo para adoração. Ísis então levou o corpo de Osíris em uma barca Nilo abaixo, e em sigilo realizou ritos secretos. Sob a proteção de Thot/Hermes, ela pôde ressuscitar Osíris por tempo suficiente para conceber a longamente esperada Criança Divina, Hórus. Após sua extraordinária e mágica concepção, Ísis foi venerada como Casa de Hórus ou Templo de Hórus.

Ísis, todavia, não teve uma vida à altura de uma Rainha-Deusa. Ela se escondia de Seth, que, por sua vez, se enfurecia cada vez mais à medida que a procurava acima e abaixo pelas margens do Nilo. Seth ouvira rumores de que Ísis afirmava estar grávida de um filho póstumo de Osíris, mas ele se recusava a acreditar na miraculosa concepção. Ele achava que o filho de Ísis seria ilegítimo, mas tomou providências para não correr nenhum risco. Ísis sabia que ele a mataria, e também à criança, se os encontrasse. Ela sentou-se de cócoras e deu à luz como uma camponesa. Ficou em agonia durante horas, até que finalmente dois deuses vieram com amuletos de sapo e de pedra para ajudá-la. A criança foi expelida em meio a uma grande luz – O Longamente Esperado, Hórus, o Vingador de Seu Pai, o Falcão do Deus Sol. Seu nascimento ocorreu no Equinócio da Primavera, o período de maior fecundidade da Terra.

Seu pai, escondido no esquife, às vezes aparecia a Hórus e lhe ensinava. Eles discutiam sobre armas e sobre a arte da guerra, porque sabiam que um dia Hórus deveria lutar contra o poderoso Seth pelo trono.

Um dia, Osíris perguntou à criança: "Qual a ação mais gloriosa que um homem pode realizar?".

"Vingar seu pai."

"Qual é o animal mais útil?", continuou Osíris.

"O cavalo", disse o menino sem vacilar.

Osíris ficou perplexo, porque o leão, que aparece no firmamento quando o Nilo começa a transbordar, em geral é o animal favorito.

"Por que você prefere o cavalo?", perguntou o pai ao filho.

"Porque o cavalo é mais proveitoso em alcançar e interceptar a força do inimigo. O leão é mais forte, mas o cavalo é mais ágil."

Certo dia, enquanto Ísis estava obtendo suprimentos na cidade, Hórus que dormia sozinho em uma esteira fora picado por um escorpião. Ao voltar, Ísis encontrou seu corpo rígido e frio, seus membros inchados e seus lábios brancos de espuma. O terror tomou conta dela enquanto pegava a criança. Ela e sua irmã bradaram ao rei Sol Rá com tal força que o Sol parou em sua órbita. A jornada de um milhão de anos de Rá fora interrompida pela primeira vez. Thot, Senhor da Sabedoria e Escriba de Rá, Mentor de Ísis, desceu da barca do Sol para ajudar.

Thot tinha uma memória enciclopédica, e havia escrito a maioria dos grandes tratados sobre magia, matemática, astronomia e astrologia. Entretanto, mais importante do que saber onde encontrar o encantamento correto para curar Hórus, era conhecer a pronúncia correta. Assim, enquanto Ísis soluçava sobre o corpo de Hórus, Thot/Hermes ensinou-a a pronunciar as palavras apropriadamente. (E. A. Wallis Budge, *Gods of the Egyptians*, vol. 1, p. 408; vol. 2 pp. 214-15.) O ferimento se abriu e o veneno escorreu. Hórus começou a respirar novamente!

"Hórus vive! Hórus vive!", gritava a multidão.

Thot voltou à barca solar e a Senhora Ísis recebeu um novo título: Senhora da Magia.

Ísis passou os encantamentos mágicos que Thot lhe ensinara às sacerdotisas do templo, para que nenhuma outra criança egípcia viesse a morrer por uma picada de escorpião.

Enquanto isso, a notícia de que o jovem filho de Ísis se desenvolvia bem alcançou Seth. Ele ficou sabendo que Hórus era hábil no manejo das armas e que seu magnetismo atraía os próprios guerreiros de Seth para fora do palácio.

Todas as noites Seth saía aparentemente para caçar, mas na realidade queria encontrar Hórus e matá-lo. Ele procurava em todas as cavernas, à luz da Lua. Em uma noite de Lua Cheia, ele encontrou o esquife de Osíris, abriu-o, cortou o corpo em 14 pedaços e jogou-os no Nilo. Ísis encontrou o esquife destruído na manhã seguinte. Ela construiu um barco leve com papiro e desceu o rio para procurar os pedaços do corpo de Osíris. Nesse meio-tempo, Hórus se dedicava ao estudo da magia natural e da magia maléfica. Ele disse à sua mãe que a encontraria no templo de Abidos, onde o esquife de tamargueira tinha sido deixado. Ísis levaria os pedaços do corpo e, numa cerimônia ritual, eles o ressuscitariam novamente.

Ísis passou por muitos crocodilos ferozes em sua jornada, mas eles tinham tanto respeito por ela que não comeram nenhum pedaço de Osíris. Desde aquela época, os crocodilos foram considerados animais sagrados no Egito. (Mais será dito sobre eles no Capítulo 10, Capricórnio.) Ísis encontrou 13 pedaços de Osíris, mas um peixe comera o pênis, e ela, portanto, levou a Hórus um corpo que não estava completo – um corpo que tinha algo importante faltando.

No templo de Abidos, eles reuniram os pedaços e acrescentaram um modelo de pênis que Ísis fizera. Realizaram muitos rituais sobre o corpo durante o ciclo de catorze dias da Lua Minguante. Somente depois que os ritos foram concluídos foi que Hórus pôde partir para encontrar o tio e recuperar o trono.

O Deus Thot desceu do Sol em sua função de mensageiro/árbitro para julgar a batalha entre Seth e Hórus, entre tio e sobrinho. Algumas fontes dizem que talvez ele tenha vindo devido à premonição de que Ísis precisaria dele.

Tivesse ou não Thot conhecimento antecipado, Ísis, sem dúvida, precisava dele. Primeiro, Seth e Hórus lutaram por três dias como "grandes ursos". Então Hórus conseguiu vencer e prender seu tio com correntes. Levou Seth para Ísis em triunfo e jogando-o ao chão colocou seu pé sobre a grande cabeça ruiva. Em seguida, deixando a rainha como guarda de seu prisioneiro, Hórus saiu para dispersar o exército de Seth.

Assim que Hórus saiu, Seth começou a suplicar a Ísis que o libertasse. "É frio e escuro na prisão; esse é um lugar indigno de um rei. Com toda certeza, a terra recuperará sua fertilidade com mais rapidez se você libertar o rei." E, ainda, "Além disso, sou seu irmão." Quando esses argumentos falharam, Seth mostrou os ferimentos que Hórus lhe infligira. Ísis foi tomada de piedade pelas condições de Seth e o libertou.

Hórus, um ariano impetuoso (nascido no Equinócio da Primavera), retornou e soube que a mãe perdoara e libertara o homem que por duas vezes assassinara seu pai e usurpara seu trono. Exausto pela batalha e furioso com as notícias, Hórus empunhou a espada e, num acesso de fúria, decepou a cabeça da mãe. Thot, entretanto, estava por perto e pôde imediatamente pronunciar as palavras corretas para salvar Ísis. Ele substituiu sua cabeça cortada pela de Hathor, a antiga Deusa-Vaca egípcia. Ísis, então, recebeu um título de Hathor, uma deusa da terra mais antiga – Protetora do Parto.

Juntos, mãe e filho perseguiram Seth. Por fim, eles o afugentaram para o Mar Vermelho. Ele nunca mais voltou ao Egito, e a prosperidade no Vale do Nilo foi restaurada sob o governo de Hórus e de seus quatro filhos, que reinaram consecutivamente em verdade e harmonia.

Ísis e Osíris reinam como juízes dos mortos no mundo inferior. Lá, eles saúdam as almas que chegam e as julgam de acordo com os 42 mandamentos.

À primeira vista, essa história se assemelha mais a um mito solar do que lunar. Hórus do Sol luta para reaver seu reino usurpado por um tio perverso, assim como Jasão havia lutado com seu cruel tio Pélias. (Veja Áries, Capítulo 1.) Mas, se observarmos com mais atenção, veremos que a história trata verdadeiramente de Ísis e do poder mágico e sutil do Feminino; é um mito lunar. Todavia, Ísis não é a Grande Mãe, que por seu próprio poder e autoridade preside a vida, a morte e a ressurreição; mas Virgem, a Intermediária – Virgem humilde, filha e aluna de Hermes/Thot.

Virgem é uma Deusa Outonal mais sutil; ela não possui a Shakti da Grande Mãe. Ísis diz a Ishtar que é Rainha do Sul, o pôr do sol – a 6ª Casa ou região crepuscular do Zodíaco natural. Temos uma compreensão do papel de Ísis como intermediária quando Plutarco nos diz que ela é filha de Hermes (E. A. Wallis Budge, Vol. II, p. 187). Ela é Virgem e Mãe, a intercessora e mediadora da dádiva da graça e sabedoria divinas. Mas ela permanece totalmente dependente de Thot, seu Mentor Divino, para trazer consciência à humanidade. No mito, Ísis não faz nada por sua própria autoridade. Ela é um humilde veículo, o Templo de Hórus por intermédio do qual nos chegam as técnicas de cura.

A Deusa Virgem estuda, espera, reza, tem fé (polaridade de Peixes) e responde eficiente e apropriadamente numa crise. Ísis mostra misericórdia para com Seth, que nasce de uma "piedade por toda a sua (de Seth) fraqueza humana" (Norma Lorre Goodrich, *Ancient Myths*, p. 39). Entretanto, apesar de toda a sua silenciosa humildade, no final Ísis vence; as figuras solares não são tão fortes quanto ela. Mesmo Seth é derrotado pelo esforço paciente e persistente de Ísis.

Hórus, filho de Ísis, a Criança Divina de Rá, o Deus Sol, deve tudo à sua mãe – seu nascimento miraculoso do sêmen de seu pai morto, sua sobrevivência no parto, sua proteção contra os exércitos de Seth nas cavernas ao longo do Nilo, sua cura mágica da picada do escorpião, as oportunidades de aprender, de Ísis, a magia, e de Osíris, a arte da guerra, e assim, indiretamente, mesmo sua vitória sobre Seth e a reconquista do trono. Tudo isso ele devia ao Feminino, à sua humilde mãe. De fato, ele devia tanto que seu próprio ego não podia suportar e acabou cortando a cabeça de Ísis para conquistar a própria liberdade e espaço para crescimento pessoal. Assim, Hórus pôde reaver o trono e reinar por seu próprio poder.

Há muitos traços de Virgem no mito de Ísis: humildade, perfeccionismo (as palavras devem ser pronunciadas com perfeição), eficiência nos tempos de crise, aplicação das habilidades e técnicas aprendidas na solução de problemas, intercessão junto aos deuses pelos outros (muitas pessoas de Virgem mantêm empregos intermediários como, terapeuta infantil, gerenciamento de crises etc.) e cura (manutenção do corpo). A cura é outro tópico comum a Virgem e também à busca de Ísis. Primeiro, ela manteve intacto o corpo de Osíris; depois, socorreu e ressuscitou o corpo frio de Hórus, e, por fim, no caso do inimigo Seth, ela se apiedou dele e o libertou. Ela não fez isso para salvar o reino ou porque ele era seu parente, mas porque ele fora ferido na batalha e não poderia ser colocado na prisão fria, escura e úmida. Ele deveria ser mantido à luz do Sol para se curar. Ísis não poderia suportar a responsabilidade por até mesmo um inimigo padecer de sofrimentos físicos.

Em *Astrologia Esotérica*, Alice Bailey observa que a dualidade de Hermes se expressa em Virgem como a dicotomia alma/corpo. A polaridade de Peixes acentua o dilema porque enfatiza a renúncia às posses, às vezes incluindo as vitaminas, sempre que trânsitos se opõem à energia de Virgem no mapa. Assim, um virginiano esotérico pode vacilar entre a ênfase no corpo e a ênfase na alma de acordo com as estações do ano – os trânsitos através do eixo 6ª/12ª Casas ou a oposição ao Sol ou ao ascendente em Virgem. A cura do corpo, da mente ou da alma (cura psíquica) é uma espécie de busca natural para as pessoas participarem desse arquétipo, mas Virgem tende a passar por períodos de dúvida. Deveria esquecer ou negar o corpo e passar a trabalhar no desenvolvimento da intuição, da imaginação e da renúncia piscianas? Deveria meditar mais? Deveria buscar a reclusão monástica?

A espera, a vida oculta, a atitude de serviço são também características de Virgem. Ísis e Osíris esperaram muito tempo por um filho. Na realidade, a impressão que se tem é que pensavam que tinham tempo de sobra, e assim Hórus tornou-se a Criança Divina póstuma de Osíris. Muitos virginianos esperam, como Ísis ou Perséfone, até a meia-idade para tomar decisões de maior comprometimento (Foi somente após a morte de Osíris que Ísis se deu conta de quanto o amava.) Elas não se relacionam com sua Função Sentimento senão na meia-idade ou mesmo mais tarde, quando o regente esotérico tende a emergir na personalidade.

A vida oculta e quieta de Virgem pode ser vivida na academia, em um hospital ou em um emprego público, ou ainda como um empregado de remuneração baixa, embora saiba que é inteligente e talentoso o bastante para ascender profissionalmente. Virgem cumpre um longo aprendizado, assim como fez Ísis com Thot, antes de tornar-se uma deusa por direito adquirido. Frequentemente, pessoas com Sol ou ascendente em Virgem se perguntam: "Por que parece que amadureço tão lentamente?". É quando penso na duplicidade mental de Hermes com relação a assumir o risco de abandonar seu aprendizado seguro e garantido e na observação de Ísis, de que até a morte de Osíris ela não havia percebido quanto o amava ou quanto havia desejado um filho dele. Até então, a vida era simplesmente uma oportunidade para ela aprender. Ísis por fim deu à luz sua própria Criança Divina depois de ter ajudado Ishtar com *seu* bebê. Desse modo, Virgem com frequência dá origem a projetos criativos depois de apoiar (função lunar) e incentivar as aventuras criativas dos outros.

Quem é, então, Thot, o Pai de Ísis e o deus do qual os gregos derivam o seu Três Vezes Grande Hermes, o alquimista/mágico? Thot é o autor de muitos textos egípcios sobre astronomia, astrologia e magia. Ele era autocriado. Realizou os cálculos matemáticos que determinaram a localização das estrelas no céu. Ele foi o inventor de todas as artes e ciências, o mestre da lei, o mestre da palavra divina e o escriba dos deuses. Foi o autor de todos os livros funerários importantes que continham os segredos da imortalidade. Sem a sua presença e orientação no mundo do além, os mortos não podiam pronunciar as palavras apropriadamente. Assim, não apenas o conhecimento de seus livros era requerido no mundo inferior; fazia-se necessária também a orientação pessoal de Thot.

O Livro dos Mortos nos diz que os poderes de Thot são maiores que os de Osíris e mesmo maiores que os de Rá. (E. A. Wallis Budge, I, p. 401.) Isso é assim porque o próprio Thot era "o coração e a língua de Rá", a razão, a vontade, e o poder da palavra do Deus Sol. Thot pronunciou a Palavra que resultou na realização da vontade de Rá na Terra, em Hermópolis, a cidade dos nove deuses, e no mundo inferior dos mortos. Depois da palavra de Thot, a vontade de Rá não podia deixar de ser cumprida; não havia maneira de mudá-la. Os outros oito deuses dependiam de Thot porque estavam ligados às estações e eram dele os cálculos que determinavam os solstícios e equinócios. Nos infernos, ele era escriba e anjo registrador e o que mais ajudava os recém-chegados que precisavam enfrentar seus demônios e monstros. Thot lhes dava o nome de cada ser, de modo que quando eles pronunciavam esse nome apropriadamente, o ser se tornava seu amigo. Isso ajudava os recém-chegados a entrar na Barca dos Milhões de Anos (Barca Solar) ou nos Campos de Paz de Osíris.

Na Terra, Thot aparecia nos momentos de necessidade, quase como Hermes na Grécia, mas seu poder é maior que o de Hermes. Parece que Thot foi menos travesso e manifestou mais as qualidades de xamã. Em cada história ele tem a técnica ou habilidade necessária, assim como as palavras de cura apropriadas. Ísis aprendeu, por exemplo, o tom de voz para cada entoação. Thot parece ter uma autêntica ligação com a cura esotérica e com a 6ª Casa. Os atributos mentais, matemáticos e verbais ou comunicativos de Hermes são também de Thot. Mas ele tem também uma conotação fúnebre – uma espécie de relação de sextil com Osíris e a 8ª Casa.

Thot, assim como Hermes, é jovem. Ele tem uma Lua Crescente no topo da cabeça, um símbolo do Feminino e também do mundo inferior. Os artistas o representavam também como a Lua Cheia, significando que ele regia todo o mês lunar. Ele permanecia ao lado de uma coluna que sustentava o céu. Um lance de 14 degraus conduzia à coluna. Os degraus eram de comprimento desigual e representavam os primeiros 14 dias do mês, a primeira metade do ciclo lunar. Em alguns desenhos, Thot olhava em duas direções, possivelmente para os Equinócios de Primavera e de Outono.

Thot tinha relação com o outono e com o inverno. Ele era também chamado de Olho Negro de Rá, que fornece menos calor, luz e tepidez do que o olho claro, por isso também era conhecido como a Lua Nova, o escuro da Lua. A representação mais popular que os artistas faziam desse deus, todavia, parecia ser a do pássaro que se assemelha à cegonha, a Íbis, do qual seu nome, Thot, derivou. Conta-se que a Íbis era a criatura mais útil do delta, porque matava cobras e escorpiões. Seu hábito de se curvar e dobrar o corpo sobre si mesma, aconchegando sua cabeça ao peito, dava-lhe a forma de um coração. Assim, o hieróglifo do coração foi usado para representar Thot, e transmitia "o conhecimento e a compreensão do coração". A tarefa de Íbis de purificar a área de cobras e escorpiões é também reminiscente da exigente Virgem.

A Lua, o símbolo no topo do glifo de Thot, é também o regente esotérico de Virgem. Thot presidia as formas em transição, da doença à saúde (como no caso de Hórus quando foi picado pelo escorpião) – 6ª Casa – e da morte ao renascimento

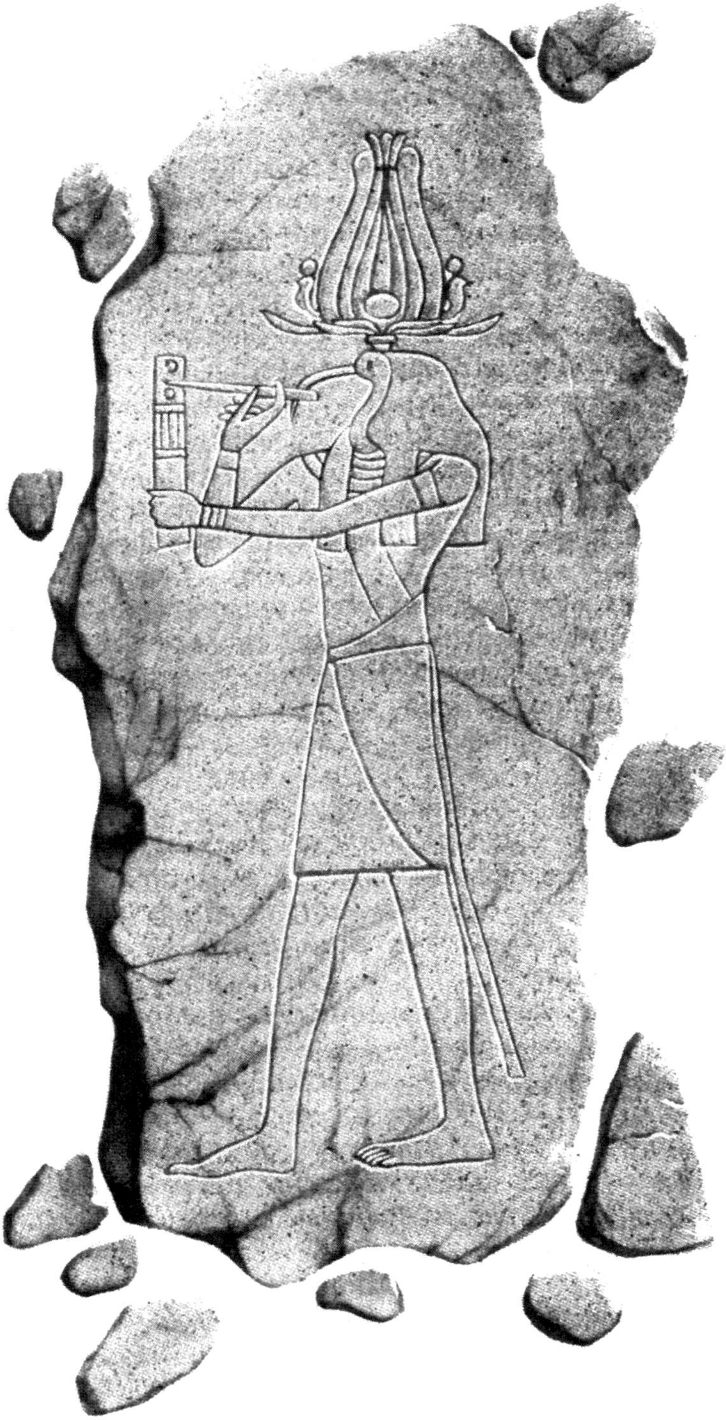

(como no caso de Osíris) – 8ª Casa. A Lua, como vimos em Touro e Câncer, representa a Forma. A Criança Divina é a criança de Virgem, o resultado de um longo período de gestação/aprendizado. Virgem, no nível mundano, seleciona dados no processo de análise. Em seu sentido esotérico, a Lua representa fusão, síntese e realização do potencial. Dessa forma, parte do crescimento de Virgem consiste em incorporar o cuidado ou a nutrição lunar que vimos em Câncer. No mito, Ísis era uma mãe amorosa para Hórus, um exemplo da Virgem esotérica, cuidadosa. Uma amiga virginiana certa vez mencionou que sentia estar se desenvolvendo pessoalmente através do trabalho como terapeuta. "Agora tenho a impressão de que os clientes são pessoas. Eu costumava vê-los como problemas a serem resolvidos ou como artigos interessantes a serem escritos. Sou mais atenciosa com eles, estou mais harmonizada com o nível humano." Este é também o nível lunar – o nível da personalidade.

A busca começa com a verdade de Thot: "Conhecimento é poder", e termina com a "compreensão do coração" – a sabedoria. Alguns clientes de Virgem (Sol ou Ascendente) perceberam que o abandono de uma profissão ligada à análise de dados frios e secos e o movimento na direção de uma carreira relacionada à intuição e à imaginação (integrando a polaridade de Peixes) traz como resultado o crescimento pessoal. Alguns se tornaram terapeutas que trabalham com sonhos, astrólogos ou escritores e jornalistas criativos. Eles se envolveram mais intimamente com o quadro geral. Anteriormente, como técnicos em computação e cientistas em seu laboratório, eles dissecavam a realidade. A meditação, simbolizada pelos Peixes, signo oposto a Virgem, é também uma chave para desenvolver a fé na natureza humana, que vai além da atitude do "viver e deixar viver" de muitas pessoas de Virgem mundanas. A tolerância dessas pessoas é baseada em: "Bem, tal e tal coisa estão absolutamente erradas, mas vou deixar passar".

"Como Virgem pode integrar a polaridade de Peixes?", poderíamos perguntar à Esfinge do árido deserto. (Veja Leão, Capítulo 5.) Talvez buscando o equilíbrio entre corpo e alma, de modo a não causar mal nem a um nem a outro – evitando por um lado o retiro para uma austeridade rigorosa, como faz o anacoreta, e por outro a hipocondria obsessiva.

O *Bhagavad Gita* (VI: 16-17) diz: "Ó Arjuna, o glutão e o frugal, o que dorme demais ou o que dorme de menos, nenhum desses encontra realização no yoga. Aquele que com regularidade adequada come, relaxa, trabalha, dorme, e permanece desperto, encontrará no yoga o destruidor do sofrimento". Essa passagem equilibra o ascetismo e a rotina de trabalho de Virgem com o descanso e o relaxamento de Peixes. Significa trabalhar conscientemente quando é hora de trabalhar e se abandonar ao ritmo do dia à tardinha – passeando na praia de Netuno para desfrutar da brisa do mar. Quer dizer equilibrar o tempo e a energia gastos com as pessoas durante o dia com o tempo reservado somente para si ao entardecer, meditando ou trabalhando em projetos criativos próprios, alimentando a Criança Divina Interior. Um grande yogue disse que, quando estamos com as pessoas, devemos estar realmente com elas, e quando estamos com Deus, devemos estar realmente com Ele.

Integrar essa polaridade significa discernir, em dada situação, quando a lógica de Hermes é necessária para avaliar os fatos e quando é tempo de abandonar a lógica e seguir a intuição de Netuno. Significa, ainda, temperar a lógica de Hermes com a bondade, a misericórdia e a compaixão de Netuno. As pessoas são imperfeitas, e quando Virgem é excessivamente crítico, elas podem se tornar tão desmotivadas que não conseguirão se aperfeiçoar. Quando Virgem avança na integração da fé e da paz interior de Peixes, muitas dúvidas interiores desaparecem. O ego começa a depender mais de Deus e a confiar menos em seus próprios recursos. Em *Anima*,* James Hillman define o ego de um modo que pode agradar Virgem, porque Virgem gosta de purificar o cosmos. Hillman diz que o ego é "um confiável zelador das casas planetárias". Através da rendição e da dependência pisciana ao Self, o ego cessará de tomar a si ou a rotina diária tão a sério e fará uma limpeza mais eficiente como um bom e fiel servo do Self. A integração da polaridade também implica equilíbrio entre o realismo de Virgem e a disponibilidade de Peixes para dar aos outros o benefício da dúvida.

Uma chave para a integração dessa polaridade poderia ser a de que ambos são signos mutáveis e receptivos. Ísis foi receptiva a Thot e tinha fé total nas palavras dele. Séculos mais tarde, a Virgem Maria foi ofuscada pelo poder do Espírito Santo e, com fé total e receptividade lunar, disse: "Faça-se em mim segundo a Tua Palavra" (*Lucas*, 1:38). Ela também concebeu uma Criança Divina em circunstâncias milagrosas e deu à luz sob condições que qualquer virginiano consideraria das mais imperfeitas. Tanto ela como Ísis eram veículos humildes e conscientes para a Graça Divina. A Lua, como regente esotérico de Virgem, abre o signo emocionalmente e o torna receptivo ao Espírito.

---

* Publicado pela Editora Cultrix, São Paulo, 2ª edição, 2020.

Quando ponderamos sobre a polaridade Virgem/Peixes, vem-nos à lembrança a história bíblica de Maria e Marta (Lucas, 10:38-42). Maria foi a irmã que, com relação a Cristo, seu Mestre, adotou a abordagem pisciana. Assim que Ele entrou na casa delas, a jovem correu e sentou-se a seus pés com grande devoção. Marta, a irmã que assumiu a abordagem de Virgem, cuidou de fazer com que Cristo se sentisse à vontade. Ela provavelmente providenciou uma bacia e panos para seus pés, de acordo com o costume local. Enquanto servia, ela notou sua irmã sentada, descansando e ouvindo. Marta ficou zangada. "Senhor", ela disse, "a ti não importa que minha irmã me deixe assim sozinha a fazer o serviço? Dize-lhe, pois, que me ajude".

Jesus respondeu: "Marta, Marta, tu te inquietas e te agitas por muitas coisas; no entanto, pouca coisa é necessária, até mesmo uma só. Maria, com efeito, escolheu a melhor parte, que não lhe será tirada".

A abordagem virginiana (prestativa) de Marta não levou em conta uma verdade pisciana importante. Precisamos viver as oportunidades do momento presente e desfrutá-las por inteiro. Se Virgem se torna muito rígido em relação a seu planejamento rotineiro e se leva seu serviço muito a sério, de modo muito austero, então a profissão de serviço prestativo pode se tornar um ditador. Pode até mesmo barrar as oportunidades de crescimento da mente e da alma se Virgem se tornar seu escravo (Hermes como *servus*). A oportunidade de Maria abrir receptivamente seu coração ao Mestre era única em toda a sua experiência de vida. Quando decidiu não perdê-la em inquieta agitação, ela "escolheu a melhor parte".

Muitas pessoas de Virgem prestativas e seriamente determinadas chegam a me dizer que gostariam de tirar férias desvinculadas da vida terrena, como participar de um retiro espiritual (polaridade de Peixes). Mas elas se sentem pouco à vontade viajando sem agenda ou sem os práticos *workshops* que permitem dedução do imposto de renda – o padrão costumeiro. Nessas viagens de *workshops* elas aprendem a fazer coisas de valor e utilidade que sempre compartilham com os outros.

Mas o que muitos deixam de compreender é que a *intuição é muito prática*. O regente esotérico de Virgem é a Lua, um planeta intuitivo, de proteção. Um retiro não só põe Virgem em contato com a polaridade de Peixes, liberando Virgem para meditar e desenvolver a intuição, mas também ajuda a desenvolver a força interior, os recursos da alma lunar em que a pessoa de Virgem esotérica constantemente busca refúgio enquanto ajuda os outros. Sem tempo para meditação na rotina de Virgem... sem recolhimento nos fins de semana, Virgem pode sentir-se abatido pela profissão de serviço. Como Madre Teresa de Calcutá, que é de Virgem, muitas pessoas veem grande quantidade de sofrimento humano todos os dias. Como Madre Teresa, elas também precisam mergulhar em Águas Cósmicas e reviver o Espírito – entrar em contato com a energia da Alma para continuar alimentando os outros. As pessoas de Virgem no nível mundano pensam que fatos e informações constituem tudo aquilo de que o mundo precisa – a mensagem de Hermes. A maioria das pessoas, entretanto, busca mais do que informações; elas buscam a inspiração do orientador. Virginianos que são verdadeiros intuitivos lunares e nutrientes autênticos combinam o poder mágico com a discriminação de Hermes para transformar e curar com a natureza solícita da Lua. Eles encorajam os demais a acreditar em si mesmos e a desenvolver seus recursos. Sem os dons de Hermes, a Lua pode favorecer a dependência (Veja Capítulo 4, Câncer). Sem a Lua, a discriminação de Hermes, aplicada ao paciente, ao cliente ou ao estudante, é uma espada afiada. Virgem pode revelar-se clínico, sem consideração, frio.

Em *The Problem of the Puer Aeternus*, Marie-Louise von Franz discute o Egito antigo como uma civilização em que as ideias eram consideradas reais ou concretas e tudo o mais era visto como transitório. A influência de Hermes/Thot, o Deus-Ideia, é fortemente sentida aqui. O significado concreto, literal das palavras, e mesmo de sua pronúncia correta, era importante, por causa de seu uso na magia – as palavras eram causativas. E, assim, como von Franz esclarece, esse literalismo concreto pode interferir em nosso crescimento. O *animus*, o pessimismo interior de uma mulher, por exemplo, é concreto e literal em suas opiniões e nos problemas que apresenta, como a Esfinge, para serem solucionados. Um cliente de Virgem com uma Lua aflita, pouco elemento Água em seu mapa e um Mercúrio forte, muitas vezes cairá na negatividade de *animus*. "Há duas alternativas aqui, duas somente, e ambas são igualmente más." À semelhança da Esfinge, tais tipos de Hermes sentem que a vida é um enigma a ser resolvido. Pode-se observá-lo e imaginar a resposta, ou apresentar a pergunta a um teólogo e então o problema será resolvido. Esse caminho não é muito satisfatório, porque é destituído de diversão, imaginação, intuição e risco. Se o *animus* tem medo de cometer um erro ou de fazer uma escolha errada, então talvez nenhuma escolha seja feita na encruzilhada de Hermes. O tempo passa, e Virgem lastima seu potencial não realizado. Os elementos positivos do mapa – Ar (senso de humor) e Fogo (coragem, risco, pensamento positivo) – podem ajudar Virgem a superar a precaução e o enfoque mental literal que tendem a sabotar sua temporalidade. Integrar a polaridade de Peixes e harmonizar-se com a Lua são práticas que também facilitam o crescimento.

Em *Os Trabalhos de Hércules*, "Sexto Trabalho", Alice Bailey fala da habilidade de Virgem esotérico de sintonizar o inconsciente Coletivo. Virgens que cultivaram a natureza psíquica interior e também suas mentes Hermes são capazes de se conectar com as massas (Câncer, a Lua). Muitos são também capazes de prever as tendências para o coletivo, especialmente no mundo das ideias de Hermes. "Quais cursos serão úteis para as pessoas nos próximos cinco anos? Que livros as pessoas desejarão ler em dez anos?" Isso, mesmo falando de maneira prática, ajuda a lidar com o medo perene de Virgem com relação à segurança financeira, visto que a Virgem lunar sabe que as ideias nunca se esgotarão, que o poder de ajudar e atrair uma audiência para sua mensagem não provém dos cursos que as pessoas frequentam no mundo exterior, mas de dentro delas mesmas.

Os leitores com Sol ou ascendente em Virgem que desejem se sintonizar melhor com seu lado lunar fariam bem em estudar a Lua natal por signo, casa e aspectos. Ela tem relação com o Sol ou o ascendente em Virgem? E com Hermes? Com o passar dos anos, descobri que muitos mapas com Virgem no ascendente, à semelhança de Ísis, têm um dom inato para a cura, mas falta-lhes confiança em sua magia para seguir adiante. É mais seguro ser um contador ou uma enfermeira. Desenvolver e acreditar (polaridade de Peixes – fé) nos dons lunares e intuitivos é o primeiro passo para desenvolvê-los através da meditação, da imaginação ativa, da interpretação dos sonhos, da leitura de imagens mentais. Para conectar-se com a polaridade de Peixes, pode-se ler um pouco de poesia à noite, antes de dormir. Um pouco de poesia inspiracional ou devocional, não *The Waste Land*. Isso ajuda a equilibrar a Terra de Virgem com a Água, a mitigar a secura do deserto. Peixes busca a paz de espírito, e o mesmo faz Virgem. Peixes está mais próximo do inconsciente, o feminino interior. (Pode ser útil para Virgem ler o Capítulo 12, *Peixes: A Busca do Castelo da Paz*.) Finalmente, Peixes diz respeito a sonhos e fantasias. Para ser feliz, é bom sonhar, mesmo que nem todos os sonhos se tornem realidade.

Ao trabalhar no desenvolvimento da Lua e na integração da polaridade de Peixes, Virgem vai além do intelectualismo mundano de Hermes na direção da compreensão do coração. Quando Virgem trabalha a partir do coração, e da cabeça, a Lua dará à luz o potencial interior, a Criança Divina interior, e Virgem se tornará parteira espiritual para outras pessoas.

Nativos com Sol ou ascendente em Virgem passam trinta anos na progressão em Libra. Como o signo de Libra é regido por Vênus, a Deusa do Amor, muitas pessoas casam durante este ciclo, particularmente no último decanato, ou nos dez anos finais. (Aparentemente, por essa época, elas tiveram tempo de se acostumar à energia de Vênus.) Muitas vezes, pedi a virginanos que participavam das aulas de progressão que descrevessem suas relações durante esse ciclo. Apresento a seguir alguns comentários feitos por pessoas com o Sol em progressão formando aspectos positivos com seus planetas natais:

"Estou muito mais calmo e feliz do que costumava estar."

"Sinto-me bastante relaxado com relação às finanças desde meu casamento. Não preciso mais depender apenas de mim mesmo."

"Acho que estou levando uma vida mais equilibrada."

"Se tivesse sabido que o casamento seria uma experiência tão positiva, eu teria casado muitos anos antes. Eu me preocupava com a perda de minha identidade antes de encontrar meu nicho na vida."

Tais palavras – calmo, relaxado, feliz e equilíbrio – pertencem ao vocabulário de Libra. Muitos virginianos parecem ir de uma vaga insatisfação com a vida ao contentamento durante este ciclo de desenvolvimento. Eles desenvolvem a serenidade de espírito de Libra.

Outros, entretanto, passam pelo Sol em progressão ou por Mercúrio em progressão tendo problemas com planetas cardinais natais, formando quadraturas e oposições. Eles tendem a se lamentar usando a terminologia de Libra: "Não é justo que meu cônjuge espere que eu faça todo o trabalho da casa; estou cansado à noite", ou "Eu gostaria de manter as coisas em harmonia, mas estou numa profissão de serviço em que ouço problemas das pessoas o dia inteiro. Não quero ter que analisá-lo à noite". Ou, ainda: "Estou cansada à noite; ele, entretanto, está cheio de energia, e quer se divertir ou sair com os amigos. Precisamos entrar num acordo, e somente sair ou nos divertirmos em casa duas vezes por semana". "O casamento trata do aprendizado da cooperação. Gostaria que meu marido cooperasse e fizesse as tarefas domésticas que deixo listadas na porta da geladeira."

Temos nesses depoimentos muitas palavras-chave de Libra – harmonia, justiça, cooperação, compromisso (principalmente a necessidade de comprometimento de outras pessoas) e o ouvir. Essas palavras combinam com os problemas de Virgem no sentido de ter os serviços caseiros feitos para sua satisfação, tempo para descansar ou fazer os trabalhos do escritório em casa *versus* vida social, a estrutura do tempo livre à noite que o cônjuge pode aceitar espontaneamente. (Como em "Oi, querida, você não se incomoda se eu convidar meus amigos hoje? Há alguma coisa na cozinha que possamos preparar para eles?") A espontaneidade não é um traço que, em geral, agrade os virginianos.

Discussões sobre dinheiro são comuns durante a progressão em Libra. O orçamento é um ponto forte de Virgem. Mas Virgem pode não perceber que está gastando bem mais do que costumava gastar. (Muitas vezes, os outros percebem nossas mudanças antes mesmo que nós as notemos – elas são desenvolvimentos inconscientes e graduais.) Virgem, que se considera perito em finanças e muito frugal, acusará o cônjuge de gastar impulsiva e imprudentemente, mas ficará muito surpreso quando ele apontar seus próprios gastos. "Eu realmente gastei tanto dinheiro o mês passado? Pensava que tinha comprado apenas alguns livros e discos", diz o virginiano, agora um libriano em progressão.

Em geral, Virgem é um planejador de longo prazo. O companheiro pode não se relacionar com anuidades e retiradas de fundos; pode simplesmente querer viver o dia a dia. Se o Sol em progressão em Libra forma uma oposição ao Sol natal ou em progressão em Áries do cônjuge, pode haver uma luta pela predominância do orçamento *versus* o gasto espontâneo, a despeito do interesse de Libra em progressão pela paz e harmonia. Às vezes, é útil levantar esses tópicos em leituras sobre relacionamentos. Pessoas casadas há muito tempo podem ficar confusas pelas mudanças da progressão do companheiro, mas este pode não perceber que está mudando.

Vênus, regente da progressão em Libra, é um planeta social, um planeta amistoso. Muitos clientes com *stellium* em Virgem, quando os planetas de movimento mais rápido no *stellium* avançam para Libra, me dizem que passaram a gostar de participar de funções artísticas, de festas no escritório e de outros encontros, mais do que costumavam gostar antes. Uma dessas mulheres, com Virgem no ascendente, disse: "Eu costumava ir embora logo que a festa de Natal do escritório começava, e voltava imediatamente ao trabalho. Hoje, relaxo e aproveito mais essas festas, deixando de lado as pilhas de pastas sobre a minha mesa. Lembro-me de quando era gerente da unidade principal de meu departamento. Uma diretora de RH libriana estava se aposentando e oferecemos uma festa para ela. As pessoas comentavam como ela era querida, e eu, no caminho de volta para minha mesa, pensei, 'Hum, realmente querida. Ela por acaso pensa que a vida é uma competição por popularidade?' Na *minha* festa de aposentadoria as pessoas vão dizer: 'Ela dirigiu a unidade mais eficiente. Ela realmente conseguia realizar seu trabalho. Ela era tão eficiente que será difícil substituí-la'. Por outro lado, ficarei igualmente feliz se as pessoas disserem: 'Ela era querida'". Muitas pessoas do círculo de Virgem dizem que suas conhecidas desse signo parecem se ajustar socialmente melhor durante esse ciclo. Isso é especialmente verdadeiro se Vênus em progressão se move de Virgem para Libra.

Como signo de Ar, Libra tem relação com ideias e conceitos. Virgem, geralmente, relega o conceito e enfatiza o conteúdo, o dado, o material ou o serviço habilmente executado. Pessoas com Sol em Virgem ou Virgem no ascendente se tornam mais conceituais, menos concretas e literais, e mais objetivas na progressão do Sol ou de Mercúrio para Libra. Dizem: "Quando comecei a lecionar história dos Estados Unidos, estava decidida a passar cada fato e cada data no plano de aula. Se um aluno me fizesse uma pergunta com um 'por que', uma questão conceitual que poderia me interromper, eu dava uma resposta rápida de modo a não atrapalhar o conteúdo programado. Se perguntassem: 'É verdade que George Washington e outros pais fundadores tinham escravos e que a escravidão era legal naquela época? Como isso se justificava na Constituição? Como os escravos chegaram aqui?', eu diria simplesmente; 'Assim é que eram as coisas no século XVIII', e seguiria em frente. Hoje eu me deteria e gastaria um bom tempo com a resposta. Não me parece mais tão importante seguir o planejamento tão servilmente. São os conceitos que tornam a aula interessante para os alunos, e também para mim".

Ou: "O pessoal da repartição pública onde trabalho costumava se queixar de que eu exigia muita papelada e muitas estatísticas sobre os clientes, e que dispunha de pouco tempo para me dedicar aos clientes como seres humanos após terminarem de preencher todas as questões do formulário. O conteúdo – os dados usados no planejamento e os que entram nos computadores para futuras análises e tomadas de decisão – é importante, mas eu posso ter perdido o controle. O serviço que prestamos é para as pessoas. Poderíamos elaborar novos planos e apresentar novas ideias e conceitos, sem ter tantos dados que duplicam outros dados, ou que se sobrepõem. Estou mudando de ideia sobre uma porção de coisas assim...".

Urano é o regente esotérico de Libra. É também o planeta da oitava superior de Mercúrio, o regente mundano de Virgem. Ele tem relação com a objetividade relativa ao material, aos dados, ao enfoque dado ao serviço. Pessoas de Virgem com um Urano natal forte deixam de lado as minúcias em favor de novas abordagens neste ciclo; pelo menos é o que penso. Urano é um planeta de discernimento rápido. Virginianos de natureza esotérica que se harmonizam com Urano na progressão em Libra podem aprender a acelerar a temporalidade desfazendo-se de suas preocupações nervosas. "O que está faltando? Devo revisar tudo novamente apenas para me certificar de que está completo?" Urano ajuda Virgem a perceber rapidamente a floresta inteira, em vez de ficar esboçando , de forma exaustiva, a mesma árvore para chegar à perfeição.

Muitos virginianos vivenciam Urano em oposição a Urano na progressão em Libra. Esse trânsito pode orientá-los a estudos como astrologia, ecologia, química alimentar e nutrição, ou cura holística. Alguns investigaram o modo de vida em comunidades Nova Era na progressão em Libra em torno da época em que Urano natal estava em trânsito. Às vezes, para ver se o cliente está trabalhando com o regente esotérico ou mundano durante o ciclo em progressão, pergunto a ele, por telefone: "O que você tem lido recentemente?". Uma possibilidade, com Vênus atuando, "Principalmente romances." Ou: "Livros de arte. Estou frequentando aulas de arranjos florais". Uma resposta de Urano: "Bem, muitas coisas de astrologia e astronomia". Ou, ainda: "Estou voltando ao colégio para estudar programação de computador" – um enfoque de Urano que não é exatamente Nova Era esotérica, mas que se aproxima. Urano rege também a tecnologia avançada. Ao nível mundano temos: "Estou refazendo, pela terceira vez, meu exame para obtenção do Diploma de Contabilidade. Eu sei a matéria, mas isso é tão importante para mim que fico nervoso e congelo. Não consigo terminar o teste no tempo previsto".

Por Urano apresentar a capacidade de discernimento, particularmente perto dos 40 anos, no ciclo de Urano em oposição a Urano, se Virgem natal se harmoniza com esses *insights*, muitos velhos hábitos da 6ª casa podem ser reconhecidos e eliminados. Neste ciclo, é melhor romper com um velho hábito do que ter uma ruptura abrupta de um relacionamento pessoal. Muitos virginianos deixam um ambiente de trabalho que lhes dilacera os nervos, mas o que descobrem é que o novo ambiente é tão agitado quanto o primeiro. Os virginianos passan por esta progressão em Libra mais positivos, mais cardinais e menos autocríticos. Podem também adquirir um senso de humor aéreo, se o Sol em progressão entrar em contato com planetas natais em Ar, e substituir o antigo perfeccionismo pela objetividade e imparcialidade de Libra. Urano também se refere a grupos. Virginianos com Urano natal forte podem emergir da caverna de Merlin para participar de comunidades mais amplas antes da progressão em Escorpião, uma energia mais quieta, mais reclusa.

Espiritualidade, sentimento de calma, equanimidade e serenidade podem ser desenvolvidas nessa fase. Essas talvez sejam as dádivas mais importantes da progressão.

Se o Sol em progressão de Virgem natal entrou em conjunção com Vênus natal enquanto passava por Libra, então muito provavelmente Virgem absorveu parte da cordialidade de Vênus e se expandiu para além do pensamento crítico em direção ao relacionamento diplomático com os outros. Já se o Sol em progressão em Libra formou um aspecto com Urano natal, é muito provável que Virgem tenha se expandido para além do pensamento literal e concreto para um idealismo mais amplo e mais humanitário. Muito provavelmente a autocrítica diminuiu durante o ciclo de trinta anos de Libra, sobretudo se os regentes de Libra, Vênus e Urano, estavam envolvidos no desenvolvimento da personalidade de Virgem natal.

Se Virgem abandonou a estreiteza, a autocrítica, a análise constante das emoções e sentimentos, e o perfeccionismo durante a progressão em Libra, então está pronto a se beneficiar dos traços positivos da personalidade do ciclo de Escorpião. Caso contrário, Escorpião, signo que faz sextil ao Sol natal, reforçará as características negativas de Virgem. As qualidades positivas de Escorpião, para Virgem, envolvem a resistência física e a capacidade de suportar, o magnetismo e a vitalidade. Escorpião é regido por Marte e Plutão, os quais proporcionam estabilidade (fixidez) ao sistema nervoso e poder dinâmico à aura. Entretanto, Escorpião é semelhante a Virgem e não se deixa dirigir, orienta-se pelo objetivo, é compulsivo, perfeccionista, exigente, e, para as pessoas de Mercúrio em Virgem, leva a obsessões. É também rígido em suas atitudes e em seu pensamento, diferentemente de Virgem natal mutável.

Escorpião pode reforçar a tendência de Virgem a se retirar em uma caverna, como um eremita, ou a ser ciumento ou desconfiado dos outros. Por outro lado, se Virgem natal tiver no mapa um Grande Trígono em Água, ao progredir para Escorpião o Sol pode trazer profundidade ao trabalho de Virgem. Além disso, é preciso observar: Quais são os aspectos de Mercúrio natal a Marte e Plutão natais? Um ou outro está em contato com o Sol natal ou com o ascendente em Virgem? Que espécie de potencial do mapa natal poderá ser concretizado por Virgem na progressão de trinta anos em Escorpião? Se há uma quadratura entre Mercúrio e Marte natal e a pessoa não lidou com uma tendência ao cinismo e/ou ao sarcasmo no diplomático ciclo de Libra, por exemplo, então o Sol em progressão em Escorpião em contato com Mercúrio/Marte natal tenderá a torná-la ainda pior. Se Mercúrio natal está retrógrado em Virgem, por exemplo, a progressão em Escorpião poderá trazer dúvidas sobre si mesmo e autocrítica, visto que a energia retrógrada geralmente se dirige para dentro. Assim, em contraste com a progressão em Libra, que era mais venusiana, a progressão em Escorpião volta-se em direção à energia de Marte e Plutão. Muitos virginianos orientam seu foco inteiramente para uma meta com a intensidade de Escorpião, semelhante à intensidade de um raio *laser*. Esse é frequentemente o caso quando Plutão em trânsito entra em quadratura com

Plutão natal durante a progressão em Escorpião. Alguns virginianos que têm aflições de Marte natal tornam-se malévolos, impacientes e insatisfeitos.

O artífice de Virgem, que fez de seu trabalho uma forma de arte em Libra, possivelmente irá mais fundo em Escorpião, quaisquer sejam os serviços ou produtos envolvidos. À medida que o Sol em progressão passa por Escorpião, entrando ou não em contato com os planetas de Virgem natal num determinado ano, ele está em sextil simbólico com Virgem natal. Durante certos anos, o Sol pode fazer aspecto a planetas em Virgem ou Capricórnio, e pode formar trígono com quaisquer planetas ou ângulos (Ascendente, Meio do Céu, Nadir, Descendente) em Câncer e Peixes. Se houver planeta(s) em Escorpião no mapa natal, o Sol progredido entrará em conjunção com ele(s). Esses aspectos em progressão exercem uma forte pressão no inconsciente, visto que a Terra e a Água, elementos Femininos e receptivos, são importantes nas mudanças ou transformações alquímicas (e psicológicas). A energia intuitiva, psíquica, criativa, espiritual é fundamental para os virginianos introspectivos que trabalham conscientemente com ela neste ciclo. A busca de Virgem pelo serviço significativo, com satisfação interior e recompensas, está ao alcance quando Virgem olha para dentro, para seu conhecimento, sua perícia, e faz experimentos com técnicas antigas e novas durante este período em Escorpião.

Em geral, em Escorpião, Virgem adquire mais fé em si mesmo. O Sol em progressão é regido por Marte, planeta da confiança e da vitalidade. Marte também é um planeta pioneiro, de descoberta, pesquisa e desenvolvimento. Em Libra, o Sol em progressão estava em queda (em oposição a Áries). Agora, o Sol está mais bem posicionado para o crescimento tanto profissional como espiritualmente. Os que estão ligados às comunicações, o campo de Hermes, verão que Escorpião empresta magnetismo à aura, e autoridade persuasiva às palavras. (Lembremos, no mito egípcio, do poder que as palavras de Ísis tinham quando em contato com Thot. Escorpião é a 8ª Casa – da magia, da transformação, da morte e do renascimento. Se estiver aberto ao inconsciente, o sistema nervoso se estabilizará, e Virgem não se preocupará mais tanto. O inconsciente provê a informação e os recursos interiores necessários.

Às vezes, se Virgem tem muita cautela para cooperar com o inconsciente, se o Sol em progressão fizer aspectos tensos com planetas natais, ou se ocorrerem oposições em trânsito (Urano natal em oposição a Urano em trânsito ou Saturno natal em oposição a Saturno em trânsito), o mundo exterior pode tirar Virgem de um emprego seguro e jogá-lo em um desconhecido. Se o Sol entrar em conjunção ou fizer quadratura com Marte, amplificado por trânsitos de Marte e Urano,

Virgem pode se envolver em acidentes. O corpo pode relaxar um pouco para que a mente possa se recolher e se preparar para uma nova direção. A transformação nem sempre vem por meio de trígonos e sextis suaves; algumas vezes, ela é resultado de oposições e quadraturas. As quadraduras e as oposições nos desafiam a fazer mudanças. Aspectos mais suaves podem passar enquanto pensamos: "Eu gostaria de tirar férias no verão para escrever, mas provavelmente terei de lecionar... tenho de quitar as prestações do carro". Se o administrador da escola disser: "Não, você tem que tirar férias; não posso pagá-las desta vez"; ou se houver um acidente, é muito provável que peçamos a alguém mais para fazer o trabalho por nós.

Durante a progressão, é importante observar os contatos do Sol progredido com Marte, Plutão, a 8ª Casa e o regente da 8ª Casa. Se Virgem continuar em seu modo estruturado de ser, Marte e Plutão poderão levá-lo à Jornada do Mar Noturno (Veja os Capítulos 8 e 12).

Se Virgem está em um processo de cura da mente, do corpo ou da alma, sonhos xamânicos ou experiências no mundo exterior podem ocorrer nesta época. Virgem pode alcançar metas interiores e também exteriores nesta fase. A determinação e a perseverança de Escorpião são recursos definidos para os virginianos que têm dificuldade em terminar seus projetos criativos ou educacionais.

Não conheço muitos virginianos que tenham entrado no ciclo da progressão em Sagitário. Os que conheço estão interessados no serviço e no estudo espiritual e nas viagens. As jornadas exterior e interior são a matéria-prima de Sagitário. Essa é a progressão de Virgem, signo concreto, literal, para Sagitário, signo universal. Temos a sensação de que o potencial do microcosmo se expandirá no macrocosmo – no infinito.

Sagitário é um signo de Fogo vital, energético. Duas mulheres virginianas que atualmente estão em progressão em Sagitário me disseram que nunca se sentiram tão ativas, tão cheias de energia. Uma me disse que sempre pensara que seria o tipo da velhinha que sentaria perto da lareira tricotando para os netos. "Bem, nada poderia estar mais longe disso. Minha família mal sabe onde estou. Já estive na Europa duas vezes depois que entrei em Sagitário." A segunda me contou: "Minha família pensa que estou maluca, mas na verdade estou me mudando de Miami para Tel Aviv. É um sonho que se torna realidade". Uma terceira acabou de escrever seu projeto e espera que "o mundo seja minha audiência". Outra, uma ex-professora, agora comunica mensagens espirituais em seu centro espírita. Virgem parece expandir suas habilidades comunicativas ou seu público nesta fase, quando Hermes saltita impacientemente, comunicando uma mensagem inspiracional.

Questionário

Como o arquétipo de Virgem se expressa? Embora se destine especialmente aos que têm o Sol ou ascendente em Virgem, qualquer pessoa pode aplicar este questionário à casa em que Mercúrio está localizado no mapa, à casa que tem Virgem (ou Virgem interceptado) na cúspide, ou à 6ª Casa. As respostas indicarão o grau de harmonia do leitor com seu Mercúrio analítico.

1. Em uma conversa, levo em consideração mais o que a pessoa diz que sua intenção:
   a. Sempre.
   b. Regularmente.
   c. Poucas vezes.

2. Entre meus pontos fortes, eu listaria:
   a. A lógica, a discriminação e mente analítica.
   b. A disponibilidade e a consideração.
   c. A bondade e a simpatia.

3. Prefiro me relacionar com pessoas:
   a. Inteligentes e bem informadas.
   b. Prestativas e sinceras.
   c. Protetoras e acolhedoras.

4. Algumas pessoas me veem como alguém negativo, detalhista. Percebo-me como:
   a. Detector de problemas prático e eficiente.
   b. Exigente e solícito.
   c. Não orientado por detalhes.

5. Algumas pessoas diriam que dou muita atenção aos detalhes. Considero-me escrupuloso e meticuloso:
   a. 80-100% das vezes.
   b. 50-80% das vezes.
   c. 25-50% das vezes.

6. Meu maior medo é:
   a. Enlouquecer.

b. Não alcançar meus objetivos.

c. Que meus piores medos se concretizem.

7. O maior obstáculo ao meu sucesso provém:
   a. De confundir as árvores com a floresta.
   b. Da falta de tempo.
   c. Da negligência com relação aos detalhes.

8. Depois de sacrificar meus projetos para ajudar outras pessoas sinto-me ressentido:
   a. Quase sempre.
   b. Às vezes.
   c. Nunca.

9. Quando estou mentalmente deprimido, minha energia e minha vitalidade também ficam baixas:
   a. 80% das vezes.
   b. 50% das vezes.
   c. 25% das vezes.

10. Quando me sinto doente, a parte de meu corpo mais frequentemente afetada é:
    a. O duodeno – úlceras.
    b. Fadiga crônica.
    c. Dores de cabeça e sinusites.

Os que marcaram cinco ou mais respostas (a) estão altamente conectados com Mercúrio, o planeta da análise lógica, concreta. Se a mente faz o corpo adoecer, a pessoa pode estar em contato excessivo com Mercúrio, analisando em demasia. É necessário criar hábitos sadios de dieta e exercícios na rotina diária. Com frequência, Virgem lê sobre alimentação e exercícios, mas não põe em prática o que sabe. Os que marcaram cinco ou mais respostas (c) podem estar em movimento para a extremidade polar. Isso é provável se há vários planetas na 12ª Casa ou um Netuno proeminente. Um meio de desenvolver Mercúrio é aprender uma habilidade prática.

Onde está o ponto de equilíbrio entre Virgem e Peixes? Como a lógica de Virgem integra a intuição pisciana? A realidade integra a imaginação? Embora tais perguntas se refiram de modo particular aos que têm o Sol em Virgem ou Virgem no ascendente, ou a um Mercúrio proeminente, todos temos Mercúrio e Netuno em algum lugar do mapa natal. Para todos nós, a polaridade Virgem/Peixes implica a habilidade de nos mover do concreto ao abstrato.

1. Se perguntarem a meu cônjuge, ele dirá que sou:
    a. Organizado, mas não intuitivo.
    b. Organizado e intuitivo.
    c. Intuitivo, mas desorganizado.

2. Quando entro em uma loja, eu:
    a. Compro apenas o que está na lista de compras.
    b. Compro o que está na lista e mais alguma coisa de que possamos precisar.
    c. Compro o que parece bom.

3. Na abordagem dos projetos em andamento, sou:
    a. Técnico.
    b. Técnico e artista.
    c. Artista.

4. Em meus relacionamentos sou:
    a. Realista.
    b. Realista e compassivo.
    c. Compassivo.

5. Meus colegas de trabalho provavelmente me consideram:
    a. Analítico.
    b. Bom tanto em análise quanto em síntese.
    c. Vago sobre detalhes.

Os que assinalaram três ou mais respostas (b) estão fazendo um bom trabalho de integração da personalidade na polaridade Virgem/Peixes. Aqueles que têm três ou mais respostas (c) precisam trabalhar mais conscientemente no desenvolvimento de Mercúrio em seus mapas. Os que têm três ou mais respostas (a) podem estar fora de equilíbrio na outra direção (Netuno fraco ou não desenvolvido). Estude os dois planetas no mapa natal. Há algum aspecto entre eles? Qual é o mais forte por casa e signo? Algum deles está retrógrado, interceptado, em queda ou em detrimento? Aspectos com relação ao planeta mais fraco podem apontar o caminho para a integração. Uma profissão que envolva serviço, cura do corpo, da mente ou do espírito pode ajudar a integração do eixo.

O que significa ser um virginiano esotérico? De que modo Virgem integra a Lua, seu regente esotérico, na personalidade? Todas as pessoas de Virgem terão Mercúrio e a Lua em algum lugar do mapa de nascimento. Mercúrio e Lua trabalhando em harmonia ajudarão Virgem não apenas a levar as mensagens de Hermes aos outros, como também facilitarão o desenvolvimento dos próprios talentos criativos de Virgem. Virginianos esotéricos desenvolveram a Lua como um planeta nutritivo tanto em seu serviço aos outros como em suas próprias criações. Depois de criar o projeto, Virgem esotérico aprende a se desapegar dele. Fé tanto no Divino quanto em si mesmo é uma característica desse virginiano.

1. Quando detalho meus planos para o futuro, lembro-me de deixar espaço para que Deus e minha imaginação criativa possam intervir:
    a. Frequentemente. Quando meus planos fracassam, em longo prazo, em geral é para melhor.
    b. Uma boa parte das vezes.
    c. Raramente. Mudanças repentinas nos planos são desanimadoras.

2. Considero-me uma pessoa feliz:
    a. Na maioria das vezes.
    b. Regularmente.
    c. Raramente. Aborreço-me bastante.

3. Embora eu seja do tipo pensador, estou em contato com meus sentimentos, minha natureza lunar:
   a. E procuro também entender os sentimentos das outras pessoas.
   b. E levo meus sentimentos tão a sério quanto minhas ideias.
   c. Mas não os deixo interferir na execução do trabalho.

4. Tenho muita fé:
   a. Em Deus e em mim mesmo.
   b. Em Deus, mas não em mim mesmo.
   c. Nem em Deus nem em mim mesmo.

5. Eu me descreveria como:
   a. Prestativo, acolhedor, escrupuloso.
   b. Prestativo, analítico, preciso.
   c. Analítico, preciso, nervoso.

Os que marcaram três ou mais respostas (a) estão em contato com o regente esotérico. Virgem está em contato com a função lunar do sentimento. Os que marcaram três ou mais respostas (b) estão trabalhando sobre si mesmos, mas precisam continuar. Os que marcaram três ou mais respostas (c) precisam desenvolver a Lua e a Função Sentimento. Fé em si mesmo e no Divino ajuda Virgem a transcender, a deixar seus sentimentos fluírem mais livremente. A rendição lunar ajuda a superar a insegurança, a dúvida sobre si mesmo, o aborrecimento e o nervosismo, que são as tendências de Hermes.

Referências Bibliográficas

A. E. Waite. *The Illustrated Key to the Tarot, The Veil of Divination*, De Laurence and Co., Chicago, 1918.

Alice Bailey. *Esoteric Astrology*, Lucis Publishing Co., Nova York, 1976.

_____. *From Intelligence to Intuition*, Lucis Publishing Co., Nova York, 1972.

_____. *Labours of Hercules*, Lucis Publishing Co., Nova York, 1977.

Alma Paulson. "The Spirit Mercurius as Related to the Individuation Process", Spring, 1966.

C. G. Jung. *Psychology and Alchemy*, R. F. C. Hull trad., Princeton University Press, Princeton, 1968.

_____. *The Portable Jung*, Joseph Campbell (org.), "Answer to Job", Penguin Books, Nova York, 1971.

Dane Rudhyar. *Astrology, The Pulse of Life*, "Virgo", Shambhala, Boulder, 1978.

E. A. Wallis Budge. *Egyptian Magic*, Dover Publications Inc., Nova York, 1971.

_____. *Gods of the Egyptians I*, Dover Publications Inc., Nova York, 1969.

Ésquilo. *Prometheus Bound*, E. H. Plumptre trad., David McKay, Nova York, 1960.

Françoise Dunand. *Le Culte d'Isis dans le Bassin Oriental de la Mediterranee*, Brill, Leida, 1973.

Franklin Edgerton. *Bhagavad Gita*, Harvard Press, Cambridge, 1952.

James Hillman. *Anima: An Anatomy of a Personified Notion*, Spring Publications, Dallas, 1958. [*Anima – A Psicologia Arquetípica do Lado Feminino da Alma do Homem e sua Interioridade na Mulher*, Editora Cultrix, São Paulo, 2ª edição, 2020.]

Joseph L. Henderson. *Thresholds of Initiation*, Wesleyan University Press, Middleton, 1967.

Liz Greene, *Astrology of Fate*, "Virgo", Samuel Weiser Inc., York Beach, 1984. [*Astrologia do Destino*, Editora Pensamento, São Paulo, 1989.] (fora de catálogo)

Marie-Louise von Franz. *A Psychological Interpretation of the Golden Ass of Apuleius*, Spring Publications, Irving, 1980.

_____. *Puer Aeternus*, Spring Publications, Zurique, 1970.

Marion Woodman. *The Pregnant Virgin: A Process of Psychological Transformation*, Inner City Books, Toronto, 1985.

Mary Stewart. *The Crystal Cave*, Morrow, Nova York, 1970.

Norma Lorre Goodrich. *Ancient Myths*, New American Library Mentor Books, Nova York, 1960.

Pausânias. *Guide to Greece*, vols. I e II, Peter Levi trad., Penguin Books, Nova York, 1971.

Plutarco. *De Iside et Osiride*, J. Gwyn Griffiths, org., University of Wales Press, Cardiff, 1970.

Rananuja, Badarayana. *The Vedanta Sutras*, George Thipaut trad., Motilal Banarsidass, Delhi, 1962.

Ray Hillis. "To Groom a King: The Legend of Merlin", Lecture given to San Diego Friends of Jung, 2 de fevereiro de 1980.

Reginald E. Witt. *Isis in the Greco-Roman World*, Cornell University Press, Ithaca, s.d.

Sallie Nichols. *Jung and the Tarot*, "The Magician", "The Popess: High Priestess of Tarot", Samuel Weiser Inc., Nova York, 1980. [*Jung e o Tarô – Uma Jornada Arquetípica*, Editora Cultrix, São Paulo, 1988.]

Sir Thomas Malory. *Le Mort d'Arthur*, J. M. Dent, 1930.

The New Testament, According to the Eastern Text, George M. Lamsa trad., A. J. Holman Co., Filadélfia, 1968.

Thrice Great Hermes (Corpus Hermeticum), Vols. I e II, G. R. S. Mead trad., Hermes Press, Detroit, 1978.

Wallace Stevens. *The Necessary Angel: Essays on Reality and the Imagination*, Knopf, Nova York, 1951.

7

Libra:
A Busca da Alma Gêmea

Libra é o sétimo signo do Zodíaco, o segundo signo de Ar, e pelo fato de a terceira mudança sazonal ocorrer em Libra, é o terceiro signo cardinal. Quando o outono começa, a Terra torna-se mais calma, mais branda, recolhida e serena. O regente mundano de Libra tem uma energia apropriada à Estação: é Afrodite, Deusa do Amor, da estética e do gosto refinado. Ela tem um filho de nome Eros (amor e relacionamento) e uma filha chamada Harmonia. Em geral, é vista na companhia das três Graças e das Musas. Se observarmos duas estátuas romanas que representam Afrodite, a bem talhada Vênus de Milo e a Vênus de Arles, que a apresenta com seu espelho na mão e com o olhar fixo nele, teremos uma imagem desta deusa vaidosa e bela. Agora, se visualizarmos Atena em sua armadura de combate, ou Marte em marcha para a guerra, estaremos diante de um contraste entre Libra e seu oposto polar, Áries – entre os Equinócios de Outono e de Inverno, entre a 1ª e a 7ª Casas do Zodíaco natural.

Quando refletimos sobre a polaridade Áries/Libra, observamos dois signos cardinais, ou móveis. A maioria dos alunos de introdução à astrologia reconhece rapidamente a energia ativa da liderança de Áries, mas muitos perguntam sobre a Libra: "Este é mesmo um signo cardinal? Ele parece tão quieto, passivo, calmo e discreto. É difícil considerar cardinais alguns librianos que conhecemos". Apesar disso, as pessoas nascidas no Equinócio de Outono mítico são tão cardinais quanto os arianos.

Os gregos viam Ares (Áries) e Afrodite como divindades particularmente poderosas porque estavam entre as poucas que podiam *possuir* os mortais. Ares podia tomar posse de um homem com a raiva, e Afrodite com seus encantamentos de anseios, suspiros e amor. Isso geralmente acontecia a despeito do perfeito juízo do homem e da mulher em foco.

Um aspecto interessante entre as deusas cardinais Atena e Afrodite era que descendiam de seus pais, Zeus e Urano, respectivamente. Ambas eram deusas sem mãe, descendiam da função masculina, da função pensamento. As duas eram senhoras de si e mantinham o controle. Na astrologia, tanto uma como a outra regem um elemento positivo ou masculino: o Fogo (Atena) e o Ar (Afrodite). Porém, aí termina o paralelo. O mito do nascimento de Atena é simples e direto, muito semelhante ao signo de Fogo, Áries, com o qual a associamos (Atena do Campo de Batalha). Ela nasce da cabeça de seu pai (Logos). O mito do nascimento de Afrodite é bem mais complexo e sutil. O pai, Urano, havia sido lançado ao mar, o inconsciente, antes do nascimento dela. Em contraste com Atena, ela nasceu não da cabeça, mas dos órgãos genitais do pai. Assim, ela está ligada ao sentimento, à magia e ao poder do oceano do inconsciente, e ao prazer. Quase imediatamente depois do seu nascimento, entretanto, ela ascendeu do oceano para o ar. O renascentista Botticelli representou-a subindo do mar em sua famosa obra *O Nascimento de Vênus*. O quadro é popularmente conhecido como "Afrodite na meia-concha" porque ela é mostrada emergindo de uma concha marinha. Outros artistas a pintaram sacudindo a espuma do cabelo. É bom salientar que Afrodite começou a vida diante da necessidade de tomar uma decisão, de fazer uma escolha entre viver no oceano (Função Sentimento, o inconsciente) ou no Ar (função objetiva, do pensamento, a consciência). Isso porque as pessoas de Sol em Libra ou Libra no ascendente passam a vida toda pesando os prós e os contras, tentando tomar decisões equitativas baseadas em seus critérios mentais, e ao mesmo tempo também avaliando – fazendo juízos de valor – com base na perspectiva do sentimento (o oceano) e da perspectiva teórica, lógica (Ar).

No mito, Afrodite decidiu viver no ar. Muitos librianos seguem sua liderança e orientam-se para a Função Pensamento. Entretanto, tornam-se teóricos abstratos, em vez de pensadores factuais concretos como os outros signos de Ar, Gêmeos e Aquário. Tenho muitos professores que se enclausuram em sua "torre de marfim" entre meus clientes de Sol em Libra ou Libra no ascendente. Um amigo libriano chegou a me confidenciar que se houvesse uma especialização universitária com o título de Teoria da Teoria, essa teria sido a sua escolha profissional.

Librianos acadêmicos via de regra têm muitos planetas nos signos de Ar. São pessoas conceituais que desfrutam da companhia de outros pensadores e gostam de um ambiente não competitivo, como a universidade, um ambiente onde as pessoas procuram cooperar e viver em harmonia. A *República*, de Platão, com sua ênfase no Bem, no Verdadeiro e no Belo, é a que talvez mais se aproxima da do ideal de Libra, com uma abundância de pessoas interessantes que se comprazem em filosofar, e com a ausência da vulgaridade, da feiura, da guerra e de tudo o que é desagradável.

A decisão de Afrodite de viver no ar foi um compromisso comparável a muitas decisões tomadas por pessoas com Sol ou ascendente em Libra e pessoas com planetas na 7ª Casa (correspondente a Libra no Zodíaco natural). Ela continuou valorizando o mundo oceânico do sentimento. Libra procura tomar a melhor decisão não somente para si, mas também para os outros. Em geral, não tomará uma decisão com base no pensamento se sabe que irá magoar ou alienar outros, a despeito da lógica envolvida. Afrodite é a extremidade polar de Marte, e Libra de Áries. Enquanto Marte prontamente decidiria: "Bem, tenho todos os fatos que mostram como isso me afetará; portanto, vou agir". Libra precisaria de mais tempo para avaliar a situação e dar igual peso a fatores tão subjetivos do tipo: "Como essa decisão pode afetar os outros – especialmente meu parceiro afetivo ou sócio? Se a decisão implica sofrimento, quem sofrerá? É indispensável que alguém seja magoado? Talvez eu possa esperar um pouco mais até encontrar a melhor solução, que seja harmoniosa para todos. Vou manter minhas opções em aberto. Novas alternativas (teorias ou possibilidades) podem ocorrer no entretempo".

Vários planetas em Libra, ou na 7ª Casa, inclinarão a balança do "eu" para "nós" no decorrer dos anos. Na meia-idade, Libra pode questionar: "Tenho isso que os artigos de psicologia popular chamam de relacionamento de dependência? Preciso evitar esse tipo de relacionamento, não? Eu me perdi de vista ao inclinar a balança em favor dos outros? Deveria me irritar com isso e participar de cursos de assertividade?". Ou, ainda: "Parece que estou indeciso, que demoro mais do que os outros para tomar minhas decisões".

Um curso de treinamento em assertividade ou de artes marciais é com frequência sugerido a Libra ou à personalidade da 7ª Casa por um amigo de signo de Fogo. Esses amigos sugerem tentativas *literais* para provocar um movimento na direção da polaridade Áries, para entrar em contato com Marte. Embora isso nem sempre seja errado, também não é de grande ajuda. Se Libra se sente de fato infeliz, uma abordagem drástica pode recarregar Marte apenas por um breve tempo.

O treinamento em assertividade parece ajudar as pessoas com cinco planetas em Libra, ou na 7ª Casa, a dizerem não com firmeza por um período, mas tende a desaparecer quando elas enfrentam desaprovação, quando outros não mais as consideram agradáveis ou encantadoras. Mas Libra logo volta a ser ambíguo e cooperativo. Caso tenha se conscientizado de que de fato existe um problema em seu relacionamento (como dependência, que está desgastando sua autoestima), a longo prazo é a terapia que dará melhores resultados. Entretanto, é importante descobrir com certeza se o indivíduo está infeliz ou se a teoria do Coletivo – sobre a dependência ser algo de errado – corroeu seu sentimento de satisfação interior, inteireza, e realização em seu relacionamento atual. Afrodite é um planeta benéfico. Não há nada de errado em compartilhar, se relacionar, cooperar, tornar a vida mais fácil para o companheiro, tentar fazer do seu cantinho no mundo um lugar mais feliz, mais harmonioso. Todos estamos enraizados na reciprocidade.

Alguém com *stellium* em Libra ou na 7ª Casa, em geral, vai encontrar conflitos arianos em uma profissão em que deve competir diariamente e assumir responsabilidades (Saturno). Como planeta benéfico, Afrodite não gosta de trabalhar ou de conflitos. Mesmo que Marte natal esteja em uma casa fraca, ele geralmente é recarregado ao longo de confrontos e enfretamentos durante o dia. Via de regra, uma pessoa não precisa começar a correr com um amigo de Áries ou acompanhá-lo ao *stand* de tiro para ativar Marte. Decisões para estimular Marte geralmente são tomadas quando as glândulas suprarrenais não estão funcionando bem ou quando há dores de cabeça (parte Áries do corpo) ou problemas nos seios da face. Mas qualquer movimento de Libra em direção a Marte parece adequado.

Isso nos leva ao aspecto seguinte da dourada Afrodite, deusa do amor e da paz. Embora ela tenha decidido viver no ar, antes de mais nada ela é uma deusa do sentimento. Durante as aulas, outros signos de Ar perguntam: "Se Libra é um signo de Ar, por que é tão subjetivo, sempre considerando as pessoas? Libra dá mais atenção às pessoas do que aos fatos e dados, do que à informação". Sim, como Paul Friedrich observou em The Meaning of Aphrodite, Libra é um signo subjetivo, e seu poder reside nisso. Na astrologia a subjetividade é o princípio da atração e também da harmonia. Muitas questões de relacionamento levantadas por librianos e por clientes em geral têm raízes em uma única questão: "Como posso ativar meu magnetismo Afrodite? Como posso atrair um bom parceiro?". Para que isso aconteça, os signos ligados à função pensamento (especialmente os outros dois signos de Ar e os signos regidos por Hermes) precisam sintonizar sua Vênus/

Afrodite natal por casa, signo e aspectos. Eles precisam desenvolver a função sentimento e se tornarem conscientes dos conteúdos dessa função – seus sentimentos individuais. Entrar em sintonia com a natureza do sentimento não significa se tornar sentimental ou frívolo, ou incorporar a natureza inferior de Afrodite (birra ou manha disfarçada) como muitos tipos pensantes temem, mas desenvolver seu magnetismo pela descoberta da própria natureza, seu valor pessoal, a própria habilidade de avaliar os outros subjetivamente, em vez de considerá-los mentalmente – é como se o tipo pensante alimentasse um computador com variáveis sobre o parceiro afetivo.

A academia reforçou a tendência que os signos de Ar têm para a Função Pensamento enfatizando que a "análise objetiva, científica sempre evita juízos de valor". Assim, ficou difícil para os tipos pensantes confiar em seus instintos românticos, em seus juízos de valor, e fazer qualquer avaliação subjetiva. Isso se aplica especialmente aos tipos pensantes com aflições de Vênus e Saturno no horóscopo. A academia acentua as virtudes de Atena. Atena é a deusa pensante da polaridade Áries, uma forte deusa solar cujo enfoque é direto e objetivo. Ela sempre se comporta do mesmo modo distanciado, dirigindo-se pela cabeça. Pelo fato de Afrodite, regente mundana, instintiva de Libra, pertencer tanto ao ar quanto ao mar, ela pode ser objetiva no trabalho e subjetiva nos relacionamentos. Ou, ela pode conscientemente mudar sua energia durante o relacionamento depois de atrair o parceiro. Afrodite pode se tornar fria, arredia e distante tão facilmente como é cordial e sensual. Ela é uma deusa enigmática – a fêmea atraente e misteriosa que os homens consideram tão cheia de fascínio. Os homens não conseguem decifrar uma mulher Afrodite como fazem com uma mulher Atena, que é mais consciente. Afrodite é a beleza ascendente de Libra, cálida em alguns dias, distante em outros, algumas vezes apaixonada e outras tão espiritualizada que não se preocupa com o corpo nem com o sexo.

Essa fascinação que Afrodite exerce sobre certos homens muitas vezes faz com que mulheres com ascendente em Libra e às vezes com Sol em Libra sejam cercadas por admiradores fervorosos em uma festa. Mais tarde, essas mulheres Afrodite farão a seguinte observação ao astrólogo: "Parece que não tenho muitas amigas mulheres. Quase não tenho como amigas mulheres casadas. Não consigo entender por quê...". Elas precisam conscientemente suavizar o magnetismo dessa deusa. Isso também é válido para mulheres com Vênus próximo ao ascendente (não aflitas por Saturno). Muitas outras mulheres gostariam de ter esse problema. O famoso filho de Afrodite, Cupido (ou Eros), tinha flechas douradas de atração e flechas plúmbeas de rejeição. Ele podia despertar confusão emocional – suspiro, anseio, amor – em Jasão, por exemplo, quando o herói encontrou Medeia. Mas também fez com que Jasão sentisse aversão por Medeia quando a tarefa foi concluída e Afrodite (Libra) decidiu desfazer o encantamento. Os sortilégios de Afrodite são lendários, mas o importante é lembrar que ela é uma deusa poderosa que está no controle – uma deusa cardinal que pode deter seu feitiço tão prontamente quanto pode aplicá-lo. Paul Friedrich nos lembra para não subestimar a Deusa do Amor, pois ela tem tanto poder quanto Atena, Deusa da Vitória. Seu enigmático sorriso de Mona Lisa parece ingênuo, mas sob o atraente exterior ela esconde toda sua astúcia.

A distância, a indiferença, o "ar frio" de Afrodite podem ser compreendidos se nos lembrarmos de Marilyn Monroe, ou de outras deusas modernas que mostram uma forma física perfeita e uma sensualidade à flor da pele, mas que também são reservadas e inacessíveis. É difícil imaginar Afrodite satisfeita por muito tempo em qualquer relacionamento afetivo. Ela é um ideal, uma fantasia, um arquétipo, e os relacionamentos humanos são muitas vezes decepcionantes, faltando a eles algo difícil de definir em palavras para homens com Sol em Libra ou Libra no ascendente. Ao lidar com esses clientes, é possível ao astrólogo entender o que Friedrich chama de poder de Afrodite sobre os outros, ou o que Jung analisou em *Memórias, Sonhos, Reflexões* quando fala da *anima* (o feminino interior do homem) como um ideal um tanto ingênuo projetado sobre as mulheres no mundo exterior durante os estágios iniciais de uma relação. Quando homens orientados pela *anima* se desiludem ao descobrirem que a mulher com quem estão não é a deusa Afrodite, eles podem se apaixonar por uma pessoa mais nova – outra projeção da *anima*. Nesse ponto, a psicologia junguiana é muito útil, especialmente para os homens com ascendente Libra. A interpretação dos sonhos, a imaginação ativa e a introspecção sobre a *anima* abrem uma perspectiva mais ampla. Homens com vários planetas em Libra na 5ª Casa (romântica/criativa), por exemplo, chegaram a compreender a *anima* transformando o sonho em obra de arte ou em forma poética. Afinal, Afrodite é patrona da estética, e por isso as artes provêm uma saída natural para suas energias, uma deliberação natural para as qualidades positivas da *anima*.

O adjetivo "suave", aplicado por Friedrich a Afrodite, parece ser adequado ao arquétipo de Libra. Em termos astrológicos, tradicionalmente emprega-se o adjetivo "ingênuo" para Libra, mas "suave" é, de certo modo, bem melhor. Libra, como signo de Ar, é bastante lógico nas áreas da vida que não implicam relacionamentos

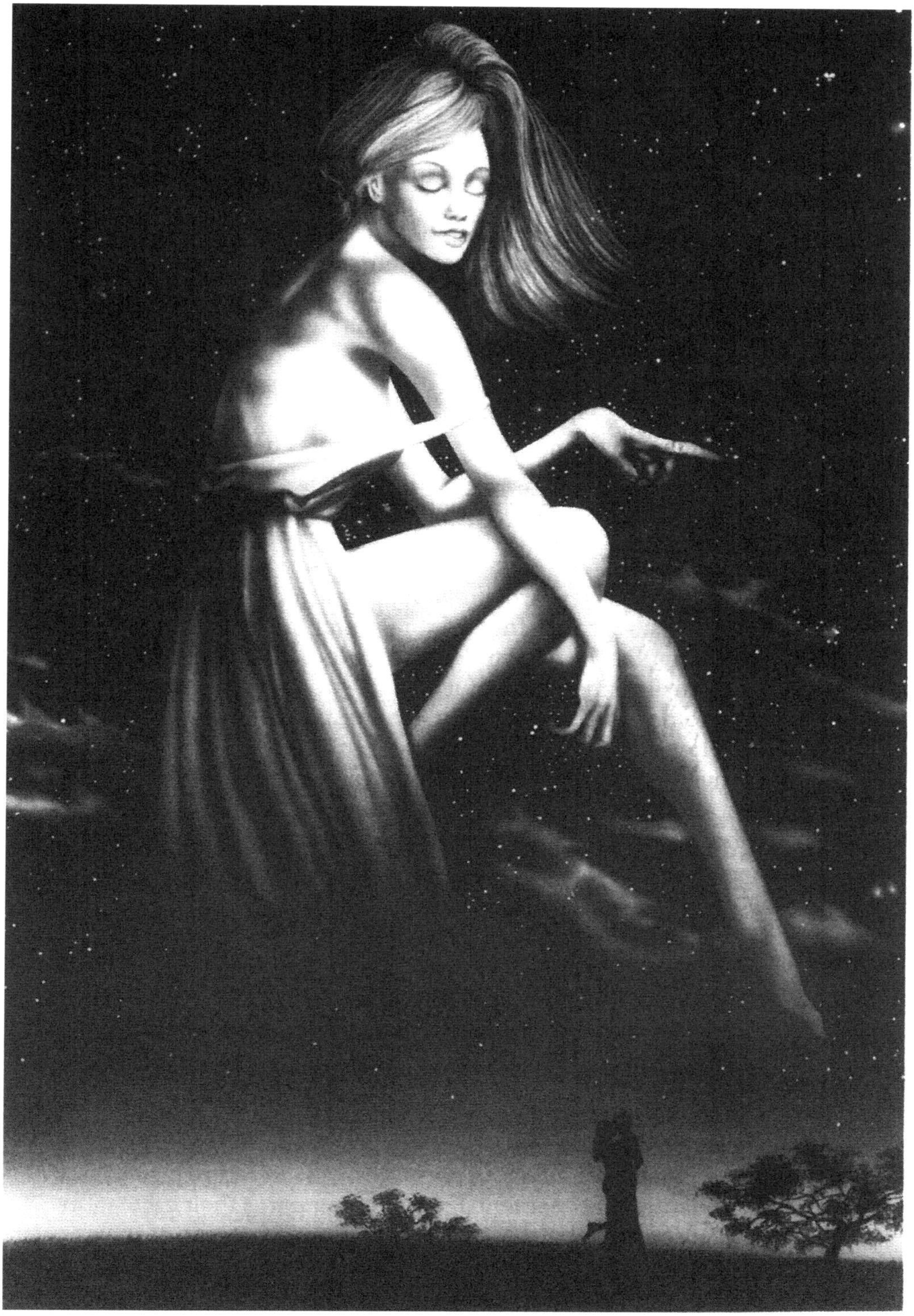

(nos negócios, por exemplo); mas, quando se trata do que a psicologia junguiana denomina o Outro pessoal, interior, o relacionamento e a escolha do parceiro de matrimônio (a escolha da 7ª Casa), a lógica do elemento Ar parece fugir pela porta, e a fantasia, os sonhos, as visões e ideais entram para tomar o lugar dos fatos e da realidade. Lembramo-nos então de Pigmaleão, rei de Chipre, que esculpiu seu ideal (Afrodite) em marfim e apaixonou-se pela estátua. Em resposta à sua oração, ela tornou-se viva para ele. Em sua busca da alma gêmea, muitos librianos adotam a visão de Pigmaleão – projetam seu ideal sobre um ser humano no mundo exterior e sentem grande desapontamento quando ele ou ela acabam se revelando simples humanos, em vez de Adônis ou Afrodite. Isso se aplica de modo especial à geração com Netuno em Libra, pois Netuno reforçou a ilusão de Pigmaleão.

Por serem os assuntos de 7ª Casa, para Libra, os mais vitais, os librianos com frequência dirão: "Tenho uma prática advocatícia bem-sucedida" ou "Tenho uma empresa de decoração de muito sucesso, mas minha vida é vazia. Estou em desiquilíbrio, não estou em nenhum relacionamento no momento. Se eu estivesse casado ou vivendo com alguém, toda a minha vida voltaria ao normal". A balança (equilíbrio) parece intrinsecamente ligada ao parceiro. Eros (que faz a relação), filho de Afrodite, com seu arco e flechas, parece seguir Libra do mesmo modo que o fez com Afrodite nos mitos. Se o astrólogo diz a um libriano desiludido que sai de uma relação: "Você é muito atraente e popular. Você vai encontrar outra pessoa muito breve", a resposta é quase sempre: "Sim, mas quando vou encontrar a pessoa *certa*?". Ao observar esses seres atraentes e encantadores, pensamos na própria Afrodite, admirada por tantos e adorada por Pigmaleão, definhando por um amor impossível, Adônis, o mortal, infeliz por não poder manter o amor para sempre – pois todos os mortais estão destinados a morrer.

Afrodite tinha muitos títulos, assim como muitos tipos de adoradores. Ela era venerada por sua beleza física, por sua garantia de fertilidade no casamento, e por seu conhecimento das artes do amor e da sedução. Cortesãs e outras que a veneravam chamavam-na pelo título de "Afrodite Pandêmia" – "Afrodite venerada por todo o povo". É possível compreender o quanto a beleza de Afrodite era admirada pelas palavras que subsistem em nossa língua e que derivam desse culto: afrodisíaco, alcoviteiro; e de seu filho Eros, erótico, erotismo. De acordo com Paul Friedrich, nos templos dedicados a ela, jovens donzelas estudavam as artes do amor. Elas aprendiam tudo sobre perfumes, óleos, literatura (especialmente poesia) e requinte artístico. Friedrich compara sua educação com a da gueixa japonesa, ou a cortesã *kama sutra* da antiga Índia. Ele menciona que Hera e Afrodite presidiam juntas o matrimônio. Afrodite dava o véu de noiva (os segredos do amor) como presente na cerimônia; sua função era instruir a noiva a manter o prazer do noivo como companheiro. Obviamente, seu papel nas núpcias indica que ela dá valor ao matrimônio legítimo e ao amor romântico e sexual, apesar de sua fidelidade para com seu marido Hefaístos não ter sido irrepreensível.

Platão e seus amigos filósofos a saudavam como "Afrodite casta e pura" ou "celestial Afrodite vestida de estrela". Eles a veneravam sob o título de Afrodite Urânia, a amiga platônica, um papel espiritual que muitas pessoas com Sol em Libra parecem desempenhar. A Afrodite de Platão representa um ideal sutil de beleza espiritual, uma deusa protetora e desapaixonada. Como filha de Urano, ela tem uma preocupação autêntica pela humanidade, uma natureza espiritual que não é fútil nem suscetível à adulação, como a Afrodite do povo. O filósofo que busca a Verdade impessoal, como Platão buscava o Bem, o Verdadeiro e o Belo, se sente atraído por essa Afrodite cósmica. Ela resplandece sua luz dourada sobre todos os homens, quer eles a admirem e a evoquem quer não. Essa Afrodite está presente com frequência no mapa de nativos com Sol ou ascendente em Libra quando Vênus faz aspecto com Urano. Eles podem ter um círculo de amigos admiradores, como a sensual Afrodite Pandêmia, mas em geral não estão interessados em casamento ou em relações pessoais. Urânia procura um grande círculo de amigos, e envelhece com mais jovialidade do que o tipo Afrodite sensual porque não identifica a beleza com o corpo, com a forma física. Urano é um planeta de sabedoria e concede a ela a verdadeira sabedoria, ou pelo menos a aparência da dela, à medida que Afrodite, com graça, vai aumentando seus dias de vida.

Assim, a deusa abrange uma larga faixa, desde o ideal platônico até a sedução física. Seu filho Eros também representa tanto a atração física quanto vínculos de natureza mais profunda, mais espiritual. Muitos de meus clientes que participam do arquétipo através do Sol em Libra, Libra no ascendente ou planetas da 7ª Casa têm o mesmo problema que os gregos quanto a acomodar as duas Afrodites. Depois de um casamento fracassado, eles falam de sua intenção de nunca mais se envolverem novamente em qualquer relacionamento. Eles manifestam medo da decepção, temor de ficarem emocionalmente apegados e magoados; insistem em que a resposta está no Amor Divino Platônico. Tentam substituir a Afrodite pessoal pela cósmica. Falar com tipos assim nesse período é muito parecido com ler Platão sobre o tema do amor. Há os que permanecem por algum tempo numa relação de amor sem sexo, preferindo conversar a fazer amor, mas em geral não ficam sozinhos por muito tempo. A outra Afrodite assume o comando; seu filho,

Eros, retira seu arco e flechas. Os signos de Ar almejam ardentemente um relacionamento. Eles têm necessidade de se ligar a outras pessoas, antes através da mente, mais tarde, emocional e fisicamente.

Os que têm muitos planetas na 7ª casa em geral experimentam a fusão de sua identidade com o Outro no matrimônio. Muitos têm a sensação de perda da individualidade pela dependência do relacionamento. Afrodite, de acordo com o que vimos ao reger Touro, significa valor. Para uma pessoa com planetas na 7ª Casa, o valor é encontrado no Outro e no relacionamento. A menos que haja planetas na 1ª Casa (a casa da identidade) ou planetas em Áries para equilibrar os da 7ª Casa, o nativo pode ser incapaz de distinguir seus próprios gostos e preferências dos do parceiro. A vida se torna uma partilha de planos e interesses comuns. Afrodite e Hera são ambas satisfeitas. A pessoa pode até mesmo assimilar os vícios e também as virtudes do companheiro, incluindo a concentração de energias na solução de algum problema que começou com o parceiro, mas que é considerado comum – como o alcoolismo, o jogo ou a obesidade. A pessoa com *stellium* na 7ª Casa, por exemplo, tenderá a dizer "nós pensamos", "nós sentimos", "nós planejamos", e assim por diante, em vez de "eu penso", "eu sinto" ou "eu planejo". Uma mulher de Libra vestindo vermelho irá lhe dizer que sua cor favorita é azul, embora você saiba que ela não tem nada de azul em seu guarda-roupas: o azul é a cor que o namorado prefere. "É a 'nossa' cor."

Uma das sessões mais tristes que um astrólogo pode ter é a leitura para um cliente com um *stellium* na 7ª Casa ou com ascendente em Libra (até mais do que com Sol em Libra) que perdeu seu parceiro de muitos anos. O "nós" de repente se torna um "eu", mas, após quinze ou vinte anos de casamento, a pessoa chega a sentir como se não houvesse mais "eu". A identidade individual parece ter se dissipado há muito tempo. Os amigos tentam ajudar e ouvir, mas passar o tempo com eles significa reviver memórias do "nós", porque os amigos eram "nossos" amigos, os planos eram "nossos" planos, a bela casa era "nossa" casa, os filhos, "nossos" filhos. O "eu" pode ter parado de funcionar de forma independente há tanto tempo que a pessoa sente que se esqueceu, e talvez esteja com medo de fazer novas tentativas. Felizmente, valores fortes são inerentes aos planetas da 7ª Casa também. Se Júpiter está nessa casa, em geral, a fé sustenta a pessoa até que esse planeta atraia um novo parceiro.

Se uma pessoa tem um *stellium* na 7ª Casa e está identificada com o relacionamento, e se perdeu o companheiro não para a morte mas para outra pessoa, o astrólogo pode muito bem estar diante de uma Hera Raivosa. Geralmente, Hera não dirige sua raiva contra o cônjuge, mas contra a outra mulher ou o outro homem. O cônjuge não teria abandonado o relacionamento por vontade própria. O cônjuge era parte do "nós". "Foi feitiçaria do terceiro que se envolveu na relação." Ou: "Não havia nada de errado com o relacionamento". Essa é uma fase surpreendente. O homem abandonado tenderá a ficar mal-humorado, bem como a mulher abandonada, porque seu *animus*, sua natureza masculina interior, já sabe o que aconteceu. Esse *animus* colocará ênfase na vulnerabilidade do marido ao encantamento de Afrodite e sua crise temporária da meia-idade. Quando a raiva diminuir, num tom frio e lógico, seu *animus* dirá: "Ele vai voltar quando superar o fascínio pela outra". Ou o *animus* elaborará um juízo moral: "Por que as mulheres modernas não se comportam direito? Elas deveriam ter mais consciência em vez de tentar destruir o casamento dos outros" – e a isso se segue uma longa cadeia de argumentos lógicos. "Mesmo que a outra não seja um tipo moral, ela deveria saber que meu marido não ganha o suficiente para sustentar duas famílias com conforto. Ela nem sequer pensa no seu próprio futuro e no dos filhos. Para dizer a verdade, deve ser muito estúpida... Acontece, porém, que ela tem um diploma universitário... Mas esse não é um comportamento inteligente de uma pessoa culta..." E assim por diante.

O *animus* da mulher frequentemente tem opiniões concretas e definitivas que são expressas como verdade absoluta. Os argumentos de autoridade ("a Bíblia diz...", "meu pastor diz...") mostrarão a raivosa Hera sob uma luz totalmente positiva e ofuscarão o tema sob análise, porque obviamente sempre há dois lados para cada questão e para cada matrimônio desfeito. Com a Função Pensamento fora de controle, a terapia junguiana pode ser um processo apropriado para esclarecer a situação. O "eu" deve de novo passar a funcionar separado do "nós" e o Self diferenciado do "outro". A mulher pode, então, assumir sua posição distinta da do marido, de sua mãe, do ministro ou do astrólogo, e baseá-la em valores pessoais deixando de lado projeções do *animus*, expectativas da outra pessoa com quem está se relacionando e opiniões daqueles que a cercam. Trânsitos dos planetas exteriores pela 7ª Casa no mapa natal podem ajudar a ter clareza ou perspectiva; ou a Lua em progressão na 7ª Casa, ou entrando em contato com um planeta natal nessa Casa, pode facilitar o acesso ao inconsciente e a obtenção da consciência individual que ajuda a tomar a decisão.

Considerando o tempo de vida, um período muito importante para Libra são os anos dos trânsitos pela 7ª Casa. É nessa fase que Libra se torna mais consciente de suas próprias expectativas nos relacionamentos, o que dá aos nativos uma nova direção. Para alguns de meus clientes, esse período significou real crescimento e maturidade na compreensão da função do outro em suas vidas, quer estejam ou não casados ou envolvidos em algum relacionamento. Se o cliente estiver casado, o equilíbrio do Self e do Outro tem possibilidade de acontecer com alguma mudança exterior, na natureza do relacionamento. Se solteiro, a compreensão e as mudanças de atitude podem ocorrer no interior, por meio de sonhos em que imagens da *anima* ou do *animus* apresentam o tema da cooperação. Durante esses trânsitos, alguns deles enfrentaram o tema da cooperação *versus* competição (Libra *versus* Áries).

Embora a deusa Afrodite seja essencialmente romântica – uma deusa do sentimento, mais interessada na fantasia do que na criação de filhos (de fato não se consegue imaginá-la trocando fraldas) –, ela é muito fértil, e tem filhos. Entre sua prole estão Eros, o Hermafrodita (veja Capítulo 3), e Eneias. Friedrich nos diz que, de acordo com uma lenda, quando seus filhos eram pequenos ela os deixou sob os cuidados de ninfas amas-secas e foi se divertir com passatempos românticos e artísticos. Isso é bem coerente com o estilo de muitas de minhas clientes librianas. Mas a história de sua ajuda a Eneias era uma das favoritas dos gregos, um contraste efetivo entre Atena, que amava o campo de batalha, e a Deusa da Paz, Afrodite, que o detestava. Esse é o principal ponto contrastante entre Libra e Áries: "Faça Amor, não faça Guerra". Friedrich traça um importante paralelo simbólico – na arte, Afrodite estava associada à pomba da paz e Atena a uma ave predatória, a coruja.

O filho de Afrodite, Eneias, quase foi morto na Guerra de Troia, mas a Deusa, amorosa, exalando a óleos e perfumes agradáveis, cada cabelo no seu lugar, jogou-se em meio à luta e afastou-o do alcance das armas de Diomedes. Ao resgatá-lo, Afrodite arranhou seu delicado pulso e, percebendo a escoriação, inesperadamente deixou Eneias cair ao chão. Voltou-se então para Zeus e lamentou: "Veja este ferimento. Por que precisei eu vir a um lugar tão horrível quanto este campo de batalha? É indecente eu estar aqui no meio de todo esse sangue e mortandade. Este não é meu lugar". Zeus, divertido com ela, deu umas boas gargalhadas e mandou-a para casa cuidar de seus ferimentos: "Você não devia se meter nos assuntos de guerra. Agora vá, e dê atenção às doces tarefas do amor". Atena, deusa da Vitória, divertindo-se consigo mesma, escarneceu de Afrodite – "Você tem certeza de que não se arranhou fechando o broche hoje de manhã?".

Os demais deuses juntaram-se às gargalhadas porque Afrodite fora pega numa situação muito inadequada. De fato, campos de batalha são lugares inconvenientes para Libra. Desentendimentos e desarmonia devem ser evitados. No Olimpo, o lugar de Afrodite era com os Formosos. Se alguém pedir a um libriano arquetípico que o ajude em uma atividade desordenada, como pôr ordem na garagem, ou fazer a limpeza na cozinha depois de um jantar festivo, Libra provavelmente lhe mostrará o arranhão e pedirá licença para ir embora, ou então se lembrará de um compromisso importante. Embora o escárnio de Atena não seja recomendável, muitos de nós já estivemos em condições de simpatizar com ele.

Em defesa de Vênus/Afrodite, lembramos que ela é um planeta benéfico, a estrela da manhã, de dourado cintilante. Planetas benéficos não são bons trabalhadores. Na regência de Afrodite sobre Touro, signo fixo, observamos algumas tendências para a rigidez. Com a regência de Libra, signo cardeal, temos maior flexibilidade, com a possível exceção da área do relacionamento, em que parte de sua inércia benéfica chega a bom termo. Muitos clientes com Sol ou ascendente em Libra mantêm por anos um relacionamento amoroso frustrado em vez de se divorciar. Às vezes, como os taurinos, os librianos ficam plantados no mesmo lugar por seu apego ao conforto material ou a determinado padrão de vida.

Em outros casos, entretanto, Libra dirá a seus amigos que, embora o cônjuge esteja muito longe de ser o parceiro ideal, ela ficará com ele devido à crença no compromisso matrimonial – o contrato da 7ª Casa. Quando Libra é realmente infeliz, mas bota panos quentes e mantém inabaláveis as estruturas do casamento, Saturno está fortemente posicionado no mapa natal. Ligado à estratégia, Saturno desempenha a função de planeta exaltado na vida de muitos librianos. Falaremos mais sobre outros significados dessa exaltação adiante, mas na área do relacionamento ele representa o compromisso sério. Ao longo dos anos, amigos de librianos fazem a seguinte observação: "X se queixava tanto de seu marido que fiquei feliz ao ouvir que finalmente ela se separou do monstro. Mas agora voltou novamente para ele". Ou: "Meu amigo libriano, que tem uma esposa impossível, exigente, divorciou-se dela, mas agora estão se casando de novo. É difícil entender isso. Quando, por fim, a conheci, ela não me pareceu tão ruim como pensei que fosse, parecia apenas uma mulher comum..." Muitas vezes, quando Libra passa a ter encontros fora do casamento, descobre que o ex-cônjuge tem tanta semelhança com o amor ideal como qualquer outra pessoa ou mortal imperfeito deste mundo. O realismo de Saturno torna-se visível durante a separação. Todos somos humanos; ninguém está isento de falhas. Muitos de meus clientes librianos divorciaram-se e depois voltaram a se casar com o parceiro antigo. É muito difícil encontrar Afrodite ou Adônis encarnados.

A Balança, o glifo de Libra (Ω), representa o equilíbrio. Originalmente o símbolo pode ter derivado do ponto de equilíbrio por que, no Hemisfério Norte, a própria Terra passava pelo Equinócio de Outono. A palavra Equinócio significa dias iguais e noites iguais, ou equilíbrio cósmico. No século XX, em Libra, atrasamos nossos relógios (em algumas regiões do Hemisfério Norte) como reflexo do crescente desequilíbrio que começa em Escorpião, quando as noites se tornam mais longas do que os dias. Um modo de interpretar o equilíbrio sazonal de Libra poderia ser primeiro considerar a energia frenética de Virgem todos os anos. Há um início de estação definitivamente borbulhante no final de agosto, quando o verão vai chegando ao fim e ao mesmo tempo se aproxima o retorno ao trabalho e à escola. Existe uma agitação ativa em torno do "Labor Day" (Dia do Trabalho – 1ª segunda-feira de setembro nos Estados Unidos) quando as crianças são levadas, muitas vezes sob protestos, a fazer compras de sapatos e cadernos escolares; os professores elaboram seus planos de aula e muitos adultos retornam à sua rotina de trabalho. Pouco depois, nos meados de setembro, todos tendem a relaxar. As crianças já se acostumaram aos novos professores e às novas matérias. As mães se adaptaram ao novo horário de verem os filhos sair todos os dias, e as que não trabalham começaram a gostar de seu tempo livre. Na última semana de setembro, início de Libra, a diligente Virgem chega ao fim e um calmo e tranquilo equilíbrio se estabelece. É como se fosse um hiato necessário antes de a Terra iniciar seu movimento na direção da intensidade de Escorpião.

No Egito, a balança era o instrumento de medida de Thot; ele a utilizava nos Mundos Inferiores para julgar os corações das almas recém-chegadas. Já encontramos Thot em Virgem. Como o grego Hermes, Thot era um Mensageiro entre os três mundos – o mundo dos deuses, o dos homens e o dos mortos (o Inferno). Assim, todas as associações tradicionais que fazemos com Libra – o Julgamento, a Balança e o Livro – também diziam respeito a Thot. Foi Thot quem compôs todos os sábios tratados do Egito, tanto os seculares quanto sagrados, científicos e espirituais. Ele era Hermes no seu aspecto mais bondoso, pois Thot possuía um coração compreensivo. Seu hieróglifo era o símbolo da Íbis, a ave que, quando em repouso, aconchega sua cabeça junto ao peito numa posição em forma de coração. Thot era assim uma espécie de símbolo conjugado de Hermes/Afrodite. Ele tinha uma mente culta e também um coração. Era menos brincalhão e mais sério, como Hermes alquímico. Sua função de mensageiro, curador e juiz fazia dele uma ponte natural entre Virgem e Libra. O Equinócio de Outono era um tempo sagrado para Thot, o Olho Escuro de Rá, que presidia o clima frio e o início do esmorecimento da luz solar em Escorpião.

Os que têm energia planetária nos signos do outono mítico (Virgem a Escorpião), terão muito proveito com o estudo das pinturas em papiro do julgamento de Osíris. Elas revelam uma progressão da morte à ressurreição e ao julgamento. Há uma sensação de segurança com relação à balança de Maat, o *Livro dos Mortos*, com seus encantamentos destinados a proteger Osíris de seus próprios medos interiores e de outros monstros do mundo inferior. Nos quadros de papiro, Osíris passa das mãos hábeis de Ísis, a esposa de Virgem, ao libriano juízo de Thot e, por fim, à ressurreição em Escorpião (o mundo inferior).

Osíris e Thot como juízes, e seu livro, outro símbolo de Libra, são importantes para compreender esse arquétipo. Os librianos têm um padrão de justiça interior que atua desde a primeira infância. "Não é justo" é com frequência a primeira frase que sai da boca de uma criança libriana. O valor da justiça interior é aplicado aos adultos presentes em sua vida – pais, vizinhos e professores. Mais tarde, é extensivo a seus colegas de trabalho e supervisores. Um libriano no trabalho pode ficar numa situação verdadeiramente miserável remoendo sobre a falta de justiça ao seu redor em situações em que os outros estão indiferentes ou mesmo inconscientes delas. É como se Libra passasse a vida pesando os corações dos outros na balança de Thot, seguindo os critérios da pena da deusa Maat, e os reprovassem. Entretanto, em geral, é o cônjuge que mais sofre por ser "pesado na balança".

Parte do problema dos relacionamentos é que o juiz interior de Libra, que esteve pesando os outros desde a infância, tem altas expectativas em relação ao cônjuge após terminado o período de cortejo romântico de Afrodite. O cônjuge é humano, e as fortes aversões e rejeições que Libra manifestou na infância quando o professor lhe dizia que devia fazer sua tarefa de casa irão se manifestar ao esperar algo do cônjuge num relacionamento. Todo parceiro tem aspectos que simplesmente não são agradáveis, como no caso do professor ou do chefe. Mas temos de cooperar (7ª Casa), mesmo com pessoas cujos hábitos nos levam à loucura. Assim como Libra tinha de fazer sua tarefa, gostasse ou não do professor, ou tem de executar seu trabalho, goste ou não do chefe, precisa se comprometer com o cônjuge mesmo quando este parece parcial. Afrodite pode pensar: "As coisas podem ser mais adequadas em outra empresa, galeria, universidade – ou em outro casamento. Talvez outro sócio ou outro cônjuge goste mais de mim (Afrodite)". A Justiça dos Deuses não é a justiça dos homens – e certamente nem sempre a de Libra.

Outro aspecto interessante com relação a Libra é que o sétimo signo do Zodíaco é semelhante ao sétimo dia da criação da história do *Gênesis*. "No sétimo dia, Deus descansou." Os outros onze signos arquetípicos podem aprender com Libra a sabedoria do repouso e da contemplação de suas criações. Quando voltamos de um intervalo, nos sentimos mais relaxados e eficientes. O que o libriano gosta de fazer à noite? Descansar. A menos que seu mapa tenha um Saturno proeminente, ele não leva trabalho para casa como uma pessoa de Terra faria. Libra segue seu caminho com calma, com serenidade. É por isso que é inútil sugerir a um cliente libriano que abra sua própria consultoria, galeria, ou empresa de decoração só porque seu chefe é injusto e desorganizado. A não ser que tenha uma cruz cardinal ou uma quadratura em T, Libra provavelmente irá replicar: "Oh, não, eu não quero esse tipo de responsabilidade". "Mas você se sente tão mal em seu atual emprego, com as coisas tão desorganizadas e desarmônicas...", observa o astrólogo. "Você é um signo cardinal, e tem habilidades gerenciais promissoras. Você é bom também com pessoas. Por que não abrir seu próprio negócio?". "É muita confusão", diz Libra, que continua buscando a situação perfeita, o estúdio ideal, os sócios ideais.

Ainda assim, Libra tem uma importante contribuição a dar aos signos mais compulsivos com trabalho e sem divertimentos, que descobrem que o tempo que estão trabalhando não é tão criativo e eficiente como gostariam que fosse. Todos precisamos de tempo para simplesmente contemplar o firmamento, como o funcionário libriano que se senta pousando os pés sobre a mesa de trabalho, sem nenhum papel à vista, enquanto seu chefe o observa de longe. Ele está pensando, refletindo, em contato com sua musa; provavelmente estará desenvolvendo uma ideia que apresentará na reunião da comissão. O chefe, entretanto, terá de ver e ouvir para acreditar que Libra realmente esteve trabalhando. Libra com frequência tem seu melhor período de formação e encadeamento de ideias durante longos intervalos para o cafezinho, quando a mente vagueia livre, mas os signos de Terra que o cercam sentirão que ele faz o trabalho parecer fácil demais ou que provavelmente é negligente com suas responsabilidades; de outro modo, ele precisaria de tanto tempo quanto os demais para fazer a mesma tarefa. Ele tem de dizer-lhes claramente quais os atalhos de procedimento que adota para que eles não o considerem irresponsável.

A exaltação de Saturno em Libra, uma das mais bem posicionadas, pode ser alcançada se Libra sintonizar com ela. Saturno tem relação com a disciplina interior precisamente nas áreas da vida em que Afrodite é indolente – pontualidade; autocontrole (de modo especial no que se refere a dietas e exercícios à medida que pessoas com Libra no ascendente vão envelhecendo); assumir responsabilidades, mesmo que signifique dizer coisas desagradáveis aos funcionários que Libra temporariamente supervisiona; trabalho com papéis (Afrodite entedia-se e quer realizar atividades criativas, não repetitivas; manter a mesa limpa; todas aquelas coisas saturninas enfadonhas que Libra não sente como importantes. Entretanto, Libra tem um talento de administração cardinal e Saturno é um planeta profissional, ambicioso. A energia conjunta de Saturno e Libra pode ajudar a compensar o estado de espírito da ardente Afrodite quando ela se ressente das obrigações extras impostas a ela.

O aspecto negativo da exaltação de Saturno em Libra seria a rigidez, a recusa a ser flexível. A Justiça é uma bela carta do Tarô, mas a carta do Julgamento é muito mais rigorosa. Saturno em Libra pode significar que a aspereza, a austeridade do juiz se manifesta; o supervisor exigente pode ser um juiz impiedoso, desprovido da compreensão cordial de Thot. É útil observar nos mapas dos librianos se Vênus (Afrodite) faz aspecto com Saturno. Se isso ocorrer, uma tendência a julgar os outros pode vir à tona devido à força natural da exaltação de Saturno. Se Saturno é forte no mapa, especialmente se está na 7ª Casa, o casamento é visto como um contrato que garante a segurança emocional e/ou financeira.

Todavia, a praticidade de Saturno exaltado pode também ajudar a equilibrar o idealismo e a dar solidez às expectativas de alguns que participam desse arquétipo. Saturno sabe que não há realmente matrimônio harmonioso, perfeito, ou ambiente de trabalho verdadeiramente criativo – que *tudo* tem suas falhas.

O compreensivo coração de Thot ajuda a modificar o julgamento de Saturno, o que também ocorre pela visão objetiva de Urano, pai de Afrodite, regente esotérico de Libra. Urano é objetivo com relação às situações e injustiças da vida, e ajuda Libra a se conter e a se distanciar em vez de ceder a Afrodite, a regente mundana, quando ela leva as coisas a um nível muito pessoal. Urano, com sua tolerância, objetividade e amizade universal, diz: "O chefe está num dia ruim hoje". Essa percepção e manifestação despersonaliza a reação de Afrodite: "O chefe não está sendo justo comigo; este lugar está um caos para mim, vou para casa mais cedo hoje". Um libriano mais esotérico pode não querer proferir a sentença, dando assim aos demais o benefício da dúvida.

Em seu ensaio "A Função Sentimento", o analista junguiano James Hillman descreve o casamento como um recipiente para o desenvolvimento da dessa função pela sintonia com os valores de Eros, do compartilhar, relacionar e cooperar. O casamento pode ser imaginado como uma espécie de vaso alquímico para a purificação e desenvolvimento da personalidade. Segundo Hillman, apaixonar-se significa aproveitar a ocasião, e confiar nos próprios juízos do sentimento. Em nossa época, é mais fácil deixar o emprego (e o chefe), mudar-se de um lugar para outro do que abandonar um parceiro de casamento. Além disso, a exaltação de Saturno em Libra confere seriedade ao contrato matrimonial. Além desse compromisso Afrodite/Hera assumido diante da comunidade reunida, poucas são as cerimônias ou rituais que celebram a união na sociedade ocidental.

Hillman acredita que, no casamento, mesmo aqueles que consideram o sentimento como uma função inferior chegam a aceitar seus próprios sentimentos e valores porque o parceiro os aceita como são. No casamento, as pessoas podem até mesmo se entender com o aspecto dependente ou pegajoso (um aspecto que pessoas com muitos planetas em Áries ou na 1ª Casa odeiam), um aspecto pouco popular na literatura do século XXI. Hillman nos lembra que quando amamos nos sentimos jovens, saudáveis, inteiros. Estamos prontos a correr o risco de sermos feridos ou de ferir os outros pelas alegrias e tristezas que nossa natureza pensante preferiria evitar. No mito, Eros oferece sua força a Psiquê.

No casamento, entretanto, facetas da personalidade que permaneceram seguramente ocultas durante o namoro sobem à superfície. Cada um vê o lado sombra do outro. É possível escondê-la no trabalho, mas a *persona* não nos protege do escrutínio do cônjuge. Como Marie-Louise von Franz observou na entrevista do documentário *Way of the Dream*, "Quando o *animus* da mulher encontra a *anima* do homem, a animosidade pode aparecer." Em "A Função Sentimento", Hillman nos apresenta um exemplo que todos observamos em casais que conhecemos. Um homem está irritado com sua esposa, mas sua *anima* procura abrandar a situação. Ele então escolhe um restaurante romântico para um jantar à luz de velas, oferece polidamente a cadeira para ela se sentar, pede o jantar e se porta de maneira perfeitamente delicada e fascinante. Mas ele ignora a esposa e fica o tempo todo falando com a garçonete. A companheira chega a bufar por dentro. Mais um pouco e seu *animus* fará um escândalo. Ela exige atenção. Ele se recolhe a um silêncio contido, a *anima* dele desempenhando a função feminina relativamente ao *animus* dela. Ele mostrou boas maneiras enquanto ela se portou de um modo incivilizado, arruinando uma noite prazerosa. Ela pensa que foi manipulada. No dia seguinte ele, pode se queixar dela no trabalho, com uma simpática secretária.

Em *O Caminho dos Sonhos*, von Franz afirmou que é importante perceber, em uma discussão séria entre um casal, que pode haver quatro participantes, incluindo o *animus* da mulher com seus "poderias" e "deverias" e generalizações agressivas e obstinadas, e a *anima* do homem, pondo panos quentes, ou retraindo-se a um estado de espírito soturno, evitando discutir, reprimindo sua raiva. Vi esse padrão principalmente ao trabalhar com clientes de com ascendente em Libra, e também em algumas pessoas com Sol em Libra. A suave e delicada Afrodite como *anima* do homem pode ser desafiadora e revelar o *animus* assertivo da mulher. Ela toma as decisões que ele deveria tomar quando ele vacila, e ele se queixa aos outros que ela constantemente decide por ele. Entretanto, a hesitação dele, do ponto de vista dela, obriga-a a tomar a dianteira à revelia. Reduzir a batalha de quatro a dois, restringindo o comportamento da *anima/animus*, descarrega a energia da sala e facilita tratar a questão de modo adulto. Para pessoas com Sol ou ascendente em Libra, ou para pessoas em cujo mapa Vênus é mais forte que Marte por posição de casa e aspectos, ou pessoas com muitos planetas na 7ª Casa, é importante expressar os sentimentos negativos, em vez de se tornar polido, atencioso ou distante. Simbolicamente, sentimentos negativos que não são filtrados podem formar, em Libra, cálculos renais. Os rins são o sistema de filtro do corpo.

Urano, como regente esotérico, pode dar objetividade ao sistema de valores apresentando novas pessoas de formação muito diferente, com sistemas de valores diversificados no transcorrer do casamento. Assim como as características negativas ocultas durante o namoro emergem após o casamento, do mesmo modo, os parentes se tornam bem visíveis depois da cerimônia legal, contratual. Muitas vezes, o astrólogo percebe antes mesmo do próprio casal que isso está acontecendo, embora ambos estejam seguros de que suas diferenças étnicas, religiosas e educacionais não pesarão em demasia. Mas a presumível sogra italiana irá aparecer e dizer: "Não gosto disso. Meu filho deveria se casar com uma boa esposa italiana, católica, que mandará meus netos a escolas católicas. Isso não vai dar certo". "Bem", diz o astrólogo, "talvez você e seu filho tenham algo a aprender com essa jovem protestante. O ponto de vista dela irá certamente trazer alguns novos conceitos, uma visão diferente da vida, uma nova perspectiva com relação aos valores".

"Bobagem", diz a futura sogra, "meu julgamento está certo. Quem precisa de 'novas ideias' ou 'novos modos de ver'? Os antigos valores são os verdadeiros, os únicos dignos de respeito". Urano, o regente esotérico da instituição matrimonial, tem muito trabalho pela frente para convencer a sogra a considerar novas perspectivas. Entretanto, a menos que vivam em lados opostos do continente, certamente surgirão ocasiões para que as ideias radicais de Urano permeiem ambas as famílias, produzindo, espera-se, abertura mental, aceitação tolerante e crescimento. (A chegada de netos, geralmente, propicia a harmonização familiar.)

Expansão e aperfeiçoamento de valores é a atividade conjunta dos regentes mundano e esotérico de Libra. Em geral, o matrimônio é a área em que a pressão do processo alquímico opera. "Não posso simplesmente optar por me relacionar e expressar Afrodite/Eros em minha arte?", pergunta o ascendente em Libra. "Não existe um parceiro perfeito, de uma vida passada? Uma relação com a qual eu possa simplesmente relaxar e estar à vontade? Se não é possível existir um relacionamento de almas gêmeas que não machuque e que não exija trabalho (Saturno), talvez eu deva desistir e oferecer minha natureza romântica a Deus." Sol ou ascendente em Libra pode tentar esse expediente por algum tempo, mas a função sentimento, quase sempre, levará a outro relacionamento.

Temos tendência a pensar em termos de "batalha dos sexos", um mundo de dualidade em que opostos, como Masculino e Feminino, parecem se chocar como címbalos ou pratos ruidosos. Para James Hillman, acreditar que as mulheres são natural e automaticamente tipos sentimentais e que os homens nascem pensadores é um clichê traiçoeiro. É traiçoeiro porque favorece a preguiça, e não propicia a integração da personalidade dos indivíduos de nenhum dos sexos. Como seres humanos, todos temos a Função Pensamento e a Função Sentimento a desenvolver. Mas, por pensarmos em termos de opostos, muitas mulheres indolentes permitem que os homens desempenhem a Função Pensamento por elas, enquanto alicerçam os valores da família a partir do sentimento. Os homens tomam as decisões mundanas do pensamento ou, inversamente, deixam que suas mulheres e amantes desempenhem inteiramente a Função Sentimento, inclusive a da total responsabilidade pelo relacionamento. Os homens não precisam trabalhar esse aspecto, porque não se "espera que sejam tipos sentimentais". Eles também podem ser negligentes para desenvolver uma valorização das artes, bom gosto para roupas, confiança em seu quadro de valores e em seus juízos de valor.

Hillman apresenta o exemplo de um casal que, no relacionamento, cada uma das partes exerce as funções inferiores da outra, o que certamente se constitui em um método fácil e muito comum, embora também seja dos mais inconscientes. (É trabalho árduo tentar desenvolver a função inferior quando, afinal de contas, o cônjuge deveria de todo modo ser bom nisso.) Entretanto, o caminho à plenitude exige que nos esforcemos. No exemplo de Hillman, a mulher leva o homem pelo braço a um concerto e a uma loja de roupas. Ela escolheu o concerto e irá também escolher o traje dele. Muitos de nós já vimos esse tipo de comportamento em lojas especializadas em artigos masculinos e em concertos.

Hillman não se aprofunda, astrologicamente, na formação básica do casal. Mas um astrólogo pode identificar o arquétipo Venusiano/Libriano nessa situação concreta. Primeiro, a libriana aparece como a mulher, e o marido ou namorado como um programador de computador duplamente Virgem. Ela parece Afrodite e ele tem a aparência do sr. Magoo. Ela desenvolveu ou educou sua Função Sentimento superior, que veio naturalmente com seu mapa natal. Ele desenvolveu sua Função Pensamento, mas se apoia no julgamento dela. O comportamento que revelam nos parece apropriado. Eles pensam e sentem, Afrodite e seu Hermes de meia-idade um tanto acomodado, um casal equilibrado.

Agora, vamos inverter a situação astrologicamente. Ele tem Sol em Libra, e é um comerciante de móveis. Seu passatempo predileto é a fotografia, mas não desenvolveu seu gosto ou sua Função Sentimento. Ele é naturalmente bom com as pessoas e suas vendas vão bem; é um tipo sensível, com boa dose de habilidade inata. Ela é a programadora de computador duplamente Virgem que usa óculos bifocais; *ela* parece a Sra. Magoo. É um tipo pensamento que desenvolveu sua função superior através de uma educação especializada. Ela é assinante da revista *Computer Weekly* e não se interessa por moda. Quando ele a leva à loja, tudo parece ter um grande valor. Mas é difícil para ela valorizar o que está ali. O seu *Consumer Report* não pode fornecer os dados sobre o gosto ou sobre os valores intangíveis que ela precisa nessa situação. Ela morde seu lábio inferior. A sociedade diz que ela deve ser competente nisso; afinal de contas, ela é uma mulher. Ele é atraído por uma camisa de sombreado azul que parece lhe cair especialmente bem; ele sabe do que gosta, mas deixa a decisão final para ela. Em relação ao vestuário, todos esperam que os homens façam exatamente isso. Mais tarde o casal vai ao concerto. No caminho de casa, para certificar-se, ela lhe pergunta: "A camisa é bonita, não é? Espero que sim; foi bastante cara". Ele responde: "Bem, eu gostei", com total confiança em seu gosto.

Hillman aprofunda o esclarecimento que faz sobre a necessidade de desenvolvimento das funções superior e inferior, dando um exemplo da função sentimento na música. O interesse pelas artes não atesta que a pessoa está em contato com essa função. Os chefes dos campos de concentração nazistas admiravam entusiasticamente as óperas de Wagner, mas não estavam de modo nenhum em contato com suas Função Sentimento. E nem todo artista irá desenvolve essa função. Um artista pode ter conhecimento em áreas do pensamento, como matemática, técnicas e estrutura, mas ainda estar trabalhando para desenvolver estilo, originalidade, forma. Não podemos generalizar sobre artistas e sobre a função sentimento mais do que podemos generalizar sobre homens e mulheres.

Segundo Hillman, tendemos a ver a vida de forma dualista – a perceber o pensamento e o sentimento como funções rivais da psique, que devem sempre se opor uma à outra como peças de um jogo no campo da vida. Apesar disso, porém, elas são de fato duas pontas do mesmo eixo. (Em astrologia, isso diz respeito a Áries/Libra ou a 1ª Casa/7ª Casa.) Hillman afirma que todos estamos orientados a abordar a vida a partir do pensamento ou do sentimento – qualquer um deles se constitui na função superior. Podemos continuar indefinidamente a refinar uma função unilateralmente, se assim decidimos. Uma pessoa com a Função Pensamento superior pode sempre ler mais e mais seletivamente. Outra, com a Função Sentimento superior, pode sempre aguçar seu gosto ou ampliar seus contatos sociais e artísticos, mas reservar pouco tempo para leitura; ou lê indiscriminadamente, escolhendo leituras fúteis. O tipo pensamento pode passar a vida com muito pouca confiança em seu gosto por arte ou por pessoas, ou por seus juízos de valor. Se estiver deprimido, pode dizer: "Tenho estado neste estado de ânimo por muito tempo. É muita negatividade! Isto interfere nos meus objetivos e no meu trabalho". Mas ele pode não levar seus sentimentos suficientemente a sério de modo a perguntar: "Por que estou infeliz?". Por isso, ele pode continuar infeliz, mas consciente, enquanto o tipo sentimento continua cheio de energia. Assim, para uma personalidade equilibrada, inteira, feliz, é importante desenvolver e integrar ambas as funções. Todos poderíamos nos tornar plenos de energia *e* conscientes.

"É preciso estar casado para fazer isso?". Vamos supor que você não tenha nada em Libra ou na 7ª Casa, mas tenha um *stellium* de planetas na 1ª Casa ou em Áries. Para você, a resposta é: "Provavelmente não". Você pode não se importar com o Outro, com o ajustamento social; você poderia se sentir preso em uma relação dependente; é como se você perdesse sua independência e recebesse muito pouco em troca. Mas para quase todos nós o casamento é um ótimo ambiente alquímico para a integração do Self com o outro, do pensamento com o sentimento, de ideias com valores. Entre meus clientes e amigos, há pessoas com Sol em Áries ou Áries no ascendente que são magneticamente atraídos por pessoas com Sol em Libra ou Libra no ascendente nos negócios e também nos relacionamentos pessoais. Há também indivíduos com *stellium* na 1ª Casa que são fascinados por librianos ou por pessoas com *stellium* na 7ª Casa. Isso, porém, pode ser uma divisão das funções matrimoniais. "Você é a minha função pensamento; vou me relacionar com o mundo exterior do seu lugar, em troca, vou nutri-lo." Instintivamente, as pessoas tendem a se mover em direção ao equilíbrio; pelo menos é o que parece. Muitos militares têm a tendência de escolher mulheres atraentes, como Afrodites artísticas com planetas em Libra. Homens de Libra com uma natureza teórica ou artística também gravitam em torno de mulheres com planetas em Áries ou com o ascendente neste signo – mulheres autônomas, decididas, que organizam, administram e programam a vida para eles.

A tendência é que os casais abordem a integração da personalidade de um modo instintivo, inconsciente. Mas o trabalho interior pode também ser realizado se, à medida que nos damos conta com maior clareza de nossos padrões de comportamento, conscientemente decidimos desenvolver nossa função inferior e também aperfeiçoar e diferenciar a função natural ou superior.

Chegamos neste ponto a alguns mitos de Libra. Um é relativo ao julgamento, uma questão tipicamente libriana, e os outros se referem a dois príncipes que preferiram se sentar à beira da estrada e avaliar a situação em vez de lutar – Arjuna e Telêmaco. Eles preferiram observar a batalha como espectadores: "Sou impotente para agir. A batalha já está perdida, ou a situação se resolverá por si mesma sem a minha participação". A dúvida é um problema endêmico para os signos de Ar, ao passo que a polaridade Fogo, representada por Krishna ou Atena, impele à ação, a uma solução da dúvida – à coragem na adversidade; estimula para além de gostos e rejeições e, por fim, ao cumprimento do dever de guerreiro ou de herói (exaltação *dharmica* de Saturno). Marte (Ares), regente da polaridade, favorece Libra com essas qualidades.

O mito do Julgamento de Páris pode ser encontrado nas obras *Prolegomena* (p. 292), de Jane Harrison, *As Máscaras de Deus – Mitologia Ocidenta*, de Joseph Campbell, e *A Astrologia do Destino*, de Liz Greene. O mito é sobre Libra, sobre decisões e sobre o desejo libriano de agradar – de ser tudo para todos e não ofender ninguém. Do ponto de vista esotérico, significa que a busca de Libra é ir além do julgamento e da escolha em direção ao Amor Divino – Afrodite Celestial, Afrodite Urânia, amor ideal, amor puro.

O mito do Julgamento envolvia um mortal, o Príncipe Páris, e três grandes deusas: Atena, Afrodite e Hera. Júpiter/Zeus, cujos caminhos são misteriosos aos homens, havia predeterminado que uma maçã dourada devia ser presenteada à deusa de maior merecimento. Hermes foi enviado com a maçã ao encontro de Páris, que estava pastoreando um rebanho de ovelhas. A arte cerâmica, segundo estudos de Jane Harrison, mostra que Páris tentou fugir da escolha – a função de juiz – na direção de Troia. Ele queria voltar para casa e eximir-se da responsabilidade. Entretanto, Hermes o agarrou pelo punho e o posicionou na direção das deusas. Como Harrison e Campbell mencionam, elas não pareciam particularmente majestosas nos desenhos. (Você pode ver Páris e Hermes reproduzidos em *As Máscaras de Deus – Mitologia Ocidental*.) Afrodite não parecia voluptuosa – pelo contrário, apresentava-se um tanto desalinhada. Na verdade, a versão da história por Liz Greene apresenta Páris primeiro tentando cortar a maçã em três pedaços, um para cada deusa, como um libriano justo faria, mas Hermes não iria permitir isso. Zeus queria uma decisão, um julgamento. Páris, que desejava agradar, estava diante de um dilema – a escolha de qualquer das deusas atrairia contra ele a ira das outras duas. Segundo algumas narrativas, todas tentaram subornar Páris. Talvez até a intenção delas fosse presenteá-lo apenas por generosidade, ou talvez Zeus quisesse que um mortal determinasse qual dos presentes seria o mais valioso – a bravura militar de Atena, o controle legítimo de toda a Ásia exercido por Hera, ou o dom do amor de Afrodite. Páris tomou a decisão libriana – o amor; escolheu Afrodite. Hera e Atena, rejeitadas e vingativas, começaram a Guerra de Troia. Ela indispuseram gregos contra troianos e troianos contra gregos, que, afinal, sentiam-se satisfeitos em lutar. Entretanto, a gota d'água que iniciou a conflagração foi o presente que Afrodite deu a Páris: uma perfeita, nobre, ideal e pura mulher casada – Helena.

Esse mito contém em si vários temas do arquétipo libriano: o não querer tomar decisões ao não querer perder a amizade de nenhuma das deusas, deixando em aberto as opções; o tema de que não fazer um julgamento adia o assumir a responsabilidade que se segue à decisão; o tema da dúvida que é seguida por desalento: "O que vai acontecer se as coisas não forem bem?". É frequente em Libra a fantasia de se apaixonar por um amor impossível, uma pessoa casada, por exemplo.

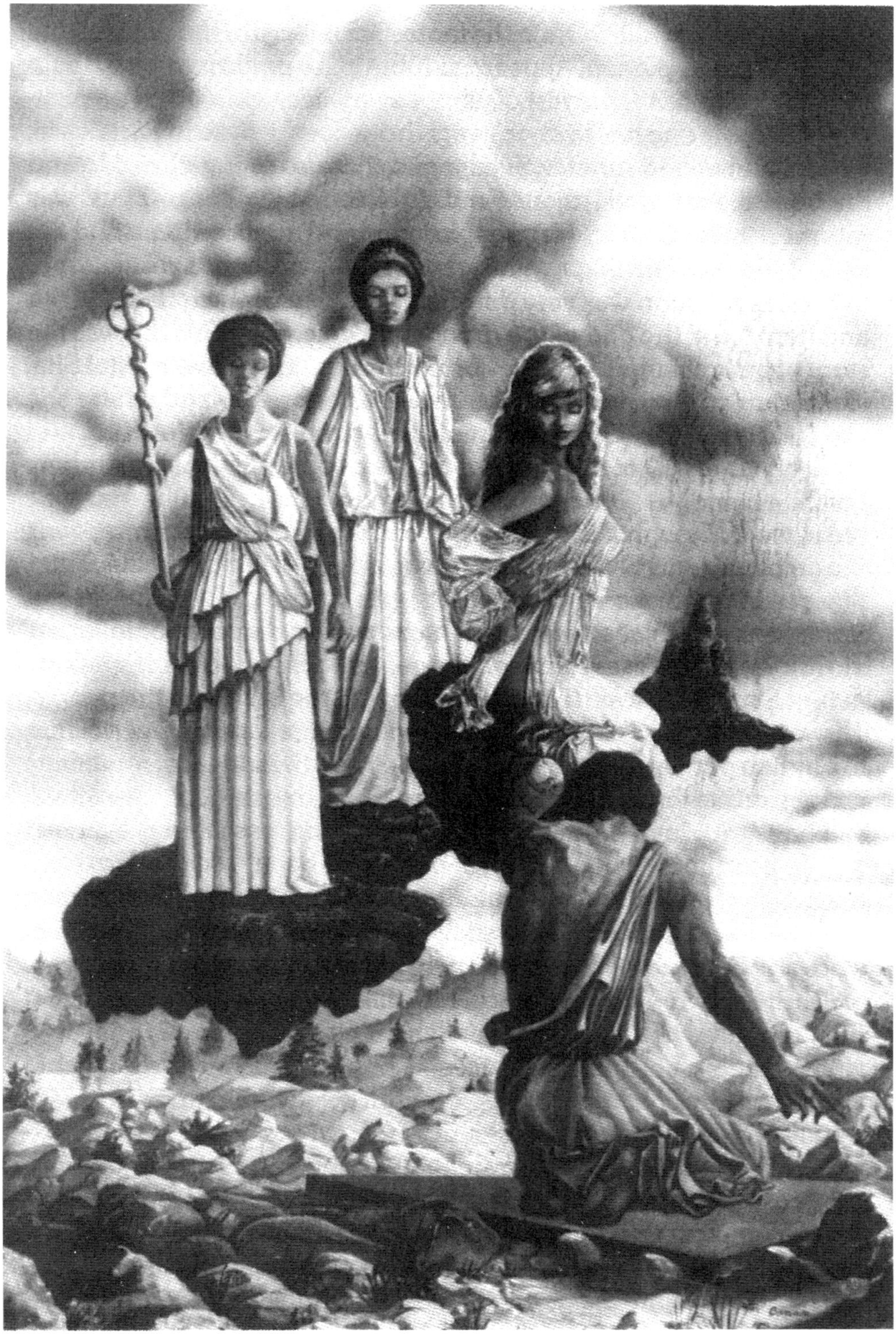

Para Libra, assim como para todos nós, nem toda decisão trará um resultado positivo; precisamos decidir e esperar pelo melhor. No caso de Páris, ele e Helena permaneceram juntos por dezenove anos e tiveram três filhos. Ele e os meninos morreram na Guerra de Troia, mas Helena, filha de Zeus, foi devolvida aos gregos. Seu povo a amava e a admirava mesmo depois da guerra e com ela chorava pelos seus sofrimentos.

A recepção que ela teve foi muito diferente daquela de Sita, a rainha e heroína indiana do final do épico *Ramayana*. Tal história é a mesma de um casal arquetípico, Rama, o rei, e sua mulher Sita. Sita, como Helena de Troia, foi raptada, levada a uma terra estrangeira e mantida como prisioneira. No caso dos gregos houve o rompimento do vínculo entre o rei e a rainha; no caso indiano, entre o rei e o povo. Para que o reino de Rama retornasse à unidade, o Feminino devia ser redimido. Embora um rei heroico e corajoso (um ego forte) fosse necessário, a ênfase estava posta sobre a necessidade de religação com o Feminino. Assim, essas histórias são de tipos totalmente diferentes. As lutas de Ulisses, Rama e Menelau parecem ser mais pessoais, mais plenas de valor, mais intensas. Perder Helena ou Sita, ou Penélope, para Ulisses, significava uma perda simbólica da *anima*, da alma, tanto para o rei como para o povo. Sem a adorável rainha, a alegria desapareceu do reino. Assim, o povo hindu, para se assegurar de que conservava seu ideal de feminidade intacto, submeteu Sita a uma prova de fogo. Ela saiu da provação sã e salva; ela fora fiel a Rama e ao povo, ela era íntegra.

Em nossos tempos, quando o ideal do amor e da beleza parece menos nobre do que os ideais patriarcais, que são virtudes do pensamento, muitas mulheres acham difícil se identificar com heroínas como a rainha Sita ou Helena de Troia. Elas querem ser sócias com direitos iguais. Hera, como esposa legítima de Zeus, a eterna esposa sofredora de um galanteador, não pode ser invocada. E, todavia, a função de suporte da mulher, a função da 7ª Casa pela qual uma mulher ambiciosa ajuda seu marido a ter sucesso profissional e realiza suas ambições através do sucesso dele – é ainda popular. Rosalyn Carter e Nancy Reagan são dois exemplos disso. A sra. Reagan fez uma quase arquetípica afirmação específica da 7ª Casa, citada em *As Deusas e a Mulher*: "Minha vida era incompleta até eu encontrar Ronnie". A busca da plenitude por meio do casamento é a busca da 7ª Casa. Esse equilíbrio de energias para a personalidade da 7ª Casa talvez incluísse não apenas deusas como Hera, Sita, e a romântica Afrodite, mas ainda a deusa da polaridade, a integração de Atena. Atena, como regente da 1ª Casa (Logos/Self), equilibra a 7ª Casa (Eros/Outro) porque representa a habilidade de lutar pela individualidade, de evitar perder a própria identidade por uma fusão dependente, o total entregar-se ao sentimento – pelo casamento – que é a 7ª Casa. Atena é uma deusa que pode discriminar, assumir uma posição de destaque, agir, tomar decisões e expressar raiva de modo apropriado – ao contrário da raivosa Hera. Ela é uma versão mais inteligente (esotérica) de Ares/Marte. Afinal de contas, sua coruja representa a sabedoria.

Os astrólogos hindus mencionam que Libra é o único signo do Zodíaco cujo símbolo não respira. Os outros são pássaros ou animais, um homem, uma mulher e dois peixes – símbolos que respiram. Mas para Libra temos a balança e o livro, dois objetos inanimados. Eles são símbolos tanto mentais quanto morais, mas não há vida ou *prana* porque não podem respirar. A título de interpretação, pode-se dizer que: "A letra da lei sem o espírito da lei é morta". Poderíamos tomar este curioso signo de Ar como o espectador ou o observador da vida, que teme cometer erros e acumular karma ruim – Arjuna ou Telêmaco, que sentem que a sorte está contra eles e é atemorizante, então, por que lutar? Essa visão da vida como um conjunto de problemas éticos que não requerem atividade física para que sejam solucionados também não tem vida. É apenas na área do romance, quando estão apaixonados, que se sente que os planetas de Libra estão vivos; e nisso, naturalmente, pode haver fantasia – um sonho impossível – um amor inacessível, como a nobre Helena já unida a Menelau.

Penso que uma chave à falta de vida ou *prana* está no fato de Thot, o juiz egípcio, ter escrito uma obra chamada *O Livro da Respiração* – um livro de técnicas aparentemente esotéricas como as que os hindus chamam *pranayama* – manter a corrente interior, a força da vida em atividade. Para mim, pessoalmente, outra chave é o fato de que o signo de Libra está localizado a 180 graus de um signo de Fogo ativo, vivo, corajoso – Áries. Libra manifesta sua opinião a respeito da energia de Áries deste modo: "É impetuosa. É implacável na batalha. É arrojada". Libra reconhece a coragem, a decisão, a confiança e a vitalidade de Áries.

Há dois mitos, um da Índia e outro da *Odisseia* grega, que parecem demonstrar a integração da polaridade Áries por figuras librianas arquetípicas. Seus Orientadores Divinos os impeliram a praticar as virtudes heroicas de Áries. Entretanto, uma vez obtida a coragem heroica, a mesma foi empregada na redenção do Feminino.

O primeiro mito tem como personagem o herdeiro grego ao reino de Ítaca – o jovem Telêmaco. Seu pai, Ulisses, está desaparecido desde o final da Guerra de Troia, perdido entre mulheres mágicas – bruxas, sereias e outras. Ulisses tenta encontrar seu lar e sua mulher Penélope, sua parceira da 7ª Casa (o Outro), seu lado feminino. Telêmaco perdeu toda esperança de rever seu pai vivo. Senta-se abatido, vendo os cortejadores de sua mãe – homens altos, atléticos e fortes, hábeis no manejo das armas, nutrindo-se do alimento de sua mãe e vivendo no palácio de seu pai. Cheio de tristeza e dúvida, ele pensa: "O que posso fazer, jovem como sou, sem qualquer habilidade, inexperiente, um único garoto contra tantos? Eu simplesmente devo desistir. Como poderia lutar? E mesmo que tentasse, de que adiantaria com meu pai já morto? Que utilidade haveria nisso?".

A deusa Atena, a conselheira familiar, o espírito da sabedoria e da inspiração, decide ir a Ítaca e infundir vida e coragem em Telêmaco. Ela se disfarça de estrangeiro, um viajante de nome Mentor, um homem "que conhecia bem Ulisses". Ela entra no palácio e diz a Telêmaco que seu pai está vivo nas ilhas e é exatamente por aí que ele pode começar a procurar Ulisses. Suas palavras são as seguintes:

"'... Concentre sua sagacidade e elabore um bom plano para matar esses parasitas, por astúcia ou por luta aberta. Na verdade, já passou o tempo de ficar brincando de criança; seus dias de infância se foram. Você não ouviu falar do notável nome que Orestes, o jovem brilhante, construiu para si no mundo quando matou o traidor Egisto, que havia assassinado seu famoso pai? Você também, meu caro jovem, nobre e belo como o vejo agora, seja forte, para que possa ter um nome honrado nos lábios dos homens por muitas gerações...'

Após dizer isso, afastou-se como um pássaro, indo para o telhado. No espírito do jovem ela deixou coragem e confiança e ele pensou em seu pai ainda mais do que antes. Ele compreendeu o significado de tudo, e estava admirado, porque acreditava que ela era um deus. Voltou imediatamente para o bando grosseiro, mais parecendo um deus do que um homem."

The Odissey, Mentor Edition, pp. 17 e 18.*

Telêmaco acreditou em si mesmo e resgatou a mãe (seu feminino interior) com a ajuda de seu pai (seu lado masculino). Ao final da história, Ulisses recuperou não apenas sua coragem, mas ainda encontrou seu lado feminino, sua fiel Penélope. A *Odisseia* e o *Gita* são histórias mais profundas, mais plenas de valor em comparação com muitas outras narrativas de heroísmo egoico.

---

* *Odisseia*, Editora Cultrix, São Paulo, 2ª edição, 2013.

Entretanto, minha história favorita sobre Libra procede do *Bhagavad Gita*. Nas primeiras páginas dessa escritura hindu, encontramos um diálogo entre o Senhor Krishna, uma encarnação de Vishnu, e seu discípulo, príncipe Arjuna, o suposto herói. A história tem um nível esotérico e também dá ênfase mundana à assimilação da coragem e esperança de Áries. (O *Gita* traz uma discussão de 200 páginas sobre ética em meio a uma ação mais ampla, o *Mahabharata*.) Krishna e Arjuna recolheram-se no meio de um enfurecido campo de batalha para discutir práticas e valores de yoga. Esotericamente, esse campo de batalha está dentro de todos nós. Ele se chama "Kurukshetra – o campo de batalha do coração". O *Gita* nos recomenda não desejarmos receber os "frutos de nossos labores" nesta vida mas, em vez disso, cumprir nosso dever com espírito de correção; afastarmo-nos dos gostos e rejeições mesquinhos; viver uma vida equilibrada; não comer nem demais nem de menos; e nem dormir muito nem pouco. Ainda, o yogue aprende a respirar – a controlar a força vital. "Oferece a inspiração à expiração e a expiração à inspiração." Essa ênfase posta sobre o *pranayama* é resquício do *Livro da Respiração* de Thot. Esse é um texto muito rico, não apenas para os que participam do arquétipo de Libra, mas para todos nós.

No primeiro capítulo da história, Arjuna senta-se deprimido depois de ter lançado distante seu arco e flechas, com os olhos cheios de lágrimas e compaixão por seus parentes, as forças inimigas.

"Por que eu deveria matar meus parentes, e, assim, também seus filhos e netos? Isso não me trará paz de espírito. Por que abatê-los no começo da vida? Mesmo que fosse para tornar-me Rei dos Três Mundos, e não apenas de um reino terrestre, o que eu ganharia? Que proveito terei com a morte de parentes?"

"Mulheres serão raptadas por soldados de uma casta inferior e disso resultará a mistura de sangue e a ruína da própria casta."

"O que dizer se uma flecha perdida matar meu próprio venerado mestre de arco Drona, que aconselha meus primos? Isto seria uma grande desonra."

"O outro lado, os cem filhos de Dritherastra, são apenas ignorantes (Dritherastra significava 'cegueira') e não maus. Como posso trucidá-los – eles não fizeram mal algum."

"Meu arco arde em minhas mãos; abrirei meu peito ao inimigo; não lutarei."

Krishna responde à série de racionalizações de Arjuna com o argumento de que não há de fato morte no campo de batalha; é apenas a aparência da realidade – um jogo de sombras. Ele diz:

"Como essa fraqueza tomou conta de ti? Donde brota tão inglória inquietação, vergonhosa ao bravo, obstruindo o caminho da virtude? Não, Arjuna!... Não te permitas ceder à fraqueza, se Marte é teu nome, guerreiro. Lança para longe de ti tua disposição covarde. Acorda! Sê tu mesmo. Levanta! Flagelo dos teus inimigos!

... Tu te atormentas onde tormento não deve haver. Dizes palavras desprovidas de sabedoria. Porque o sábio de coração não pranteia os que vivem nem os que morrem... Tudo o que vive, vive sempre.

A alma que com intensa e constante serenidade considera a tristeza e a alegria com indiferença vive a vida que não morre.

Aquele que diz, 'Veja, eu matei um homem', ou 'Veja, eu estou morto', esses dois não sabem nada. A vida não pode matar. A vida não está morta.

Não deixes que a perda seja temida... fé; sim, um pouco de fé irá salvar-te da angústia do teu pavor.

Busca a recompensa plena no agir de modo correto. Deixa que os atos corretos sejam teu impulso, não o fruto que deles provém. E vive em ação. Trabalha. Faz dos teus atos a tua piedade. Põe de lado todo ego, rejeita o ganho e o mérito; uniforme no bem e no mal: uniformidade é Yoga, é piedade.

... Despreza os que praticam a virtude pela recompensa que oferece. A mente de devoção pura, mesmo aqui, não leva em conta nem os bons nem os maus atos, passando por cima deles. Dedica-te à devoção pura: com a meditação perfeita vem o ato perfeito... e a ascensão justa.

Isto é Yoga – isto é paz."
"The Song Celestial", *Bhagavad Gita*,
Sir Edward Arnold, pp. 9-25

"Faz dos teus atos a tua piedade!" Há muita verdade esotérica na fusão do Fogo de Áries com o Ar de Libra – a reflexão ou meditação libriana com os atos de Áries, e a calma e equanimidade de Libra com a força e coragem de Áries. A fé otimista de Áries para modificar o medo de errar de Libra – de ser injusto. Urano, o regente esotérico, também entra pela passagem. Urano representa o distanciamento dos pares de opostos – alegria e tristeza, vida e morte. Finalmente, Krishna insiste com Arjuna que se desapegue do desejo da recompensa da virtude ou do mérito – que não se preocupe com relação a seus atos serem bons, maus ou de ser premiado por eles – mas que, simplesmente, aja como um verdadeiro guerreiro Kshatriya, que conhece seu drama.

Muitas pessoas com Sol em Libra e Libra no ascendente têm Netuno, um planeta romântico, particularmente idealista, em conjunção com eles. Essas pessoas estão "Apaixonadas pelo próprio amor", e muitas vezes têm dificuldades em encontrar um parceiro no mundo real que possa preencher suas expectativas. Elas o colocam em um pedestal, que invariavelmente desmorona. Libra, então, se sente ferida e desapontada. Penso que pessoas com Netuno forte fazendo aspecto com planetas natais ou com ângulos, como a cúspide da 7ª Casa, tirariam muito proveito com a leitura do livro *We*, de Robert Johnson. Nesse valioso tratado, Johnson guia o leitor pela tradição do amor cortês na Europa medieval e pelo mito romântico de Tristão e Isolda. Ele identifica duas Isoldas distintas: o amor humano de Tristão, a Isolda das mãos brancas. Com a Isolda imperfeita, Tristão experimentou grandes prazeres, sofrimentos e uma sensação de traição. A segunda Isolda, a Justa, é sua guia espiritual, a Isolda impessoal, divina. Como Afrodite na filosofia de Platão, ela representa o Amor Divino impessoal, o ideal perfeito da alma.

Considero importante que todos reflitamos sobre o arquétipo libriano, tendo ou não algum planeta no signo de Libra. Vivemos numa cultura que enfatiza o amor romântico como um ideal. Está no ar que nos rodeia. Todos temos Afrodite/Vênus em alguma casa em nosso mapa, e o signo de Libra em uma das cúspides das casas (ou interceptado). Nessas casas, lidamos não somente com o Bem, o Verdadeiro e o Belo, mas com a intenção, o desejo e a ansiedade por calor e companhia. Nessa casa, se somos buscadores, também nos relacionamos com a aspiração espiritual.

Do ponto de vista espiritual, associamos Libra, a balança (idealmente) equilibrada, com o equilíbrio da mente, uma importante virtude do yogue, e também com a serenidade, a calma e a equanimidade. Muitos librianos são alegres na adversidade, frios e recolhidos nos tempos de crise. Eles mantêm sua cabeça no lugar quando todos ao redor estão perdendo a sua. Esse equilíbrio interior deve ser admirado e imitado, especialmente por aqueles cujo Marte os impele a reagirem de maneira descontrolada ou com rapidez excessiva, fora de proporção em relação à situação. O capítulo II do *Bhagavad Gita* explica que mesmo que o guerreiro Kshatriya deva travar suas lutas no mundo exterior, ele deve agir a partir de um estado de paz interior. Tranquilidade interior, porém, não significa que se possa sentar ao lado do campo de batalha da vida.

Urano é um planeta libertador, um planeta transpessoal. Ele eleva o ideal (Afrodite) ao nível do belo, do amor, da verdade e do valor universal. Como libriano esotérico, Mahatma Gandhi libertou seu país do domínio estrangeiro. Seu valor da não violência, *ahimsa*, foi desenvolvido na África do Sul e na Índia, onde sua coragem e fé foram testadas pelas autoridades políticas. Gandhi permaneceu fiel a seus princípios na adversidade e, no final, alcançou a vitória. Colocou seu ideal político à frente de seu próprio relacionamento pessoal com sua mulher; pôs em risco sua paz e harmonia no lar para alcançar um objetivo mais elevado. Seu esforço em integrar a polaridade da coragem (Áries), em mostrar disposição de manter-se firme e enfrentar o inimigo, de agir com decisão, de acreditar em si mesmo e em seu dever são uma inspiração para todos nós, qualquer que seja nosso nível de sintonia em Libra, Vênus/Afrodite ou Urano.

A progressão do Sol ou do ascendente em Libra natais por trinta anos em de Escorpião é uma passagem do Ar luminoso, alegre, para a Água profunda. Uma palavra de cautela ao leitor de Libra que está entrando em Escorpião agora: Agarre-se ao seu senso de humor. É de um a dois anos aproximadamente o tempo necessário para se acostumar à nova energia, intensa, ardente e importante. Se o Sol em progressão entra em conjunção com Mercúrio natal em Escorpião ou se o Mercúrio libriano natal progride para Escorpião, Libra tem a possibilidade de sentir uma premência a se dedicar a algo prático de um modo atento e disciplinado. Para muitos librianos, especialmente para aqueles com pouca Terra no mapa, esse ciclo prático parece muito estranho.

"Isto não se parece comigo", diz o libriano cuja formação universitária se deu em um campo exótico como matemática pura, linguística, belas artes ou teoria política ou econômica. "Estou pensando em cursar contabilidade tributária; vejo a possibilidade de me tornar um corretor de investimentos."

As mulheres librianas, aquelas verdadeiras Afrodites que se deliciaram em ficar em casa fazendo arranjos de flores, decorando, passando o tempo, e que no domingo se arriscam a tocar órgão na igreja, podem também se tornar mais práticas. "Estou cansada de televisão e de romances. Estou cansada de ouvir meu marido resmungar das contas que temos que pagar. Acho que a harmonia familiar será restabelecida se eu ganhar algum dinheiro. Eu gostaria de vender cosméticos ou de ser uma decoradora de interiores. Você acha isso prático?"

Escorpião arquetípico tem relação com as finanças comuns e também com a vida sexual do indivíduo. Profissão em áreas financeiras e entendimento doméstico parecem inter-relacionados. No entanto, a disciplina dos trânsitos de Mercúrio tende a se desgastar, a menos que as progressões por Escorpião entrem em conjunção com planetas natais relacionados a negócios ou em sextil com planetas natais de Virgem (trabalho de precisão). Assim, muitos librianos rapidamente se aborrecerão com estudos financeiros mundanos, perderão o interesse e desistirão. Se Saturno (arquetipicamente exaltado em Libra) não for forte no mapa natal, mantendo o interesse profissional, dentro de um ano ou dois Libra perguntará: "Por que eu estava interessada em contabilidade e em corretagem de seguro? Isso é muito estranho!". Não há espaço para o Bem, o Verdadeiro e o Belo aqui. Afinal de contas, o dinheiro é de fato mundano".

Librianos cujo Sol em progressão ou Mercúrio entram em contato com muitos planetas de Escorpião natal podem se interessar por terapia sexual, hipnose, massagem, aconselhamento matrimonial ou psicologia. Muitos homens com Sol em Libra passaram da advocacia para a psicologia durante a progressão de Sol e Mercúrio por Escorpião entrando em conjunção com planetas natais nas casas de Terra (2ª, 8ª e 10ª).

Nos relacionamentos, a maior questão da vida para Libra, esse pode ser um período estressante da se o regente mundano, Vênus/Afrodite, estiver em Escorpião. Quando o Sol e outros planetas em progressão entram em conjunção com Vênus natal em Escorpião, ativando alguns aspectos a Vênus, o lado escuro da Vênus escorpiônica é revelado: desconfiança, possessividade, inveja e medo da traição. Se Afrodite suspeita que foi menosprezada ou que outros estão fazendo mexericos a seu respeito, ela pode ficar rancorosa, vingativa e insolente. Ela queria ser a mais bela de todas, a vencedora do concurso de beleza. Se sente que está perdendo, especialmente para uma mulher mais jovem, Afrodite em Escorpião pode lutar de maneira traiçoeira.

O Sol em progressão ativando os aspectos de Vênus ou do regente da 7ª Casa pode encontrar Afrodite acusando o parceiro de infidelidade. Ela não parece realmente se importar se ele é de fato infiel; o que faz é se agarrar de maneira supersticiosa à sua suspeita de um modo compulsivamente escorpiônico. Por fim, o cansado parceiro deixa de protestar sua inocência abertamente. Para Vênus em Escorpião isso significa: "Ah, então eu estava certa o tempo todo. Você esteve me enganando; os outros sabem disso. Eu vou ficar aborrecida, me afastar, ou lhe custar muito dinheiro". Escorpião é regido por Marte no nível mundano, o que significa que Vênus em Escorpião pode estar se preparando para uma reviravolta, talvez um acidente, ou uma perda financeira.

Em geral, procuro convencer o libriano com Vênus em Escorpião, ou a pessoa com Libra no ascendente, a ler os capítulos finais do *Ramayana*. Nesse capítulo, após um longo matrimônio, o Senhor Rama encontra sua mulher prisioneira no palácio de Ravana, seu inimigo. Rama tem a impressão de que ela foi pega em circunstâncias incriminadoras, embora sua cela não esteja próxima ao quarto de Ravana. Ele fica remoendo "o que os outros vão pensar" da virtude da rainha. (Afrodite é uma deusa social. Ela se preocupa com o que os outros pensam.) Ele expõe a pobre Sita, que ficou prisioneira por onze anos, a uma prova de fogo. Suas suspeitas se mostram sem fundamento. Muitos deuses descem para conversar com Rama, entre eles três deuses reais, muito poderosos, que ele respeita – Indra, Shiva e Varuna. "Ela é pura; ela é inocente", bradam eles ao mesmo tempo que o fogo consome suas vestes. "Oh, bem, eu tinha certeza disso. Eu só queria esta prova para que as outras pessoas também a aceitassem, e respeitassem a nós dois", diz o arrependido Rama.

No fim da história a ultrajada Sita lhe diz que ele é um rei indigno – que ele assumiu uma posição dúbia, vulgar com relação a ela, sua esposa, seu lado sentimento. Essa é uma narração vigorosa. Se você tem Vênus em Escorpião, e se percebe que corresponde ao seu caso, você pode ler esta história em *Hindu Myths* (Penguin Classics), se não dispuser do texto integral do *Ramayana*. A traição ou a suspeita é um aspecto importante para os que têm planetas na 7ª Casa, Sol em Libra ou Libra no ascendente.

Finalmente, Afrodite pôs à prova Psiquê, sua futura nora: quatro tarefas impossíveis que lhe permitiriam provar se era digna de se casar com Eros, o filho idolatrado de Afrodite. Possessividade, ciúme, inveja de outros que são mais jovens e belos parecem ser pontos importantes para Afrodite. Lembremo-nos aqui da estátua de uma deusa com o espelho. Embora Afrodite Urânia avance em idade com graça e beleza, porque está desapegada do corpo, este nem sempre é o caso de mães com Vênus em Escorpião.

Atitudes, valores e relacionamentos são transformados em Escorpião, e o mesmo acontece com o amor, o dinheiro, a serenidade interior e o confronto externo (no trabalho ou em casa) quando Libra e Escorpião interagem. Nesse ciclo, Libra não é mais um espectador na lateral do campo de batalha da vida ou um Arjuna que racionaliza de fora do combate. Marte, regente de Escorpião, faz com que seja difícil para Vênus manter a paz. Marolas se formam em torno de Libra quer queira quer não. A resposta esotérica é manter a calma interior através das turbulentas águas de Escorpião – no lar e no trabalho. Reagir com serenidade interior, mas com assertividade, assumindo uma posição por princípio, é o que se exige no mundo exterior. Plutão proporciona sua energia transformadora e sua vitória para muitos.

A progressão em Sagitário, regida por Júpiter, é bem mais agradável. Como Libra, Sagitário, que é regido por Júpiter, também é um signo brando, benéfico, positivo. Progredir por ele é um descanso para Libra. Viagens, progresso espiritual, bons amigos, publicações, sucesso nos litígios e honras acadêmicas estão entre as vantagens de Sagitário. Librianos que foram advogados ao longo de sua vida profissional podem se tornar juízes nesse ciclo. Libra tem sorte nesse período, especialmente se há planetas natais em Sagitário que entrem em conjunção com o Sol em progressão, ou um trígono de Fogo que seja ativado pelo Sol em progressão, ou netos com quem possa se sentir bem. (Sagitário, a 9ª Casa no Zodíaco natural, é a casa dos netos.) Se Júpiter natal está bem aspectado, a abundância pode chegar a Libra como resultado dos investimentos feitos durante o ciclo de Escorpião ou das viagens de conferências, caso sua 9ª Casa tenha planetas bem aspectados. Esse período traz oportunidades para proferir palestras muito concorridas sobre as teorias de Libra, visto que foram testadas e comprovadas no decurso de toda uma vida. Esse não é um ciclo tão opressivo como o ciclo de Escorpião, regido por Marte, e, portanto, é muito mais agradável. Libra pode alcançar seus objetivos se assim decidir, ou quando decidir; Libra não é pressionado pela esposa ou pelo ambiente externo e nem por sua própria natureza interior – seus próprios desejos. Como Libra, Sagitário sabe sentir prazer. Esses são alguns dos melhores anos para Libra. Para o dedicado profissional (Saturno exaltado) de Libra, esses anos podem ser coroados de honras, gratidão e admiração.

Os librianos que vivem a progressão de Capricórnio se sentem novamente no controle, mais cardinais. Nesse sentido, essa progressão caracteriza um período semelhante ao da juventude, quando tinham opiniões bem definidas e queriam estruturar o mundo de acordo com suas teorias – exceto que agora os librianos dispõem dos recursos para realizar isso de fato. (Capricórnio, um signo de Terra, tem analogia com o mundo da realidade no sentido mundano). Capricórnio, entretanto, tem mais interesse nos arranjos finais – testamentos que dispõem sobre a propriedade e outras espólios, procuração e decisões administrativas. Librianos esotéricos de Urano podem viver tempo suficiente para ver seus ideais humanitários concretizarem-se nesse ciclo; as pessoas da comunidade a que serviram podem dar o nome de Libra a um fundo de bolsas de estudo, a uma sala de aula, a uma ala de um museu, ou colocar seu nome em bronze na porta do escritório de advocacia. O administrador de Saturno exaltado pode usufruir tal período, visto que traz não apenas honra, mas poder e orgulho de realização. Libra em progressão para Capricórnio sente prazer e alegria em deixar para seus herdeiros os valores, palpáveis e impalpáveis, pelos quais trabalhou arduamente durante toda a sua vida, e pode terminar seus dias como patriarca ou matriarca.

Questionário

Como o arquétipo de Libra se expressa? Embora se destine especialmente aos que têm o Sol em Libra ou Libra no ascendente, qualquer pessoa pode aplicar este questionário à casa que tem Libra (ou Libra interceptado) na cúspide. As respostas indicarão o grau de contato do leitor com Vênus/Afrodite, a deusa do Amor e da Beleza, com seu sentimento, seu instinto e sua confiança em seus juízos de valor.

1. Meu estilo de comunicação é:
   a. Atraente e delicado.
   b. Atraente quando quero.
   c. Forçado e direto.

2. Quando meus colegas de trabalho não estão se dando bem, eu:
   a. Sempre exerço o papel de apaziguador.
   b. Tomo o lado do mais fraco.
   c. Ignoro-os completamente.

3. Entre minhas melhores qualidades, incluiria:
   a. Diplomacia, bondade, confiança.
   b. Bondade, tato, bom humor.
   c. Assertividade, controle, habilidade de fazer que o trabalho seja executado.

4. Entre minhas características negativas, listaria:
   a. Indecisão, procrastinação, hesitação.
   b. Vaidade, julgamentos superficiais, indolência.
   c. Retórica direta, grosseria.

5. Quando me encontro num ambiente desarmônico:
   a. Me sinto constrangido e procuro abandonar o local o quanto antes.
   b. Me sinto constrangido, mas rapidamente me acostumo a ele.
   c. Não dou atenção a esse ambiente.

6. Meu maior medo é:
   a. Perder a pessoa que amo.

b. Perder meu *status* profissional.
   c. Perder toda minha riqueza.

7. Se perguntado, diria que meu gosto pela música, decoração e arte é:
   a. Muito bom.
   b. Bom.
   c. Fraco.

8. Quando volto para casa após o trabalho:
   a. Me sento (ou me deito) e descanso.
   b. Descanso por algum tempo e, em seguida, faço o que precisa ser feito.
   c. Dou imediatamente início a projetos que desenvolvo em casa.

9. A parte mais fraca de meu corpo é:
   a. Os rins e a região lombar.
   b. A cabeça e o pescoço.
   c. Os pulmões e o sistema digestório.

10. Quando me sinto tratado injustamente pelos outros, em geral é porque:
    a. Eles foram injustos.
    b. Eles deram a promoção a outra pessoa.
    c. Eles feriram meus sentimentos.

Os que marcaram cinco ou mais respostas (a) estão em contato estreito com seus instintos. Os que assinalaram cinco ou mais respostas (b) precisam trabalhar mais conscientemente com Vênus/Afrodite. Os que registraram cinco ou mais respostas (c) não estão em contato com seu regente mundano (instintivo). Essas pessoas precisam estudar a casa que Vênus ocupa ou a casa com Libra (Libra interceptado) na cúspide.

Onde está o ponto de equilíbrio entre Libra e Áries? Como Libra integra a independência, a coragem, a franqueza de Marte na personalidade? Embora diga respeito especialmente para os que têm o Sol em Libra e Libra no ascendente, todos temos Vênus e Marte em alguma posição no mapa natal. Muitos de nós temos planetas na 7ª e 1ª Casas. Para todos nós, a polaridade de Libra/Áries implica a questão da reciprocidade e da independência.

1. Sinto-me mais à vontade:
   a. Comigo mesmo, sem amarras que me prendam.
   b. Numa parceria equilibrada (cada um faz sua parte).
   c. Num relacionamento/parceria.

2. Quando se trata de praticar exercícios:
   a. Exercito-me com frequência e com disciplina. (Os exercícios aliviam as tensões do dia.)
   b. Tenho um programa equilibrado que procuro cumprir.
   c. Me sento até que a necessidade do exercício esmoreça.

3. Para mim, a cooperação é mais importante do que a competição:
   a. 25% das vezes.
   b. 50% das vezes.
   c. 80% das vezes.

4. Quando me encontro em meio a uma discussão, acho que funciona melhor:
   a. Continuar me impondo até que a outra pessoa desista.
   b. Deixar minha opção clara e, em seguida, achar um ponto comum sobre o qual possamos concordar.
   c. Encontrar uma maneira de chegar a um acordo.

5. Meus colegas de trabalho provavelmente me consideram:
   a. Insistente e assertivo.
   b. Flexível, mas firme quando necessário.
   c. Flexível e de fácil relacionamento.

Os que assinalaram três ou mais respostas (b) estão desenvolvendo um bom trabalho de integração da personalidade na polaridade Libra/Áries. Os que assinalaram três ou mais respostas (c) precisam trabalhar mais conscientemente seu

Marte natal no mapa. Os que marcaram três ou mais respostas (a) podem estar em desequilíbrio na outra direção. Estude Vênus e Marte no mapa natal. Qual é mais forte por posição de casa ou por signo? Um ou outro está em detrimento, interceptado ou em sua queda? Há algum aspecto entre eles? Os aspectos que o planeta mais fraco faz ajudarão a indicar o caminho para a integração.

O que significa ser um libriano esotérico? Como Libra integra o frio e objetivo Urano, seu regente esotérico, à personalidade? Todo libriano terá tanto Vênus, o planeta do sentimento, quanto Urano, o planeta do pensamento, em algum lugar do mapa. Urano bem integrado amplia a perspectiva de Libra para além do Self e do parceiro para a comunidade maior. Urano traz desapego, originalidade e uma expansão do sistema de valores de Libra.

1. Meu cônjuge ideal é:
   a. Mãe Divina/Pai Celestial – amor no seu nível mais elevado.
   b. Uma mulher/homem espiritual (alma gêmea).
   c. Uma mulher bonita e atenciosa/um homem sensível e bonito.

2. Se meu cônjuge fosse me deixar, eu ficaria:
   a. Triste por um tempo, mas isso passaria e eu continuaria com minha vida.
   b. Arrasado.
   c. Arrasado, e precisaria de muito tempo para novamente confiar numa nova relação.

3. O serviço à humanidade é:
   a. Mais importante que o serviço a si mesmo e aos que amamos.
   b. Importante para os vocacionados.
   c. Algo que não me interessa.

4. Faço uso de minha balança libriana para:
   a. Buscar meu próprio equilíbrio entre ideais elevados e a realidade prática.
   b. Equilibrar a mim mesmo e aos demais.
   c. Equilibrar os que me rodeiam.

5. Meu objetivo de vida é:
   a. Refazer-me, tornar-me capaz de refletir o divino.

b. Manter o equilíbrio e a equanimidade ao longo das mudanças da vida.
  c. Mudar o mundo como posso e conviver com aquilo que não consigo mudar.

Os que marcaram três ou mais respostas (a) estão em contato com Urano, o regente esotérico de Libra. No nível esotérico, a função de Urano é expandir Afrodite além do seu foco sobre a personalidade para um amor universal e divino. Os que registraram três ou mais respostas (b) estão trabalhando sobre si mesmos, mas precisam continuar. Os que assinalaram três ou mais respostas (c) precisam integrar de modo consciente Urano em seu mapa. Harmonizar-se com Urano faz que Afrodite redirecione sua atenção de seus próprios sentimentos feridos e irradie calor aos que a rodeiam.

Referências Bibliográficas

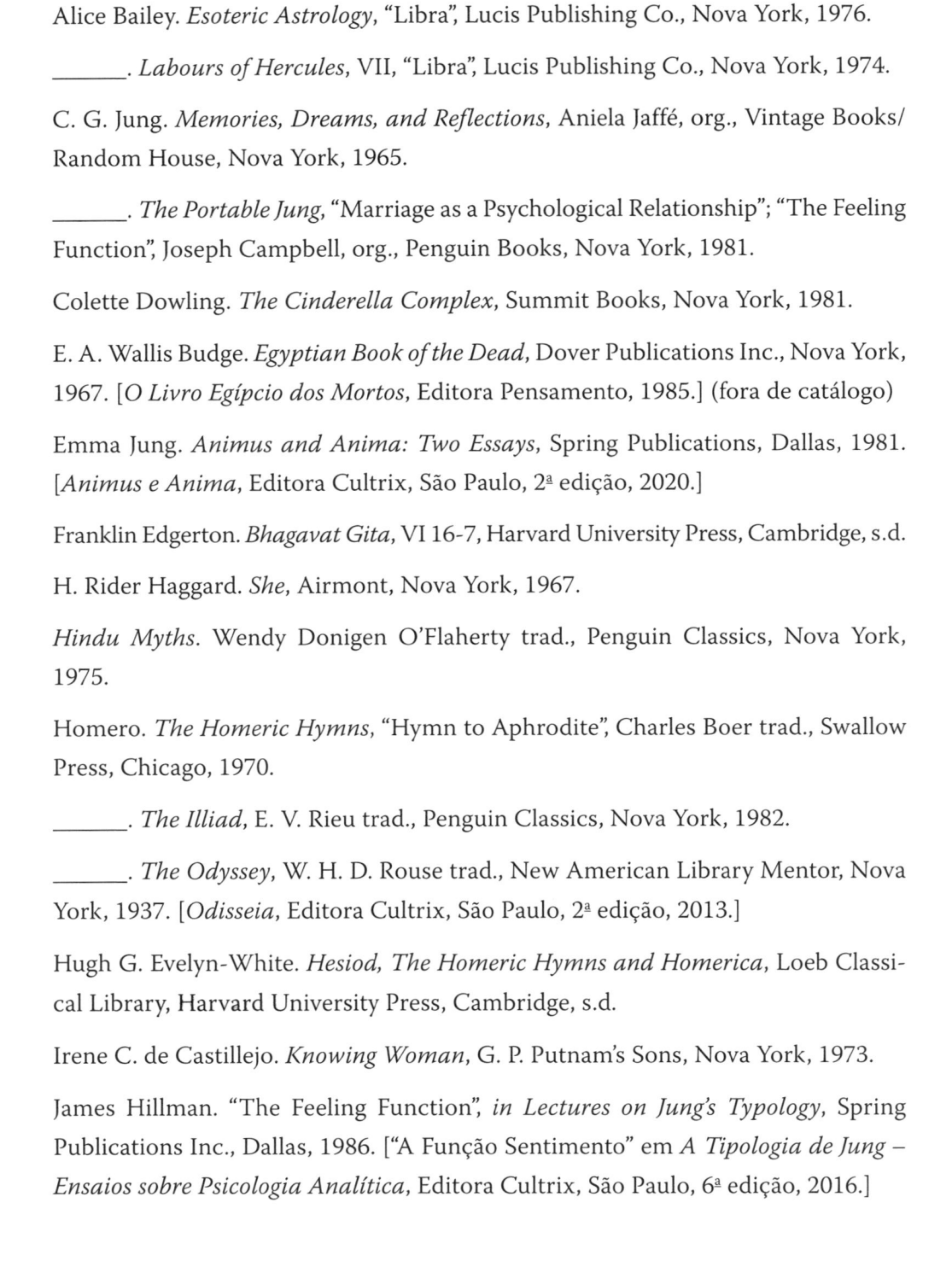

Alice Bailey. *Esoteric Astrology*, "Libra", Lucis Publishing Co., Nova York, 1976.

_____. *Labours of Hercules*, VII, "Libra", Lucis Publishing Co., Nova York, 1974.

C. G. Jung. *Memories, Dreams, and Reflections*, Aniela Jaffé, org., Vintage Books/Random House, Nova York, 1965.

_____. *The Portable Jung*, "Marriage as a Psychological Relationship"; "The Feeling Function", Joseph Campbell, org., Penguin Books, Nova York, 1981.

Colette Dowling. *The Cinderella Complex*, Summit Books, Nova York, 1981.

E. A. Wallis Budge. *Egyptian Book of the Dead*, Dover Publications Inc., Nova York, 1967. [*O Livro Egípcio dos Mortos*, Editora Pensamento, 1985.] (fora de catálogo)

Emma Jung. *Animus and Anima: Two Essays*, Spring Publications, Dallas, 1981. [*Animus e Anima*, Editora Cultrix, São Paulo, 2ª edição, 2020.]

Franklin Edgerton. *Bhagavat Gita*, VI 16-7, Harvard University Press, Cambridge, s.d.

H. Rider Haggard. *She*, Airmont, Nova York, 1967.

Hindu Myths. Wendy Donigen O'Flaherty trad., Penguin Classics, Nova York, 1975.

Homero. *The Homeric Hymns*, "Hymn to Aphrodite", Charles Boer trad., Swallow Press, Chicago, 1970.

_____. *The Illiad*, E. V. Rieu trad., Penguin Classics, Nova York, 1982.

_____. *The Odyssey*, W. H. D. Rouse trad., New American Library Mentor, Nova York, 1937. [*Odisseia*, Editora Cultrix, São Paulo, 2ª edição, 2013.]

Hugh G. Evelyn-White. *Hesiod, The Homeric Hymns and Homerica*, Loeb Classical Library, Harvard University Press, Cambridge, s.d.

Irene C. de Castillejo. *Knowing Woman*, G. P. Putnam's Sons, Nova York, 1973.

James Hillman. "The Feeling Function", *in Lectures on Jung's Typology*, Spring Publications Inc., Dallas, 1986. ["A Função Sentimento" em *A Tipologia de Jung – Ensaios sobre Psicologia Analítica*, Editora Cultrix, São Paulo, 6ª edição, 2016.]

James Hillman. *Anima*, Spring Publications Inc., Dallas, 1985. [*Anima – A Psicologia Arquetípica do Lado Feminino da Alma no Homem e sua Interioridade Feminina*, Editora Cultrix, São Paulo, 2ª edição, 2020.]

Jane Harrison. *Prolegomena to the Study of Greek Religion*, Cambridge University Press, Londres, 1903.

Jean e Wallace Clift. *Symbols of Transformation in Dreams*, "Anima", "Animus", Crossroad Publishing Co., Nova York, 1984.

Jean Shinoda-Bolen. *Goddesses in Everywoman*, "Hera", "Aphrodite", Harper and Row, San Francisco, 1984.

Joseph Campbell. "Occidental Mythology", vol. III, in *Masks of God*, Penguin Books, Nova York, 1982.

Karl Kerényi. *Goddesses of the Sun and Moon*, "The Golden One – Aphrodite", Murray Stein trad., Spring Publications, Irving, 1979.

_____. *The Gods of the Greeks*, "The Great Goddess of Love", Thames e Hudson, Londres, 1951. [*Os Deuses Gregos*, Editora Cultrix, São Paulo, 1993.] (fora de catálogo)

Liz Greene. *The Astrology of Fate*, "Libra", Samuel Weiser, York Beach, 1984. [*A Astrologia do Destino*, Editoras Pensamento, São Paulo, 1989.] (fora de catálogo)

Marie-Louise von Franz. *The Way of the Dream*, Windrose Films Ltd., P. O. Box 265 Station Q. Toronto. [*O Caminho dos Sonhos*, Editora Cultrix, São Paulo, 1992.] (fora de catálogo)

Murray Stein. "Hephaistos", *in Facing the Gods*, James Hillman, org., Spring Publications Inc., Irving, 1980.

Paul Friedrich. *The Meaning of Aphrodite*, University of Chicago Press, Chicago, 1978.

Pausânias. *Guide to Greece I and II*, "Aphrodite", Peter Levi trad., Penguin Books, Nova York, 1979.

Robert A. Johnson. *We: Understanding the Psychology of Romantic Love*, Harper and Row Publishers, San Francisco, 1983.

Valmiki. *Ramayana and the Mahabaratha*, Romesh C. Dutt trad., E. P. Dutton, Nova York, 1910.

W. Norman Brown. "The Bases of the Hindu Act of Truth", *Review of Religion V*, 1940.

Walter Otto. *The Homeric Gods: The Spiritual Significance of the Greek Religion*, Moses Hadas trad., Beacon Press, Boston, 1954.

8

Escorpião:

A Busca da Transformação

Deixamos para trás o mundo equilibrado e bem organizado do Ar cardinal (Libra) e imergimos nas turbulentas águas pantanosas do mundo infernal (Escorpião). Todos os anos, em Escorpião, a Terra realiza sua passagem do outono para o inverno mítico, e nós, simbolicamente, descemos ao reino infernal de Plutão: a 8ª Casa, a da morte, da transformação e do renascimento. Quando nos lembramos dos últimos dias de outubro, imediatamente associamos essa época com a festa de *Halloween*.* A palavra *Halloween* é uma contração de *All Hallowed's Eve*** e se refere à noite anterior à festa cristã de Todos os Santos. Nos tempos medievais, no dia de *Halloween*, o povo se dirigia à igreja para rezar pelas almas dos mortos não incluídos na categoria de "santos" – os habitantes do Mundo Inferior dos cristãos (o Purgatório). Na Idade Média, muitos supersticiosos acreditavam que os que não tinham morrido em paz saíam dos cemitérios no dia de *Halloween* e ficavam vagando pela vizinhança. Hoje, abandonamos a maioria das superstições medievais, mas ainda celebramos o *Halloween*. Nos Estados Unidos, abrimos a porta para crianças fantasiadas de esqueleto, de fantasma, de duende, de bruxa e de outros vampiros que amedrontam, trapaceiam e enganam. Isso é bem apropriado para Escorpião. O clima é noturno, lunar e fúnebre.

---

* Celebrada nos países de tradição anglo-saxônica, ao anoitecer do dia 31 de outubro. (N. dos TT.)
** Véspera de Todos os Santos. (N. dos TT.)

Os regentes mundanos de Escorpião são Marte e Plutão. Plutão, para usar uma palavra mais adequada, é Hades, Senhor dos Infernos dos gregos. Plutão rege as profundezas inconscientes da personalidade de Escorpião ou da 8ª Casa, com seus resíduos de impulsos instintivos, apegos emocionais e tendências obsessivo-compulsivas, tudo isso transposto de vidas passadas para a vida presente. Segundo Alice Bailey, é Marte, e não Plutão, que opera como regente esotérico de Escorpião. Podemos compreender isso se considerarmos Marte o princípio que impele uma pessoa a agir de maneira positiva – o guerreiro Kshatriya interior que se põe a postos e luta contra estados emocionais sombrios; que incinera as velhas "sementes" de ideias e de hábitos negativos em vez de se sentar e observá-los brotando, ou de regá-los outra vez nesta vida.

Marte também faz sentido como regente esotérico se o considerarmos em sua fase retrógrada, como os introvertidos e sublimados instintos conscientemente direcionados a uma meta específica. Assim, em Escorpião, Marte não é o regente planetário direto e franco que encontramos em Áries (Capítulo 1), mas uma energia muito mais sutil. Seu espírito aguerrido voltado para o próprio interior é bem apropriado para realizar a missão alquímica de trucidar o rei Ego (representado com frequência pelos alquimistas como um leão) para libertar a Alma (representada como o Elixir da Imortalidade ou como a Pedra Filosofal em sua forma pura – livre das impurezas e máculas da 8ª Casa inferior – a natureza de Escorpião). Se entendermos a transformação alquímica como desenvolvimento psicológico ou integração da personalidade, Marte sublimado se presta bem à tarefa. A vontade de Escorpião, intensa e orientada, guiada pelo dinâmico Marte, é capaz de provocar uma ruptura significativa nesta vida. Tenho testemunhado exemplos desse movimento das trevas à luz na vida de clientes com planetas na 8ª Casa, Sol ou ascendente em Escorpião.

Em *Astrology: A Cosmic Science*, Isabel Hickey fala especialmente de Escorpião como uma experiência fundamental para o indivíduo, durante a qual ele irá progredir ou retroceder, tornar-se anjo ou demônio. Meu próprio trabalho com clientes confirmou o ponto de vista de Hickey. Há muitos anjos nascidos com Escorpião no ascendente, Sol, ou planetas na 8ª Casa, mas existem também alguns indivíduos com consciência rebaixada. É importante prestar atenção aos aspectos formados por Marte natal para determinar o nível ou o campo de batalha em que o guerreiro Kshatriya está lutando. Ele está lidando com sua própria sombra interior (o resíduo kármico nas profundezas de sua própria 8ª Casa) ou está se defrontando com outros no campo de batalha exterior da vida, de uma maneira egoísta e vingativa?

Devido ao fato de Marte e Vênus se encontrarem no eixo Escorpião/Touro, os aspectos entre esses planetas serão sempre importantes. No nível mundano, os assuntos da 8ª Casa (finanças conjuntas), como conflitos com pensões alimentícias e heranças, revelam o nível de consciência do cliente. O escorpiano/8ª Casa de pouca consciência usa o vocabulário específico do sexo e do dinheiro (Marte e Vênus/8ª e 2ª Casas) durante a sessão. "Meu marido me traiu; por isso vou lutar pelo dinheiro dele – até o último centavo!". Temos também a extremidade Touro no espectro: "Meu marido me traiu; por isso vou ficar com ele por causa da segurança financeira, mas vou evitar contato sexual e gastar todo o seu dinheiro!". Essa é uma consciência "olho por olho, dente por dente", igualando amor e dinheiro.

Se Plutão faz um aspecto tenso com Vênus e/ou com Marte, o poder, o controle, a obsessão kármica e a vontade inflexível também são fatores que devem ser levados em conta. Se os Nodos Lunares (pontos kármicos) estão envolvidos nos aspectos de Marte/Vênus/Plutão, esse padrão de comportamento vem atuando há séculos. Sempre se espera que, em termos de atitude, o casal seja capaz de transcender o padrão kármico nesta vida, se torne consciente da futilidade e da redundância de voltar à Terra com o mesmo parceiro no mesmo antigo cenário de guerra. Entretanto, se Plutão está envolvido por aspecto, abandonar o hábito não é fácil mesmo para os que se tornaram conscientes do padrão.

Os antigos associavam Touro e Escorpião à luz e à escuridão, respectivamente. A constelação das Plêiades levantava-se em Touro e se punha em Escorpião. Na Ásia, Aldebaran, o Olho do Touro, trazia iluminação e constituía-se em um símbolo positivo, um símbolo de esperança compartilhado pelos gregos, pelos maias e pelos egípcios. (Veja Capítulo 2.) Plutarco, o escritor romano, em *De Iside et Osiride*, faz referência aos costumes funerários dos gregos antigos durante o ocaso outonal das Plêiades. Em Escorpião, os dias se tornavam mais curtos, e a luz do Sol parecia esmaecida, dando uma sensação lúgubre. Por causa da ligação entre as Plêiades em ascensão e a claridade, em Touro, em comparação com o ocaso das Plêiades e a escuridão, em Escorpião, seis meses mais tarde, o eixo de Touro/Escorpião ficou vinculado à integração entre luz e escuridão, entre consciente e inconsciente, entre renascimento e morte. Uroboros (a serpente que morde a própria cauda), símbolo alquímico da transformação, dizia respeito não apenas ao ano do calendário profano, mas, esotericamente, à vida, à morte e ao renascimento. No Egito, o Touro Ápis era sacrificado no outono, mas a cada primavera um novo Ápis era encontrado na constelação de Touro, e a ressurreição de Osíris, mais uma vez celebrada.

Do ponto de vista esotérico, Touro representa o surgimento do valor ou do significado. Entretanto, para que um nível superior de consciência, para que um sistema de valores mais aperfeiçoado surja em Touro, Escorpião precisa libertar ou eliminar os antigos desejos, atitudes, conceitos e, de modo particular, o que James Hillman chamou de "ideias açuladoras". (Consulte seu ensaio sobre Ananque, a Necessidade, a deusa grega que presidia os Infernos, consorte de Cronos, a Serpente do Tempo.) Apesar de não ter forma, Ananque não é algo fora de nós. Ela está arquetipicamente dentro de nós tanto quanto Marte, Vênus, Saturno e outros deuses e deusas. Sentimos sua presença na casa que abre em Escorpião e na casa habitada por Plutão natal. Conscientizamo-nos da presença de Ananque de modo especial por intermédio dos limites de Plutão: suas quadraturas natais frustrantes, as aspirações que nos impelem e que não podemos satisfazer.

As ideias açuladoras, se forem particularmente fortes, podem estar nos molestando como vozes em nossa mente por muitas vidas. As vozes interiores de nossa quadratura fixa de Plutão precondicionam nossa felicidade e parecem ter o poder de nos tornar infelizes. Mesmo obtendo sucesso nas 11 casas restantes, mas fracassando na casa de Plutão – espiritual, psicológica ou financeiramente –, o inconsciente fica constantemente nos lembrando: "seu parceiro não é perfeito", "você ainda não tem um companheiro" (Plutão na 7ª Casa). "Sim, você está agindo de forma correta, mas não será feliz até estar livre, até ter seu próprio negócio" (Plutão na 10ª Casa). Às vezes, a casa com Escorpião na cúspide, quando transitada, traz essas vozes interiores à superfície da consciência. Podemos entrar em um estado de grande angústia se permanecermos na área em que Ananque/Plutão, as divindades dos mundos inferiores, assentaram seus limites frustrantes. De nada resolve incriminar Deus, o Destino ou as outras pessoas. Cultivamos nossas quadraturas fixas nas vidas passadas.

Visto que toda uma geração tem Plutão em Leão (1938-1956), o signo que compele à individuação (veja Capítulo 5), isso constitui problema para as pessoas desse período. Leão pode representar o ego heroico em seu momento mais egoísta.

Plutão em Leão em quadratura com Marte, por exemplo – um regente mundano de Escorpião em quadratura com outro –, pode ser muito doloroso. Mas o aspecto da quadratura está dentro de cada um. Ele é como a forja ardente de Hefaístos nos infernos queimando incessantemente. A pessoa quer seu poder para se libertar, alcançar a individuação, realizar seus sonhos na casa de Marte, na casa de Plutão, nas casas de Áries e de Escorpião, porém a impressão é de que tudo anda muito devagar para um impaciente Escorpião regido por Marte. Como fortes emoções hermeticamente fechadas na garrafa alquímica, esperando que o tempo (Cronos, marido de Ananque) passe para liberar a energia que cura. A progressão de Marte para Plutão muitas vezes efetua essa liberação.

O que fazer no entretempo, durante a espera da sabedoria? As pessoas de Sol em Escorpião ou Escorpião no ascendente se recusam a falar sobre esse assunto; e o terapeuta ou astrólogo precisa respeitar essa posição. Os que lhe são próximos podem ir ao astrólogo e dizer: "Meu amigo escorpiano deveria procurá-lo ou se consultar com um terapeuta, mas não consigo convencê-lo". Em seu ensaio sobre Ananque, Hillman diz que Sigmund Freud chamou a psicologia de "cura pela palavra". A astrologia também requer a fala, especialmente da parte do astrólogo. O escorpiano prefere não expor suas angústias particulares a estranhos ou, ceticamente, pode achar que isso não lhe fará nenhum bem. Uma escorpiana com vários planetas na 8ª Casa em quadratura com Sol me disse que havia forrado o alojamento do caseiro com colchões. Ela se trancava lá e, por um longo tempo, ficava gritando e berrando para liberar a energia, a frustração de seu Plutão em quadratura com Leão. Assim, ela se sentia temporariamente aliviada. "Tentei falar com vários terapeutas; minha veemência os assusta. Outras vezes me perguntam como me sinto. Eu sei como me sinto. Estou furiosa pela impotência de dirigir minha vida como desejo." E acrescentou: "Os tibetanos estão certos. Falar não cozinha o arroz. Falar não muda absolutamente nada".

Encontrei-a casualmente mais tarde quando a quadratura Marte/Plutão havia feito a progressão de um grau completo. Confidenciou: "Sinto-me melhor, mas isso não se deve a nada que eu tenha feito; é a graça de Deus. Fui capaz de renunciar à minha própria dor. Eu sabia que ninguém podia fazer isso por mim, e foi isso que aconteceu. Retirei os colchões do alojamento porque não precisava mais deles". Seu comportamento refletia uma autêntica ruptura na consciência. O rei Ego, o Leão, rendeu-se ao Self. Agora ela faz coisas para os outros relacionadas aos assuntos da casa ocupada por Plutão em seu mapa. Sua luta interior fez que ela desenvolvesse uma grande compaixão. Como muitas pessoas de Escorpião fazem, ela continua afirmando que falar não ajuda, que insuflar um problema apenas alimenta o fogo, incita a emoção.

A tradição oriental vai de encontro a essa perspectiva. Na tradição astrológica, o tempo (o esposo de Ananque, Cronos, a Serpente Sábia) é também um agente de cura. Às vezes, observar um planeta rápido mover-se em progressão e sair do aspecto com Plutão propicia esperança renovada ao cliente. Outras vezes, porém, o aspecto pode levar dez anos, e o cliente teria pouca disposição para ouvir isso. O

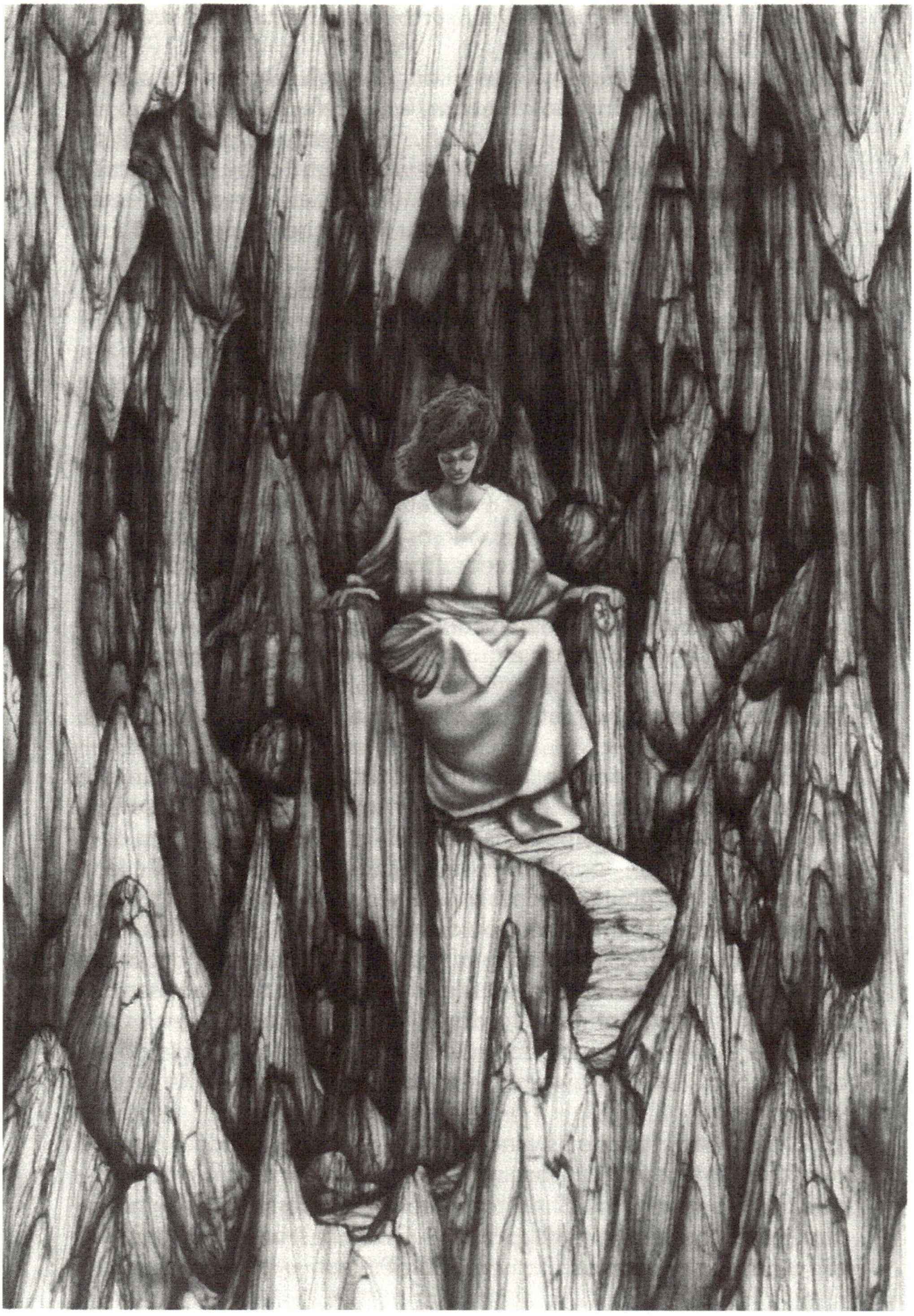

elemento Ar é claro e objetivo, desenvolve a percepção consciente, mas muitas pessoas com planetas na 8ª casa preferem ficar no inconsciente. Quando seus familiares procuram arrastá-las ao astrólogo ou ao terapeuta, é importante que se lembrem disso. As pessoas podem querer realizar a alquimia interior de acordo com seu próprio ritmo – elas talvez queiram aceitar os limites de Ananque.

O que dizer então do *destino*, dos dons inevitáveis da deusa Ananque na casa de Plutão ou na casa com Escorpião na cúspide? Os Evangelhos narram uma história contada por Cristo sobre um homem possuído por um demônio, uma história tipicamente asiática, porque o Oriente tem muitas dessas parábolas sobre a expulsão dos desejos. Cristo diz que um homem era atormentado por um demônio que o possuía; um exorcista se aproximou dele e expulsou o demônio. Mas esse homem não colocou nada no espaço vazio deixado pela entidade, que retornou com outros sete demônios ainda mais fortes do que ele. A ideia açuladora que Hillman mencionou, o desejo frustrado – "Eu preciso tê-lo para ser feliz, mas ele não me quer", ou "Eu preciso realizar 'X' para realizar-me, mas 'X' é a única coisa que não posso fazer" –, é o tipo de demônio plutoniano que aparece nesse contexto. Hércules, no "A Busca de Escorpião" (A Busca de Escorpião – *Os Trabalhos de Hércules*, Sétimo Trabalho), ficou ajoelhado na lama estrangulando as cabeças da hidra, mas uma nova nascia logo que ele acabava de matar uma antiga. Por fim, ele tornou a hidra consciente retirando-a do lamaçal (8ª Casa, os infernos) e expondo-a à claridade do dia (consciência); ela morreu imediatamente. Compreensão consciente da natureza do demônio é o primeiro passo. Algumas pessoas o identificam, dão-lhe um rótulo, e nada mais fazem em relação a isso nesta encarnação. "Oh, é uma cabeça de hidra, ou é uma obsessão; é um demônio." Mas precisamos parar de alimentá-lo, de nutri-lo, de pensar nele e de ficar com ele. Em seguida, como disse Cristo, precisamos substituí-lo por algo positivo. A abertura taurina à graça de Deus é parte importante do processo de liberação e de eliminação da compulsão negativa ou da ideia açuladora.

Como arquétipo, Touro é cordial, aberto, confiante, honesto e, às vezes, simplório. Escorpião, sua polaridade, é arredio, reservado e, nos momentos de maior dificuldade, é negativo ou cínico, solitário, desconfiado e manipulador. Do ponto de vista esotérico, isso indica que, através de Touro, somos esperançosos e, por meio de Escorpião, encaramos nossos medos, incluindo o medo da morte, como Buda o fez sob a Árvore Bodhi, quando a serpente se aproximou e se enroscou nele sete vezes. Como Touro representa o apego à forma; a tarefa de Escorpião é transformar, mudar e refinar a forma. Touro é Terra estruturada; Escorpião é Água amorfa, sombria. Apesar disso, ambos os signos têm em comum o modo fixo, que é farto em recursos, perseverante, obstinado, magnético e vigoroso. Os dois signos são engenhosos, aguerridos, fecundos. No nível esotérico, ambos têm relação com a luta pela libertação ou imortalidade, uma vontade hercúlea de transcender, de vencer medos e dúvidas e de alcançar o alvo. Tais signos têm a força interior, o vigor perseverante e a força de vontade de tornar-se completo, de encarar as trevas e descobrir o Self.

Esotericamente, ambos se localizam no eixo dos valores (2ª/8ª Casas); ambos buscam o que é real, o que tem qualidade autêntica. Como "Água profunda", Escorpião conta com uma intensidade e paixão que deixam maravilhados muitos signos de Ar mais calmos. Talvez esse fervor de Escorpião tenha origem em uma percepção inconsciente de que esta é uma vida de fundamental importância na Terra. Começando na infância, muito karma de vidas passadas será resolvido, quer consciente quer inconscientemente. Nada é de pouca importância; tudo é importante para Escorpião. Uma vida toda com Sol, Lua, ou ascendente em Escorpião pode ser semelhante a limpar os estábulos com entulho acumulado ao longo de muitas encarnações, e Escorpião enfrenta o desafio de hábitos ocultos por muitas vidas, bastante difíceis de transformar. Isso é verdadeiro também caso haja outros planetas em signos fixos. O apego às pessoas, às ideias, aos princípios e ao próprio trabalho deve ser encarado por meio das quadraturas e oposições em signos fixos. Como acreditam os hindus, se escolhemos o tempo do nosso nascimento, pessoas de Escorpião são almas cheias de bravura. Marte lhes propicia muita coragem e uma natureza apaixonada.

Antes de nos dedicarmos a símbolos específicos, devemos abordar outra questão de caráter geral relativa a Escorpião: trata-se da natureza psíquica da 8ª Casa e do arquétipo Escorpião. Se estamos atentos a isso agora, compreenderemos mais facilmente a profundidade dos mitos de Escorpião. Os nascidos com planetas em Escorpião, ou planetas na 8ª Casa, possuem uma percepção instintiva fantástica – o dom da intuição psíquica. Quer se manifeste por meios dos sonhos, pelo trabalho da imaginação ou pela sensibilidade para os negócios, há poder atrás de um planeta da 8ª Casa, ou de planetas ou do ascendente em Escorpião – poder de se sintonizar com o mundo inferior. A informação passa do inconsciente para a percepção consciente de maneira quase despercebida e misteriosa. Um namorado escorpiano certa vez fez o seguinte comentário inesperado: "Onde você estava às 10 horas da manhã de ontem? Eu telefonei, mas você não respondeu e então eu soube que você estava tomando café com seu ex". E a namorada estava mesmo. Um homem de negócios com vários planetas em Terra (sem imaginação) comentou em uma festa: "Bem, eu jamais consultaria um astrólogo. Isso seria místico demais para mim. Mas algo de estranho está acontecendo com meus negócios. Sou corretor da Bolsa: recebo todas as notícias sobre o mercado, analiso-as, e simplesmente durmo, para que as informações entrem no fundo de minha mente. No dia seguinte, mesmo que a atitude lógica seja de *não* comprar as ações, com base nos fatos, de algum modo eu 'sei' que é um bom negócio, vou em frente e decido intuitivamente. E convenço os outros a fazerem o mesmo. Se eu sei, então sei, e isso é tudo. Gostaria que isso funcionasse na minha vida amorosa – esse poder misterioso de deduzir o bem e o mal – mas parece que só funciona no meu trabalho. De onde você acha que vem isso?". Penso que a origem está nos planetas de Terra na 8ª Casa dessa pessoa. A certeza e comprovação vieram mais tarde, quando, curioso demais para adiar, encomendou a leitura do mapa. Ele era um "profeta da bolsa de valores", ainda que isso soasse misterioso para ele colocar as coisas desse modo.

Sonhos premonitórios também ocorrem pela energia psíquica da 8ª Casa. A pessoa está em contato com o inconsciente mesmo sem tentar. Essa sintonia natural com o lado sombrio tem seus prós e contras; há pessoas com planetas na 8ª Casa que se sentem confusas sobre o que fazer com essa energia e ficam apreensivas. "Se eu tentar isso, atrairei um karma ruim? Alguma coisa em minha vida irá morrer como, por exemplo, um relacionamento, se eu usar bem meus planetas de 8ª Casa, de minha energia de Escorpião?" Trata-se do ciclo da polaridade Touro/Escorpião: um velho capítulo da vida às vezes termina para que um novo comece. É quase como se as pessoas do arquétipo de Escorpião e da 8ª Casa experimentassem o que os cultores da fertilidade dos tempos antigos acreditavam: "Algo (em mim) deve morrer para que algo novo possa nascer". Um Escorpião consciente dos ciclos interiores do crescimento e da transformação protege suas novas ideias à medida que ultrapassa um limiar psicológico; e pode decidir não comunicar seus sentimentos. Ele poderá discutir o clima conosco, isso é tudo. O que será frustrante para seu parceiro de casamento.

Os símbolos de Escorpião são bastante diferentes. Cada um dos signos fixos é simbolizado por uma criatura poderosa. O Touro representa o vigor físico, o Leão, a força de vontade e o vigor emocional; os símbolos de Escorpião representam a energia ou a força psíquica. Escorpião é energia sutil. Se pensamos, por exemplo, na serpente, um símbolo comum de Escorpião, nos lembramos de *Gênesis* 3: 1, em que: "A serpente era o mais sutil de todos os animais dos campos…" Temos aqui duas interpretações possíveis. Sutil pode significar sinuoso ou astuto, como a serpente no *Gênesis*, ou pode representar algo rarefeito, evanescente, como a corrente *kundalini* na espinha dorsal – energia sutil, como os yogues a denominam, e que também é representada por uma serpente enrolada (*kundala*) na região do cóccix. Assim, qualquer mito com uma cobra ou serpente tende a ter um sentido emaranhado, como a interpretação mais comum do mito do Jardim do Éden, do *Gênesis*, no qual a sinuosa cobra é amaldiçoada, obrigada a rastejar sobre seu ventre e a alimentar-se de pó para o resto de sua vida. Pela presença de uma cobra, somos prevenidos de que o mito é muito sutil, no sentido de profundo, e será sobre uma experiência superior de Escorpião – transformação psicológica, iluminação ou imortalidade. Assim, por exemplo, no livro de Clifts sobre os símbolos oníricos, ser picado por uma cobra com frequência simboliza tornar-se consciente. (Veja *Symbols of Transformation in Dreams*, Capítulo 12.)

Representações artísticas de iniciações espirituais, em geral, têm serpentes postadas como guardiãs. O friso de Deméter, em Elêusis, perto de Atenas, é um exemplo disso. Em todo o mundo, bosques e santuários estavam associados a deusas da fertilidade e eram guardados pela serpente. Serve de exemplo a estátua da deusa da fertilidade com os braços aberto, cada um segurando uma serpente, representação característica da Idade Cretense do Bronze Superior. Creta era um centro de iniciação ritual. (Veja Touro.) A Índia, a Pérsia e a Grécia continental também associavam o touro, a serpente e a deusa às iniciações cultuais. Píton era uma serpente sagrada do oráculo de Apolo, em Delfos. Se Píton aparecesse imediatamente para receber o alimento oferecido pela donzela, o presságio era favorável; se a serpente não se apresentasse logo, era mau presságio. A serpente era o veículo da profecia, a guardiã, o consorte da Mãe e uma poderosa ajuda para Ela na Idade do Bronze, mas a Shakti, ou poder mágico, era da donzela ou da mãe.

Campbell nos informa que, no final da Idade do Bronze e início da Idade do Ferro, o simbolismo passou da deusa e da mãe para os deuses do céu masculinos e para o patriarcado. A própria deusa não mais tinha a Shakti; não era mais ela o personagem principal das histórias de iniciação. Na Idade dos Heróis prevalecia o simbolismo fálico. Em pelo menos uma história sobre morte, ressurreição e imortalidade, uma serpente (sob a forma de Zeus/Meilichios) tornou-se a figura central. Segundo Campbell, Zeus assumiu a forma de uma serpente e procurou uma donzela, Perséfone, em sua caverna em Creta. Um dia, Deméter, deixando sua filha aos cuidados de duas serpentes guardiãs, saiu para tecer sua tapeçaria de lã do universo. Zeus deslizou para a caverna, uniu-se a Perséfone e saiu. A consequência de sua união foi o imortal Dionísio, Senhor dos Cultos de Mistério, que nasceu em uma humilde caverna, foi assassinado e ressuscitou. (*As Máscaras de Deus – Mitologia Ocidental*, figura 8.) Temos aqui um mito sobre uma serpente que abrange a morte, a ressurreição e a imortalidade – um mito repleto de simbolismo para Escorpião e para a 8ª Casa.

De acordo com Joseph Campbell, o mito sobre o poder da serpente que está por trás do nascimento do grande Dionísio é interessante porque é uma rara exceção na tradição oriental, onde serpentes, na melhor das hipóteses, são guardiãs humildes e de condição inferior. É totalmente fora de cogitação ver o Todo-Poderoso Zeus assumir a forma de um ser inferior como a cobra. Apesar disso, nas tradições místicas tanto do Oriente quanto do Ocidente, a serpente é considerada um símbolo de transformação espiritual e de realização psíquica. Ela se desfaz de sua pele e assume uma nova forma, à semelhança do que a nossa alma imortal faz depois da morte do corpo. (Consulte o livro de T. H. White, *Book of Beasts*, p. 187.) A cobra, portanto, simboliza a força de Escorpião no nível inferior e também no nível superior. Algumas pessoas com Sol ou ascendente em Escorpião podem estar no nível da serpente do Jardim do Éden – ardilosas e manipuladoras –, enquanto outras usam seu poder para transformar a si mesmas, como fez Zeus, com o objetivo de dar nascimento ao Divino (Dionísio).

É fato, porém, que o simbolismo negativo da cobra era mais comum no Ocidente. A palavra grega para qualquer serpente de grandes dimensões era *draconta*, uma categoria que inclui pítons, hidras, anacondas, a Górgona, a Medusa, e todo tipo de dragão de cujas mandíbulas os heróis resgatavam as donzelas. Lagartos voadores que trucidavam com suas caudas e exalavam fogo, "tornando abrasador o ar ao redor", também eram incluídos entre os draconta. (T. H. White, p. 165.) Os heróis projetavam nessas bestas com forma de dragão ou com muitas cabeças todos os seus medos da Mãe Negra, com seus misteriosos poderes noturnos sobre a vida e a morte.

Segundo Campbell, em todas as conquistas do patriarcado, no final da Idade do Bronze e início da Idade do Ferro, a Mãe Terra assumia, aos olhos dos deuses celestiais e dos heróis humanos, a forma de um hediondo Dragão ou de um Monstro.

O herói, consciente de sua livre vontade e da responsabilidade pessoal por suas ações, desafiava uma forma que lhe parecia de trevas maléficas, remanescentes de um período mais primitivo – o feminino, o desconhecido mágico, os conteúdos do inconsciente. A imaginação e os instintos se manifestavam na Medusa, na Górgona, na Hidra, ou, no caso do Todo-Poderoso Zeus, no Tifão. Em outras palavras, o Herói desafiava os conteúdos da 8ª Casa – a morte, o mundo inferior, e com ela seu lado Feminino. Em alguns mitos, se ele salvava a Donzela, e sua própria personalidade renascia e se redimia.

A batalha entre Zeus e Tifão, como apresentada em *As Máscaras de Deus – Mitologia Ocidental*, é bem interessante para quem quer que se pergunte: "Como encaro meus medos, especialmente o medo de minha própria mortalidade? De que modo enfrento minha natureza inferior para me transformar, me liberar, me libertar de toda escuridão presente em mim? Tento negá-la? Tento destruí-la, como Zeus fez com Tifão?".

Tifão era o filho mais novo da Mãe Terra (Gaia). De acordo com os gregos, ele poderia ser o governante do mundo se Zeus não o tivesse desafiado em nome dos Deuses Celestiais do Olimpo. Tifão era um Titã enorme, metade homem e metade serpente. Sua altura era tamanha que sua cabeça "tocava as estrelas". Quanto à largura, "ele podia estender seus braços do Oriente ao Ocidente". De seus ombros, emergiam cem cabeças de serpente, todas dardejando línguas de fogo. Seus inumeráveis olhos disparavam labaredas incandescentes. Vozes vindas do seu interior emitiam sons vibratórios que os deuses podiam compreender, mas também rugidos estrondosos de leão, bramidos de touros e latidos de cães tão estrondosos que as montanhas retumbavam.

A terra tremia aos pés de Zeus no topo da montanha quando ele lançava seu raio coruscante contra Tifão. O céu se incendiava sobre as águas com a exalação de fogo do Titã e com as chamas que seus olhos desferiam contra Zeus:

> "O oceano fervia, ondas gigantescas batiam... contra a costa; o solo estremecia; Hades, Senhor dos Mortos, tremia; e o próprio Zeus por alguns momentos ficou abalado. Mas quando novamente recuperou suas forças, empunhando sua arma terrífica, o majestoso herói lançou-se de sua montanha e, arremessando o raio, ateou fogo a todas aquelas cabeças que faiscavam, rugiam, latiam e sibilavam. O monstro despedaçou-se contra o chão, e a deusa Terra Gaia gemeu debaixo de seu filho. Chamas tão escaldantes saíam dele que grandes porções de Terra se dissolveram, como ferro... na forja ardente... de Hefaístos."

Zeus confiou o corpo a Tártaro, e os deuses do Olimpo ocuparam o lugar dos Titãs.

O simbolismo de Tifão é o do fogo ardente de Marte, da profecia aquosa (os olhos), do poder (dimensão, força e as vozes do touro e do leão) e da serpente, o filho da Grande Mãe. Zeus tinha no Titã uma sombra significativa. Havia muita energia positiva, mas também negativa, no inconsciente de Zeus. O que a torna uma experiência da 8ª Casa semelhante aos pesadelos ou a alguns estados meditativos, quando se reconhece a escuridão dentro de si mesmas, é que a experiência é temporariamente instável. "O próprio Zeus por alguns momentos ficou abalado", e o oceano fervia. Um oceano fervente é uma imagem excelente para Escorpião. Comparado a Câncer e Peixes, os outros signos Água, mais moderados, Escorpião é chamado de "Água em ebulição".

Novamente, nos lembramos da frase bíblica própria de Áries regido por Marte, "e os violentos arrebatarão (o reino)" – mas agora Escorpião, regido por Marte, luta com sua sombra em uma batalha interior, enquanto os confrontos de Áries ocorrem, em geral, no mundo exterior. Zeus direciona sua luz para a escuridão como um verdadeiro raio incandescente.

A visão patriarcal de Zeus relativamente ao inconsciente era: "Mata-o e lança-o no Tártaro, e que o Logos ocupe o trono". Que a mente consciente e desperta governe! A luz de Zeus era maior do que sua escuridão interior (o Titã) podia suportar, e o Feminino, Gaia, a Mãe Terra, gemia. Voltarmo-nos contra as dádivas do Feminino, em vez de assimilarmos algumas delas, como a Profecia. Desafiar o instinto aguerrido do filho da Mãe Terra, sem dúvida, não é nosso caminho mais inteligente. Apesar de estarem no Tártaro, os Titãs ainda podem se defender. Os instintos inconscientes, se reprimidos, irão se rebelar. Eles são sutis, no caso de Escorpião, e muito fortes. Em vez de negá-los, é melhor dar a eles o que lhes é devido, e orientá-los em uma direção positiva.

Não abordaremos nesta obra todo o simbolismo de Escorpião. Caso se interesse pelo simbolismo do Escorpião no Egito, você pode ler "As Tribulações de Ísis", no livro *Egyptian Magic*, de E. A. Wallis-Budge, ou seu comentário em *O Livro Egípcio dos Mortos*. No épico *Gilgamesh*, como também na história de Ísis, os escorpiões, como as serpentes, são símbolos ambíguos. Alguns aparecem como guardiões eficientes da deusa; entretanto, um escorpião picou o filho de Ísis, Hórus, o Vingador. Hórus morreu, mas Ísis o ressuscitou usando a magia. (Veja Capítulo 6.) Por outro lado, os egípcios prestavam culto a Íbis porque ela dizimava os escorpiões no Delta. No Egito, o escorpião, como a serpente, tinha conotações positivas e negativas.

Criaturas pequenas como escorpiões e víboras são, em geral, as mais perigosas, talvez porque os homens e os animais maiores têm dificuldade de perceber sua presença e podem casualmente pisar nelas. Por causa do veneno que armazenam, é importante caminhar com atenção ao longo de uma vereda da floresta ao anoitecer. Todavia, mesmo o aspecto venenoso da 8ª Casa e do 8º signo do Zodíaco tem uma característica positiva. A krait é a menor das víboras do Sul da Índia; no entanto, é a serpente mais mortífera do país. Seu veneno paralisa o sistema nervoso central quase instantaneamente. Apesar disso, porém, quando destilado, é um remédio seguro para certas doenças do sistema nervoso. Mais uma vez, um símbolo de Escorpião que é associado tanto à morte quanto à cura.

Diz-se que a Águia é um símbolo de Escorpião mais elevado do que a serpente, e que representa as almas mais evoluídas nascidas nesse período do ano. Um mafioso que morre desejando vingança contra um inimigo (um tipo pouco evoluído) seria um escorpiano no nível da serpente; mas uma alma superior capaz de perdoar e trabalhar para esquecer o que o inimigo lhe fez estaria no nível da Águia. A segunda não rasteja sobre seu ventre e não se alimenta de pó. Ela não é intencionalmente cruel, maldosa e criminosa, mas ainda assim é uma ave de rapina.

Na heráldica, a Águia é tão importante quanto o leão e o touro; muitas famílias a escolhiam como emblema. Ela voa mais alto do que qualquer outra ave, e por isso é considerada a mais poderosa criatura em seu domínio, o ar. Ela também voa mais rápido. Quando os antigos diziam: "A Águia voa até as proximidades do Sol" ou "A Águia contempla a face de Apolo, o Deus Sol", eles certamente queriam dizer que Escorpião tem condições de alcançar a iluminação (o Sol). De seu ponto de observação, seu ninho, a Águia tem uma perspectiva ampla da terra. Essa ave é também inimiga da serpente, dos instintos, do lado escuro ou sombrio. Ela retira a cobra da água lamacenta e, em alguns minutos, a destrói. Em uma lenda indiana, Krishna converteu uma *naga* (serpente da água); ele primeiro a matou; em seguida, dançou sobre ela; depois, a ressuscitou. Em uma versão desse mito, Krishna chegou a deixar a marca de seu pé em uma das cinco cabeças da naga para que Garuda, a Águia de Vishnu, devoradora da serpente, pudesse ver o sinal e a deixasse viver. (J. P. Vogel, *Indian Serpent Lore*, p. 89.) Essa lenda sempre chamou minha atenção porque a serpente tinha cinco cabeças, e cinco é o número da criatividade. Krishna não matou a criatividade; ele apenas drenou o veneno, transformou a atitude da cobra e deixou-a viver. É melhor cooperar com a criatividade sombria do inconsciente que está debaixo da água em vez de reprimi-la totalmente ou de matá-la.

Para os que se interessam por arte, Garuda é descrita no *Mahabaratha* matando serpentes. A Águia e a Serpente aparecem juntas na bandeira mexicana; elas são um tema muito popular. Quando a serpente está fora da água e no ar (o elemento da Águia), ela pode ser morta ou domesticada. É como cavalgar o Touro ou o Leão dos Capítulos 2 e 5. Reprimir a serpente, lançá-la no Tártaro, só a torna mais tóxica.

Represar os sentimentos e os instintos em vez de falar sobre eles é um problema que muitos escorpianos parecem enfrentar no nível de evolução da Águia. Eles estão conscientes da presença da Sombra, e também têm força de vontade para reprimi-la. Alguns têm medo de que os amigos e parceiros não os compreendam se descobrirem suas profundezas ou os conteúdos negativos do inconsciente de Escorpião. As pessoas com vários planetas na 8ª Casa podem sentir o mesmo. Os trânsitos de Saturno por Escorpião produziram toxinas emocionais sob a forma de sintomas físicos, envolvendo particularmente os intestinos. Surgiram doenças como o câncer do cólon, prisão de ventre e, em escorpianos de mais idade com planetas em quadratura com Leão, problemas do coração e de circulação. A comunicação, ou simbolicamente o Ar, é um modo de liberar parte da energia e de retirar a serpente das águas lamacentas. O nativo de Sol ou ascendente em Escorpião Sol que tem planetas natais em Ar podem achar proveitoso discutir o problema com a pessoa amada ou com um terapeuta objetivo. Às vezes, o aconselhamento psicológico e o trabalho com as emoções chegam a interromper o curso de uma doença que de outro modo teria de ser extirpada por métodos cirúrgicos.

Em *Anatomia da Psique*, Edinger discute o processo alquímico chamado *sublimatio*, que nada tem a ver com a definição freudiana de sublimação, mas que é seu oposto. Na alquimia, o recipiente era frio na superfície, mas quente no fundo. Ao subirem com o calor do fundo, os elementos purificados aderiam na superfície. Desse modo, a sublimação conduzia a uma perspectiva objetiva, e porque implicava um processo de subida, levava o homem para mais perto da eternidade. Falar dos próprios sofrimentos ajuda a libertar-se deles (o elemento Saturno) e a aguda depressão da pessoa diminui. O Ar é como o mercúrio da alquimia, um amigo honesto, um astrólogo ou um terapeuta para Escorpião ou para o cliente de 8ª

Casa. Eles não querem ser animados ou alegrados a partir das profundezas por alguém frívolo. Edinger menciona que sonhos com elevadores, em que uma pessoa sobe, são sonhos de *sublimatio*. Os sonhos em que o elevador desce, porém, são de *coagulatio*; eles trazem a pessoa a terra e lhe dão uma base depois que a satisfação de um desejo, a obtenção de algum sucesso no mundo exterior, uma visão ou arroubo interior causou inflação do ego. A *sublimatio*, portanto, é uma fase do processo de libertação da energia por parte da 8ª Casa, semelhante à Águia tirando a serpente das águas lamacentas.

Há outra ave da mesma ordem da Águia a que damos o nome de Abutre. Se um Escorpião arquetípico tem uma atitude negativa na maior parte do tempo, se é constantemente um tipo desconfiado, ele está no nível do Abutre. T. H. White nos diz que o Abutre, como a Águia, voa alto sobre a Terra e tem uma ótima visão; mas, em vez de deleitar-se com a beleza do que vê embaixo, ele apenas procura a carniça, cadáveres em decomposição, em um mundo onde a vida é florescente e exuberante. Todos conhecemos pessoas desse arquétipo, que só veem a morte e a destruição em toda a parte e parecem estar sempre voltadas para o negativo. Não importa o quanto maravilhosas e excitantes sejam as notícias que lhes transmitimos, elas invariavelmente reagem de uma maneira que nos deprime. Esse tipo cínico de Escorpião é ainda mais consciente dos defeitos dos outros do que Virgem; é um verdadeiro misantropo.

Os alunos iniciantes de astrologia às vezes perguntam: "O que você faz se um tipo de Escorpião negativo aparece para uma leitura?". A resposta é: "Em geral, consigo fazer uma triagem desses tipos por telefone, assim não preciso vê-los". Ao saber a data de nascimento por telefone, ficamos conhecendo o signo solar. Podemos sondar a pessoa sobre o assunto da sessão. Se ela disser: "Quero descobrir a melhor época para iniciar a ação de divórcio, o momento que me possibilite obter o máximo da outra parte", ou "Estive bisbilhotando nos arquivos do setor de pessoal e encontrei os dados do meu maior inimigo. Você poderia fazer que ele tivesse alguns dias bem ruins?", ou, ainda, "Estive em contato com magia maléfica por uns tempos e tive a ideia de ver o que poderia fazer com a astrologia, e por isso quero começar fazendo meu mapa...". Todas essas pessoas podem ser previamente entrevistadas.
Algumas pessoas manipuladoras com ascendente em Escorpião ou com planetas na 8ª Casa conseguem passar pelo filtro e aparecem. Pessoalmente, sigo à

risca as regras básicas que exponho a seguir. Fique a vontade para segui-las e/ou criar outras:

1. Como nativa de um signo de Terra, procuro secar a Água da 8ª Casa e derramá-las sobre terra seca, a terra da realidade. O processo alquímico correlato é a *coagulatio*, no qual o sedimento se filtra por si mesmo a partir da solução– após a dissolução inconsciente da personalidade durante a *solutio*. Procuro ser concreta, pragmática, prática, alicerçada. Minha frase favorita é: "Como um signo de Terra, quero que você saia daqui satisfeita com o dinheiro que você investiu. De fato, você não precisa analisar os mapas de outras pessoas que trouxe para a sessão" (Na realidade, as pessoas que estão tentando manipular).

2. Há nativos que ouvem vozes e já tiveram visões da Terceira Guerra Mundial ou de terremotos na China. Costumo dizer: "Você pode ter captado algo no plano astral que acontecerá no distante futuro, mas hoje devemos falar sobre seu objetivo de vir aqui. Marte está passando pela sua 3ª Casa; seu carro já passou pela revisão anual? Saturno está em trânsito pela sua 6ª Casa; você está tomando bastante cálcio? Tem se alimentado bem?". Não é uma boa ideia nadar livremente com eles pela 8ª Casa.

3. Se elas, pensando em lhe fazer um favor, narrarem a você as últimas cinco vidas que você viveu, você irá retribuir-lhes indicando alguns pontos fracos, áreas vulneráveis, no mapa de outra pessoa que por acaso levam com elas? Diga: "Não. Esta é a sua leitura. Hoje não estou à procura de alguém que faça regressões. A outra pessoa terá que marcar sua própria consulta. Você tem alguma pergunta sobre seu próprio mapa?".

4. Elas aprenderam a usar a hipnose com muita rapidez, e gostam de massagem porque suas mãos são carregadas de energia. Ao realizarem sessões de renascimento/regressão/massagem perceberam que, enquanto a pessoa que trataram sai energizada, elas estão extenuadas. Explique a lei do karma: cada um colhe o que planta. Sugar a energia dos outros pode trazer como consequência o retorno à Terra em um corpo enfraquecido.

5. Procure tirar a serpente das águas lodosas. Introduza o elemento Ar – clareza objetiva, perspectiva. Ou procure colocar a pessoa em contato com o senso de humor dela se ela levar seu magnetismo/ sua força muito a sério. Pessoas com planetas na 8ª Casa ficam "presas" em uma posição-ego, onde não mais conseguem rir de si mesmas. São salvadoras todo-poderosas que

levam consigo os que as rodeiam. Recorra aos planetas de Ar do mapa. "O que de positivo, de elevado, você tem lido ultimamente?" Se há ausência de Ar, em geral não insisto nessa abordagem; esses tipos têm seu próprio e peculiar senso de humor.

6. Observe os planetas sociais (Vênus e Júpiter). Trata-se de uma Serpente misantrópica? A pessoa tem algum amigo? Ela se sente malquista?
7. Pergunte a respeito do corpo, do sistema de excreção, sobre prisão de ventre.
8. Dê atenção aos planetas espirituais (Júpiter/Netuno). O cliente está aberto à meditação? Há a queima das sementes do karma – dada a capacidade de concentração, em geral, poderosa – antes que germinem, fazendo com que o cliente fique enredado por Ananque? Se for receptivo (tiver mutabilidade acentuada), pode ser válido recomendar um centro espírita, um templo, uma igreja.

Para Escorpião, o corpo é o laboratório alquímico. Enquanto Aquário ou Virgem sustentam batalhas mentais, como Alice Bailey esclarece em *Astrologia Esotérica*, Escorpião direciona a luta para a forma física – a profundeza dos instintos, das emoções e dos impulsos passionais. Esse fato predispõe muitas personalidades com Sol ou ascendente em Escorpião a estudar ou a praticar psicologia, disciplina relacionada com as profundezas e com as alturas da experiência humana. Para essa parte da minha clientela, a escada de Osíris aos infernos é mais interessante do que a escada do místico às estrelas, à alegria, à beatitude e a outras experiências frívolas do tipo. Do ponto de vista de muitos escorpianos, há pouca paixão nas alturas. Esse ângulo de visão ocorre com maior frequência para os nativos de Escorpião que se orientam por princípios religiosos e/ou psicológicos. Eles preferem abordar questões-limite – morte, ressurreição, juízo, vida após a morte, deixando de lado tópicos de menor importância. Como o Escorpião inferior, o Escorpião esotérico tem uma vontade férrea, uma natureza apaixonada, desejos e ambições. Ele não está simplesmente interessado em sexo, dinheiro, conforto, mas em especulações de maior sutileza – poder, desconfiança, traição, crueldade mental, orgulho.

No mito sumeriano de Gilgamesh, que remete a Escorpião, o ego já está bem formado. Não tem necessidade de se impor, contrariamente aos tipos heroicos analisados nos primeiros seis capítulos deste livro. Escorpião sabe quem é e se debruça sobre as profundezas de sua própria natureza, do mesmo modo que

Gilgamesh viu seu lado instintivo, seu gêmeo Enkidu, a besta, seu igual em força. Eles lutaram corpo a corpo até um empate: então abraçaram-se e tornaram-se amigos. Mas Enkidu, por ser mortal, morreu, o que deixou Gilgamesh inconsolável. A partir desse momento, ele se concentrou na Busca da Imortalidade, na Busca da Alma, uma busca bem mais importante e mais profunda do que as buscas de sucesso no mundo exterior.

Para ressuscitar Enkidu, Gilgamesh empreendeu uma jornada desconhecida e perigosa pelas águas poluídas do inconsciente. Quando chegou a seu destino, o guardião da erva da imortalidade atribuiu-lhe uma tarefa – permanecer acordado por sete noites; mas Gilgamesh não passou pelo teste. A mulher do guardião, movida por compaixão, o acordou no último dia; de outro modo, seu fracasso teria sido total. Ela o orientou na direção da erva. Ele mergulhou profundamente e a encontrou, embora seus pulmões quase estourassem em decorrência do esforço. Enquanto descansava, colocou a erva de lado. Atraída por seu forte aroma, uma cobra d'água aproximou-se dela e a comeu. Gilgamesh não teve forças para mergulhar novamente. Mas ele havia encontrado a erva, ele havia provado que ela existia. Além disso, Gilgamesh não era egoísta; ele não se nutria dela, mas queria guardá-la para Enkidu e para outros mortais. Gilgamesh havia encontrado sua Alma, sua imortalidade, mas não por motivos egoístas.

Ele não conseguiu ficar acordado, ficar consciente: ainda não estava pronto para guardar a erva. No Capítulo 11, Aquário, contamos a história da busca da imortalidade empreendida por Perceval. Ele também fracassou na primeira vez. Acredito que essas duas histórias de sucesso relativo são importantes para o Escorpião esotérico descontente consigo mesmo – o Escorpião com um Saturno forte ou muitos planetas em Terra, cujas ambições não são fáceis de concretizar –, o Escorpião que, como Gilgamesh, se sente impulsionado, impelido. Se não está plenamente consciente do objetivo da tarefa, se não está desperto e alerta, ele pode defrontar-se com um fracasso parcial. Sua vontade é forte o bastante para levá-lo a uma vitória nesta vida se seus motivos forem altruístas e se a fé estiver presente. Mas não apenas à fé que tem em si mesmo ou o orgulho pela vontade de vencer. Muitos Escorpiões regidos por Plutão têm fé infinita em si mesmos, mas têm pouca fé no Divino, e estão alienados de seus semelhantes. Ou, como no caso de uma escorpiana agora falecida, eles são desconfiados, hostis, suscetíveis e amargos com relação aos que os rodeiam. Esse sentido de separação da humanidade contém com frequência um componente de egoísmo que impede o progresso no caminho espiritual.

A mulher a que me referi negou por longo tempo a si mesma que estava com um problema de saúde, até que por fim procurou a ajuda dos médicos, obtendo diagnósticos diversos. Os médicos lhe diziam que o câncer havia se alastrado até os ossos e que era muito tarde para qualquer procedimento. Ela desconfiou, ficou enfurecida. "Esses médicos são incompetentes e caros. Gastei toda minha herança com eles. Agora sinto uma dor tão intensa que mal posso me arrastar à universidade três dias por semana para dar minhas aulas." Ela experimentou osteopatas, quiropatas e curandeiros, mas me disse: "Antes de gastar todo meu dinheiro com esse tipo de pessoas, eu sabia, naturalmente, que havia uma boa possibilidade de que todos fossem charlatães e impostores".

"Parece que você não acredita em ninguém mais além de você mesma," eu disse.

Ela retorquiu: "Sei, por experiência, que muitas pessoas não são confiáveis. Descobri também que a única pessoa em quem posso confiar sou eu mesma. Sempre foi assim. Sou arredia desde minha separação, que aconteceu quando ainda era muito jovem. Relacionamento com outros não é meu forte".

Por telefone já havia mencionado a essa senhora que a astrologia talvez não lançasse luzes sobre sua situação nesse estágio avançado da doença, mas que faria o maior esforço para ver o que poderia ser feito, se isso fosse possível. O que vi foi um Saturno forte, impulsivo, hostilidade contra a família (incluindo os dois filhos de seu rápido casamento, criados pelo pai) e ambição profissional frustrada. Seus instintos e emoções encravados.

Quando a encontrei, eu já vinha trabalhando com técnicas de Astrocartografia. Estava curiosa para saber se haveria um curandeiro em algum lugar do seu mapa de Astrocartografia em progressão, por isso dediquei algum tempo a esse estudo antes que ela chegasse. Estava claro, entretanto, que ela não tinha mais a fé ou disposição para confiar em médicos. Ainda assim, onde há vida há esperança. Talvez houvesse uma cidade onde ela pudesse viver tempo suficiente para elaborar alguns de seus problemas emocionais.

Ao chegar, ela imediatamente perguntou quais eram as datas favoráveis para ganhar seu processo trabalhista contra a Universidade, e para passar no seu exame de corretora de imóveis. "Eu odeio mesmo o coordenador pedagógico", explodiu ela. "Enquanto estava no hospital, ele contratou outra professora para dar aula em tempo parcial, em vez de usar aquele dinheiro para mim. O salário dela era para ser minha promoção. Eu poderia ter me aposentado com uma faixa salarial mais alta. Ele se viu forçado a me substituir, e posso compreender isso, mas agora estou de volta e ele deve dispensá-la. Ele me odeia por causa da pendência judicial. *Ela* me odeia porque eu tentei tirar o trabalho dela. Sinto a hostilidade deles em todas as salas, mas não consigo me desligar disso tudo."

"Bem", eu disse, "o custo de vida seria bem mais baixo em outro estado. A vida é cara na Califórnia. Talvez possamos consultar o mapa Ciclocartográfico e quem sabe você possa descobrir um lugar onde a vida seja menos pesada para você. A impressão que tenho é que você vai ao trabalho com uma dor angustiante, a um lugar onde você sente vibrações cheias de cólera."

"Não. Estou acostumada à Califórnia. Eu não conseguiria morar em um lugar frio. Não estou mais habituada ao inverno. Apenas preciso de algumas datas para passar nesse exame de corretora. Eu poderia andar pelas redondezas alguns dias por semana e vender imóveis; sou bastante persuasiva. Sei que posso fazer isso. Mas sinto tanta dor que é difícil até lembrar o parágrafo que acabei de ler. Apesar disso, preciso memorizar algumas informações para o exame. Isso afasta minha atenção do corpo. E sei que preciso desse trabalho para complementar a aposentadoria por invalidez. Aposentar-me nessa faixa atual não será suficiente; empreguei todas as minhas economias com esses médicos incompetentes."

"Eu não ia sugerir nenhum lugar frio para você se mudar", eu lhe disse. (O mapa sinalizava com muita ênfase locais ao sul.)

Quando sugeri três cidades, ela me olhou com cautela. "Isso é muito estranho! Por acaso a amiga que me indicou para você disse onde minha irmã e meus filhos estão morando? Sempre fui muito solitária. Meus filhos se ressentem por eu tê-los abandonado quando eram pequenos, mas não havia nada que eu pudesse fazer. Desde jovem, crianças barulhentas me levavam à loucura..."

Ela teve bastante resistência em ver sua família novamente. Seguidas vezes eu me perguntava: Será que ela iria viver tempo suficiente para realizar seu exame em janeiro? Então eu soube... o cartão de Natal que eu lhe enviara fora reencaminhado ao Texas e devolvido a mim com o carimbo "falecida". Ela pelo menos tinha ido ver seu filho e talvez tenha liberado algumas das emoções reprimidas relacionadas ao seu passado.

Pouco tempo depois que o cartão foi devolvido, li sobre o destino ou a Necessidade (Ananque) no artigo de Hillman (anteriormente mencionado.) Segundo Hillman, às vezes Ananque está associada com o tutano dos ossos. Essa mulher tinha um Saturno (ossos) forte e também a vontade poderosa de Escorpião. Os planetas da fé (Netuno e Júpiter) eram fracos no mapa. Uma alta porcentagem de planetas de Terra e de Água contribuíam para sua tendência a reprimir as emoções e a esperar muito para conseguir ajuda, negando que houvesse um problema que sua vontade, por si só, não controlasse. Eu também me lembrava dos sutis testes do orgulho, ambição e vontade de poder relacionados com a personalidade Escorpião mais consciente em *Astrologia Esotérica*, de Bailey. O Marte dela era um autêntico guerreiro; ele enfrentaria o mundo exterior até o fim e abriria seu próprio caminho independente na vida. Mas as batalhas interiores permaneciam sem solução e o corpo sofria em suas próprias profundezas – na medula dos ossos. Embora seu campo fosse psicologia profunda e ela fosse atenta, séria e zelosa tanto quanto um ser humano pode ser, ela também era intransigente. Paz de espírito parecia menos importante do que estabelecer os limites. "Não vou viver em um determinado clima". "Não vou ceder na ação judicial. Essas pessoas deviam ser castigadas pelo modo como me trataram." No caso dela, não procurei me relacionar através do meu próprio elemento Terra como o faria com o cliente com um *stellium* na 8ª Casa em Escorpião (influência de água dupla), pois ela já era demasiadamente seca e pragmática. Tentei trabalhar com os planetas da fé e da confiança presentes no mapa, embora fossem fracamente aspectados. Senti uma profunda tristeza em seu coração, mas também senti que, como Gilgamesh e Perceval, essa vida era um sucesso parcial. Ela havia feito grande esforço e, certamente, teria condições mais favoráveis na próxima vez.

Alice Bailey enfatiza que a personalidade Sol em Escorpião ou Escorpião no ascendente deve encarar as profundezas e também escalar as alturas. Depois de ver as profundezas, Escorpião deve decidir como irá prosseguir. Ao resíduo das tendências de vidas passadas na raiz da personalidade Bailey dá o nome de Guardião do Limiar (da consciência). À alma, dá o nome de Anjo. O Anjo encontra o Guardião e eles lutam. (Essa é uma reminiscência da luta de Gilgamesh com Enkidu ou, no Antigo Testamento, da luta de Jacó com o estranho.) Se a alma (o Anjo) se impõe e triunfa sobre a hostilidade, a suspeita, o ressentimento e outras emoções reprimidas, grandes progressos serão feitos nesta vida e Escorpião será capaz de partilhar o resultado de sua própria luta, sua descoberta da erva da imortalidade (a Alma) com os outros. Muitos de meus clientes escorpianos, das áreas de psicologia e religião, se empenham em fazer isso – compartilhar com os demais os frutos de sua própria experiência de vida, de sua própria transformação. Eles se transformam em xamãs espirituais ou psicólogos, ou xamãs que curam outras pessoas fisicamente.

O xamanismo é intrínseco ao arquétipo de Escorpião. É significativo o fato de, nessa época, muitos de meus clientes com Sol, ascendente ou Meio do Céu em Escorpião estarem trabalhando o xamanismo através dos sonhos de seus clientes. Os sonhos contêm elementos dessa antiga (ou arcaica, no dizer de Mircea Eliade) ciência de cura – escadas, morte e renascimento, espíritos guardiães. O direito de morrer com dignidade, para os que não podem ser curados, foi defendido por muitos dos grandes curadores xamãs, desde Madre Teresa de Calcutá até Elizabeth Kübler-Ross, que tem o Meio do Céu em Escorpião, e planetas fortes na 8ª Casa. Há grande interesse em *O Livro Tibetano dos Mortos** e no *Livro Egípcio dos Mortos*, com suas técnicas de entoação de mantras nos ouvidos dos moribundos para fazê-los passar à vida seguinte. A qualidade da morte é enfatizada por C. G. Jung em "A Natureza da Psique" (*Portable Jung*), pois ele acredita que toda a segunda metade da vida é uma preparação para a morte. As religiões orientais atribuem particular importância aos últimos momentos da vida. O indivíduo deve estar plenamente consciente, pois se não chega à liberação nesta vida, esses momentos determinam seu nascimento seguinte. O Guru, ou o Lama-guia, ou os espíritos dos ancestrais (nas religiões dos índios americanos) acompanham o indivíduo moribundo enquanto sua alma inicia sua jornada para o outro mundo.

Pelo fato de atualmente haver tanto interesse no xamanismo, especialmente por parte daqueles cujas doenças físicas estão além do alcance do conhecimento da ciência médica oficial, parece importante esclarecer alguns pontos ligados a isso. O xamã não é apenas um homem ou uma mulher da medicina. A maioria das tribos dispõe de outros indivíduos que realizam curas mais simples com ervas. O xamã é um "especialista da alma" (frase de Mircea Eliade). Ele tem técnicas definidas, um tipo de aprendizado por meio dos sonhos, e pode ser ensinado pelos ancestrais ou por intermédio de experiências que são rigorosamente testadas pelo xamã atual da tribo, a quem pode um dia substituir e visões fortes o bastante para convencer a tribo. E pode entrar em transe quando for necessário. Como um especialista da alma que experienciou sua própria imortalidade, o xamã pode acompanhar a alma dos moribundos (aqueles que não podem ser curados) porque conhece muito bem o caminho e os perigos da jornada. A alma do xamã eleva-se nos ares como uma águia (esta é a razão por que as penas de águia são o símbolo de muitos xamãs). Ela tem poderes que estão além do mundo dos opostos.

---

* Editora Pensamento, São Paulo, 2ª edição, 2020.

Fisicamente, os xamãs podem suportar calor ou frio extremos, saltar grandes distâncias, demonstrar clarividência e dançar por horas sem sinais de fadiga, mesmo quando estão na faixa dos sessenta anos.

Muitos xamãs estiveram doentes ou próximos da morte e tiveram sonhos semelhantes aos que os analistas junguianos descrevem com base em registros de seus pacientes. O corpo se deteriora até o esqueleto, que então é fervido e purificado, ou lavado, e recomposto. A pessoa febril (ou a sonhadora que está passando por uma doença psicológica) fica reduzida à matéria-prima (os ossos desencarnados), enquanto sua alma fica observando, ilesa. Os espíritos dos ancestrais ensinam o candidato a xamã a curar os doentes.

Em um sonho relatado por Eliade, o ancestral levou um jovem febril a um grande caldeirão e ordenou-lhe que experimentasse a água. Ela estava morna, o que significava que o jovem iria se recuperar. O ancestral explicou que ao tratar os outros ele deveria voltar por meio de transe ou sonho ao caldeirão e experimentar a água. Se ela estivesse fervendo, a pessoa não se recuperaria, devendo então ser preparada para a morte. Se a água estivesse de quente a morna, o paciente melhoraria após uma luta com a doença. Se estivesse tépida e fria, o paciente se recuperaria muito rapidamente.

Sonhos de cura e transformação, que o analista junguiano Joseph Henderson chama de "iniciatórios", podem ser encontrados em seus livros *Threshold of Initiation e Wisdom of the Serpent*. Também são interessantes os sonhos com cobras e a consciência em *Symbols of Transformation in Dreams*, de Jean e Wallace Clift, também analistas junguianos. Hoje atribuímos a experiência direta com Deus por meio de sonhos e visões ao passado remoto, comum à época do Antigo Testamento. Entretanto, mesmo em nossos dias, muitos continuam tendo sonhos iniciatórios xamânicos desse tipo e sendo chamados à transformação durante um período de intenso sofrimento físico ou crise emocional. Muitos clientes escorpianos no ascendente ou com Sol em Escorpião são testados em sua fé, ocasião em que sua própria força de vontade, ou seu vigor físico, não são suficientes para vencer a doença ou a depressão. Eles se sentem impotente ou fora de controle. Se reagem à crise com fé em Deus e em seus médicos – espirituais, físicos ou psicológicos –, facilitam seu processo de cura. Entretanto, quando reagem com orgulho e ceticismo – quando não deixam lugar para Deus no processo de cura – esta provavelmente será lenta, difícil, dolorosa e, às vezes, até mesmo fracassada. Na cura dos dez leprosos, Cristo disse ao samaritano que se ajoelhou a seus pés em sinal de gratidão:

"Tua fé te salvou". (*Lucas* 17:18-19.) A fé é um fator fundamental na crise de cura da 8ª Casa, seja ela física, espiritual, psicológica ou até mesmo financeira.

O último tipo de Escorpião é uma ave rara: a Fênix. Esse tipo passou pelo Fogo nesta vida; incinerou as impurezas como um alquimista e transformou sua natureza inferior em ouro. Às vezes, o Fogo é uma longa infância doentia ou uma ferida emocional – a morte de um parente querido ou a negação de um objetivo sonhado. Em vez de ficar amargo, cínico ou vingativo como o Abutre ou a Serpente, ele passa pela crise e ressurge das cinzas de seu ninho queimado. Como consequência de seu trauma, passa por uma experiência de conversão, e encontra uma cura homeopática para sua doença, passando a se dedicar à homeopatia; pode também passar pela análise e ao perceber que o processo é tão gratificante se torna um terapeuta, e ajuda aos outros como foi ajudado. Ou, ainda, dessa sua crise pode resultar uma transformação espiritual, quando pode se beneficiar dos ensinamentos de um certo Mestre e se sentir chamado a compartilhar esses ensinamentos com outras pessoas. Em uma leitura astrológica, a Fênix pode facilmente ser distinguida da Águia, porque quando começa a falar de um parente, de um colega de trabalho ou de um vizinho, não expressa medo, suspeita ou inveja. Não questiona sobre as áreas vulneráveis do outro, mas antes quer saber: "Como posso ajudar essa pessoa que sofre?". (Frequentemente, porém, ajudar significa "Como posso converter, convencer, persuadir essa pessoa para que adote o meu ponto de vista? Como posso mudá-la?")

Em *Astrologia Esotérica*, Alice Bailey cita São Paulo, o apóstolo, como um exemplo do Escorpião superior, a Fênix. Seu estilo demonstra a paixão, o zelo, o poder de persuasão que os astrólogos associam a Escorpião. Ele também passou por uma transformação pessoal. Após ser derrubado de seu cavalo, foi transformado de perseguidor dos cristãos a advogado do evangelho, viajando de Jerusalém à Espanha e à Itália pregando a palavra. As epístolas de São Paulo empregam o vocabulário de vida ou morte de Escorpião. "Fazei, pois, morrer a vossa natureza terrena: prostituição, impureza, paixão lasciva, desejo maligno e a avareza, que é idolatria", escreveu ele em *Colossenses* 3:5. Ele incentiva seu leitor a mudar, a despir o homem velho e a vestir o novo. Paulo fala da necessidade de se libertar dos padrões de hábitos antigos. "Quando eu era menino, falava como menino, pensava como menino, pensava como menino; quando cheguei a ser homem, desisti das cousas próprias de menino" (*1 Coríntios* 13:11). Ele se referiu à questão da vingança de Escorpião citando o Antigo Testamento: "A mim me pertence a vingança", diz

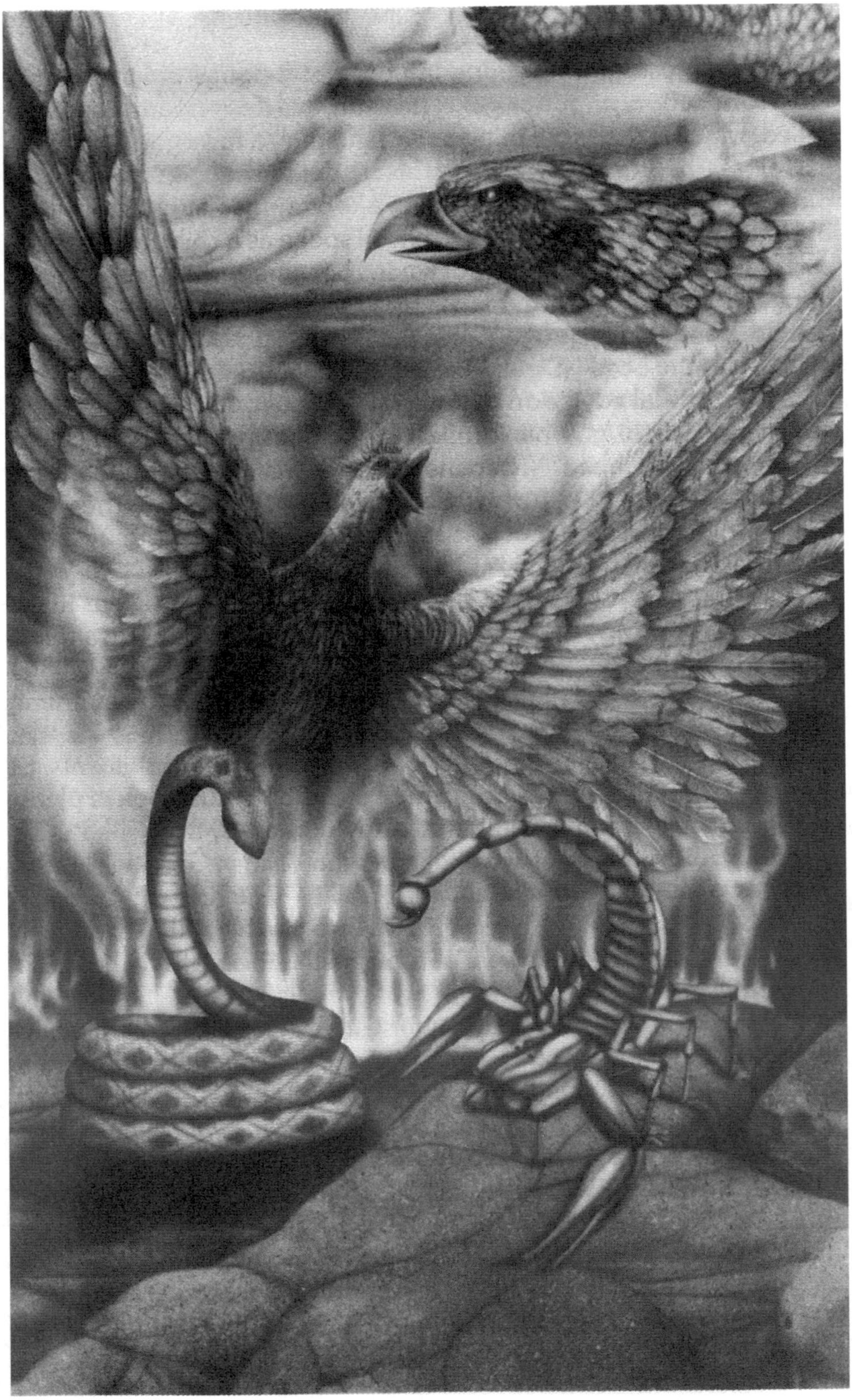

o Senhor (*Deuteronômio* 32:35; Paulo aos *Hebreus*, 10:30), e dando um conselho verdadeiramente espiritual sobre o assunto: "Se o teu inimigo tiver fome, dá-lhe de comer, se tiver sede, dá-lhe de beber; porque, fazendo isso, amontoarás brasas vivas sobre a sua cabeça". (*Romanos* 12:20). Isso certamente forçaria o inimigo a pensar, a despertar. Ele via seus inimigos como o mundo, a carne e o Demônio, mas escreveu com mais frequência sobre a carne, o inimigo interior, à maneira de um Escorpião esotérico. O espírito é forte, mas a carne é fraca e interfere na melhor de nossas intenções. "Pois não faço o que prefiro, e sim o que detesto." (*Romanos* 7:15).

Alice Bailey comenta que a visão que São Paulo tem do corpo como inimigo da alma influenciou os pensadores cristãos dos séculos seguintes. Ele também acreditava no celibato, como muitos de meus clientes de Escorpião de natureza esotérica. São Paulo sustentava que enquanto um homem ou uma mulher casada deve procurar agradar o cônjuge consumindo tempo em coisas mundanas, o celibatário serve somente a Deus. O apóstolo Paulo era um homem de grande fé na vontade de Deus, mais do que em sua própria. Ele também demonstrou humildade, que é um sinal da Fênix, mais do que da Águia. Lamentou até o fim de sua vida que seria sempre o menor dos apóstolos, porque no passado havia perseguido os cristãos.

Visto que padeceu tantas coisas em sua própria vida antes de sua transformação, a Fênix pode ser fanaticamente zelosa pela salvação dos outros. Quando se dá conta de sua fé em uma filosofia religiosa, em um sistema psicológico, ou em uma técnica de cura física, Escorpião quer converter sua família, seus amigos e todos os que encontra nos primeiros meses. Se as pessoas correrem de seu zelo, interpretando-o como lunático, pode se sentir rejeitado, como um Escorpião, e distanciar-se ainda mais. Mas uma Fênix verdadeira não permanecerá como um eremita por muito tempo, porque quer servir aos outros. E também respeita a inteligência e o livre-arbítrio dos demais; seus esforços para convertê-los não serão arrogantes ou farisaicos. A verdadeira Fênix é generosa com seu tempo e recursos, e não se torna uma reclusa total, apegada a seus próprios empreendimentos pessoais, meditação e visões. Ela é ativa como Marte e prestimosa aos necessitados. Não existe mais nenhuma suspeita, mesquinharia, inveja ou possessividade na Fênix/Escorpião. Essa Fênix encontrou sua sombra como um guerreiro, lutou e selou um pacto de paz com ela.

A Fênix passou por muitas provas conscientemente e aprendeu através de seus erros. Alice Bailey diz que Escorpião é o signo em que ocorrem os maiores testes e iniciações espirituais. O Escorpião inferior (Serpente), que vive a vida apenas no nível sensível, é testado pelo sexo, pelo poder, pelo conforto e pelo dinheiro.

Nesse sentido, tem muito em comum com o Touro inferior que vive na natureza do desejo. O Escorpião inferior não está muito consciente dos resultados de suas ações, e ataca seus inimigos com violência. A Águia é mais consciente, e pode maquinar algo mesquinho ou cruel contra um inimigo, mas não tem inclinação a agir de acordo com a ideia. É mais positiva em seus motivos e quem está no controle é mais sua mente do que suas emoções. Ela não tende a praticar a crueldade pela simples crueldade, como o faz uma Serpente.

Se Plutão está aflito no mapa da Águia, ela pode ser tentada a ser tortuosa e manipuladora, mas não reage inconscientemente; ela) luta com suas suspeitas, dúvidas, ciúmes, obsessões e premonições. Quando age, geralmente tem uma visão maior do que a da Serpente. Ambas, a Águia e a Serpente, gostam de intriga e mistério. Na minha experiência, elas têm casos extraconjugais, por exemplo. Pessoas do tipo Águia ou Serpente sentem prazer em planejar o encontro, a intriga, o mistério e o segredo, tanto quanto o sexo. Elas não estão sintonizadas com a lei do karma ou avaliando as consequências de seus atos. A Águia aprecia o poder nas relações, nos negócios e nas questões da comunidade. Os testes por que passa em geral são testes de poder. Uma Águia é capaz de sublimar o sexo e concentrar a energia no seu negócio por um longo tempo. A Águia superior é uma futura Fênix, um discípulo que trabalha a transformação. Faz introspecções sobre a vida, a morte, a recompensa, a iluminação, a imortalidade ou libertação e sobre suas próprias tendências mais baixas. Trabalha para controlar seu sarcasmo, tornando-se mais flexível à mudança, deixando de lado suas suspeitas e ciúmes, e se move em direção a uma maior receptividade taurina à graça. Procura ver o lado positivo em vez de ser tão vulnerável a dúvidas e estados de ânimo depressivos. A Águia, como a Serpente, é alguém que corre riscos; seus regentes são Marte e o planeta de impulsos obsessivo-compulsivos, Plutão. Entretanto, as aventuras arriscadas da Águia geralmente são bem pensadas com antecedência, diferentemente dos riscos da Serpente, que brotam de desejos sensuais.

O discípulo Águia, a futura Fênix, pode enfrentar sua sombra por meio de uma religião oriental ou de uma vivência monástica, que procura sublimar a "serpente da sexualidade" em favor de propósitos espirituais. Muitas pessoas com planetas em Escorpião parecem desconhecer que encarar o impulso de poder do ego é tão importante para a transformação quanto o sexo. Joseph Campbell conta uma história a respeito de Alexandre, o Grande, Conquistador do Mundo, na Índia. Certo dia, ele e alguns de seus companheiros de mente mais filosófica do alto escalão do exército, juntamente com um historiador e um sábio, decidiram procurar um yogue e estudar filosofia indiana. Encontraram um grupo de homens sentados na posição de lótus sob o sol ardente sobre rochas abrasadoras. Eles comunicaram ao instrutor algumas ideias de Sócrates, Aristóteles e Pitágoras. O yogue admitiu que havia méritos na filosofia ocidental, mas perguntou por que os Buscadores estavam vestidos com aquele tipo de roupa naquele momento. Ele achava impróprio que discípulos de um filósofo exibissem acessórios de nascimento nobre, alto escalão, sabedoria e poder. Para o yogue, isso era ego. A fim de transcender a forma, eles antes precisariam desfazer-se de suas vestes, as divisas que os tornavam distintos aos olhos do mundo, sentar-se nus e desconfortáveis sobre a rocha, e penetrar no interior de si mesmos através da meditação. Segundo Campbell, Alexandre e mais um ou dois dos outros tiraram a roupa e foram para as rochas, mas os demais gregos zombaram deles. (*Oriental Mythology*, p. 277).

Essa história sobre o remover as camadas exteriores da forma parece feita para Escorpião se levarmos em conta que ele se opõe a Touro, signo em que a Lua, Mãe da Forma e do apego, está exaltada. Escorpião significa transformação e domínio sobre os hábitos interiores – o lado lunar; mas significa também conquista dos desejos do ego, as tendências solares.

Em sua jornada, a futura Fênix aprende não somente a se abrir à graça como um taurino, mas também a ser menos resistente às sugestões dos outros, menos rígida ao ir ao encontro da mudança. Sua espada, ou aliado, é a coragem de Marte, mas ao tentar extirpar seus hábitos ou natureza inferior, a Águia muitas vezes age como Zeus perseguindo Tifão com violência – com vingança. A futura Fênix ouve um mestre falar ou lê uma escritura e decide se livrar de todos os seus vícios da noite para o dia – deixar de fumar, de beber, de comer carne e de fazer sexo. Uma semana depois, fica seriamente deprimida. Como Zeus, ela expande o demônio interior além das proporções e tenta iluminar demais as trevas com extrema rapidez. Em seguida, experimenta o efeito Hidra. Como Hércules decepando a cabeça da Hidra, Escorpião descobre que outra cabeça (hábito ou desejo) aparece para substituí-la. Violentar os conteúdos de 8ª Casa tende a produzir esse fenômeno. Como filho do impaciente Marte, Escorpião precisa aprender a paciência de Touro, sua extremidade polar. Foram necessárias muitas vidas para adquirir alguns desses hábitos. Eles não podem ser extirpados de uma hora para outra.

Touro representa, ainda, o trabalho árduo que Escorpião também aprecia. Em vez de ficar ruminando solitariamente sobre a luta angustiante com a Hidra interior ou com sua existência fugaz na terra – "apenas setenta anos desta vida para alcançar a iluminação" – ou, em vez de se sentar o dia todo em uma caverna do Himalaia alimentando sua depressão, muitos yogues de Escorpião se sentiriam melhor se desenvolvessem atividades no mundo exterior. No fim, a escuridão vai se habituando com os raios de luz, e começa a dissipar-se. Então, um belo dia, a Fênix, emergindo das cinzas, encontra uma Águia e pensa: "Eu também costumava ter esses mesmos pensamentos negativos que essa pessoa de Escorpião acaba de expressar". Ou, como Buda, reflete: "Eu costumava ter medo da morte, mas hoje não tenho – eu vi a Luz". Quando Escorpião diz: "Eu costumava...", ele está querendo dizer que o crescimento aconteceu; ele deixou mais uma zona sombria para trás.

Chegamos finalmente ao mito de Prometeu. Metade homem, metade Titã, ele parece mais um humano do que um Zeus olímpico ou um príncipe Mahavira (Buda). Talvez por isso, possamos nos identificar com seu nível de consciência e sua condição. Prometeu se enquadra perfeitamente no padrão de Escorpião: ele possui uma mente errante; gosta de correr riscos (como roubar o segredo do fogo dos deuses e doá-lo aos mortais); gosta de lutas de poder, desafiando o Supremo Ego e autoridade do Olimpo, o Todo-Poderoso Zeus; e é uma corajosa pessoa de Marte. Mas Prometeu não é um herói de Áries impetuoso. É fixo a ponto de ser rígido. Ele tem disposição para passar 30 mil anos no Tártaro, nos infernos, acorrentado a uma rocha, esperando as visitas da Águia de sangue vermelho de Zeus que vem se banquetear em seu fígado. Aqui temos a Águia de Deus, ou o Destino, regalando-se na parte do corpo regida por Júpiter (Zeus), o fígado.

Hillman nos informa que Ananque (Destino) também estava associada ao fígado. Em nossa época, o fígado se relaciona com as toxinas, o resíduo de hábitos alimentares inadequados. Simbolicamente, esse órgão contém venenos emocionais, coisas que o inconsciente armazenou – tais como ressentimentos, hostilidade e a premência a se vingar. Todavia, a cor vermelha do sangue da Águia indica que a vítima está no estágio final de sua purificação. O sangue vermelho é o penúltimo estágio alquímico. O estágio seguinte é o ouro.

Segundo o dramaturgo Ésquilo (*Prometeu Acorrentado*), Zeus libertaria o Titã com satisfação se ele revelasse o segredo do destino do todo-poderoso. Zeus perderá seu trono, do mesmo modo que Cronos e Urano o perderam antes dele, quando um certo filho nascer para destroná-lo. Se Prometeu revelasse a Zeus o nome da mulher que daria à luz esse filho, Zeus poderia evitar o nascimento; e Zeus adiaria seu destino. Mas Prometeu esperaria trinta mil anos, com prazer, simplesmente para contrariar um inimigo que ele considera duvidoso como juiz.

Essa é a verdadeira fixidez. Prometeu é de uma determinação inamovível. Ele prefere seu inferno particular a se comunicar com um inimigo, a revelar seu segredo ou a se comprometer. Ele passa anos com a Águia de sangue vermelho bicando sua ferida e com o mensageiro de Zeus, o sarcástico Hermes, tentando persuadi-lo a ser razoável. Não se consegue levar um Escorpião a ser razoável. Apenas podemos esperar que veja a Luz, que abandone seu desdém, que perdoe e esqueça.

Em uma das cenas da peça, Hermes suplica a Prometeu que faça concessões, porque Zeus e Poseidon haviam recuado. Eles não estavam mais planejando destruir a Terra e a amada raça humana de Prometeu com terremotos e enchentes. Ainda assim, Prometeu não cede. Diante disso, Zeus toma a decisão de deixar Prometeu no Tártaro até que alguém o substitua no rochedo e conclua sua sentença.

Em *Prometheus*, Karl Kerényi levanta a importante questão: o Titã deve aceitar o fato de que sua limitada compreensão de justiça está muito distanciada da de Zeus, e a realidade é que Zeus, e não Prometeu, é o ser que está no trono no Olimpo. Apesar de sua disposição a sofrer com alegria pela humanidade pudesse proporcionar um destino melhor à humanidade, uma justiça de qualidade superior, ele não tem condições de alcançar seu intento. Depois de 30 mil anos no Tártaro, as coisas continuaram iguais para a humanidade. A Justiça (Lei Cósmica) não mudou. O Todo-Poderoso poderia eventualmente revisar um plano, como o de destruir a Terra, mas a justiça de Deus não é a justiça que os homens concebem. De modo que o sofrimento humano irá continuar a despeito da decisão de Prometeu. Por fim, Prometeu concordou em revelar o segredo a sua mãe, Têmis, profetisa e conselheira de Zeus. Ele escolhe uma maneira indireta de se comunicar a fim de não ter seu prestígio abalado. (Ele suspeita que sua mãe já saiba o nome da mulher, o que é verdade. Ela se chama Tétis.) Em vez de unir-se a Tétis, Zeus arranja o casamento dela com Peleu, que é um mortal, não um deus, e assim temporariamente elude seu destino.

Prometeu permanece no Tártaro até que Hércules aparece para afugentar a Águia e colocar outro no seu lugar – alguém disposto a sofrer pelos outros – Quíron, o Centauro Sábio, que encontramos em Sagitário.

Pessoas com Sol ou ascendente em Escorpião passam trinta anos pela progressão no signo seguinte, Sagitário. Se há planetas natais em Sagitário, a abordagem indireta, através dos bastidores, tende a mudar dramaticamente. O vocabulário que Escorpião escolhe nessa fase abarca palavras-chave sagitarianas:

justiça, imparcialidade, integridade, sinceridade e ética. Pode ter início a busca da sabedoria, da verdade objetiva que, em termos astrológicos, associamos a Sagitário (Veja Capítulo 9), especialmente se ele é uma Águia de consciência superior ou uma Fênix que já passou pelo seu período de provas na época em que chega ao ciclo de Sagitário. (Escorpiões nascidos nos últimos dias deste signo podem passar por sua crise interior em Sagitário em vez de Escorpião, visto que estariam em progressão em Sagitário com apenas um ou dois anos de idade.)

Sagitário é um signo mutável, adaptável, por isso essa é uma fase importante para o desenvolvimento de Escorpião. Em geral, o indivíduo aprende a se comprometer com os outros neste ciclo, se de algum modo precisar aprender a arte do compromisso. Isso é especialmente válido às pessoas de Plutão em Leão com quadraturas fixas no mapa. O Sol ou o ascendente no ardente Sagitário irá mais cedo ou mais tarde fazer um trígono com Plutão, permitindo que as casas envolvidas se expandam para além dos limites do dogmatismo, da obstinação e da rigidez plutonianos. Sagitário não é apenas adaptável, mas afortunado, auspicioso. É regido por Júpiter, o planeta Guru da astrologia hindu. Neste ciclo, a Águia Superior ou a Fênix irá se voltar para a filosofia de São Paulo, para verdadeira sabedoria. O Escorpião inferior tem tendência a considerar Júpiter mais como afortunado do que sábio. Pode enriquecer financeiramente por meio de seus investimentos (muitas vezes em companhias, serviços, produtos internacionais), especular, correr riscos, mover-se e negociar em relação às questões tanto da 2ª Casa quanto da 8ª – amor e dinheiro. Vários escorpianos trabalharam com a energia de Júpiter ativando planetas de Fogo natais por trígono para se moverem em direção a uma direção superior. Eles se divorciaram da antiga parceira para se unirem à filha do patrão, ou até com a patroa. O astrólogo pode observar essas tendências em escorpianos menos evoluídos com planetas benéficos na 5ª e 7ª Casas ativadas pelo Sol em progressão ou por Marte/Vênus em progressão em Sagitário. As oportunidades de Júpiter podem ser investigadas tanto no nível mundano quanto esotérico. Os textos mais antigos irão mencionar oportunidades para encontrar advogados, pessoas na área de importação/exportação e a abundância em trânsitos e progressões por Sagitário. Pessoas de países estrangeiros, jornalistas ou profissionais ligados às comunicações em todos os níveis entram na vida de Escorpião nesse período. Do ponto de vista esotérico, essas pessoas apresentam a Escorpião um espectro mais amplo de ideais, conceitos, pontos de vista. Elas expandem a perspectiva de Escorpião para além da religião tradicional e de seus dogmas.

Viagens a lugares santos, com objetivos acadêmicos ou espirituais, são por vezes oferecidas a Escorpião durante esse ciclo – viagens que o forçam a encarar as opiniões rígidas que ele sustenta a respeito de grupos raciais, religiosos ou étnicos. Às vezes, essas são opiniões de vidas passadas, outras, as ideias se referem a um grupo social mais do que a um contexto racial ou religioso. Uma escorpiana cujo marido foi transferido para a Califórnia durante essa progressão observou: "Meus pais do Meio-oeste viam os soldados com menosprezo. Depois de mudarmos para cá, percebi que os militares são como todas as demais pessoas; certamente são bem viajados, e em alguns casos até mais educados".

Sob a influência da progressão sagitariana, tenho visto entre meus clientes de Escorpião uma expansão além das opiniões fixas formadas na infância por influência familiar. Isso me lembra a carta de São Paulo em que ele se identifica em termos universais dizendo: "Eu sou romano. Eu sou judeu. Eu sou grego".

Sagitário é um signo de comunicação. Pessoas de Escorpião natal trabalham com afinco no desenvolvimento de seu poder de autoexpressão em Sagitário. As oportunidades normalmente surgem entre os 36 (o retorno de Júpiter) e 42 anos (Júpiter em oposição a Júpiter); é nesse período que as pessoas são convidadas para ministrar palestras a grupos ou treinar jovens em suas profissões. Inicialmente, alguns resistem à oportunidade. "Eu sempre preferi trabalhar atrás dos bastidores, programar os itinerários de viagem dos outros, as palestras dos outros. Agora me pedem que eu mesmo faça essas coisas. Eu não sei. Uma parte minha preferiria ficar em casa sossegado." Mas, se o Sol em progressão em Sagitário forma contatos duros com planetas natais mutáveis em Virgem, ou se se opõe a Urano em Gêmeos, os outros podem insistir que Escorpião compartilhe seu ponto de vista, seu conhecimento, os atalhos que tomou. Isso se aplica especialmente ao Escorpião xamã, enfermeiro, massoterapeuta, terapeuta, psicólogo ou iniciado espiritual. Se não tiver planetas em Fogo ou Ar para suportar o desafio desta progressão, Escorpião pode preferir esconder sua luz, o que é triste para todos, pois ficamos sem receber os benefícios do aprofundamento, da experiência e do empenho que Escorpião investiu em seu campo de especialização durante os primeiros quarenta anos de sua vida.

Como pausa em sua atividade comunicativa (fala ou escrita), o escorpiano pode passar suas férias em espaços naturais abertos, como o Centauro sagitariano, Quíron, que andava pela floresta com toda liberdade. Uma possibilidade é comprar uma casa no campo ou um abrigo nas montanhas, com um alpendre que favoreça uma vista panorâmica da natureza, livre das vibrações do tráfego, dos altos edifícios e do povo ansioso. A vista panorâmica o ajuda a colocar a vida em perspectiva, enquanto combina as qualidades da fase de desenvolvimento de Sagitário com sua determinação, impulso, intensidade e necessidade de solidão natais. Se ele(a) travava a batalha interior de Plutão em quadratura com Plutão (entre os 42 e 45 anos), que em geral envolve um desejo pessoal frustrado, esse retiro ao ar livre é um ótimo lugar para relaxar sozinho com seus pensamentos e reenergizar o corpo, a mente e a alma. Ele também tem possibilidade de fazer exercícios físicos em espaços abertos, escalar montanhas, fazer longas caminhadas, entrar em contato com seus instintos.

Para escorpianos que têm a Cruz Fixa ou quadratura em T fixa, envolvendo o coração e o sistema circulatório (planetas em Leão/Aquário), a prática de exercícios físicos é essencial à medida que vão envelhecendo. Há um tipo de mulher de Escorpião semelhante à deusa Ártemis e que instintivamente parece saber disso. Ártemis era uma deusa virgem que vivia na floresta e que imediatamente se escondia no matagal se sua solidão era ameaçada. Era totalmente livre e rápida com o arco e flecha. Também era teimosa e compassiva: dispararia sua flecha contra um moribundo para dar fim ao seu sofrimento. Animais feridos, mulheres parturientes e outras pessoas com dor recebiam suas flechas mortais se não conseguiam se recuperar. Há mulheres escorpianas que se assemelham à brava Ártemis, magra e atlética, desempenhando sua tarefa com habilidade e mira precisa no alvo à frente. Não havia absolutamente nada de monótono em Ártemis.

Sagitário é mais calmo, procrastinador e suave do que Escorpião natal. As ideias, conceitos, ideais, amplitude de visão – e até mesmo o conceito de Deus – são expandidos durante este ciclo de trinta anos. À medida que os anos passam, Escorpião parece menos veemente e mais relaxado, mais desejoso de se socializar à noite do que de se enterrar no trabalho. Aqueles cujo Saturno natal (ambição profissional) não é forte por casa e aspecto irão parecer ainda menos ambiciosos e mais joviais (jupiterianos). Optarão por desenvolver empreendimentos de curto prazo em vez de assumir responsabilidades de longo prazo. Na progressão de Fogo, Escorpião aprende a agir, a fazer, a encarar, como um signo de Fogo.

Os que emergem dessa progressão tendo assimilado a abordagem sagitariana positiva e otimista da vida, com flexibilidade e idealismo sagitarianos, harmonizaram-se positivamente com Júpiter. Tenho visto Escorpião assimilar planetas natais ardentes durante essa fase e passar a escrever artigos de elevação espiritual e incentivo psicológico. A determinação, atenção centrada e magnetismo persuasivo do mapa natal foram elevados das profundezas às alturas durante esse ciclo. A personalidade de Escorpião, agradável em vez de cética, irá atrair bons amigos.

Em seguida, temos a progressão de trinta anos em Capricórnio. Essa progressão irá acentuar as tendências natais pragmáticas, de desconfiança, de misantropia e de julgar os outros. Se a flexibilidade e otimismo de Sagitário tiveram pouco impacto, ou se Escorpião não aprendeu a relaxar e a curtir seu tempo livre, as pressões do ciclo de Capricórnio serão difíceis. Ele pode esquecer de rir de si mesmo, pois Capricórnio leva sua função, ou diploma, muito a sério. Pode tornar-se um supervisor exigente ou um tirano mesquinho, na visão de seus funcionários. Capricórnio é uma figura de autoridade, e Escorpião pode se tornar conservador nesse ciclo. Se tem um Saturno natal forte, ambicioso, então o ciclo de Capricórnio terá possibilidades de preencher suas expectativas no mundo exterior. Se não desenvolveu uma filosofia sagitariana, um sistema objetivo a que possa se agarrar, então o pragmatismo, a filosofia do "o que quer que funcione está bom para mim" se estabelecer como perspectiva em Capricórnio. Plutão natal, o regente mundano, é um planeta de poder.

Entre outras partes do corpo, Capricórnio rege os ossos. Vários clientes meus escorpianos tiveram câncer nos ossos durante a progressão em Capricórnio. Suas emoções lentamente os consumiram. Eles planejavam e esquematizavam, deixando pouco espaço para a ação de Deus. Júpiter, regente de Sagitário, tem relação não apenas com a confiança e com a filosofia que Escorpião pode compartilhar com os outros, mas também com a fé? Ele(a) teve trinta anos para desenvolver uma alma – para desenvolver a fé.

A Fênix não tem relação apenas com o diploma pendurado na parede do escritório, com o poder e a influência da profissão, com o pertencer ao clube de campo adequado ou ter propriedades para deixar aos herdeiros. Ela se relaciona com o dever cívico, com seu papel na comunidade, com seu *dharma* no sentido mais amplo. Às vezes, Escorpião busca um cargo político nesse ciclo, visto que tanto o Sol natal quanto o Sol em progressão estão relacionados ao poder. Outras vezes, atua por trás dos bastidores para um candidato cuja em cuja filosofia de governo acredite. Ou pode colaborar com uma entidade comunitária que oferece um serviço em que acredita e pelo qual se interessa. Do ponto de vista esotérico, Capricórnio tem ligação com pessoas mais idosas. Já Escorpião pode ajudar seus pais quando estes forem velhos ou pode dedicar seu tempo e energia às necessidades dos idosos de sua vizinhança.

Pode acontecer que Escorpião não tenha se interessado por crianças quando jovem. A energia de Marte talvez tenha sido sublimada para a profissão ou para uma vocação religiosa celibatária. Escorpiões nascidos na cúspide de Sagitário progridem para Capricórnio quando estão perto dos 40 anos, e se dão conta do forte desejo de se tornarem pais. (Capricórnio e a 10ª Casa estão no eixo da hereditariedade.) A pergunta "Posso ter um filho?" pode surgir para em torno dos 37 ou 38 anos de idade. Isso se aplica de modo especial se o Sol progride para a 5ª Casa ou se a Lua progredida passa pela 4ª e 5ª Casas. Essa é uma mudança radical de vida para a mulher que até então esteve se relacionando com crianças apenas na profissão e que tinha suas noites só para si, ou para o engenheiro ou especialista de TI de Escorpião sem outra paixão senão seus retiros solitários – com seus discos e com séries de TV. Talvez Plutão em quadratura com Plutão se manifeste cedo (em geral próximo dos 45 anos) e atrase ou frustre o desejo se Escorpião estiver na cúspide da 5ª Casa ou se Plutão transitar por essa casa. Trânsitos de Saturno também podem retardar o nascimento. Isso dará tempo à pessoa para convidar sobrinhos e sobrinhas para o verão e descobrir se essa mudança de estilo de vida é de fato desejável. Uma professora escorpiana me disse: "Minha sobrinha passou o verão comigo, mas com a chegada do outono descobri que era bom voltar para a tranquilidade e sossego de casa, ler a bíblia e meditar. Eu não me sinto qualificada para a maternidade". O retardamento de Saturno deu-lhe tempo para verificar se era a decisão correta para seu *stellium* em Escorpião.

Não conheço muitos os escorpianos que viveram por muito tempo na progressão de Aquário. Os que entraram nessa progressão pareceram retornar à obstinação e rigidez natal. Os familiares, por exemplo, comentam: "Mamãe está tão teimosa agora que está velha. Claro, ela sempre foi inflexível, mas agora está tão rígida que é difícil encontrar uma diarista que a aguente depois do terceiro dia de trabalho". Escorpiões que trabalharam ao longo da progressão em Capricórnio sentem-se bastante aborrecidos quando problemas de saúde os forçam a diminuir o ritmo e a ficar em casa. Marte está acostumado a ser ativo, a tomar decisões, a ganhar dinheiro. Se o Sol em progressão entra em contato com planetas de Ar natais, a curiosidade mental e o senso de humor mantêm Escorpião alerta e saudável. De outro modo, o solitário de Escorpião se queixará de que os familiares não lhe telefonam ou não o visitam com frequência. Esse escorpiano pode se arrepender por não ter se empenhado mais para se tornar mais sociável no passado. Os mais próximos o consideram um fanático pelo trabalho, que sempre deu a impressão de nunca precisar deles. Outros escorpianos mais alegres, de visão mais positiva, parecem satisfeitos com esse ciclo, pois é quando surgem as oportunidades de ler sobre novas descobertas, de participar de conferências sobre a Nova Era, ou de passar o tempo com amigos que compartilham a mesma visão de mundo.

Muitos de meus clientes de Sol ou ascendente em Escorpião que têm seu próprio negócio não se ajustam bem à aposentadoria, por estarem acostumados – como Áries regido por Marte – a tomar decisões, a exercer influência, a contribuir de várias maneiras no mundo exterior. O escorpiano menos evoluído, que não desenvolveu seus recursos interiores pela meditação ou introspecção (o trabalho interior que pode ser feito enquanto se permanece sentado quieto), tende a ficar inquieto e extravagante.

Clientes com uma quadratura-T fixa no mapa natal podem ser ativados com trânsitos, ou o Sol progredido em Aquário pode detoná-la, trazendo problemas de circulação, calafrios ou (em oposição a planetas de Leão natal) um ataque cardíaco. Ataques do coração prematuros reduzem a expectativa de vida de Escorpião. Uma medicina preventiva, que inclui cuidado com a alimentação, exercícios moderados, como caminhar, e controle regular dos níveis de colesterol, estimula a manter a saúde. Talvez, mais importante do que qualquer outra coisa, seja a fé em um poder superior, em si mesmo, na família e nos amigos. Se Escorpião se agarra a memórias e a emoções negativas, seu coração, simbolicamente falando, também sofre. A erradicação de todas as antigas mágoas enraizadas em sua memória fará que se mantenha saudável e forte no corpo, na mente e no espírito.

Questionário

Como o arquétipo de Escorpião se expressa? Embora se destine, de modo especial, aos que têm o Sol em Escorpião ou Escorpião ascendente, qualquer pessoa pode aplicar este questionário às casas em que Marte ou Plutão estão posicionados ou à casa que tem Escorpião (ou Escorpião interceptado) na cúspide. As respostas indicarão o grau de contato do leitor com Plutão, seu impulso de poder, e Marte, sua paixão.

1. Quando a conversa assume uma dimensão muito pessoal, fico constrangido:
   a. A maioria das vezes.
   b. 50% das vezes.
   c. 25% das vezes ou menos.

2. Ao receber uma incumbência, o mais importante para mim é:
   a. Concluir o trabalho.
   b. Tomar providências para levantar fundos para o projeto.
   c. Determinar-me a não magoar ninguém.

3. Prefiro trabalhar num local onde:
   a. Não há interrupção.
   b. Há poucas pessoas envolvidas.
   c. Há muito contato social.

4. Quando tenho alguma coisa em mente:
   a. Guardo para mim mesmo.
   b. Falo com um ou dois amigos em que confio.
   c. Torno-a de domínio público.

5. Entre minhas qualidades negativas provavelmente incluiria:
   a. Mau humor e teimosia.
   b. Tendência à crítica.
   c. Falta de persistência.

6. Quando me sinto ameaçado:
   a. Revido com toda força possível.

b. Recolho-me e fico remoendo.

   c. Busco uma saída conveniente.

7. O maior obstáculo ao meu sucesso provém:
   a. De dentro de mim mesmo, desconfiança de mim mesmo.
   b. Do mundo exterior – circunstâncias fora do meu controle.

8. Meu maior medo é:
   a. Que meu segredo mais profundo e tenebroso seja descoberto.
   b. A perda de minha independência.
   c. Que os outros não gostem de mim.

9. Sinto que a parte mais fraca do meu corpo é:
   a. O cólon.
   b. Meu estômago.
   c. Minha garganta.

10. Sexo, poder, controle e privacidade são:
    a. Muito importantes.
    b. Moderadamente importantes.
    c. Não têm nenhuma importância.

Os que marcaram cinco ou mais respostas (a) estão em estreito contato com seus instintos. Os que marcaram cinco ou mais respostas (c) estão em movimento para a extremidade polar no nível instintivo – Marte/Plutão não estão tendo expressão adequada. Veja se Marte natal está na 12ª Casa, retrógrado ou interceptado. É importante trabalhar conscientemente com os aspectos positivos relativos a Marte para expressar instintos como coragem, comunicação direta, vitalidade, atitude positiva e otimista.

Onde está o ponto de equilíbrio entre Escorpião e Touro? Como Escorpião integra os recursos de transformação e os recursos pessoais? Embora se destine de modo especial aos que têm o Sol em Escorpião ou Escorpião no ascendente, todos temos Marte e Vênus em algum lugar de nosso mapa. Muitos têm planetas na 8ª ou na 2ª Casa. Para todos nós a polaridade de Escorpião e Touro implica aprender a equilibrar os valores dos outros com o poder e seguranças pessoais, a promover a mudança e a transformação com estabilidade.

1. Quando meu cônjuge planeja um evento social importante para ele, participo:
   a. 25% das vezes ou menos.
   b. 50% das vezes.
   c. A maioria das vezes.

2. Quando entro em uma loja, compro o produto de marca que meu cônjuge pediu em vez da versão mais barata:
   a. 25% das vezes ou menos.
   b. 50% das vezes.
   c. 80% das vezes ou mais.

3. Quando alguém me pede um favor que não quero ou não tempo para fazer, eu:
   a. Tenho facilidade em dizer não.
   b. Em geral digo não, mas depois me sinto mal.
   c. Tenho dificuldade em dizer não.

4. Se perguntado, meu cônjuge provavelmente diria:
   a. Que careço de calor humano e suavidade.
   b. Que sou caloroso e também apaixonado.
   c. Que sou caloroso e suave, mas não muito apaixonado.

5. Quando se trata de sociedade (investimentos conjuntos):
   a. Prefiro agir sozinho.
   b. Acredito em participação igual e ganhos iguais.
   c. Sinto-me melhor com um sócio do que em um empreendimento independente.

Os que assinalaram três ou mais respostas (b) estão desenvolvendo um bom trabalho com a integração da personalidade na polaridade Escorpião/Touro. Os que assinalaram três ou mais respostas (c) precisam trabalhar conscientemente no desenvolvimento do Marte natal em seu mapa. Os que têm três ou mais respostas (a) podem estar fora de equilíbrio na outra direção (Marte fraco ou pouco desenvolvido). Estude Marte e Vênus no mapa natal. Existe algum aspecto entre eles? Qual deles é mais forte por posição de casa ou signo? Algum deles é retrógrado, interceptado, está em queda ou em detrimento? Aspectos relativos ao planeta mais fraco podem indicar a direção à sua integração.

O que significa ser um escorpiano esotérico? De que modo Escorpião se manifesta no nível esotérico, como um guerreiro Kshatriya? Como Escorpião chega a um acordo com Ananque/Plutão? Todo Escorpião terá Marte ou Plutão em algum lugar em seu mapa. As respostas às questões a seguir indicarão até que ponto Escorpião está reagindo no nível esotérico.

1. Quando alguém pratica uma ação maldosa contra mim, eu:
   a. Tenho fé de que isso é para o meu bem e favorecerá meu desenvolvimento e aprendizado.
   b. Tenho fé em mim mesmo, vou recuperar minha reputação.
   c. Reajo vingativamente, olho por olho, dente por dente.

2. Na casa de Plutão, ou na casa com Escorpião na cúspide, quando não posso realizar meu desejo, eu:
   a. Deixo acontecer e faço meu trabalho.
   b. Sinto uma grande frustração, mas procuro aceitá-la.
   c. Sinto que não posso ser feliz sem ele.

3. A palavra "controle", para mim, significa:
   a. Autocontrole – trabalhar em meu interior (meditação, análise, manter um diário).
   b. Ajudar os outros a se controlarem.
   c. Estar no controle do ambiente em que me encontro.

4. A desconfiança é algo:
   a. Que atrai as circunstâncias que são temidas.
   b. Que pode ser injustificável, mas o ceticismo é saudável.
   c. Com a qual vivo diariamente.

5. Passei por uma crise que pensei que iria me arruinar. Hoje, vejo que:
   a. Foi a melhor coisa para meu desenvolvimento pessoal; a graça de Deus estava comigo.
   b. De algum modo encontrei forças para superá-la.
   c. Ficou comprovado que devo depender apenas de mim mesmo.

Os que marcaram três ou mais respostas (a) estão em contato com o regente esotérico. Esotericamente, o papel de Marte é reagir com coragem, mas não de modo vingativo. Marte mundano é um planeta do ego, mas esotericamente, quando em Escorpião, tem fé suficiente em Deus e em seus próprios recursos. Marte faz o que pode e deixa o resto nas mãos de Deus. Os que marcaram três ou mais respostas (b) estão realizando seu trabalho interior, mas precisam continuar. Os que assinalaram três ou mais respostas (c) precisam desenvolver conscientemente um equilíbrio entre fé e esforço pessoal. Plutão, pelo processo de crise, ajuda Escorpião a desenvolver sua fé em um poder superior.

Referências Bibliográficas

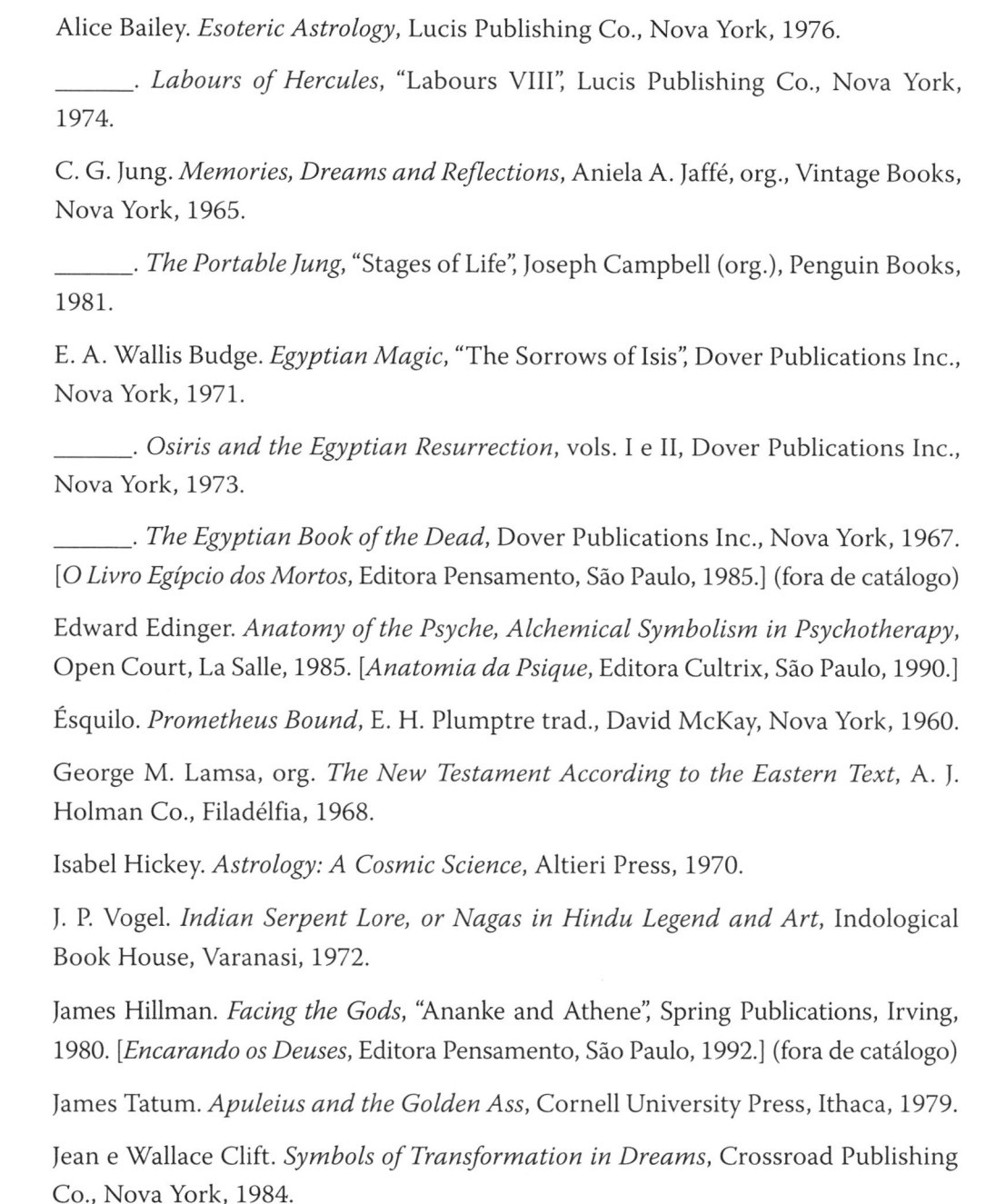

Alice Bailey. *Esoteric Astrology*, Lucis Publishing Co., Nova York, 1976.

_____. *Labours of Hercules*, "Labours VIII", Lucis Publishing Co., Nova York, 1974.

C. G. Jung. *Memories, Dreams and Reflections*, Aniela A. Jaffé, org., Vintage Books, Nova York, 1965.

_____. *The Portable Jung*, "Stages of Life", Joseph Campbell (org.), Penguin Books, 1981.

E. A. Wallis Budge. *Egyptian Magic*, "The Sorrows of Isis", Dover Publications Inc., Nova York, 1971.

_____. *Osiris and the Egyptian Resurrection*, vols. I e II, Dover Publications Inc., Nova York, 1973.

_____. *The Egyptian Book of the Dead*, Dover Publications Inc., Nova York, 1967. [*O Livro Egípcio dos Mortos*, Editora Pensamento, São Paulo, 1985.] (fora de catálogo)

Edward Edinger. *Anatomy of the Psyche, Alchemical Symbolism in Psychotherapy*, Open Court, La Salle, 1985. [*Anatomia da Psique*, Editora Cultrix, São Paulo, 1990.]

Ésquilo. *Prometheus Bound*, E. H. Plumptre trad., David McKay, Nova York, 1960.

George M. Lamsa, org. *The New Testament According to the Eastern Text*, A. J. Holman Co., Filadélfia, 1968.

Isabel Hickey. *Astrology: A Cosmic Science*, Altieri Press, 1970.

J. P. Vogel. *Indian Serpent Lore, or Nagas in Hindu Legend and Art*, Indological Book House, Varanasi, 1972.

James Hillman. *Facing the Gods*, "Ananke and Athene", Spring Publications, Irving, 1980. [*Encarando os Deuses*, Editora Pensamento, São Paulo, 1992.] (fora de catálogo)

James Tatum. *Apuleius and the Golden Ass*, Cornell University Press, Ithaca, 1979.

Jean e Wallace Clift. *Symbols of Transformation in Dreams*, Crossroad Publishing Co., Nova York, 1984.

Jean Shinoda-Bolen. *Goddesses in Everywoman*, "Artemis", Harper and Row Publishers, San Francisco, 1984.

Jeff Green. *Pluto, The Evolutionary Journey of the Soul*, Llewellyn Publications, St. Paul, 1986.

Joseph Campbell. *Masks of God: Occidental Mythology*, vol. III, Penguin Books, Nova York, 1982.

_____. *Masks of God: Oriental Mythology*, vol. II, Penguin Books, Nova York, 1982.

Joseph L. Henderson. The Wisdom of the Serpent, Death Rebirth and Resurrection, G. Braziller, Nova York, 1963.

Joseph L. Henderson. *Thresholds of Initiation*, Wesleyan University Press, Middleton, 1976.

Karl Kerényi. *Prometheus: Archetypal Image of Human Existence*, Ralph Manheim trad., Pantheon Books, Nova York, 1963.

Liz Greene. *The Astrology of Fate*, "Scorpio", "The Astrological Pluto", Samuel Weiser Inc., York Beach, 1984. [*A Astrologia do Destino*, Editora Pensamento, São Paulo, 1989.] (fora de catálogo)

Marc Robertson. *The Eighth House, Sex, Death and Money*, A. F. A. Inc., 1979.

Marie-Louise von Franz. *A Psychological Interpretation of the Golden Ass of Apuleius*, Spring Publications, Irving, 1980.

Mircea Eliade. *Rites and Symbols of Initiation*, Willard Trask trad., Harper and Row, Nova York, 1958.

_____. *Shamanism, Archaic Techniques of Ecstasy*, Willard Trask trad., Princeton University Press, Princeton, 1964.

_____. *The Myth of the Eternal Return*, Willard Trask trad., Pantheon Books, Nova York, 1965.

Paramhansa Yogananda. *The Divine Romance*, S. R. F. Publications, Los Angeles, 1986.

T. H. White. *The Book of Beasts*, Dover Publications Inc., Nova York, 1984.

Taylor Caldwell. *Great Lion of God: A Novel Based on the Life of St. Paul*, Ulverscroft, Leicester, 1976.

W. Y. Evans-Wentz (org.), *The Tibetan Book of the Dead*, with Psychological Commentary by C. G. Jung, Oxford University Press, Londres, 1960. [*O Livro Tibetano dos Mortos*, Editora Pensamento, São Paulo, 2ª edição, 2020.]

9

Sagitário:

A Busca da Sabedoria

Todos os anos, em torno do dia 20 de novembro, assistimos à entrada do Sol em Sagitário. Para o astrólogo, esse período de trinta dias é um intervalo alegre, otimista, prazeroso entre dois dos signos mais circunspectos e compenetrados do Zodíaco – Escorpião e Capricórnio. Sempre interpretei como uma sincronicidade perfeita o fato de que o Dia de Ação de Graças nos Estados Unidos seja comemorado em Sagitário. Celebramos nossa gratidão por estarmos vivos, felizes e saudáveis, ao mesmo tempo em que lembramos as dádivas recebidas com nossos amigos e familiares. Esse alegre festival, comemorado com fartura de comida, está em perfeita consonância com o espírito do Todo-Poderoso Zeus, ou Júpiter, como os romanos o chamavam, o regente de Sagitário. Fosse convidado a um lar norte-americano, Zeus iria deleitar-se com os abundantes manjares do Dia de Ação de Graças.

Em nossa jornada arquetípica em torno do Zodíaco, quando chegamos ao nono signo e à 9ª Casa acabamos de emergir das águas densas e pantanosas do inconsciente escorpiônico, depois de enfrentar nosso medo da morte e de perscrutar as profundezas do sentimento e da emoção. Agora, em Sagitário, de novo nos aquecemos sob os raios de um signo de Fogo solar e mais uma vez somos envolvidos pela energia consciente e extrovertida. Tradicionalmente, os astrólogos associam Sagitário ao Espírito, à expansão da consciência, ao anseio pela grandeza e à habilidade de motivar, inspirar ou "incendiar" as pessoas. Essas elevadas associações se aplicam não apenas aos indivíduos nascidos no signo, mas também às pessoas com planetas na 9ª Casa. A inspiração é oferecida por profissões da 9ª Casa, como professor universitário, escritor e ministro religioso. As empresas de publicidade e propaganda também realizam o trabalho do arquétipo sagitariano pela disseminação da informação e, às vezes, espera-se, também da sabedoria. Agentes de vendas motivados chegam a ter o zelo de ministros quando estão no auge da carreira e querem também participar do arquétipo da 9ª Casa. Entretanto, pela minha experiência com clientes, observei que o interesse principal do arquétipo se concentra na filosofia moral prática e na ética. A lei, por exemplo, campo importante da 9ª Casa, requer a aplicação prática da ética a casos concretos.

Há uma alegria intrínseca a Sagitário, semelhante ao estágio da alquimia em que o trabalho pesado está concluído e então surge a satisfação do crescimento espontâneo. No seu livro *Alquimia*,* Marie-Louise von Franz fala do choque de forças inconscientes e conscientes seguido de uma bonança que ela compara, como uma fase na alquimia, a uma criança brincando em um belo jardim. Muitos que participam do arquétipo sagitariano por meio do Sol, do ascendente ou de Júpiter proeminente no mapa vivem a vida de maneira brincalhona e, porque têm expectativa de que boas coisas lhes aconteçam, tendem a atrair experiências positivas no decurso da vida. O que o nono signo experimenta é semelhante à imagem de crianças brincando no jardim paradisíaco depois do duro trabalho do estágio de Escorpião ou da descida ao inconsciente.

O número nove simboliza a plenitude, a perfeição, a pureza de pensamento. O nono signo se parece com o ápice do processo alquímico, o arremate, a conclusão do trabalho que von Franz cita do alquimista árabe conhecido por "Senior": "lavar as sete estrelas nove vezes", ou até que figurem totalmente sem manchas, perfeitamente limpas e cintilantes em sua pureza. As sete estrelas representam o horóscopo no seu todo. O Sol, a Lua e os cinco planetas, de Mercúrio a Saturno, eram conhecidos coletivamente como as sete estrelas que, com seus aspectos, signos e posições de casa, compõe a personalidade do indivíduo. Durante seu processo alquímico, o conquistador das sete estrelas obtivera o domínio sobre seus instintos, suas frustrações, seus desejos, seus maus hábitos e outros obstáculos à realização do Espírito. Ficava faltando apenas a limpeza final, o polimento, a nônupla purificação. Esse estágio da alquimia sempre me vem à mente quando um cliente com um *stellium* em Sagitário me fala de seu sonho pleno de felicidade e de grandiosidade e de como é fácil tornar esse sonho realidade. Talvez possa ser

---

* Publicado pela Editora Cultrix, São Paulo, 2ª edição, 2022.

– para ele. Talvez já tenha terminado sua longa jornada pelos oito primeiros signos e chegado no fim do processo – o de limpeza e polimento.

Quando o árabe "Senior" fala simbolicamente do número nove, em termos de perfeição e plenitude, ele está de acordo com os escritores esotéricos da Grécia e da Índia. O número nove é um número-ápice para os pitagóricos, e os gregos se referem à totalidade dos Deuses Olímpicos reunindo os Nove em assembleia – a Enéade. O *Navamsa* (nove, em sânscrito) ainda se relaciona à plenitude e à perfeição na Índia. Quando um astrólogo procura um parceiro de vida para determinado mapa natal ou quando alguém procura saber qual é seu trabalho ou sua missão na vida, o círculo é dividido por nove, e os graus planetários são agrupados em partes de 40 graus para determinar o mapa da plenitude ou da perfeição. Os gregos tinham nove Musas, e os cristãos, nove coros de anjos – a unidade da Divindade.

O glifo do arquétipo de Sagitário é a flecha (♐). A frase "direto como uma flecha" talvez descreva a mais importante expressão-chave que os alunos novatos de astrologia aprendem sobre Sagitário, com sua linguagem incisiva e direta. Como a flecha, a linguagem direta, em geral, é aguçada. Às vezes, é engraçada e comete algumas "gafes"; outras, ainda, atinge de fato o alvo.

Lembro-me de uma saudação de uma convidada sagitariana ao abraçar sua anfitriã, a quem não via havia vários anos: "Que bom vê-la novamente, Martha, e, *meu Deus, como você engordou!*". A flecha certeira, por vezes, tem a intenção de magoar, especialmente se há alguns planetas de Escorpião no mapa do nativo. Nenhum mapa é um arquétipo puro. Cada personalidade é uma mistura de energias diversas. Assim, um sagitariano cujo Hermes/Mercúrio (ou planeta comunicador) está em Escorpião pode banhar sua flecha no veneno da Serpente.

Além de plasmar o estilo de comunicação sagitariano, a expressão "direto como uma flecha" tem outro importante sentido. Uma pessoa direta conosco é sincera, honesta, confiável. Sabemos que é alguém que mantém suas promessas. A despeito das circunstâncias, sua palavra é uma só. Esse é o arquétipo puro. Embora Sagitário espere esse comportamento de outras pessoas e procure ele próprio viver de acordo com o código, sua flecha, muitas vezes, não atinge o alvo. Com frequência, suas promessas não são mantidas no espírito generoso em que foram concebidas porque sua energia é demasiadamente dispersa e difusa; Sagitário se envolve em muitos projetos, mas não consegue terminá-los. Esse é o motivo pelo qual os mitos sobre a arte do manejo do arco se aplicam tão bem a esse signo. Tal arquétipo precisa aprender a se concentrar antes de disparar suas setas (ou de fazer suas promessas).

Na Grécia e na Índia antigas e no tradicional Japão, a arte do manejo do arco era uma importante disciplina psicológica e espiritual. O aluno desenvolvia a paciência e a presença de espírito; no entanto, mais que isso, aprendia a fluir com a ação – o processo de liberar a flecha na direção do alvo. No movimento de liberar a flecha, a mente e o corpo do arqueiro formavam uma unidade com o arco, a flecha, o movimento e o alvo. Nos tempos antigos, portanto, a mestria da arte do manejo do arco era um tipo de autodomínio. O herdeiro ao trono, que era também o vencedor da competição de arcos, o Mestre, era considerado digno do reino. Arjuna, no *Mahabharata*, o épico hindu, e Ulisses, na *Odisseia* grega, eram dois reis arqueiros desse quilate. Eugen Herrigel, autor de *A Arte Cavalheiresca do Arqueiro Zen** passou quatro anos no Japão nesse caminho rumo ao autodomínio. Os anos que Herrigel permaneceu no país lhe possibilitaram a compreensão da doutrina sagrada da arte do manejo do arco, experiência compartilhada por um número reduzido de ocidentais privilegiados. Uma citação de seu Mestre zen lança luz sobre a técnica:

> "Suas flechas não atingem o alvo", observou o mestre, "porque espiritualmente não percorrem grandes distâncias. Comportem-se como se o alvo estivesse a uma distância infinita. Para nós, mestres arqueiros, é um fato conhecido e comprovado pela experiência cotidiana que um bom arqueiro, com um arco de potência média, é capaz de um tiro mais longo do que um outro, empunhando um arco mais potente, mas carente de espiritualidade. Logo, o tiro não depende do arco, mas da *presença de espírito*, da vivacidade e da atenção com que é manejado. Mas, para desencadear uma maior tensão nessa vigília espiritual, os senhores devem executar a cerimônia de maneira diferente da que vem sendo feita até agora, mais ou menos como dança um verdadeiro dançarino. Assim o fazendo, os movimentos dos seus membros partirão daquele centro do qual surge a verdadeira respiração. Então, a cerimônia, ao invés de desenvolver-se como uma coisa aprendida de cor, parecerá criada segundo a inspiração do momento, de tal maneira que dança e dançarino sejam uma única e mesma coisa. Se os senhores se entregarem à cerimônia como se se tratasse de uma dança ritual, sua lucidez espiritual atingirá o ponto máximo."

---

* Publicado pela Editora Pensamento, São Paulo, 32ª reimpressão, 2020.

Assim sendo, a habilidade de manejar o arco é ao mesmo tempo uma ciência e uma arte. Ela é mental e ativa, do mesmo modo que Sagitário é mutável e de Fogo. O Mestre diz que a meta do arqueiro deve ser vista como longínqua ou infinitamente distante. É preferível ultrapassar o alvo a ver que suas flechas não chegam até ele – isso é muito desestimulante.

Com sua crença na grandeza maior, Sagitário é um bom exemplo de visão e inspiração para o signo da polaridade oposta, Gêmeos, e para um dos signos da quadratura, Virgem. Ambos esses arquétipos regidos por Hermes tendem a ser míopes em comparação com Sagitário; eles se perdem nos detalhes e tem dificuldade de passar da técnica para a criatividade, impedindo-se de desfrutar a inspiração do momento, de dançar solta e ardorosamente e de se tornarem um com a ação. Os signos regidos por Hermes tendem a se preocupar em demasia com a possibilidade de errar, enquanto Sagitário é capaz de relaxar, como o mestre zen incentivou o arqueiro a fazer e a sentir prazer com o processo. Muitos clientes de Sagitário, empregando o vocabulário do arqueiro, me disseram: "Bem, a ideia não funcionou, mas tentei ao máximo e agora vou esquecer tudo e me dedicar ao próximo alvo". A maioria dos virginianos e dos geminianos seriam mais felizes se se dispusessem a deixar de lado os problemas e a avançar, em vez de ficarem remoendo as imperfeições do plano.

A arte do manejo do arco também inclui algumas modificações na visão teleobjetiva da realidade por parte de Sagitário. Esporadicamente, há necessidade de apontar a lente precisa e cuidadosa de Virgem/Gêmeos, de mirar o alvo. Essa é a lição que o entusiasta e ativo Arjuna, o jovem herdeiro ao trono descrito no épico hindu, devia aprender. Sua visão dispersa do quadro geral precisa de foco. O príncipe Arjuna e seus quatro irmãos mais novos suplicaram ao sábio brâmane Drona, o Mestre no manejo do arco, que os aceitassem como alunos. Drona, entretanto, era um velho que considerava o tempo algo de muito valor; havia muito ele não acolhia jovens da nobreza como discípulos. Por isso, os irmãos tinham que se qualificar por meio de um teste pelo qual cada um pegava o arco, adotava uma posição específica e respondia a suas perguntas.

O mais jovem empunhou o arco e se concentrou. Drona perguntou-lhe: "O que você vê?". Ele respondeu: "Vejo a montanha do outro lado do vale, o céu, as árvores e um pássaro no topo de uma árvore". "Não", disse Drona, "você não passou. Afaste-se." O segundo irmão tomou seu lugar com o arco. "O que você vê?", perguntou o Mestre. "Vejo o céu, a montanha, uma árvore, um pássaro no seu ramo principal e vós, Mestre, pelo canto do olho." "Sinto muito", disse Drona, "você também não passou. O próximo!". O terceiro irmão disse: "Mestre, não posso vê-lo, mas ouço sua voz; vejo apenas a árvore, seu tronco e o pássaro". "Desça", disse o brâmane, "pois você também está reprovado". O quarto irmão via somente o tronco e o pássaro, mas ele também, como os demais, não teve êxito. Finalmente, Arjuna, tendo observado a concentração e o foco dispersos de seus irmãos mais jovens, tomou posição e pegou o arco. "O que você vê?", perguntou Drona. "Vejo apenas o pássaro, Mestre", disse Arjuna. "Olhe novamente; concentre-se mais", disse-lhe o mestre. "Ah! Vejo somente um ponto no centro da testa do pássaro!" "Muito bem. Lance a flecha. Você será meu aluno!", disse o Mestre.

Assim, a visão ampla de Sagitário deve ser temperada com a lente corretiva da precisão e do foco de Hermes – a concentração. Tanto a visão telescópica quanto a microscópica devem operar simultaneamente na Arte do Manejo do Arco, ou como os Mestres japoneses a denominam – a Doutrina Sagrada. Essa é uma chave importante para a integração da 3ª e 9ª Casas, ou, como eram conhecidas nos manuais antigos: mente inferior (factual, técnica) e mente superior (abstrata).

Minha experiência revela que um dos aspectos mais importantes da Jornada do Sagitariano é a educação. O arqueiro-mestre deve encontrar seu Drona e desenvolver uma mente treinada. É um prazer encontrar um arqueiro-mestre que frequentou a escola tempo suficiente para se beneficiar da disciplina e aprender a organizar seus pensamentos – a filtrá-los por meio de sua mente antes de exprimi-los. Uma cliente, mulher de negócios, disse-me certa vez que estava cansada depois de ter passado a manhã toda entrevistando dois candidatos sagitarianos. Nenhum deles completara o processo educacional formal; ambos haviam optado por viver em vez de concluir os estudos. "Eles eram como incêndios florestais fora de controle, ambos entusiasmados com a oportunidade de emprego. Apresentavam muitas sugestões positivas para mudanças nas funções que eu estava pensando em lhes atribuir, mas inadequadas. E falavam de forma desorganizada e desconexa, começando por discutir uma área do trabalho, em seguida interrompendo e passando a discorrer sobre outro assunto. Era como se chegassem a mim a partir de seis ângulos diferentes ao mesmo tempo. Algumas ideias eram realmente boas, mas a apresentação era terrível. Ao final, tive que perguntar a cada um deles: 'Você leu mesmo a descrição do cargo? Você refletiu sobre o que iria dizer antes de entrar? Suas ideias são interessantes, mas você compreende bem o que esse trabalho implica?'".

Sem um treinamento com o objetivo de apresentar suas grandes ideias, os sagitarianos tendem a tagarelar como Gêmeos, o que não é bem-visto no mundo dos negócios. Eles também têm a tendência à generalização. É necessário um treinamento mental para que aprendam a pensar em sequência e a usar a imaginação – e leiam o documento autêntico (isto é, a descrição de cargo) à sua frente, em vez de ler as entrelinhas ou de aprofundar a leitura.

Isso nos leva de volta à questão do centramento, da concentração serena da lição sobre a arte do manejo do arco e à lógica prática da Terra. A pessoa que participa desse arquétipo pode se beneficiar de planetas fixos para estabilizar a personalidade, ou tirar proveito de Saturno em uma casa forte, ou de planetas nos signos de Terra (Touro, Virgem ou Capricórnio). Talvez seja por isso que Alice Bailey, em *Astrologia Esotérica*, considere a Terra o regente esotérico de Sagitário. Os sagitarianos mais cultos que encontrei, os dotados de espiritualidade e vivacidade, e também os mais felizes, manifestam na vida diária uma sabedoria muito prática e cheia de bom senso. Terra representa estrutura, habilidade de organização, compromisso, responsabilidade. É verdade que a educação, o ensino de nível superior, ajuda a concentrar e a treinar a mente em algumas dessas áreas; porém, mais importante que isso, parece-me, é a experiência da vida – a progressão do Sol por Capricórnio. Todos os sagitarianos vivem trinta anos na progressão de Capricórnio, signo de Terra cardinal, onde, por intermédio do mundo dos negócios, ativamente aprende sobre realidade por meio da tentativa e erro, como os demais signos de Fogo. Diferentemente dos espectadores de signo Ar, o fogo tem necessidade de ser um *fazedor*, não um observador da vida.

Um ativista de Fogo com essas características foi Hércules, um herói que encontramos no capítulo dedicado a Áries. Hércules estudou a arte do manejo do arco, tendo Quíron, o Centauro, como professor. A história de Hércules e de seu querido amigo e mestre acrescenta outra dimensão à nossa compreensão de Sagitário – a generosidade do Sábio. Quíron parece ter tido uma educação mais abrangente que Drona, o Arqueiro do épico hindu. Ele era também um erudito, um professor, curador e orientador renomado por seus "julgamentos justos". Sua forma física era das mais estranhas. Como Centauro, tinha a cabeça e o tronco de homem, mas o corpo de cavalo. (Em sua clássica obra, *O Livro da Mitologia*, Thomas Bulfinch nos diz que os Centauros não pareciam monstruosos ou repugnantes aos gregos, pois estes admiravam verdadeiramente seus cavalos.) Quíron e seus companheiros Centauros habitavam as florestas da Tessália, parte selvagem do país, onde "vagavam livres". Se imaginarmos todos esses cavaleiros gigantes cavalgando pela floresta, poderemos imediatamente compreender a natureza "não me prenda" do arquétipo, especialmente de Sagitário no ascendente.

Deve-se observar que havia muitos tipos diferentes de Centauros, assim como há muitas espécies de sagitarianos. Nem todos eram tão sábios ou tão habilidosos quanto Quíron; na verdade, ele se sobressaía ao bando. Bulfinch nos diz que muitos dos Centauros eram "hóspedes grosseiros". Na festa de casamento de Hipodâmia, por exemplo, um deles perdeu o controle, cedeu à sua natureza apaixonada, arrastou a noiva pelo cabelo e a hostilizou. Vários outros seguiram seu exemplo. Jung vê no cavalo o símbolo dos "instintos descontrolados", ou do inconsciente dominando a mente consciente, e essa história da festa de casamento confirma esse ponto de vista. Nos *Upanishads*, entretanto, o cavalo é símbolo do Cosmos (o Self). Quíron claramente representava a mente no controle dos instintos, ou o cavalgar do cavalo. Como um Centauro bondoso e educado, ele manifestamente estabelecera um objetivo superior para a vida, o que os outros não fizeram. Apesar disso, em seu encontro com Hércules, mesmo Quíron foi vulnerável na parte correspondente ao cavalo de seu corpo – a perna.

Um dia Hércules, o Herói, passava pela Tessália a caminho de um desafio, ou trabalho, quando pensou que Quíron poderia lhe dar algum conselho útil se fosse visitá-lo. Ele estava impaciente, porém – essa é uma história de um signo de Fogo – e não queria esperar enquanto Quíron e os demais erravam no outro lado da floresta. Pediu, então, ao Centauro que estava de serviço que abrisse um barril de vinho e lhe oferecesse um pouco. O cheiro do vinho imediatamente chegou aos outros Centauros, que logo se enfureceram. Ou um ladrão se apossara do que lhes pertencia ou um inimigo se aproximava de seu território.

Hércules entrou em pânico quando ouviu o som de seus cascos em desabalada carreira em sua direção. Em meio à poeira que o bando levantava, Hércules não podia ver absolutamente nada. Seu terror era tanto que pensou que seria esmagado até a morte; então, instintivamente, disparou uma saraivada de flechas para o alto. Ele não se concentrou nem mirou, queria apenas adverti-los – fazê-los saber que o Grande Hércules estava lá. Desse modo, consternado, descobriu que uma das flechas perdidas atingira seu amigo e mestre amado, Quíron, ferindo-o na perna. Por Hércules ter banhado as flechas no sangue de Hidra, um veneno particularmente forte para o qual não havia antídoto, Quíron, o médico ferido, não poderia curar a si mesmo. Quíron, tão educado, tão inteligente, tão erudito;

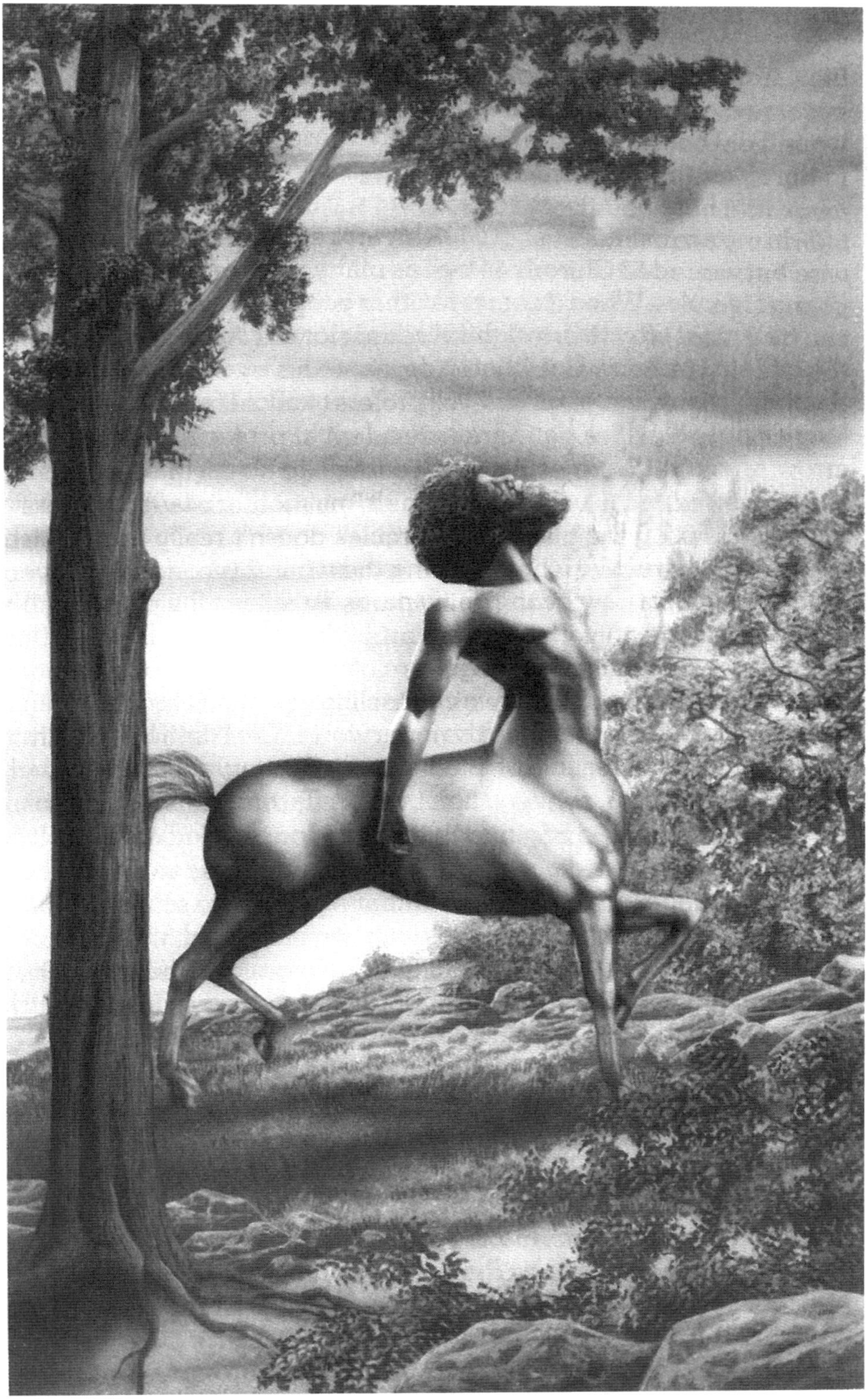

Quíron, tutor do famoso curador Esculápio; Quíron, o Imortal, não tinha condições de fazer que sua ferida parasse de doer.

Quíron, todavia, tinha disposição sagitariana generosa. Como Imortal, não podia morrer. Entretanto, sem exigir nada em troca, dispôs-se a descer aos infernos e a ocupar o lugar de Prometeu, possibilitando, assim, que o ladrão do Fogo ficasse livre. Quando Quíron se dirigiu ao Tártaro, Hércules continuou seu caminho com tristeza, lamentando sua impaciência. Assim como Áries, outro signo de Fogo, Sagitário não tem paciência de esperar e, muitas vezes, tem problemas em adiar uma gratificação. Hércules sabia que, se o vinho não tivesse sido aberto, os Centauros não teriam sentido seu cheiro e não teria havido a debandada do grupo. Ele jurou que jamais dispararia novamente uma flecha em defesa própria sem antes mirar com todo cuidado, esperar que a poeira baixasse e que o inimigo se tornasse perfeitamente visível. Os gregos registram que a ferida de Quíron finalmente ficou curada e ele subiu aos céus para ocupar seu lugar na constelação de Sagitário.

No meu relacionamento com esse arquétipo, conheci muitos Quírons sábios, mas feridos, e muitos jovens Hércules impacientes e impetuosos. Quando se trata de outras pessoas, o ferido Quíron pode ser um conselheiro eficaz, dono de grande percepção intuitiva, pois Apolo lhe deu o dom da profecia. Todavia, quanto à própria ferida, o sábio sagitariano que presta bons serviços aos outros prefere evitar enfrentar a situação pelo maior tempo possível. Os signos de Fogo são muito favoráveis a projetar a culpa – afinal, a flecha é um projétil. Não basta incriminar o mundo exterior pela ferida. "É culpa de meu marido, de minha mãe, do meu patrão" etc. Jogar a culpa em Hércules, na verdade, não produz nada de construtivo no que se refere à cura da ferida, mesmo que Hércules seja culpado. Para aliviar a dor e encontrar a cura, Quíron devia descer aos infernos (o inconsciente) com seus instintos. Os signos de Fogo, geralmente, são impacientes com o processo interior e rompem sua incursão de forma prematura. Preferem viver mais no mundo exterior que no interior. Afinal, a 9ª Casa é uma casa de Fogo, cheia de atividades agradáveis e de passatempos, viagens, *workshops*, cursos, conversas, livros. Tártaro (terapia) não é um lugar agradável, onde o sagitariano goste de ficar longos períodos de tempo. É mais fácil dizer: "Fiz meu próprio diagnóstico e estou curado. A ferida desaparecerá se eu modificar meu ambiente externo – se voltar à escola, se me dedicar às vendas em vez de dar aulas". Mas, em um novo ambiente, o mesmo velho mapa continuará a manifestar-se (a ferida continuará a doer). É preciso paciência, tempo e, muitas vezes, outro médico para curar uma ferida profunda. Afinal, Quíron teve de passar um tempo no Tártaro.

Em seu livro *Alquimia*, Marie-Louise von Franz afirma que lavar as sete estrelas nove vezes significa que a transformação pode precisar de nove ou dez anos de terapia. Durante o processo, a pessoa deixa de projetar seus sete planetas no mundo exterior. Ela aprende que suas queixas em relação a seu mal-humorado chefe significam que ainda não está em contato adequado com seu *próprio* Marte. Se uma pessoa se queixa do tipo de relacionamento que constantemente atrai no mundo exterior, está projetando sua inabilidade em manifestar, de maneira adequada, sua própria Vênus. Pelo fato de Sagitário projetar, com frequência, os próprios problemas, pode passar por vários chefes intratáveis ou por relacionamentos difíceis para descobrir o padrão subjacente a suas projeções e para procurar ajuda. Sagitário tem a liberdade em alta estima, e para se livrar das projeções que o aprisionam, para viver consciente e espontaneamente, é de grande valia o esforço que investe na purificação alquímica.

A sabedoria resulta da prática do desapego e da introspecção coroada pela compaixão. Júpiter, regente de Sagitário, é exaltado em Câncer, o arquétipo da Grande Mãe. Na arte chinesa, Kwan Yin *Bodhisattva*, personificação da Sabedoria/Compaixão, anda sobre as nuvens empunhando seu arco para combater o Mal. A sábia e compassiva mãe, entretanto, não ataca a pessoa que faz o mal, mas apenas e tão somente o Mal em si. Essa é uma lição importante que o sagitariano deve aprender da exaltação de seu regente no misericordioso Câncer. O sagitariano superior incorpora a sabedoria e a compaixão de Kwan Yin em seus esforços pela ação correta.

Em que direção, então, o sagitariano superior arremessa sua flecha? Qual o alvo mais elevado para o qual ele aponta? Creio que a resposta é: para a Verdade. É isso que Zeus, em sua manifestação maior, queria dizer aos gregos, e é isso que está implícito na busca sagitariana da honestidade, da sinceridade, da integridade e do julgamento justo.

Por que associamos a busca da Verdade com o arquétipo de Sagitário? Para responder a essa pergunta, precisamos nos familiarizar com o Todo-Poderoso Zeus, mais tarde conhecido como Jove ou Júpiter pelos romanos. Júpiter não é apenas o regente mundano de Sagitário e da 9ª Casa, mas, ainda, devido à sua natureza magnificente, o Todo-Poderoso Zeus exerce influência tão forte que nenhum outro planeta é exaltado em Sagitário. O sagitariano, como seu regente, manifesta *grandes* virtudes e *grandes* vícios. Em geral, isso se aplica também ao indivíduo nascido com Júpiter na 9ª Casa ou com Júpiter em Sagitário.

Em *Zeus e Hera*, Karl Kerényi nos revela que, quando Zeus apareceu na Grécia (provavelmente oriundo do Egito ou da Babilônia), os gregos o viram como uma força ou Presença Sagrada. Nenhum artista precisava representá-lo. O Zeus que tudo vê estava em toda parte, no topo dos montes, caindo como chuva branda ou visto no firmamento da noite sob a forma de um raio ou de um trovão. O Zeus do Céu Diurno era reconhecido por presságios positivos, como o voo da águia, ou por uma mudança brusca no clima. O Zeus do Céu Noturno era uma força mais assustadora. A presença de Zeus era sentid,a de modo particular, nas fogueiras. Nas cavernas escuras de Creta e nas agrestes elevações da Tessália, os gregos antigos sentiam a presença e a proteção do deus em seus fogos a céu aberto. Existe em cada sagitariano uma centelha sagrada de Zeus. Ele e Theos (Deus) são uma só e mesma coisa. Da palavra Theos derivamos a palavra entusiasmo. Em todos os clientes sagitarianos – mesmo naqueles que parecem queimar como incêndios florestais fora de controle – existe essa centelha pura do entusiasmo de Zeus. Há um impulso a prosseguir com ela, a avançar na direção do objetivo. A maioria dos astrólogos do século XXI pode facilmente estabelecer relações com as características positivas de Júpiter/Zeus e com as palavras-chave positivas para Sagitário.

Como os gregos antigos, estamos cientes de que Júpiter é o Grande Benéfico. Como Vênus, a Pequena Benéfica, ele brilha com uma luz intensa. Os antigos sabiam que Júpiter era o maior dos planetas do sistema solar. Hoje sabemos que é o de maior massa e que, se suas dimensões fossem um pouco maiores, ele seria um Sol, o centro de seu próprio sistema solar, com planetas girando ao seu redor. Por isso compreendemos facilmente as palavras-chave que os gregos atribuíam a Zeus – magnanimidade, majestade, poder, beneficência, abundância, espiritualidade, seriedade, jovialidade, otimismo, justiça, verdade, sabedoria etc. Os astrólogos contemporâneos podem, com facilidade, conhecer o Zeus de Homero, que se manifesta na *Ilíada*, e que era chamado de o Conselheiro, Zeus que tudo vê e Zeus o Sábio. Esse seria, então, o ideal arquetípico.

Entretanto, em *Psychology of the Planets*, Françoise Gauquelin afirma que, mais que as positivas, as palavras-chave negativas de Júpiter correspondem a um Júpiter fortemente posicionado por casas em mapas individuais. Algumas das palavras-chave negativas que ela lista são: arrogante, orgulhoso, negligente,

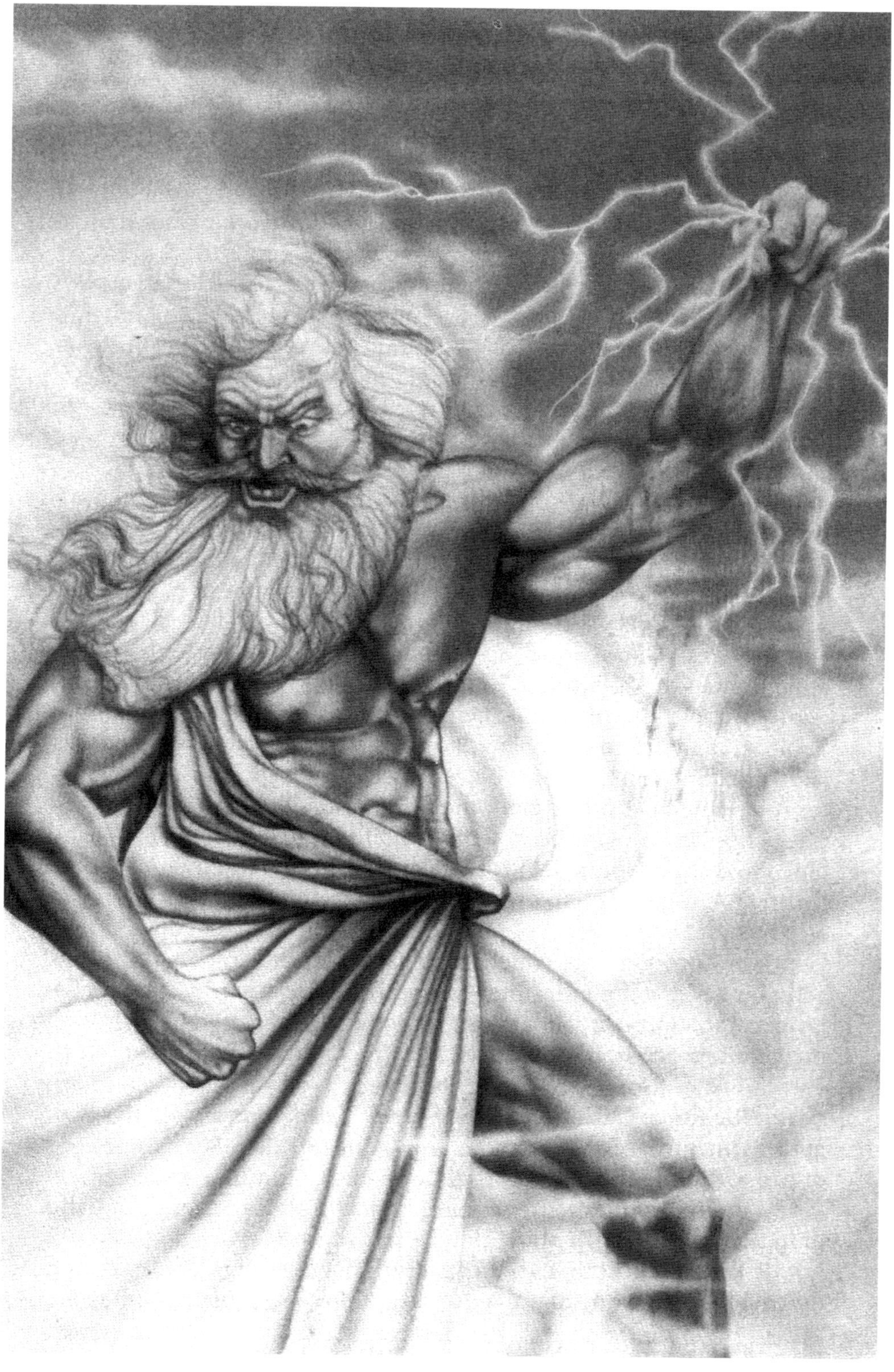

constrangedor, excessivamente otimista, esbanjador, tagarela, extremista, provocador, extravagante, não crítico, fanático, preguiçoso, indeciso, narcisista, pomposo, oportunista. Essas são as características que aparecem nos mitos do Zeus do Céu Noturno que trovejava contra os inimigos e não economizava seus raios. O mito da luta de Zeus com Tifão foi narrado no capítulo de Escorpião. Vimos o lado fanático e arrogante do Todo-Altíssimo. Em vez de aprender com Tifão (integrar sua sombra), Zeus lançou seus raios e matou seu oponente, o filho da Mãe Terra. Em *A Astrologia do Destino*, Liz Greene nos diz que em Sagitário o "fanatismo, em geral, está intimamente associado a profundas dúvidas internas". Também percebi que, quando um sagitariano explode com força brutal (o raio de Zeus), age impelido pelo medo. Ele ficou aterrorizado com Tifão (seu próprio pesadelo). O sagitariano, em vez de fazer uma introspecção em relação aos próprios medos interiores, fica condescendendo como Zeus com reações exacerbadas no mundo exterior. O Zeus do Céu Noturno, o Deus-Tempestade, é o lado paradoxal da personalidade sagitariana, o lado genioso que age com o raio – reage com atitudes desproporcionais ao crime cometido contra o Tribunal de Zeus. (Ele era conhecido como o Deus da Mão Violenta devido a seu gênio descomedido.)

Especialmente apropriado ao estágio sagitariano de purificação é Zeus Sicásio, figura régia que segura uma cornucópia (abundância) e que envia sua Águia real mensageira. Encontramos essa águia de sangue vermelho em *Prometeu Acorrentado*, de Ésquilo. Todos os dias, a Águia descia aos infernos para devorar uma porção do fígado de Prometeu com o fim de purificá-lo e purgá-lo de suas toxinas emocionais. Homero também nos diz, na *Ilíada*, que Zeus tinha ligação com o enxofre, o purificador alquímico. Zeus banhava as coisas no enxofre e certa vez destruiu uma árvore com seu raio, deixando pairar no ar o cheiro de enxofre.

Durante sua "sulfurosa" progressão de trinta anos por Capricórnio, muitos clientes sagitarianos passaram por uma purificação simbólica. Eles desenvolveram um senso saturnino de planejamento, aguçaram sua concentração na meta em vista e desenvolveram um sentido mais realista de suas limitações no que estas têm de ligação com o tempo, com a energia e com o dinheiro.

Em *Please Understand Me*, Keirsey e Bates se referem à "ética do trabalho" *versus* "ética do jogo". A ética do trabalho é bastante saturnina (capricorniana), e a ética do jogo, mais jovial (sagitariana). Por natureza, Sagitário parece mais inclinado a manter suas opções em aberto, a resistir a cronogramas e a preferir a espontaneidade a um planejamento de longo prazo. Como signo de Fogo, o sagitariano gosta do projeto em si (a ação), e não da sua preparação, manutenção, ou término – ele(a) tende a sumir e a deixar incompletas essas etapas do projeto. Durante a progressão capricorniana, o sagitariano encontra a ética do trabalho a cada passo. Há uma introspecção saturnina presente na progressão em Capricórnio que permite a Sagitário entrar em acordo com Zeus do Céu Escuro e trabalhar com os traços negativos de Júpiter – procrastinação, preparação deficiente, datas-limite não cumpridas etc. Entre meus clientes, tenho vários sagitarianos que nunca precisaram lutar para ganhar a vida. (Alguns herdaram fortunas; outros são mantidos pelo cônjuge.) Eles nunca foram expostos à ética do trabalho sob a forma de empregador; antes, têm ideais elevados desproporcionais em comparação com suas limitações de tempo e de energia. Uma sagitariana mencionou que gostaria de terminar seu curso de graduação, mas que não sabia por onde começar. Antes do casamento, ela cursara uma miscelânea de cursos de que gostava. Entretanto, deixara de frequentar muitas das disciplinas obrigatórias. Vinte anos depois, ela ainda estava longe da conclusão do curso, embora conservasse essa possibilidade entre seus objetivos.

Outra sagitariana declarou que sabia que sua casa estava toda em desordem. Ela gostaria que sua garagem passasse por uma faxina geral para poder guardar alguns móveis da casa. Mas o tempo foi passando, e a desordem, aumentando. Quando lhe perguntei sobre isso, ela respondeu: "Não sei por onde começar. Sempre que penso em todas as providências que tenho que tomar – separar o que presta, fixar o preço, telefonar ao jornal para compor o anúncio, fazer doces para vender na garagem etc. –, bem, fico tão cansada só em pensar nisso que preciso me sentar e relaxar".

Astrólogos esotéricos têm esclarecido, e com propriedade, que Sagitário tem grande aspiração e metas elevadas, mas é fraco na execução. Ele tem a impressão de que a meta está tão distante que lhe parece impossível dar o primeiro passo. Uma expressão ou comentário que os astrólogos ouvem muitas vezes de Sagitário é: "Não sei por onde começar". Minha experiência comprova que a progressão por Capricórnio mostra ao sagitariano por onde começar e como manter a caminhada. Depois da progressão em Capricórnio, por sua associação com o mundo dos negócios, o indivíduo aprendeu a desenvolver o bom senso. Ele tem percepção maior da praticidade de seus objetivos e do método que deve adotar para alcançá-los – para lidar com datas-limite, com o estresse, para se ajustar à rotina de trabalho. Os sagitarianos que trabalham como autônomos durante essa progressão aprenderam a tratar de detalhes, como documentos dos funcionários, formulários governamentais, faturamento e cobrança e preenchimento dos requisitos necessários para licenciamento em seu campo de atuação, mas esse aprendizado foi extremamente doloroso para muitos deles. Entretanto, desenvolveram o que Jung chamaria de embasamento, "estar com os pés no chão".

O sagitariano que está no limiar da progressão em Aquário diz ao astrólogo: "Estou aborrecido demais. Consegui realizar aquilo que havia proposto no mundo exterior" – viagens, sucesso acadêmico, reconhecimento, riquezas. "Porém, alguma coisa está faltando. Eu não deveria ser mais feliz na vida pessoal? Estive canalizando toda essa energia para o mundo exterior, mas sinto que minha vida está incompleta". O que geralmente respondo é: "Tenha coragem; você está começando uma longa progressão através de Aquário". Esteja casado ou solteiro, ao iniciar a progressão em Aquário, o cliente com Sol ou ascendente em Sagitário tende a deslocar a energia do mundo exterior da profissão e a concentrá-la no relacionamento. Aquário, como os outros signos de Ar, está associado à comunicação e ao relacionamento com os outros, mas, acima de tudo, está empenhado em manter uma amizade igualitária. Isso não significa que, logo que Sagitário entra em progressão no novo signo, irá, de repente, querer assar bolos ou limpar a casa. Significa que, com o costumeiro idealismo elevado, procurará encontrar um companheiro que compartilhe de seus objetivos, que se comunique bem, que lhe proporcione espaços, que divida com ele sua visão de mundo. Em muitos casos, o novo parceiro gosta de viajar e é rico.

Nos primeiros cinco anos da progressão por Aquário, percebi o desenvolvimento de um padrão. O sagitariano pode perguntar: "Quando vou encontrar um homem (ou uma mulher) rico(a)?". Ele está buscando Júpiter no mundo exterior. Deseja se casar com seu planeta regente (o anjo da guarda, o princípio da abundância, a cornucópia da abundância) para que este cuide dele. Às vezes, pergunto: "O que *você* vai levar para esse relacionamento, para o qual tem padrões tão elevados?". À medida que a progressão em Aquário se aprofunda, os sagitarianos se tornam mais fixos e tendem a se acomodar nos relacionamentos pessoais e a se tornar mais realistas nas expectativas. A progressão aquariana lhes proporciona fixidez de propósito e os ajuda a prosseguir até o fim. À medida que avançam em Aquário, muitos parecem demonstrar maior capacidade para concretizar seus sonhos aqui na Terra. A impressão que se tem é que se aproximam mais de sua verdade, a qual cada sagitariano percebe de modo único.

Para os gregos, o Todo-Altíssimo Zeus era considerado, acima de tudo, o mantenedor da Ordem Cósmica, da Lei Cósmica, da Justiça, da Verdade e da Virtude. Zeus presidia às promessas feitas e aos juramentos prestados. Sabemos pela *Ilíada* de Homero que Zeus punia os traidores lançando-os no Tártaro. Em *Prometeu Acorrentado*, Hermes nos diz que o Pai Zeus não ama o mentiroso e "proferir falsidades é algo que a boca de Zeus desconhece". O mesmo não ocorre, porém, com o aéreo Gêmeos, sua extremidade polar. Para os antigos gregos e também para as antigas civilizações egípcia e hindu o pensamento e a palavra eram causativos. Portanto, quando Hermes (regente de Gêmeos) ensinou seu filho Autólico a realizar encantamentos, ou a arte imaginativa de jurar falso, estava diametralmente oposto à natureza de Zeus pela verdade. Gêmeos ardilosos (Hermes) estão distanciados 180 graus de Sagitário (Zeus).

Em sua obra *Alquimia*, Marie-Louise von Franz descreve tal instinto pela verdade, e eu o vi operando em muitos de meus clientes sagitarianos. Ela diz que os antropólogos descobriram nas tribos primitivas um sentido muito aguçado para perceber quando alguém estava mentindo ou escondendo a verdade. Um informante contou a um antropólogo que um rico pescador lhe oferecera o que parecia ser uma ótima oportunidade para navegar com ele em seu novo barco. Mas recusou a oferta porque sabia que o pescador, embora falasse bem, não era um homem bom. Von Franz afirma que em nossa sofisticada cultura moderna perdemos esse instinto pela verdade. Todavia, com frequência o vejo em nativos com Sol ou ascendente em Sagitário. E, como Zeus, "eles não gostam dos mentirosos".

Uma jovem com vários planetas em Sagitário mencionou que rompera seu noivado porque o noivo mentira. Para ele, a mentira era inofensiva, contada porque não a queria magoar. Mas, para ela, isso era reflexo de falta de sinceridade mais profunda. Ela disse: "Se mentiu uma vez, ele o fará novamente. Se mente sobre pequenas coisas, também vai mentir sobre grandes". A jovem interpretara a mentira de modo instintivo.

Zeus, sentado em seu tribunal, não pesa as palavras, mas, instintivamente, conhece a verdade ou a falsidade por trás delas. No capítulo sobre Gêmeos, já nos deparamos com a habilidade de Zeus de perceber os álibis fantasiosos de Hermes no caso do rebanho roubado de Apolo. Em *Astrologia Esotérica*, Alice Bailey nos diz que Mercúrio (Hermes) tem seu poder enfraquecido em Sagitário. Para mim, isso tem sido um fato autêntico ao longo dos anos, no trabalho com meus clientes de Sagitário. Não quero dizer que eles sejam tolos, mas, sim, que os fatos, a lógica e as circunstâncias (ética da situação) particulares são irrelevantes. À semelhança do próprio Zeus, por intermédio de seu instinto da verdade, muitos podem ver além dos fatos de Gêmeos, não importa quão bem organizados sejam, e perceber a falácia. É isso que torna esse arquétipo tão adequado ao ambiente da sala do tribunal.

Como Zeus, os sagitarianos têm forte senso de justiça. Ao ouvi-los descreverem seu sentimento de revolta em relação à ação de um supervisor contra um colega de trabalho, sempre me vem à mente a passagem bíblica das Bem-aventuranças: "Bem-aventurados os que têm fome e sede de justiça, porque serão saciados" (*Mateus* 5:6). Como pessoas extrovertidas, lutam pelos outros ou tentam corrigir os erros dos semelhantes. Seu senso de justiça é diferente do de Libra. Enquanto Libra se relaciona com a justiça por meio do equilíbrio mental da balança, o ígneo Sagitário o faz pelas emoções e pelo desejo de agir – *de fazer alguma coisa* para corrigir os erros do meio. Enquanto a espontaneidade sagitariana, em definitivo, tem suas vantagens, Pitágoras, que amava a Zeus acima de tudo, disse que a justiça deve ser temperada pela prudência. Ele considerava a prudência a maior virtude mental, essencial a uma vida equilibrada. É possível que Sagitário ganhe a reputação de encrenqueiro pela constância com que empreende novas e renovadas cruzadas.

Considerada abstratamente, a justiça é uma etapa importante da busca da verdade empreendida por Sagitário. Pitágoras nos diz que a justiça é a mais importante de suas quatro virtudes e está contida nas outras três: prudência no pensamento, coragem na ação, e temperança no que diz respeito a tudo que envolve os sentidos. Ele esclarece que a justiça é "uma esperança que não pode nos enganar." Para os que estão no Caminho da Verdade e da Sabedoria proposto por Pitágoras, a carta da Justiça do Tarô é um símbolo apropriado para meditação. Para Pitágoras, a Justiça tinha mais em comum com a harmonia que com a compensação da vítima. Não era um processo matemático de exigir um olho por um olho e um dente por um dente. Era uma questão de dar sustentação à ordem cósmica. Zeus era um juiz absoluto. Entretanto, a carta da Justiça do Tarô é muito feminina. Em uma das mãos, ela empunha uma espada que representa o discernimento e, na outra, segura uma balança. Como a deusa Atena, usa um elmo que simboliza a coragem. Seu olhar está fixado à frente como se, distante e imparcialmente, estivesse vendo além dos fatos e personalidades dos litigantes a verdade em si. Assim, ela parece misturar a coragem e o discernimento masculinos com o sentimento feminino pela verdade. Sua postura parece dizer que a justiça, é de fato, uma esperança que não pode nos enganar. Suas palavras parecem ser estas, "ponha a justiça em seu coração e olhe para o seu interior; julgue a si mesmo em vez de buscar a justa recompensa nos outros".

Os astrólogos muitas vezes se deparam com clientes contestadores – aqueles que constantemente buscam compensação nos tribunais. A questão mais corriqueira é sobre datas favoráveis para entrar com a ação judicial. A ordem cósmica seria mais bem servida se os contestadores se empenhassem em restaurar a harmonia em vez de buscar compensações financeiras. Minha experiência diz que uma atitude litigiosa tende a envolver o cliente em um círculo vicioso de processos judiciais. Ela também indica que o litígio produz avareza, um dos vícios contra o qual Pitágoras nos adverte.

Para os gregos, o Pai Zeus não era apenas um Juiz justo; era também um Pai misericordioso. Ele perdoou Prometeu com magnanimidade sagitariana. Zeus não guarda ressentimentos. Nem os sagitarianos. Eles se irritam rapidamente, mas também perdoam facilmente. Embora a cidade de Ílion, a capital do reino de Troia, fosse habitada quase que só por seus leais e devotados seguidores, Zeus ouviu as orações de uma mãe grega em favor de seu filho, alterou o curso da batalha e deixou que os gregos destruíssem Ílion. Ele era mutável. Os mitos de Zeus estavam repletos de surpresas. Ele amava a liberdade, o que era resquício da personalidade sagitariana. E também viajava muito. Seus mitos abrangem a Grécia toda.

Zeus, então, primeiro apareceu aos gregos como um deus impessoal cheio de poder que subitamente podia disparar seu raio à noite, ou como uma presença reconfortante que podia ser sentida no alto da montanha durante um agradável piquenique. Era a força moral de Zeus que sustentava a realeza e a ordem social sobre a Terra. Os reis auferiam sua autoridade de Zeus e deles se esperava que correspondessem às suas responsabilidades, que mantivessem seus juramentos e que protegessem seus súditos de todos os perigos. De acordo com Karolyi Kerényi, Xenofonte teve um sonho em que Zeus lhe oferecia a realeza – um sonho do destino. O trovão sacudiu sua casa e o raio atingiu as proximidades, de modo que a casa toda ficou envolta em luz. Então ele soube que Zeus o "amparava e queria que ele chegasse ao poder".

Zeus enviava sonhos e era o Conselheiro Sábio para muitos mortais, mas especialmente para os reis. Platão, no primeiro livro das *Leis*, narra a lenda de Creta, a terra natal de Zeus, onde ele era venerado de modo todo particular. De acordo com a lenda, uma vez a cada nove anos, os reis da dinastia minoica encontravam-se com Zeus perto da caverna onde ele nascera e ali eram inspirados na elaboração das leis. Platão nos diz que, enquanto essas reuniões aconteciam, o Sol ficava parado no firmamento e uma sensação de descanso, de paz e de eternidade se espalhava por toda a região. No meu entendimento, a impressão que se tem de Zeus como um espírito impessoal é semelhante a que certas seitas cristãs têm do Espírito Santo, que também é mais uma presença do que uma divindade pessoal, e que também é chamado de Conselheiro.

A atitude de espírito livre de Zeus, bem como sua função de protetor da ordem social global, mais que do lar e da vida pessoal, parece ter se difundido e influenciado a atitude e o modo de vida de muitos de meus clientes sagitarianos. Eles não só se insurgem contra a injustiça e a discriminação no trabalho; procuram defender e proteger os humildes e as vítimas do meio, ainda mais seus cônjuges. Às vezes, se queixam ao astrólogo de que essa dedicação e esses objetivos mais amplos os mantêm longe dos familiares por boa parte do tempo, ou que têm de desalojar a família por terem de mudar constantemente de lar. Os cônjuges veem uma devoção maior ao mundo impessoal, à custa do lar e da vida pessoal.

Há sagitarianos que se consideram catalisadores, pessoas que reconciliam o mundo – que o tornam melhor por meio de seus contatos e no trabalho promovem uma compreensão humana mais ampla entre as nações. Uma estudante de graduação, casada com um professor sagitariano catalisador desse tipo, certa vez observou: "Meu marido acha ótimo ter tirado três férias em dez anos e ter arrastado todos nós a três países cujas línguas não conhecíamos uma única palavra. Ele ajudou muitos alunos estrangeiros a virem para cá, mas o que dizer de nossos próprios filhos – o que saberão do próprio país? Ele pensa que tiveram muitas vantagens em conhecer o mundo, o modo de pensar e de agir de jovens da idade deles. Mas o que dizer das amizades que não conseguem curtir em casa – como os filhos pensam e agem *aqui*?". O desejo pessoal de ver a paisagem maior, de expandir os horizontes e de viajar, como também sua dedicação a "tornar o mundo um lugar melhor", são forças que sustentam a motivação de Sagitário.

Um homem casado com uma professora de Sagitário fez um comentário semelhante: "Quando nos casamos, eu sabia que ela não era muito afeita às coisas da casa. Ela não sabe cozinhar, e precisamos de uma diarista para fazer a limpeza da casa, pois do contrário ficaríamos grudados na sujeira do assoalho da cozinha. Mas o que de fato me preocupa é sua insistência em adiar a constituição de *nossa* família – ter filhos. Ela age assim porque quer continuar educando os filhos dos outros e estar livre para passar o verão na Europa viajando com as amigas. Quando nos casamos, pensei que iria querer sua própria família; mas, penso, ela tem verdadeira paixão em mostrar sua coleção de *slides* do velho continente às crianças nas aulas de geografia". Bem, mostrar *slides* da Europa à crianças norte-americanas é uma maneira de reunir o mundo. Afinal, Zeus queria que os gregos e os troianos vivessem em harmonia. (A bem da verdade, ele, de fato, simpatizava mais com os estrangeiros – os troianos – que com os gregos.)

Certa vez, uma cliente perguntou sobre o marido sagitariano: "Você acha que todas as suas viagens de negócio por todo o país são realmente necessárias? Às vezes penso que ele faz tantas viagens só para evitar a mim e às crianças. Acho que fazemos com que se sinta claustrofóbico". Respondi que sim, que de fato *há* uma certa agitação associada ao signo e a seu planeta regente, Zeus/Júpiter, ligada com espaço e com movimento em astrologia – com uma necessidade de percorrer distâncias e experimentar a vida o máximo possível. Disse-lhe também que acho que as viagens o ajudam a liberar muita energia, pois são algo bem diferente do envolvimento nos negócios. Essa cliente era um tipo emocional e queria que o marido ficasse em casa, que se relacionasse com ela, mas o Centauro vagueando pelos espaços abertos é parte da jornada arquetípica para a 9ª Casa e para o 9º signo. Muitos clientes com planetas na 9ª Casa se afastam regularmente do trabalho por um ano ou dois, viajam ao exterior e quando retornam procuram outro emprego e outra empresa. Para eles, viajar é mais importante do que os supostos benefícios de um emprego estável na mesma empresa.

Muitos clientes com ascendente em Sagitário não conseguiram satisfazer o desejo de viajar antes de se aposentar, mas sempre sonharam em estar em constante movimento num furgão ou *trailer*, livres para percorrer o país após a aposentadoria. Se o cônjuge não compartilha da aspiração por lugares distantes e prefere permanecer junto dos netos, isso pode gerar problemas. Minha experiência com esse ascendente "não me prenda", em particular, é que os espaços abertos chamam, e a pessoa gosta de passar seu tempo livre na floresta ou nas montanhas, muito à semelhança de um Centauro. Assim, o casamento é adiado até que o desejo por viagens diminua na meia-idade (em geral na casa dos quarenta) ou que uma casa nas montanhas possa vir como uma segunda residência, para que a personalidade jupiteriana se sinta livre para meditar em meio à natureza, longe da agitação da vida da cidade e da selva de pedra.

Chegamos agora a um aspecto interessante de Zeus impessoal, o espírito livre. Qual era sua postura ao estabelecer relacionamentos com outros? Ele desejava realmente se aquietar com Hera e constituir família ou se sentia mais feliz solteiro? Homero e os mitólogos gregos mais recentes nos informam que Zeus era bastante promíscuo. Como prova, citam uma longa lista de casos amorosos e de filhos ilegítimos, e uma esposa irritada, Hera. Entretanto, nunca encontrei um sagitariano promíscuo que não tivesse aspectos correlatos no mapa ou muitos planetas em Escorpião – que gostam de confusão e de mistério (a maquinação do caso e também a paixão sexual). Além disso, seria um verdadeiro paradoxo se o mantenedor da ética, da verdade, da honestidade e da moralidade rompesse sua palavra e fracassasse no cumprimento da própria lei – ele deve ser coerente com seu próprio contrato matrimonial.

Seria lógico supor que, se Zeus fosse um deus volúvel, Sagitário teria inclinação à deslealdade matrimonial, a uma conduta inconstante e à promiscuidade. Pitágoras recomendava aos discípulos que não nutrissem esse tipo de pensamento a respeito de Zeus, e que não lessem os poemas épicos de Homero porque estavam repletos de difamações contra os deuses, especialmente contra Zeus. Depois de ler Pitágoras, aprofundei minhas pesquisas sobre as interpretações dos mitos envolvendo Zeus e encontrei uma boa explicação na obra de Kerényi, *Zeus e Hera*. Segundo Kerényi, Zeus era um espírito livre que continuou solteiro por muito tempo depois de sua chegada à Grécia, até que finalmente os criadores de mitos realizaram seu casamento com Hera, a Grande Mãe, a mais venerada de todas as deusas gregas. Ao que tudo indica, os fazedores de mitos procuravam um casal arquetípico – rei e rainha, Deus Pai e deusa Mãe, e então deram a Zeus uma esposa. A interpretação de Kerényi parece lógica depois da leitura das narrativas similares da Índia: ali também os criadores de mitos uniram o Senhor Shiva a todas as deusas do Sul do país, incluindo-o na adoração da deusa através de seu novo elo com as divindades mais antigas.

Algumas das primeiras representações de Zeus eram as imagens dos templos dedicados a Hera, em Samos, e na Ática, os mais importantes locais de culto da Grande Mãe. Em Samos, por exemplo, foram encontradas estátuas em terracota de Hera e de um jovem com barba (Zeus) de pé junto à cama real. Estatuária semelhante foi encontrada na Ática. Em Samos, os devotos de Hera celebravam o enlace do rei com a rainha, do pai com a mãe, exatamente como hoje, no Sul da Índia, podemos participar da renovação do decreto que une o Senhor Shiva a uma deusa local, Meenakshi, no Templo de Madura. Tanto na Grécia como na Índia os criadores de mitos começaram atribuindo poder ao Feminino, estenderam-se a um casal arquetípico em que deus e deusa eram igualmente poderosos e, na Idade dos Heróis, transferiram o poder para um Deus Pai patriarcal.

Mas o que o casamento simbolizava realmente? Podemos entender que Zeus e Hera outorgassem legitimidade ao rei humano, dando suporte à ordem moral aqui na Terra, mas, se não há um sentido político, qual o significado real do matrimônio? Os títulos dos cultos nos fornecem pistas muito interessantes. Zeus era conhecido como Esposo Trovejante de Hera. Depois da cerimônia, Hera era chamada de Hera Perfeita (Hera Teleia) e Zeus, Portador da Perfeição (Zeus Teleios). Assim, os gregos acreditavam que o casamento propiciava a perfeição ou a plenitude. Muitas interpretações foram dadas ao conceito de que ambos eram seres purificados e perfeitos, de modo que a 9ª Casa, dos deuses, conferia perfeição à 7ª Casa – a instituição humana do matrimônio. Na astrologia, temos uma relação de sextil entre a 7ª e 9ª Casas. Na astrologia indiana, a 9ª Casa é a casa do casamento – a casa da alma gêmea, onde se efetiva a plenitude entre o masculino e o feminino quando estes se fundem no enlace matrimonial.

No capítulo sobre Libra, vimos que o ideal espiritual é projetado com frequência sobre o parceiro. Nossa esperança é que o matrimônio irá completar nossa vida e nos ajudar a aperfeiçoar ou equilibrar (a balança libriana da 7ª Casa – matrimônio) nossa própria energia. Mesmo hoje muitos de nós imaginamos o casamento como uma perfeição alcançada através da união com nosso parceiro ideal – a *anima* ou *animus* em sua manifestação positiva. Essa ideia de "perfeição" e "portador da perfeição" derivada do matrimônio de Zeus com Hera assemelha-se à teoria hindu da alma gêmea. Os hindus que defendem a teoria da Alma Gêmea acreditam que todos nós estamos procurando a outra metade – a parte de nossa alma que se fracionou séculos atrás para renascer em muitos corpos, macho e fêmea, e para experimentar a vida em sua plenitude. De acordo com tal teoria, em alguma vida, todos encontraremos a outra metade de nossa própria alma e novamente nos fundiremos na totalidade. A perfeição de Zeus-Hera, então, pode ter tido significado espiritual mais profundo (9ª Casa) do que seu sentido político de legitimação de um rei e rainha locais, ou mesmo de legalização do matrimônio humano como instituição.

Assim, dependendo da interpretação que se faça da mitologia, Zeus encontrou em Hera sua alma gêmea ou seu justo castigo (nêmesis). Talvez fosse uma mistura de ambos, como parece acontecer com muitos de meus clientes sagitarianos casados. A agitação do Todo-Poderoso era contida, reprimida. Talvez ele sofresse de claustrofobia. Ainda assim, é difícil acreditar que Zeus fosse volúvel ou que faltasse integridade, honestidade e compromisso com relação a Hera. No poema épico de Homero, Zeus e Hera são apresentados como um casal bastante incompatível. Ela, a todo poderosa Grande Mãe, foi reduzida por Homero a uma megera impertinente, e o Todo-Poderoso Zeus a um marido dominado. Há, todavia, algo mais a ser extraído da licença poética do autor com a tradição mitológica. Ele faz Zeus ameaçar pendurar Hera pelos calcanhares se ela não se mantiver calada.

Apesar de mutável, Sagitário é um signo de Fogo, e temperamental. Ao chegar em casa depois de um dia de trabalho, os sagitarianos gostam de se distrair. Por isso, detestam chegar e ouvir um monte de reclamações chatas ou de receber uma lista de coisas para fazer antes de ir praticar seu esporte favorito. A prática de exercícios é mais eficaz para se desligar das agruras o dia a dia do que receber a tarefa de consertar uma geladeira velha.

Ptolomeu utilizou o termo "repouso" como importante palavra-chave para Júpiter/Zeus. Repouso significa paz e também relaxamento. Os pais sagitarianos, como os cônjuges desse signo, têm dificuldade em ir direto para casa, onde encontrarão desconforto, em vez de descanso e relaxamento. Uma mãe sagitariana me ligou extremamente irritada depois de uma discussão com a professora do filho. Ela disse: "Cheguei em casa depois de um dia de trabalho intenso só para me irritar com um recado na secretária eletrônica. Não cheguei a ouvir todo ele, mas a ideia principal era que a professora de Andy o retirara depois da aula como castigo por algo que eu tinha certeza de que ele jamais faria. Tive de cruzar a cidade para buscá-lo, estava fora de mim. Como ela podia tratar meu filho daquele jeito? E você não vai acreditar: depois de desabafar e dizer à professora tudo o que se passava na minha cabeça, descobri que meu filho realmente fizera o que ela dissera. Ela me chamou de insolente, arrogante, pretensiosa e disse que, obviamente, eu não tinha me preocupado em prestar atenção a todo o comunicado telefônico. O pior foi que Andy – aquele infeliz! – pensou que eu o pusera em uma situação delicada. Ele me disse que queria resolver seus próprios problemas e que a professora provavelmente revidaria meus berros contra ele. Ora, ele deveria ficar contente por ter uma mãe que o apoia!".

Minha reação à história foi que a irritação da cliente sagitariana em relação a uma suposta injustiça estava em conflito com seu instinto pela verdade. É claro que qualquer mãe, não importa sua data de nascimento, tem dificuldade em ser objetiva em relação ao próprio filho. Entretanto, antes de empunhar a espada da justiça, é importante conhecer toda a mensagem, obter todos os fatos da situação. Muitas vezes, os signos de Fogo erram por agir antes de conhecer todos os fatos. Nesse caso, o filho da minha cliente tinha um aspecto positivo – ele devia receber apoio para resolver os próprios problemas. A história dessa cliente me lembrou o Pai Zeus reagindo com excessivo rigor para proteger o filho Dionísio.

Quando Dionísio apareceu na Grécia pela primeira vez, um rei muito obstinado, Licurgo da Trácia, recusou-se a adorá-lo pelo que ele, Licurgo, considerava serem muito boas razões. Inicialmente, Dionísio se assustou e refugiou-se no mar. Posteriormente, sentindo-se mais corajoso, retornou para capturar Licurgo e confiná-lo em uma caverna. Depois de algum tempo, Licurgo saiu da caverna com grande respeito pelo deus a quem ridicularizara. Mas Zeus ouviu que seu filho estava sendo tratado com leviandade por um simples mortal. Furioso com a notícia, o deus imediatamente foi à Trácia e fez que Licurgo ficasse cego. Como a maioria dos mortais que sentiram a ira de Zeus do Céu Escuro, Licurgo morreu pouco tempo depois. Os outros deuses disseram a Zeus que ele agira com demasiado rigor. Em várias ocasiões como essa, quando Zeus estava encolerizado com alguma injustiça cometida, Apolo o conduzia a um local sossegado para acalmá-lo. Esse mito tem grande semelhança com a situação da minha cliente e de seu filho. Zeus não investigou a situação na Trácia antes de definir a ação que tomaria. Não sabia que Dionísio já travara a própria batalha; não sabia que seu filho fora punido "com justiça".

Embora todos os mitos do deus grego fossem associados ao Júpiter romano, sua função como *pater* ou Pai era das mais importantes na época dos romanos. Em latim, Júpiter é *Iu-pater*, ou Pai Celestial. Sua força moral e sua relação com a expressão da verdade e a manutenção dos juramentos eram vistas pelos romanos como a fonte do seu poder. Nossa expressão "por Júpiter" (por Deus) deriva do antigo juramento romano feito em nome de Júpiter. Em sua função moral, o Júpiter romano é semelhante ao Iahweh, que entregou os Dez Mandamentos a Moisés. O Zeus que era um espírito livre para os gregos se tornou o árbitro da lei moral para os romanos. Zeus, tanto o do Céu Noturno quanto o do Céu Diurno, parece ter sido assimilado quando o cristianismo ficou centralizado em Roma. No cristianismo, o deus do Céu Escuro parece se manifestar como a justa retribuição pela qual o Pai lança os pecadores em um inferno eterno. (O inferno cristão difere em muito do Tártaro, o inferno grego, onde os que ofendiam Zeus eram purificados e no fim obtinham a libertação.) Ainda no cristianismo, o Zeus do Céu Claro parece exercer o papel da natureza clemente do Pai. À medida que Zeus passou dos gregos para os romanos e desses para os cristãos, ele se tornou mais rígido, perdendo muito de sua mutabilidade. Entretanto, como Zeus Sicásio, Zeus da cornucópia da abundância, o Pai Celestial cristão provê tanto fartura material quanto espiritual.

Em nosso estudo do arquétipo de Sagitário e da 9ª Casa, discutimos a educação superior, as viagens, a justiça e o instinto pela verdade. Resta uma questão das mais importantes – a espiritualidade. Antigos manuais de astrologia se referiam à 9ª Casa como a Casa de Deus. Minha experiência com esse arquétipo propõe uma compreensão um pouco diferente. Penso que no século XXI poderíamos chamá-la de casa da filosofia de vida. Assim como Zeus tinha muitos títulos diferentes e era adorado por pessoas de diferentes níveis, existem diversos tipos de sagitarianos e níveis em que a 9ª Casa pode ser vivenciada. Um dos seus significados é moralidade ética. Uma cliente com vários planetas na 9ª Casa perguntou: "As religiões orientais dispõem de uma base ética ou moral? Elas têm alguma coisa parecida com os Dez Mandamentos?". Respondi-lhe que sim e mencionei os *Yoga Sutras* de Patanjali. A compreensão dela da 9ª casa era ética. Escritores esotéricos como Alice Bailey e Isabel Hickey deram uma interpretação um tanto diferente à 9ª Casa – uma filosofia religiosa do Self, visões espirituais, a sabedoria sobre a qual baseamos nossas ações nas situações práticas da vida. A sabedoria da 9ª Casa se baseia no instinto pela verdade.

O caminho do Jnana Yoga (sabedoria e verdade) da Índia também cabe nesta casa. E, quando bem praticado, é algo belo de contemplar. Outro exemplo é a sabedoria de Salomão. Seguindo mais o instinto que a lógica, ele decidiu entre duas mães que reclamavam a mesma criança: "Cortem-na ao meio e deem uma parte para cada mãe". Essa sabedoria prática se baseava na compreensão inata do que uma mãe verdadeira faria numa situação dessas – ceder a criança para que ela pudesse viver. Nesse caso particular, o instinto de Salomão pela verdade estava exatamente no alvo. Os demais signos mutáveis, muitas vezes, não conseguem compreender Sagitário ou as pessoas com planetas na 9ª Casa. Elas consideram decisões assim como totalmente arbitrárias e irracionais. Um advogado de Gêmeos ou de Virgem que tivesse preparado uma súmula complexa para o julgamento de

Salomão teria ficado furioso. Mesmo quando tem certeza de que o instinto pela verdade é meticuloso, seria aconselhável que Sagitário examinasse essas súmulas para não ser pego de surpresa.

A 9ª Casa é a terceira casa de Fogo e completa a tríade: o corpo (Áries), a alma individual (Leão) e o espírito (Sagitário). Essa é uma experiência que ultrapassa a adesão a um dogma religioso, a atenção focalizada em sermões bem elaborados na igreja aos domingos ou os rituais realizados com uma mente distraída. A maioria de meus clientes sagitarianos preferiria viver a Verdade entrando em comunhão com a natureza no domingo a ouvir a Verdade interpretada por um pastor em uma igreja abafada. Podemos notar obstinação, arrogância e estreiteza mental em Sagitário e na 9ª Casa, o que é muito paradoxal se pensarmos em termos do espírito (universalidade) e da expansividade de Júpiter. Liz Greene classificou essa situação como fanatismo. Françoise Gauquelin, ao analisar Júpiter, utilizou a palavra arrogância. Pessoalmente, atribuo o paradoxo entre comportamento de indivíduos sagitarianos ou da 9ª Casa e o ideal tolerante e de mente aberta de Júpiter ao zelo subjacente e ao espírito aguerrido do arquétipo em si. Na prática, é muito fácil confundir a verdade individual com a Verdade única.

Com muita frequência, nativos de Sagitário, ou com uma 9ª Casa povoada, apresentam pontos cegos que podem surgir no decurso de uma conversa. Eles podem citar uma autoridade de seu tempo de infância ou de colégio, ou mencionar uma escritura como autoridade, afirmando que nada de bom pode ser dito a respeito de uma determinada seita, raça, filosofia política, ou até da astrologia. Se a 9ª Casa é a casa da filosofia de vida, com muita frequência ela pode ser a casa de "apenas a minha filosofia é verdadeira; as demais são equivocadas".

Alguns exemplos podem exemplificar isso: "Há trinta anos, meu professor do ensino fundamental me disse que a astrologia é uma superstição. Por isso, não vou perder tempo com ela. Fico com raiva quando as pessoas a levam a sério". Esse indivíduo se apega religiosamente a seu ateísmo. (Ele tem quatro planetas na 9ª Casa.)

Outra pessoa disse: "Depois de ler a correspondência entre Freud e Jung, fiquei totalmente decepcionado com Freud. Ele não tem nenhuma profundidade. Fico chateado por ter que participar de cursos de psicologia freudiana para poder me formar".

Dois exemplos tirados das religiões orientais: "Como budista que tem como meta a interrupção do ciclo de renascimentos, fico realmente espantado com o céu dos cristãos – uma ilusão. Essas pessoas são tão simplistas e supersticiosas quanto os camponeses analfabetos de meu país". Ou: "Meu mestre me recomendou que não estudasse nem praticasse os exercícios de Hatha-Yoga porque se baseiam no corpo e não se pode levar o corpo quando se morre. Essas pessoas estão de fato perdendo seu tempo".

O sagitariano pode estar cego. Minha impressão é que o trabalho de purificação da 9ª Casa envolve uma expansão jupiteriana da consciência para além da estreiteza fútil, para além dos resíduos de fanatismo da infância nesta vida ou mesmo, se os planetas da 9ª Casa estão em signos fixos, para além do fanatismo de vidas passadas. O antídoto para a obstinação e para o comportamento arrogante está a 180 graus de distância, em Gêmeos. Hermes, regente de Gêmeos, lida com fatos mais do que com a paixão, e sabe muito bem que todas as filosofias contêm em si a verdade.

Todos nós participamos do arquétipo de Sagitário. Mesmo que não tenhamos nada nesse signo ou nenhum planeta na 9ª Casa, temos Júpiter em alguma casa do mapa. Poderíamos nos perguntar a respeito dessa casa: "Sou presunçoso com relação a meus talentos? Sinto-me ofendido se sou desafiado nessa casa? Lutarei cegamente para proteger meus interesses nesse setor? Às vezes descanso sobre minhas vitórias nessa casa? Fico apenas filosofando e sonhando com futuras conquistas?" Por experiência, posso afirmar que a pessoa precisa ter fé total nos assuntos da casa de Júpiter, que deve lutar contra a tendência à procrastinação e que precisa deixar de esperar que coisas boas lhe aconteçam sem que para isso tenha de se esforçar.

Pitágoras diz que o conhecimento, especialmente o conhecimento útil, impede a preguiça mental, aguça nosso discernimento e conduz ao bom senso. Penso que isso é importante para compreender o funcionamento do eixo da aprendizagem/comunicação que vai de Gêmeos a Sagitário:

> Portanto, conserva íntegro e sereno teu discernimento e nem por um instante te afastes de tua resolução.
> A ofuscante pompa das palavras quase sempre engana, mas a persuasão suave conquista o que está disposto a acreditar.
>
> Versos Dourados, #22

Como um signo de Fogo, Sagitário procura agir com base em suas decisões, alcançar um resultado, ultrapassar a posição hesitante de Gêmeos nas encruzilhadas da vida. (O aéreo Gêmeos pode ficar dividido entre as possibilidades até que a oportunidade bate à porta de outra pessoa.) Sagitário lança mais calor do que luz sobre um assunto. O discernimento íntegro e sereno de Pitágoras está a 180 graus de distância, no signo oposto, esperando ser integrado. Para Pitágoras, o conhecimento útil incluía o estudo da ética e da filosofia para aperfeiçoar a discriminação, desenvolver a objetividade e aprender a analisar os dados como um signo de Ar naturalmente faria. Se Sagitário desconhece a lógica, pode se tornar vítima da conversa fácil, entusiasta, volúvel e irrefletida de vendedores de Gêmeos inferior. Sagitário inferior, a mente preguiçosa, dá ouvidos ao Trapaceiro, o aspecto inferior de Gêmeos, que é capaz de deturpar e distorcer os fatos e de reunir o que na superfície é uma atraente e logicamente construída proposta de vendas. Um sagitariano preguiçoso, um comprador impulsivo, dirá: "Por que ir à biblioteca e ler X, Y ou Z, ou sair por aí comprando? Sem dúvida, este é um vendedor inteligente que já fez a pesquisa de mercado por mim. Ele conhece seu produto e está certo. Vou assinar o contrato de compra e irei às montanhas no fim de semana". Porém, "a pressa é inimiga da perfeição", e na manhã seguinte perderá horas no telefone procurando desfazer o contrato em vez de ir para a montanha.

Discernimento íntegro e sereno é a reação da polaridade. Se o sagitariano tivesse se matriculado, digamos, em Lógica 101, teria sido prevenido contra estatísticas adulteradas, argumentos de autoridade e generalizações deslumbrantes. No curso, analisaria não apenas os anúncios da Madison Avenue (saboreie tal cereal no café da manhã porque um famoso jogador de beisebol gosta), mas também se deteria sobre seu próprio pensar. Na 9ª Casa, temas de Educação são especialmente proveitosos. Pitágoras também recomendava música (harmonia) e matemática como campos expansíveis que geravam um pensar objetivo.

Sagitário poderia tirar proveito da última parte do verso pitagórico: "e nem por um instante te afastes de tua resolução". Muitas vezes, as pessoas podem se expressar a respeito de Sagitário da seguinte maneira: "Fiquei muito impressionado com essa pessoa quando a encontrei pela primeira vez. Ela era tão persuasiva, tão zelosa, tão convincente. Eu tinha certeza de que defenderia nossa causa na Prefeitura e que nos conseguiria um assentamento justo, mas parece que se cansou. Nosso São Jorge se distraiu e nunca investiu contra a cova do dragão". De modo particular, são os leoninos que dizem que não conseguem levar os sagitarianos a sério. Quando os sagitarianos se animam com alguma coisa, Leão pensa que estão decididos (assim como um Leão estaria), mas não estão. A progressão em Aquário acrescentará objetividade ao indivíduo com planetas sagitarianos ou na 9ª Casa.

O objetivo da filosofia é a verdade e a sabedoria, o Caminho Espiritual Pitagórico, e não a razão pela razão. Júpiter não é Hermes o estudante, o escriba. Pitágoras nos diz: "A arte de pensar aplicada a vários fins é um guia seguro, mas muitas vezes é também um guia que erra". Por isso, diz ele, é importante escolher "amigos sábios e virtuosos" e não ser obstinado, mas ouvir objetivamente seus conselhos e perdoar suas faltas para preservar a amizade. De acordo com Pitágoras, o espírito de luta está dentro de todos nós esperando para ser despertado; por isso, não devemos usar palavras que o despertem nos outros, mas, antes, instaurar e manter a harmonia. Às vezes passamos por experiências difíceis para aprender, mas Jove (Deus) não é maldoso – "ele não atribui os bons". Nos tempos de dificuldade, "busca alívio na Sabedoria, deixa que sua mão de cura mitigue tua aflição" (verso #19). Então, "Tua alma ferida à saúde restituirás, e livre estará ela de toda dor que antes sentia" (verso #66).

A Razão Correta (Gêmeos) está em oposição à Ação Correta (Sagitário), e a integração de ambas é função do eixo aprendizagem/comunicação, 3ª e 9ª Casas, como também dos arquétipos Gêmeos/Sagitário. Com relação a isso, Pitágoras nos orienta um pouco mais em seus símbolos ou aforismos, no final dos Versos Dourados:

"Mantém a galheta do vinagre longe de ti" (verso #29). Para os gregos, o vinagre é o fel da sátira. O uso adequado da razão não deve implicar diminuir os outros com observações sarcásticas proferidas para ferir.

"Evita a espada de dois gumes" (verso #40). Para os gregos, isso significava uma língua maledicente. Somos orientados a evitar pessoas mexeriqueiras e caluniadoras.

"Não insufles o Fogo com uma Espada" (verso #5). Não digas nada que inflame pessoas que já mantêm desavenças entre si.

"Semeia a malva, mas nunca te alimentes dela" (verso #13). Seja brando ao julgar os outros, mas não ao julgar a si mesmo.

Com esses aforismos em mente, fiquei observando as pessoas num jantar festivo. Sagitário filosofava animadamente e de maneira muito geral sobre um tema a respeito do qual nada sabia. Ele atraía atenção das pessoas, mas duvido que causasse algum dano. Na manhã seguinte, algumas pessoas podiam lembrar o que ele havia dito. Gêmeos, por sua vez, no outro lado da mesa, fazia observações engraçadas, mas sarcásticas, sobre outra pessoa. Ela era muito divertida, mas suas palavras eram diretas, específicas e com grande possibilidade de serem lembradas. Tal comportamento exemplifica Gêmeos inferior e Sagitário inferior. Pitágoras recomenda que não falemos "além de nosso conhecimento" e que "sejamos justos em palavras e atos". Nos primeiros cinco anos da escola de Pitágoras, os discípulos eram conhecidos como "ouvintes" e não podiam falar absolutamente nada. No sexto ano, os considerados preparados eram iniciados e podiam ensinar. Esse período de cinco anos de silêncio pode parecer exagerado hoje. Mas o eixo Gêmeos/Sagitário com frequência fala demais, e o ouvir é parte importante da comunicação. Também a receptividade, a abertura do canal à sabedoria, é facilitada pelo silêncio.

O objetivo do filósofo é a Verdade (Sabedoria). Não podemos chegar à verdade dizendo mentiras como Hermes, o Trapaceiro, comunicando os fatos de uma maneira parcial ou dando a aparência de bondade à custa dos outros.

"Quando os Loucos e os Mentirosos se esforçam para convencer, permanece calado, e deixa que os linguareiros implorem em vão" (verso #23).

"Não permitas que nenhum exemplo, nenhuma fala macia te influencie com uma canção de sereia para causar mal à essência imortal de tua alma. Do bem e do mal expressos por palavras e ações, escolhe por ti mesmo, e escolhe sempre o melhor" (versos #24-7).

A verdade é mais do que a soma dos fatos de Gêmeos. Para Pitágoras, a verdade era a meta do caminho ético ou filosófico. Zeus, ou o "Quatro místico" (nosso glifo para Júpiter – (♃), era a chave. Nos Versos Dourados, Pitágoras nos diz que o Quatro místico é a "fonte da natureza eterna e do poder onipotente". Ele é "o que liga as partes e une o todo". Ele é as quatro estações – a totalidade do ano, e as quatro virtudes. Ele é as Quatro Idades do Homem – infância, juventude, idade adulta, velhice, a totalidade de sua vida. O Quatro é também chamado quaternidade. Em *Psicologia e Alquimia*, C. G. Jung afirma que quaternidade é o "espaço psíquico" do inconsciente que aparece em muitos sonhos. Ele se referia às quatro funções da psique: o pensamento, o sentimento, a intuição e a sensação, ou ao processo de integração da função inferior.

Pitágoras e seus discípulos também praticavam a interpretação dos sonhos e muito provavelmente vivenciavam eles mesmos o espaço psíquico sagrado. Em astrologia, temos a Quaternidade de quatro quadrantes no horóscopo. Fazemos a leitura dos mapas e dos sonhos pelo lugar que os planetas ocupam nos quadrantes. No estudo dos sonhos, começamos a interpretação com base no quadrante em que o sonhador está e daí traçamos seu movimento através dos outros. Como os pitagóricos e os sonhadores que Jung estudou, os astrólogos também têm uma quaternidade de quatro elementos: Ar, Terra, Fogo e Água. O Quatro parece ser universal. Os rituais dos índios norte-americanos em geral se realizam em torno de um local sagrado disposto de acordo com os quatro pontos cardeais e na China a mandala da quaternidade representa a Mãe Terra que deu à luz o cosmos. Desde sempre, tem servido como símbolo de meditação budista.

Pitágoras acreditava que a palavra Zeus era um mantra que significava Luz (iluminação) mas, mais do que isso, que era um mantra "místico" ou causativo – o primeiro princípio, poder ou energia que criou o cosmos. Os pitagóricos invocavam o nome de Zeus antes de começarem seu dia ou antes de qualquer empreendimento importante. Eles procuravam entrar em contato com a Fonte da energia e do poder criador. A astrologia esotérica preservou o ensinamento oculto de Júpiter e do Quatro não somente no glifo mas também na exaltação de Júpiter na 4ª Casa e no 4º signo.

Em astrologia, geralmente utilizamos os trânsitos de Júpiter para responder a questões sobre mudanças e viagens de longa distância – sobre o movimento no mundo exterior. Entretanto, a tradição esotérica vivenciou Júpiter por meio dos sonhos e da meditação como espaço interior, como o que Jung denominou espaço psíquico. Na Índia, os astrólogos consideram Júpiter como o Guru. Na casa em que Júpiter se encontra no nosso mapa natal, e na casa com Sagitário na cúspide, se conseguirmos superar traços negativos como orgulho, extremismos (comportamento incontrolado) ou arrogância e os substituirmos pelas virtudes pitagóricas da temperança, prudência, humildade e justiça, estaremos no caminho da nossa meta. Já temos as bênçãos de Deus para nos ajudar através da presença de Júpiter naquela casa.

Os dons de Júpiter (incluindo a sabedoria e a compreensão) mencionados no *Versos Dourados* e nos comentários são semelhantes aos dons do Espírito Santo do cristianismo. A Busca de Leão pelo Self individual resultou em uma experiência de plenitude e criatividade pessoal. O Caminho da Purificação de Pitágoras expande-se para além do Self individual na direção do Espírito universal e da imortalidade. A experiência de Sagitário completa a Tríade de Fogo: Corpo, Alma e Espírito.

O Quatro é um cubo sólido. Na geometria pitagórica, é a primeira figura sólida. Ele simbolizava a Terra ou a matéria para os gregos e para os chineses. A matéria é o chão sólido – o fundamento, a pedra angular, o Nadir. A Terra é o regente esotérico de Sagitário. Por meio de sua filosofia do equilíbrio, chamado de Meio Dourado, Pitágoras procurava dar embasamento a seus jovens discípulos, àqueles buscadores ardorosos, mutáveis, de espírito livre. No livro *Autobiografia de um Iogue*, Paramhansa Yogananda narra sua primeira experiência do Espírito de Deus como bem-aventurança inexaurível. Quando voltou à Terra depois da visão, seu Guru, Sri Yukteswar, disse: "Muito ainda lhe resta no mundo. Venha; vamos varrer o soalho da sacada; depois passearemos ao longo do Ganges". Yogananda disse que seu mestre lhe estava ensinando o segredo do viver equilibrado – manter a cabeça nas nuvens e os pés no chão.

Há três signos Terra. O primeiro, Touro, tem relação com o valor. O ensinamento esotérico era: tem apreço por tua própria alma acima de tudo. Não faças nada por palavra ou ação para prejudicar a alma. No nível mundano, Touro significa "não sejas perdulário nem avarento". Virgem, o segundo signo de Terra, representa a humildade. No aforismo #50, Pitágoras diz: "Quando troveja, toca o chão". Quando Júpiter (Deus) manifesta sua ira por meio de alguém, em vez de instintivamente revidar com agressividade, reage com humildade – toca o chão. Capricórnio, o terceiro signo de Terra, está associado ao planejamento do futuro. Sem isso, nenhum sonho pode se concretizar. Terra também tem relação com o corpo. O Meio Dourado demandava exercícios diários, abstinência de carne, descanso suficiente e "satisfação prudente das necessidades do corpo".

Quando os textos de astrologia esotérica falam de Sagitário como Espírito ou quando pensamos em Sagitário como o estágio final de uma purificação alquímica, isso parece muito fácil. O próprio Zeus ficou dois ou três meses claudicando dolorosamente antes de dar à luz seu divino filho Dionísio, a quem havia carregado em sua coxa. Histórias de fontes hindus, do Antigo Testamento e também da mitologia grega, associam o quadril ou a coxa, a parte sagitariana do corpo, com a obtenção da sabedoria e da compreensão.

Liz Greene encontrou uma correlação entre clientes sagitarianos e lesões nos quadris. Entre minha própria clientela detectei uma correlação entre quadris desarticulados dolorosos e a necessidade de tirar tempo para refletir, compreender, pensar sobre sua própria filosofia de vida ou para entrar em contato com o Espírito dentro de si. Percebi essa tendência de problemas nos quadris e ciático principalmente entre clientes mais idosos desprovidos desse foco interior.

Quer se trabalhe pela purificação através da meditação, da introspecção ou da interpretação dos sonhos, o processo quase sempre começa com uma lesão na parte sagitariana do corpo – a ferida de Quíron.

No *Gênesis* 32:24-30, Jacó sonhou que tinha lutado corporalmente uma noite inteira com um estrangeiro (anjo) e que só no romper do dia, quando o estrangeiro tocou sua coxa e a deslocou, é que Jacó foi capaz de vencer. No fim do sonho, Jacó pediu ao estrangeiro que o abençoasse e recebeu um novo nome – Israel, príncipe sobre os homens. Ele deu ao lugar do sonho o nome de Fanuel, que significava "Vi Deus face a face e minha vida foi preservada". Depois Jacó "mancava de uma coxa", como Zeus e o centauro Quíron.

Júpiter representa a Verdade, a Sabedoria, a Justiça, e também nosso direito inato à felicidade. Um dos versos mais belos do *Versos Dourados* é "... Alegrias sobre Alegrias aumentarão sem cessar; a Sabedoria coroará teus Labores, e abençoará Tua Vida com Prazer e Teu Fim com Paz" (versos #31, 32).

Questionário

Como o arquétipo Sagitário se expressa? Embora se destine especialmente às pessoas com o Sol em Sagitário ou Sagitário no ascendente, qualquer pessoa pode aplicar este questionário à casa em que Júpiter está localizado ou à casa que tem Sagitário (ou Sagitário interceptado) na cúspide. As respostas indicam até que ponto o leitor está em contato com seu Júpiter, sua natureza expansiva, seus instintos sagitarianos.

1. Meu estilo de comunicação é como uma seta – direto e certeiro:
    a. Geralmente.
    b. Muitas vezes.
    c. Raramente.

2. Quando sob pressão, tendo a perder o controle:
    a. 80-100% das vezes.
    b. 50-80% das vezes.
    c. 25% das vezes ou menos.

3. Não consigo ver o valor de virtudes como a humildade, a prudência, a moderação e a temperança:
    a. A maioria das vezes.
    b. 50% das vezes.
    c. 25% das vezes ou menos.

4. Entre minhas melhores qualidades, incluo a honestidade, a integridade, a imparcialidade, o otimismo e a generosidade:
    a. Em geral.
    b. Aproximadamente 50% das vezes.
    c. 25% das vezes ou menos.

5. Entre as minhas características negativas eu, provavelmente, citaria a procrastinação, a incapacidade de fazer as coisas até o fim (fico entusiasmado no início de um projeto, mas me desinteresso facilmente) e o fato de ser extravagante com dinheiro, com comida e com muitos compromissos em empreendimentos grupais:
    a. 80% das vezes ou mais.

b. 50% das vezes.

c. 25% das vezes ou menos.

6. Meu maior medo é:
   a. Ser vítima de injustiça.
   b. A possibilidade de ferir os sentimentos alheios.
   c. A possibilidade de alguém ver meu lado sombrio.

7. O maior obstáculo a meu sucesso provém:
   a. Das pessoas que me cercam.
   b. De dentro de mim mesmo.
   c. De circunstâncias fora de meu controle.

8. Sinto que a parte mais fraca do meu corpo – a parte que me causa mais problemas – são:
   a. O quadril, o nervo ciático, o fígado.
   b. Os pés.
   c. O pescoço e os ombros.

9. Os interesses sagitarianos, como viagens, algumas formas de jogo (ações da bolsa, carteado, bingo), filosofar, opulência, são:
   a. Muito importantes.
   b. Moderadamente importantes.
   c. Nada importantes.

10. Considero meu trabalho:
    a. Algo que faço para pagar as contas entre dois períodos de férias.
    b. Bem adequado à minha personalidade; ele me possibilita fazer muitas viagens.
    c. A prioridade da minha vida.

Os que marcaram cinco ou mais respostas (a) estão em contato estreito com Júpiter no nível mundano. Os que têm cinco ou mais respostas (c) podem estar em movimento para a extremidade polar, Gêmeos, e precisam ser mais expansivos. Se Sagitário não se sente generoso, social, ou se prefere jogar a trabalhar, Júpiter natal pode estar retrógrado ou na 12ª Casa, o que tende a enfatizar a metafísica em lugar de uma atividade social extrovertida. Os que responderam (b) à questão número 7 estão mirando a flecha do arqueiro no interior de si mesmos. Muito provavelmente Saturno está em conjunção, em oposição ou em quadratura com seu Júpiter.

Onde está o ponto de equilíbrio entre Sagitário e Gêmeos? Como Sagitário integra os dados e os fatos no panorama maior? Embora se refira de modo particular aos que têm o Sol em Sagitário e Sagitário no ascendente, todos temos Júpiter e Mercúrio em algum lugar do nosso mapa. Muitos têm planetas na 9ª ou 3ª Casa. Para todos nós a polaridade de Sagitário/Gêmeos implica habilidade de sintetizar e de analisar dados – de integrar os dados no quadro geral e de nos comunicarmos bem com os outros.

1. Quando crio um novo projeto, visualizo o quadro geral e depois esqueço tudo. Faço alguns intervalos para poder voltar ao trabalho descansado. Não me preocupo com os detalhes, geralmente os deixo para outras pessoas:
    a. Nunca.
    b. Algumas vezes.
    c. A maioria das vezes.

2. Acredito que as "situações alteram os casos":
    a. Geralmente.
    b. Às vezes.
    c. Nunca.

3. Gosto de:
    a. Apenas viagens curtas.
    b. Viagens curtas e também longas.
    c. Viagens longas, ultramarinas.

4. Interesso-me mais pela letra da lei do que pelo espírito da lei:
    a. A maioria das vezes.
    b. 50% das vezes.
    c. Não faço distinção entre ambas.

5. Minha educação superior inclui:
   a. Uma licenciatura curta.
   b. Um bacharelado.
   c. Um curso de graduação.

6. Embora faça amizade facilmente, parece difícil manter os amigos antigos por muito tempo. Penso ser esse o caso:
   a. Nunca.
   b. Às vezes.
   c. Com frequência.

Os que assinalaram três ou mais respostas (b) estão fazendo um bom trabalho de integração da personalidade na polaridade Sagitário/Gêmeos. Os que têm três ou mais respostas (c) precisam trabalhar mais conscientemente no desenvolvimento de Mercúrio natal em seu mapa. Mercúrio/Hermes era "amigo e companheiro da humanidade". (Veja o capítulo sobre Gêmeos.) Os que marcaram três ou mais respostas (a) podem estar em desequilíbrio, com Júpiter fraco ou pouco desenvolvido. Estudem Júpiter e Mercúrio no mapa natal. Existe algum aspecto entre eles? Qual deles é mais forte por posição de casa ou signo? Algum deles está retrógrado, interceptado, em queda ou em detrimento? Aspectos do planeta mais fraco podem ajudar a indicar o modo de sua integração.

O que significa ser um sagitariano esotérico? Como Sagitário integra a prática Terra, seu regente esotérico, na personalidade? Ao progredir para Capricórnio, pessoas com Sol ou ascendente em Sagitário ficarão com os pés mais no chão. Depois que o espírito de aventura arrefece, alguns sagitarianos se interessam mais pelos assuntos esotéricos e voltam a olhar para o interior em vez de concentrar sua energia prioritariamente no mundo exterior. O regente de Sagitário, a Terra, favorece esse arquétipo com disciplina e concentração, fortalecendo a atenção para superar a inquietude que distrai o arqueiro de seu alvo – o Espírito. As respostas às perguntas que seguem indicam até que ponto Sagitário está em contato com seu regente esotérico.

1. Em vez de mergulhar no conflito de cabeça, reúno todos os fatos e os analiso antes de agir:
    a. 80% das vezes ou mais.
    b. Em torno de 50% das vezes.
    c. 25% das vezes ou menos.

2. Para ser totalmente honesto, eu precisaria dizer que a aspereza de minha linguagem, quando acontece, machuca os outros:
    a. Quase sempre.
    b. Muitas vezes.
    c. Quase nunca.

3. Penso que o esforço que faço todos os dias para atingir meu objetivo é:
    a. Tão importante quanto compreender o significado do objetivo.
    b. Não tão importante quanto compreender o objetivo em sua totalidade.
    c. Definitivamente não tão importante quanto a visão do quadro geral.

4. Minhas decisões baseiam-se no senso comum mais do que no impulso:
    a. 80-100% das vezes.
    b. 50% das vezes.
    c. 25% das vezes ou menos.

5. Concordo com as virtudes da justiça, da prudência, da temperança e da moderação e as pratico no falar e no agir:
    a. 80-100% das vezes.
    b. 50% das vezes.
    c. 25% das vezes ou menos.

Os que têm três ou mais respostas (a) estão em contato com seu regente esotérico. Os que têm três ou mais respostas (b) precisam trabalhar mais na integração da Terra e abordar as situações com menor impulsividade e mais prudência (combinando ação correta com compreensão correta). Os que responderam (a) às questões 4 e 5, entretanto, podem ter Júpiter retrógrado ou na 12ª Casa. No caso da questão 4, podem não ter espontaneidade e considerar a si mesmos financeiramente sem sorte, especialmente se há um aspecto Saturno/Júpiter áspero. No caso da questão 5, devem não apenas se concentrar na ética e na filosofia, mas podem precisar fazer um esforço maior no mundo material. Se Júpiter está voltado para dentro (retrógrado), aspectos positivos de outros planetas, em geral, são uma chave para desenvolver o magnetismo social e financeiro de Júpiter.

Referências Bibliográficas

Arthur B. Cook. *Zeus of the Dark Sky*, Biblo and Tannen, Nova York, 1965, Vol. 2.

_____. *Zeus of the Light Sky*, Biblo and Tannen, Nova York, 1965, Vol. 1.

C. G. Jung. *Psychology and Alchemy*, Princeton Press, Princeton, 1968.

David Keirsey e Marilyn Bates. *Please Understand Me*, Prometheus, Nemesis Books, Del Mar, 1978.

Eugen Herrigel. *Zen in the Art of Archery*, Vintage Books, Nova York, 1971. [*A Arte Cavalheiresca do Arqueiro Zen*, Editora Pensamento, São Paulo, 1984, 32ª reimpressão, 2020.]

Françoise Gauquelin. *Psychology of the Planets*, Astro-Computing, San Diego, 1982.

Isabel Hickey. *Astrology: A Cosmic Science*, Alteri Press, Bridgeport, 1970.

John Blofield. *Bodhisattva of Compassion: The Mystical Tradition of Kuan Yen*, Shambhala Publications, Boston, 1978.

Karl Kerényi. *Zeus and Hera: Archetypal Image of Father, Husband and Wife*, Princeton Press, Princeton, 1975.

Liz Greene. *The Astrology of Fate*, Samuel Weiser Inc., York Beach, 1984. [*A Astrologia do Destino*, Editora Pensamento, São Paulo, 1989.] (fora de catálogo)

M. Dacier e N. Rowe. *The Life of Pythagoras with His Symbols and Golden Verses*, Samuel Weiser Inc., York Beach, 1981.

Marie-Louise von Franz. *Alchemy*, Inner City Books, Toronto, 1980. [*Alquimia – Uma Introdução ao Simbolismo e seu Significado na Psicologia de Carl G. Jung*, Editora Cultrix, São Paulo, 2ª edição, 2022.]

Paramhansa Yogananda. *Autobiography of a Yogi*, The Philosophical Library, Nova York, 1946.

Sallie Nichols. *Jung and Tarot: An Archetypal Journey "Justice"*, Samuel Weiser, York Beach, 1980. [*Jung e o Tarô – Uma Jornada Arquetípica*, Editora Cultrix, São Paulo, 1988.]

Thomas Taylor. *Theoretic Arithmetic of the Pythagoreans*, Samuel Weiser Inc., York Beach, 1983.

Referências a Zeus em outros capítulos

Gêmeos: "Myth of the Judgment of Hermes"

Escorpião: "Zeus and Typhon"

Capricórnio: 10

A Busca do *Dharma*

O Sol entra anualmente em Capricórnio no Solstício de Inverno (no Hemisfério Norte), dia 21 ou 22 de dezembro. À medida que os dias se tornam mais cinzentos e frios, o estado de espírito das pessoas vai ficando mais taciturno. Nas mídias, os anúncios proclamam: "Depressa! Restam apenas cinco dias para o Natal". Em todos os lugares, com a testa franzida sobre a lista de compras, as pessoas esbarram umas nas outras, resmungando: "Preciso comprar alguma coisa para minha vizinha, caso ela apareça com alguma lembrancinha para mim"; "Preciso encontrar um presente até trinta reais para o meu amigo secreto do escritório durante o horário do almoço, ou vai ficar muito tarde..."; "Preciso encontrar um presente para a tia Edna este ano. No Natal passado me esqueci dela e me senti muito culpada. Ela já tem noventa e dois anos e não estará entre nós para muitos outros natais."; "Nos feriados, sinto-me muito dividido entre meus deveres com meus pais e meus filhos. Meus pais vão ficar chateados se não formos à praia, apesar de as crianças se divertirem mais."; "Nas épocas de feriado, gostaria de ser uma mãe que não precisasse trabalhar fora. As crianças estão crescendo rapidamente e deveriam vivenciar as tradições da família. Adoraria ficar em casa fazendo decoração, cozinhando e lendo para elas histórias natalinas, mas há tão pouco tempo".

No nível mundano, o arquétipo de Capricórnio pode ser reconhecido durante o ano todo em conversas sobre responsabilidades, deveres familiares conflitantes, tradições, envelhecimento e sobre aquela sensação sufocante de estar sob pressão porque "há tão pouco tempo". Quase podemos ver Cronos, ou Saturno, como os romanos o chamavam (Pai Tempo), em pé, segurando sua ampulheta ou sua foice, enquanto as pessoas fazem esses comentários típicos do Solstício de Inverno. Como arquétipo, Capricórnio tem relação com a continuidade da vida familiar, incluindo as lembranças e as tradições da família, as terras, posses e outras heranças, deveres, ambições pessoais e coletivas, e todos aqueles "deveria ter feito" que emergem do inconsciente no caminho para casa ou no condomínio da avó para um jantar de fim de semana. "Talvez devesse ter me associado ao escritório de advocacia de papai, em vez de ter me formado em jornalismo, há trinta anos. Papai teria ficado tão orgulhoso e feliz. Mas, pessoalmente, sinto-me mais feliz como jornalista" – conflito entre as ambições pessoais e familiares. Ou: "Talvez eu não devesse ter esbanjado aquele dinheiro que jurei não desperdiçar no último Ano-Novo. Sei que, de qualquer modo, tia Edna pensará que não tenho nenhuma força de vontade". Ou emergem velhos ressentimentos: "Tio Harry deveria ter me emprestado aquele dinheiro de que eu precisava para pagar a faculdade há dez anos. Hoje eu seria independente economicamente. Agora, ele vai pedir um empréstimo *a mim* para aplicar em um de seus empreendimentos arriscados – mas não terei nenhum dinheiro para emprestar. A culpa é toda dele".

A competitividade é uma parte tão importante do arquétipo de Capricórnio quanto a introspecção e as lembranças antigas. Podemos facilmente ver a competitividade se observarmos os membros da família sentados à mesa do jantar entre a Matriarca e o Patriarca. Duas irmãs, que se encontram pela primeira vez no ano, se entreolham. A mais velha continua solteira, e está com vinte e nove anos. Está aflita porque a mais jovem teve outro bebê, encantando Mamãe e Papai com um novo neto. A mais jovem sente inveja da mais velha por suas roupas elegantes, sua recente promoção, seu verão na Europa, sua liberdade.

No nível mundano de Capricórnio, a riqueza material é uma medida importante do sucesso, uma ambição preenchida pelo signo mais batalhador do Zodíaco. É a tia-avó Edna que, na ponta da mesa, marca no cartão os pontos de cada um. De repente, a titia fixa o olhar em um rapaz com idade universitária e, limpando a garganta, com voz surpreendentemente alta para uma anciã frágil, diz: "Bem, Roger, no ano passado você nos disse que faria 'tudo ao mesmo tempo' – formar-se na faculdade, ter um contrato de trabalho promissor, casar-se com Angela e comprar uma casa. Você cumpriu sua promessa? Aposto que ainda está morando com seus pais e continua frequentando a escola". "*Argh*, sim, tia Edna", diz Roger corando, a voz esmaecida, não condizente com alguém de um metro e noventa. "Mas as coisas estão caminhando, progredindo." "Humpt", resmunga a matriarca, "No ano passado, meu neto e sua mulher compraram uma casa nova por seiscentos mil reais, presentearam-me com mais um bisneto e me convidaram para acompanhá-los em uma viagem ao Rio de Janeiro, um presente recebido por ele de sua empresa pela quantidade de apólices de seguro que vendeu. Estou um pouco velha para pular Carnaval, mas Arthur, sem dúvida, está se saindo bem". Infelizmente, a tia-avó é ela própria um símbolo da areia que escorre pela ampulheta da mortalidade. Vários membros da família pensam assim a seu respeito: "Sem dúvida, ela está bem mais velha este ano".

O arquétipo de Capricórnio inclui todos os conceitos, sentidos e significados do tempo, desde as épocas mais abstratas dos deuses hindus, maias e gregos – o período eônico – até o calendário anual concreto e o período de vida de um indivíduo – a longevidade e mortalidade pessoal. Dois dos símbolos escolhidos para representar o Solstício de Inverno e Capricórnio, o crocodilo e a tartaruga, de vida longa e movimento lento, assim como de casca resistente (durável), refletem a relação de Capricórnio com a vida e a morte, e com a sobrevivência. Até a descoberta do cultivo de raízes e da refrigeração, nos últimos duzentos anos, pessoas e animais morriam em grande número durante o inverno, devido à escassez de alimento. Simbolicamente, as almas, que para os gregos desciam do Ventre, ou Portão de Câncer, no fértil verão, passavam em grande número pelo Portão da Morte de Capricórnio durante o Solstício de Inverno. Os mesmos conceitos prevaleciam nos trópicos, onde o calor e os ventos áridos ressecavam o solo na época do inverno. Assim, as pessoas diziam que Saturno, com sua foice, ceifava os débeis e idosos no inverno, para realizar sua implacável colheita durante o período do Sol em Capricórnio.

Esse simbolismo permanece até hoje, para nós que vivemos no mundo ocidental moderno, apesar de não mais estarmos vinculados aos ciclos de fertilidade como os povos agrícolas. Durante o Solstício de Inverno ainda celebramos a "morte" do ano velho do calendário. Se, por exemplo, lembrarmos o verso do canto de Natal, "A Terra em solene tranquilidade repousa", reconheceremos um antigo estado de espírito que descreve o Solstício de Inverno... o Sol "faz sua estação", ou parece ficar parado no céu à medida que os dias vão ficando mais curtos, e a própria Terra manifesta um sentido silencioso de antecipação.

Há na liturgia de várias religiões cristãs um tempo chamado Advento. Durante essa época, todos os dias as famílias abrem uma janelinha no calendário do advento ou acendem velas na coroa de advento para simbolizar a esperança. Essa sensação de expectativa é um reflexo da fé com que o mundo antigo aguardava a chegada do degelo da primavera bem antes do cristianismo. Ainda são comuns as meditações de Solstício praticadas por astrólogos de todo o mundo como meio de manter-se em harmonia com a quietude, a fé, a paz e a inspiração do silêncio solene.

Os que não compreendem a paciente e silenciosa espera da estação do solstício aparecem com frequência nas leituras de mapa entre dezembro e janeiro queixando-se da solidão que sentem interiormente. Todos dão a impressão de correr para festas, de ceder ao consumismo e de endividar-se com compras dispendiosas. Parece que não há nada mais profundo do que o materialismo grosseiro que veem à sua volta. Muitas pessoas ficam deprimidas com o vazio. De dezembro a janeiro, notei maior incidência de chamadas telefônicas suicidas entre meus clientes. Não é tanto por se perceberem excluídos das festividades, mas, sim, por se sentirem desconectados da família e da tradição, cortados de suas raízes.

Uma cliente solitária fez uma afirmação realmente surpreendente: "O Natal é para crianças, para famílias. Acho que me sinto só porque não tenho filhos com quem celebrar". Perguntei: "Por que o Natal é somente para crianças?". "Porque elas são inocentes – espontâneas. Uma criança fica feliz simplesmente por ter um pacote para abrir. Um rostinho de seis anos de idade ilumina-se quando vê o embrulho. A criança não para para analisá-lo como seus pais o fazem: 'Quanto será que titia pagou por isto?'. Ela não pensa 'oh, eu apenas lhe enviei um cartão que eu mesma fiz, e que custou bem pouco, e ela me comprou este presente tão caro'... nada disso. Para a criança, a mágica toda está na festa. Mas quando a mãe de uma criança abre o presente que lhe dei, sua testa fica enrugada, e posso quase ouvi-la pensando, 'Ela pagou mais por isto do que eu paguei pelo presente que dei a ela. Isso é sinal de que seu salário é maior do que o meu'. E então, depois de toda essa análise, ficará deprimida e não aproveitará o presente. Assim, como uma solteira que está feliz a maior parte do tempo, o Natal é única época do ano em que sinto falta de algo em minha vida – filhos".

Essa cliente levantou uma questão importante, pois o solstício trata da justaposição da velhice à juventude. C. G. Jung, por exemplo, viu os arquétipos do velho e da criança como opostos polares. Se Saturno não é o Velho Sábio, mas um ancião rígido, senil, ele ficou muito preso ao chão, grudado no barro – depressivo. Como atitude, Jung recomenda que nunca percamos nosso sentido infantil de satisfação e alegria, que não nos tornemos academicamente cultos, o que equivale dizer tolos, rígidos, superestruturados em nosso modo de pensar, incapazes de reagir com espontaneidade. Costumes e tradições podem se tornar petrificados – duros, quebradiços, limitantes. O *puer* (jovem eterno) dentro de nós equilibra o *senex* (nossos traços saturninos rígidos) em sua impulsiva abertura e curiosidade, fé no futuro, flexibilidade. Quando pais Capricórnio ou Câncer se queixam do burburinho da vida interferindo em seus hábitos nas épocas de festa, fico interiormente contente porque o *puer*, a criança da família, os põe em contato com a mudança e os força a se tornarem menos rígidos em relação ao planejamento dos feriados. Quando os pais, em seu próprio processo de crescimento pessoal, chegam perto da metade da vida (40 a 45 anos, Saturno em oposição a Saturno) e alcançam sucesso material, eles tendem a ficar tolos – a se tornarem patriarcas e matriarcas que resistem às mudanças ou a sentirem arrependimentos. ("Se pelo menos eu não precisasse trabalhar fora de casa... se pelo menos eu não precisasse levar as crianças para representarem autos natalinos em três escolas diferentes. Eu teria *tempo* de fazer as coisas à moda antiga.") Os filhos os mantêm jovens, vivendo no presente, e esperançosos no futuro. *Senex* e *puer*, como opostos polares, têm muito a aprender um com o outro.

Há tanto *senex* no ar na época do Solstício, tantos planos por parte de autoridades, de professores e de pais que querem tudo perfeito para as crianças, que talvez nós adultos devamos fazer uma pausa nos zelosos preparativos que temos em mente simplesmente para observar o *puer*, a criança em si, sua impetuosidade, seu entusiasmo, sua antecipação, em vez de sobrecarregá-la com a decoração da peça de teatro da escola. Talvez o *puer* possa nos ajudar a não levar o Solstício, e nós mesmos, tão a sério. Deve haver uma mensagem espiritual importante aqui, porque Cristo disse: "A menos que vos torneis como crianças, não entrareis no Reino dos Céus".

Parece, entretanto, que esta mensagem já existia arquetipicamente bem antes da vinda de Cristo e da categoria *puer* de Jung. Em 25 de dezembro, dias depois do início do Solstício, era celebrada a festa de Mitra, a Criança Divina, desde a Pérsia até a Bretanha Romana. O Arcebispo de Canterbury tomou a decisão de construir igrejas nos locais de culto a Mitra e de fixar a celebração do nascimento do Menino Jesus em 25 de dezembro, preservando assim a Festa da Criança para nós. Além disso, para o culto mitraico, centrado na meditação e na iniciação espiritual, a festividade da esperança e da antecipação celebrada durante a escuridão do inverno era não apenas o evento externo da vinda de Mitra ao mundo, mas o nascimento interior da criança divina na alma de cada iniciado. Temos um dever saturnino para conosco e para com nossas famílias, para com o mundo interior e exterior, em relação ao Espírito e à Matéria, nessa importante estação de solene quietude.

Quer acendamos velas do advento ou velas Hanukka para iluminar a escuridão com esperança, o importante é encontrar tempo para explicar às crianças o significado dos rituais; do contrário, eles tendem a se tornar formas vazias. Como na tradição hebraica, os irmãos macabeus acenderam velas e consagraram o templo no mundo exterior, nós podemos nos lembrar uns dos outros, e nossas crianças especialmente, de que também consagramos nosso templo interior.

Carl Jung compreendeu isso perfeitamente quando disse que cada um é responsável por sua "manjedoura interior". Parece que este deveria ser o significado esotérico, verdadeiro, da época e das meditações do Solstício. É um tempo em que todos nós nos esforçamos para dar nascimento à criança interior, o Self, na manjedoura de nosso coração, e para alimentar a Criança Divina. Muito envolvimento com o mundo exterior pode nos distrair desse trabalho interno nesse momento de introspecção.

A mudança anual de humor do jovial Sagitário para o saturnino Capricórnio é um contraste admirável para o astrólogo que faz leituras de Revolução Solar (aniversário) entre o Dia de Ação de Graças e o Natal. Primeiro, ele se depara com o grupo entusiasmado de sagitarianos que afirma: "Sei que este será o meu ano de sorte. Estou perto de concretizar todos os meus sonhos e ser muito feliz". Em seguida, começam a aparecer os capricornianos, perto do dia de seu aniversário no Solstício de Inverno, afirmando exatamente o contrário: "Estou deprimido. Esta época do ano é uma droga. Todos os anos, quando meu aniversário se aproxima, percebo que estou um ano mais velho; penso em todas as minhas ambições ainda não concretizadas e, comparada com a vida de outras pessoas, a minha parece seguir a passos de tartaruga. Não sei se sou de desabrochar tardio ou um fracasso. Se for para acontecer, quando minha sorte vai melhorar? Por que tantos obstáculos e atrasos em minha vida quando tudo parece acontecer tão rápida e facilmente para as outras pessoas?".

A sorte e o ritmo são os temas dos planetas Júpiter e Saturno, respectivamente. Esses são os regentes de Sagitário e Capricórnio. A menos que os sagitarianos tenham Júpiter aflito e Saturno seja mais forte do que Júpiter em seus mapas, eles tendem a se identificar com o Grande Benéfico e a ver a vida de uma maneira positiva. É deles o mote filosófico: "A despeito de tudo e de todos, a cada dia que passa, estou cada vez melhor". Os capricornianos, por sua vez, têm uma visão de mundo conformada não em termos de sorte ou progresso (Júpiter), mas de ritmo e com base nas próprias limitações (Saturno). Quinze anos de observação desse contraste de atitudes enquanto fazia leituras entre o dia de Ação de Graças e o Ano-Novo me convenceram, pessoalmente, da veracidade do poder do pensamento positivo. Se somos joviais e acreditarmos que o cosmos é uma cornucópia de coisas boas e que o Pai Celestial Jove oferece a nós, seus herdeiros merecedores, uma provisão ilimitada de fama, fortuna, saúde e alegria, então estaremos predispostos a atrair essas dádivas a nós. Porém, se nos considerarmos herdeiros esforçados e diligentes, mas indignos, de Saturno, um Pai frio que nos julga com severidade e se fixa em nossas limitações, se apega não àquilo que realmente desenvolvemos, mas ao que deveríamos ter realizado mais perfeita, completa e rapidamente, tenderemos a atrair mais provações, dificuldades, atrasos e frustrações de Saturno, exatamente porque estamos buscando essas coisas – esperando-as com pessimismo.

Os gregos estavam conscientes do princípio de Saturno: "Conhece-te, aceita-te, sê tu mesmo". Eles estimulavam o indivíduo a encarar suas próprias limitações em termos de resistência física (nem todos podiam ser campeões olímpicos), talentos artísticos, destreza intelectual mas, como sua arte comprova, eles eram principalmente um povo jovial. Foi durante o Império Romano que a arte clássica tornou-se mais rígida, derivativa e estruturada. O dever com relação ao coletivo se tornou mais importante do que a busca filosófica individual, e os cultos sancionados pelo governo tornaram-se a religião oficial: Saturno parece ter superado Júpiter. Os estoicos fatalistas tinham maior afinidade com os limites do que com a expansão, com o destino mais do que com o crescimento, e lançaram uma mortalha saturnina sobre a filosofia e também sobre a astrologia. No período romano, os sofistas estavam mais ligados à forma retórica do que ao conteúdo e à verdade. Por fim, o cristianismo, com seus rituais, dogmas e com sua estrutura eclesiástica, desenvolveu-se durante o Império Romano e impregnou-se de Saturno – Deus Pai no Trono do Juízo. Como astrólogos, ainda hoje estamos lutando para recuperar o equilíbrio entre Saturno como dever e Júpiter como alegria. Os aspectos entre esses dois planetas no mapa natal são muito importantes. Os aspectos, signos e casas – incluindo aspectos com Sol, Lua e Mercúrio – revelam se o nativo está espontaneamente harmonizado com a filosofia do dever ou com a filosofia da alegria. Geralmente, uma pessoa de Saturno e Mercúrio vê um copo com água como meio vazio, e uma pessoa de Júpiter e Mercúrio como meio cheio. Obviamente, precisamos tanto de Júpiter como de Saturno em nossa vida; por isso, viemos à Terra no

Tempo (Saturno) e no Espaço (Júpiter); mas a maioria de nós tem um padrão de sintonia com um e pouco desenvolvimento do outro.

Frequentemente o astrólogo, em particular o astrólogo principiante, se preocupa tanto em passar ao cliente informações sobre sorte e ritmo que acaba não se perguntando como o cliente irá receber a informação. Qual é a filosofia do cliente? É jovial ou saturnina? É importante ouvir o cliente. Se ele tem um *stellium* em Capricórnio quadrando Saturno e o astrólogo disser que existe uma ótima oportunidade (Júpiter em trânsito pela 9ª/10ª Casas) no exterior, ele a aproveitará? Ou permanecerá na companhia de seu pai (Saturno) para o bem do Coletivo (família), como um filho respeitoso e provedor para seus filhos? Ficar ciente dessa oportunidade provavelmente fará que o cliente sinta frustração e ressentimento (quadratura de Saturno) com relação ao coletivo ao qual se sente amarrado, em vez de movê-lo na direção da oportunidade no mundo exterior.

A dimensão Saturno/Júpiter de um mapa também dará ao astrólogo uma orientação de introversão/extroversão. Do ponto de vista astrológico, os signos de Fogo são geralmente considerados extrovertidos; mas imagine um Sagitário com uma quadratura natal Saturno/Júpiter em progressão por Capricórnio. Ele pode dirigir sua energia social jupiteriana aos contratos de negócios e parecer muito sério e moderado para um Sagitário – introvertido, inclusive. Ele pode até mesmo estar em uma fase de apego excessivo ao trabalho (quase uma contradição em termos do Sagitário brincalhão) e precisar ser lembrado de tirar um tempo para exercícios e *hobbies*. É importante examinar o arquétipo Saturno/Capricórnio antes de supor que signos de Ar ou de Fogo sejam muito extrovertidos.

Há uma boa discussão sobre ética do trabalho *versus* ética da diversão em *Please Understand Me*, de Bates e Kiersey, que tem sem dúvida uma semelhança grande com isso. Uma pessoa que vê a vida através de Júpiter provavelmente vai primeiro se divertir, adiando tudo o que se refere a trabalho; vai fazer o relatório na noite anterior à data programada para apresentá-lo. A pessoa que está sintonizada com a ética de trabalho de Saturno estará inclinada a começar o relatório logo que receba essa incumbência, pesquisando e se preparando bem, deixando de lado qualquer tipo de divertimento. "Não posso sair; preciso ficar em casa e trabalhar neste relatório, que deve ser entregue em três meses". Se ela equilibrasse melhor a diversão (Júpiter) e o trabalho (Saturno), provavelmente diria algo diferente, algo mais solto e relaxado. As pessoas de ambos os extremos, tanto de Júpiter quanto de Saturno, sentem estresse; aquela que adia descansa até a noite anterior à entrega do relatório, mas exige de seu corpo grandes esforços em curtos espaços de tempo; assim, nenhum desequilíbrio é saudável.

A atitude é muito importante na cura do corpo. Se aceitamos a doença como o nosso destino (Saturno) e nos resignamos, ela provavelmente vencerá. Mas se adiamos a mudança de nossos hábitos de saúde deficientes, os resultados também nos apanharão no final: "Vou deixar de fumar amanhã; tenho facilidade em parar de fumar; já fiz isso duzentas vezes nos dois últimos anos". Boas intenções (Júpiter) sem disciplina (Saturno) podem provocar câncer no pulmão a longo prazo. Por todas as razões expostas, é importante avaliar a orientação Júpiter/Saturno no mapa dos clientes.

Os antigos compreendiam a importância de Júpiter e Saturno melhor do que nós porque se concentravam no significado do que para eles eram os planetas mais afastados do sistema solar. Desde o século XVIII, quando foi descoberto o primeiro dos planetas transaturninos, Urano, diminuímos a ênfase em Júpiter e Saturno no Ocidente à medida que nos esforçamos seriamente para compreender os significados sutis dos novos planetas "de massa" ou "impessoais". Na Índia atual, poucos astrólogos usam os planetas transaturninos na interpretação do mapa, de modo que Júpiter e Saturno conservam seus significados mais profundos. Eles são vistos como forças impessoais, não apenas no sentido de que seus trânsitos regem o Coletivo (a Nação ou seu Regente), mas também de que o Tempo (Saturno) e o Espaço – latitude e longitude (Júpiter) através dos quais a alma de um indivíduo vem à Terra determinam a realização do seu karma. Por que vir à Terra em uma determinada época e em uma certa cidade? Por que não em outro século, em alguma outra cidade ou vila? A carta natal, com suas oportunidades e ritmo (limites), representa o mapa que a alma escolheu antes de sua vinda à Terra para trabalhar seu karma, em uma tentativa de realizar uma ou mais aspirações deixadas em aberto em sua vida passada mais recente. Vários astrólogos indianos me disseram que se nos últimos segundos de vida uma pessoa pensasse arrependida: "*Se pelo menos eu tivesse...*", essa frase, concluída, delinearia o mapa seguinte. Talvez escolhesse vir à Terra em um lar onde a música fosse valorizada, onde fosse dada importância à educação ou escolhesse uma família com poder político, riqueza, ou simplesmente um lar amoroso onde todos vivessem até a maioridade. O que estivesse faltando seria potencialmente alcançável. O apoio para o desejo estava nas circunstâncias da vida. Nesse momento, perguntei o que aconteceria se eu tivesse pensado: "Se pelo menos eu tivesse trabalhado mais ou fosse mais disciplinada?". O astrólogo respondeu: "Bem, Saturno está na sua 1ª Casa, em quadratura com seu Sol". Essa foi uma importante descoberta para mim – fixamos nossos próprios limites e nossa própria disciplina quando escolhemos o lugar de Saturno no nosso mapa.

Vivemos em uma época em que muitos tendem a culpar o Coletivo: "Fui criada dentro de uma religião muito rigorosa, com pouca alegria". Ou: "Minha família tinha expectativas enormes a meu respeito. Havia dois senadores na família, e todos esperavam que eu seguisse seus passos". Ou: "Todas as mulheres da família eram professoras; assim, nunca pensei em uma carreira diferente até os trinta anos de idade". Ou: "Na minha família, esperava-se que as mulheres tivessem filhos e ficassem em casa, afastadas do trabalho externo; é culpa *deles* eu estar tão frustrada aos quarenta anos – ainda em casa, com filhos com menos de seis anos". Bem, de acordo com a filosofia hindu, "Não é bem isso."

Carl Jung contribuiu para a compreensão de Saturno no mapa da mulher com seu conceito do *animus*, o lado masculino da mulher, e as expectativas desse lado masculino. Encarar o *animus* pode ser bastante deprimente para uma mãe que passa o dia todo com os filhos menores em casa. O *animus* quer estar ativo no mundo masculino – o mercado de trabalho – pensando, competindo, lutando, conquistando. As mulheres que ficam em casa o tempo todo com frequência chegam para uma leitura queixando-se de que "os homens, especialmente os maridos, são livres para se realizar profissionalmente, enquanto as mulheres, especialmente as mães, não são". Uma mulher com Sol em Capricórnio veio me consultar na época do Solstício para sua releitura anual, muito crítica com relação ao marido. "Ele tem uma vida tão agradável, exercendo sua profissão, enquanto eu, que tenho a mesma formação, fico em casa cuidando de três crianças resfriadas, vendo minhas próprias capacidades enferrujando dia após dia. As portas estão se fechando para mim." Algumas também fazem observações críticas sobre mulheres que trabalham e têm filhos, e passam parte do dia ou o dia todo fora de casa: "Vejo minha irmã (ou minha colega de escola) – seu lugar (dever) é em casa com seus filhos de idade pré-escolar, mas ela os deixa em uma creche com estranhos e vai trabalhar. Por que os teve tão depressa, se não poderia cuidar deles e se sabia que ia trabalhar?"

Enquanto o astrólogo pode fazer sugestões com base nos trânsitos de Júpiter, que podem oferecer saídas para a claustrofobia (a sensação saturnina de sentir as paredes se fechando durante o Solstício de Inverno) por meio do serviço à comunidade e dos contatos sociais com adultos, penso que a análise junguiana é também uma ajuda efetiva. Se uma cliente com formação acadêmica se sente claustrofóbica e enferrujando em casa, isso, em geral, se deve tanto ao perfeccionismo do seu *animus* quanto à sociedade patriarcal que ela ataca e insulta – seu marido ou os outros. Uma supermãe dessas, ela mesma com gripe e com febre, insistia em fazer quatro figurinos para as apresentações de Natal de seus filhos, além de cozinhar, decorar, fazer as compras e ajudar na igreja. Ela disse: "Minha mãe sempre teve tempo de fazer nossas roupas para as representações natalinas; então eu também devo fazê-las para meus filhos". A análise junguiana ajudou-a a fazer a distinção entre ela e sua mãe – entre os anos 1950 (sua própria infância) e os anos 1980 (a infância dos filhos dela) e a chegar a uma compreensão mais realista dos limites do tempo. Mais do que tudo, porém, a análise ajudou-a a distinguir entre o que o seu *animus* esperava dela e o que os membros de sua família esperavam dela. Os padrões deles para a Mãe Perfeita estavam muito abaixo dos próprios padrões dela. Agora, quando ela vem para fazer sua leitura anual, ela critica menos seu marido e as mulheres que têm filhos pequenos e que trabalham fora. Ela ainda não se permite sair de casa para trabalhar, mas percebe que a maternidade não será uma carreira para sempre e que em um ciclo de vida diferente voltará a usar seus talentos no mercado de trabalho. Como uma mulher que pensa, ela foi ajudada tanto por seu trabalho junguiano com o *animus* quanto por sua compreensão dos ciclos de vida Saturno/Júpiter através da astrologia.

Na Índia, onde a vida corre mais lentamente, parece mais simples compreender as qualidades positivas de Saturno. Mesmo o perfeccionismo saturnino tem seu propósito, se pensarmos em termos da evolução da Alma em sua jornada rumo à perfeição e se nos lembrarmos da advertência bíblica: "Sede perfeitos como vosso Pai Celeste é perfeito". A Alma precisa de um tempo longo, muito longo – uma série toda de encarnações, para a mente indiana –, para realizar isso! O *Dharma*, então, astrologicamente representado pelo Saturno esotérico, está associado à jornada evolucionária da Alma ao longo do tempo, na direção da unidade com Deus e na liberdade do Divino. Nessa longa jornada, há períodos de vida saturninos para pagamento de débitos antigos e de desejos ambiciosamente satisfeitos, e períodos de vida jupiterianos para colher os méritos das vidas passadas.

Disseram-me na Índia que uma encarnação jupiteriana "é uma encarnação de repouso". Frequentemente penso nisso em mapas em que Júpiter faz um Grande Trígono com o Sol e a Lua nas casas de Terra e atrai sucesso, e em mapas em que Saturno faz uma quadratura-T nas casas de Terra, significando trabalho duro e disciplina, mas, a longo prazo, sucesso. Na Índia, a pessoa com Saturno na quadratura-T seria considerada como de fato cumprindo seu *Dharma* e, no final, tendo uma vida mais vitoriosa do que a pessoa com a tríade Júpiter, a menos que se torne muito deprimida e entre em desespero. Seu teste é muitas vezes de Fé, de Júpiter, o regente, na Índia, de Peixes, o signo da fé que move montanhas. Existe, então, um equilíbrio esotérico entre Saturno (dever, ou *Dharma*) e Júpiter como fé na graça do Guru. Ambos são necessários para ser vitorioso, para avançar, nesta encarnação, na direção do caminho espiritual.

Tanto Júpiter como Saturno são planetas orientados por metas, e se pudermos usar suas energias de maneira apropriada, se pudermos colocá-los em equilíbrio, as metas podem de fato ser atingidas. A fé e a autoconfiança de Júpiter, a atitude positiva e o impulso progressista rumo ao futuro, combinados com a paciência de Saturno e com a aplicação constante do esforço, podem nos guiar à libertação, e isso mesmo quando a caminhada se torna cansativa e a estrada parece ficar sombria – ou quando a inquietação ou o aborrecimento se instalam. Pessoas cujos mapas são zelosos e esforçados, muito saturninos, muitas vezes esquecem isso que os hindus dizem: "Deus é que faz". A realidade, este mundo, "os impregna demasiadamente", e tendem a esquecer que Júpiter, a graça de Deus e do Guru, é tão importante quanto cumprir seu *Dharma* com perfeição. No Ocidente, os teólogos cristãos têm longamente debatido sobre o que é mais importante para obter o Reino dos Céus, se a fé ou as boas obras. Na astrologia hindu, a fé jupiteriana e o *Dharma* saturnino são igualmente importantes.

Reunidos, Júpiter e Saturno regem os quatro signos mais extremos, que representam o fim do ano astrológico – Sagitário, Capricórnio, Aquário e Peixes. Do ponto de vista esotérico, os quatro últimos signos e as quatro últimas casas são considerados as áreas mais impessoais da vida. São também as áreas sobre as quais nosso ego tem o menor controle consciente. Esotericamente, diz-se que essas energias nos levam para além de nossos limites, de nossas ambições individuais egoístas, e nos capacitam a servir às massas e a tocar o Infinito. Diz-se que os planetas exteriores e os signos que regem representam a Verdade Universal (Sagitário), o Governo Universal (Capricórnio), a Humanidade Universal (Aquário) e o Amor Divino Universal (Peixes).

No último capítulo, revimos a mitologia de Zeus/Júpiter, a Divindade do Espaço, e agora é hora de vermos o que pode ser extraído dos mitos de Cronos/Saturno, Senhor do Tempo. Macróbio, um escritor romano, conta-nos em *The Saturnalia* que Cronos, o deus grego, teve origem no distante Oriente, e que sua

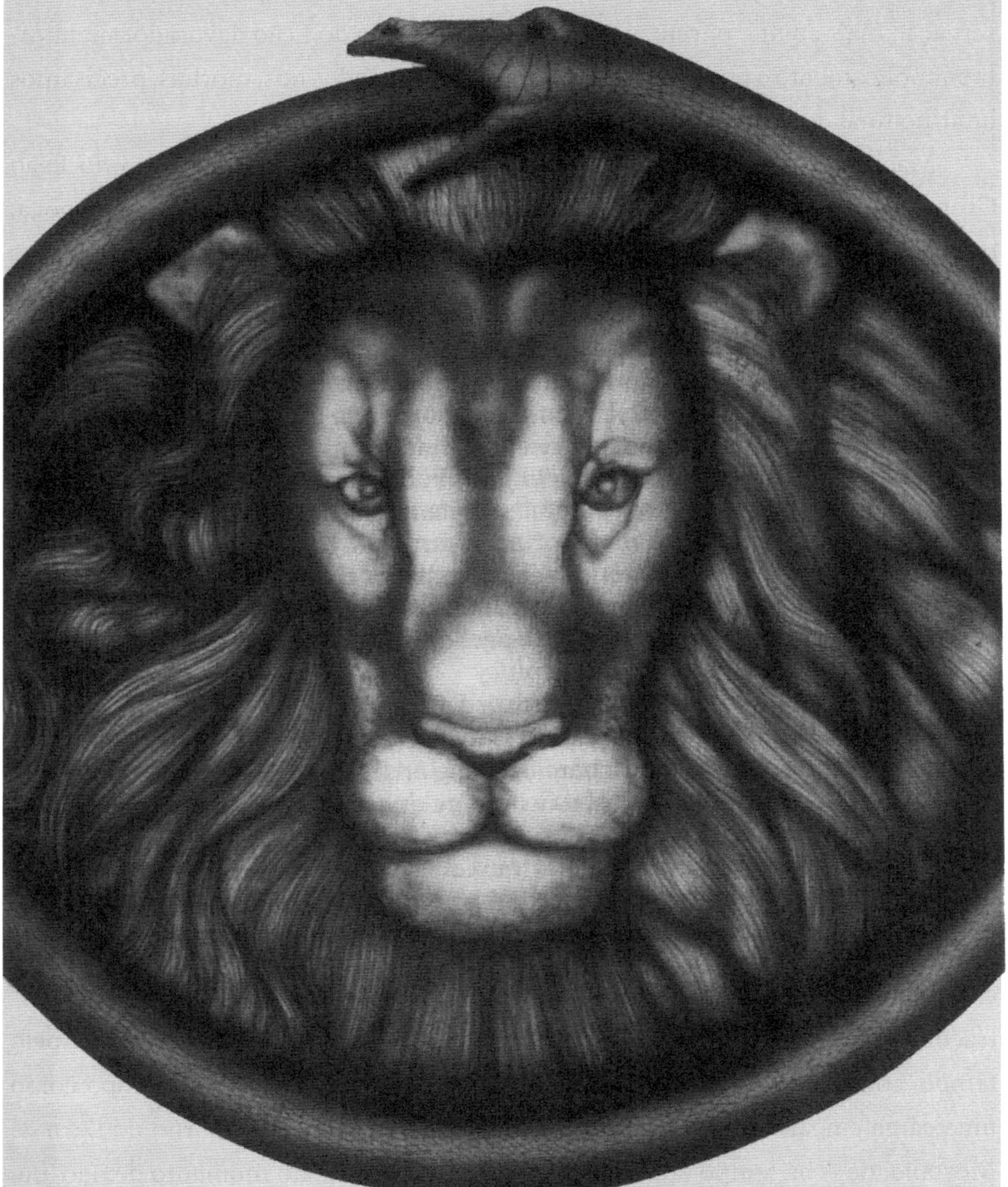

arte e mitologia estão intimamente associadas ao Deus-Sol persa, Mitra. Os gregos apreciavam o belo mais do que o grotesco, e é de admirar que tenham aceito essas estátuas funerárias disformes de leões com goelas devoradoras escancaradas, a ponto de o Leão de Mitra parecer-se com o seu deus do tempo, Cronos. Uma observação mais atenta, porém, nos revela que a estátua do Leão devorador manifesta simbolicamente o poder da morte, a sina com que todos nós, mortais, precisamos lutar no final de nossos dias.

Macróbio explica a seus contemporâneos romanos o simbolismo do Leão Cronos como se a mensagem plena deste tivesse sido perdida antes de sua época, o Império Romano mais recente, embora os leões ainda fizessem parte dos ritos fúnebres. Ele nos diz que o Leão está sempre circundado por uma forma circular, seja pelo rio circular do tempo, Oceano, seja pela serpente que come a própria cauda, Uroboros. O Leão é a mortalidade, mas a forma circular é a imortalidade, o infinito. Na arte dos gregos e dos persas, Cronos sempre tem duas faces – o tempo e a eternidade. O período de vida de um ser humano é apenas uma face da eternidade, e, portanto, há esperança. De acordo com Macróbio, O Rio Oceano, na realidade, é a Eclíptica da Terra, o ponto onde o tempo encontra o infinito. Ele flui sem parar, carregando o Zodíaco dentro dele.

Para os gregos e para os cultuadores mitraicos, a esperança repousava no fato de que depois de ser devorada pelo Leão (morte), a alma adotaria novas formas, como a serpente Uroboros mudando sua pele, e cairia na eclíptica, nos signos e elementos (o Zodíaco), assumindo novas personalidades, novas oportunidades, e evoluindo. Penso que esse quadro mais amplo do Leão cercado por Uroboros ou Oceano é uma boa imagem para meditação, não apenas para as pessoas nascidas durante o Solstício (capricornianos) ou para aquelas com ascendente em Capricórnio que têm medo da passagem do tempo, mas também para todos nós na casa em que Saturno natal está posicionado. Quando nos sofremos com atrasos, frustrações, limitações de nossos desejos, ou quando nos sentimos oprimidos pelo tempo, como os pictoglifos dos Deuses Maias do Dia, carregando o tempo como uma carga em suas mochilas, podemos visualizar Uroboros em torno do Leão da Mortalidade – há tempo de sobra, pois tudo desabrocha no momento devido, ou, como diz o Livro do Eclesiastes: "Para tudo há um tempo debaixo dos Céus". Quando estamos no meio de um ano de Saturno e o tempo se arrasta, quando nossas ambições no mundo exterior parecem frustradas ou desafiadas, se nossos desejos são reprimidos pelo cosmos ou quando sentimos que o desânimo do Solstício de

Inverno, a melancolia e a introspecção negativa se instalam... então é de enorme ajuda a contemplação dessa face infinita do tempo.

Os gregos tinham outra representação artística de Cronos; gosto muito dela como símbolo de Saturno em trânsito: trata-se de uma libélula muito frágil, quase engraçada, mal pousando na borda de uma superfície, prestes a voar. Duas de suas asas estão abaixadas, como se apoiadas, e as duas se movem na direção do céu. Temos aí a imagem da natureza transitória do Saturno mundano; *sic transit gloria mundi* (assim passa a glória do mundo). Esse Saturno Libélula é frágil e evidentemente seu destino não é permanecer para sempre. Se nos lembrarmos dessa libélula, poderemos conservar um certo humor durante um ano de Saturno, embora talvez nos sintamos inseguros e temerosos com relação ao futuro. Ao terminar o ano, Saturno voará, mas Júpiter estará próximo. (A idade de vinte e nove anos pode ser um ano de Saturno, mas a de trinta e seis anos, um ano de Júpiter, também chegará.) Clientes com Saturno em quadratura-T ou em casas angulares, com Saturno em oposição a Saturno (desafios do mundo exterior) – ou aflitos por uma depressão saturnina – podem trazer de volta a Libélula Cronos, a transitoriedade da maioria das ambições terrenas: por que nos permitir entrar em depressão? Podemos controlar nossas reações e nossas atitudes mesmo quando não podemos controlar o mundo exterior.

Esse pano de fundo da arte e de Macróbio é bastante útil para a compreensão de Cronos. Muitos de meus alunos e clientes ficaram apavorados quando o encontraram pela primeira vez nas grandes obras clássicas – um pai que come seus próprios filhos parece bastante repulsivo, de fato, se interpretado por uma mente literal. A ideia de um deus que destrona e mutila seu pai, como Cronos fez com Urano, é tão horrenda quanto a primeira. Apesar disso, porém, ambas as histórias são importantes na jornada de pessoas Sol ou ascendente em Capricórnio e para muitos de nós na casa onde se encontra nosso Saturno natal. As obras de Carl Jung clareiam sobremaneira a psicologia da Paternidade de Cronos.

Há muitos tipos de paternidade; de algum modo, Cronos/Saturno representa todos. O rei ou imperador, por exemplo, historicamente, era o pai de seu povo. Essa era uma crença tão universal que se ele cumprisse bem seu dever, se elaborasse e fizesse cumprir leis sábias e se protegesse seus súditos de ataques externos, seu reino prosperaria. O czar russo era conhecido como Paizinho, e o primeiro presidente dos Estados Unidos, como Pai de seu País. Na arte indochinesa, a ideia da Realeza Divina parece mais gráfica, visto que os imperadores de Khmer permanecem próximo à Roda do *Dharma* e a giram para seus súditos. Se cumpriram bem seu dever, as inscrições se referem a eles como *Dharma* Rajas, ou mesmo Deva Rajas (reis deuses, reis divinos) após sua morte.

Saturno, então, tem relação com o Governo e com a Lei Divina em sua forma paternal. O *paterfamilias* romano, que administrava uma grande comunidade de famílias com poder absoluto, era também uma figura paterna de grande abrangência, assim como o Barão medieval, considerado o pai e, às vezes, o tirano, dos que viviam em suas terras. O patrono de um artista da Renascença era para ele um pai tão generoso quanto, em um sentido mais amplo, um professor universitário de hoje que não apenas orienta seus alunos a fim de desenvolverem suas capacidades, mas ainda encontra recursos financeiros para eles durante o curso e mesmo depois.

Embora Saturno esteja relacionado a figuras de autoridade, como políticos, policiais, fiscais de renda, licenciadores de veículos, administradores universitários e professores que parecem ter poder sobre nós nos anos Saturno (ou banqueiros solícitos que podem rejeitar nossos empréstimos), a primeira associação que muitos de nós fazemos ao ler o mito de Cronos destronando seu pai, o rei, é com nosso próprio Pai.

O patricídio era um crime horrendo para os antigos gregos, como o é para nós hoje. As Fúrias puniam esse crime severamente e o consideravam tão grave como o perjúrio. Por que então Cronos, o Titã, o sétimo filho felizardo, depôs e mutilou Urano, seu pai e rei dos deuses? Qual é a mensagem psicológica que está por trás disso? Jung tem um capítulo excelente – *A Natureza da Psique, Obras Completas*, vol. 8 – que esclarece muito bem essa sombria questão de Cronos. Cronos era o filho mais jovem de Urano com a Mãe Terra. Ela lhe deu de presente uma foice mortal, incentivou-o a libertar os rebeldes Ciclopes, e aconselhou-o a evitar injustiças futuras, matando Urano.

Jung nos diz que um reino não pode prosperar sob um governante *senex* (um tirano senil, decrépito, rígido), ou um governante cujos súditos o percebem como *senex*. Nos mitos sobre reis e rainhas, o tirano dispõe de duas alternativas depois de ser desafiado pelo jovem rebelde – o herdeiro ao trono ou o jovem herói que passa pelo reino. Sua primeira alternativa implica aprender pela experiência, recuperando sua força física e capacidades mentais perdidas em consequência da luta, mudando sua atitude em direção à justiça, tornando-se um Ancião Sábio. A segunda alternativa, mais comum no mito e na vida, envolve a derrota do tirano *senex* pelo jovem herói ou herdeiro, e o início de uma Nova Era para o Reino.

A época estava propícia para Cronos. O reinado de 2.400 anos de Urano chegara ao fim, e o Monte Olimpo estava pronto para uma Nova Era, para um novo rei, o herdeiro do trono. Sua intuição (a Mãe Terra) lhe disse para prosseguir e entrar em ação; Cronos também recebeu sua ferramenta, a foice. Todavia, seu modo de proceder parece sangrento para o leitor contemporâneo. Ele cortou o falo de Urano e jogou-o no mar com o restante do corpo do pai. Na psicologia ocidental, costumamos pensar no falo como um símbolo de potência sexual e, por extensão, como um símbolo de poder em geral. No Oriente, porém, o significado primeiro do falo é o Poder Criativo, a criatividade Divina, maior do que a humana. No Oriente, o desmembramento simboliza a extensão da criatividade da divindade no mundo. A multiplicidade emerge da Unicidade. O desmembramento possibilita que o Um, a divindade, viva a vida sob formas diversas.

O Fim de uma Era é sempre caracterizado pelo declínio da criatividade; assim, Cronos, liberando o fluxo criativo de Urano, realizou uma tarefa muito útil. Ele causou o nascimento de Afrodite. Fertilizada por Urano, ela foi chamada Aquela que Nasceu da Espuma, e mostrou ser exatamente o que Cronos precisava, e também o que qualquer cliente com planetas em Capricórnio, Capricórnio no ascendente ou com aspectos fortes de Saturno precisa até nos dia de hoje: suavidade, afeto, sentimentos fluídos, valores estéticos, habilidade para se relacionar e para amar (Eros). Na tradição esotérica, Isabel Hickey, Alice Bailey e outros escreveram que Afrodite/Vênus é o antídoto para Saturno no mapa individual. Mais adiante retomaremos esse tópico.

O rei Cronos não foi mais gentil com os Ciclopes do que o foi com seu Pai. Eles foram mandados de volta ao inferno assim que começaram a criar dificuldades para o novo rei. No fim da era ele relutou em renunciar ao poder em favor de seu herdeiro, Zeus/Júpiter, chegando a usar sua função de Pai Tempo contra os deuses e contra os mortais, devorando seus filhos e herdeiros potenciais. O mais jovem, Zeus/Júpiter, foi resgatado pela mãe e enviado para a segurança de uma caverna em Creta.

Em Câncer (Capítulo 4), vimos o dever para com o feminino, especialmente para com a Mãe. Em Capricórnio, encontramos o dever para com o masculino, o conflito de aspirações, metas e expectativas entre Pai e Filho, ou, no caso de uma mulher que tem Capricórnio/Saturno forte em seu mapa (especialmente na 10ª Casa), Pai e filha. Embora à primeira vista o mito da reivindicação do trono do Pai pareça ser uma repetição da Busca de Leão (veja Capítulo 5), há aí uma diferença importante. Do ponto de vista arquetípico, o Leão, regido pelo Sol, tem desde a mais tenra infância muita confiança em si mesmo e em seus caminhos; interiormente, ele não é tão dependente da aprovação do Pai quanto Capricórnio. Ele não tem disposição para ficar pacientemente esperando que o Pai se aposente ou morra, ou que a Mãe Terra se apresente com os meios e a permissão para agir. Ele não sente o mesmo conflito de deveres vivido por Capricórnio, regido pelo *Dharma*. Pessoas Sol em Capricórnio ou Capricórnio no ascendente e Saturno angular estão com frequência em conflito interior entre o que percebem como dever para com o Self, dever para com o Pai, e dever para com o coletivo (Sociedade).

Filhos e filhas do arquétipo de Capricórnio fazem observações como: "Tive uma ótima oferta de uma empresa quando vieram fazer recrutamento na faculdade, mas meu pai ficaria muito desapontado se eu aceitasse. Ele pagou por toda minha formação e, bem, ficou sempre subentendido que um dia eu deveria trabalhar em sua empresa. É uma empresa pequena, sem muitas oportunidades para pôr em prática tudo o que aprendi, sem muito estímulo, mas vou ficar lá por alguns anos e ver o que acontece" (Capricórnio no ascendente). Ele ainda está lá, depois de quinze anos. Tem muito pouco poder de decisão e será sempre o filho do patrão, o júnior, para os funcionários. Seu pai tem 75 anos e ainda está no comando.

"Eu sei que é engraçado encontrar uma mulher de 50 anos contadora. Meu Pai sobreviveu à depressão, e dizia a seus filhos: 'Sejam contadores como eu e jamais passarão fome, não importa o que aconteça com a economia'. Bem, eu nunca passei fome, mas vejo que minhas amigas fazem coisas interessantes, criativas. Sempre quis tentar *design* de interiores... Eu sou Libra... mas esse trabalho não é seguro." (Ela tem Saturno na 10ª Casa. Depois da morte de seu pai, estudou decoração, e agora trabalha em tempo parcial em lojas de móveis, sentindo maior prazer na vida.)

Outro Saturno na 10ª Casa, um cliente, tinha uma figura paterna, em vez de um pai: "O Professor X tem sido um pai para mim. Quando eu era um assustado aluno de graduação em uma enorme universidade, ele me protegeu e me recomendou para todos os tipos de bolsa de estudo. Chegou até a me arrumar dois empregos depois da minha formatura. Foi ele quem me ensinou tudo o que eu sei. Fiz a revisão de seus dois últimos livros e meu nome consta no prefácio, mas nunca serei reconhecido como especialista enquanto ele viver. Serei sempre visto como aluno do Professor X. Se ele se aposentasse, eu poderia ser contratado por *sua* universidade, mas não vejo como isso possa acontecer". (O professor X está aposentado, mas continua forte aos setenta e sete anos.)

É difícil para um capricorniano adulto continuar sendo visto como "júnior" depois do Retorno de Saturno, quando muitos parecem entrar em contato com suas próprias expectativas e aspirações. Recentemente, um cliente teve que se esforçar bastante para se desligar do restaurante de seu pai nessa época (vinte e nove anos), mas conseguiu. Trabalhamos com a casa em que estava seu Urano (sua singularidade, sua originalidade). Saturno e Urano dividem a regência da casa com Aquário na cúspide, a qual é ativada no ano de Retorno de Saturno. Ele decidiu administrar uma estação de águas termais, aplicando sua antiga experiência (Saturno) a seu novo (Urano) ambiente. Sente-se mal pela desavença com seu pai, mas seu sucesso no novo emprego é grande e, aos trinta e três anos, clientes e articulistas de revistas especializadas já o reconhecem por suas próprias habilidades criativas.

O reconhecimento público é tão importante quanto a aprovação do Pai: alguns tipos de compromisso podem ajudar Capricórnio a encontrar ambos. Naturalmente, essa ainda é a busca do mundo exterior; a busca interna parece se manifestar durante os últimos anos de progressão por Aquário ou Peixes. A criatividade é uma chave, embora o passo seguinte pareça ser através da casa com Aquário na cúspide ou da casa com Urano natal. Há uma mensagem real no mito da mutilação do falo – provar ao pai que a pessoa é tão talentosa, original e criativa quanto ele era.

No Volume III, Jung dá um exemplo da aprovação do Pai (ou da falta dele) interrompendo o crescimento semelhante ao que tenho encontrado em clientes do sexo feminino. A paciente de Jung não conseguia encontrar um marido porque nenhum homem alcançava os padrões de seu Pai. Encontro seguidamente essa situação em clientes com Saturno angular, em especial Saturno na 10ª Casa. Aparentemente, essas mulheres parecem casadas com seu trabalho; por fim, muitas delas encontram um homem bastante parecido com o querido Papai; outras, ficam solteiras até a morte do pai. Mulheres com a conjunção Saturno/Sol tendem a seguir o mesmo modelo – forte identificação com o pai, uma carreira pessoal que o Pai aprovaria ou, mais dia, menos dia, casamento com um homem da mesma área profissional do Pai.

Se Saturno está mais forte (posição por signo, aspectos ou casa) do que Afrodite no mapa de Capricórnio no ascendente, então podem estar presente antigas questões de vidas passadas que devem ser resolvidas com o Pai. Pendências que deve ajustar com o Pai antes de entrar no mundo do romance e dos relacionamentos de Afrodite parecem existir mesmo nos mapas em que o signo solar é romântico – Libra, Touro, Peixes.

No Volume VIII dos *Collected Works*, Jung escreve sobre a triste situação do filho ou filha cujo pai vive por muito tempo, como o Velho Rei. Essa pessoa está na fase *puer* da vida, incapaz de chegar à maturidade, de formar uma nova família, de encontrar Afrodite, de descobrir aspirações pessoais distintas das expectativas da família, enfim, de se mover rumo a metas pessoais. Todavia, se o arquétipo de Capricórnio é forte no mapa, ele deseja progredir e ocupar seu lugar na sociedade como uma pessoa cardinal, um líder, um pagador de impostos responsável, embora se sinta preso ao papel infantil dentro da família em que nasceu. Como bem percebeu Jung, as pessoas agora vivem mais tempo. Há muitos pais passando pelo terceiro Retorno de Saturno, poucos dos quais estiveram dispostos a abdicar o poder e a se aposentar depois do segundo Retorno de Saturno, próximo dos sessenta anos.

Pais de filhos do arquétipo Capricórnio/Saturno com frequência descrevem seus filhos e filhas como aplicados, mas de desabrochar tardio, pessoas não muito criativas, bastante dependentes financeiramente do Papai, mesmo aos quarenta anos. Esses pais parecem sentir o que Jung diz no Volume V, que há algo de parasita no *puer*. Em um grande número de situações, porém, o dever para com o pai limitou tanto a faixa de criatividade da criança ou sua experiência no trato com o dinheiro (Papai toma as decisões na empresa), que o filho nunca teve a oportunidade de provar ser uma pessoa Capricórnio ou de Saturno responsável. Se as amarras foram atadas ao apoio financeiro ou a qualquer outra ajuda que Papai providencie, como um cargo na empresa, em geral essas amarras precisam ser cortadas com a foice de aço temperado do mito de Cronos.

Às vezes, no Retorno de Saturno, ou no trânsito de Saturno em oposição a Saturno natal, um cliente Capricórnio ou Saturno angular apresenta o mapa de seu pai a fim de compreendê-lo melhor e de tratar de sua necessidade de cortar as amarras de seu desejo de fazer parte de um mundo mais amplo. Muitas vezes, o pai passa a ser o Ancião Sábio que foi erroneamente percebido como um *Senex* rígido. Se ele for de fato um *Senex*, então é necessário se desvencilhar dos ressentimentos. Na época de Saturno em oposição a Saturno, na faixa dos quarenta anos, é mais fácil perceber o pai não como o rei todo-poderoso, mas como um ser humano que está envelhecendo e que, muito provavelmente, se sente ele mesmo dependente. Ele não quer perder seu herdeiro. Duas dádivas de Saturno são a paciência e a introspecção. Se pai e filho estão passando por seus retornos (vinte e nove e cinquenta e seis anos de idade), ou dentro de um ano um do outro, ambos se sentindo solitários e isolados, uma conversa séria pode ajudá-los a começar um novo ciclo juntos como dois adultos.

Para as pessoas com Saturno na 10ª Casa, Saturno em oposição a Saturno pode significar a morte do Pai, sobretudo se ele estiver gravemente doente na época. (Saturno em trânsito faz sua oposição na 4ª Casa, a casa das autoridades da infância.) Alguns clientes sentiram-se libertos e imediatamente mudaram seu rumo de vida (10ª Casa), rompendo com o modelo do pai e empunhando sua própria bandeira. Às vezes, porém, verifica-se um atraso porque o filho ou a filha com Saturno na 10ª Casa se identificou tanto com o padrão paterno que o internalizou no inconsciente. A mulher libriana citada antes, por exemplo, havia desejado produzir algo artístico durante anos, mas precisou de sete longos anos por causa da oposição Saturno/Saturno e da morte de seu pai para superar gradualmente cada etapa de sua profissão de contadora.

Em geral, o ato de deixar, abandonar, cortar é difícil para nós na casa natal de Saturno. Admiro aqueles dentre meus clientes que renunciaram ao trono e fluíram suavemente para as mudanças daquela casa durante Saturno em oposição a Saturno. (Certamente, o ato de desligar-se se torna menos doloroso se Saturno natal estiver em um signo mutável.) Quase todos nós nos estabelecemos tarde na vida na casa de nosso Saturno natal (fomos levados pelo atraso de Saturno). Enfrentamos muitos medos e inseguranças como adultos pouco experientes nesse setor, e trabalhamos duro para conseguir um travesseiro, ou um cobertor de segurança nessa casa. (São poucas as pessoas que não têm relações desarmônicos em relação a Saturno natal.) Muitos subiram a montanha como a Cabra-Montanhesa na casa de Saturno – e também na casa regida por Saturno (aquela com Capricórnio na cúspide). Então, durante a oposição de Saturno em trânsito a Saturno natal, na metade da vida, o mundo exterior nos instiga a desatar, mais ou menos como o herói do mito é desafiado pelo Velho Rei. E muitos de nós dizemos: "Não quero ceder o trono ou dividir o poder. Investi muito esforço nessa área da vida – é meu *Dharma*. Estava apenas começando a 'curtir' o controle que tinha". Outros, geralmente aqueles com Saturno em signos mutáveis, ou com Saturno em um signo de pensamento voltado ao progresso, como Fogo ou Ar, dizem: "De qualquer modo, estava ficando aborrecido. Novas portas se abrirão. Tenho muita fé no futuro desconhecido". Muitos intuitivos começaram a desatar seus velhos laços mesmo antes do trânsito começar.

Algumas pessoas vivem com medo dos trânsitos de Saturno, em parte porque não gostam de abandonar o passado, em parte porque vivem mais no nível mundano de Saturno do que no esotérico (serviçal, dhármico). Clientes que leram textos superficiais de astrologia chegam à leitura preocupados: "Estou passando pela fase de Saturno em oposição a Saturno da meia-idade", ou "Estou passando pela oposição de Saturno em trânsito ao meu Sol, Lua ou Mercúrio. Será que vou perder dinheiro, poder, posição, propriedades, cônjuge?". Saturno, como a Cruz de Matéria, pode significar que o apego ao mundano interfere na verdadeira felicidade. "É claro que odeio meu trabalho, mas não o deixaria por nada. Ganho bem, e se continuar por mais quinze anos vou me aposentar com ações e bônus da companhia, com boa pensão e com uma apólice de seguro. Mesmo se ficar apenas mais alguns anos, terei um mês de férias em vez dos atuais quinze dias. Se começar tudo de novo, na minha idade, não vai ser fácil conseguir um emprego equivalente. Vou ficar três meses sem seguro de saúde..." Este é o Saturno mundano trabalhando contra a felicidade, planejando como se todos fôssemos ficar aqui na Terra para sempre. A esposa de um médico disse: "Admito que continuo casada principalmente por causa do estilo de vida. As crianças e eu dificilmente vemos meu marido, e quando isso acontece, ele surge como uma figura autoritária; mas dependemos dele financeiramente e a estrutura (Saturno) da família é importante".

O primeiro cliente foi demitido após uma reestruturação do setor da empresa durante Saturno em oposição a Saturno, e se sentiu péssimo durante seis meses; depois, encontrou algo de que gostava bem mais. No segundo caso, o médico abandonou a esposa quando Saturno estava em oposição ao Sol da 7ª Casa dela. Agora ela está muito mais feliz com seu segundo marido. Saturno simplifica nossa vida dissolvendo coisas às quais nos agarramos, mas que realmente não nos fazem felizes, para que assim possamos dar seguimento à nossa vida. O astrólogo vê isso com frequência. Saturno é o melhor dos professores para os que são observadores. A maneira como reagimos aos trânsitos de Saturno indica o nível de nossa sintonia. Vemos Saturno como um *Dharma* esotérico ou como um maligno mundano?

Na casa de nosso Saturno natal, podemos passar vários anos nos sentindo como Jesus, carregando sua cruz colina acima, escorregando e caindo, mas levantando para prosseguir na caminhada. A imagem cristã vem à mente porque o glifo de Saturno (♄) é a Cruz, e o mundo material parece um lugar desagradável nesses anos, especialmente se Saturno natal está em uma casa de Terra. Como Cristo, podemos nos sentir perseguidos pelo mundo. Mas, se cometemos erros, podemos aprender a refletir, a olhar para dentro e a reavaliar nossa conduta e nossas atitudes nos anos de Saturno. Estamos dormindo sobre os louros das nossas vitórias? Dizemos com frequência: "Afasta de mim este Cálice; quero continuar bem acomodado como estou agora. Não quero mudanças?". Deixamos acontecer e aceitamos o desafio do futuro, a Busca do Cálice (o Graal, a progressão por Aquário)? A agonia de Cristo no Jardim do Getsêmani e sua submissão à vontade de Seu Pai Celeste (não a de seu pai pessoal, mundano) são fases importantes do desenvolvimento na jornada de vida de Capricórnio – que todos empreendemos na casa de Saturno. Da angústia capricorniana, com frequência, brota um período de reflexão, de introspecção sobre nosso *Dharma*, sobre aquilo que Cristo chamou "a necessidade de cuidar dos assuntos do Pai". Talvez a aflição tenha ocorrido porque nos concentramos exclusivamente em nossos próprios assuntos mundanos. Também Jung vê o período de depressão como precursor de um *insight* ou de um período de criatividade intensificada.

Os trânsitos de Saturno com frequência revelam ao estudante de astrologia esotérica a natureza de seu verdadeiro *Dharma*, que pode muito bem ser sua função cósmica genuína. Se temos Saturnos fortes, fazemos comparações capricornianas em termos de "certo ou errado", a vida em branco e preto, nivelando a nós mesmos e às pessoas que estão à nossa volta. "Estou trabalhando mais do que X" ou "Já aprendi com esta situação. Não preciso repeti-la; alguém mais jovem que faça isso." Saturno em trânsito muitas vezes nos assenta, recolocando-nos em uma antiga ocupação, em uma velha amizade, em uma situação passada, de modo a podermos nos libertar de nossa presunção e das comparações que às vezes fazemos em detrimento de outras pessoas. A habilidade de fazer essas comparações saturninas é útil, porém, mesmo para examinar a nós mesmos com relação ao passado, retrospectivamente, quando nos encontramos diante de uma decisão de Saturno (em especial, a profissão); podemos então dizer: "Eu costumava pensar com menos tolerância (ou mais criticamente) quando conheci essas pessoas ou trabalhei naquele ambiente sete anos atrás, ou catorze anos atrás etc.". Podemos ver nosso avanço se olharmos para trás e nos compararmos conosco mesmos em vez de com outras pessoas. Alguém com uma verdadeira sabedoria saturnina disse-me certa vez em meu consultório: "Esta oferta de trabalho que recebo agora poderia ter sido ideal há sete anos. Ela teria preenchido todas as minhas aspirações e desejos naquele estágio da vida. Mas não sou mais aquela pessoa (*persona*). Não é isto que eu quero fazer agora". Ele recusou a oferta de emprego, mas aceitou outra que pagava menos: preferiu a que o realizava mais – uma posição desafiadora. Era uma posição em que se sentia menos seguro porque não tinha conhecimento de todas as áreas, mas onde havia futuro, com muitas coisas a serem aprendidas.

A tentação de Cristo no monte, depois da Transfiguração e manifestação de seu Pai Celeste, é significativa não apenas para as pessoas com planetas na 10ª

Casa, o "topo do monte", mas para todos nós. Os presentes que o Demônio ofereceu a Cristo eram nitidamente mundanos. Depois da experiência com Seu Pai Celeste, Cristo sabia que governar o mundo não era o seu *Dharma*: ele tinha muita clareza com relação à natureza do seu Reino e do Seu trabalho. Nós, que carecemos daquilo que os Vedas chamam de raio da iluminação, não estamos tão certos de nosso *Dharma* quanto Cristo estava do seu; mas, se desenvolvermos a nossa intuição (a polaridade oposta, o signo de Câncer e a 4ª Casa) por meio da meditação, poderemos chegar a um conhecimento maior sobre ele. Saturno em oposição a Saturno natal ou ao nosso Ego (Saturno em oposição ao Sol) nos ajuda a esclarecer nosso *Dharma* também pelo processo de comparação: "Sou agora a pessoa que costumava ser? Há ainda crescimento ou alegria na vida presente ou da vida passada?". Saturno, como Júpiter, oferece uma perspectiva, mas faz isso de forma mais concreta.

Precisamos arrancar raízes muito cedo na vida para construir alicerces na casa de Saturno natal. Precisamos adotar uma posição firme para nos sentir confiantes, para vencer as inseguranças ou nosso sentido de limitação. Em seu livro *A Lenda do Graal*,* Emma Jung e Marie-Louise von Franz nos informam que os artistas medievais retratavam Saturno com uma perna oca de madeira. Como exemplo, elas nos remetem à Figura nº 223, "Saturno", de *Psicologia e Alquimia*, de Carl Jung. Nessa ilustração, a perna oca de madeira de Saturno começa no joelho – que apresenta interesse particular para o astrólogo esotérico. Na astrologia médica, o joelho é a parte do corpo mais diretamente ligada a Saturno, e portanto fundamental para a mensagem do arquétipo. (Saturno também tem relação com os ossos, com as cartilagens em geral e com coberturas e substâncias duras como cabelos e unhas – mas o joelho é a conexão principal.)

A pergunta, então, é: assumimos na meia-idade uma posição tão firme (talvez, uma posição defensiva, movediça) na casa onde está Saturno que não mais podemos nos "dobrar", como o Saturno da Figura 223? Ficamos calcificados, rígidos como madeira petrificada naquela área da vida da casa de Saturno natal? Em *Cosmic Science*, Isabel Hickey relaciona a flexão, o dobrar-se, com a humildade cristã. Ela menciona que os cristãos se ajoelham em oração. Assim fazendo, eles simbolicamente reconhecem a participação de Deus em seu sucesso e deixam de dar ênfase ao orgulho e em seus próprios méritos. Penso nisso com frequência quando alguns de meus clientes mais competitivos se queixam de dores importunas nos

---

* Publicado pela Editora Cultrix, São Paulo, 1990. (fora de catálogo)

joelhos desde os tempos de escola quando jogavam futebol. São homens do tipo Saturno ou Capricórnio/Capricórnio ascendente fortes.

A realização na casa de Saturno (ou na 10ª Casa) cumpre seu propósito de satisfazer os desejos e de prover segurança e confiança na vida e na personalidade, mas na meia-idade podem manifestar-se o orgulho, a presunção, o julgamento dos outros e as comparações negativas com os menos afortunados ou com os mais indolentes. Se precisamos assumir uma posição firme na juventude, temos também de dobrar-nos na meia-idade. Se nossas atitudes se tornam incompreensivas, severas, autossuficientes, podemos ficar sensíveis a doenças de enrijecimento de articulações e artérias. (Como corregente de Aquário, Saturno afeta o sistema circulatório.) Com o passar dos anos, uma atitude rígida pode trazer como consequência fragilidade física.

Todos podemos refletir sobre o que nos deixa orgulhosos no signo e na casa em que Saturno está colocado, sobre se reconhecemos ou não que Deus e outras pessoas nos têm ajudado a chegar lá e assim expressar nossa gratidão, ou se somos presunçosos e nos vangloriamos naquela casa ou com as questões daquele signo. Em termos médicos, se observarmos nosso signo Saturno, poderemos reconhecer a parte do corpo suscetível de fraqueza se formos muito orgulhosos. (Saturno em Áries – "Não consigo fazer isso sozinho; não preciso de nenhuma ajuda." Enxaquecas, sinusite etc. Saturno em Câncer – orgulho da família ou constrangimento porque a família não é tão afluente, educada ou respeitável pela sociedade como gostaríamos. O estômago, os órgãos femininos etc.). Para a maioria de nós, isso é digno de introspecção.

Outra pergunta interessante a ser feita sobre os assuntos da casa de Saturno ou da casa com Capricórnio na cúspide é: Sinto-me à vontade ao admitir que estou errado? Aqueles dentre nós que viveram durante a administração Nixon puderam ver o declínio de uma presidência porque um Sol em Capricórnio com um Saturno no Zênite (na verdade, um Saturno de 9ª Casa, mas ainda assim um Saturno na posição Zênite, de acordo com a pesquisa de Gauquelin) não podia admitir publicamente que "um erro foi cometido. As pessoas próximas de mim, os conselheiros que eu mesmo escolhi, cometeram um erro." Astrólogos que não têm políticos de Capricórnio entre seus clientes podem estudar o arquétipo nos livros de Noel Tyl, *The Expanded Present* e *Integrated Transits*. Essas obras contêm comentários sobre o início da carreira de Nixon, a presidência e a renúncia. O consultor do

Presidente, John Dean, escreveu um livro sobre a administração Nixon chamado *Blind Ambition*, um título apropriado para uma presidência regida por Saturno.

A angústia sentida por Nixon quando de seu fracasso em vencer a sra. Helen Douglas na disputa pelo governo da Califórnia desencadeou uma gama de obscuras emoções capricornianas – negação, atitude defensiva, paranoia. Ele se excedeu em ataques contra a imprensa, essa eterna sombra que o persegue em toda parte. "Agora vocês não mais terão Richard Nixon para espezinhar" tornou-se uma frase famosa, e é semelhante à observação infantil que meus clientes capricornianos adultos fazem quando não tem sucesso no mundo exterior. A Sombra o atacou com ferocidade, principalmente nos depoimentos prestados às Comissões pós--Watergate do Congresso. Ainda assim, Nixon negou ter usado de má-fé ou ter acobertado o caso. Em sua declaração de renúncia, seu último discurso, ele mencionou seus conselheiros Haldeman e Ehrlichman como "dois excelentes servidores públicos", perseguidos pela imprensa sem razão aparente. Os depoimentos revelaram que ele tinha uma lista de inimigos (comportamento paranoico) com vários nomes de jornalistas. Depois da renúncia, Nixon foi hospitalizado para tratamento de flebite. A postura rígida que ele assumiu, sua inabilidade para enfrentar a realidade e sua falta de embasamento levaram sua administração ao colapso. Por fim, há uma reviravolta no final da história, pois membros importantes de seu partido político consideram Richard Nixon como o estadista experiente – um Ancião Sábio que deve ser consultado como especialista em política exterior envolvendo a China.

Algumas lições do trânsito de Saturno no Meio do Céu são: "O orgulho antecede a queda"; não tome atalhos em direção ao poder, nem proteja os que estão errados. Admita seus erros. O que está oculto provavelmente será revelado.

Deixamos a Cabra-Montanhesa e passamos a considerar outro símbolo de Capricórnio, Pã, o brincalhão. À primeira vista, a impressão é de que esses dois símbolos são opostos; e que um mesmo signo não poderia acolher dois padrões de comportamento tão distintos; e que o mesmo ser humano (o cliente de Capricórnio) não poderia oscilar de um para outro no curso de uma única vida. Mas não é o caso. Em geral, Pã se esconde sob a aparência da Cabra-Montanhesa, que, com zelo e lealdade, cumpre suas obrigações todos os dias; por outro lado, a ambiciosa Cabra, revestida da pele de Pã, pode revelar o eterno adolescente, que não sossega nunca. O Retorno de Saturno (vinte e nove a trinta anos de idade) induz a um deslocamento de Pã para a Cabra-Montanhesa. Já a progressão em Aquário, ou um trânsito de Urano, pode significar uma mudança na outra direção: da Cabra para Pã.

Mas quem é Pã, divindade da floresta tão amada pelos gregos, pelos romanos, e especialmente pelos vitorianos reprimidos? (Seus admiradores na Inglaterra do século XIX constituíam uma legião – dentre todos, Elizabeth Barrett Browing escreveu sobre ele). Pã é tudo o que a Cabra-Montanhesa tipo Nixon não é; nas ocasiões em que Nixon era controlado, reprimido, amargo, defensivo, negando seu lado humano (sua capacidade para errar), Pã é espontâneo, age compulsivamente com base em seus instintos, é alegre e espirituoso. Pã não se importa nem um pouco com o Topo da Montanha e optou por não fazer parte do mercado competitivo. Ele evita a cidade e vive fora de seus limites, em cavernas, grutas e florestas.

Pã é a Natureza. Em todos nós, Pã é o corpo, com seus impulsos e sua sabedoria. Vivendo fora dos limites da cidade, Pã também vive além dos limites da moralidade convencional, da ética mental de um mundo linear. Parece não ter nenhuma importância para ele o fato de ele ser totalmente irrelevante. Ele não é preocupado com a imagem como a mundana Cabra-Montanhesa. A opinião que a sociedade tem dele não lhe importa em absoluto. O que importa são as ninfas; Pã está sempre perseguindo-as, mas elas não conseguem satisfazê-lo. Ele também se apaixona pela deusa Eco, mas fica frustrado quando descobre que ela é apenas o som de sua própria voz. Dessa forma, Pã, como a Cabra-Montanhesa, frustra-se no reino de Afrodite, Eros frustra-se no Amor.

Embora Pã, como Corpo da Natureza, deseje se relacionar com o Espírito (as ninfas das nuvens etéreas), ele optou por perseguir aquilo que jamais poderá alcançar, aquilo a que ele nunca poderá se entregar. Dessa forma, Pã preservou sua própria liberdade ao não assumir responsabilidade, como o *puer*. Em "An Essay on Pan", James Hillman nos diz que Pã e Afrodite (o amor verdadeiro) são dois níveis de consciência que não podem se encontrar. Pã, diz Hillman: "Conhece apenas o que seus cinco sentidos lhe transmitem. Ele está na consciência da cabra". Afrodite é Amor; Pã é luxúria. Eles não podem se relacionar. Isso está claramente representado na arte por uma estátua no Museu da Acrópole. Nela, Pã se aproxima de Afrodite buscando um abraço. Com desdém e mente confusa, ela bate nele com sua sandália. A delicada, de pele suave, refinada e perfumada Afrodite não leva Pã a sério. Pã tem chifres pontudos, pele escura, coxas peludas, um falo ereto e um forte cheiro de bode, de acordo com Homero (*Ode to Pan*). Em comum com a Cabra-Montanhesa, portanto, ele tem frustrações com a esquiva Afrodite (relacionamento), solidão e sensibilidade à rejeição.

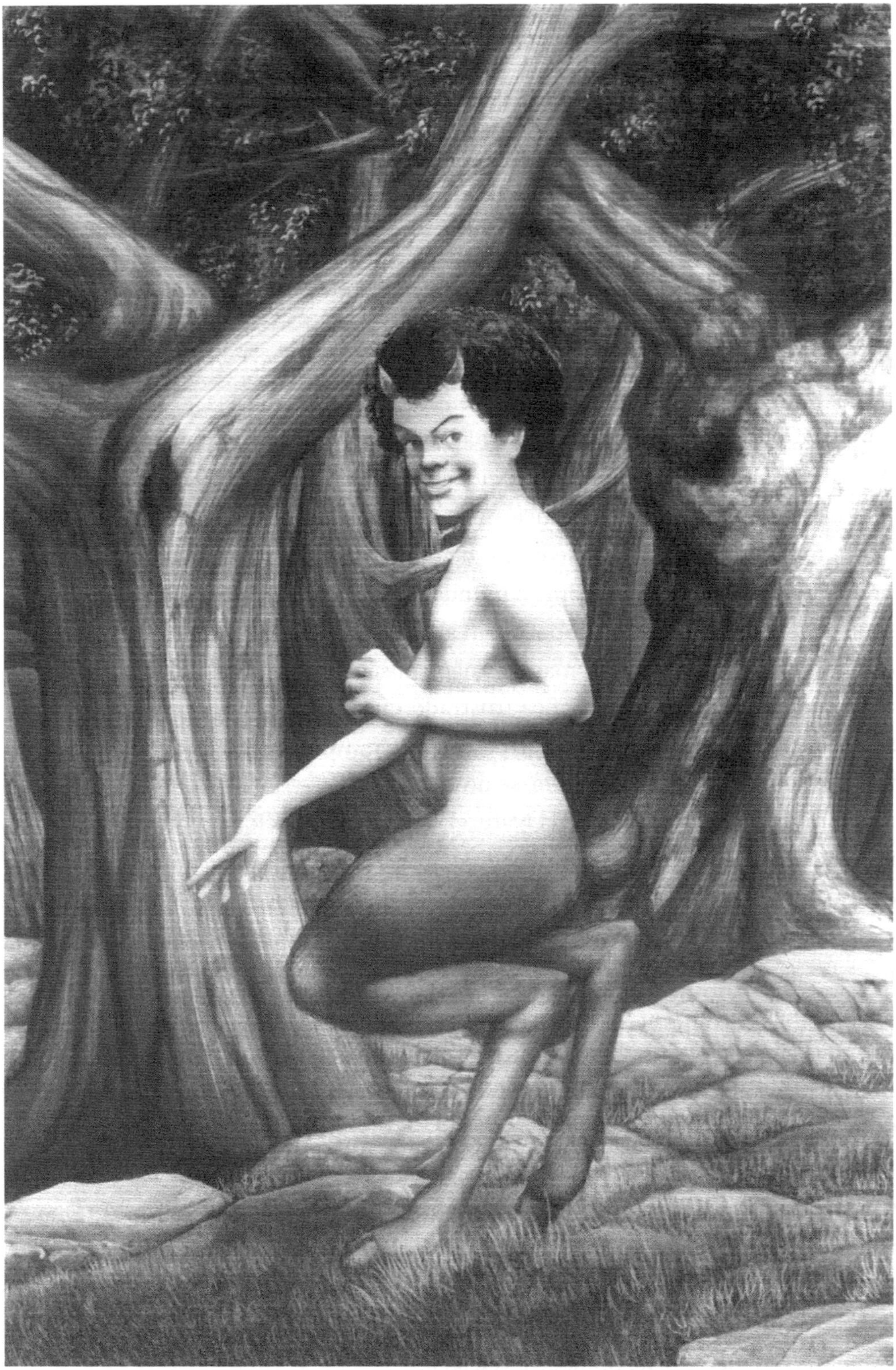

Pã é aberto, honesto, seu verdadeiro Self desinibido. Quando não tem perspectiva de alcançar seu insubstancial amor, ele se revela um amigo verdadeiro, oferecendo alívio através da sabedoria curativa da natureza, qualidade peculiar entre todos os deuses. Sua amiga Psiquê (a alma humana), por exemplo, sofria por um amor não correspondido, que parecia perdido para sempre. Estava prestes a se afogar; ela *não* queria um compromisso com Pã; por isso, ele estava totalmente seguro para ficar algum tempo com ela. Seu conselho sábio tirou-a do desespero porque Pã (corpo) conhece a alegria de simplesmente estar vivo, de viver o momento. Em contato com Pã (seu corpo), Psiquê se convenceu de que o Sol voltaria a brilhar, de que o amanhecer do dia seguinte traria um dia melhor, de que sua ligação com o Amor era profunda, mas não o bastante para fazê-la desistir da vida. Todos os que passam pelo sofrimento de Psiquê tirarão muito proveito da leitura da história do conselho do Corpo para a Alma, de Psiquê, Amor e Pã. Ela pode ser encontrada na tragicomédia *O Asno de Ouro*, do sofista romano Apuleio, que se tornou discípulo do culto a Ísis. Trata-se de uma obra bem escrita e cheia de trocadilhos, como quando Apuleio se desculpa com o leitor pelas vezes em que seu personagem principal se torna "um asno pretensioso".

A cabra Pã pode gastar seu tempo com pessoas do sexo oposto que não esperam um comprometimento. Ela ouve seus problemas e oferece bons conselhos instintivos. Às vezes, vive fora dos limites da sociedade convencional, e frequenta bares *undergrounds* – se o ascendente está em Ar ou em Fogo, e se o Sol em Capricórnio e Saturno não forem angulares, há grande possibilidade. Outra maneira de viver além dos limites e entrar em contato com o corpo é experimentar o chamado da natureza, deixar a cidade para trás e passar a viver a vida bucólica do campo. Em geral, Pã é mais um solitário do que um participante de comunidades rurais até a progressão aquariana, quando então comunidades Nova Era começam a interessá-lo. Muitas vezes, ele constrói uma cabana a quilômetros de distância de outras pessoas e entra em sintonia com sua natureza interior e com a natureza à sua volta.

Sua sintonia, então, é com a Mãe Natureza. Como a Cabra-Montanhesa, ele se decepcionou com o Pai. Enquanto muitas Cabras parecem sentir que as expectativas do Pai são enormes, a maioria foi beneficiada com um modelo de função masculina responsável e madura e aspirações mundanas. Em minha experiência, a Cabra Pã quase nunca teve um Pai forte que lhe servisse de exemplo na infância. Ele pode ter sido um tipo Hermes, impacientemente vagando pela vida, com grandes sonhos, mas não realizando nenhum. Pã cresceu desordenadamente, confiando apenas em seus cinco sentidos e em seus instintos. Todavia, a sabedoria do corpo não é pouca coisa. Com muita frequência Pã/Capricórnio me confidencia que seu corpo lhe disse para deixar uma determinada situação ou para se mudar de um determinado lugar, e ele seguiu essa orientação. Nesse sentido, nossa Psiquê precisa dar ouvidos a Pã – e a Saturno, como nossas reações corporais e instintivas nas áreas da vida regidas por Saturno.

Um cliente ouviu a flauta de Pã e agiu de acordo com seus instintos, com resultados positivos. Ele me contou esta história: "Um dia, eu dirigia do trabalho para casa na hora trânsito mais intenso. Ia pensando em um comentário de um antigo sócio que dizia que eu estava destinado a me tornar juiz ainda muito jovem; isso se continuasse a ter o desempenho que tinha no momento – meu potencial era grande. Então lembrei de meu velho amigo do tempo de faculdade de direito me convidando para ser um associado em sua firma. Ele tinha capacidade financeira ilimitada, oferecia-me oportunidades e também muita responsabilidade, além de muita pressão, é claro. De repente, me senti tomado pela depressão. Comecei a sentir câimbras nas pernas. Liguei o rádio em uma estação de música clássica. À minha volta, a fumaça de *diesel* escurecia o céu. De repente, tive um ataque de ansiedade, uma experiência não exatamente claustrofóbica, mas de pânico real. No mesmo instante soube que *tinha* que sair da cidade, encontrar uma cabana na floresta, cortar lenha para o fogão, sair da competição desleal por *status* social. Ouvir música, apenas *ser* por algum tempo – descobrir quem realmente era, penetrar no sentido da vida. Foi o que fiz. Minha mulher, meu amigo da faculdade, o sócio mais velho, todos pensaram que eu estava completamente maluco. Mas esta foi a melhor decisão que já tomei. Estou convencido de que meus instintos salvaram minha saúde, talvez até minha vida, naquela ocasião. Mas agir por impulso não fazia parte de minha natureza; sempre fui um planejador, um estrategista com relação à vida".

Ele ouviu o chamado do "Grande Deus Pã", para usar a expressão de Plutarco. Depois de seu encontro, ele deixou para trás os limites do mundo convencional – o topo da montanha, a imagem ou *persona* (antes tão importantes para ele) para entrar em contato com a Natureza, com Pã. O ambiente de Pã, repleto de árvores e plantas, lagos e céus claros, é realmente terapêutico. O interessante, entretanto, é que Pã falou no momento do trânsito mais intenso, e "aterrorizou-o" com um ataque de ansiedade. A despeito da lógica, ele seguiu seus instintos, ouviu seu corpo. No seu caso, e em vários outros semelhantes, a vida bucólica foi uma fase de introspecção e reflexão sobre valores pessoais. Ele se sentiu menos como uma cabra mecânica escalando o topo da montanha. Ele entrou em contato com sua imaginação, com sua criatividade. Mais tarde, artigos e até um romance resultaram da experiência vivida.

Para outros, o chamado de Pã é mais permanente. A natureza de suas aspirações muda. Eles buscam uma vida simples como ambiente mais propício à escalada da montanha espiritual, mais do que a subida mundana. Durante a progressão em Aquário, encontram pessoas que comungam de valores semelhantes em comunidades alternativas, onde seus talentos de liderança vêm à tona no novo meio, e eles têm uma ótima oportunidade para contribuir com a estruturação, organização e educação dos outros. Se essas pessoas voltam à cidade por alguns dias para visitar parentes, o Corpo (Pã) imediatamente se ressente do ar, da água e da poluição sonora. Elas falarão da cura pelas árvores, campos ou córregos das montanhas. Elas continuam a alimentar tanto Pã quanto a Cabra-Montanhesa na área rural.

O que dizer do voluptuoso Pã que parece prosperar na vida noturna urbana como um solteirão convicto? E a velha cabra libidinosa identificada com os desejos do corpo em seu nível mais baixo – ânsia compulsiva levando ao vício do álcool e das drogas? E o Capricórnio que tenta matar a fome sua Cabra-Montanhesa comportando-se como um vitoriano reprimido, quebrando todas as convenções? Caso as coisas permaneçam assim por muito tempo, há riscos e perigos definitivos, porque Pã é muito parecido com Dionísio (veja Capítulo 12, Peixes), Deus do Vinho, do Sexo e do Canto. Casos amorosos inexpressivos, amores insubstanciais como Eco ou as ninfas não são realmente satisfatórios. A solidão segue o Pã urbano como segue o Pã ermitão no campo. Pã, a criança sem mãe, sente-se vazio, sente que lhe falta alguma coisa. O ano do Retorno de Saturno, do encontro com o Pai Tempo, com frequência traz uma mudança de rumo para a Cabra-Montanhesa. A ambição aflora.

O corpo dos clientes que adotam o estilo de vida da "cabra velha" pede para abandonar o ambiente de bar na idade dos 29 a 30 anos, pois esse cenário tem mais a ver com a juventude. Muitos me disseram: "Meu cabelo está ficando mais ralo. Agora, há esses adolescentes com corpos jovens e músculos firmes. Me olho no espelho e me pergunto: onde você vai? Você não tem raízes, propriedades, nem uma relação duradoura. Você não tem provas de que pode alcançar o sucesso em alguma coisa. Estou muito deprimido".

Na palavra "sucesso" pode-se ouvir a voz da Cabra-Montanhesa. No restante da exposição, é a voz do Pai Tempo (Saturno) tentando encaixar a pessoa para a longa jornada, em oposição a Pã, que a quer vivendo em liberdade, no agora. Essa não é uma mudança que ocorre da noite para o dia. Se o cliente tem um Saturno angular ou vários aspectos tensos de Saturno no mapa, a depressão pode levar à busca de psicoterapias, que produz uma mudança completa. O cliente começa a descobrir seu trabalho, seu serviço ou *Dharma* no início dos 30 anos. Ele se torna o seu próprio Saturno, desenvolvendo a disciplina, procurando ser responsável e bem alicerçado. Saturno também significa ser realista – parar de perseguir ninfas. Saturno procura persuadir a Cabra Pã a assumir compromissos maduros durante seu Retorno e nos anos seguintes, não apenas no trabalho mas também nos relacionamentos.

Há perigo de permanecer muito tempo no mundo de Pã. Os gregos o consideravam o Deus da Epilepsia e da Loucura. O livro de Hillman traça a conexão entre Pã e os sonhos. Mas na realidade consciente do estado desperto a pessoa pode também viver um pesadelo de Pã se as aspirações espirituais da Cabra-Montanhesa se perderem em decorrência da dedicação exclusiva a Pã.

A hospitalização por abuso de substâncias perto dos vinte e nove anos tem sido um padrão entre meus clientes capricornianos de Pã. Outros têm lidado com memórias do papel do Pai em sua infância, memórias essas que emergiram no Retorno de Saturno e os levaram à terapia. Um desses clientes, descrevendo suas impressões (projeções?) do Pai, parecia estar descrevendo seu Saturno aflito. Soava como o próprio *Senex*.

"Meu pai era viciado em trabalho, uma pessoa introvertida, com uma expressão carrancuda em seu rosto e que parecia nunca ter tido uma alegria. Ele estava sempre me criticando por alguma coisa sem importância. Era um perfeccionista. Um pequeno tirano no escritório e um grande tirano em casa. Se é impossível estar à altura, não importa o quanto você tente, por que então tentar? Vejo agora que desisti, que optei por sair da competição."

Nesse caso, o pai parece externamente bem-sucedido, mas internamente infeliz. Os pais de outros eram menos bem-sucedidos exteriormente: "Papai parecia pensar que ele era um fracasso; a vida passou por ele. Como eu, ele era sensível, não conseguia ser desumano com as pessoas. Ele bebia e ficava ruminando. Eu também tenho essa tendência".

Na grande maioria dos casos, a depressão, a introspecção e a reflexão têm caracterizado o ano do Retorno de Saturno, e tiveram um resultado favorável no caso da Cabra Pã. Outros demoram mais para se livrar dos antigos hábitos e para integrar novas atitudes ao comportamento. Entretanto, a depressão é uma fase importante da jornada. Dar ouvidos ao corpo é fundamental para pessoas com aspectos tenso de Saturno. Se Saturno está na 6ª casa (saúde), a rege, se está próximo do ascendente ou na 1ª Casa, e há aspectos tensos, o corpo geralmente força a pessoa a parar e refletir sobre as perguntas: "Para onde estou indo?"; "Por que este vazio?". O fato de lidar com o corpo – ouvindo-o – mostra que há semelhança na experiência do Retorno de Saturno da Cabra-Montanhesa e da Cabra Pã. Quer totalmente compelida (Cabra) quer aparentemente desmotivada (Pã), ambas as cabras tendem a encontrar o Pai Tempo através do corpo e a procurar fazer as pazes com ele. Tanto no caso de os velhos hábitos estarem relacionados com Pã como com a Cabra-Montanhesa (perfeccionismo, dedicação excessiva ao trabalho), passos largos podem ser dados para ir além dos seus próprios limites.

São também poucos os que transcendem o Saturno mundano e se movem na direção do Saturno esotérico entre os vinte e nove e os trinta e quatro anos. Esses capricornianos fazem afirmações como: "A aprovação de Papai ou a da sociedade não contam mais. Sei que meu Pai verdadeiro é o Divino. Minha relação com o Divino é minha fonte de força; é a Sua aprovação e a Sua vontade que importam". O Pai, a figura do pai ou mentor perderam seu poder, sua autoridade. Durante esses anos, os limites de Saturno no inconsciente – culpa, medo, deveres conflitantes, falta de confiança na própria jornada, começam a desaparecer para o Capricórnio esotérico.

Mulheres com o Capricórnio no ascendente e Sol em Capricórnio e mulheres com Saturno angular passam muitas vezes por uma versão da busca da aprovação do Pai ansiando por um relacionamento com ele; e ele quase sempre carece de sentimentos para oferecer a elas. Dada a tendência de Capricórnio a ser conservador e tradicional, elas com frequência se casam perto dos vinte e nove anos e escolhem um homem que o Pai definitivamente aprovaria. Se esperam até os vinte e nove para se casar, escolhem um homem mais velho, um homem "estabelecido" em seu trabalho, um homem idôneo ou saturnino. Mas seu julgamento nem sempre é preciso. Às vezes, um homem que parece ser um pilar da comunidade (Saturno) acaba sendo imperfeito, decepcionante. Muitos astrólogos tiveram a oportunidade de ouvir mulheres que casaram perto dos 30 anos relatarem que o marido ficou frio, negligente ou "ocupado demais para mim". Ao olharem para trás, elas tendem a observar: "Se pelo menos eu não tivesse casado por causa da solidão; se pelo menos eu tivesse esperado..."

Por isso, muitos astrólogos recomendam a mulheres solteiras com Saturno forte, planetas Capricórnio e Capricórnio no ascendente que esperem até os trinta e um ou trinta e dois anos. Quando a acomodação solitária do ciclo de Saturno termina, o discernimento melhora. Há outros arquétipos no mapa natal que também requerem satisfação; Capricórnio/Saturno não é o único fator da personalidade, embora pareça ser quando se está perto dos trinta. O que dizer da cordialidade – o arquétipo Libra/Touro/Vênus? O que dizer da sagacidade, da amabilidade, da comunicação? O arquétipo Mercúrio/Gêmeos/Urano/Aquário? O que dizer da paixão? Arquétipo Marte/Áries/Plutão/Escorpião? Para alguém com muitos planetas em signos de Ar, o parceiro saturnino pode parecer frouxo já no primeiro ano de retorno. Ao olhar para trás, sete anos depois, ela pode dizer a uma amiga: "Ele é tão chato; nunca tem tempo para nada. Acho que me casei com ele por causa da solidão. Não posso imaginar o que mais teria se apoderado de mim". Isso é triste.

Às vezes, o Retorno de Saturno possibilita a uma mulher com um *animus* bem desenvolvido, como uma professora organizada, perfeccionista, que entre em contato com a natureza – com Pã. Não recomendo que ela faça isso nos bares da vida. Certamente; a consequência seria mais vazio – o sentimento de estar só em meio a uma multidão. Melhor seria se ela reservasse um tempo durante as férias de verão para trocar o mundo do Razão e do Logos pela vida no campo. Se existe natureza em abundância, uma mudança de ambiente ajuda a pôr os pés no chão e é curativa. Isolar-se em um ambiente com jardins aprazíveis e cachoeiras, visitar amigos em áreas rurais ou parentes que vivem fora de grandes cidades, que bem podem ser um Ancião Sábio ou uma Anciã Sábia, em geral produzem um efeito curador, tranquilizador. O indivíduo, em um ambiente próprio de Pã, tão positivo, pode se devotar à introspecção e refletir sobre o que é importante para si e para sua personalidade e não para a Sociedade, para Mamãe ou Papai. Identificar os próprios valores é parte intrínseca do retorno – conhece-te a ti mesmo, advertia a mensagem do templo de Apolo. De outro modo, uma pessoa com Sol em Capricórnio ou Capricórnio no ascendente tem a tendência a escolher um companheiro ideal para a comunidade, para projetos profissionais conjuntos, para participação no grupo socioeconômico, mas que pode ser desajustado para ela – e, afinal de contas, é ela quem vai se casar.

O ambiente simples e natural de Pã reforça a habilidade para entrar em contato com os instintos e com o corpo como um antídoto ao pensar, analisar, planejar e classificar constantes do animus. Pã não quer que ela tenha uma vida perfeita, reprimida, obstinada, sem passatempos ou erros.

Pã é um deus importante porque a integração de Corpo, Mente e Espírito é uma busca importante para todos nós e não apenas para pessoas de Capricórnio/Saturno. O próprio Sócrates considerou Pã importante em sua busca do autoconhecimento, e supostamente escreveu esta oração:

> Amado Pã, e vós todos Deuses outros que habitais este lugar, concedei-me a Beleza da alma interior; e que possa o homem interior e exterior ser um.
> Citado do *Fedro*, de Platão.

Mesmo para o capricorniano que está em contato com seus instintos, Afrodite talvez seja enganosamente frustrante até em torno dos trinta e cinco anos, a menos que o arquétipo Vênus/Libra/Touro seja forte no mapa. Pessoas com Vênus em conjunção com o Sol em Capricórnio, ou Vênus em conjunção com o ascendente em Capricórnio, por exemplo, parecerão mais afetuosas, amorosas, agradáveis e bondosas do que a Cabra comum. É importante que o astrólogo analise os aspectos entre Saturno e Vênus e determine se há um conflito entre o Amor (Vênus) e o Dever (Saturno). Se há um aspecto natal tenso, então o mapa em progressão dará um vislumbre sobre a época apropriada para fluir com o romance. Quando Vênus progride e sai de uma conjunção, quadratura ou oposição para formar um trígono ou sextil com Saturno, a tensão diminui e a pessoa com frequência sente como se o portão para o reino de Afrodite estivesse se abrindo para ela no mundo exterior. As progressões estão ligadas à nossa disposição interior para dizer sim à vida, para transcender nossas inseguranças, medos e autolimitações natais, para nos abrirmos ao que o mundo exterior nos oferece.

Clientes solteiros com aspectos tensos entre Saturno natal e Vênus natal pensam: "Conheci uma pessoa atraente; eu gostaria de conhecê-la, mas no momento tenho obrigações com meus velhos pais (Saturno), minha carreira (Saturno) ou com o filho do meu casamento anterior (Saturno) – com meus estudos de especialização (Saturno), ou, ainda, com minha busca ascética, solitária, do Deus Único (Saturno). Meu tempo é curto para ser desperdiçado com futilidades como relacionamentos nesta etapa da vida". Não há tempo para Afrodite porque Saturno sente necessidade de centrar toda sua energia em um Dever superior. Ou, como uma voz inconsciente do passado, ele sussurra: "Não vai dar certo. Não deu certo na primeira vez, por isso não vai dar certo agora". Ou: "Seus pais não tinham um relacionamento feliz; por que você teria?". Ou, como um perfeccionista pensaria: "Você precisaria perder uns dez quilos para que alguém o considerasse atraente.

E de um transplante de cabelos; você tem de esperar, pôr Vênus de molho por um tempo". Pobre Afrodite, sabotada por Saturno.

Isabel Hickey, autora esotérica, diz que a maior lição para uma pessoa com Sol em Capricórnio ou Capricórnio no ascendente é a do amor altruísta, à semelhança de Vênus exaltada em Peixes. Sem dúvida, as condições nunca serão perfeitas: não é possível ser perfeito em tudo e muito menos encontrar uma pessoa assim para com ela. Vivemos em um mundo humano imperfeito, mas não há razão para nos isolarmos dos outros erguendo muros resistentes e cavando fossos profundos (defesas de Saturno). Isabel Hickey descreve a busca de Capricórnio no ascendente por uma companheira simpática, como a busca da mãe ideal. (Ascendente em Capricórnio tem Câncer, a Grande Mãe, na cúspide da 7ª casa.)

Tenho procurado esse padrão em meus clientes com o Ascendente regido por Saturno e descobri que é singularmente verdadeiro. Entretanto, mulheres com Capricórnio no ascendente tendem a ser ambiciosas na busca por um companheiro e também por elas mesmas. Elas podem se apaixonar por um homem sensível, amoroso, espiritual, bondoso e acolhedor, que gosta de tê-la por perto. Mas se esse homem se mostrar demasiadamente suscetível a críticas, à competição e ao sucesso no mundo exterior, sua mulher ascendente em Capricórnio pode achar difícil respeitá-lo. Se eles têm filhos, é especialmente importante para ela que o casal tenha segurança financeira. Muitas mulheres com esse ascendente colocam sua energia em seu próprio trabalho; e realmente se casam com Câncer (cúspide da 7ª Casa) sob a forma de sua profissão nutritiva.

Se Saturno é um planeta crítico, perfeccionista, por que ele se exalta em Libra e na casa do casamento (7ª Casa), regidos por Afrodite? Talvez o chamado ao amor altruísta seja um desafio para combinar e equilibrar (Libra) os mundos do amor e do dever; pensar e planejar (Saturno), e todavia estar pronto para fluir com a proximidade de outra pessoa, estar disponível ao compromisso, à cooperação (Vênus); ser receptivo (Vênus); ser agradável (Vênus), e, ao mesmo tempo, aprender por meio do relacionamento. A verdade da exaltação, o poder na posição de Saturno em Libra ou na 7ª Casa vem sendo demonstrado repetidamente em meu trabalho por clientes que aparecem para uma leitura perto do primeiro, do segundo, ou mesmo do terceiro Retorno de Saturno.

É difícil equilibrar os mundos interior e exterior de Vênus e Saturno – da felicidade subjetiva e do sucesso objetivo. É espantoso ver a intensidade e a força obsessiva com que clientes com Saturno na 7ª Casa fazem a pergunta: "Está faltando alguma coisa em minha vida. Onde está meu companheiro?" perto de um desses retornos. Clientes com Sol ou ascendente em Capricórnio também fazem essa pergunta por volta dos vinte e nove, cinquenta e seis, ou oitenta e seis anos, mas sua intensidade é bem menor em comparação com as pessoas com Saturno exaltado. A busca do companheiro é muito semelhante ao que Jung chamaria de busca da Plenitude, e os yogues, de busca do *Dharma* verdadeiro (Saturno). Visto que levam ao astrólogo vários mapas de relacionamento, eles expressam tanto a necessidade de continuar sendo racionais como o medo de cometer algum erro. Saturno exaltado procura garantias de que o casamento dê certo e que dure; busca contratos gravados em pedra. Objetivamente, o astrólogo pode analisar o relacionamento com base em um sistema de pontos e concluir: "Este mapa de relacionamento é melhor (ou pior) do que o último", mas é um tanto inconveniente classificar pessoas no domínio romântico de Afrodite. O astrólogo pode quase sentir a própria deusa nos bastidores, cobrindo os lábios com sua mão, e dando risadinhas quando o cliente com Saturno na 7ª Casa pergunta: "Em uma escala de 1 a 10, como será esse relacionamento? E o dia do casamento? Está totalmente livre de aspectos difíceis?". Talvez sejamos todos diretos assim na casa de Saturno no nosso mapa, mas a exaltação parece especialmente forte. Maturidade e aprofundamento de valores pessoais caracterizam o ano que segue ao Retorno de Saturno. Aparentemente, o que os outros pensam, incluindo a própria família, torna-se cada vez menos importante a cada Retorno.

A exaltação de Saturno na 7ª casa está também associada a um ego inflado, em geral, fruto das comparações de Saturno. Meu marido é médico, dentista, vice-presidente ou um oficial das forças armadas. Uma cliente precisou esperar menos de cinco minutos na sala de espera antes de entrar para a leitura. Suas primeiras palavras foram: "Meu marido é um general de quatro estrelas". É claro! Quem mais ela escolheria, tendo um Saturno na 7ª Casa, que busca *status* através do Outro, através do companheiro.

Homens com Saturno na 7ª Casa também tendem a se sentir orgulhosos de suas esposas. "Posso deixar tudo por conta dela que ela fará bem feito. Ela é a pessoa mais organizada que já encontrei. Ela é uma anfitriã, esposa e mãe perfeita" (outra vez o papel social). Mas quem ela é como ser humano, ele já percebeu? "Você descreveria sua esposa como uma pessoa feliz, afetuosa, amorosa, realizada?" Após uma longa pausa, ele responde: "Como? Afetuosa? Não sei. Nunca pensei nisso. Acho que poderia perguntar às crianças para ver o que elas pensam. Ela é uma mulher forte. Tem um grande espírito cívico. Ela é do tipo com um bom coração – faz vários trabalhos comunitários, esse tipo de coisas, se é isso que você quer saber". Esse homem tem uma quadratura entre Vênus e Saturno, nenhum planeta ou ângulo em Touro ou Libra, e um *stellium* na 10ª Casa, com Saturno na 7ª, de modo que ele é quase um homem-Saturno arquetipicamente exaltado.

Marte é o planeta que se exalta em Capricórnio. Em um mapa individual, essa posição pode significar diferentes níveis de aspiração em diferentes estágios da vida. Na juventude, por exemplo, indica que a energia (Marte) é aplicada de forma ambiciosa (Capricórnio) na perseguição de uma meta puramente materialista, egoísta, no estilo Cabra-Montanhesa. Mais tarde, a pessoa redireciona a energia a uma área social, por exemplo, desistindo de uma prática advocatícia lucrativa e aceitando um cargo político local de baixa remuneração. Essa alteração de ênfase normalmente ocorre na progressão em Aquário. Então, mais tarde, durante a progressão em Peixes, Marte em Capricórnio pode se voltar para o interior e a ambição se transforma em aspiração espiritual, enquanto, concomitantemente, verifica-se o desenvolvimento de um interesse pela psicologia junguiana ou pela meditação. Essa posição de Marte fornece energia aos outros planetas em Capricórnio, o que dará tempo para ponderar sobre as coisas com mais cuidado.

Do ponto de vista esotérico, precisamos lembrar que Marte é um tipo de energia "primeiro eu". Com essa posição, é bom se perguntar: "Quem, além de mim, se beneficiará com minha chegada ao topo?". Ou, no caso de mulheres que não trabalham fora de casa: "Meu marido realmente compartilha minhas ambições? Estou usando meu Marte em Capricórnio para forçá-lo a desempenhar papéis com os quais ele não se identifica apenas para satisfazer meu próprio Marte? *Ele* quer ser um vice-presidente?". Mais tarde, se a mulher não estiver usando Marte em sua própria profissão, talvez ela precise fazer essas mesmas perguntas com relação a seus filhos adultos. "Eles são felizes? Estou esperando deles um sucesso que eles mesmos não desejam?". Felizmente, as mulheres do Ocidente são capazes de trabalhar com essa energia e ambição em suas próprias vidas, em vez de projetá-la sobre seus maridos e filhos.

Alunos de astrologia que têm filhos do arquétipo de Capricórnio muitas vezes fazem esta pergunta muito prática: "O que posso fazer para pôr essa criança em contato com Afrodite o mais cedo possível, de modo que ela não tenha um despertar romântico tardio? Posso apressar a sintonia com o reino de Afrodite? Meu filho é tão sério". Uma maneira é ser afetuoso com a criança, mesmo que ela não demonstre reagir ou fique envergonhada por receber carinho na frente de seus coleguinhas. Mostre à criança que é normal demonstrar afeição e que ela é amada por existir tanto quanto por ter bons resultados na escola ou por se sair bem em atividades extracurriculares. Se o pai (ou mãe) tem algo em Libra ou Touro, ou uma Vênus bem posicionada, isso surge de maneira natural, por exemplo, expondo a criança à beleza e às artes. O pai (mãe) com o arquétipo de Afrodite forte em seu próprio mapa manterá uma casa atraente, bonita. Provavelmente, terá amigos que falarão sobre o mundo artístico, da música às artes visuais, fotografia, arquitetura, e assim por diante. A criança por certo será levada a exposições, concertos, museus, teatro e balé. Ela crescerá acreditando que os adultos valorizam o mundo estético de Afrodite, que vale a pena conhecer, que merece que lhe reserve seu tempo. Essa criança logo se sentirá relaxada, revigorada e estimulada por esse reino.

Outro método é trabalhar a casa em que está a Vênus da criança – e o signo e os aspectos. Descubra uma área artística em que a criança possa obter sucesso (importante para Capricórnio) e de que goste. Valorize-a e deixe-a fazer experiências com cores na decoração do quarto de dormir ou na escolha das roupas. Não deixe que o pai passe à criança a ideia de que o mundo artístico é uma coisa efeminada, e que a criança deveria praticar beisebol todas as noites, porque Capricórnio é muito sensível à aprovação do pai. Não a deixe se transformar em um robô de desempenho tecnicamente perfeito. Dê ênfase ao estilo e à originalidade. Em *The Pregnant Virgin*, Marion Woodman previne contra a tendência a se tornar um realizador, um empreendedor, um competidor, porque a pessoa perde o contato com o Corpo e com os instintos, e isso pode levar à anorexia ou à bulimia. Enfatize a alegria e o relaxamento.

Seu pequeno capricorniano muito provavelmente terá uma memória excelente. Se lembrar de ter passado muitas noites com você em concertos e em teatros, ele provavelmente terá prazer em acompanhar sua esposa, mais tarde, como adulto. Se essas memórias não existirem, se o mundo da estética não lhe for familiar, ele poderá se sentir desconfortável. Ele poderá olhar sua pasta de trabalho com tristeza no caminho do concerto, com sua esposa, e considerar a noitada como um dever a ser suportado.

Minha experiência com Sol ou ascendente em Capricórnio comprova que aqueles cujos pais introduziram o reino de Afrodite ainda na infância tiveram mais tranquilidade na segunda fase do desenvolvimento – o convívio social do adolescente com o sexo oposto. Eles também tendem a escolher amigos mais refinados (venusianos) e, através de suas amizades, a desenvolver os valores espirituais de

Afrodite – a harmonia, a cooperação, a amabilidade, a habilidade de considerar os outros inocentes, o encanto e a consideração pelos outros.

Seu filho desfruta de momentos de recreação ou ele gasta todo o tempo com desafios competitivos, algo a ser aperfeiçoado? Se é constantemente desafiado, esse padrão pode se instalar mais tarde na vida – os esportes poderão ser mais desgastantes do que relaxantes. (Todos conhecemos o Capricórnio adulto que, enquanto nos divertimos com o jogo, aperfeiçoa suas jogadas – o homem que parece nunca se alegrar jogando, e deixar a quadra revigorado.) Fui visitar uma amiga quando sua filha de 10 anos estava saindo com a raquete de tênis na mão e um olhar determinado no rosto. Perguntei à jovem capricorniana: "O que você realmente pensa do tênis?". "Eu o odeio", ela disse, "mas pratico bastante para ficar cada vez melhor". Fiquei contente em saber que ela se sentia um sucesso, mas de algum modo desejei que quando tivesse tempo livre ela se dedicasse a algo que lhe desse prazer.

Outro exemplo é o de um adolescente de Capricórnio que subiu os degraus de sua casa com a bicicleta e começou a desembrulhar dez livros de ciências que trouxera em um cesto. Ele parecia entreouvir a conversa de sua mãe e de uma vizinha, na soleira da porta. A vizinha fez o seguinte comentário sobre seu jovem filho: "Custou caro trocar o vidro da varanda do sr. Smith que Jerry quebrou com sua bola de beisebol, mas crianças são crianças...". O adolescente perguntou então para a mãe: "Mamãe, alguma vez eu fui criança?". Vemos aqui a filosofia saturnina, "A vida é real e é séria", expressa cedo na vida.

Reforço que é particularmente importante para os pais de crianças com Capricórnio no ascendente expô-las às artes, porque esses indivíduos, com sua praticidade inata, tendem a se especializar precocemente em campos áridos (menos imaginativos), como medicina, pesquisa, negócios, planejamento urbano e ciência política. A familiaridade com as artes criativas ou com a música os ajudará a compreender e conviver com pessoas que estão fora dos seus estreitos padrões, assim como os enriquecerá pessoalmente.

Muitos de meus clientes têm se beneficiado com a leitura de *The Holy Science*, de Sri Yukteswar Giri. Neste belo livro ele defende que, embora o *Dharma* seja uma virtude mental importante para a saúde e a felicidade da mente e do corpo, há uma virtude ainda mais importante – *Shraddha*, ou amor do coração. Pelos esforços no mundo externo da carreira, essas mulheres já cumpriram o dever coletivo – ou *Dharma*, as expectativas próprias e as de seus pais, mas na vida pessoal têm a sensação de que está faltando alguém. Swami Sri Yukteswar diz que os que se sentem atribulados pela vida e pouco satisfeitos não estão em harmonia com a natureza, e portanto não atraem o companheiro adequado ou as circunstâncias propícias para o desenvolvimento espiritual e pessoal. Às vezes, o corpo não tem capacidade para curar a si mesmo; o sistema nervoso central fica excessivamente excitado, e não há paz de espírito. Se essa é a condição, a virtude a desenvolver (que soa como Vênus em Peixes) é *Shraddha*, a sintonia com Deus e com o Guru pela realização do que é natural, acompanhando o fluxo. As pessoas que têm uma vida muito estruturada, muito rígida ou saturnina, perderam o hábito de fluir com a natureza.

O enfoque junguiano é similar. Se nos identificarmos com a *persona* ou com o papel que desempenhamos no nosso trabalho, ficamos inflados e infelizes. Perdemos nossa espontaneidade, nossa sintonia com a natureza. Perdemos nosso contato com o Self e, com isso, nossa paz inata. A *persona* pode ser tanto a super-mãe como o superchefe – não importa. Ainda assim é uma *persona*, uma direção externa que absorve a interna. Se, em vez disso, de acordo com Jung, ouvirmos uma orientação interior de nosso Self e começarmos a segui-la, observaremos uma cura de corpo e de mente, e em pouco tempo também o mundo exterior, por meio da sincronicidade, começará a suprir nossas necessidades. Essa visão de movimento do mundo interior em direção ao mundo exterior, a psicologia ocidental e a espiritualidade oriental estão muito próximas.

Depois de falar da necessidade de desenvolver *Shraddha* através da sintonia com Deus e com o Guru, Sri Yukteswar volta ao assunto do *Dharma*. Ele diz: "Siga os ensinamentos do Guru com afeição". E continua com uma discussão prática sobre a dieta yogue e sobre os "faça" e "não faça" (Yamas e Niyamas) das escrituras hindus. O que ele diz é muito parecido com o ensinamento do Novo Testamento: "Se você me ama, guarda meus mandamentos", ou com a observação de Paramhansa Yogananda: "Aprende a proceder corretamente". Essas duas coisas são necessárias: amor (Vênus/Afrodite) e observância dos mandamentos (Saturno) por amor. Mas, no final de seu livro, Sri Yukteswar novamente dá prioridadea a *Shraddha*: "Aquele que cultiva o amor... está no caminho correto".

A filosofia de Jung e dos sábios orientais é reparadora porque dá valor a Eros em uma época preocupada com o sucesso material e com o mundo exterior. O que fazemos (nosso trabalho externo) é muitas vezes considerado mais importante do que o que somos (nosso eu interior). Jung vê a meia-idade – o período que começa a partir dos 40 a 45 anos – como importante para redirecionar nossa atenção para o que somos, visto que sentimos o "fazer" exterior como insuficiente para nossa felicidade. Julgo isso particularmente verdadeiro nos mapas de pessoas com Sol em Capricórnio ou Capricórnio no ascendente e Saturno angular. Da meia-idade em diante Eros começa a ser levado mais a sério. Eles parecem presidir, como Cronos sobre o nascimento de Afrodite, sua própria natureza sentimental.

Embora a mitologia grega de Cronos contribua bastante para nossa compreensão do arquétipo de Capricórnio, o Império Romano se relacionou com ele mais do que os gregos. Como um povo devotado à busca do Bem, do Verdadeiro e do Belo, os gregos expressaram os valores de Zeus e Afrodite, os planetas benéficos, em sua arte e filosofia. Mas não pregaram as excelentes qualidades de Cronos à custa de Zeus. Basta ler Platão, Plotino e Pitágoras, e compará-los com os escritores romanos, os estoicos, os sofistas e os céticos – como Cícero e Lívio – para ver isso. Temos também o legado de monumentos, vasos, esculturas e colunas, em contraste nítido com as estradas, aquedutos e arcos militares utilitários dos romanos, o estético *versus* o funcional ou prático.

Enquanto a classe alta grega lia escritores estimulantes como Jâmblico, o principal discípulo de Pitágoras, sobre a alegria da alma na presença de Deus, os romanos das altas classes davam suporte a uma religião oficial "prática, sem imaginação, patriótica, desenvolvendo virtudes civis e domésticas." Uma religião estatal "fria e formal", na qual cada família pertencia a uma pequena igreja, de acordo com o Professor S. Angus, em *Mystery Religions* (pp. 31-45). O conjunto familiar, que incluía não somente pais e filhos mas também os servos, ou libertos, e os escravos, obedecia a decisão do *paterfamilias* nos litígios. O chefe da família tinha o direito de vida e morte sobre todos, exceto sobre sua própria esposa, de acordo com a lei romana. Havia um santuário para os espíritos guardiães da família, os *manes*, e a celebração formal era obrigatória. Essa aridez religiosa da Roma patriarcal, como também seu governo burocrático, é bastante saturnina. Embora houvesse muitos deuses no calendário ritual e na lista estatal de cultos permitidos, o principal festival romano eram as Saturnálias, celebradas no Solstício de Inverno.

Quem era o Saturno romano, então? Qual era sua mitologia e o que podemos encontrar nele para ampliar nossa compreensão do arquétipo de Capricórnio?

No mito romano, Saturno chega à Itália por mar. Jano, o rei, vai ao encontro de seu navio e lhe dá as boas-vindas na praia. Saturno presenteia Jano (do qual deriva nosso mês de janeiro) com um conjunto de leis e com o dom da profecia. Daí em diante, Jano se torna conhecido como um líder judicioso e sábio; suas decisões são vistas não mais como baseadas na tradição e no passado, mas em seu conhecimento profético do futuro. Alguns artistas romanos representaram Jano com duas cabeças. Eles não queriam passar a ideia de que o rei era astuto ou ambíguo, mas de que, como explica Macróbio, ele possuía o controle da continuidade do tempo, uma cabeça olhando para trás, para o passado, e outra olhando para a frente, para o futuro. Outras estátuas ainda retratavam Jano com o olhar voltado para as quatro direções, os quatro pontos cardeais da bússola, contemplando o espaço como uma devindade hindu que tudo vê.

Para expressar sua gratidão a Saturno pelos dons da profecia, das técnicas agrícolas e das leis, que o deus havia trazido, o rei Jano cunhou uma moeda. O símbolo escolhido para celebrar Saturno foi o navio em que ele chegara. Jano poderia ter escolhido uma tábua de leis ou uma espiga de milho, mas ele preferiu o mar, talvez, para enfatizar a ligação do Senhor da terra e das leis áridas com as águas férteis do oceano, com a profecia e a criatividade. Temos no simbolismo uma espécie de reconciliação ou equilíbrio dos opostos Terra e Água.

Assim, tanto na Grécia como em Roma, a mitologia de Cronos/Saturno está associada à continuidade do tempo (passado, presente, futuro), uma Idade de Ouro regida por boas leis, por um tipo de criatividade (Afrodite, presente no mar, e o dom da profecia) e pela criação da ordem a partir do caos. Esse duplo tema da consciência do tempo e do anseio pela ordem é instintivamente importante para o arquétipo de Capricórnio, como testemunha a vida de meus clientes. Depois de perguntas sobre planejamento a longo prazo e datas, eles perguntam sobre como ser eficientes e organizados em sua própria vida e em relação à Ordem Cósmica. O leitor astrólogo que tenha observado o mapa não só de pessoas com Sol ou ascendente em Capricórnio, mas também daquelas com trígono entre Saturno e ascendente ou Saturno e Meio do Céu saberá o que quero dizer por talento natural para organizar, administrar e gerenciar que os aspectos favoráveis de Saturno acrescentam à personalidade. E saberá também das dúvidas e frustrações que administradores têm sobre o relacionamento com outras pessoas.

Quando uma pessoa com traços de personalidade Capricórnio/Saturno vê pela primeira vez meu pequeno apartamento, com livros, cadernos e papéis espalhados, por exemplo, a única pergunta que lhes ocorre é: "Como você consegue viver nessa confusão toda?". Depois de ouvir a explicação, "Isso é passageiro – é apenas por causa do livro que estou revisando; em dois anos tudo estará terminado", diz: "Ah, entendo". O que a pessoa entende é que a desordem temporária é dolorosa, mas que, se há um propósito que a justifique, é suportável. Um período de dois anos é muito longo para uma personalidade inquieta, mas curto para a Terra cardinal.

Uma pessoa com Sol em Capricórnio, ascendente em Capricórnio ou Saturno angular (Saturno na 1ª, 4ª, 7ª ou 10ª Casas) tem dificuldade para controlar sua tendência a organizar a vida. Seja através de projetos pessoais e profissionais, seja organizando a agenda do cônjuge ou dos filhos nos mínimos detalhes, resta-lhe pouco tempo para relaxar e observar a formação de nuvens ou cheirar as rosas. A urgência em manifestar a ordem cósmica e em estabelecer a eficiência, a simplicidade e a perfeição à sua volta de modo que as outras pessoas possam aprender mais, desempenhar melhor e atingir suas metas pode ser tão forte que elas dão a impressão de ser mandonas.

Minha anedota favorita sobre a propensão de Capricórnio para a lei e para a ordem é a história contada por uma mulher sagitariana: "Para mim, como para muitas pessoas de signo de Fogo que conheço, dirigir um carro é divertido; é uma aventura. Entretanto, conheço vários capricornianos que pensam que isso é arriscado, e vêm com várias lições de moral. Eles conseguem ser de uma arrogância intragável atrás da direção.

"No mês passado, um amigo capricorniano me deu uma carona. Estávamos esperando uma vaga no estacionamento pelo que parecia uma eternidade. Quando, por fim, apareceu uma vaga, algum imbecil entrou na nossa frente. Você pode imaginar?

"Bem, eu teria gritado 'Idiota', 'posto a boca no trombone' e dito para ele 'essa vaga é minha; eu cheguei aqui primeiro e tenho direito. Isso não é justo.' Mas essa não é a atitude de um capricorniano. Ele voltou-se para mim calmamente e perguntou, 'Você viu isso?'

"'É claro, que folgado! Vamos, grite com ele. Você vai se sentir bem melhor', disse-lhe para apoiá-lo.

"Mas, em vez de xingar o idiota, ele me fez ouvir um longo e monótono sermão sobre as regras de trânsito: quem cede a quem e três outras regras que o carro infringiu além de ocupar a vaga no estacionamento. Incrível como esses capricornianos podem ser."

Normalmente, Sagitário e Capricórnio reagem dessa maneira à mesma situação; a personalidade regida por Júpiter tende a ver a questão como se fosse de direito e de justiça, enquanto Capricórnio tende a vê-la como de dever ou de obrigação legal.

A associação da lei com o topo da montanha nos chega muito fortemente através do Antigo Testamento. Um bom exemplo é a entrega da lei por Iahweh (os Dez Mandamentos) gravada em pedra no Monte Sinai. Devido ao papel de Iahweh como Legislador Supremo e Proponente da Aliança, Jung e outros autores viram nele um deus saturnino. Entretanto, em todo o mundo, os deuses são considerados como habitantes das montanhas e divulgadores de seus decretos. Os reis rivalizam com os deuses construindo seus palácios e templos em terrenos elevados, mesmo em regiões desprovidas de montanhas. No Camboja, por exemplo, templos e palácios eram construídos sobre colinas. Nas inscrições mortuárias dos monumentos, os Imperadores Khmer eram esculpidos em pé, próximos à Roda da Lei (*Dharma*) e aparentemente girando-a; e eram chamados *Dharma* Rajas se o reino tivesse vivido em paz e prosperidade durante seu reinado. Alguns dos imperadores mais importantes foram chamados Deva Rajas (reis deuses) ou, tendo alcançado a Unidade com o Vazio, Chakra Vartin Buddhas (Budas Giradores da Roda). Outra vez o simbolismo – a Lei, o Legislador e o Topo da Montanha (a 10ª Casa).

A dificuldade com o rei Deus, todavia, é que "o poder absoluto pode corromper absolutamente", como supostamente disse Lorde Acton. A Justiça estrita, não temperada pela misericórdia, é um fardo pesado para os súditos carregarem. Capricórnio tem Câncer como seu signo de polaridade oposta, regido pela Grande Mãe, a Lua. Um dos aspectos principais da Mãe é a sua Misericórdia (veja Capítulo 4, Câncer, Kwan Yin) que equilibra a Justiça cega capricorniana. Os gregos e os romanos a veneravam através de seu filho Pã, entre outras formas. Onde Saturno estava associado com a realeza, o pastor arcadiano deus Pã estava ligado às pessoas comuns, aos instintos do corpo e às travessuras.

Macróbio também nos informa que a semana da Saturnália era um grande nivelador social. Os servos comiam à mesa com o seu senhor e eram servidos pela esposa dele. A morte do Inverno Tirano era celebrada, e os deveres eram substituídos por dias de descanso e festividades religiosas. Isso tinha o impacto de inverter os papéis e convenções sociais saturninos de modo que as classes superiores se davam conta de que dependiam "da misericórdia da fortuna tanto quanto seus escravos". Um plebeu era escolhido para representar o papel do rei Saturno por uma semana, mas não sabemos qual a verdadeira extensão de seus poderes. Na Antiguidade, o rei Saturno provavelmente era morto no fim do festival, mas por volta do século I d.C. os sacrifícios animais tinham sido substituídos. O tema era a fertilidade e a renovação da Terra com a chegada da primavera.

Os romanos, por exemplo, acreditavam que "meio-dia em ponto é a hora de Pã". Isso significava que tudo podia acontecer nesse período; era um momento de surpresas. Se houvesse uma aquietação das conversas, os romanos diriam: "Pã está por aqui; deve ser quase meio-dia". Pã, que podia atrapalhar os planos mais bem elaborados do homem com a música de sua flauta e induzir uma multidão ao pânico, funciona como uma força natural para o sério Saturno, regente da energia planejadora na 10ª Casa. Em termos astrológicos, pessoas nascidas ao meio-dia têm o Sol na 10ª Casa, e como tal fazem parte do arquétipo de Capricórnio. No entanto, especialmente elas passam a se submeter à autoridade de Pã, regente da hora de seu nascimento. Tenho observado que, a despeito do signo do Zodíaco, uma pessoa com Sol na 10ª Casa se leva muito a sério e, caso se torne muito crítica, controlada, austera ou rígida em seus padrões com relação a si mesma e aos outros, ela provavelmente será influenciada pela interferência de Pã em seus planos. Este é o cliente que diz: "Bem, quando tudo estava perfeito para mim e fui nomeado vice-presidente, um árabe comprou a cadeia de hotéis e me substituiu". Ou: "Exatamente quando consegui migrar para a política, fui transferido para outro Estado e precisei recomeçar do início". Do ponto de vista arquetípico, Pã espera pelo momento certo, pelo momento culminante, porque a casa do Zênite (a 10ª) se relaciona com a culminação. O primeiro ano da progressão aquariana, se coincide com algum trânsito de Urano pela 10ª Casa ou pela 11ª (esperanças e sonhos pessoais), pode atingir duramente o Sol em Capricórnio natal na 10ª Casa (uma correspondência dupla com o arquétipo), frustrando seus planos há muito preparados. Quanto mais rígida a pessoa, mais fortemente ela é atingida pelos golpes de Pã, ou assim parece.

Conhecemos duas cabras – a ousada e ansiosa Cabra-Montanhesa – e a aparentemente desanimada Cabra Pã. Além dessas duas, existe uma terceira, igualmente importante, e um pouco mais esotérica: o Bode Expiatório. Sua existência está implícita na história do banimento de Cronos no final da Idade do Ouro. Como os demais senhores eternos antes dele, Cronos se recusou a se retirar de cena de boa vontade no fim de seu reinado de 2.400 anos e teve de ser deposto por seu filho Zeus (Júpiter). Com base em minha experiência na consultoria astrológica, cheguei à conclusão de que o banimento de Cronos está relacionado com o arquétipo junguiano do Bode Expiatório, que é de fundamental importância na jornada de vida do arquétipo Capricórnio/Saturno. Em *Saturnália*, Macróbio nos diz que há várias versões sobre o local do banimento. Algumas fontes, por exemplo, deportam Cronos para o Norte (o frio?) enquanto outras mencionam "a selva", ou "as Ilhas dos Bem-Aventurados". O tema do banimento é sólido em todas as versões.

O conceito do Bode Expiatório como recurso de projeção coletiva é muito antigo, especialmente na África, na Ásia e no Oriente Próximo. Por séculos, tribos primitivas capturavam um animal selvagem e, por meio de um ritual, projetavam suas culpas e medos sobre ele em uma tentativa de aplacar ou de se reconciliar uma divindade. Às vezes, o animal era abatido no altar do deus ou da deusa; outras, era banido, como Cronos, para a Selva, levando consigo os pecados da tribo. As pessoas esperavam que, depois disso, a divindade ficasse apaziguada e as protegesse.

Os conceitos de sacrifício e reparação associados ao ritual do Bode Expiatório eram importantes, por exemplo, para os israelitas. No décimo dia de um certo festival de colheita, eles abençoavam e expulsavam um bode sacrificial depois de projetar sobre ele todos os pecados coletivos. Os gregos e os romanos também conheciam o Bode Expiatório, cujo sangue sobre o altar era aceito por Cronos/Saturno em substituição ao das pessoas.

Em minha prática astrológica, tenho encontrado paralelos claros entre a vida da cabra o bode expiatório dos psicólogos. Se prestarmos atenção ao vocabulário do cliente com Sol ou ascendente em Capricórnio, ou do cliente com Saturno no eixo da paternidade (na 4ª ou 10ª Casas), ouviremos muito sobre o sacrifício de interesses, metas e modos de vida pelo bem da tribo (família); sobre o sofrimento que parece injusto para a pessoa e muitas vezes até sobre o banimento voluntário. Como astróloga sediada na Califórnia, encontrei muitos clientes com Saturno na 4ª Casa que desistiram de esperar o reconhecimento de sua terra natal, pararam de falar com sua família e fugiram para a ensolarada Califórnia (as "Ilhas dos Bem-Aventurados"?), jurando nunca mais retornar à sua ingrata terra natal.

O Bode Expiatório se sente rejeitado, isolado, desamparado e indesejado durante a sua infância, muito semelhante à personalidade de Saturno na 4ª Casa, em mapas em que os elementos mais pesados (Terra e Água) dominam. Afinal, presume-se que recebamos nossa *nutrição* na infância. A 4ª Casa é o domínio da Lua, mas com um Saturno na 4ª Casa a criança geralmente acaba tendo a responsabilidade de prover o seu sustento, de alimentar sua família, de conseguir um trabalho fora de casa ainda em tenra idade e de contribuir com o orçamento doméstico, se homem; se mulher, cabe-lhe fazer grande parte do serviço da casa ou servir de arrimo emocional para o pai ou a mãe com alguma disfunção.

A reação mais comum que tenho visto ao longo dos anos por parte de clientes com Saturno na 4ª Casa é: "Pobre mamãe. Ela teve uma vida dura. Tentei de tudo para tomar conta dela". Ou: "Pobre Papai, ele não conseguia discutir. Sua integridade pessoal era impecável, mas ele sempre fugia da controvérsia. Estávamos sempre nos mudando – não tive uma vida familiar sólida nem amigos. Sinto que não tenho raízes".

Um grande número de meus clientes com Saturno na 4ª Casa pesquisam textos de psicologia procurando compreender a experiência do Bode Expiatório, e fazem isso com toda dedicação. Eles normalmente levam à consulta o mapa do pai ou da mãe, ou de ambos, juntamente com suas próprias teorias. Mulheres filhas únicas apresentam esta teoria: "Uma filha única é como um filho homem: carrega uma grande carga de ambições paternas. Poderia até se escrever 'júnior' depois de seu nome". Outro cliente disse: "Este livro trata do filho do meio. Filhos que nascem entre dois irmãos são negligenciados e pouco queridos. O irmão mais velho é o mais inteligente, e o mais novo é mais esperto. O que você acha disso?" Ainda outro cliente, o mais jovem da família, disse-me: "Deveria ser colhido um número maior de dados estatísticos sobre pessoas como eu. Os filhos mais jovens sofrem muitas pressões. Meus irmãos mais velhos me forçam a me formar em medicina, quer eu queira quer não. Eu tenho de ser 'o meu filho doutor', 'o meu irmão médico'".

Uma mulher Capricórnio no ascendente com Saturno na 4ª Casa contou-me que, depois do nascimento de sua irmã mais nova, a mãe teve uma depressão pós-parto, e por isso não mais tinha condições de fazer o trabalho de casa. "Meu pai não nos ajudava. Ele poderia ter contratado uma diarista, pois tinha bastante dinheiro. Mas eu é que fazia todo o trabalho e que servia de apoio emocional para todos. Tudo o que recebia em troca era que a goma da camisa não estava como devia." Esta cliente ficou em sua cidade natal por muitos anos, mas agora que seus irmãos estão adultos, ela não tem nenhum laço familiar. "Não quero me casar. Dá muito trabalho. Já criei uma família." Neste caso, o arquétipo do Bode Expiatório é claramente visível – o sacrifício pessoal, a dedicação a seus irmãos em decorrência da negligência dos pais e o retiro voluntário a um lugar ermo e agreste, na solidão do deserto. (Ela literalmente mudou-se para o deserto.)

Um homem com Saturno na 4ª Casa que também veio morar na Califórnia e que não falava mais com a família, disse: "Garanti o estudo de meus parentes mais jovens. Mas eles vivem de uma maneira totalmente irresponsável. Se soubessem meu endereço, me procurariam para pedir dinheiro e para morar comigo". Ele também tentava compreender a existência do Bode Expiatório, as dificuldades de dar e receber afeto, que pareciam ser consequência de sua infância.

Um cliente resumiu bem a experiência: "Com meu Saturno angular, sentia-me amado apenas por fazer coisas para as pessoas ou por alcançar êxito profissional; nunca me senti amado por ser eu mesmo. Ninguém se oferece para me ouvir ou para fazer alguma coisa para mim". Esse é um padrão familiar que as pessoas podem achar difícil de reverter nos relacionamentos adultos depois de o terem internalizado. Descobri que o ano do Retorno de Saturno é um momento preciso para entrar em contato com esse padrão de comportamento. Como o Bode Expiatório adulto emite sinais! "Dê a mim a responsabilidade! Farei um bom trabalho. Eu posso dar conta." Um grande Mestre, Paramhansa Yogananda, disse: "Estamos todos enraizados na reciprocidade". As pessoas precisam de uma oportunidade para trocar, para fazer coisas para nós. Entretanto, se nos sentimos constrangidos com cortesias e as barramos ou nos embaraçamos, as pessoas desistirão e deixarão de tentar nos agradar, de nos nutrir, de nos ajudar com o trabalho doméstico. Elas pensarão: "Ah, estou atrapalhando; ela prefere fazer isso sozinha". Por sua própria eficiência e capacidade, ou por não querer ver alguém fazer o trabalho malfeito, a pessoa com Saturno na 4ª Casa pode metamorfosear-se em um tirano com relação a seus familiares quando ficar mais velha, naquele mesmo tirano que tanto procurou servir durante a infância.

Talvez o herói que se apodera do trono na juventude e acaba como um rei tirano na velhice seja um tema que todos devamos observar na casa em que se encontre nosso Saturno. Os astrólogos hindus aconselham as pessoas com Saturno na 4ª Casa a não esperar demais de seus filhos, a fim de que não terminem a vida solitárias. Em *Autobiografia de um Iogue*, Sri Yukteswar diz que nunca esperou nada de seus discípulos, e por isso nunca ficou desapontado com eles. Creio que isso também se aplica aos pais; se nada se espera de um filho, então este não pode desapontá-los. Certamente isso é mais fácil de dizer do que praticar. O dr. Bruno Bettelheim, um psicólogo infantil, sugere que os pais resistam ao impulso de criar o filho que eles gostariam de ter e que em vez disso se dediquem ao desenvolvimento das habilidades do filho, ajudando-o a se tornar o que ele quer ser (*A Good Enough Parent*, 1987). Do ponto de vista astrológico, trabalhar com o mapa natal da criança facilita esse processo.

No Oriente, as pessoas ainda consideram uma honra ser o filho que tem a oportunidade de cuidar dos pais na velhice. Na Índia, pessoas com Saturno na 4ª Casa ou Capricórnio no ascendente recebem esta informação do astrólogo: "Tenho a grata satisfação de dizer-lhe que você terá o privilégio de ter seus pais em sua casa até o último suspiro deles, embora eu tenha certeza de que outros parentes seus disputarão com você essa honra!".

A maioria de meus clientes norte-americanos não sentiria isso dessa forma. Eles sentem necessidade de ser independentes, de seguir seu próprio caminho, ou seu próprio processo em seu núcleo familiar. A tendência é sentirem que o sucesso no mundo exterior, material, é uma recompensa suficiente aos seus pais pelas vantagens que receberam na infância. De acordo com Jung, uma certa independência do Coletivo favorece nosso desenvolvimento em direção à consciência. Ainda assim, uma de suas alunas, Marie-Louise von Franz, tanto em *O Caminho dos Sonhos*, uma entrevista gravada, como em seu livro *A Lenda do Graal*, observou que em nossa época sofremos com a falta de raízes. A ligação com a família, com a terra (Capricórnio também se relaciona à propriedade), bem como o contato com o Self, favorece o desenvolvimento de nossa consciência. O sentido positivo de Capricórnio no ascendente ou de Saturno natal no eixo da hereditariedade (4ª e 10ª Casas), ou de um Sol em Capricórnio, é o embasamento da Terra cardinal, os alicerces sólidos dos relacionamentos familiares – as memórias duradouras.

Procuro o maior número possível de informações sobre o mapa dos pais de um cliente que está passando pelo Retorno de Saturno, e, às vezes, mesmo no segundo Retorno de Saturno nas 4ª e 10ª Casas. Isso me dá uma ideia não apenas do modo como o cliente vivenciou sua infância, mas ainda de como seus pais realmente eram, de como de fato foram suas raízes. Muitas vezes, o cliente está submerso em memórias durante o segundo e o terceiro retornos e acha importante escolher o padrão kármico. Se os terapeutas podem tirar proveito não apenas da observação do paciente, mas também de uma possível entrevista com um de seus pais, então certamente poderão se beneficiar com o conhecimento da data de nascimento, pelo menos, do pai ou da mãe do cliente, dependendo de qual deles ele acredita estar ligado karmicamente ou de qual conserva memórias mais dolorosas que precisa liberar.

Clientes com o arquétipo de Saturno ou Capricórnio forte na personalidade tendem a usar o vocabulário do pagamento de dívida quando falam sobre sua infância e início da vida nesta encarnação: "Devo ter trabalhado meu karma dos últimos quinhentos anos antes dos vinte e oito anos", é uma atitude comum. "Li um livro sobre reencarnação que me ajudou a aceitar uma porção de coisas", disse um cliente. "Ele diz que se eu me concentrar realmente posso começar a atrair pessoas e circunstâncias positivas para minha vida." Isso é verdade. A concentração é um aspecto importante, e Saturno se sobressai nisso. Mas a fé de Júpiter também é importante – fé em si mesmo e no Divino. Se o subconsciente fica repetindo: "o passado deprimente vai se repetir; por isso, de que adianta pensar positivamente, ser assertivo, quando se está condenado (em qualquer casa em que Saturno esteja)?" – então o passado tende de fato a se repetir, e o mesmo tipo de pessoas e circunstâncias negativas tende a reaparecer.

É importante também lembrar de relaxar e de deixar um certo espaço para a ação de Deus, ou para as surpresas da vida. Se com um planejamento tão preciso como o que Saturno faz (construindo para a eternidade) a pessoa se sente como Atlas, com o peso do mundo sobre os ombros, não há muito espaço para que Deus e o Guru entrem! Alguém com uma quadratura entre Mercúrio e Júpiter (e muito pouca Terra) poderia dizer: "A responsabilidade não é minha. Se falhar, a culpa é do outro. Deus deveria fazer tudo por mim. Quando minha sorte vai mudar?". Mas a pessoa pessimista com uma quadratura entre Mercúrio e Saturno assume demasiada responsabilidade, culpa-se muito e com frequência não deixa espaço suficiente para a ação de Deus. Todavia, ela tem algumas vantagens sobre a pessoa com quadratura entre Mercúrio e Júpiter – a paciência, uma boa memória, a consciência de como passar da fase A para a B e daí para a C, e ser prática; estar embasado na realidade ajuda muito no dia a dia.

Jung diz que quando uma pessoa está cheia de amargura não há sabedoria nela. Ela realmente não aprendeu nada do passado, de seu sofrimento e de seus erros. Os alquimistas tinham um processo aquoso chamado *solutio*, que dissolvia formas, obstáculos, limites, frustrações. Em *Anatomia da Psique*, Edward Edinger analisa sonhos em que pessoas passaram pela *solutio* alquímica, estiveram em uma inundação, nadaram ou tomaram banho, e dissolveram os obstáculos do passado. A *solutio* era seguida por um processo contrário, terrestre em sua natureza, chamado *coagulatio*, ou solidificação da solução.

O sal é um símbolo de sabedoria nas tradições pitagórica e alquímica. Os alquimistas evaporavam a água salgada e degustavam o sal que restava. Se ele fosse branco puro e sem amargor, o alquimista tinha a verdadeira sabedoria, mas se fosse amargo, ele o jogava fora e começava tudo novamente. Cristo certa vez disse a Seus discípulos: "Vós sois o sal da Terra. Se o sal perder sua força, como a Terra será salgada?". Eles tinham a sabedoria e, apesar das perseguições, dos obstáculos, de todas as espécies de sofrimento, tinham de evitar perder as forças e/ou tornarem-se amargos. Acredito que Capricórnio é o sal da Terra, mas frequentemente lutando para soltar o resíduo da amargura. Ele passa por períodos de depressão ou melancolia (especialmente durante o Solstício de Inverno); mas, se no final seu sal for puro em vez de amargo, sua existência terá sido realmente vitoriosa. Todos nós temos Saturno em alguma casa de nosso mapa e Capricórnio em alguma cúspide, de modo que este tema é universalmente importante. Todos podemos ser sábios ou espertos pelo uso apropriado de nosso Saturno: basta que o desenvolvamos como o Ancião Sábio (Anciã Sábia), em vez de nos solidificarmos como o rígido, duro e amargo *Senex*.

A concentração, a meditação e a discussão de sentimentos (polaridade Câncer) com um analista podem ajudar nas questões levantadas pela casa de Saturno. É interessante ler, no *Saturnália*, sobre o dia do festival do Solstício em que a deusa Angerona era venerada. Em honra àqueles que sofriam silenciosamente e suportavam seu sofrimento, ela mantinha a boca fechada. Ela eliminava a ansiedade e a angústia mental, e aqueles que ocultavam seu sofrimento sentiam grande alegria no seu dia, no templo de Volupte, quando sua estátua era desvelada no fim da semana das Saturnálias.

Em O *Complexo de Bode Expiatório*,* Sylvia Brinton Perera aborda vários aspectos psicológicos importantes. À semelhança de uma criança, o Bode Expiatório vive sob a sombra de seus ancestrais; é difícil para seu ego se separar do que considera como necessidades e expectativas dos adultos de sua família. A criança tenta ser perfeita para compensar tudo o que os adultos à sua volta insinuam que lhe falta. Ela carece do sentimento de pertencer, de ter raízes na família. Por meio de sua luta perfeccionista, a criança tenta agradar um dos pais, talvez esperando pelo impossível, porque aquele pai ou aquela mãe pode também ser um Bode Expiatório, uma pessoa emocionalmente subnutrida, incapaz de expressar aprovação ou afeição. Mais tarde, o Bode Expiatório adulto parte para a solidão, carregando em seu inconsciente a carga da culpa e do sofrimento coletivos, e tentando redimi-la com seus esforços no mundo externo, mas sentindo internamente que não alcançou os padrões estabelecidos.

Sylvia Brinton observa que o tema do Bode Expiatório que carrega em suas costas os pecados coletivos da raça humana é central na civilização ocidental. Temos os exemplos de Cristo e da deusa babilônica Inanna. (Sobre Inanna, veja *Descent of the Goddess*, de Sylvia Brinton Perera.) Cristo andou pelo deserto e foi sacrificado na cruz em expiação a Iahweh pelos pecados de seu povo, e a deusa babilônica foi empalada em uma estaca. Entretanto, o Bode Expiatório não é somente um arquétipo ocidental. Sabemos pelo *Bhagavad Gita* que os hindus acreditam que o Senhor Vishnu encarna na Terra para resgatar a humanidade do mal da ignorância sempre que há uma época sombria. Há também a história do sacrifício de Buda, que repudia seu reino terrestre para ir em busca da solidão, praticar

---

* Publicado pela Editora Cultrix, São Paulo, 2ª edição, 2022.

o ascetismo, e encontrar um caminho para a humanidade que a livre do ciclo de desejo, sofrimento, velhice, morte e renascimento. No entanto, a mais comovente descida do Salvador/Bode Expiatório talvez provenha do Budismo Mahayana. O *Bodhisattva* faz o juramento de não buscar sua libertação final até que a última folha de grama sobre a Terra tenha sido redimida. Assim, parece que o arquétipo do Bode Expiatório tem uma amplitude universal (para o Oriente e para o Ocidente, pelo menos).

Sylvia Brinton Perera vê o perfeccionismo como uma chamada ao Espírito. Somos chamados a encontrar nossas raízes no interior de nossa própria alma. Todavia, muitas crianças Bode Expiatório interpretam o chamado interior como a necessidade de realizar as aspirações de um dos pais no mundo exterior. O padrão de desnutrição do Bode Expiatório no nível do sentimento (nas raízes ou Nadir da personalidade) pode ser transmitido dos pais para os filhos ao longo de várias gerações. Já tive ocasião de ver o arquétipo de Capricórnio – especialmente o Ascendente e Saturno no eixo da hereditariedade – trabalhar desse modo. É muito importante desenvolver a autoestima e acalentar a Criança Interior pessoal; de outro modo, batalhar constantemente pelo sucesso exterior pode resultar em sentimentos de vazio a despeito das vantagens que a pessoa atraia na 10ª Casa – fama, dinheiro, poder.

Perera interpreta o deserto como um lugar seguro para onde o Bode Expiatório foge para liberar suas emoções negativas como culpa, medo de rejeição ("As outras pessoas não vão me tratar como minha família me trata?"), uma sensação de fracasso por não estar à altura ou mesmo raiva do coitado por quem o Bode Expiatório vem se sacrificando – o pai ou a mãe que não consegue se impor. Perera diz que o lugar seguro, com frequência, é o consultório do terapeuta, por ser onde o Bode Expiatório recebe a empatia e o apoio emocional para lidar com esses sentimentos. Acho que poderia também ser a casa de um bom amigo ou o consultório de um astrólogo. (Vários clientes com Sol ou ascendente em Capricórnio, ou Saturno angular já me disseram que se sentiram seguros em meu consultório.) Sem esse lugar seguro, uma árvore Bodhi moderna sob a qual ele possa sentar, sem o tempo gasto na solidão, o perfeccionista pode adiar indefinidamente a entrada em contato com suas emoções (polaridade Câncer). De outro modo, ele pode continuar cumprindo seus deveres no mundo exterior, mantendo sua personalidade coesa na superfície da realidade, praticando a negação de que nada está errado até que ocorra a queda do topo da montanha.

Anos depois da queda na 10ª Casa (ou no mundo exterior), Capricórnio às vezes admite que "foi a melhor coisa que já me aconteceu". Na época da queda, porém, quando o cliente procura o astrólogo ou o terapeuta, ele sente como se fosse lançado do Zênite ao desconhecido, e que a queda é muito longa até chegar ao solo. No Nadir (Câncer), há tempo para entrar em contato com seus sentimentos, emoções, intuição, instintos (o Feminino), e para experimentar a empatia, o apoio e a nutrição de que precisa. Um confinamento temporário às vezes é necessário. Pessoas encorajadoras em hospitais, em clínicas para tratamento mental ou em programas contra o uso de drogas são parte da nutrição. Uma mãe institucional pode representar o arquétipo da Grande Mãe na nossa sociedade, e grupos de apoio podem igualmente substituir as famílias incentivadoras. Na escuridão do Solstício, antes do alvorecer, o processo de queda pode se assemelhar a um pesadelo de inverno. Capricórnio, acostumado a pensar em termos da imagem que a sociedade tem dele (*persona*), fica sabendo, depois da queda, quem é sem essa imagem, e conjectura sobre como a sociedade o considerará sem seu título ou sem sua autoridade. No lugar seguro, durante o tempo de isolamento, pode encontrar sua direção interior (Câncer) ou o embasamento (Nadir) enraizado na psique. Com frequência, perderá seu medo da vulnerabilidade e, por fim, será capaz de expressar seus verdadeiros sentimentos aos outros.

Como exemplo, tenho uma história quase arquetípica de um cliente com Sol em Capricórnio passando pela progressão em Aquário que o tornou mais susceptível aos choques repentinos dos trânsitos de Urano. Ele havia investido sua herança em um pequeno negócio. Durante quinze anos (dois ciclos de Saturno de sete anos) ele tinha prosperado, mas de repente faliu. Os empréstimos não eram acessíveis e não havia comprador à vista. Apesar de seu trabalho árduo e das muitas horas de agonia, parecia não haver saída para seu sentimento de fracasso – a perda do seu patrimônio hereditário.

Além disso, ele parecia se considerar um *Dharma* Raja, de pé junto à roda da responsabilidade e girando-a para assegurar a prosperidade de seu pequeno reino, protegendo seus súditos. Estas são suas palavras, em uma paráfrase muito próxima:

> Eu me senti horrível no dia em que tive de dizer a meus funcionários que o negócio estava falindo. Eles teriam que procurar emprego em outro lugar. Eu só poderia pagar a folha de pagamento no 1º dia do mês. As pessoas tinham a liberdade de me pedir adiantamentos de salário quando precisassem; elas

estavam acostumadas a receber bônus de Natal e realmente dependiam de mim. Eu me sentia mal.

Mas, sabe, tudo saiu bem. Os empregados me animaram e vários deles chegaram a me dizer que estavam pensando em mudar de emprego, mas que não tinham coragem. Eles sabiam o quanto eu valorizo a lealdade, e sentiam que estavam em débito comigo; de modo que não podiam deixar o emprego justamente quando os pedidos estavam entrando e eu estava em uma espécie de colapso. Eu achava que eles iriam desanimar, mas apenas sacudiram os ombros. Alguns deles estavam... não alegres, mas aliviados, mesmo quando não pude garantir que haveria um novo comprador logo, e, se houvesse, que ele os manteria na empresa. Tudo terminou bem para mim. Pude guardar uma boa soma de dinheiro, que usei para fazer uma nova sociedade com um amigo. Nesse meio-tempo, fiquei seis meses sem fazer nada; assim, pude participar de alguns seminários sobre o produto do meu amigo, li alguns livros junguianos de minha esposa que estavam em casa, e participei de um retiro em um mosteiro beneditino. O que tornou tudo mais fácil foi a reação da minha família. Minha mulher e meus filhos acreditavam plenamente em mim, mais do que eu mesmo. Eles eram muito diferentes da família que tive quando criança, quando ninguém acreditava em mim. Eu tinha esquecido o quão importantes são as coisas intangíveis na vida, como a religião, a família e o aprendizado através dos erros.

Quanto tive tempo para refletir, pude ver o quanto tinha sido tolo – tão ocupado que não podia usufruir a vida e apreciar as coisas intangíveis. Também compreendi que não havia perdido nada importante. No início, eu sentia como se tivesse traído meu pai, mas eu havia trabalhado arduamente durante quinze anos; cuidara de meus irmãos dependentes, dobrara o dinheiro que ele me havia deixado. O capital na nova sociedade é todo meu. Agora não há ligação com papai. Sinto-me livre.

Muitos capricornianos expressaram essa sensação de liberdade durante a progressão aquariana. É quase como se Urano, regente do Sol em progressão, os libertasse dos sentimentos inibidores da cautela e da insegurança exageradas, que retardaram seu ritmo cedo na vida; de uma necessidade importuna de provar a si mesmos; de prioridades mundanas que tomavam demais seu tempo; de uma estreiteza mesquinha. Urano parece torná-los mais receptivos para novas oportunidades, tanto interiores quanto exteriores.

Parece que o Bode Expiatório de Capricórnio tem uma vantagem definitiva sobre a Cabra-Montanhesa, puramente mundana, que sem piedade pisou em seus competidores a fim de satisfazer suas ambições de glória pessoal. Desde a infância, o Bode Expiatório desenvolveu o hábito de servir aos outros. Sua ferida, como a designa Jung – a falta de nutrição na infância que deixou nele um 'buraco' – fará que seja menos crítico com os outros do que a Cabra-Montanhesa, que pode ser bastante arrogante com relação às pessoas malogradas deste mundo. Jung tem razão. O curador ferido é um orientador melhor e mais compassivo do que o curador que nunca sofreu.

Quando o Bode Expiatório sai da solidão com sua autoestima intacta, em contato com seus instintos, emoções e intuição, ele estará mais bem preparado do que a bem-sucedida Cabra-Montanhesa para a fase aquariana da jornada, à qual Isabel Hickey chamou de "serviço à Grande Órfã, a Humanidade". O Bode Expiatório, que sempre procurou fazer do mundo um lugar melhor para sua família, pode ir além dele para um círculo maior de influência de acordo com a natureza de seus talentos, e não apenas de sua *persona*; conforme a plenitude de sua personalidade – quem ele é –, com os conteúdos de seu próprio Graal Aquariano (veja Capítulo 11).

Minha experiência com clientes Sol em Capricórnio ou Capricórnio no ascendente que se movem pela progressão aquariana é que eles tendem a construir com base nas experiências, habilidades e credenciais. Refletem, assim, o significado de continuidade e duração além do tempo em Saturno, em vez de escolherem um campo totalmente diferente, embora isso dependa dos outros arquétipos presentes no mapa individual. Capricórnios habilitados para o trabalho social tendem a se tornar terapeutas holísticos; aqueles com experiência em ensino, a se tornarem professores (muitos de astrologia); aqueles com vocação para a pesquisa tendem a substituir uma companhia de petróleo por um ONG da área de sustentabilidade; continuando com a pesquisa, os que eram gerentes corporativos tendem a entrar em entidades sem fins lucrativos, ou a se tornar líderes de comunidades alternativas; os envolvidos com a cura mental ou física continuam com esse trabalho (porém, mais com a medicina holística do que com a tradicional), aprendendo massagem, alimentação vegetariana, ou cura através da visualização.

Embora essas mudanças se estruturem sobre interesses antigos, elas tendem a refletir mais a natureza da 11ª Casa do que da 10ª. Capricórnio quer se provar competente, atrair fama, riqueza e poder. No ciclo da progressão aquariana ele se move na direção de questões específicas da 11ª Casa, como serviço humanitário ou voluntário, comunidades espirituais, trabalho com amigos, arrecadação de fundos para escolas, organizações cívicas, promoções culturais, grupos de escoteiros. Interesses mundanos, como *status* ou segurança financeira, não mais estão entre suas prioridades, visto que a ênfase é posta sobre recompensas intangíveis. Esperanças, sonhos e desejos pessoais têm mais probabilidade de se concretizarem quando Capricórnio deixar de se preocupar com o que as outras pessoas pensam e estiver disposto a relaxar.

Meu exemplo favorito da felicidade que tem origem no abandono dos padrões exteriores e no viver do que é próprio de cada um é o do viúvo com Sol em Capricórnio que avançou o suficiente na progressão de Aquário. Então, esse Sol em progressão fez aspectos com planetas natais de Ar. Com sua recém-descoberta habilidade para conviver com pessoas dos mais diversos *backgrounds* socioeconômicos e educacionais, e a recém-descoberta independência aquariana, ele decidiu se casar de novo. No seu segundo Retorno de Saturno (cinquenta e seis anos) ele falou de sua decisão a seus filhos adultos, a seus netos e a seu pai de oitenta anos. Todos ficaram horrorizados com a ideia de um casamento com alguém que julgavam de nível inferior ao deles, "uma pessoa sem instrução, totalmente inadequada, alguém que destoaria no *country club*", diziam. Ele a conhecia havia três anos e pensou: "A escolha é minha. Sou eu que me casarei com ela. Mas acho que sempre fui muito inseguro. Até agora, teria sido muito difícil para mim casar com alguém que minha família, meu chefe e meus amigos desaprovassem – a opinião deles realmente interessava. Hoje, penso – quem se importa com o que eles pensam!"

Durante a progressão para Aquário, outros capricornianos podem observar: "Eu não gostava dos amigos de minha mulher – esses intelectuais que leem esses livros sobre metafísica e Jung. Mas agora vejo que são legais. Estou me sentindo mais tolerante, sabe?". Em Aquário, eles tendem a adquirir a capacidade de se relacionar com pessoas que não pertencem a seu ambiente cultural e social.

Embora a tolerância que desenvolve em Aquário seja positiva, este é ainda um signo regido por Saturno, e um signo fixo. O crescimento parece tão externo em Aquário quanto o era em Capricórnio, embora menos egoisticamente motivado. Na progressão através de Peixes, signo de Água Mutável, a direção do crescimento é interior. O foco introspectivo ou reflexivo do Capricórnio natal é acentuado. A personalidade se retira do olhar público (10ª e 11ª Casas) para o Self (12ª Casa, a solidão). Muitos clientes de repente começam a escrever poesia, a gostar de música ou perguntam ao astrólogo onde podem estudar técnicas de meditação e de visualização. Eles parecem mover-se decididamente da circunferência da Roda do *Dharma* para seu silencioso centro. Por ser, em muitos casos, o último estágio da jornada da vida para as pessoas de Sol ou ascendente em Capricórnio, está associado com a preparação para a pós-vida, a transição do tempo para a eternidade, da Dança da Criação de Kali para o estado de meditação beatífico de Shiva no Monte Kailash.

Durante a progressão de Peixes muitos clientes de Capricórnio começam pela primeira vez a levar sua intuição mais a sério, do mesmo modo que faziam com a lógica. É óbvio que isso terá condições de se concretizar se o cliente tiver planetas na 12ª Casa ou um Netuno natal forte – intuição confiável. Saturno é um planeta que se apoia nos sentidos, colhendo os dados do mundo da experiência, do mundo fenomênico. Peixes tende a não levar o mundo dos fenômenos muito a sério. Assim, a progressão aquosa em Peixes dissolve um pouco a estreiteza do enfoque saturnino na tomada de decisão.

Em seu livro *Alquimia*, Marie-Louise von Franz vê Saturno como *Sol Niger*, a sombra alquímica do Sol real, um Sol negro de mente literal e fragmentada, de pensamento concreto, e que se inclina à justiça sem misericórdia. Lendo *Alquimia*, tem-se uma espécie de quadro mental de Saturno e de Capricórnio em oposição a Kwan Yin (deusa da misericórdia)/Câncer. Nas águas da progressão de Peixes muitos Capricórnios começam a acreditar, a confiar no mundo não literal de Netuno, a visualizar, a meditar, a abandonar suficientemente a função sensação para entrever a eternidade que atravessa o tempo. Como resultado, eles são capazes de abrir mão do estrito código de justiça e passam a considerar os outros inocentes por meio da compaixão de Peixes – quer dizer, eles podem integrar Kwan Yin e Saturno, ao reconhecerem que a regra pode ser modificada em casos individuais.

Von Franz também menciona que os tipos que se apoiam na sensação levam o tempo do relógio muito a sério, preocupam-se com a pontualidade e com o passar do tempo, o que é demonstrado, diz ela, pelo fato de ficarem olhando para o relógio o dia inteiro. Os intuitivos, por sua vez, têm muito pouca consciência da passagem do tempo do relógio. Particularmente, acredito nisso, pois muitos de meus clientes com Netuno forte ou muitos planetas em Peixes dão a impressão de viver na eternidade. O tempo passa enquanto eles trabalham em seus projetos, sem qualquer preocupação. Muitas vezes, nem sequer usam relógio. Sem dúvida, muitos clientes com Sol ou ascendente em Capricórnio já estão afastados de suas atividades na época da progressão em Peixes, e por isso não têm necessidade efetiva de ficarem grudados ao relógio. Mesmo assim, é interessante observar as diferenças de atitude com relação ao tempo quando se envolvem com passatempos mais criativos.

Como Peixes é o último signo do Zodíaco, a Jornada do Mar Noturno (veja Capítulo 12), parece natural que muitos clientes que passam por esse ciclo leiam livros que tratam do pós-vida – reencarnação, sonhos com a morte e com o ato de morrer e visões da eternidade tidas por aqueles que morreram na mesa de cirurgia e voltaram à vida. Meus clientes que estão passando por esta progressão, entretanto, preferem *O Livro Tibetano dos Mortos* e *O Livro Egípcio dos Mortos*.

O crocodilo, um símbolo egípcio do tempo e da eternidade, e também um símbolo hindu, está associado a Capricórnio. Alice Bailey o interpreta como um nível superior de evolução para Capricórnio, acima da Cabra-Montanhesa, embora isso não esteja muito claro para mim. As pessoas de Capricórnio se movem para a frente e para trás integrando diversos níveis de cabra e de crocodilo no decurso de uma vida. Uma Cabra-Montanhesa pode ser invejosa, cruel e egoísta em sua ascensão pela montanha mundana, mas pode se tornar um Pai crocodilo devorador que mantém os filhos em estado de subserviência por meio de promessas de vantagens financeiras ou de poder. Nesse sentido, nem sempre o crocodilo representa uma fase superior. O crocodilo é um símbolo complexo, e se ajusta à progressão em Peixes devido à sua ligação com a transformação espiritual e com a última etapa da jornada. Esse é também o seu significado no sonho. O crocodilo ainda ocorre no sonho dos clientes como guardião do Mundo Inferior, exatamente como aparece em *O Livro Tibetano dos Mortos*. Tanto na mitologia egípcia como na hindu, há dois crocodilos, um ainda não transformado (mundano) e outro que está unido ao Divino.

Na Índia, Capricórnio era simbolizado por Makara e por Kumara. Makara é o número 5 – os cinco sentidos. O crocodilo Makara é semelhante a Pã – ávido, preso ao desejo sensual. Ele também tem fome de poder, como a Cabra-Montanhesa a caminho do topo. Por meio da transformação, da iniciação, da receptividade ao Divino, ele se torna Kumara, o Crocodilo Dragão Branco. Como as deusas lunares, o sábio Crocodilo branco pode assumir qualquer forma. Ele perdeu sua pele grossa, resistente – seu corpo. O Dragão é um símbolo de sabedoria na Índia e no Extremo Oriente. Através de sua transformação, o Sábio Dragão Branco, Kumara, conquistou *Maya* e com ela, o renascimento. Rejeitando o mundo dos sentidos, ele entrou na Bem-aventurança da Unidade eterna com Shiva, sentando silenciosamente na postura de meditação. No Ocidente, a tradição de Capricórnio incluía um Unicórnio branco puro, um símbolo semelhante ao Dragão Branco. O Unicórnio era uma espécie de Pã transformado cujos chifres duplos, ou natureza de desejo, tinham se transformado em um chifre único pela prática da meditação. O unicórnio tinha poderes ocultos relacionados com sua pureza de consciência e seu chifre mágico.

O Livro Egípcio dos Mortos, como a história hindu da transformação de Capricórnio, tem dois crocodilos. Eles estão postados junto aos portões do inferno, o pós-vida. O glifo para o crocodilo redimido e para o não transformado é exatamente o mesmo.

Os símbolos de Capricórnio estão associados ao Feminino em todas as culturas que estudei; parece quase um ultimato psicológico: Integre Câncer! No tempo do Império Romano mais recente, o culto da Grande Mãe, Cibele, foi introduzido por insistência das massas. Quando as tropas imperiais foram duramente pressionadas durante as Guerras Púnicas, seu meteorito mágico, de cor preta, foi levado a Roma por mar, em 209 a.C. Oficiais romanos e mulheres devotas foram ao encontro do navio. Os adeptos de Cibele instaram que lhe fosse erigido um templo dentro da cidade até 191 a.C., ano em que foi concluído. Devotos vindos de todas as partes do império peregrinavam ao Templo de Cibele no Monte Palatino, anualmente. Estabeleceu-se assim o equilíbrio entre Saturno e a Lua.

A Cabra Pã torna-se um Unicórnio, sempre retratado de pé junto a uma Virgem ou com a cabeça aconchegada no colo dela. O crocodilo vive nas Águas (Feminino) e também na terra seca (Capricórnio, signo de Terra). Esotericamente, ele pode mudar de forma como uma deusa lunar. Tem também relação com o conhecimento superior, ou iniciação, com a deusa da sabedoria.

Da Grécia ao Egito, à China e à Índia, a verdadeira sabedoria é simbolizada pela deusa, a que muda de forma lunar. Sophia, a Mensageira do Graal, que conduz o herói celta em sua passagem pelos Portões em direção ao castelo, é um lado da Sabedoria, jovem e bela. Ela também muda de forma; é também a velha feia bruxa (a terra está em seu estado de aridez e infertilidade durante a doença do rei). Ela é sabedoria na adversidade. O herói precisa abraçar a bruxa, o lado escuro da Lua, a parte da sabedoria que nos diz coisas sobre nós mesmos que preferiríamos não ouvir. Nós também precisamos aceitar todos os lados e poderes do Feminino, todas as fases da Lua, a verdade de Kali e a misericórdia e compaixão de Kwan Yin. Esse é o caminho para a Sapientia, para a deusa que era a guia e a meta da transformação alquímica. Von Franz vê a Sapientia como a alma feminina presa na matéria, como o espírito habitando a natureza, em cada um de nossos corpos, que deve ser buscado e, em termos alquímicos, libertado. Na alquimia, Saturno era visto como um planeta andrógino como Mercúrio. Embora em nossos dias tenhamos dificuldade em compreender Saturno/Capricórnio como feminino, isso faz sentido se considerarmos a Terra como os alquimistas a consideravam: como sinal do aprisionamento da Sapientia no mundo material, onde ela esperava para ser encontrada e liberada. O passo seguinte da jornada para a personalidade de Capricórnio, Aquário, centra-se exatamente sobre esse tema, a liberdade.

Precisamos honrar Saturno e também a Lua em nosso mapa e em nossa vida, e não apenas quando representamos o papel da paternidade ou maternidade para nossos filhos. O equilíbrio entre a disciplina e a compaixão é muito importante, porque sem as águas criativas do feminino, nosso lado lunar, o trabalho de Saturno parece seco e deteriorado. Por outro lado, sem os saturninos prazos fatais, rotinas, estruturas, senso de realidade prática e sentido de ritmo do tempo, nosso lado criativo não tem condições de se manifestar. Saturno provê o canal para a avalanche da imaginação canceriana. Uma pessoa rígida pode se tornar um tirano *Senex*, mas um tipo lunar que vive inteiramente em seus humores e sentimentos pode se tornar uma mãe autoindulgente. Nenhum dos dois é o caminho da sabedoria.

Alice Bailey considera Capricórnio, esotericamente, como o signo do iniciado. Em *Os Trabalhos de Hércules* ela explica que por iniciação ela entende que não há necessidade da presença de um orientador espiritual, mas, sim, dos sacrifícios cotidianos a que os testes de Saturno nos submetem (trabalho de Capricórnio). No mundo de *Maya*, vivendo a dança de Shiva e Kali, do eremita Saturno isolado, da fase oculta da Lua, encaramos nossos medos inconscientes, nossas limitações interiores e nossos conflitos exteriores. O resultado é a liberdade (simbolizada pelo filho de Shiva, Ganesha, o removedor de obstáculos). À medida que os obstáculos são retirados do mundo interior e exterior, a liberdade é conquistada a partir do interior e, com ela, o poder. O arquétipo aquariano manifesta um poder que é baseado na liberdade da alma. Dane Rudhyar diz que Aquário pode bem ser o signo mais poderoso do Zodíaco (Veja seu *Astrological Signs*).

No mesmo livro, Bailey diz que um verdadeiro iniciado, aquele que passou pela escuridão e encontrou a luz interior, jamais dirá aos outros que é um iniciado. Essa sabedoria do silêncio sobre seu progresso é característica do Capricórnio esotérico, cuja vida consiste de serviço e sofrimento. Em nossa própria jornada através da casa em que Saturno se encontra ou que rege, podemos passar por várias fases no caminho da aspiração mundana e espiritual. Se chegamos ao topo da montanha espiritual, onde o Corpo satisfaz seu anseio pelo Espírito, onde a Sapientia é libertada, então talvez compreendamos o misterioso glifo esotérico para o signo – A Cabra-Peixe (cabra-golfinho, em grego). Estaríamos além da dança de Kali, do mundo da forma e de *Maya*; teríamos girado a Roda do *Dharma*, do tempo. Não mais precisaríamos voltar à Terra e girar a roda como os karma yogues, vida após vida, levando a nós mesmos e ao nosso trabalho muito a sério. A tradição esotérica afirma que o glifo para o signo de Capricórnio (♑) é velado, e que não podemos entendê-lo até nos tornarmos iniciados. Como a Cabra-Peixe, talvez ele represente a receptividade, a total abertura ao divino. Com certeza, ele combina as qualidades dos Peixes com a dedicação diligente da Cabra-Montanhesa, uma aspiração espiritual que envolve totalmente a fé de Peixes no divino.

Questionário

Como o arquétipo de Capricórnio se expressa? Embora se destine especialmente às pessoas com Sol em Capricórnio ou com ascendente em Capricórnio, qualquer pessoa pode aplicar este questionário à casa em que Saturno está localizado no mapa ou à casa que tem Capricórnio (ou Capricórnio interceptado) na cúspide. As respostas indicarão até que ponto o leitor está em contato com seu Saturno: a disciplina, a percepção das limitações, as ambições e o ordenamento do tempo).

1. Quando fico sabendo de uma oportunidade para um cargo de gerência que requer muita responsabilidade, embora não conheça o serviço completamente, eu:
   a. Envio um currículo atualizado depois de pensar sobre todos os detalhes da proposta.
   b. Geralmente, deixo a oportunidade passar.
   c. Ignoro a oportunidade totalmente. Não quero muitas responsabilidades.

2. Quando volto para casa depois de uma discussão no trabalho, eu:
   a. Analiso a situação por alguns minutos e talvez fale a meu cônjuge sobre o caso para saber o que ele pensa, mas não fico remoendo por muito tempo.
   b. Passo a noite revendo a cena em minha mente. Penso no que deveria ter dito para defender minha posição.
   c. Esqueço a cena toda, saboreio um bom jantar, assisto à TV, tomo alguns drinques, ou saio para me distrair.

3. Sinto-me mais seguro socialmente com:
   a. Pessoas de minha própria profissão ou que tenham o mesmo nível social e cultural que o meu.
   b. Pessoas conservadoras – que não me criam embaraço.
   c. Pessoas originais, criativas e divertidas.

4. Se fosse fazer uma lista das pessoas que mais admiro e respeito, eu incluiria uma maioria de:
   a. Pessoas sensatas, dignas de confiança.
   b. Velhos amigos, pessoas com quem me sinto à vontade.
   c. Pessoas que têm imaginação, excitantes, embora eu mesmo não me considere assim.

5. Acho que sou excessivamente cauteloso:
   a. 50% das vezes.
   b. 80% das vezes.
   c. 25% das vezes ou menos.

6. Meu maior medo é:
   a. Perder o *status*, o poder e o respeito dos outros.
   b. Tudo.
   c. Ser considerado uma pessoa maçante.

7. No meu dia de folga, eu:
   a. Sigo os planos previamente feitos, de modo a obter a maior satisfação possível.
   b. Limpo a garagem ou corto a grama etc.
   c. Deixo as coisas acontecerem naturalmente.

8. Acho que a parte mais fraca de meu corpo é:
   a. Nenhuma, tenho um corpo forte.
   b. Os ossos, especialmente os joelhos e a região lombar (cóccix).
   c. Contraio infecções facilmente.

9. Mais importante para mim é a:
   a. Organização.
   b. Segurança.
   c. Diversão.

10. Meu padrão usual é:
    a. Chegar ao topo da organização.
    b. Permanecer em uma posição segura.
    c. Evitar a responsabilidade.

Aqueles que marcaram 5 ou mais respostas (a) estão em contato estreito com a disciplina e a ambição de Saturno – se 8 ou mais foram marcadas, Saturno está inflado no nível mundano. Você precisa se divertir mais. Aqueles que marcaram mais respostas (b) estão mais em contato com Saturno como princípio de limitação ou inibição. Você precisa trabalhar mais o Fogo (elemento ligado à confiança) em seu mapa, ou seu Marte e seu Júpiter (regentes dos signos de Fogo e signos autoconfiantes). Aqueles que marcaram mais respostas (c) estão mais em contato com Pã do que com a Cabra-Montanhesa, e, provavelmente, precisam trabalhar mais a disciplina e a aspiração prática de Saturno. As pessoas que assinalaram mais (a) e (b) precisam integrar Pã com profundidade para viver de modo mais equilibrado – dar ao corpo algum repouso e exercício.

Onde está o ponto de equilíbrio entre Capricórnio e Câncer? Como Capricórnio integra seus mundos interior e exterior? Embora diga respeito particularmente a quem tem Sol ou ascendente em Capricórnio, todos temos Saturno e a Lua em algum lugar de nossos mapas. Muitos de nós temos planetas na 10ª e na 4ª Casas. Para todos nós, a polaridade de Capricórnio-Câncer implica equilibrar a disciplina com a nutrição, a satisfação dos outros com a nossa, a responsabilidade e a profissão com a vida pessoal.

1. Quando não concordo com um de meus pais ou com um parente de mais idade sobre algo que, de fato, desejo fazer:
   a. Acato a opinião dele se sua desaprovação é realmente forte.
   b. Levo em consideração o que a pessoa diz, mas, no final, tomo a minha decisão.
   c. Faço o que me parece melhor sem levar em conta as objeções da pessoa.

2. No relacionamento com familiares próximos e amigos:
   a. Penso que o amor é o mais importante.
   b. Penso que o amor e o respeito andam juntos.
   c. Penso que o respeito é o mais importante.

3. Na infância (antes dos sete anos), eu considerava um adulto de minha família como:
   a. Um "coitado" que não podia lidar com a realidade e precisava de minha ajuda.
   b. Um disciplinador amoroso.
   c. Uma pessoa que tinha todas as respostas e devia ser obedecida.

4. Como pai/mãe eu:
   a. Colocaria o amor acima da disciplina.

b. Temperaria disciplina com amor.
   c. Colocaria a disciplina acima de tudo.

5. **Se eu fosse um empregador, o que mais valorizaria em meus empregados seria:**
   a. A lealdade, a sensibilidade, a compaixão.
   b. A lealdade, a confiabilidade, a sensatez.
   c. A lealdade, a organização, a adequação à imagem da companhia.

Os que assinalaram três ou mais respostas (b) estão fazendo um bom trabalho com a integração da personalidade na polaridade Capricórnio/Câncer. Os que marcaram três ou mais respostas (c) precisam trabalhar mais conscientemente o desenvolvimento da Lua natal em seu mapa. Os que assinalaram três ou mais respostas (a) podem estar fora de equilíbrio na outra direção. Eles podem ter um Saturno fraco ou pouco desenvolvido. Aqueles que marcaram (a) para as perguntas (1) e (3) podem ter tendência ao arquétipo do Bode Expiatório.

O que significa ser um capricorniano esotérico? Como Capricórnio integra Vênus (amor) e Saturno (dever) na personalidade? Todo Capricórnio terá Saturno e Vênus em alguma casa e signo. Uma Vênus bem integrada acrescenta cordialidade e amabilidade ao Saturno mundano e ajuda no desenvolvimento do Saturno esotérico. Qual é o nível de aspiração (Saturno) no mapa? As respostas às perguntas abaixo indicarão até que ponto Vênus suaviza e expande a personalidade.

1. **Tomo minhas decisões baseado:**
   a. Em fatos analisados, pelo interesse de todos os envolvidos.
   b. Na adesão concreta à letra da lei.
   c. No que é mais conveniente para mim.

2. **Na casa de Saturno natal ou na casa com Capricórnio na cúspide, acho principalmente que:**
   a. Faço uso da concentração, da paciência e da persistência de Saturno.
   b. Sou considerado um especialista ou uma figura autoritária.
   c. Estou ciente de todas as frustrações, limites e obstáculos.

3. Sou alguém que gira a roda:
   a. Em meu mundo interior, por meio da meditação.
   b. Tanto no meu mundo interior quanto no exterior.
   c. No mundo exterior, por meio de minha carreira.

4. Percebo os trânsitos de Saturno em minha vida como:
   a. Uma oportunidade para aprendizagem e avanço espiritual.
   b. Algo que compreenderei mais tarde.
   c. Algo que devo suportar até a chegada de Júpiter.

5. Quando me dizem que devo fazer mudanças drásticas na casa de Saturno ou na casa regida por Saturno, minha resposta inicial é:
   a. Procuro receber com prazer as mudanças como uma manifestação da Ordem Cósmica.
   b. Sinto uma resistência inicial, mas depois me adapto à mudança.
   c. Resisto à mudança e considero a adaptação extremamente difícil.

Os que marcaram três ou mais respostas (a) estão em contato com o regente esotérico. Os que marcaram três ou mais respostas (b) precisam trabalhar mais conscientemente na compreensão de Saturno como um planeta de oportunidade. Aqueles que assinalaram três ou mais respostas (c) precisam trabalhar na identificação com Saturno esotérico.

Referências Bibliográficas

A. A. Macrobius. *Commentary on the Dream of Scipio*, Columbia University Press, Nova York, 1966.

_____. *The Saturnalia*, Columbia University Press, Nova York, 1969.

Alice Bailey. *Esoteric Astrology*, Lucis Publishing Co., Nova York, 1976.

_____. *Labours of Hercules*, Lucis Publishing Co., Nova York, 1977.

Bruno Bettelheim. *A Good Enough Parent: A Book on Child Realing*, Alfred A. Knopf, Nova York, 1987.

Carl C. Jung. *Psychology and Alchemy*, Princeton University Press, Princeton, 1968.

Dane Rudhyar. *Astrologica Signs; The Pulse of Life*, Shambhala, Boulder, 1978.

E. A. Wallis Budge. *The Egyptian Book of the Dead*, Dover Publications, Inc., Nova York, 1967. [*O Livro Egípcio dos Mortos*, Editora Pensamento, São Paulo, 1985.] (fora de catálogo)

Edward F. Edinger. *Anatomy of the Psyche*, Open Court, La Salle, 1985. [*Anatomia da Psique*, Editora Cultrix, São Paulo, 1ª edição, 1990.]

_____. *The Christian Archetype: A Jungian Commentary on the Life of Christ*, Inner City Books, Toronto, 1987. [*O Arquétipo Cristão – Um Comentário Junguiano sobre a Vida de Cristo*, Editora Cultrix, São Paulo, 1989.] (fora de catálogo)

Emma Jung. *Animus and Anima*, Spring Publications Inc., Dallas, 1985. [*Animus e Anima*, Editora Cultrix, São Paulo, 2ª edição, 2020.]

Emma Jung e Marie-Louise von Franz. *The Grail Legend*, Sigo Press, Boston, 1980. [*A Lenda do Graal*, Editora Pensamento, São Paulo, 1990.] (fora de catálogo)

Frank Waters. *Mexico Mystique: Coming of the 6th World of Consciousness*, Swallow Press, Chicago, 1975.

Heinrich Zimmer. *Myths and Symbols in Indian Art and Civilization*, Princeton University Press, Princeton, 1972.

Hesíodo. *The Homeric Hymns and Homerica*, Harvard Press, Cambridge, 1954.

Isabel Hickey. *Astrology, A Cosmic Science*, Altieri Press, Bridgeport, 1970.

James Hillman, "An Essay on Pan", *in* William Roscher, *Pan and the Nightmare*, Spring Publications Inc., Irving, 1979.

James Totum. *Apuleius and the Golden Ass*, Cornell University Press, Ithaca, 1979.

John Blofield. *Bodhisattva of Compassion: The Mystical Tradition of Kuan Yin*, Boston, 1978.

Jolande Jacobi. *The Way of Individuation*, Harcourt, Brace and World, Inc., Nova York, 1965.

Liz Greene. *Astrology of Fate, "Capricorn"*, Samuel Weiser Inc., York Beach, 1984. [*Astrologia do Destino*, Editoras Pensamento, São Paulo, 1989.] (fora de catálogo)

_____. *Saturn: A New Look at an Old Devil*, Samuel Weiser Inc., York Beach, 1978. [*Saturno*, Editora Pensamento, São Paulo, 1986.] (fora de catálogo)

Maarten J. Vermaseren. *Cybele and Attis – The Myth and the Cult*, Thames and Hudson Ltd., Londres, 1977.

Marie-Louise von Franz. "Way of the Dream", a film festival, Windrose Films Ltd., Toronto, s.d. [*O Caminho dos Sonhos*, Editora Cultrix, São Paulo, 1992.] (fora de catálogo)

_____. *Number and Time*, Northwestern Press, Evanston, 1974.

_____. *Alchemy*, Inner City Books, Toronto, 1980. [*Alquimia – Uma Introdução ao Simbolismo e seu Significado na Psicologia de Carl G. Jung*, Editora Cultrix, São Paulo, 2ª edição, 2022.]

_____. *Time, Rhythm and Repose*, Thames and Hudson, Londres, 1976.

Marion Woodman. *The Pregnant Virgin – A Process of Psychological Transformation*, Inner City Books, Toronto, 1985.

Noel Tyl. *Integrated Transits*, Llewellyn Publications, St. Paul, 1976.

_____. *The Expanded Present*, Llewellyn Publications, St. Paul, 1976.

Paramhansa Yogananda. *Autobiography of a Yogi*, Philosophical Library, Nova York, 1946.

Patricia Merivale. *Pan the Goat-God, His Myth in Modern Times*, Harvard University Press, Cambridge, 1969.

Peter A. Fraile S. J. *God Within Us: Movements, Powers and Joys*, Loyola University Press, Chicago, 1986.

S. Angus. *The Mystery Religions*, Dover Publications, Nova York, 1928.

Swami Sri Yukteswar. Self-Realization Fellowship Press, Los Angeles, 1974.

Sylvia Brinton Perera. *Descent to the Goddess*, Inner City Books, Toronto, 1981.

_____. *The Scapegoat Complex: Toward a Mythology of Shadow and Guilt*, Inner City Books, Toronto, 1986. [*O Complexo de Bode Expiatório – Um Estudo Sobre a Mitologia da Sombra e da Culpa*, Editora Cultrix, São Paulo, 2ª edição, 2022.]

W. Y. Evans-Wentz. *The Tibetan Book of the Dead*, Oxford University Press, Londres, 1960. [*O Livro Tibetano dos Mortos*. Editora Pensamento, São Paulo, 2ª edição, 2020.]

11

Aquário:

A Busca do Santo Graal

Todos os anos, aproximadamente no dia 21 de janeiro, o Sol entra em Aquário e aí permanece até 21 de fevereiro. Aquário é o último dos quatro signos fixos: forte, magnético, obstinado. *Simbolicamente*, é o homem ideal, representado de maneira artística por um anjo, um mensageiro imortal enviado à humanidade pelos deuses, um ser evoluído que se libertou das limitações de tempo e espaço (as órbitas de Saturno e Júpiter), podendo, assim, voar entre o Céu e a Terra com suas ideias sublimes. Os anjos inspiram, guiam, instruem, guardam, protegem e, às vezes, lutam conosco para nos convencer a agir de maneira correta. Aparecem inesperadamente com uma mensagem importante, como Gabriel se apresentou diante de Maria; podem guardar os portões do paraíso, como fizeram com Adão e Eva; podem manifestar-se com espadas e trombetas no Dia do Juízo ou digladiar-se um ao outro como fizeram Lúcifer e Miguel. Eles, definitivamente, são seres superiores, intermediários entre Deus e o homem.

Na Ásia, o *Bodhisattva* é um ser evoluído, de aparência angélica, que é também um intermediário, um guia ou salvador da humanidade. Muitos aquarianos têm a disposição generosa de um sereno *Bodhisattva*. Outros são anjos impetuosos que lutam por princípios. Reconhecemos neles a natureza corajosa da polaridade oposta: Leão. Mas, como com os demais onze signos, tudo depende do nível de consciência e de outras energias do mapa individual.

Aquário é um signo de Ar e, como tal, aborda a vida e a tomada de decisões a partir da mente, especialmente nos estágios iniciais da jornada de vida. A idade em que Aquário progride para Peixes, um signo de Água, é importante, pois determina uma mudança de enfoque da mente (Ar) para o coração (sentimentos, Água). Os alunos que chegam à astrologia depois de passar pelo Tarô têm certeza de que Aquário *deve* ser um signo Água, porque conhecem a carta da Temperança. A Temperança se parece muito com Aquário. Um anjo alado derrama um líquido de um vaso mais alto (reino dos deuses) para um mais baixo (reino da humanidade). "Como pode este Carregador de Água, este anjo generoso com sua jarra sem fundo, cheia das águas da vida, ser um signo de Ar e não um signo de Água?", pergunta o novato. E diz: "Você deve ter feito uma interpretação errada. Veja, tenho muitos amigos aquarianos reservados que têm habilidades de Água, como música. Com certeza Aquário é um signo de Água". Respondo: "Confie em mim; Aquário é regido pelo científico Saturno e pelo mental Urano; é um signo de Ar. Procure descobrir se seus amigos aquarianos já entraram na progressão em Peixes. Há muitos aquarianos nascidos na cúspide de Aquário-Peixes que possuem algumas habilidades de Peixes natal".

Durante a progressão em Peixes, muitos aquarianos não somente se dão conta de seu lado imaginativo, artístico e musical pisciano, mas também se envolvem em escapismos característicos de Peixes, como o alcoolismo e as drogas (escapismo negativo de Netuno). Em *Astrologia Esotérica*, Alice Bailey nos diz que a linha que divide Aquário e Peixes não está claramente estabelecida, tendendo a formar uma única constelação. Isso está expresso nos desenhos do Zodíaco feitos por Dendera, nos quais as principais estações do solstício não são marcadas por signos cardinais, mas por signos fixos Leão/Virgem e Aquário/Peixes, que abrangem grande parte do Zodíaco egípcio. De fevereiro a março decorria a estação das enchentes no Vale do Rio Nilo. Chuvas torrenciais asseguravam a fertilidade do delta e uma farta colheita nos meses subsequentes do ano. Entretanto, nada podia ser plantado até que as águas baixassem, o que ocorria no fim de março até o início de abril. As pessoas se protegiam dentro de casa enquanto o vento soprava, e as águas formavam cascatas e redemoinhos em sua corrida descontrolada para o rio. A estação das enchentes significava afastamento do trabalho mundano.

Como os antigos egípcios, clientes nascidos em fevereiro ou março se sentem inundados com frequência pelo mundo que os rodeia, com suas sensações, percepções, informações, possibilidades e armadilhas. De vez em quando, precisam se voltar para dentro, se retirar do mundo para digeri-lo; deixar que as águas saturem o solo e o fertilizem enquanto a torrente de estímulos se derrama sobre eles. Eles sabem que uma colheita abundante ocorrerá mais tarde, no futuro, como consequência desse período de repouso ou dormência. Portanto, não é de admirar que os intuitivos que estudam astrologia associem o Aguadeiro ao elemento Água e tenham dificuldade de considerá-lo um signo mental de Ar. Existem muitas semelhanças com Peixes, o outro signo de estação chuvosa.

Peixes e Aquário são também os dois signos mais altruístas do Zodíaco. Uma pessoa que nasceu com muitos planetas nesses dois signos pode ser um buscador do Santo Graal, o cálice bem-aventurado de Omar Khayyam. Não se trata de um buscador movido por motivos pessoais e egoístas. É claro que deseja experimentar sua própria imortalidade, sua própria alma e o Divino, mas, em geral, também vê a si mesmo como um guia mensageiro cuja motivação principal está em encontrar o cálice e derramá-lo sobre o solo ressequido em favor de todos nós, para que possamos nos revitalizar, para nos guiar em nosso caminho para o reino interior.

Embora Aquário, em geral, não se afaste da sociedade por longos períodos de tempo – por ser mais extrovertido que Peixes e por interessar-se mais pelas amizades, pela interação social e pelas atividades comunitárias voluntárias da 11ª Casa – pais de crianças aquarianas se perguntam quando elas vão encontrar seu lugar na vida, quando vão parar de se rebelar e ser como os demais seres humanos na Terra. São frequentes as perguntas: "Por que meu filho é tão rebelde? Será que vai ficar solteiro para sempre? Não vou ter um neto? No processo de encontrar a si mesmo, ele vai encontrar um trabalho, uma profissão? Por que é tão inquieto? Por que está sempre perguntando 'Por quê'? Todos aceitamos a vida como ela é. Ele está fugindo da responsabilidade?".

Na mitologia grega, Urano é, literalmente, o Céu – o firmamento que está acima de nós, uma força impessoal da natureza. Sua mulher, Gaia, a Mãe Terra, equilibra sua natureza aérea e o firma na realidade. Aquarianos regidos por Urano olham para o alto e tendem a ser utópicos, a menos que tenham muitos planetas de Terra, ascendente em Capricórnio ou um Saturno forte no mapa. Querem viver de forma espontânea no aqui e no agora e geralmente expressam desdém pelas rotinas entediantes do mundo do trabalho diário, com seus orçamentos e seus planos de aposentadoria. Aquarianos, em especial os que têm muitos planetas de Ar no mapa, perguntam: "Por que é preciso continuar um trabalho maçante? Para que se casar e assumir toda essa responsabilidade – aluguel, o dentista das crianças, as taxas de matrícula? *Para que* passar por tudo isso? Qual o *objetivo* disso?". Clientes com Urano angular (na 1ª, 4ª, 7ª ou 10ª Casas) também fazem essas perguntas, embora mais esporadicamente. O plano tridimensional da Terra é o mundo Júpiter/Saturno, que funciona em termos de tempo e espaço. Mas os aquarianos parecem ser almas transaturninas, mais além da órbita de Júpiter e Saturno, anjos que vieram para uma visita de algum paraíso aquariano, do céu de Urano, além dos portões de Saturno. Como personalidades "fixas", as pessoas com Sol ou ascendente em Aquário precisam de algum modo aprender a submeter sua natureza rebelde às leis terrenas para sobreviver e funcionar aqui. A menos que façam isso, terão dificuldade de guiar os outros para o bem-aventurado Graal.

Como podemos nos aproximar do anjo rebelde? É mais fácil compreender Aquário depois de entendermos a dificuldade que esse signo tem de integrar seus dois planetas regentes mundanos: Saturno e Urano. Trata-se de duas energias bastante distintas – Saturno, com sua função limitadora e estruturante, e Urano, com seus impulsos elétricos, iconoclastas, destruindo estruturas já decadentes e que precisam ser substituídas. Urano é um constante processo de demolição de velhos modelos, de abandono de conceitos obsoletos e de recriação de tudo a partir do nada.

A lentidão de Saturno dá apoio a Urano se ambos os planetas forem fortes no mapa do indivíduo com Sol em Aquário ou Aquário no ascendente. A natureza perfeccionista e responsável de Saturno (veja Capítulo 10) em uma casa angular vai, muitas vezes, retardar o comprometimento, proporcionando a Urano tempo para experimentar a vida e perguntar: "por quê?" – pergunta que, como veremos, é fundamental na Busca do Graal. Na história do Graal, consequências funestas se manifestam se o Buscador esquece de formular a pergunta correta no tempo certo. Para meus clientes aquarianos, a vida é uma questão de fazer as perguntas certas; parece haver uma afinidade efetiva entre o símbolo do Cálice (Santo Graal), Aquário e a lenda em si.

É de vital importância que os aquarianos escolham o Guia e os companheiros adequados para a sua Busca. As crianças aquarianas, especialmente, querem ser amigas de todo, mas nem sempre escolhem bem seus companheiros. Quando chegam à adolescência, a influência e a popularidade se tornam preponderantes em sua vida. Sugiro aos pais de aquarianos privados da disciplina de um Saturno natal forte, de um signo de Terra ascendente ou de planetas em Terra que orientem cuidadosamente a escolha das amizades dos filhos durante esses anos. Um grande trígono em Ar com o Sol em Aquário pode fazer que um adolescente fique muito vulnerável e se deixar levar pela multidão, pois o trígono, muitas vezes, significa tomar o caminho do mínimo esforço.

Saturno, o princípio cósmico da ordem, do dever, da limitação, do Pai Tempo, das figuras de autoridade e da obediência aos padrões sociais, foi, durante séculos, o único regente mundano de Aquário. Até mesmo no mais uraniano dos aquarianos podemos perceber o puxão de orelha de Saturno, seu outro planeta regente. Os pais de aquarianos uranianos acharão interessante observar as mudanças dos filhos na época do primeiro Retorno de Saturno (por volta dos vinte e nove anos). O aquariano rebelde tende a se tornar compenetrado, mais saturnino, menos uraniano. Peter Pan (Urano) encontra o Pai Tempo (Saturno) e se acomoda (Saturno) em vez de escapulir por meio do ar (Urano). Próximo aos vinte e nove anos, começará a pensar em termos de propriedade, de dever para com a sociedade e a se preocupar com as opiniões que os membros da família têm dele (Saturno).

O aquariano regido por Saturno, a criança conservadora, também passa por uma alteração de energia em torno dos vinte e nove anos, porque nessa época também Urano em trânsito faz trígono com Urano natal, pondo-o em contato com seu regente transgressor. Quando isso acontece, os pais ficam chocados ao ver seu (até o momento) estável filho Aquário/Saturno abandonar sua profissão ou programa de graduação por alguma área da psicologia transpessoal não muito lucrativa. Ou sai de viagem com alguns amigos novos e pouco comuns – pessoas que parecem inovadoras, mas, na visão dos pais, preguiçosas. Alguns aquarianos começam a estudar com músicos e poetas e dizem aos pais que seus novos amigos são muito espirituais. Como aquarianos saturninos tendem a ter pais de religiões mais austeras, rígidas e dogmáticas, essa mudança de comportamento é um choque para eles.

Se você, leitor, tem planetas ou o ascendente em Aquário, mas não se identifica com o aquariano rebelde e inovador radical; se você não tem nenhum interesse em espiritualidade ou em terapias alternativas, pode voltar e reler o Capítulo 10 sobre Capricórnio, o Girador da Roda. (Por favor, estude também as perguntas do fim do capítulo.) Esse arquétipo pode descrever sua jornada da vida melhor que Aquário, especialmente nos primeiros quarenta e dois a quarenta e cinco anos. Entretanto, se você for um aquariano saturnino, quando Urano fizer oposição a Urano, seu regente da Nova Era, por meio de mudanças no mundo exterior, você será colocado em contato com seu Urano natal. Este capítulo pode significar muito mais para você nessa época da vida.

Se você tem dúvida se é um aquariano saturnino ou uraniano, pode repassar a lista de perguntas a seguir e definir se se identifica mais com Saturno ou Urano.

1. a) Eu era um "aluno careta" no ensino fundamental. Procurava agradar aos meus professores com todo empenho.
   b) Quando criança, eu era um tipo muito travesso (Peter Pan). Podia também ser muito rebelde se os adultos não me explicassem o porquê das coisas.

2. a) Quando meus pais encontravam meus amigos, minha preocupação maior era se eles aprovariam minhas amizades.
   b) Quando meus pais encontravam meus amigos, minha maior preocupação era se estes considerariam ou não meus pais enfadonhos.

3. a) Meu gosto por roupas sempre foi conservador.
   b) Meu gosto por roupas tende a ser espalhafatoso, e sempre foi, pelo que posso me lembrar.

4. a) Títulos e credenciais são muito importantes para mim.
   b) Penso que a experiência da vida é mais importante que um diploma.

5. a) Gosto de discutir ideias que têm aplicações práticas.
   b) Posso sentar e ficar teorizando por horas.

6. a) Minha visão de vida é cautelosa e ponderada.
   b) Minha visão de vida é positiva – amanhã será melhor que hoje.

7. a) Muitas vezes, almoço com parentes aos domingos, mas preferiria não fazê-lo; faço isso porque penso que devo.
   b) Muitas vezes, digo aos parentes que não posso almoçar com eles aos domingos: tenho coisas a fazer com meus amigos.

8. a) Vejo-me como uma pessoa disciplinada. Quase sempre termino tudo o que começo.
   b) Prefiro começar algo novo antes de terminar alguma coisa que vem se arrastando por muito tempo e que me aborrece.

Se você se identificou com (a) mais que com (b), você é um aquariano saturnino. Sua natureza é tradicional e conservadora. Você se orienta pelo que as autoridades pensam – pais, professores, supervisores, comitês de concessão de honrarias. Se você se identificou mais vezes com (b), sua visão de mundo é mais progressista, uraniana. Você é inquieto e se aborrece com facilidade; gosta de ideias novas e tem personalidade "mais livre". Você se identifica com seu trabalho (Saturno) apenas até o ponto em que ele lhe permite se dedicar a algo novo e tirar o máximo de proveito disso.

Se suas respostas foram meio a meio, você precisa encontrar uma maneira de dar atenção a ambos os regentes mundanos, Saturno e Urano. O primeiro representa a faceta de sua personalidade que valoriza a segurança; o segundo, a que empreende a busca. Ambos são planetas científicos. Um modo de prestigiar ambos seria por intermédio da psicologia clínica financiada por uma agência governamental e não pela prática autônoma financeiramente arriscada. Outro modo seria a dedicação à pesquisa em laboratório anexo a um hospital ou a uma universidade, em que dinheiro orçamentado fosse acessível. Saturno teria segurança e prestígio, e Urano, ampla faixa para a descoberta. Nesse ambiente, o nativo pode se tornar uma autoridade (Saturno) humanitária (Urano), um ministro dos novos tempos. Durante o tempo livre, existe a possibilidade de desenvolver um serviço comunitário (Saturno, comunidade) voluntário (Urano) e, com o tempo, chegar a ser uma respeitada autoridade da comissão. Urano precisa ser honrado pela descoberta de novos conceitos, ideias, amigos, organizações. Saturno precisa das antigas raízes, dos amigos, das propriedades, dos valores. É um equilíbrio delicado. Ambos os planetas são científicos e analíticos. Ambos têm relações com o social, mas de modos diferentes. Urano é ansioso por crescer, por viver no agora, enquanto Saturno procura proteger tradições *passadas*. Criar uma instituição com diversos tipos de amigos, obrigações e experiências de vida é uma iniciativa que contribui para esse equilíbrio.

Embora muitos de meus clientes de Aquário/Urano prefiram não se estabelecer e não se casar antes dos quarenta, quarenta e cinco anos, existe uma relação entre Aquário e o matrimônio. Urano é o regente esotérico de Libra. Por meio dessa ligação entre os dois signos, podemos ver uma mudança real na vida de aquarianos liberais depois do casamento. Eles tendem a ser mais equilibrados, menos nervosos, mais soltos e felizes, de maneira geral. É difícil os aquarianos compreenderem como o casamento, sobre o qual pensam, na juventude, que os fará desistir de sua liberdade e de sua busca, pode, na verdade, preservar essa liberdade. No casamento, não apenas terão apoio moral para suas esperanças, seus sonhos, seus desejos e também um companheiro (um amigo para a jornada), mas encontrarão, ainda, apoio material. Em nossa época, o casamento, em geral, possibilita uma segunda renda familiar. Esse dinheiro extra possibilita ao aquariano a liberdade de se desligar de um emprego enfadonho ou de deixar um ambiente de trabalho confuso, que consome sua força exterior. Ele pode passar a viver momentos menos fatigantes escrevendo seus artigos, relatando suas experiências de laboratório ou, na progressão em Peixes, dissertando sobre peças musicais, poesia ou filosofia. Como Urano, o Deus do Céu, "pôs os pés no chão" depois do casamento com Gaia, a Mãe Terra, assim também o matrimônio ajudou muitos clientes de Aquário/Urano a fazerem o mesmo.

Embora os astrólogos não sejam unânimes sobre a exaltação planetária em Aquário, minha convicção sustenta que é Mercúrio. No ensinamento esotérico, Urano é a oitava superior de Mercúrio e os dois trabalham muito bem juntos. Mercúrio é rápido e objetivo em Aquário. Ele se acomoda para aprender (pois Aquário é fixo) e acalma sua natureza inquieta. Mercúrio é mais altruísta e desejoso de compartilhar em Aquário – comunicar seus vislumbres intuitivos em vez de mantê-los para si. O que mais chama a atenção, porém, é que as pessoas com Mercúrio no estimulante Aquário são impelidas a aprender, quase forçadas a trabalhar para se tornar mais conscientes – para seu próprio desenvolvimento. Hermes (Mercúrio) é um guia à transformação alquímica, um planeta sexualmente neutro capaz de subir ao céu ou descer ao Hades para libertar as almas. Como curador mental, Mercúrio em Aquário, muitas vezes, opera uma espécie de magia alquímica, ultrapassando a lógica da mente finita do Hermes mundano e projetando-se em direção a voos de pura intuição. A compreensão intelectual torna-se fixa ou solidifica-se. Mercúrio em Aquário é muito persuasivo e lúcido. É uma boa posição para a Nova Era – ou mesmo para qualquer era.

No Capítulo 10, estudamos o tema do arquétipo do exílio do Bode Expiatório para o solitário deserto. Analisamos a questão relacionada à casa de Saturno natal em nosso mapa e da casa com Capricórnio na cúspide. Agora, em Aquário, abordaremos um assunto igualmente sério e profundo: a mutilação de Urano. O próprio filho de Urano, Cronos, com sua afiada foice, cortou o órgão vital do pai, o falo, e jogou-o no mar. Sem dúvida, o falo simboliza a criatividade reprodutora, porém, mais que isso, representa o poder. O fato de ser abrupta e repentinamente mutilado, sendo cortada a própria fonte de poder, surge renovadas vezes quando Aquário é separado do grupo e dos próprios amigos de confiança. Isso é válido também para Aquário ascendente ou pessoas com Urano no ascendente (perda repentina do poder pessoal no grupo), na 4ª ou na 7ª Casas (um dos pais, um filho ou o cônjuge isola a pessoa) ou na 10ª Casa (o patrão "gela" o funcionário e inesperadamente o demite).

À primeira vista, poderíamos pensar: "Bem, se os aquarianos prezam tanto por sua liberdade e se mostram tão independentes, por que deveriam se preocupar com o fato de ficarem isolados? Por que a mutilação é tão dolorosa?". Há dois motivos que justificam a vulnerabilidade de Aquário. Primeiro, como signo fixo, os aquarianos se preocupam profundamente com a lealdade, a fidelidade, a confiança. Segundo, devido à sua relação com o arquétipo da amizade (11ª Casa), eles se identificam com aqueles que comungam de seus ideais; sua identificação não se dá com pessoas antiquadas, tradicionalistas ou com a família de sangue (isso aconteceria com Capricórnio/Saturno), mas com os amigos e a família que eles mesmos escolheram, que compartilham sua opinião peculiar sobre a vida e sua visão transpessoal do mundo.

Uma cliente com um Urano muito forte comentou: "O quê? Eu simplesmente não entendo! Fiz parte deste grupo durante muitos anos e quando estava fora do país os outros integrantes votaram por meu desligamento. Eles me cortaram sem qualquer explicação. E eu nem sequer estava por perto para me defender". É difícil responder ao "Por quê?" de um aquariano, como bem sabem os astrólogos. Apenas me reportarei ao mito de Urano em si. Afrodite, a mais bela e adorável das deusas, surgiu da espuma, nascendo do membro criador amputado de Urano. Sua mutilação resultou no aparecimento de algo raro e belo – a deusa do Amor. Uma nova oportunidade, um novo nascimento, um novo serviço humanitário estava se introduzindo na vida da cliente afastada do grupo por amigos nos quais ela confiara. Se ainda estivesse ocupada com os velhos amigos e com as antigas responsabilidades, talvez nem percebesse a nova oportunidade, e, se o fizesse, com sua dedicação aos velhos amigos, sem dúvida a teria rejeitado.

A Grande Mãe modelou a foice aguda de Cronos e deu-lhe permissão para usá-la em Urano. A função intuição (ou a função sentimento) autorizou o processo doloroso e sangrento. A mente racional, o lado inflado do Mercúrio exaltado em Aquário, procura entender esse processo, mas fracassa, porque a função intuição (Mãe Divina) não é lógica, e é Ela que está por trás de Cronos segurando a foice. Tudo o que podemos dizer é: fique atento – uma nova oportunidade está prestes a surgir.

Júpiter (oportunidade) é o regente esotérico de Aquário. Deus está por trás do golpe corrosivo e doloroso do amigo. Você pode não mais ser um dos integrantes do antigo grupo, mas, unindo a liberdade e a universalidade de Júpiter/Urano, pode criar o *próprio* trabalho humanitário, destinado, talvez, a ser mais universal e amplo que o antigo. (Júpiter/Sagitário é perspectiva universal.) A tarefa da Nova Era é combinar Júpiter e Urano (os regentes esotérico e mundano de Aquário).

O choque da traição de um amigo machuca muito Aquário. Um cliente disse: "Eu esperaria um comportamento tão intolerante por parte das pessoas da religião rígida em que fui educado, mas ser rejeitado pelos meus amigos, tão livres, que sempre pensei que compartilhassem de meus ideais... é inacreditável". Parece paradoxal até nos lembrarmos de que as pessoas, mesmo as mais libertárias, são humanas e têm fraquezas humanas.

Quando provoca seus repentinos e inesperados choques elétricos, Urano em trânsito atrai nossa atenção com rapidez. Porém, em vez de se isolar ou de indagar a Deus, "Por que eu? O que fiz para merecer isso?", como uma criança chorona, é importante praticar o desapego e ficar alerta para a nova oportunidade. Na esteira da mudança de Urano, a alteração da antiga situação e o surgimento da nova oportunidade geralmente são concomitantes. Em *A Astrologia do Destino*, Liz Greene nos fala da rápida mudança de Carl Jung da posição de herdeiro da psicologia freudiana à perda da amizade de seu mentor e figura paterna, Sigmund Freud. Em um piscar de olhos, ele saiu da posição de discípulo mais eminente do grande homem para a de *persona non grata* no grupo. Solitário, inesperadamente sem amigos, isolado por suas ideias inovadoras e pela direção que decidiu seguir, Jung prosseguiu sozinho. Como resultado de dez anos de estudos do oculto, ele devolveu ao mundo ocidental suas raízes alquímicas, astrológicas e seu simbolismo cristão esotérico. Tivesse ele mantido sua posição de honra e autoridade entre os freudianos, jamais teríamos tido a psicologia analítica ou psicólogos ocidentais dedicados ao Self e ao Divino. Jung era um Leão que tinha coragem de dizer: "Eu não acredito que Deus existe; eu sei que Ele existe", e tinha também Aquário no ascendente – a habilidade uraniana, de espírito aberto, para ir em busca da Verdade onde quer que ela esteja, desde a filosofia oriental até os mitos dos povos originários, e incluindo áreas que Freud considerava irrelevantes e até mesmo tabus. Foi exatamente essa perspicácia regida por Urano que paradoxalmente fez com que perdesse seus amigos, uma situação aflitiva para alguém com um ascendente em Aquário. Que maravilhosa oportunidade, porém, seu afastamento abrupto da teoria freudiana trouxe para todos nós!

A fase aquariana da caminhada espiritual está simbolicamente descrita nos evangelhos. A história dos últimos dias de Cristo na Terra pode ser reconstituída a partir do que os evangelhos nos narram. Primeiro, temos a apresentação do arquétipo de Deus como o Amigo Divino, em *João* 15:13-15:

> Ninguém tem maior amor do que aquele que dá a vida por seus amigos... Já não vos chamo servos, porque o servo não sabe o que seu senhor faz; mas eu vos chamo amigos, porque tudo o que ouvi de meu Pai eu vos dei a conhecer.

Cristo pediu ao Pai Celeste que desse a seus amigos a possibilidade de experimentarem o estado de consciência que Ele experimentava, e de conhecerem o que Ele conhecia (*João* 17:24). Lucas nos diz que havia um Anjo no Jardim do Getsêmani enviado para dar-lhe forças. Em seguida, usando o simbolismo do Cálice (Aquário), descreve a rendição de Cristo à vontade de seu Pai, seu sacrifício ao beber o amargo cálice de seu destino por seus amigos e por todos os que virão depois.

> "Pai, se queres, afasta de mim este cálice! Contudo, não a minha vontade, mas a tua seja feita!" Apareceu-lhe um anjo do céu, que o confortava. E, cheio de angústia, orava com mais insistência ainda, e o suor se lhe tornou semelhante a espessas gotas de sangue que na terra.
>
> Erguendo-se depois da oração, foi para junto dos discípulos e encontrou-os adormecidos de tristeza. E disse-lhes: "Por que estais dormindo? Levantai-vos e orai, para que não entreis em tentação."
> *Lucas* 22:42-46

Mateus conta a história de um modo um pouco diferente, dando maior relevo à paixão. Cristo diz:

> Minha alma está triste até a morte. Permanecei aqui e vigiai comigo. (*Mateus* 26:38).

Mas eles não conseguem ficar acordados. Segundo a versão de Mateus, Cristo deixa duas vezes sua meditação para tentar despertar seus amigos. Na terceira, decide deixá-las inconscientes porque é quase hora do amanhecer. No final da história, um outro "amigo", Judas, aparece e o trai, ali mesmo, no Jardim, com o beijo da paz.

Resumimos em poucas linhas o conjunto todo do arquétipo aquariano: o cálice amargo, representando a vontade de Deus, que nossa mente não pode compreender no momento – o sacrifício pela humanidade (pelos amigos, presentes e futuros), o anjo para fortalecer a vontade e a lição da consciência desperta. Desperta! Vigia! (A lição de Urano em trânsito.) Essa imagem, bem como a imagem das gotas de sangue caindo por terra, mais tarde foram assimiladas pelas lendas do Graal do cristianismo e do islã. Cristo como Portador da Taça, segurando o cálice do vinho vermelho de sangue e realizando a transformação mágica do vinho em sangue na Última Ceia, continua até hoje na Missa. O vermelho é a cor da coragem, do autodomínio, do herói que foi testado e se mostrou digno. É a intrepidez de Leão, a integração da polaridade Aquário. Mas a subordinação da *própria* vontade à vontade de Deus para o bem do grupo, a transição do humano obstinado ao Anjo, Avatar ou *Bodhisattva* – esse é o trabalho de Aquário.

Existem outras lendas que poderiam ilustrar a história de Aquário. Poderíamos citar a do Néctar Divino no Cálice (*amrita*) da Índia Védica, da ambrosia dos Deuses no Cálice de Zeus, no Monte Olimpo, e a do caldeirão mágico celta, que permeia o *Macbeth* de Shakespeare, ao redor do qual as três bruxas entoam esconjuros e cujo conteúdo mexem e remexem para dar vida a seus encantamentos. É muito difícil, porém, encontrar cena mais pungente do que a rendição do Getsêmani. No fim, é somente em Deus, como Amigo Divino, em quem se pode confiar inteiramente. A humanidade precisa ser servida, é verdade, mas os amigos podem ser muito instáveis no momento em que precisamos deles. Na história celta do Rei Pescador (a versão com Gawain como herói), há dois Cálices: o do líquido amargo e venenoso e o Cálice da Imortalidade. O herói deve se livrar da ilusão ou alucinação (*Maya*) e fazer a escolha do cálice correto. Se considerarmos Aquário um signo dual, como Peixes e Gêmeos, esses dois Cálices (Graal) são símbolos bem apropriados.

Um trânsito de Urano, seja uma conjunção, uma quadratura ou uma oposição, pode nos pegar de surpresa e nos apresentar um cálice amargo. Mas o Cálice da Vitalidade, da Bem-aventurança e da Imortalidade também nos aguarda. Como o Mestre Cristão, podemos temer o futuro e suar gotas de sangue, mas o Pai envia seu Anjo da Força aos que estão vigilantes.

Tenho muitos clientes que sentem o sabor do Cálice Amargo – o repentino desligamento do trabalho, ou a separação do cônjuge, do companheiro, do filho, ou do grupo profissional ou espiritual. Eles se sentem tão atordoados que preferem dormir e esperar que o pesadelo acabe, que o telefone toque e alguém diga: "Volte; eu errei". Ficar esbravejando contra amigos desleais não resolve o problema. Cristo, na verdade, teve de confiar toda sua missão a Simão Pedro, que o traiu por três vezes antes do clarear do dia. E apesar disso a missão continuou após a Crucificação, a despeito da fraqueza dos instrumentos humanos.

Ralph Waldo Emerson escreveu que se quisermos ter amigos precisamos antes ser amigos. Embora seja difícil, é importante estarmos prontos para nossos amigos que não estão agindo corretamente nos trânsitos de Urano. Às vezes, um amigo verdadeiro ajuda a iluminar a etapa seguinte da caminhada enquanto tentamos encontrar um caminho através da floresta escura para o Castelo do Santo Graal. Um amigo que apoia pode ser como um Anjo do Graal que conforta.

O *Rubaiyat* de Omar Khayyam está repleto de simbolismos sobre o Graal da Bem-aventurança, um gole que transforma nosso estéril deserto em Paraíso. É interessante que Khayyam decide começar seu longo poema com três versos sobre a importância do estar consciente, do estar vigilante. Antes do cantar do galo, o muezim conclama: "Despertem! Despertem todos! Onde estão os fiéis dorminhocos? Por que não estão invadindo a 'Taverna' que guarda o vinho sagrado?".

Mais que qualquer outro planeta em trânsito, Urano nos força a ouvir a convocação do muezim para despertar. Às vezes parece que esse é o seu principal propósito cósmico. Em trânsitos como Urano em oposição a Urano, aprendemos a ser objetivos e desapegados rapidamente na casa de Urano natal, na casa com Aquário na cúspide e também na casa em que Urano transita. Se não ficamos despertos, se dormimos ou fugimos, corremos o risco de perder o que os sufis chamam de Anjo Portador do Graal. Nesse caso, pode acontecer que vejamos apenas o cálice da amargura e percamos o da bem-aventurança.

Uma cliente irritada, roendo as unhas, em Urano em oposição a Urano, falou-me dos seus temores com relação ao futuro no momento em o marido a tinha abandonado. Ela havia decidido pela reação de fuga: "Vou vender a casa na cidade, tomar todo o seu dinheiro e viajar para a Europa para gastá-lo todo!". Essa reação de fuga acontece com frequência, mas na verdade não é um comportamento consciente. Também Peter Pan gostava de uma mudança de cena, mas só isso nem sempre resolve o problema. A mulher fora constrangida diante dos amigos – casais com quem ela e o marido haviam criado laços de amizade ao longo de vários anos.

O avião é um símbolo moderno de liberdade. Analistas junguianos me disseram que, nos sonhos, o avião representa liberdade. De minha parte, tenho visto esse simbolismo na vida real durante os anos da crise da meia-idade. O escapismo de Urano – abruptamente deixar o passado para trás, fazendo mudanças no país natal ou até mesmo indo para o exterior – implica ir na direção das águas da Taça de Aquário, como se essas águas fossem a fonte da juventude. Dois ou três anos depois, a pessoa que reagiu de modo extravagante à oposição de Urano pergunta-se admirada: "Por que razão desisti de tudo o que construí ao longo dos anos? De minha casa, de meu emprego, de meus amigos, de meu cônjuge, de meus filhos?". Especialmente se o mapa tem planetas em elementos mais pesados, Terra e Água, é importante refletir em vez de reagir impulsivamente em um ano de Urano. O passado (o que Saturno construiu) é importante. Pessoas com mapas com mais presença de elementos mais leves (Ar e Fogo) têm menor possibilidade de se arrepender por abandonar as coisas do passado e fugir com Urano, mas elas também irão se perguntar: "Por quê?" e "Como seria se eu tivesse ficado?". É melhor esperar até que Urano em trânsito se mova até se afastar um grau inteiro antes de partir para um rompimento importante ou antes de fazer uma mudança drástica no estilo de vida.

Meu próprio método de abordar a questão, quando um cliente está vivenciando Urano em oposição a Urano ou Urano em trânsito pelo Sol ou pelo Meio do Céu, é perguntar: "O que o vem excitando e estimulando nos últimos tempos? Deve haver um grupo, uma nova área de estudo ou alguém que tenha encontrado recentemente que você gostaria de conhecer mais a fundo". Às vezes, um novo amigo que entra na vida da pessoa é um catalisador ou um guia ao Graal. Isso *não* significa que a nova pessoa ou interesse se constituirá em uma parte permanente da vida do cliente. Ele ou ela pode desaparecer de repente, como o Anjo do Graal, depois de comunicar sua mensagem ou um vislumbre intuitivo. Todavia, o desafio, os contatos, a filosofia exposta pelo guia podem continuar importantes por muitos anos.

Se utilizados de modo construtivo, os trânsitos de Urano podem ser produtivos em períodos de tempo reservados somente para si, afastados do viver mundano e rotineiro, para desapegar-se, abrir os horizontes e observar mais objetivamente o mundo por meio de lentes diferentes e mais claras. Antigas amizades, hábitos, circunstâncias, empregos e ambientes inesperadamente podem parecer diferentes. Como consequência do tempo reservado para si e das novas pessoas encontradas durante o ano de Urano (em geral, com quarenta e um a quarenta e dois anos), muitos indivíduos podem recuperar o fôlego, entrever um segundo Graal pleno de novas esperanças, sonhos e desejos, e mudar de curso para a segunda metade da vida, explorando novos territórios.

Em *A Natureza da Psique*, *Obras Completas*, Vol. 8, Jung afirma que muitas mulheres podem ir do lar e do foco interior para o mundo exterior e muitos homens podem fazer o oposto, ou seja, saírem da carreira no mundo exterior para irem em busca de um propósito para a vida, a busca interior. Muitos clientes arriscam correr riscos em um trânsito de Urano que não ousariam em qualquer outro ano. "De qualquer modo, eu estava demitido; não tinha nada a perder", disse um homem com um Urano angular e Aquário em no Meio do Céu. Ele trocou seu trabalho com TI por seu passatempo favorito: escrever histórias de ficção científica. E fez bem. Trabalhar em casa lhe deu liberdade para organizar a própria vida, ficar livre de supervisores e a possibilidade de ganhar o pão por meio de suas ideias e iniciativas. Todas essas são vantagens de Urano.

Se considerarmos o ano de Urano em trânsito em oposição a Urano natal como uma aventura, uma oportunidade para experimentar, aprender, correr alguns riscos, então a liberdade, a independência e um centramento em nossa própria originalidade podem realmente recompensar. Mas precisamos não ter medo, usar nossa confiança natal, integrar a polaridade Leão. Ir na direção do Futuro desconhecido sob os auspícios de Urano faz com que muitos clientes cautelosos de signos de Terra e de Água deem sangue por algum tempo, enfrentando o estresse e a ansiedade, mas, no fim, se alegram com a oportunidade não desperdiçada.

O trabalho comunitário é outra mudança da meia-idade que clientes homens e mulheres apreciam, visto que Urano rege a ação voluntária. Outros, como mulheres do lar que procuraram realizar sua mudança de meia-idade indo para o mundo exterior e recebendo um salário. Homens que chegaram ao Topo da Montanha (veja Capítulo 10) e se sentem aborrecidos ou estressados no ano de Urano podem se desligar do trabalho monótono e ir em busca de algo mais interessante, desafiador ou prestativo a fazer. Urano natal e a casa que ele rege (cúspide de Aquário) podem dar ao astrólogo muitas ideias sobre coisas que podem estimular o cliente e prepará-lo a usar a energia criativa de Urano produtivamente para desenvolver os objetivos, as esperanças, os desejos e as aspirações da 11ª Casa. Os planetas nessa casa (se houver) e o planeta natal que rege a cúspide dessa casa também devem ser estudados.

Fico admirada com a quantidade de pessoas com mapas com ênfase no hemisfério inferior, introvertido, (mapas com todos ou quase todos os planetas no hemisfério Sul) que se deslocam para a extroversão no início dos quarenta anos, quando Júpiter, Urano e Saturno em trânsito se opõem às suas posições natais nesse hemisfério inferior. Por outro lado, muitas pessoas extrovertidas com a maioria de seus planetas nas casas do Zênite (9ª e 10ª) descobrem o gosto por noites sossegadas passadas em casa lendo. Alguns, no meio dos seus quarenta anos, pensam, inclusive, em transferir o escritório para casa para passar mais tempo com a família durante as oposições dos planetas exteriores em trânsito pelo hemisfério inferior. Alguns pensam em se aposentar cedo porque atingiram o topo nas casas do Zênite e querem "viver bastante para usufruir meu sucesso", ou perguntam: "Quem precisa de pressão alta e de ataques cardíacos provocados por toda essa loucura que nos rodeia?".

Muitos clientes me perguntam sobre a formação para se tornarem psicólogos no ciclo de Urano em oposição a Urano, especialmente se ele aconteceu em um ano de Plutão em quadratura com Plutão (psicologia profunda). Embora a mente possa assimilar conceitos com rapidez nos trânsitos de Urano, esse não é um período paciente. Programas acadêmicos de longa duração podem motivar de início, mas pessoas que estão na faixa dos quarenta anos tendem a ser impacientes e a abandonar o curso depois do arrefecimento do entusiasmo inicial. É importante avaliar a força de estabilidade no mapa todo – a disciplina de Saturno, os signos fixos, as quadraturas em T *versus* grandes trígonos, e assim por diante – antes de aconselhar para uma formação mais longa. Contar com habilidades e experiências passadas e acrescentar alguns cursos em novas áreas de interesse são bastante favoráveis para muitas pessoas neste ciclo.

Para clientes presos e muito estressados na meia-idade, costumo sugerir um período de tempo em um ambiente sossegado. A busca do Graal da Bem-aventurança do poeta sufi Omar Khayyam pode envolver a permanência em uma casa de retiro com um jardim (muitos poetas sufis falam de jardins, até mesmo nos títulos de seus livros) para refletir sobre as possibilidades da etapa seguinte da jornada, o segundo Graal que traz esperança e vigor renovado ao corpo e à alma. A pessoa pode levar consigo livros sobre assuntos do momento, filosofias e ciências da Nova Era, cura, comunidades fraternas do mundo, enfim sobre qualquer interesse aquariano que o indivíduo possa ter. É difícil sentar quieto e meditar depois de um choque de Urano, mas, se conseguimos fazer isso, a visão do Anjo e do Graal (que pode se manifestar como um ser humano com uma ideia ou oportunidade) não deve tardar a chegar. Devemos então aprofundar ainda mais nossa reflexão até a última passagem de Urano por oposição e perguntar-nos: "Eu quero de fato essa oportunidade, essa ruptura com o passado?".

Assim, os trânsitos de Urano nos conscientizam da necessidade de tomar uma nova direção na floresta do Graal da vida, rupturas ocasionais com antigos sócios para encontrar novos, e Cálices, às vezes amargos, às vezes suaves. Em um nível mais profundo, esses trânsitos simbolizam nossa fé em Deus ou Deus como Amigo Divino e Guia durante períodos de mudança e, às vezes, de convulsão. Simbolizam também um novo alento ou um segundo nascimento.

Algumas palavras de advertência sobre os trânsitos estressantes de Urano: o corpo também é um cálice, um recipiente. Ele abriga a Mente (tão importante para os aquarianos) e o Espírito! Nos anos de Urano precisamos dar ao que Omar Khayyam chamou de vaso de argila, o recipiente do corpo, o que lhe é devido em termos de repouso e relaxamento e também de exercícios moderados. Urano rege o sistema nervoso central junto com Mercúrio, exaltado em Aquário. As vitaminas B são boas para o balanceamento do sistema nervoso, e seria bom acrescentarmos alimentos ricos nessas vitaminas em nossa dieta.

Como Deus do éter ou do Ar, Urano também rege a oxidação do sangue e sua circulação. Muitas pessoas com Sol em Aquário intuitivamente sabem quando precisam adicionar alho ou tabletes de clorofila (purificadores do sangue) a seu alimento ou colocar uma pitada de pimenta-malagueta em sucos de fruta. Se temos sorte o bastante de viver perto do mar, podemos sempre fazer uma caminhada rápida e respirar profundamente, trazendo oxigênio para o sistema. A dança aeróbica é excelente para o coração e para a circulação, mas se a pessoa está na meia-idade e fez pouco exercício, é melhor obter permissão do médico antes de se inscrever impulsivamente em um programa rígido de saúde. Exercícios de alongamento também ajudam a manter os vasos sanguíneos flexíveis e elásticos. Devido à sua energia repentina e drástica, Urano está associado a câimbras, espasmos e até à epilepsia. O Hatha-Yoga relaxa os músculos e ajuda a evitar problemas circulatórios e de câimbras. Se você se interessa por yoga, também pode pesquisar sobre o *pranayama*. Esta técnica ajuda a purificar e a oxidar o sangue, o corpo, e é boa, igualmente, para a alma.

Em uma recente conferência sobre astrologia, Eileen Naumann, a astróloga médica, mencionou que o sangue precisa de bastante oxigênio para metabolizar o amido, e que uma alimentação com pouco amido tende a dar bons resultados para o aquariano. Esclareceu também que muitos aquarianos gostam de sal, o que é esotericamente interessante, porque na tradição alquímica o sal representa a sabedoria (veja Capítulo 9). Talvez a ansiedade seja sintomática da busca da sabedoria, o presente de Júpiter. De qualquer modo, ela recomenda um exame para detectar a presença de glaucoma se os aquarianos sentem pressão no globo ocular e têm desejo de sal.

Aquário rege também os tornozelos. Observei muitos clientes que, durante a oposição Urano/Urano (ou com Urano em trânsito em quadratura a Marte), começaram a correr intensamente e caíram, torcendo ou quebrando um tornozelo. A chave é: esteja alerta, consciente. Tornozelos torcidos ou quebrados podem ser associados à negação psicológica, embora não haja prova disso. Clientes que me dizem: "Meu marido e eu estamos apenas *temporariamente* separados", em vez de encarar a verdade de frente – a convivência dele com a amante –, tendem a torcer o tornozelo nos trânsitos de Urano. Esses são, definitivamente, trânsitos de consciência. *Precisamos* nos tornar conscientes, quer queiramos quer não. Resistir à nova direção ou ficar preso ao passado pode levar a um acidente em um ano de Urano. Se não avançamos, o mundo exterior nos empurra para a frente de qualquer modo, contra nossa vontade.

À medida que envelhecem, aquarianos saturninos podem sofrer de enrijecimento das artérias, osteoporose ou outras doenças geralmente ligadas a Capricórnio (veja Capítulo 10). Aquarianos uranianos têm maior probabilidade de aceitar bem o progresso e de lidar positivamente com a mudança, e por isso sofrem menos de problemas de saúde relacionados a atitudes rígidas (Saturno).

Retiramos agora nossa atenção dos eventos e mudanças no mundo exterior, mundano, de Aquário, e a dirigimos para o mundo interior, a Busca do Graal. Essa Busca começa com um cavaleiro puro (atitudinalmente puro, não necessariamente fisicamente puro no sentido de celibato) em busca de sua alma. Intrínseca à busca da alma está a experiência da imortalidade, do Divino, e um desejo de salvar o reino, que é árido, infértil e moribundo juntamente com o Rei Senex, cujo vigor mental, físico e espiritual está se esvaindo. (Para uma revisão do Rei Senex, veja Capítulo 10.) Há duas cores (em versões diferentes da história do Graal) para esse estágio inicial da jornada. Às vezes, o cavaleiro puro é branco, às vezes é verde. O verde simboliza o fato de que é totalmente novato na tarefa; não faz a mínima ideia da dificuldade que terá para levá-la a cabo; e tem muito a aprender. As cores provêm da alquimia ocidental influenciada pelos alquimistas islâmicos. Como Indries

Shah disse, o esquema de cores é muito mais vívido no Oriente do que no Ocidente, e nos ajuda a visualizar a caminhada.

Peredur, o menino galês (antecedente de Perceval na história francesa e de Parsifal na versão alemã), vivia com a mãe na orla de uma floresta espessa e escura. Certo dia, ele entrou na floresta e viu um clarão de prata. Ansioso, correu para a cabana da mãe e lhe disse: "Anjos! Eu vi uma multidão de anjos a cavalo!". Ela riu e disse: "Não, querido, eram cavaleiros, não anjos. Os Cavaleiros do Rei Artur da Távola Redonda habitam a floresta. É um lugar perigoso e encantado onde as coisas não são o que parecem. Quero que você fique longe de lá".

"Bem, então me fale dos cavaleiros. O que um cavaleiro faz? Aonde ele vai?". A curiosidade e imaginação de Peredur não conheciam fronteiras. Mas teria de esperar vários anos para fugir de casa e entrar na floresta, porque era muito novo. Ele sabia que a mãe jamais aprovaria que fosse sozinho à floresta, qualquer que fosse sua idade. Assim, ele precisaria ir sem sua permissão e sob o protesto dela.

Peredur não tinha outros amigos além de sua mãe. Por isso estavam muito ligados um ao outro e era muito difícil para ele se separar dela. Enquanto ele cruzava a ponte que dava para a floresta, sua mãe correu atrás dele, chorando; mas acabou desfalecida sobre a ponte. Ele nem sequer olhou para trás. Estava livre. Na floresta, encontraria amigos, aventuras e alguma espécie de busca, embora na verdade nada compreendesse de buscas naquela época. Peredur era um cavaleiro aprendiz muito imaturo, verde.

Ser verde é ser inocente, viver o dia a dia, o momento presente. Em *A Lenda do Graal*, as autoras Emma Jung e Marie-Louise von Franz nos dizem que os inocentes, as crianças e os povos primitivos vivem para o momento, por seus instintos, e não estabelecem para si objetivos de longo prazo nem seguem um plano de ação. Eles vivem a situação do momento, decidindo espontaneamente o que fazer em seguida, prontos a deixar de lado a vara de pescar e ir caçar em um dia ensolarado se um amigo chega e os convida. Se o clima está bom, a caça abundante e a época propícia, por que não? São somente os adultos e os povos civilizados que se sentem impelidos a fazer planos e a segui-los.

Os aquarianos uranianos têm a inocência, a espontaneidade e a inquietação do jovem Peredur. Eles também veem a vida como uma aventura que terá um resultado positivo. Como Peredur, os primitivos e os Grandes Sábios de todos os lugares, eles vivem o momento. Essa perspectiva da vida permite-lhes fazer muitas descobertas científicas porque eles veem coisas hoje que muitos outros perderiam – por ficarem planejando em longo prazo ou amarrando as pontas soltas do passado.

Omar Khayyam, professor de matemática e reformador do calendário, escreveu no *Rubaiyat* (LVII): "Tuas cogitações, murmura a multidão, o ano reduzirão a melhor curso? Não. Um aviso somente o calendário deu: 'O ontem já se extinguiu e o amanhã não nasceu.'"

Por sua associação com a aprendizagem, o verde é uma boa cor para Aquário. As autoras de *A Lenda do Graal* relacionam o verde com a função sensação, porque é um tom terra. Simbolicamente, o verde representa a vegetação saudável, a vida animal e a vida em geral. O verde é o oposto da terra árida, que é marrom avermelhada ou seca e escura, simbolicamente morta. Quando os reis doentes das lendas e mitos eram magicamente curados, a terra ao redor do castelo imediatamente voltava a enverdecer.

Se o verde está associado à Terra e à eletricidade-terra de Urano, não é de admirar que tantas pessoas com Urano angular tenham dificuldade em terminar seu aprendizado como professores medíocres; a corrente elétrica resiste a ser aterrada. É difícil para crianças alertas e inteligentes de Aquário permanecerem em situações de aprendizagem em que outros avançam a um passo mental vagaroso. Muitas são tentadas a abandonar a educação formal e a prosseguir seu aprendizado com as experiências da vida. Existe aqui uma semelhança com Sagitário (veja Capítulo 9), que também é regido por um planeta expansivo, livre e inquieto.

Mas o leitor aquariano uraniano provavelmente estará interessado mais em conhecer o significado esotérico da cor verde que seu sentido mundano. A vida mundana, com suas competições, suas provações, seus objetivos de longo prazo, sua necessidade de estar com os pés no chão e sua responsabilidade, é enfadonha. Do ponto de vista esotérico, o verde é a cor da esmeralda, a mais importante das pedras preciosas. Para o alquimista, a esmeralda é o equivalente do ouro entre os minerais. Hermes Trismegistos, legendário sábio egípcio e patrono da alquimia, escolheu a esmeralda como sua pedra e registrou seus ensinamentos secretos em tabuletas de esmeralda. A cura é facilitada pela cor verde. Assim, sempre que Gawain ou Peredur/Perceval tentava consertar uma espada mágica quebrada ou curar um rei, uma capa verde era colocada sobre eles no Castelo do Graal.

Em sua relação com a busca da verdade objetiva, o verde é uma cor muito importante na alquimia islâmica. Na tradição islâmica do Graal, a Pedra do Graal era originalmente uma esmeralda no meio da testa de Lúcifer, na posição do terceiro olho. (Era semelhante à pérola preciosa no terceiro olho de Shiva, no hinduísmo.) Quando o Anjo da Luz, Lúcifer, lutava com o Arcanjo Miguel, a esmeralda se soltou e caiu na Terra ao mesmo tempo que o próprio Lúcifer caía no Hades. Na tradição persa, ele fora depositado em um templo giratório, uma espécie de edifício astronômico posto em movimento com as estações e as constelações. Foi, porém, roubado e levado a Gales, onde supostamente foi escondido em uma caverna ou em um castelo invisível. A Pedra do Graal era a pedra alquímica do filósofo dotada de poderes mágicos; ela podia conceder sabedoria e imortalidade, como propiciar a juventude eterna aos que tinham o privilégio de fitá-la. Os corações ansiavam pelo Graal. Ele era carregado por uma formosa donzela sobre uma toalha verde, o *almarach*, a qual, por sua vez, pousava sobre uma pátena dourada (e não dentro do cálice). A pedra, a Ka'aba e o *almarach* representavam a esperança da humanidade. O cristianismo também considerava o verde a cor da esperança e do Espírito Santo, por meio de quem o poder, a sabedoria, a imortalidade e muitas outras dádivas espirituais são alcançadas.

Falando em termos práticos, como representativa de Hermes mutável, que passa por três mundos (céu, inferno e terra) com suas mensagens, o verde é uma cor de transição. Podemos usá-la em qualquer lugar – na floresta introvertida ou fora dela, no mundo real extrovertido. Quando entra na floresta como um Cavaleiro Verde, Peredur realiza uma passagem fundamental da vida. Anos mais tarde, depois de andar em círculos em busca de um castelo que fica a apenas alguns minutos do seu ponto de partida, superando o encantamento (*Maya*, ilusão) e encontrando seu Centro Psíquico (Self, Propósito Espiritual, Voz Interior), ele sai da floresta vestindo o Manto Verde da Esperança. Outra transição de vida importante acontece quando apresenta à humanidade a mensagem de esperança: "Todos podem fazer o que eu fiz". A verdadeira mensagem do Graal é a mensagem da esperança. Não precisamos ser um rei, um cavaleiro de sangue real ou um grande mestre; todos somos filhos de Deus. O homem comum pode se tornar o Anjo do Graal. Esta também é a mensagem da Nova Era.

Peredur, portanto, como um inocente presenteado com o talento de fazer boas perguntas, era bastante verde. Em pouco tempo ele iria se sentir submerso na sofisticação e na vida suntuosa do coletivo, a Sociedade da Távola Redonda. Mas quando entrou na floresta, ele esperava saborear seu aprendizado como um cavaleiro verde. Como Peredur, a personalidade Aquário/Urano e Aquário no ascendente acolhe com prazer uma nova situação de aprendizagem, pois está segura de sua habilidade de fazer as perguntas corretas e de sua capacidade de aprender rápido. A fase verde contém em si o estímulo de encontrar novas pessoas, situações, ideias e conceitos, e a motivação de prestar serviço altruísta e de fazer descobertas. Quando entra em sua floresta, o aquariano uraniano pensa: "Tudo o que se tem a fazer é encontrar o grupo certo – amigos que pensam de modo semelhante – e aprender tudo o que o grupo decide estudar". Realizar feitos arrojados com os cavaleiros de Artur, como resgatar donzelas em perigo e corrigir os erros, são, afinal de contas, serviços altruístas. A etapa de aprendizado verde é sempre divertida no início; é somente quando a novidade se dilui e quando o aquariano quer ser livre para pôr à prova suas próprias ideias que o aborrecimento se instala.

À medida que, verdes como Peredur, adentramos a escura floresta do inconsciente, é útil nos lembrarmos da casa em que temos Urano natal, seus aspectos com outros planetas no mapa e da casa com Aquário na cúspide. Urano é nosso Peredur interior, nossa consciência que desperta. Urano representa nossa curiosidade, nossa necessidade de responder a novos desafios e estímulos mentais, nossas esperanças, sonhos e desejos pessoais, nossos ideais altruístas em favor da humanidade, nossa inquietação, nossa rebelião, a resposta instintiva contumaz da mente humana. "Não vou dar ouvidos ao Sábio Mestre. Se ele disser que devo tomar a esquerda, tomarei a direita. É sempre mais excitante percorrer uma terra desconhecida."

Peredur esperava encontrar cavaleiros imediatamente e ficar amigo deles, mas logo percebeu que a floresta é um lugar solitário. Quer gostasse quer não, na floresta do inconsciente, a Busca de todo cavaleiro é solitária. Para enfatizar esse ponto, os monges cistercienses, que reelaboraram a lenda e cristianizaram o simbolismo, introduziram uma nova condição. Na versão dos monges, os Cavaleiros do Graal tinham de se dispersar antes de entrar na floresta. Cada um tinha de encontrar seu próprio caminho que levasse para fora da floresta escura e sufocante. No meio da floresta, eles se juntariam em um único grupo e passariam por experiências comuns, cada um trabalhando com suas próprias habilidades e características de personalidade. (Veja Joseph Campbell, *Flight of the Wild Gander*.) Assim, os Cavaleiros do Graal tinham apenas uma ligação tênue com o grupo através de seu juramento de lealdade ao Rei Artur e aos valores do Código de Cavalaria. Essa visão cisterciense tem muita semelhança com o limiar da Era de Aquário. Há muitos diferentes Buscadores da Verdade, cada um seguindo seu próprio caminho solitário na floresta, cada um com sua própria personalidade, habilidades, ideias e ideais; todavia, cada um participando do plano global para um aperfeiçoamento do conhecimento humano, da consciência humana na Nova Era.

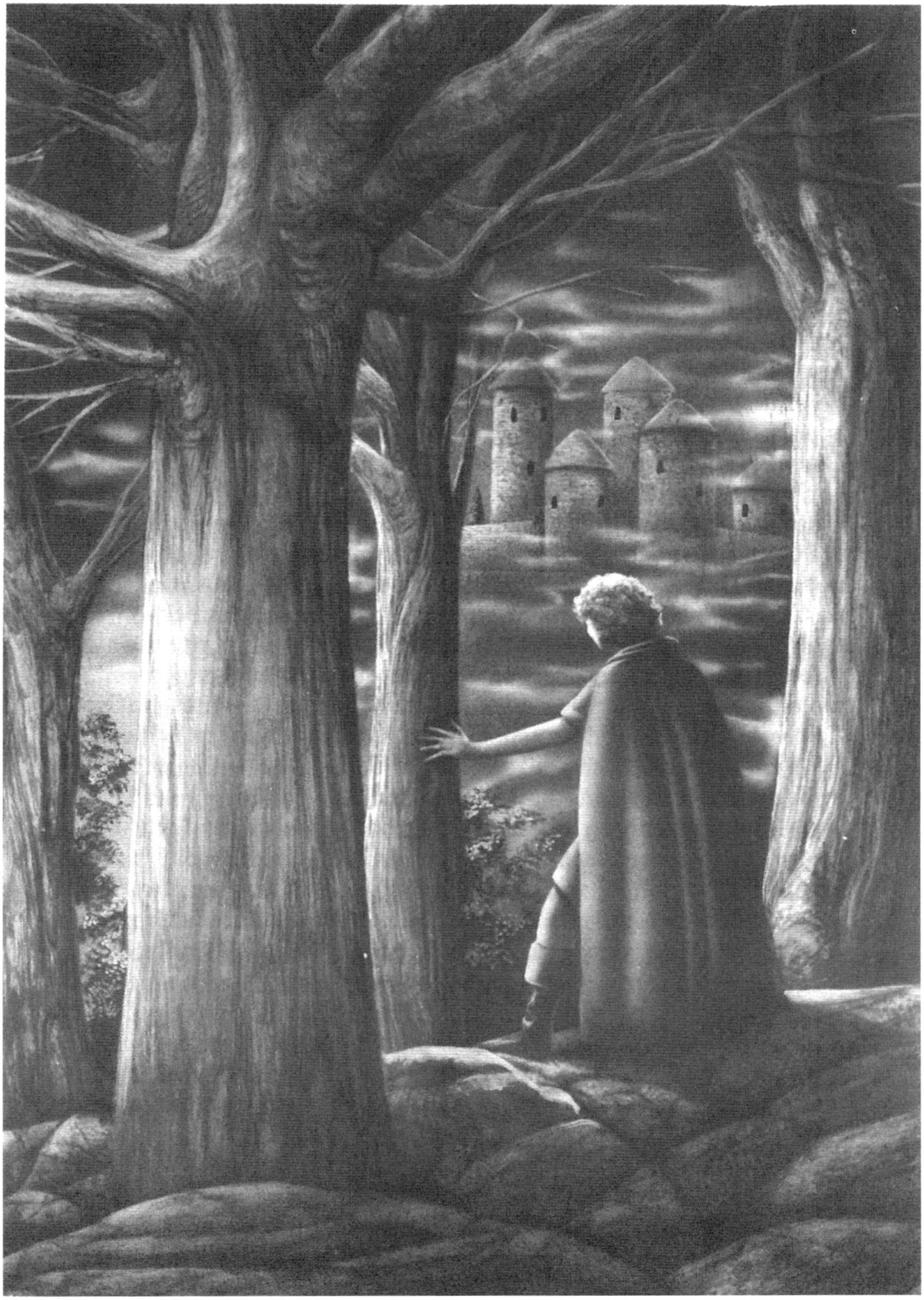

Depois de muita andança, Peredur encontrou um velho e perguntou: "Onde estão os cavaleiros?". O velho respondeu que o Rei Artur estava oferecendo um banquete em seu castelo e que todos os cavaleiros estavam festejando, jogando e divertindo-se como príncipes. Embora estivesse ansioso para participar dos festejos, Peredur decidiu ficar com o velho e aprender sobre o Código de Cavalaria. O que esperariam dele no castelo? Qual *era* a Busca? O que *era* o Graal?

O velho observou Peredur e viu um jovem rusticamente vestido, sem qualquer requinte, um diamante bruto que iria exigir muito trabalho para ser lapidado antes de estar apresentável para frequentar a corte. Assim, convidou Peredur a ficar e estudar com ele, e explicou que a pessoa precisa fazer jus a seu lugar na corte. Era útil conhecer alguém lá, ter um padrinho (que iria ser Gawain), mas também era fundamental conhecer e compreender o Código. De acordo com o Código de Cavalaria, se o aspirante tem necessidade de uma armadura, de um cavalo (Peredur não tinha nenhum dos dois) e de uma espada, ele precisava conquistá-los. Ele não pode pegar essas coisas emprestadas enquanto seu proprietário está dormindo ou em casa. Isso não seria digno nem justo. Cortesia e justiça eram duas das principais virtudes ligadas ao juramento de Cavalaria. Outra virtude era a obediência. Sob juramento, Peredur seria obrigado a obedecer ao Rei Artur. No momento, ele poderia exercitar a obediência seguindo as instruções do velho.

Peredur podia conquistar sua armadura, sua espada e seu cavalo obedecendo à ordem de Artur de fazer o bem. Se Artur exigisse que Peredur punisse um cavaleiro indisciplinado e este fosse vencido em uma luta de espadas justa, Peredur teria o direito de apropriar-se das posses do homem. Vingar o rei, um cavaleiro, virtuoso ou uma dama era, enfim, restaurar a Ordem Cósmica. (Veja *A Lenda do Graal*, de Emma Jung e Marie-Louise von Franz.) Para a Busca do Graal, a sinceridade e a lealdade à missão eram essenciais. Cavaleiros que não fossem sinceros, cujos motivos para a busca não fossem absolutamente puros, não eram escolhidos. Um egoísta nem sequer seria capaz de ver o Castelo do Graal, envolto em neblina; passaria pelo castelo sem percebê-lo. Assim, a sinceridade e a lealdade (recusa em desviar-se da meta) eram as virtudes mais importantes do Graal. A integridade também era importante. Praticar ações piedosas, como proteger as donzelas e os pobres, ajudava a merecer o direito de entrar no Castelo do Graal. O aspirante também precisava dizer a Verdade e cumprir suas promessas.

"Mas como vou reconhecer o Castelo do Graal se o vir ou saber que estou me aproximando dele, se está oculto na neblina?"

"O Rei Pescador geralmente está fora, no meio de um lago. Embora se sirva diariamente do Graal da Imortalidade, ainda assim sua ferida não se cura e ele já não consegue ficar de pé, andar ou deitar com conforto. Seus súditos o carregam para o lago, não longe de seu castelo, onde ele gosta de pescar. Se você o vir lá e lhe passar uma impressão favorável – embora seja improvável que possa fazer isso nesse momento –, ele o convidará a entrar. Tenha boas maneiras à mesa do banquete e não se deixe levar pela abundância que estará vendo pela primeira vez. E *não* o importune com perguntas sobre a ferida e sobre o Graal. Ele será seu anfitrião; seja um convidado gentil e amável. Não fale muito; procure ouvir. Procure aprender."

"Como ele se feriu?", perguntou Peredur.

"Diz a lenda", respondeu o instrutor, "que em vez de casar-se com a Donzela cujo nome estava no Graal, sua companheira predestinada, ele foi envolvido pelo encantamento da Dama do Castelo do Orgulho, (*Chateau Orgeuilleuse*), ficando sem condições de se libertar dela. Um dia, um estrangeiro pagão apareceu e feriu o Rei Pescador com sua flecha envenenada. Desde então, a única maneira de estancar o sangue e aliviar a dor é colocar a lança mágica sobre a ferida. Ela extrai uma pequena porção do veneno e o Graal Imortal o mantém vivo, mas sua condição geral não melhora. Ele é um rei inválido. Um Cavaleiro Perfeito aparecerá um dia e curará sua dor ou o substituirá como Rei do Graal."

"Donde vieram o Graal e a lança mágica?", perguntou Peredur.

"Diz a lenda que José de Arimateia, o mesmo homem que ofereceu seu sepulcro a Cristo, levou o Cálice usado na Última Ceia para o local da Crucificação e, depois que os soldados romanos se foram, segurou-o debaixo da ferida de Cristo para apanhar algumas gotas de sangue. Em seguida, levou a lança que o soldado romano Longino usara para ferir o lado de Cristo, com o Graal, para a ilha de Patmos. Lá, seu filho Josephus supostamente os deu a um Santo inglês que os trouxe para cá e os escondeu em Gales, primeiro em uma caverna, e depois no Castelo do Graal."

"Como o Cavaleiro Perfeito será capaz de curar o rei, se o Graal e a lança, essas relíquias mágicas, não podem fazê-lo?", voltou a perguntar Peredur.

"Através da simpatia e da compaixão", disse o velho. "Vá dormir agora. Temos muito a estudar amanhã."

Mas Peredur levantou-se durante a noite e ficou andando a esmo, tentando se lembrar qual era o caminho que o velho havia dito que deveria pegar quando chegasse à encruzilhada. Até que o Castelo do Graal apareça no nevoeiro, pensou, eu posso bem procurar o castelo do Rei Artur e continuar com minha aventura. Não há sentido em permanecer para sempre com o Velho Instrutor. Como a mãe de Peredur, ele provavelmente *jamais* deixaria que o rapaz se separasse dele. Ou essa deve ter sido a impressão do inquieto cavaleiro verde.

Na encruzilhada, Peredur tomou o caminho errado e se perdeu. Nessa estrada, encontrou uma bela mulher, uma jovem prima do lado materno. Ela acreditou reconhecê-lo e perguntou-lhe o nome. Peredur pensou muito: "Minha mãe me chama de *bon fils* (bom menino) e às vezes *beau fils* (belo menino)", ele respondeu.

Ela riu. "Não, não. Qual é o teu nome, teu *próprio* nome?" Ele pensou de novo. "É Peredur, o Galês", lembrou ele finalmente, sorrindo à intuição de sua identidade.

"Oh, Peredur. Eu sou sua prima, sobrinha de sua mãe. Você está perdido?"

"Sim, estou procurando o Castelo do Rei Artur. Por acaso peguei o caminho errado na encruzilhada?"

"Sim, mas este é um encontro auspicioso. Tenho informações de que o Castelo do Graal está por perto, embora eu mesma não o tenha visto, e que se localiza nesse caminho. Você deve apressar-se, Peredur, pois não nos resta muito tempo. Como pode ver, a terra está morrendo. Meu Cavaleiro, a quem estou prometida em casamento, está muito doente. Você deve encontrar o Castelo, pois sua mãe me disse que você é puro de coração. Lembre-se de perguntar: 'O que é o Graal e a quem ele serve?'" (Outras versões registram: "O que são essas gotas de sangue na lança?" Visto que Peredur não faz nenhuma pergunta, não é importante conhecer a versão "autêntica".)

"Oh, não", disse Peredur, "você não compreende. Meu instrutor, a quem devo permanecer obediente, disse-me para guardar minhas perguntas para mim mesmo no Castelo do Graal e concentrar-me na simpatia e na compaixão, pois essas são as virtudes que curarão o Rei Pescador."

"Bem, ele está errado", disse a moça com total confiança em si. "Você deve fazer a pergunta mágica e ele estará livre. A terra irá recuperar-se e meu cavaleiro viverá; nós nos casaremos e viveremos felizes para sempre." Ela deu a Peredur orientações para chegar ao castelo de Artur e os dois se despediram. Em vez de voltar à encruzilhada, Peredur prosseguiu pela Estrada do Graal, perguntando-se: "Quem está certo? A moça ou o Instrutor?" A ambiguidade que advém de muitas fontes de informação é tão difícil para os signos de Ar quanto o é tomar decisões precisas. A análise do glifo de Aquário (♒) nos mostra que ele é duplo como Peixes e Gêmeos. A questão da integração ou equilíbrio de opostos, assim, é importante na Jornada de Aquário.

De repente, Peredur levantou o olhar e divisou um lago no meio da floresta; e, no meio do lago, um bote. Havia no bote um homem elegantemente vestido, mas de aparência muito doentia, segurando uma vara de pescar. Peredur concluiu que devia estar nos arredores do Castelo do Graal. Criados em vestes de seda com adornos dourados acorriam para atender a qualquer necessidade do rei. Caso se aproximasse deles, Peredur poderia ser convidado a entrar no castelo, e teria a oportunidade de curar o rei. E foi isso mesmo que aconteceu. Antes que pudesse se adaptar à surpresa de tudo, Peredur se percebeu no interior do castelo, sentado a uma longa mesa de banquete e atento a uma procissão de 26 donzelas introduzindo o Graal. (Em algumas versões celtas há dois Graais e duas Donzelas do Graal na procissão.) A mesa automaticamente supria qualquer alimento que estivesse sendo ingerido e um dos Graais enchia automaticamente toda cálice que ficasse vazia, sem ele mesmo nunca se esvaziar. Cada convidado degustava o tipo de vinho que preferia, embora fosse sempre servido da mesma fonte. Peredur estava maravilhado com a visão do Castelo Encantado. (Joseph Campbell diz que Peredur estava à Mesa lendária do Rei Celta, Manaddwyn, o equivalente galês de Netuno. Até mesmo os animais serviam essa mesa mágica em que o prato principal se reconstituía e era reapresentado no dia seguinte. O Graal de Manaddwyn era a ambrosia da Imortalidade.) (Veja *Flight of the Wild Gander*.)

Houve um momento de silêncio e expectativa quando uma donzela colocou um manto de seda verde sobre Peredur e a atenção de todos foi posta sobre ele. Peredur sentiu enorme simpatia e compreensão, mas não disse nada. A caminho de seu quarto no Castelo, quando os outros já haviam se retirado para seus aposentos, ele viu o mais sábio, mais bondoso e mais notável velho em um divã real no quarto do fundos, o Verdadeiro Construtor do Castelo, o Verdadeiro Rei do Graal, em perfeita saúde. Assim, havia dois reis também na versão celta. Era um estudo em um mundo de ilusão mágica.

Assim termina a versão galesa, com a inferência de que Peredur não praticou o mal e de que o Rei havia sido curado através de sua simpatia, pureza de coração e compaixão. T. W. Rolleston, autor de *Myths and Legends of the Celtic Race*, acredita que Peredur era um rapaz obediente e que, para um jovem curioso, fez um bom trabalho em passar no teste de domínio de si. Peredur mostrou cortesia, simpatia e compaixão. Segundo fontes celtas, as assim chamadas virtudes cavalheirescas eram bem conhecidas em Gales muito antes que os ingleses introduzissem Códigos de Cavalaria e outros artifícios na crença de que estavam civilizando bárbaros pagãos.

Mais tarde, as versões francesa e alemã tratam a narrativa galesa como um fragmento da história do Graal e, como tal, um fragmento pagão e supersticioso.

Joseph Campbell, em *As Máscaras de Deus – Mitologia Criativa*, acredita que Peredur abafou seus próprios instintos; ele deveria ter feito a pergunta do Graal do Castelo, a despeito da advertência de seu Instrutor. Esse também é um aspecto útil de abordar porque, no caminho da consciência (individuação), espera-se que estejamos alertas e façamos perguntas, que vivamos de forma consciente. Em *A Lenda do Graal*, Jung e von Franz nos lembram que os valores da cavalaria cristã eram os valores do social, do coletivo, e que na época Peredur/Perceval desejava desesperadamente ser aceito na Távola Redonda, queria pertencer ao Grupo. A obediência era uma virtude importante que ele havia aprendido. Não teria sido apropriado se rebelar ou, como diriam os astrólogos, comportar-se ao modo de Urano, uma vez que uma atitude dessas o impediria de ser aceito, ou pelo menos assim pensou na ocasião. Só *mais tarde* ele se irrita com a regra da obediência e com os que lhe deram as perguntas para fazer; e também é só a partir daí que começa a procurar o Graal *a seu modo*! Mais tarde é que Peredur manifesta raiva contra o Deus da Cavalaria e contra o julgamento coletivo de seu fracasso no Castelo do Graal, se afasta de tudo, presta seu próprio juramento, formula suas próprias perguntas e continua sua caminhada sozinho.

Omar Khayyam escreveu sobre sua juventude no *Rubaiyat* (XXXI):

> Eu mesmo frequentei nos meus tempos de moço
> Muito Doutor e Santo e, cheio de alvoroço,
> Ouvi suas razões sobre o universo para
> Pela porta sair por onde eu, crente, entrara.
> Com eles eu semeei a semente da Ciência.
> Minha mão ajudou-a após o crescimento.
> E eis o que, vinda a safra, eu colhi em essência:
> Eu como a água vim e passo como o vento.
> Passei por Sete Céus para fugir do pó
> Da terra; mas Saturno eis enfim alcançado.
> Na ascensão desatei não sei mais quanto nó,
> Mas jamais o Nó-Mestre, o nó do Humano Fado.

Peredur/Perceval deve ter tido pensamentos parecidos sobre seu Instrutor ao despertar sob um arbusto no local onde na noite anterior estivera o Castelo do

Graal. No castelo, ele mantivera silêncio e agora a terra ao seu redor se apresentava árida. Sentada no chão, não muito longe do arbusto, estava uma donzela, totalmente calva, amparando um cavaleiro morto em seu colo. Sem dúvida, a compaixão e cortesia de Peredur não haviam conseguido curar o pobre Rei Pescador. Essa parte da floresta estava morrendo.

"Não se aproxime", gritou ela, "este é um lugar perigoso."

Ambos imediatamente se reconhecem... "Você?!... donde você está vindo?", perguntou a moça.

"Prima!?", exclamou Perceval, "Você me ajudou a lembrar meu nome. Você tinha um cabelo castanho ondulado tão bonito! O que aconteceu? Estou vindo do Castelo do Graal", respondeu ele.

"Não minta para mim. Se o castelo estivesse aqui por perto, eu já o teria visto", disse ela soluçando.

"Nem sempre encontramos o que procuramos como esperamos encontrar", acrescentou Perceval.

"A terra está morrendo; meu noivo está morto. Meus cabelos caíram. Você não fez a pergunta do Graal enquanto estava lá? Você não teve piedade daquele rei e nem de nós?"

"Bem", disse Perceval, "fui orientado a não fazer perguntas. Será que o Instrutor estava errado? De qualquer modo, posso fazer a pergunta do Graal em minha próxima visita ao Castelo. Deixe-me contar-lhe sobre a mesa do banquete. Eu vi as coisas mais maravilhosas..."

"Oh, não suporto sequer olhar para você; simplesmente o odeio. Você não vê? Cada Cavaleiro dispõe de apenas *uma* oportunidade de entrar no Castelo do Graal. Você não pode voltar lá; essa é a regra. Você está desonrado. Todos lhe terão aversão." Ela virou-lhe as costas e retirou-se para embalsamar seu cavaleiro.

Essas eram notícias ruins para um homem que valorizava a amizade e que esperava ser benquisto na corte. Peredur continuou a andar em direção ao castelo de Artur, pois Gawain havia conseguido um convite para ele. A bem da verdade, o Cavaleiro Branco correu ao seu encontro para saudá-lo, abraçou-o e o envolveu em um manto de seda com um colchete de esmeralda.

Mal tinham entrado no castelo quando Cundrie, a feiticeira, entrou montada em seu cavalo castelhano. Ela era uma velha bruxa repugnante que estava ansiosa para dar más notícias a Artur. "Filho de Uther Pendragon", gritou ela. O rei voltou a olhar. "Hoje a Távola Redonda foi desonrada. O Código não existe mais. Perceval, filho de pais honrados, será condenado pelo conselho quando esta notícia for divulgada. Aquele louco foi ao Castelo do Graal e não teve o mínimo cuidado com o rei doente. Nem ao menos perguntou sobre a saúde dele." E dirigindo-se a Perceval, disse: "Seu irmão Feirefiz, que é branco e negro (de sangue europeu e árabe), está realizando proezas de cavalaria de maior nobreza do que as suas. Ele está vindo para o Castelo do Graal e vai humilhá-lo".

Estendendo a todos um convite para o Castelo das Maravilhas, onde os combates podiam garantir o coração de 400 formosas donzelas, "porque toda aventura é vento comparada com o que pode ser lá obtido através do amor", ela se retirou. Gawain e alguns outros decidiram ir ao Castelo. Mal-humorado, Perceval declarou que não tinha tempo para coisas desse tipo.

Perceval sentia-se envergonhado e embaraçado pelas palavras de Cundrie e muito se admirava de que as pessoas acreditassem nela, mas não se sentia culpado. Apenas tinha raiva de seu Instrutor, por tê-lo orientado errado. A obediência não era tão importante quanto formular perguntas. Sua prima estava certa. Estava também confuso e se perguntava: "Por que eu? Realizei muitos feitos nobres; certamente mereceria algo melhor do que isto!". Gawain, ainda seu amigo, pediu que o acompanhasse ao Castelo das Maravilhas e deixasse tudo o mais de lado. Perceval, entretanto, tornou-se soturno e jurou: "Não dormirei duas noites consecutivas no mesmo lugar até encontrar o que estou procurando. Acharei minhas próprias respostas (seguirei meus próprios instintos), retornarei àquele Castelo que se oculta e curarei o rei. Não me interessa se existe uma regra que dá ao cavaleiro o direito de uma única visita". Assim, Perceval se tornou um autêntico cavaleiro errante, um peregrino, como muitos de meus clientes aquarianos que estão confusos ou raivosos, ou ambos, com relação às soluções propostas por seus conselheiros – abordagens "antigas" que aparentemente fracassaram. Espíritos livres, eles perambulam em busca de seu Graal pessoal.

Onde quer que fosse, Perceval encontrava pessoas que o ridicularizavam. Mesmo no mosteiro mais afastado, o eremita, enquanto era alimentado por Anjos que tiravam a comida de um cálice, dizia: "Ouvi uma história das mais estranhas sobre um desventurado cavaleiro estúpido que entrou no Castelo do Graal e não fez as perguntas corretas. Você ouviu essa história?". O embaraço de Perceval, sua sensação de mutilação, de separação do corpo do grupo, é também um tema na vida de muitos jovens de Aquário e de Urano: "Todos os meus amigos foram convidados a uma certa festa (ou foram aceitos em um certo colégio) e eu não fui. Sinto-me como o excluído do grupo." Entretanto, a pedra que é rejeitada se transformará na pedra angular, de acordo com a tradição alquímica e também com a cristã ortodoxa.

Perceval disse ao eremita que estava furioso com Deus. Deus deveria permitir que um cavaleiro pudesse entrar mais do que uma vez no Castelo do Graal. Ele nada tinha a confessar em termos de pecados, nada por que devesse sentir-se culpado. Depois de alguns dias, todavia, admitiu ser o cavaleiro insensato do Castelo do Graal.

"Nada de que sentir-se culpado? O que dizer de minha falecida irmã, sua mãe?", ele perguntou. "Ela morreu no dia em que você a deixou para se embrenhar na floresta, há cinco anos. É claro que você nada sabe a esse respeito porque nunca voltou para visitá-la, apesar de muitas vezes ter estado a menos de mil metros de sua cabana." De repente, Perceval sentiu uma enorme tristeza.

Seu ânimo tornou-se menos negligente, mais circunspecto, fervoroso e combativo em relação a Busca do Graal. E o castelo tornou-se mais e mais difícil de ser visto. Por alguns dias, entretanto, ele tentava descobrir se havia sido sorte de principiante ter encontrado o castelo com tanta facilidade. Talvez ele *jamais* o visse novamente.

Perceval pôs de lado sua credulidade, sua crença ingênua de que Deus devia recompensá-lo imediatamente por seus feitos nobres e de que as pessoas deviam amá-lo naturalmente apenas por poder entrar no Castelo do Graal. Por meio de seu sofrimento ele aprendeu uma lição uraniana muito importante: deveria abdicar dos louvores e das recriminações dos outros e ao mesmo tempo continuar praticando ações generosas, fazendo o melhor possível.

Muitos clientes uranianos chegam à leitura protestando: "Passei por tantas situações difíceis pelos outros, e me sinto tão pouco reconhecido. Distribuí toda minha herança a amigos necessitados em menos de três meses depois de tê-la recebido. Eu tinha certeza de que mais tarde, quando precisasse de dinheiro para alguma coisa, algum deles se prontificaria a me ajudar. Todos se recusaram. Alguns deles sempre serão pobres, e nada podem fazer, e entendo isso. Mas outros vão muito bem financeiramente e estão agora em condições de ajudar; apesar disso, porém, se recusam. Isso é muito desanimador".

Ou: "Quando doei vários milhares de dólares à fundação, pensei que me ofereceriam um cargo no conselho, ou pelo menos algum tipo de trabalho. Mas responderam: 'Obrigado pelo seu dinheiro, mas achamos que você não tem a habilidade de que precisamos – desculpe!'. Estou perplexo, e muito, muito desapontado".

Ainda: "Quando dei todo meu dinheiro ao grupo espiritual, tinha certeza de que poderia participar de seus *workshops* e retiros gratuitamente daí por diante, e talvez até ir à excursão pela Ásia, mas me disseram que precisaria pagar por essas coisas. Se você desse todo seu dinheiro a Deus, Ele não iria cuidar de você através de Sua organização, através de seus amigos?".

"Eis a questão", diria Shakespeare. No fim, o uraniano acabará recebendo sua recompensa, mas aqui na Terra vivemos nos limites do espaço e do tempo, enfrentando diversos aspectos de Saturno. Como Perceval disse à sua prima, quando ela lamentou não ser capaz de ver o Castelo do Graal, "as coisas não estão onde você espera que estejam". As coisas não acontecem quando esperamos, e nem sempre as pessoas que esperamos que nos apoiem nos apoiam de fato. Apenas podemos prosseguir cumprindo nosso *Dharma*, como o *Bhagavad Gita* nos diz, sem esperar saborear os frutos de nossos labores.

Nesse meio-tempo, temos de prover nossa sobrevivência e reservar parte de nossas contribuições caritativas para satisfazer nossas necessidades de autodesenvolvimento por meio de cursos de cura holística, leituras astrológicas, peregrinações, *workshops* criativos, retiros, terapia junguiana. Uma dupla aquariana me contou em detalhes seu sonho com "um castelo envolto em nevoeiro". Ela disse que, no sonho, queria desesperadamente cruzar a ponte que dava para o castelo, "mas havia todas essas tarefas mundanas triviais que tinha de fazer primeiro, como pôr o lixo para fora e puxar o saldo bancário. Você pode imaginar uma coisa dessas?" Sim, eu podia, e sugeri que apresentasse esse interessante sonho a um analista junguiano, que com toda certeza esclareceria e ampliaria a temática.

"Hmmm", murmurou a cliente, "terapia é caro. Eu precisaria trabalhar em tempo integral para conseguir dinheiro para isso. Mas não posso imaginar me submeter a uma situação dessas por muito tempo!"

Liberdade e independência são aspectos intrínsecos a Urano. Qualquer aquariano que dependende financeiramente de alguém há muito tempo quer se ver livre, pelo menos temporariamente. A fase verde (Terra) reforça a necessidade de prudência e de planejamento para o futuro. Muitas vezes a parábola bíblica das virgens prudentes e insensatas esperando a chegada do Noivo Divino faz sentido para mim quando penso em meus clientes uranianos. Nessa parábola, havia cinco virgens prudentes que dispunham de óleo suficiente para manter suas lâmpadas acesas, e cinco virgens imprudentes ou insensatas que não se preveniram. Certa noite, à meia-noite, alguém anunciou: "O Noivo vem aí! Saiam ao seu encontro!" As virgens levantaram-se e trataram de preparar suas lâmpadas.

As virgens imprudentes disseram às sensatas: "Dai-nos do vosso azeite, porque as nossas lâmpadas estão se apagando".

As prudentes responderam: "De modo algum; o azeite poderia não bastar para nós e para vós. Ide antes aos que vendem e comprai para vós".

Enquanto foram comprar o azeite, o noivo chegou e as que estavam prontas foram com ele para o banquete de núpcias. E a porta se fechou. Finalmente, chegaram as outras virgens dizendo: "Senhor, Senhor, abre-nos!".

Mas ele respondeu: "Em verdade vos digo: não vos conheço". Vigiai, portanto, porque não sabeis o dia nem a hora. (*Mateus* 25:8-13.)

Essa parábola salienta não apenas a vigilância, mas também a necessidade de nos ocuparmos com as coisas triviais e mundanas, para termos bastante azeite à mão. Os que não investem energia suficiente no mundo exterior são tratados como virgens insensatas por outros que se recusam a suprir suas necessidades. Paramhansa Yogananda também abordou essa questão de uma vida equilibrada quando falou da importância de mantermos nossa cabeça nas nuvens mas nossos pés no chão.

Nesse ponto da história, o espectro de cores muda do verde para o vermelho. Um dos motivos é que a Terra próxima ao Castelo do Graal está morrendo, passando a um marrom avermelhado seco. Outro, que desde a morte de sua mãe, cuja falta sentia, mas a quem não procurou visitar, Perceval negligenciara sua função sentimento. *A Lenda do Graal* nos diz que, na mitologia, o vermelho é a cor da função sentimento não integrada. Quando Perceval se pusesse mais em contato com seus sentimentos, seu mau humor se dissiparia e o mundo lhe pareceria um lugar mais feliz. Relaxando, ele descobriria que a Busca também se tornaria mais fácil.

O fato de estarmos indo do verde (Terra) ao vermelho (Fogo) e à integração da polaridade Leão exige um certo conhecimento do simbolismo da etapa do vermelho, importante na jornada aquariana porque os aquarianos são muito independentes. Seu Cálice sem fundo verte suas generosas dádivas sobre todos. Eles dão a impressão de não precisarem da ajuda de ninguém para enchê-lo novamente. Leão, porém, a extremidade polar, não é uma criatura solitária. O apaixonado Leão precisa de um companheiro (veja Capítulo 5, Leão). Aquário parece ouvir o rufar de um tambor diferente, mas se o caminho que segue o conduz ao árido Logos, ele pode sentir parte do mesmo vazio discutido no Capítulo 10. Para os aquarianos que estão se aproximando do Retorno de Saturno e que se sentem solitários, recomenda-se de modo especial a narrativa poética feita por Wolfram von Eschenbach do encontro de Perceval com Conduire Amour. Na versão da história do Graal que

Wolfram nos apresenta, Conduire promete a si mesma ser "amiga e companheira eterna" de Perceval. Esse é o tipo ideal de parceiro para Aquário, uma pessoa da 11ª Casa que é amiga e companheira na Busca. Ao longo dos anos, muitos aquarianos têm-me confidenciado que o cônjuge (ou, se são muito impacientes para se acomodarem em um casamento, o ex-cônjuge) "será sempre meu melhor amigo". Voltaremos a falar de Conduire Amour mais adiante.

Enquanto a fase verde, uma fase Hermes mental, tratava do aprendizado, a fase vermelha trata do fazer, do agir, do sentir e do vir a ser. É a fase em que acontece a integração das virtudes de Leão, sem, porém, incorporar seus excessos. Depois de dominado o Código de Cavalaria (ou pelo menos depois de memorizado), o escudeiro aperfeiçoa sua esgrima e demais habilidades, presta seu juramento ao rei e à sua Busca e dá início à conquista de sua espada, armadura e título de cavaleiro. Na alquimia, a fase vermelha está associada à purificação das impurezas para sua transformação final em ouro, o resultado último do trabalho.

Na vida real, a fase vermelha representa o entregar-se à luta com paixão e entusiasmo, competindo, realizando feitos nobres, conquistando o respeito dos companheiros pela demonstração de sua coragem. Em outros momentos, o cavaleiro é ferido e sangra ou faz com que outros sangrem enquanto ele tenta impor-se (daí a ligação da fase vermelha com o sangue). Do ponto de vista esotérico, se o cavaleiro possui uma consciência superior, ele sangra pelos outros, como Cristo o fez, sentindo a dor da humanidade sofredora e abrindo-lhe o caminho do Paraíso. Às vezes, como o Rei Pescador, sua ferida sangra devido ao próprio orgulho e obstinação. Há na vida períodos de dor e tristeza, bem como fases de grande alegria e felicidade; portanto, o vermelho, a cor do sangue, é simbolicamente usada para indicar as emoções humanas, os sentimentos exaltados.

Objetos vermelhos com frequência simbolizam desejo, anseio, e são interpretados de acordo com o nível de consciência do leitor. O vinho vermelho do *Rubaiyat* de Omar Khayyam, por exemplo, pode ser interpretado como um estímulo à bebedeira e ao esquecimento dos problemas ou como símbolo de uma alma em estado alterado de consciência, ébria no êxtase da união com Deus. Para os leitores vitorianos o *Rubaiyat* era uma obra hedonista, mas um leitor bengali (hindu), familiarizado com o simbolismo do vinho e do arrebatamento da poesia mística, entenderia a intenção do autor sufi. A rosa vermelha aparece como símbolo do desejo de amar, humano e Divino. Sua forte fragrância sensual sugere paixão sexual ou abertura do coração humano (as pétalas) ao espírito. Entretanto, em ambos os níveis, temos um expressivo símbolo do sentimento.

A cor vermelha está associada também aos poderes espiritual e material. Na Índia, o poder é Shakti, a Grande Deusa, que mantém vivo o mundo de *Maya* através de sua dança sensual, criativa, selvagem. Às vezes, ela é chamada Kali, a Negra, mas quando sua força e poder se revelam, os artistas a retratam de vermelho-escuro. Foi essa intensidade de encantamento de *Maya* que Perceval encontrou na Dama da Estrela, envolta no manto vermelho que procurou enfeitiçá-lo com seus artifícios sedutores.

O cavaleiro adquire esse poder depois de passar pelo forno alquímico ou pelo campo de batalha, depois de encarar suas emoções mais fortes e de entrar em contato com suas paixões mais profundas. Desejo, dor, prazer, raiva e outras emoções fortes são muito poderosas. O aquariano cerebral torna-se humano, inteiro, quando vivencia essas emoções durante essa fase vermelha no campo de batalha e quando entra em contato com sua *anima*, seu lado feminino. Na fase verde, a *mente* é aguçada, mas na vermelha é o *coração* que se abre.

O cavaleiro perde sua inocência na etapa vermelha. Como Perceval, ele pode sentir vergonha, embaraço ou raiva. Se, como Gawain, ele sempre foi um imaculado Cavaleiro Branco, poderá ficar espantado ao se defrontar com a imagem da *anima* e ceder ao seu encantamento. O ciclo de emoções intensificadas é não apenas confuso, mas também danoso, em total oposição à sua natureza, a seu controle mental. Muitos aquarianos se parecem mais com Gawain, puramente cerebrais, do que com Perceval. Cientistas, professores universitários, ministros angelicais tendem a viver em uma torre de marfim mental. Eles nunca integraram a polaridade Leão; ainda não entraram em contato com o Coração (Leão), as emoções. Assim, quando a feiticeira aparece, os adula e apela a seu lado messiânico ("Ajude-me! Sou uma donzela em desgraça"), eles se desviam do objetivo, esquecem os votos de cavaleiro e abandonam a Busca – a estrada do Castelo do Graal; e porque têm agilidade mental, racionalizam seu comportamento. As provações da fase vermelha são as do orgulho, da lealdade, da fidelidade, do mau uso do poder, da sensualidade e da coragem de Leão.

O Rei Pescador e Gawain estavam submersos em suas emoções e ficaram enfeitiçados pela Dama do Castelo do Orgulho. Ela lhes ofereceu poder, deu a impressão de estar indefesa ou apelou à sensualidade deles – suas artimanhas são inumeráveis. Antes, eles eram desapegados e objetivos. Mas logo perceberam estar enredados, prisioneiros no Castelo do Orgulho. Por causa da Dama de Vermelho, o Rei Pescador não quis se casar com a Dama cujo nome estava inscrito no Graal, sua companheira predestinada. Devido a seu orgulho e arbítrio obstinado, sua ferida doía e sangrava. Não podia caminhar, ficar de pé, cavalgar nem deitar confortavelmente. Somente um cavaleiro absolutamente puro poderia livrá-lo do encantamento, formulando as perguntas certas, mas também estando atento aos ardis e magia da Dama. O imaculado Gawain demorou-se tempo demasiado na alcova dela, distraído de sua Busca.

Muitos aquarianos, de ambos os sexos, foram bajulados e fascinados por alguém fora do casamento – e acabaram se desviando. Mais tarde, com tristeza, disseram: "Se eu não tivesse feito aquilo. Eu estava destinado ao meu companheiro". Como o Rei Pescador, que tinha o nome predestinado em seu Graal mas continuou a sangrar por não admiti-lo. A feiticeira enreda as pessoas por meio dos sentimentos não integrados, aquelas que vivem em sua cabeça, mas fora de seu coração. O aquariano saturnino prático em geral mantém o controle, o autodomínio e conserva a estrutura de seu casamento. Ele quase sempre resiste à feiticeira, mas ainda precisa trabalhar a função sentimento. O aquariano uraniano cai com maior probabilidade nos encantamentos da feiticeira, mas também tem melhores condições de abrir seu coração no decorrer do processo.

Perceval, o jovem cavaleiro verde, tinha pressa de se mostrar valoroso e de ter seu próprio cavalo, espada e armadura. O arrogante Cavaleiro Vermelho tinha condições de derrotar Perceval, mas cometeu o erro de não levá-lo a sério. O Cavaleiro Vermelho derrubou Perceval de um cavalo emprestado, mas antes que pudesse se afastar o ágil Cavaleiro Verde o feriu pelo visor do elmo. Essa foi a primeira proeza de Perceval em favor de Artur. Em seguida, ele vestiu a armadura sobre seu traje galês, pois se recusava a renegar seu sangue. Tinha agora uma nova máscara, uma nova identidade a desenvolver.

O Cavaleiro Vermelho fora corajoso, mas arrogante. Segundo Joseph Campbell, em *As Máscaras de Deus – Mitologia Criativa*, o Cavaleiro Vermelho possuía quase tantos territórios quanto o Rei Artur, e litigiosamente tentava se apossar de parte das terras de Artur. Ele havia participado de um banquete no Castelo de Camelot e, com um gesto de desafio que todos pudessem ver, retirou-se do salão com sua taça. Essa era uma maneira simbólica de dizer: "Minha intenção é tomar posse do que acredito ser meu". Perceval o viu sair precipitadamente e o seguiu, adivinhando ser essa uma ótima oportunidade. Se garantisse seu sucesso em vingar a honra de Artur, ele passaria a ser admirado.

A notícia de sua vitória demorou a chegar aos ouvidos de Artur, porém. Ninguém testemunhara a cena (exceto um dos muitos primos do lado materno de

Perceval). Sempre que era visto na floresta, as pessoas o confundiam com o cavaleiro cuja armadura envergava. Depois de seu fracasso no Castelo do Graal, Cundrie, a feiticeira, diria: "O Cavaleiro Vermelho é uma fraude disfarçada de cavaleiro corajoso. Ele desonra a Távola Redonda. Um insensato nas vestes de um Cavaleiro".

A ação, portanto, está associada à fase vermelha. Ações praticadas em benefício da humanidade, especialmente das esposas em desgraça. Uma onda de energia voltada para fora. E também, sem dúvida, de raiva. Raiva contra o Cavaleiro Vermelho em nome de Artur, raiva contra Deus por não ajudá-lo apesar de todas as suas boas ações. Raiva contra a regra de que um cavaleiro dispõe apenas de uma oportunidade no Graal. Mais tarde, na vida, a extroversão arrefece com a progressão em Peixes, e a fé substitui a necessidade de realizar boas obras. Os sentimentos e a intuição passam a ser pelo menos tão confiáveis quanto o intelecto, e o Graal interior torna-se mais importante do que o objeto externo.

No fim da fase vermelha surge o branco. Para que Perceval se transforme em uma pessoa integral, dualidade de coração/mente, paixão/pureza, macho/fêmea deve ser de algum modo harmonizada ou, como diriam os junguianos, integrada. Na Cavalaria, o Cavaleiro Perfeito não era um sábio ou monge ideal, mas um herói de carne e osso que havia encontrado uma nobre dama para amar e um inimigo valoroso para enfrentar. (A excelência do inimigo era vista como um indicador do nível de consciência do próprio cavaleiro.) Os alquimistas egípcios e também os povos celtas viam a necessidade de um Buscador da Verdade Pura (Luz Branca) para estar em contato com seu sentimento (o vermelho). Também o sufismo sublinha que se deve buscar a luz da Verdade Objetiva e ao mesmo tempo desenvolver o coração de um verdadeiro amante.

Um símbolo da integração do vermelho e do branco muito conhecido de todos nós desde a infância é a Branca de Neve. No conto de fadas, ela tinha uma pele branca clara (pureza) e faces e lábios vermelho-rubi (paixão). Conduire (*conduzir, guiar*) Amour (amor), a Dama de Perceval, também tinha a compleição de uma brancura perfeita e bochechas de um vermelho brilhante. Quando a encontrou, Conduire estava abatida porque seu pai havia dado sua espada a um cavaleiro a quem ela não amava, mas que lhe estava prometido em casamento. Ela era uma verdadeira donzela em desgraça, pois o cavaleiro estava prestes a tomar posse do castelo quando Perceval chegou. Perceval realizou uma façanha que vi muitos aquarianos uranianos fazer por seus amigos. Ele a libertou em seu tempo de necessidade, e imediatamente continuou sua jornada, antes que qualquer laço de apego

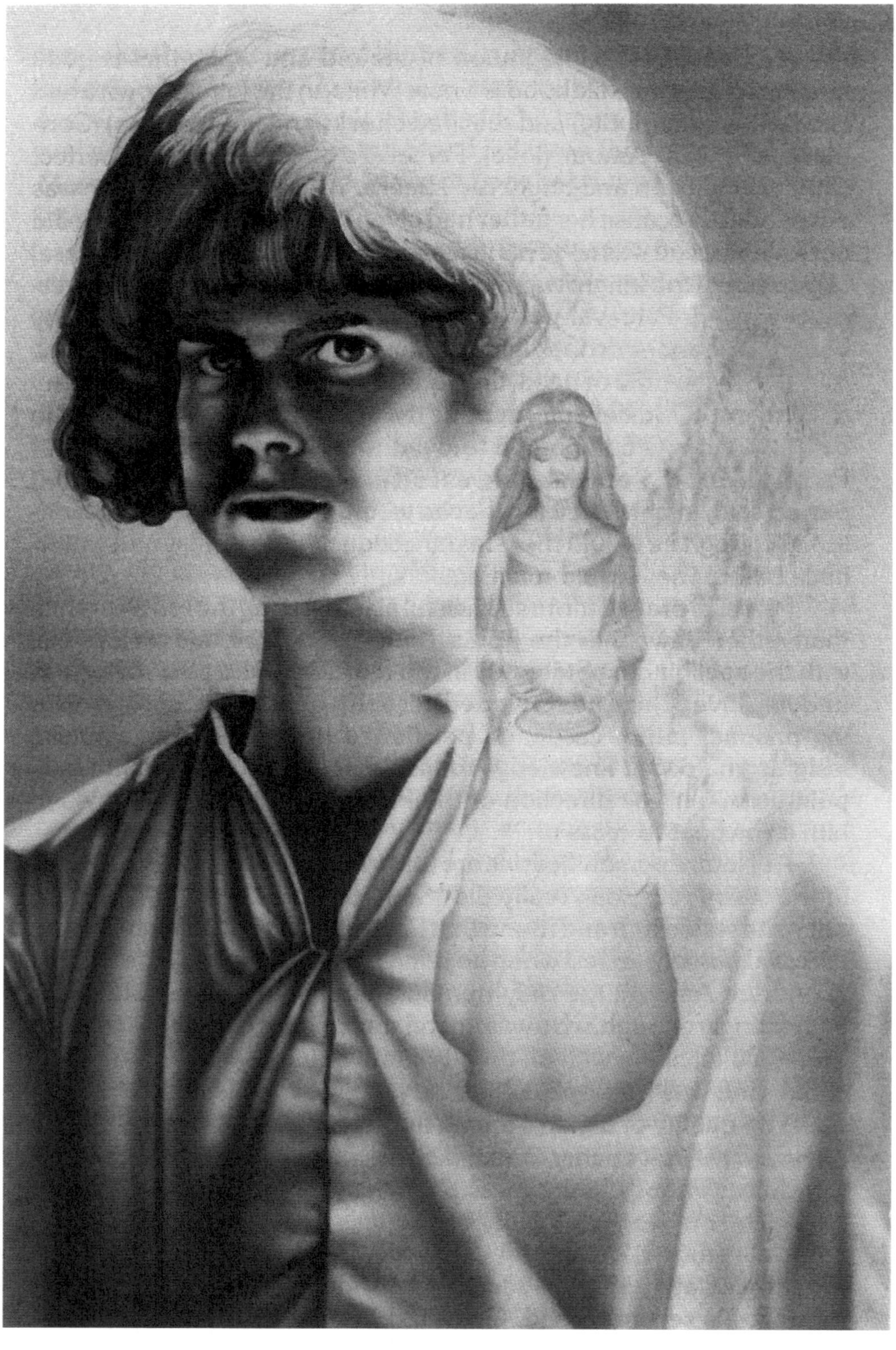

pudesse se desenvolver entre eles, ou foi o que pelo menos ele pensou. Ela, porém, jurou ser sua amiga e companheira para sempre; jamais se casaria com nenhum outro cavaleiro que não fosse Perceval. Enquanto ele se pôs a caminho na busca do Graal, ela esperava. Sua fé nele era total, com a certeza de que no fim ele retornaria para se casar com ela, apesar das muitas tentativas de bruxas e ninfas sedutoras interpondo se entre eles.

Perceval teve maior sucesso na integração do vermelho e do branco do que Gawain ou do que o Rei Pescador. Embora se sentisse bastante atraído pelo feitiço da Dama de Estrela, ele a converteu para sua Busca. Em vez de ficar prisioneiro no castelo dela, ele a convenceu a usar sua intuição e conhecimento esotérico em favor da causa dele. No fim, ela não apenas lhe indicou a direção do lago do Rei Pescador mas ainda providenciou-lhe um bote.

A Lenda do Graal nos diz que, como Natureza personificada, a Dama vestida com o manto vermelho brilhante, depois de ter testado Percival e concluído que ele não se desviaria de seu objetivo, desejava que a busca do Cavaleiro verde fosse bem-sucedida. Perceval passou no teste quando permaneceu leal à sua Guia no Amor (Conduire Amour), a única imagem da *anima* humana que ele encontrou, por interessante que pareça, a quem não estava ligado por laços sanguíneos maternais. Os instrutores masculinos com toda sua sabedoria não podiam ajudá-lo como ela. Ela era a sua Sophia, a sua sábia guia em direção ao Coração.

A qualidade da imagem da *anima* de um homem, seu Guia ao Amor, como a qualidade de seu melhor inimigo, é um indicador do seu nível de consciência. A lealdade e a amizade de Conduire Amour falam muito sobre Perceval. Por outro lado, a lealdade dele a ela foi parte importante de sua transformação interior.

Imediatamente depois de prestar seu serviço a Conduire Amour, Perceval devia encontrar seu segundo amigo, Gawain. Wolfram criou uma cena pungente para o encontro do Cavaleiro Branco com Perceval, agora o Cavaleiro Vermelho. Depois de deixar Conduire Amour, Perceval embrenhou-se na floresta, embranquecida pela neve. Olhando para o alto, viu um gavião agarrar um ganso e viu uma gota de seu sangue vermelho cair sobre a neve branca. Hipnotizado por esta visão do vermelho sobre o branco, Perceval entrou em um transe profundo.

Enquanto isso, havia chegado ao acampamento de Artur, distante alguns quilômetros da floresta, a notícia de que o Cavaleiro Vermelho, o inimigo jurado de Artur, havia sido visto nas redondezas. Artur determinou a Gawain que matasse o Cavaleiro Vermelho para que servisse de exemplo aos outros. Ao aproximar-se de Perceval, Gawain percebeu que o Cavaleiro Vermelho estava "em um transe de amor". Por isso, não o atacou. Não teria sido uma luta justa. Em vez disso, cobriu a área vermelha com uma manta amarela. (No processo alquímico primitivo, o amarelo era uma fase separada, que já fora abandonada ainda antes da Idade Média.) O amarelo, a cor da discriminação (Virgem tem relação com pedras amarelas, por exemplo), fez com que Perceval voltasse à realidade. Ele retirou seu elmo e sacudiu a cabeça ao sol. Quando Gawain viu seu rosto, deu-se conta de que ele não era o verdadeiro Cavaleiro Vermelho; que era um cavaleiro mais jovem vestido com a armadura do Cavaleiro Vermelho. Os dois saíram caminhando juntos e logo se tornaram amigos.

Perceval, assim, passou da solidão soturna para o encontro com dois amigos verdadeiros: Conduire Amour e Gawain. Certamente isso era melhor do que alcançar a popularidade entre os numerosos Cavaleiros da Távola Redonda. Essa é também uma descoberta aquariana comum: uns poucos bons amigos é melhor do que muitas amizades. O autor alemão parece indicar que a fase vermelha e branca chegou ao fim, que o sentimento foi integrado. Perceval se recupera de sua raiva contra Deus, mas não volta a praticar a religião de sua mãe. Ele passa a confiar em seus dois novos amigos e em sua voz interior à medida que avança para a fase seguinte de sua jornada, a integração do negro e do branco.

Entretanto, antes de tratarmos desse dilema, enquanto ainda abordamos as relações estreitas e a polaridade de Leão, é importante inserir algumas considerações sobre os sentimentos e sobre a coragem de que os aquarianos precisam para discuti-los em uma linguagem que não seja a analítica. Apresentamos dois comentários feitos por adolescentes, filhos de aquarianos, sobre seus pais – comentários que falarão por si mesmos. Então, abordaremos a etapa seguinte da caminhada de Perceval. Se você for um pai ou uma mãe aquariano ou aquariana e essas narrações o tocarem, é aconselhável que leia o Capítulo 5, Leão, sobre o 5º signo e a 5ª Casa – os filhos.

A história a seguir foi contada por uma adolescente de catorze anos:

> Minha mãe me deixa louca. Ela tem Sol e ascendente em Aquário, e se recusa a falar de qualquer coisa que envolva sentimentos e emoções. É como se ficasse assustada ou coisa parecida, e então muda de assunto. Ela convida pessoas estranhas, esquisitas, para jantar em nossa casa e acho que faz isso para sua própria proteção – assim não tem que falar conosco sobre assuntos de caráter pessoal.

Um dia, tive um problema que queria a todo custo resolver a sós com ela. Aliás, mamãe é uma pessoa maravilhosa – valorizo muito suas ideias e sugestões. Assim, durante o café da manhã, pensei: "Vou marcar uma hora com ela para que possamos conversar".

"Mamãe", eu disse, "já que todos vão sair hoje à noite, eu poderia falar com você em particular sobre um assunto de meu interesse? Poderíamos jantar apenas nós duas?".

Ela pôs sua torrada de lado e disse: "Parece sério."

"De maneira alguma", respondi. "Apenas gostaria de falar enquanto estivéssemos sozinhas."

Bem, para encurtar, às 16 horas ela telefonou: "Você pode preparar a mesa para três e colocar a comida no micro-ondas, por favor? Enquanto esperava na fila do banco, encontrei uma mulher extraordinária. Quero que você conheça minha nova amiga, porque ela teve uma vida muito interessante. Até já, querida."

Alguém que ela acabou de encontrar sempre lhe parece mais interessante do que seus próprios filhos. Coloquei a comida no micro-ondas, arrumei a mesa para as duas e fui à casa de meu namorado jantar com ele.

Uma pequena variação do mesmo tema é a história a seguir, contada por um adolescente cujo pai tem Sol em Aquário:

Eu não deveria ter ciúmes de todas as pessoas que papai está sempre ajudando, mas, caramba, eu tenho. As lembranças mais antigas que tenho são de pessoas de entidades cívicas batendo nas costas de meu pai e agradecendo-lhe por sua atividade de arrecadação de fundos. Ele ajudava a angariar alimentos para os filhos de pessoas que viviam nas ruas, a conseguir bolsas de estudo para filhos de pais pobres e a procurar padrinhos para crianças órfãs. Mas o que dizer de seus próprios filhos? Por acaso, nós tínhamos oportunidade de vê-lo? Não! Ele sempre saía à noite para uma reunião ou outra para salvar o mundo. Mas o que se pode dizer contra de alguém que todos consideram um Anjo de Luz?

Ao completar a fase vermelha, o Anjo aquariano de Urano demonstrou sua humanidade desenvolvendo o coração, sintonizando-se com os sentimentos e a emoção. Ele também deu mais um passo na direção à plenitude ou à individuação, em termos junguianos, pela integração de seu lado feminino quando se apaixonou pela imagem de uma *anima* humana, Conduire Amour, e ela prestou juramento de lealdade como sua guia.

Na versão de Wolfram, Perceval vive a integração do humano e do angélico, ou de Leão e Aquário, a ponto de ter filhos com Conduire Amour. Joseph Campbell (*As Máscaras de Deus – Mitologia Criativa*) diz algo a respeito da energia de Perceval, que é importante para todos nós na busca da individuação, no limiar da Era de Aquário, a Era do Homem: "Não há lei fixa, não há conhecimento de Deus estabelecido que tenha sido apresentado por profeta ou sacerdote que possa se sustentar quando confrontado com a revelação de uma vida vivida com integridade no espírito de sua própria vontade...".

Foi a percepção dessa verdade, mesmo durante as trevas da Idade Média, que popularizou tanto a lenda do Graal e de suas ordens secretas, como a própria Ordem dos Cavaleiros Templários de Wolfram. Campbell afirma que embora sacerdotes em toda a parte realizassem a transformação do vinho no sangue de Cristo para as massas, assim mesmo essa delegação do serviço de transformação ao clero não era suficiente para os buscadores. Há um tremendo magnetismo, um enorme poder ligado à personalidade que realizou a integração dessa polaridade, que transcendeu o tempo e o espaço, e que se encontra no último limiar – o portal do Castelo do Graal.

Sabemos que Perceval tinha perdido toda a noção de espaço e tempo na floresta encantada; ele ficou andando em círculos durante cinco anos sem visitar a mãe, de quem sentia falta, embora estivesse a apenas alguns quilômetros de sua cabana na orla da floresta. Foi também repreendido por um grupo de cavaleiros e damas por não se dar conta de que era Sexta-Feira Santa, por não embainhar sua espada e ir de pés descalços confessar seus pecados. Ele lhes disse que por um longo tempo já não sabia de que dia ou semana se tratava; tinha apenas uma vaga ideia de que fazia mais ou menos cinco anos que tinha se embrenhado na floresta.

O último limiar que o ego deve cruzar é o mais difícil para o aquariano uraniano – a mente finita. O caminho aquariano é o caminho do "Por quê?" e dos subterfúgios intelectuais, da análise e da categorização em branco e preto. Os *Upanishads*, porém, nos informam que a Alma não pode se unir ao Espírito ante a Visão do Uno até que esses limites mentais tenham sido transpostos. Como as órbitas de Saturno e Júpiter, a órbita mental de Urano interpõe-se entre nós e a experiência do Castelo do Graal: imortalidade, vida, amor, energia, felicidade, sabedoria e beleza. Conseguir acesso ao Castelo do Graal, recuperar o Paraíso para a humanidade requer uma rendição, uma fé, uma espécie de visão intuitiva que está além da órbita dos uranianos mentais. O Castelo Mágico com suas pontes levadiças em ruínas e seus portões giratórios que confundem a mente humana é um mundo netuniano. É bom que Perceval ainda esteja usando a roupa do simples Peredur galês sob sua sofisticada armadura. Seus instintos primitivos, sua fé supersticiosa em sua intuição e sua compaixão pelo reino mais do que seu interesse por seu próprio *status* na Távola Redonda estarão a seu favor em uma segunda oportunidade. Todavia, ele aprendeu também a estar alerta e a seguir sua própria voz interior – a ser honesto consigo mesmo.

Ao dirigir-se da unificação do Masculino/Feminino ou do Pensamento/Sentimento (o vermelho e o branco) à reconciliação da dualidade preto e branco, Perceval dá início a um trabalho bastante assustador para a pessoa científica de Urano. Ele encontra entidades impossíveis de classificar eticamente como sombrias ou luminosas, entidades que estão aí para ajudá-lo a avançar a despeito do que digam ou façam. Esse encontro com o que Jung denomina "Conteúdos do inconsciente irracional" é bastante perturbador para uma mentalidade que preferiria se desvencilhar de tudo aquilo com que seu intelecto não consegue lidar – aquilo que chama de superstição. (Muitas mentes científicas evitam o oculto por causa de seus próprios medos supersticiosos, criticam áreas que nunca estudaram e se comportam de um modo que eles mesmos, em outras circunstâncias, classificariam como não objetivo quando discutem, por exemplo, astrologia.)

Quase imediatamente depois da integração alquímica do vermelho e do branco, o esquema de cor muda para o preto e o branco. Emma Jung e Marie-Louise von Franz veem nisso um dilema cristão. É verdade que o cristianismo não admitia ter culpa, mas projetava todo seu lado sombrio nos muçulmanos durante as Cruzadas e lutava contra um mal que dizia ser dos outros. Podemos dizer o mesmo do islã, do judaísmo e do zoroastrismo, pois todos separam o bem (branco) do mal (preto) em suas teologias. Como Indries Shah indicou em *Os Sufis*,[*] somente os místicos são capazes de ver que o bem e o mal, o preto e o branco estão entrelaçados em toda a parte, nas mesmas pessoas, nos mesmos acontecimentos e circunstâncias. Para o místico, sem a noite jamais poderíamos apreciar o Sol e a luz do dia. É pelo contraste de luz e trevas que aprendemos.

---

[*] Publicado pela Editora Cultrix, São Paulo, 1987. (fora de catálogo)

Perceval, entretanto, não compreende isso de imediato. Ele procura agir de acordo com o que o coletivo lhe ensinou. Afinal, este é o modo racional de proceder. Na Era da Cavalaria, quando um Cavaleiro Branco encontrava um Cavaleiro Negro ele era quase obrigado a parar e lutar, do mesmo modo que quando encontrava um Cavaleiro Branco a pessoa podia, logicamente, confiar nele. Uma feiticeira como Cundrie supostamente não teria nada de positivo a dizer; seria sempre um mau presságio. E a Donzela do Santo Graal seria sempre uma aliada na Busca. Perceval passaria a aprender de outro modo, como acontece com as pessoas com Urano forte, quando esta abordagem discriminatória falhasse. Felizmente, ele foi perspicaz o bastante para compreender, desviar-se do senso comum e de seguir sua intuição em relação a visão em preto e branco à medida que se aproximava do Castelo, onde, como Alice através do Espelho, descobriu que as coisas não são o que parecem ser.

Muitos aquarianos perguntam: "Por que aquela sensitiva me deu um conselho tão bom há dois anos e uma orientação tão ruim este ano? Eu tinha certeza de que era boa. Hoje, fico pensando se ela não procurou me desorientar de propósito?!". Os aquarianos de Urano podem ficar em choque ao saber que sombra e luz estão entrelaçadas; a mesma pessoa pode estar bem em um momento e mal em seguida caso se desconecte de sua intuição. Há dois anos, por exemplo, o indivíduo talvez estivesse límpido como o cristal (branco transparente), mas neste ano está passando por mudanças em sua própria consciência e parece mais sombrio. Isso tudo não tem nada a ver com más intenções, com o bem ou com o mal, pois a luz e a sombra coexistem em todos nós. Essa etapa – a da reconciliação da sombra e da luz – é uma etapa alquímica importante, não apenas para aqueles de nós que herdaram uma visão religiosa ocidental, em que os teólogos classificaram as trevas e a luz como bem e mal, mas ainda para todos os que estão no limiar da Era de Aquário, uma era de energia mental. A mente tende a um julgamento em preto e branco e nós precisamos aprender a confiar em nossa intuição com relação às pessoas e às circunstâncias (e mesmo às mesmas pessoas em diferentes circunstâncias) tanto quanto em nossa lógica. Se nos desfazemos de tudo que é sombrio como sendo "mal", então nos afastamos de nosso lado obscuro e achamos difícil aprender com os acontecimentos da vida. Com toda sua educação e cultura alquímicas, Wolfram inventou muitos parentes de sangue estrangeiro (muçulmanos) para Perceval; todos tinham coisas importantes a dizer; foi ótimo que ele lhes deu ouvidos em vez de responder: "Vocês são um empecilho para mim. O que aconteceria se um cavaleiro da corte de Artur descobrisse que somos meio parentes? Vão embora imediatamente". A tolerância racial é uma característica positiva importante da personalidade aquariana.

Na jornada de Perceval, as aparições totalmente sombrias, como a do Cavaleiro Morto que esporadicamente levantava do túmulo para duelar com pessoas que por ali passavam, não se constituíam em ameaça verdadeira, mas apenas em distrações. Vendo o Cavaleiro Negro, Perceval seguiu o Código e parou de enfrentá-lo. Essa distração deu ao Cavaleiro Branco, enviado pela Donzela do Graal do próprio Castelo, a oportunidade de se apossar do veado branco e do cão de caça da Dama da Estrela. A própria Donzela do Graal conspirava para prolongar sua busca, e deve ter considerado Perceval despreparado e indigno por ele ter fracassado em fazer a pergunta. Ela não queria outro rei indigno no Castelo do Graal, pois o reino havia sofrido bastante sob o governo do atual monarca ferido.

Jung e von Franz interpretam as aparições luminosas como defensoras do *status quo* do final da Era da Cavalaria. Elas têm interesse absoluto em manter as coisas como são, até que por fim apareça o cavaleiro forte que aguardam. (Até essa época, Gawain também fracassara no Castelo do Graal, mas essa é outra história.) O coletivo procurará se manter unido para resistir à Nova Ordem até que esta seja forte o bastante para assumir a responsabilidade. Perceval precisava aprender essa difícil lição, refugiando-se em sua consciência (Urano) e em sua intuição (Netuno – favorecida pela progressão de Aquário para Peixes). Ele não podia permitir que as aparências o iludissem e distraíssem, ou o impedissem de continuar sua Busca. Chegou, então, a compreender que tudo, o aparente e o oculto, o racional e o irracional, se apresentam para aprofundar a Busca, e que se tivesse ajudado o Rei Doente, tudo estaria bem. A Donzela do Graal seria novamente sua amiga.

O jogo de xadrez representa o jogo da vida. Poderosas forças brancas enfrentam as igualmente poderosas forças negras no tabuleiro branco e preto – denotando um claro dilema ético. Em seu primeiro encontro com um jogo de xadrez mágico, que anteriormente pertencera à feiticeira Morgana, Perceval recebeu três xeques-mates consecutivos pelo mesmo oponente invisível. Frustrado, correu à janela para atirar as peças longe. Não queria mais jogar. A Dama da Estrela entrou e o impediu de completar seu ato.

Encontrei muitos aquarianos uranianos que queriam se livrar das peças de xadrez e se eximir do jogo da vida, sentindo-se frustrados por um xeque-mate temporário (um revés no mundo exterior). Muitos sentiram impulsos suicidas diante da incapacidade da mente de lutar ou de compreender por que os eventos acontecem, por que suas esperanças e ideais pareciam fadados ao fracasso. Ao contrário de Perceval, eles não estavam prontos a continuar o jogo imediatamente; não estavam prontos a arriscar outro xeque-mate. Mas no arquétipo do Anjo do Graal, a esperança é constantemente renovada pelo Cálice. Depois de ausente da vida, ela já volta renovada ao jogo, encarando as áreas cinzentas que a mente jamais será capaz de abarcar por completo. Nesses casos, os aquarianos pareciam então mais submissos, mais humildes, mais preparados para a etapa seguinte. (Por causa de sua humildade, Perceval, contrariamente a Gawain, não se deixou seduzir pela bajulação e por isso não ficou preso no Castelo do Orgulho. Assim, no final, ele teve êxito.)

Durante a progressão em Peixes, relacionada à rendição ao Guia e a Deus, bem como ao Graal, o aquariano pode se relacionar com o Vinho – com a intoxicação de Netuno inferior ou com a Bem-aventurança Divina do êxtase espiritual. Quer se trate de um caso quer de outro, ele geralmente deixa de formular suas perguntas e diz com Omar Khayyam:

> Sabei, Amigos, que com Alegria
> Contraí Novas Núpcias no meu Lar;
> De meu leito apartei a Razão fria
> Para a Filha da Vinha desposar.
> O Mistério indaguei do Ser e do Não Ser
> E fui investigar não sei quanta grandeza.
> De quanta coisa enfim eu procurei saber
> Só no vinho encontrei alguma profundeza.
> *Rubaiyat*, LV, LVI

A passagem da razão (Urano) para Netuno (vinho ou êxtase) tem muito a ver com a mudança da Casa 11 (objetivos, metas) para a introvertida Casa 12 (solidão, meditação) – e, às vezes, ocorre quando a quadratura de Netuno em trânsito com Netuno natal se segue imediatamente a Urano natal em oposição a Urano em trânsito, ou durante o movimento do Sol progredido (de Aquário) para Peixes. O próprio Omar Khayyam mudou de profissão na metade da vida, passando de matemático e reformador de calendário a sufi místico, para decepção de seus colegas professores que não podiam imaginar o motivo de seu afastamento para ir se sentar aos pés de algum xeque (guia espiritual) pouco esclarecido. Essa busca do Paraíso perdido, esse retorno do exílio não precisa coincidir literalmente com Urano em oposição a Urano na vida de aquarianos científicos, mas acontece muitas vezes.

Perceval também vê uma dama montada em um cavalo branco e preto (os instintos são de dois tipos – bons e maus), aves pairando no ar, algumas brancas e pretas (as almas são de ambos os tipos), e humanos de várias raças. Talvez a figura mais interessante seja a da feiticeira Cundrie, que tem poderes mágicos sombrios, dentes amarelos, é corcunda e bisbilhoteira. É ela quem diz a Artur e sua corte que Perceval fracassou na sua primeira tentativa no Castelo do Graal e que de fato não é o poderoso Cavaleiro Vermelho, mas um embusteiro disfarçado. Entretanto, é a mesma Cundrie que aparece na última ponte (transcendência) para o Castelo do Graal. Em seu capuz preto estão doze pombas brancas e um Cálice Dourado. É quando veem Cundrie montada em seu corcel árabe cavalgando com o jovem herói que os súditos do Rei Doente bradam: "Estamos livres!". Cundrie é o lado oposto da adorável Donzela do Graal, o lado idoso, mais sábio.

O ensaio de Caitlin Matthews "Sophia, Companion on the Quest" (em *Table of the Grail*) apresenta Cundrie como Dama Realeza, a terra em si, a Mãe Terra e o reino que realmente interessa a Perceval. Ela é a típica velha bruxa enfeitiçada que, nos contos de fadas celta, é transformada em uma jovem e bela princesa por um herói de coração puro que vê através das aparências e a ama. Intuitivamente, Perceval valoriza a ajuda dela na Busca do Graal apesar de seu modo rude para com ele na corte. Ele confia na sua ajuda na perigosa travessia da ponte e na derrota dos guardiões da Velha Era que tentam impedir sua entrada no Castelo. É parcialmente devido à sua confiança em Cundrie, como também a seu amor por Conduire Amour, que ele vence. O encantamento do Castelo será desfeito se ele fizer a pergunta – se estiver, *ao mesmo tempo*, consciente e pleno de compaixão.

Chama a atenção o fato de Perceval ter permanecido fiel à sua herança galesa e também ao que era útil no Código de Cavalaria Bretão. Ele dá valor à magia de Cundrie e não tem medo de pontes rotativas perigosas que giram enquanto ele tenta cruzá-las ou de pontes que desabam depois de ter passado por elas. Ele conserva sua simpatia celta e depois de transcender (passar pela ponte) os opostos, em sua segunda entrada no Castelo, está determinado a formular a pergunta correta. Na versão alemã, do poeta Wolfram, ele encontra seu nobre e meio-irmão Feirefiz, metade muçulmano, na última passagem sobre a ponte refletida que dá ao Portão do Castelo. (O espelho é também nossa visão do Self, objetivamente falando. É um bom símbolo uraniano para a consciência. O mundo exterior é nosso espelho em qualquer etapa de nossa jornada – a perspectiva exterior de nosso progresso, ou a confirmação desse.)

Perceval vê um Cavaleiro e começa a lutar com ele. De repente, ele reconhece seu nobre meio-irmão, o muçulmano, Feirefiz. Feirefiz também conquistou o acesso ao Castelo do Graal. Uma vez no interior do castelo, Perceval se dá conta de que pode ver a pedra do Santo Graal (na versão de Wolfram, trata-se de uma pedra, não de um Cálice, que está sobre uma pátena dourada segurada pela Donzela do Graal). Feliz por não ficar cego por sua luz, como aconteceu com Sir Lancelot, que ainda não estava preparado para a experiência, Perceval quer partilhar a visão sublime com Feirefiz. Seu meio-irmão, entretanto, é incapaz de ver o Graal. Ele está enfeitiçado pelos olhos azuis de sua donzela – totalmente encantado.

Uma segunda donzela se apresenta para explicar a Perceval que Feirefiz não foi iniciado (batizado no cristianismo), e por isso não pode ver o Graal. Cautelosamente, Perceval explica que o muçulmano deve aceitar a Santíssima Trindade (que deve ter parecido politeísmo para ele) antes de poder ver o Graal. Feirefiz apenas pergunta: "*Ela é* cristã? (se referindo à Donzela do Graal). Se ela for, e se puder se casar comigo, aceito ser batizado com alegria". A Pedra do Graal inclina-se, enche uma pia batismal e Feirefiz é iniciado. É interessante que no interior do Castelo apenas o amor é importante.

É muito semelhante ao que Omar Khayyam escreveu sobre seu estado de consciência alterado, sua intoxicação com o Vinho Divino, que o fez ir além do mundo dos teólogos islâmicos:

> Há pouco apareceu, bem pela hora do Ocaso,
> E entrou, pela Taverna, um Anjo, de mansinho.
> Ao ombro ele trazia um borbulhante Vaso
> De que me deu um trago... E senti que era Vinho.
> Pois a Uva e nada mais, com lógica absoluta,
> Quantas Seitas houver, decidida, refuta;
> Soberana alquimista e que, em sua ciência,
> Sabe mudar em Ouro o Chumbo da existência.
> LVIII e LIX

Feirefiz e Perceval, juntos, dirigiram-se à Mesa do Graal e ficaram olhando a procissão dele. Dessa vez, Perceval insistiu que lhe fosse dada permissão para formular sua pergunta antes da refeição ou antes de ser envolvido em alguma outro evento. O Rei Doente havia mandado trazer seu manto verde para ele, mas insistiu que primeiro deveria consertar uma espada mágica quebrada. (Gawain, em outra versão, havia anteriormente estado no Castelo e não conseguira restaurar a espada.) Perceval reparou-a, mas o Rei disse com seriedade: "Parece que a rachadura ainda aparece onde você fez o conserto. Você não se saiu bem!". Com tristeza, mas com humildade, Perceval começou a fazer a pergunta. Depois de sua demonstração de humildade, o soberano riu e pulou, curado. A terra ao redor do Castelo imediatamente se tornou verde, mesmo antes que Perceval terminasse de perguntar. Ele fora consciente, humilde e misericordioso. Ele fora leal à sua Guia (Conduire Amour), transcendera a dualidade e conquistara a resposta à sua pergunta, a qual incluía o segredo de que *ele* era o herdeiro do Trono do Graal com todos os seus poderes. O Rei Doente era irmão de sua mãe. Embora fosse seu destino, Perceval não podia simplesmente herdar o castelo do Graal e seus tesouros; devia merecê-lo, ser digno dele. De outro modo, o Castelo teria outro Rei ferido, doente, que não transcendera o vermelho e o branco ou o branco e o preto. Mas Perceval, por sua transformação interior, não apenas herdara o tesouro do Castelo, mas ainda curara a ferida do Rei Doente.

Chegamos agora àquela que talvez seja a pergunta mais interessante para a Nova Era. O que fez Perceval com o Poder, com o Tesouro do Graal, a Pedra (ou Cálice) mágica? Na versão de Wolfram, ele prestou serviços em um Conselho da Fraternidade do Graal, constituído por outros reis do Graal que haviam se autor-realizado antes dele, em benefício da humanidade – o que é típico do aquariano. O austero autor francês fez com que se recolhesse em um convento por alguns anos até a morte do tio, o rei que ele havia curado e livrado. Perceval então governou do Castelo e depois de certo tempo subiu ao céu levando consigo o Graal. Jung e von Franz acreditam que esse foi o final porque o autor não tinha outro modo de concluir a lenda se não fazer com que os conteúdos do inconsciente (o *Graal*) retornassem ao inconsciente (céu), em vez de permanecer na Terra como poderes a que todos poderíamos ter acesso. Em outras palavras, a Idade Média não estava preparada para a mensagem. (Wolfram escreveu vários séculos depois do monge francês.)

Em versões de séculos posteriores, uma nova minilenda foi acrescentada à estrutura. O assento de Judas, permanentemente vazio desde a morte de Cristo, estava esperando a chegada do Cavaleiro do Graal e do Tesouro (o Graal) para restaurar a harmonia. Perceval deixou o Castelo do Graal e levou o tesouro de volta para a Távola Redonda da Última Ceia, seu lugar de origem. Temos assim uma mandala completa, a mesa circular, com o tesouro no centro. Em *Psicologia e Alquimia* (figura 88), Jung nos oferece uma representação dessa Mesa. A humanidade irá beneficiar-se com a conclusão da Mesa; assim julgamos.

No limiar da Nova Era, os conteúdos inconscientes do Graal novamente procuram se tornar conscientes, de modo que a última ponte transcenda o dogmatismo religioso e conduza a uma experiência mais direta com o Divino. Anjos do Graal sobejam e, através de canais, trazem à humanidade suas mensagens. Devemos, porém, desenvolver nossa percepção uraniana e permanecer vigilantes e alertas ao significado disso tudo, pois com toda certeza a luz e a sombra estão entrelaçadas. A sinceridade, a integridade, a coragem, a humildade e as outras virtudes de Leão/Aquário são duplamente enfatizadas, e devemos decidir quando formular perguntas e quando abafar a necessidade estreita e limitada da mente de compreender tudo ao longo do caminho. As virtudes netunianas da fé, intuição, compaixão e simpatia pelos reis moribundos da era antiga também são importantes. Afinal, no interior do Castelo, estamos imersos em um mundo netuniano totalmente além da órbita mental de Urano. (Veja Capítulo 12, Peixes.)

A progressão em Peixes é importante na vida de um aquariano, que pode desenvolver habilidades psíquicas e de meditação nesse período, ou pode pôr tudo a perder no ciclo inferior de Netuno – com drogas, álcool e fuga. Por meio das artes, ele pode desenvolver um valor estético e um gosto por Netuno, e pode alcançar o Castelo do Graal a partir disso. Por ser um ciclo mais calmo e introvertido, na progressão em Peixes, Aquário desejará ajudar a humanidade (seus amigos). Porém, pode não compreender como conduzir-se durante essa época, pois está habituado a uma energia mais extrovertida. Durante a progressão em Áries, por ser um ciclo mais mental, ativo e extrovertido, Aquário geralmente se sente mais à vontade.

Os aquarianos que passam por este ciclo muitas vezes mencionam que dispõem de uma energia física como nunca antes, embora já tenham bastante idade, o que lhes dá forças para serem Anjos do Graal. Encontrei poucos aquarianos esotéricos que viveram a progressão para Touro, mas todos me disseram que se sentiram privilegiados por terem experimentado a concretização do sonho – a implantação de forma sólida (Touro), como um programa de bolsas de estudo para pesquisa científica, uma fundação de serviço comunitário aos pobres ou uma organização espiritual a que dedicaram sua vida. Na progressão taurina, Aquário retorna à sua fixidez natal, revive aquela sensação familiar de convicção com relação a seus princípios, à qualidade de seu trabalho e ao caminho de vida escolhido.

Mas é durante a progressão em Peixes que o trabalho interior se completa; assim, nesse estágio, é importante que Aquário se cerque de bons amigos e guias – pessoas que dão o melhor de si. É nessa fase que os aquarianos se interessam menos pelas ciências da Antiga Era e procuram se envolver com estudos da Nova Era. Normalmente os guias são encontrados na progressão de Peixes. O artigo de Caitlin Matthews, em *Table of lhe Grail*, conclui que Sophia, ou Sapientia, a Guia Sábia, irá permanentemente lembrar-nos do Paraíso Perdido, do tesouro interior do qual estamos afastados, e irá intensificar nossa busca desse tesouro, não permitindo que nos desviemos com objetivos secundários e caprichos. A intuição fortalecida na progressão em Peixes permite a Aquário escolher um guia que lhe indicará o que precisa saber, embora às vezes seja doloroso ouvir.

Aquário, com seu desejo inato de servir à humanidade e de ser popular, precisa ser cuidadoso com guias ansiosos por bajulação. Cundrie, a bruxa com as pombas em seu capuz, merecia respeito porque, não obstante sua natureza mexeriqueira, dissera a verdade como a percebera, de modo embotado. Conduire Amour personifica um Ideal, uma orientação para a vida, para as qualidades do coração. A donzela do Graal, que guarda o tesouro, representa a pureza da intenção. A pessoa deseja encontrar o Graal para os outros, mas também para sua própria realização. É esse altruísmo e essa humildade – desinteressada em estados elevados do Ego – ampliada pela compaixão pisciana, que, no final, acabam vencendo.

Enquanto na Antiga Era o fazer e o realizar eram valorizados pelo coletivo (o antigo ideal do *Dharma*, definido pelos pais e pelas autoridades religiosas), a Nova Era salienta a Realização Individual e respeita o que Joseph Campbell chama de "pessoas íntegras que seguem sua própria verdade". O Graal, como cálice, caldeirão ou pedra, é um símbolo feminino. A expectativa é que os valores femininos sejam importantes na Era do Graal; que *quem somos* seja tão importante quanto *o que* realizamos, cientificamente ou de qualquer outro modo.

O Castelo do Graal é o "céu interior" do ensinamento bíblico. As parábolas de Cristo sobre o Reino Interior fazem uso frequente de imagens que têm forte semelhança com o budismo – por exemplo, a "pérola de grande valor", e a "joia de lótus" (do coração). Em ambos os sistemas, o tesouro interior é o mais importante, e está oculto. (Na parábola, ele está enterrado no campo. Esse campo, com absoluta certeza, é o coração humano, que é também a "taverna" de Omar Khayyam, segundo Bjerregaard, o comentador sufi.)

Relativamente ao tema "castelos", *Chandogya Upanishad* assim se expressa:

> No Centro do Castelo de Brahma,
> Nosso próprio Corpo,
> Existe um pequeno santuário em forma de flor de lótus
> e dentro deste há um pequeno espaço.
> Precisamos descobrir quem aí está e
> Procurar conhecê-lo... pois o universo inteiro
> está nele, e ele está em nosso coração.

Podemos simpatizar com o francês que tentou concluir a lenda do Graal depois da morte de Chretien de Troyes! Como os sufis colocam muito bem, trata-se de uma busca pessoal do Amor, da Luz e da Verdade objetiva – essa meta uraniana aparentemente ilusória. Como o Rei Pescador, com sua vara de pescar no lago, precisamos entrar (no lago do inconsciente) e pescar, e também formular perguntas a nossos Guias do Mundo Exterior.

Sri Yukteswar, em *The Holy Science*, nos diz que desde o tempo de Galileu até o começo do Dwapara Yuga, em 1899 (o Skanda, ou interstício de duzentos anos entre Kali Yuga e Dwapara Yuga), a humanidade aprofundou seu conhecimento da eletricidade e das possibilidades da corrente elétrica. Ele previu que no novo Yuga (depois de 1899), os cientistas avançariam rapidamente em sua compreensão da eletricidade e de seus usos. No mesmo livro, ele fala do revestimento elétrico intelectual do corpo. Existem cinco revestimentos que precisamos atravessar para encontrar o Self, e o penúltimo é o elétrico mental. Além desse revestimento está Chitta, o amor do coração, o Self. Como Yukteswar previu, desde 1899 a humanidade ampliou de fato seu conhecimento da eletricidade, e com rapidez inventou muitas coisas úteis.

É significativo que Urano, que rege a eletricidade e o corpo elétrico mental, tenha sido descoberto em 1781. Em termos de sincronicidade, Benjamin Franklin efetuou experimentos com a eletricidade do solo com para-raios e pipas por volta da época da descoberta de Urano.

Netuno foi descoberto em 1846, quando os cientistas observaram que algo (Netuno) estava atraindo Urano e provocando irregularidades em seu padrão orbital. Essa atração que Netuno exerce sobre Urano é muito interessante do ponto de vista esotérico. Significa que o errático mas intuitivo planeta, Urano, tem sua energia mental atraída por um planeta psíquico, um planeta que desde os tempos primordiais está associado ao oceano (o inconsciente), desde o mundo celta, passando pela Grécia e chegando ao Oriente. A energia mais consciente, mais racional é atraída por Netuno. Ainda, um é altruísta (Urano) e o outro compassivo (Netuno), de modo que existe, também aqui, um fator comum.

Netuno talvez tente abrir a órbita de Urano (em que muitas pessoas Nova Era residem) ao psíquico, ao imaginativo, ao poder dos conteúdos inconscientes. O glifo de Peixes (♓) representa dois mundos: a esfera do Céu de costas para a esfera da Terra, ambas ligadas por um cordão de prata. A energia psíquica e a energia racional, assim, influenciam-se mutuamente, ou talvez escoem pelo cordão que as liga. Vemos essa atração ao observarmos a vida e a visão de mundo das pessoas com planetas natais tanto em Peixes quanto em Aquário, ou em pessoas com contatos de Urano e Netuno com o Sol, a Lua ou ascendente presentes na personalidade. Nesses casos, temos uma alma que não é deste mundo, um Anjo do Graal, que pode não entender a Antiga Era, mas que poderá viver uma vida produtiva na Nova. No Castelo do Graal, o Céu e a Terra se reuniram, e Deus desceu para entrar em contato com a Humanidade. Esperamos que a ponte da Era de Peixes à Era de Aquário também testemunhe isso. Em *Os Trabalhos de Hércules* (Aquário), Alice Bailey diz que o décimo primeiro mandamento de Cristo: "Ama a teu próximo como a ti mesmo por amor a Deus", representará a ponte entre as duas Eras.

Em que signo Urano se exalta? Qual é a melhor posição de casa, sem considerar sua própria – a 11ª Casa? Como indicaram os astrólogos hindus, ainda não se passaram nem 250 anos desde a descoberta do planeta, um tempo insuficiente para tomar uma decisão. Entretanto, é sempre interessante especular. Minha própria experiência me levou a concluir que a 3ª Casa é bastante forte (exaltada) para Urano. Ao longo dos anos, encontrei muitas pessoas brilhantes e inovadoras com Urano na 3ª Casa, que, naturalmente, corresponde a Gêmeos no Zodíaco natural.

Podemos postular a exaltação de Urano em Gêmeos com base no impacto social da geração dos anos 1960. Essa geração chegou à idade adulta durante os anos idealísticos da presidência de Kennedy (nos Estados Unidos) e voluntariava-se para programas como o Peace Corps e o Vista. Um pouco depois, durante a administração Johnson (programas domésticos da Grande Sociedade), a juventude frequentava o Ensino Médio e a faculdade em números recordes, preparando-se para fazer do mundo um lugar melhor por meio do serviço social, do ensino, e de outras profissões ligadas às comunicações (Gêmeos). Muitos jovens eram liberais e até radicais. Os não liberais foram lutar no Vietnã com idealismo e convicções semelhantes. Outros clientes com Urano em Gêmeos buscaram uma saída para o idealismo humanitário em Comunidades de Fraternidade Universal durante os anos 1970. O espírito de grupo era avançado nessas comunidades, onde pessoas afins ("amigos" Urano) se reuniam para meditar e servir. Muitos ainda vivem em áreas rurais, mas, nos anos 1980, um número cada vez maior está retornando à cidade para compartilhar suas mensagens. Os conteúdos psíquicos do Graal provavelmente se derramarão sobre a humanidade como consequência dos esforços dessa geração.

Clientes com Urano na 3ª Casa manifestam muitas das características da geração de Urano em Gêmeos. Eles são idealistas, orientados para futuro, pensadores progressistas (a menos que Saturno esteja envolvido por aspecto ou que Capricórnio seja forte no mapa natal); interessados na consciência e alternativas da Nova Era. Esse é um posicionamento clínico, científico. Há os que estão pesquisando e desenvolvendo projetos, descobrindo novidades alternativas em educação, em psicologia e em ciências da Nova Era. Outros se interessam por pesquisas sobre a estrutura dos cristais como técnica de cura mais sutil. Essas pessoas lideram as inovações e as descobertas da Nova Era. O efeito negativo da exaltação na 3ª Casa é inquietação (a menos que Urano esteja em um signo fixo), impaciência com as coisas da Antiga Era e uma tendência a desperdiçar energia. No horóscopo individual, planetas em Terra ou em signos fixos ajudam a aterrar a corrente uraniana.

Embora (até o momento da escrita dessa obra) os astrólogos não tenham tido a oportunidade de estudar pessoas com Urano em Virgem, com base na força de Urano na 6ª Casa é possível dizer que essa é também uma possibilidade de exaltação. Na 6ª Casa, as percepções intuitivas de Urano contribuem com engenhosidade para uma área de serviço. A combinação de Urano e Virgem, de altruísmo e serviço, é auspiciosa. Virgem, um signo de terra (6ª Casa no Zodíaco natural), aterra as correntes errantes de Urano e facilita a aplicação prática de seus ideais e intuições melhor do que o aéreo Gêmeos. Entretanto, clientes com Urano na 6ª Casa sofreram de tensão nervosa (o aspecto da saúde da 6ª Casa) na aura até encontrar, de fato, uma maneira de aplicar seu Urano à educação ou às curas alternativas, ou seja, até encontrar um serviço que provesse uma saída para Urano.

Qualquer que seja a posição de Urano no mapa, é comum perguntar ao astrólogo: "Qual deve ser meu trabalho na Nova Era?". Essa pergunta é o equivalente contemporâneo de "O que é o Graal e a quem ele serve?". Até certo ponto, a casa, o signo e os aspectos de Urano no mapa natal ajudam a formular a pergunta. Mais importante do que isso, porém, é o nível intuitivo, o nível de consciência de quem pergunta. A pessoa que pergunta qual deveria ser seu *importante* trabalho, por exemplo, está querendo dizer estar esperando que o Anjo do Graal desça, por intermédio do astrólogo ou de um sensitivo, e lhe dê condições de se tornar reconhecido como um líder da Nova Era da noite para o dia. Se isso é o que prevalece, pode acontecer que a pessoa conserve resíduos do materialismo e da mentalidade competitiva da Antiga Era. A despeito de sua grande inteligência e ideias estimulantes, ele pode estar prestes a ter um despertar abrupto. Os outros provavelmente não o levarão a sério, pelo menos não por muito tempo.

Em *Os Trabalhos de Hércules*, Alice Bailey afirma que aqueles que sofreram pouco, os uranianos que tiveram muito conforto, não estão preparados para superar o egoísmo da Antiga Era. Eles ainda estão à procura do reconhecimento pessoal como líderes; não estão pensando impessoalmente a respeito do que é bom para o grupo, para a humanidade. Fascinados consigo mesmos, continuam presos à natureza do desejo. (Veja *Os Trabalhos de Hércules* "Aquário".) Esses precisam transcender a filosofia de Leão ou Solar, em que são o Sol e os outros são os planetas que orbitam ao seu redor, para se expandirem na direção de uma harmonização universal para o bem maior. (Os psicólogos junguianos disseram a mesma coisa com relação aos curadores. Pessoas que sentem a ferida na própria pele têm melhores condições de orientar outras pessoas que sofrem.) Apesar disso, parece também que os uranianos em sua expansividade humanitária ainda precisam da habilidade de Leão para perceber as necessidades dos outros – a exceção à Regra Universal. Às vezes, a linha divisória entre o desapego uraniano e a indiferença é muito sutil.

Júpiter, regente esotérico de Aquário e da Nova Era, acrescenta bondade e compaixão aos princípios mentais elevados e à objetividade científica de Urano. É bom que uranianos expandam sua mente brilhante em uma direção positiva em vez de expandir ou inflar seu Ego. Como regente clássico de Peixes, antes da descoberta de Netuno, Júpiter é um planeta espiritual, de uma natureza generosa. Ele traz amor e luz. Mas Júpiter e Urano são orientados para o futuro, espíritos livres, espontâneos e interessados na Verdade objetiva. Ambos operam em um nível universal, de consciência coletiva. Ambos têm ligação com a iluminação. (Zeus com o raio; Urano com a corrente elétrica.) Júpiter, entretanto, é o Guru, na astrologia hindu. Júpiter enche a Taça de Aquário com Ananda (alegria, felicidade) e lhe propicia paz de espírito – liberdade das evasivas intelectuais. (Veja o *Rubaiyat, in totum*.)

Questionário

Como o arquétipo de Aquário se expressa? Embora se destine especialmente aos que têm o Sol em Aquário ou Aquário no ascendente, qualquer pessoa pode aplicar este questionário à casa em que seu Urano está localizado ou à que tem Aquário (ou Aquário interceptado) na cúspide. As respostas indicarão até que ponto o leitor está em contato com seu Urano, sua mente inventiva/caprichosa e suas tendências altruístas.

1. Quando criança, os adultos me achavam rebelde porque eu perguntava "por quê?":
    a. Quase sempre.
    b. Algumas vezes.
    c. Quase nunca.

2. Dou valor à liberdade:
    a. No mais alto grau.
    b. Medianamente.
    c. Não muito.

3. Relaciono-me bem com pessoas provenientes de qualquer nível social, educacional e econômico. Meu comportamento é orientado por uma mente aberta:
    a. 80% das vezes.
    b. 50% das vezes.
    c. 25% das vezes ou menos.

4. Quando minhas ideias são desafiadas, os outros me veem como intransigente e voluntarioso:
    a. 80% das vezes.
    b. 50% das vezes.
    c. 25% das vezes ou menos.

5. Quando estressado, a parte de meu corpo que mais me causa problemas é:
    a. Nenhuma. Em geral, tenho boa saúde.
    b. O sistema nervoso central.
    c. Os tornozelos ou a circulação.

6. Meu maior medo é:
   a. Ser rejeitado pelos meus amigos.
   b. Não ser convidado a participar de algo que a maioria dos meus amigos faz parte.
   c. Não ser bem compreendido.

7. O maior obstáculo a meu sucesso provém:
   a. De circunstâncias fora do meu controle.
   b. De dentro de mim mesmo.

8. Os interesses de Aquário de grande importância para mim, como projetos de grupo, amizades e liberdade, são:
   a. Muito importantes.
   b. Bastante importantes.
   c. Pouco importantes.

9. Sou considerado criativo e original por:
   a. 80% das pessoas que encontro.
   b. 50% das pessoas que encontro.
   c. 25% das pessoas que encontro.

10. Quando jovem, imaginava realizar grandes feitos pela humanidade por meio de alguma descoberta científica, de uma organização filantrópica ou do exercício do ministério pastoral. Esse era:
    a. Um desejo forte.
    b. Um desejo moderado.
    c. Não lembro de ter tido um desejo semelhante.

Os que marcaram cinco ou mais respostas (a) estão em contato significativo com Urano no nível mundano. Os que assinalaram cinco ou mais respostas (c) precisam trabalhar na casa em que Urano faz seu domicílio ou que rege. Os que responderam (b) à questão 7 precisam trabalhar na formulação adequada de suas perguntas à medida que prosseguem em sua busca.

Onde está o ponto de equilíbrio entre Aquário e Leão? Como Aquário integra o Coração de Leão em seu reino analítico? Como ele integra o altruísmo cósmico e a habilidade de relacionar-se com a pessoa que mora a seu lado? Embora se refira de modo particular aos que têm o Sol em Aquário ou Aquário no ascendente, todos temos Urano e Sol em algum lugar em nosso mapa. Muitos temos planetas na 5ª e 11ª casas. Para todos nós, a polaridade Aquário/Leão implica a habilidade de nos relacionarmos tanto no nível universal quanto no pessoal.

1. Quando algo me aborrece:
    a. Guardo para mim mesmo.
    b. Às vezes, analiso a questão com meus amigos.
    c. Falo sobre o assunto até que pare de doer.

2. Embora seja o primeiro a dispor de meu tempo para uma atividade filantrópica ou cívica, tenho tendência a não olhar para as necessidades dos que estão mais próximos de mim:
    a. 80% das vezes.
    b. 50% das vezes.
    c. 25% das vezes ou menos.

3. Aproveito a oportunidade de utilizar meus talentos criativos:
    a. Raramente.
    b. Medianamente.
    c. Quase sempre.

4. Considero que minha habilidade de relacionamento com crianças é:
    a. Fraca.
    b. Razoável.
    c. Boa.

5. Meu enfoque da vida se baseia:
    a. Principalmente na análise.
    b. Em uma mistura de análise e sentimento.
    c. No sentimento.

Os que assinalaram três ou mais respostas (b) estão desenvolvendo um bom trabalho com a integração da personalidade da polaridade Leão/Aquário. Os que marcaram três ou mais respostas (c) precisam trabalhar mais conscientemente no desenvolvimento do Urano natal em seu mapa. Os que têm três ou mais respostas (a) podem estar fora de equilíbrio na outra direção. Estudem Urano e Sol no mapa astral. Qual deles é mais forte por posição de casa, ou signo? Eles estão em detrimento, interceptados, ou em queda? Existe algum aspecto importante relacionado ao Sol? Aspectos relativos ao planeta mais fraco indicarão o modo de integração desse planeta.

O que significa ser um aquariano esotérico? Como Aquário integra o expansivo Júpiter, seu regente esotérico, na personalidade? Todo aquariano terá Urano e Júpiter em algum lugar do mapa. O bem integrado Júpiter acrescenta a compaixão à personalidade aquariana analítica. As respostas às questões que seguem ajudam a mostrar até que ponto Aquário está em contato com Júpiter.

1. Procuro conscientemente ser amável e analítico em meus relacionamentos pessoais:
   a. A maioria das vezes.
   b. Algumas vezes.
   c. Quase nunca.

2. Tomo minhas decisões baseado na intuição e na lógica:
   a. 80% das vezes.
   b. 50% das vezes, ou mais.
   c. Aproximadamente 25% das vezes.

3. Se sou afastado de meus amigos, eu:
   a. Continuo indo em frente com fé.
   b. Retiro-me por certo tempo e fico remoendo a volubilidade humana.
   c. Conservo minhas "ideias criativas" para mim mesmo daí por diante.

4. No trabalho pela humanidade, minha motivação é:
   a. Resultado de meu contato com o Self.
   b. Em parte por vaidade pessoal e, em parte, pelo bem em si mesmo.
   c. Para impressionar os outros e conquistar amigos.

5. Quando presto serviço a uma organização, eu:
   a. Trabalho bem com todos para o bem comum.
   b. Procuro me comprometer.
   c. Sempre presto o serviço a meu modo.

Os que marcaram três ou mais respostas (a) estão em contato com seu regente esotérico. Os que assinalaram três ou mais respostas (b) precisam trabalhar mais na integração da flexibilidade e consideração de Júpiter. Carecem de entrar mais em contato com sua intuição por meio da casa em que está Júpiter e as casas regidas por ele – Sagitário e Peixes. Os que marcaram três ou mais respostas (c) devem estudar seu Júpiter natal. Está ele interceptado, retrógrado, em queda, em detrimento? Júpiter rege dois signos mutáveis e facilita o comprometimento e a cooperação em um signo fixo, Aquário.

Referências Bibliográficas

Alice Bailey. *Esoteric Astrology*, Lucis Publications, Nova York, 1976.

_____. *Labours of Hercules*, Lucis Publications, Londres, 1977.

C. H. A Bjerregaard. Hafiz Edition of the *Sufi Interpretation of the Rubaiyat of Omar Khayyam*, J. F. Taylor and Co., Nova York, 1902.

Caitlin Matthews. "Sophia, Companion on the Quest", in *Table of the Grail*, Routledge and Kegan Paul, Londres, 1984.

E. A. Burtt. *Teachings of the Compassionate Buddha*, Mentor Publications, Nova York, 1955.

Edward Fitzgerald. *The Rubaiyat of Omar Khayyam*, Eben Frances Thompson, Boston, 1899.

Emma Jung e Marie-Louise von Franz. *The Grail Legend*, Sigo Press, Boston, 1980. [*A Lenda do Graal*, Editora Cultrix, São Paulo, 1990.] (fora de catálogo)

Heinrich Zimmer. *Myths and Symbols in Indian Art and Civilization*, Princeton Press, New Jersey, 1974.

Indries Shah. *The Sufis*, Octagon Press, Londres, 1984.

J. C. Cooper. *Chinese Alchemy: the Taoist Quest for Immortality*, Aquarian Press, Wellingborough, 1984.

John Matthews. "Temple of the Grail", *in Table of the Grail*, Routledge and Kegan Paul, Londres, 1984.

Joseph Campbell. *Creative Mythology*, Penguin Books, Nova York, 1968.

_____. *Flight of the Wild Gander*, Viking Press, Nova York, 1969.

Mircea Eliade. *Yoga Immortality and Freedom*, Princeton University Press, Princeton, 1969.

Sallie Nichols. *Jung and the Tarot*, Samuel Weiser, Nova York, 1980. [*Jung e o Tarô – Uma Jornada Arquetípica*, Editora Cultrix, São Paulo, 1988.]

Swami Sri Yukteswar. *The Holy Science*, Self-Realization Fellowship Press, Los Angeles, 1974.

T. W. Rolleston. *Myths and Legends of the Celtic Race*, Constable Press, Londres, 1985.

The New Testament According to the Eastern Text (George M. Lamsa, trad.), Filadélfia, 1940.

The Upanishads, "Chandoyga Upanishad", Penguin Press, Nova York, 1975. [*Os Upanishads – Sopro Vital do Eterno*, Editora Pensamento, São Paulo, 1987.] (fora de catálogo)

12

Peixes:

A Busca do Castelo da Paz

O Sol entra em Peixes por volta do dia 19 de fevereiro e permanece nesse signo até por volta de 21 de março. Peixes é o último dos quatro signos: a Água mutável. Como o oceano cósmico infinito, ele é ilimitado e universal e, como escreveu William Blake: "Quem pode prender o infinito?". Sensível, atencioso e adaptável, Peixes é o último signo do Zodíaco, a última das 12 Casas e o fim do ano astrológico. Espiritualmente, o período de vida de Peixes está associado à ruptura com o apego sem perder o contato com os sentimentos da bondade e da compaixão.

Embora nosso Zodíaco moderno represente Peixes como dois peixes nadando em direções opostas, muitas culturas, através dos tempos, escolheram o golfinho para simbolizar Peixes. O golfinho era sagrado para três deuses diferentes: Apolo, Poseidon e Dionísio. Por sua utilidade, bondade, misericórdia, e até por suas qualidades curativas, o golfinho é um símbolo apropriado para Peixes. No palácio do Rei Minos, em Creta, as paredes dos aposentos da rainha retratam dois golfinhos nadando em direções opostas. Golfinhos semelhantes aparecem na roda do Zodíaco nas distantes ruínas de Wadi-Hesa, próximo da Palestina. O folclore do golfinho deve ter sido tão difundido e popular no mundo antigo que chegou até o deserto, tão longe do mar, onde poucas pessoas teriam tido a ocasião de ver um de verdade.

A história grega de Telêmaco, filho do herói épico Ulisses, nos diz que ele foi salvo das águas por um golfinho, que então fora escolhido para fazer parte do escudo da família. No belo "Hino a Dionísio", de Homero, lemos que piratas capturaram o jovem deus pensando que era o formoso filho de um príncipe. Eles tentaram amarrar suas mãos e pretendiam mantê-lo como refém para pedir resgate. Dionísio libertou-se e transformou os mastros em parreiras. Em seguida, atirou os piratas ao mar e transformou-os em golfinhos. Até hoje diz-se que os golfinhos ainda se lembram de sua vida anterior como homens e se reúnem em torno dos navios, direcionando pequenos peixes para as redes dos marinheiros. Tendo em vista que três deuses gregos consideravam o golfinho sagrado, os gregos tinham o maior cuidado com essa criatura. No Oriente Próximo, todavia, os golfinhos eram usados para produzir remédios homeopáticos. Eram assim associados à cura, e Peixes, a um signo de cura.

Nos tempos romanos, Plínio contou a história do menino e do golfinho, a qual associa o ser do mar com a morte e com a vida após a morte. Essa história evoca uma imagem tão intensa do inconsciente que mesmo hoje vemos fontes que retratam o menino e o golfinho. Na história de Plínio, um menino, provavelmente órfão, encontrava-se todos os dias com um golfinho, alimentava-o e dava umas voltas em suas costas. Um dia, quando seu amigo humano não apareceu, o golfinho foi procurá-lo. Depois de algum tempo, encontrou o menino afogado. Levou-o então até a praia e ficou com ele até morrer. Nos vasos funerários gregos, Hermes, Guia das Almas, e o golfinho apareciam juntos, os dois amigos da humanidade que ajudavam as almas que partiam a encontrar seu caminho na outra vida.

O golfinho reflete um tipo de bondade particularmente pisciana ao deitar próximo ao menino e morrer. Ele não distinguiu entre sua própria vida, seus próprios interesses, e os do menino. No oceano cósmico do sentimento, não há fronteiras, não há limites entre uma criatura e outra. Um pisciano ouvindo um amigo contar uma história de sofrimento logo estará chorando com ele, por pura empatia e compaixão. Se Peixes se deita e morre com a pessoa em vez de se distanciar dela mentalmente (estabelecendo limites), fica difícil ajudar o amigo a encontrar uma solução ou uma maneira de lidar com o problema.

Assim, quando um amigo ou cliente de Peixes diz: "Quero encontrar uma profissão compassiva e ajudar a humanidade sofredora; você acha que eu seria um bom psicólogo ou um bom astrólogo?", é importante procurar o elemento Ar em seu mapa. Afinal, a pessoa tem condições de manter distância do sofrimento dos outros? Há objetividade? Há um Mercúrio forte, não afligido? Caso Netuno esteja em uma casa angular (1ª, 4ª, 7ª ou 10ª) ou se faz aspecto com Mercúrio, Sol ou Lua da pessoa, é melhor perguntar: "Você se sente exaurido quando as pessoas lhe contam coisas sobre seus sofrimentos e dores? Como você se sentiria depois de um dia inteiro com os problemas dos outros? Ou de uma semana? Ou de vários anos?". Se esse envolvimento com estados de espírito e sentimentos dos outros é cansativo para pessoas com Sol em Peixes ou Peixes no ascendente, muito provavelmente será desanimador e exaustivo elas compartilharem da tristeza que um assistente social, um astrólogo, um psicólogo ou outro orientador encontram. Um pisciano com Mercúrio em Aquário, porém, terá a necessária objetividade.

Precisamos esclarecer um ponto antes de discorrer sobre o tema da dualidade, tão importante para o arquétipo de Peixes. Sol ou ascendente em Peixes é um idealista, que não se desfaz de um sentimento ou intuição fortes sem uma grande ansiedade ou culpa. Essa é uma verdade, independente de quanto ambivalente esse signo duplo e mutável pareça aos outros. Trata-se de uma personalidade absolutista, convicta. A história a seguir, sobre um encontro entre dois absolutistas, adeptos de filosofias altruístas totalmente diferentes, ilustra bem essa questão.

Há vários anos, um aquariano que transitava pela progressão em Peixes (veja Capítulo 11) passou a se interessar por música e começou a assistir a concertos regularmente. Em uma festa, depois de um concerto, encontrou uma atraente harpista pisciana e convidou-a para jantar. Encontraram-se durante três meses, e descobriram que tinham em comum não apenas o interesse pela música, mas ainda compartilhavam um idealismo mútuo, um desejo de fazer deste mundo um lugar melhor. Certa noite, quando discutiam sobre a data do casamento, ela de repente perguntou: "A propósito, o que você realmente faz durante o dia? Sei que você é um cientista de laboratório, mas não posso imaginar o que isso significa. Conheço pouca coisa de ciências".

"Ah", disse ele, "bem, neste exato momento, estamos às voltas com um projeto muito interessante, pesquisando para uma companhia que fabrica xampu. A empresa quer ter garantias de que o produto não prejudicará os olhos das pessoas nem lhes causará alergias; por isso estamos fazendo testes em coelhos. Os coelhos têm olhos sensíveis; assim, se eles não forem afetados pelo xampu, quer dizer que provavelmente a maioria das pessoas também não será...".

Ela o cortou abruptamente: "O quê? Você quer dizer que seu trabalho é injetar venenos químicos nos olhos de animais indefesos? Que crueldade! Esqueça nosso compromisso. Eu certamente não mais me sentiria bem ao seu lado, sabendo que seu trabalho é tão cruel".

O homem estava totalmente desnorteado quando telefonou para cancelar a leitura do mapa do relacionamento: "Por que ela não consegue entender? Quero

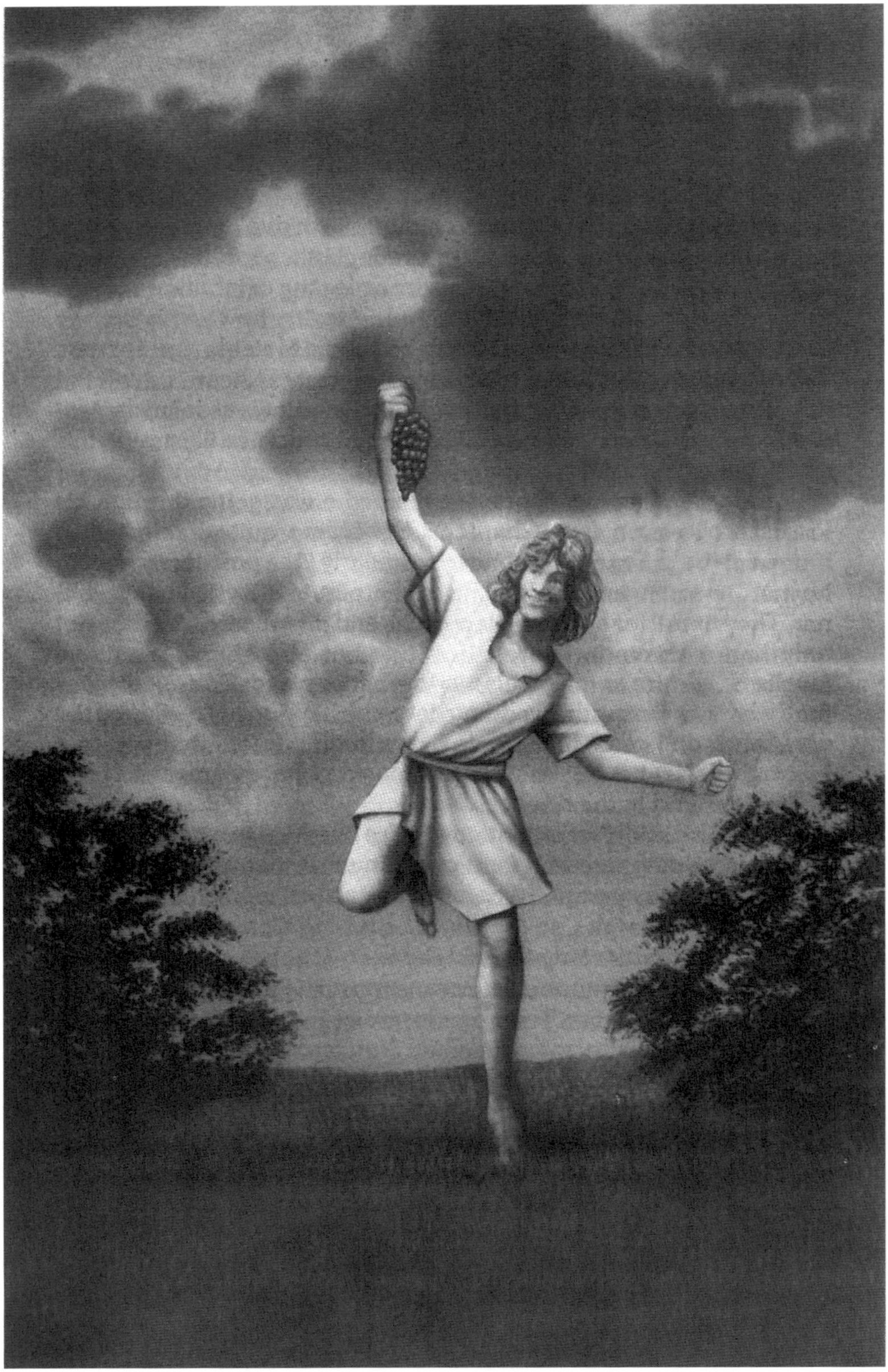

dizer, eu lhe expliquei tudo. Por que ela não consegue distinguir entre animais e pessoas? Não é melhor que um coelho sofra em vez de uma criança, por exemplo? Como teremos novas invenções ou progresso se não podemos testar os produtos? Eu lhe disse: 'Eu também amo animais. Tenho dois cachorros, mas você precisa distinguir entre animais de estimação e animais de laboratório!'. Bem, vou tentar levá-la para jantar, discutiremos o assunto e procurarei fazê-la entender...".

Esse homem certamente abordava a vida e a realização de seus ideais por meio da mente – Mercúrio e Urano. Ela, com Sol em Peixes e uma oposição Mercúrio/Netuno, tinha uma visão de mundo muito diferente. Sua abordagem da vida se dava através dos sentimentos e das impressões, como uma artista, não como um cientista que faz distinções objetivas entre diferentes formas de vida. O aquariano não desejava abandonar o projeto por causa dela e ela, embora em geral mutável, havia se tornado inflexível.

Temos, assim, um exemplo do que chamo de "absolutismo pisciano". Se algo é intuitivamente sentido como errado, Peixes fica constrangido com os envolvidos no caso. A harpista pisciana, por exemplo, quando telefonou para cancelar a leitura do mapa (ignorando que seu noivo já o havia feito), disse: "Pensava que tínhamos valores comuns, mas apesar de todas suas tentativas de racionalizar sua crueldade para com os animais pelo uso de um vocabulário altruísta, não funciona. Nunca poderemos viver juntos".

Portanto, embora percebamos Peixes como adaptável e sem limites, como alguém que constantemente mergulha seu próprio ego no oceano das pessoas e das circunstâncias à sua volta, o pisciano traça limites baseados em sua própria apreensão intuitiva de certo e errado. Peixes compõe fortes julgamentos de valor, e aprende quando é forçado a lidar com nuances cinzentas da vida. Aspectos de Mercúrio, se harmônicos, indicam a habilidade de distinguir e discriminar, a menos que haja um forte aspecto entre Mercúrio e Netuno, reforçando a universalidade do pensamento, a tendência mental da fusão.

A harpista pisciana, por fim, se casou com um colega da música. Com o passar dos anos, a casa deles tornou-se um refúgio para animais e pessoas abandonadas. Em astrologia, a tendência pisciana de amparo aos oprimidos é lendária. Crianças com Sol em Peixes ou Peixes no ascendente começam desde cedo a levar desgarrados para casa – "pobrezinhos" pertencentes tanto ao reino humano como ao animal. À medida que cresce, Peixes continua vulnerável a pessoas que se apresentam como vítimas e de repente se revelam menos necessitadas do que parecia. Um pisciano, de consciência elevada, observou: "Sei que desejo ser necessário e isso faz que me sinta ingênuo com relação a pessoas que têm uma história triste, como meu último inquilino. Mas se elas me fazem de tolo e tenho prejuízos financeiros ou emocionais, ainda me sinto bem no final. É meu karma bom, e a perda é deles se passam a vida tirando vantagem dos outros".

Peixes arquetípico nada no oceano da vida, consciente de sua interconexão não apenas com os seres humanos, mas com todas as formas de vida – plantas, animais e pessoas. É esse sentido mais profundo de pertencer à grande corrente de ser que distingue Peixes, por exemplo, de Aquário, que também é um signo universal, mas orientado por uma conexão mental com a humanidade mais do que por um sentimento de ligação com a vida como um todo. Certa vez, falei com um pai pisciano, feliz por ter ganhado a petição de custódia e recuperado a guarda de sua filha de 2 anos. Ele disse: "Acho que agora vou pedir a custódia das plantas de minha ex-mulher. As pessoas não deveriam ter plantas se as deixam morrer. Era sempre eu quem molhava as plantas. Elas também têm alma". Outro pisciano disse: "As pessoas não deveriam ter filhos se vão negligenciá-los e enfiá-los em uma creche. Isso me deixa maluco. E o que dizer do modo como os cavalos são tratados no rancho vizinho ao meu! Tive de chamar a sociedade protetora dos animais e reclamar dos proprietários ausentes".

Essa universalidade, nadando no oceano da vida, une Peixes a Dionísio como divindade regente. Dionísio, a divindade de formas mutáveis, não se limitava a aparecer em forma humana. Em sua peça "As Bacantes", Eurípedes o apresenta sob a pele dos animais que regem os signos fixos – o Leão, a Serpente e o Touro. Ele era venerado como a videira, isto é, literalmente identificado com ela, e com as uvas pisoteadas, sofredoras, que haviam sido colhidas. Nenhum outro Deus do Olimpo teve sua amplitude, seu alcance universal, sua disponibilidade e habilidade de aparecer espontaneamente onde quer que fosse quando chamado pelos devotos.

Do ponto de vista astrológico, Peixes é o signo do ator ou do camaleão, que pode representar qualquer papel em qualquer palco ou ambiente da vida. Por ser patrono da tragédia, os teatros de toda a Grécia eram dedicados a Dionísio. Embora a comédia e a tragédia fossem formas de entretenimento na Grécia antiga, cada uma delas, a seu próprio modo, produzindo catarse e liberação emocional, a tragédia é que era considerada a forma de arte mais profunda, o que nos chama a atenção. A tragédia colocava as pessoas em contato com emoções mais intensas. É a máscara trágica de Dionísio que o astrólogo descobre em seu consultório quando encontra Peixes. No culto de Dionísio, todos os anos, o deus passava vários meses no inferno acompanhando a colheita da uva. Nesse período, deixava a máscara nos templos como sinal de sua presença. A máscara trágica era venerada como o próprio deus.

Quando o cliente vem para uma sessão, tenho com frequência a impressão de que embora a máscara (corpo) esteja ali, e de que o ator continue representando sua história trágica, a energia interior de Peixes não está presente: encontra-se no inferno ou na órbita de Netuno, em algum lugar além do tempo e do espaço, um lugar muito mais interessante do que o plano terrestre. Peixes também é abstrato por utilizar demasiada energia para liberar os talentos inconscientes e imaginativos do Hades. O estado onírico também é território de Hades, uma espécie de antecâmara em que Peixes alcança bons resultados. Os sonhos e o mundo noturno são, ainda, mais reais do que o mundo diurno e estado desperto para Sol em Peixes ou Peixes no ascendente, porque não há ego para censurá-los ou criticá-los. É onde mantém um contato mais direto com o Self. Utilizo uma porção de alegorias, simbolismos e mitos quando trabalho com piscianos cuja profissão envolve artes, música, arte dramática, decoração e outros campos criativos. As imagens são mais produtivas do que os elementos concretos, a analogia é mais eficaz do que o fato.

O que Dionísio fazia no mundo inferior durante os meses em que deixava a máscara para os devotos? Ele tentava resgatar Sêmele, sua mãe, presa no Hades como punição por sua arrogância excessiva, seu orgulho e presunção. Como filho de um Deus com um humano, de Zeus com Sêmele (sua mãe mortal), Dionísio, como um pisciano, estava absorto no esforço de integrar o espírito e a matéria, a alma e o corpo, as naturezas divina e humana. Ele queria muito que sua mãe fosse libertada e venerada, que fosse perdoada pelo trágico erro que cometera quando estava grávida de sete meses.

Depois que Sêmele se apaixonou pelo Todo-Altíssimo Zeus e concebeu Dionísio, a Criança Divina, a esposa de Zeus, Hera, sentiu ciúmes e tomou a decisão de destruir a criança. Não era apenas a inveja de Sêmele que a motivava, pois uma simples mortal não constituía ameaça real à Rainha do Céu, mas Hera previra o que o nascimento da Criança Divina iria significar para a ordem estabelecida no Monte Olimpo. Ela sabia que Dionísio tornaria a vinha conhecida dos homens e, como retribuição, receberia a adoração e a gratidão da Humanidade à custa dos outros deuses. Sua Ascendência significaria o fim da Antiga Era; ele introduziria a Era de Peixes no Olimpo e na Terra. Tal era seria de graça, redenção e compaixão, quando o próprio Deus se tornaria um Pescador entre os homens. A visão de Hera mostrou-se correta. De acordo com Karolyi Kerényi, Dionísio foi venerado durante mil anos na Europa e no Oriente Médio. Seu culto foi substituído pelo de outra Criança Divina, Jesus Cristo, um Redentor que trazia uma mensagem mística semelhante à de Dionísio – compaixão, comunhão, graça, unidade com o Divino e redenção através do sacrifício – morte do ego e a descida ao inconsciente (inferno) para libertar as almas lá retidas.

Hera desceu à Terra, ao palácio de Tebas, e encontrou a ama de Sêmele, com quem fez intrigas e sugeriu que a rainha não estava tendo contato com Zeus nos últimos tempos; talvez ele não mais a amasse? Também, ele nunca tinha aparecido para Sêmele em sua forma transcendente. Por certo, ela estava se sentindo solitária e miserável, e deveria insistir que Zeus aparecesse e satisfizesse suas necessidades. A ama levou essas bisbilhotices diretamente à rainha e convenceu-a a agir. Essa parte da história é importante para o arquétipo de Peixes, que é muito impressionável e precisa se precaver para não acreditar, não se deixar levar e não agir com base em rumores ou fofocas.

Zeus tentou explicar a Sêmele que ela não estava preparada para vê-lo em toda sua glória, em seu brilhante corpo de luz, mas ela não se convenceu e continuou insistindo. Obviamente, a Rainha de Tebas foi arrastada por suas emoções e não compreendeu sua falta de desenvolvimento espiritual – o trabalho interior que lhe era exigido antes que Zeus pudesse aparecer-lhe sob aquela forma. Cheia de autopiedade, Sêmele continuou resmungando, incitada pela ama, que por sua vez era pressionada por Hera.

A estratégia de Hera acabou funcionando: Zeus apareceu no palácio em seu corpo de luz. Ao vê-lo, Sêmele ficou cega imediatamente e começou a queimar. Antes que seu corpo se dissolvesse em cinzas, Zeus retirou Dionísio do ventre dela e introduziu-o em sua própria coxa, para que absorvesse a Sabedoria Divina, mitologicamente localizada nessa parte do corpo. (Veja Sagitário, Capítulo 9.) Alguns meses depois, Dionísio nasceu da coxa de Zeus, tendo assim seu segundo nascimento. O tema popular do segundo nascimento figura como motivo em muitos vasos, porque a natureza duas vezes nascida da Criança Divina, que uniu a humanidade com a divindade em sua pessoa, tocou de forma marcante a imaginação grega. Isso tem significado expressivo também no Oriente, onde membros das classes superiores que passam pelo processo de iniciação são chamados de "os duas vezes nascidos". O cristianismo prega que as pessoas passam por um segundo nascimento, ou nascem para a natureza de Deus, após a iniciação do batismo.

O nascimento de Dionísio colocou-o na posição de intermediário entre os mortais e os imortais. Seu maior desejo era que sua mãe mortal fosse respeitada entre os deuses e entre os gregos, o que era difícil porque tanto os deuses como os gregos o consideravam um filho ilegítimo. A bela peça de Eurípedes, "As Bacantes", tem como tema os esforços para obter o respeito para sua mãe e para si mesmo em Tebas.

A leitura que fizemos dessa peça nas aulas de astrologia nos revelou as palavras-chave de Peixes. Este é um bom exercício para professores e alunos de astrologia. A infância de Dionísio foi vivida com medo de Hera, que procurava destruí-lo e enlouquecia suas amas-secas. Ino, sua tia materna, afogou-se com o filho no mar depois de Hera atordoá-la. Dionísio aprendeu também a "representar papéis femininos", desenvolvendo seus sentimentos, emoções, imaginação e intuição na infância, e suas amas o vestiam com roupas de menina para confundir Hera. Ele teve, assim, uma infância confusa: órfão, escondendo-se de uma deusa vingativa, cercado de muita loucura. Dionísio brincava com cabras e sátiros (chafurdando na Função Sensação) e descobriu o vinho, que no nível mundano pode ser interpretado como devassidão, e no nível esotérico como bênção divina, a ambrosia dos deuses.

Quando criança, Dionísio era tímido, medroso e hipersensível; temia um confronto com o Rei Licurgo e, por isso, se escondeu debaixo do Lago Lerna por um longo tempo até se sentir seguro. Então, saiu e exigiu que o rei lhe prestasse o respeito devido a um Grande Deus. (Veja a história toda e também a participação do Pai Zeus no Capítulo 9.) Dionísio se assemelhava a Pã, pois se sentia bem fora dos limites da sociedade. Também se sentia à vontade no mar, em rios e lagos. Sua conexão com o inconsciente (Água) ou com o mundo inferior era parte fundamental do ciclo do culto; ele e Apolo dividiam entre si o ano ritual em Delfos. O fim do inverno e a primavera pertenciam a Dionísio ressurgido, que emergia do Hades com sua mensagem renovada de esperança e alegria. Seu aparecimento prenunciava o renascimento da Terra, pois o Sol voltada a surgir, dissolvendo as últimas neves do inverno.

Embora devamos enfatizar o significado compassivo de sua descida anual ao mundo inferior (para visitar Sêmele e libertar sua alma), reconhecemos também o significado interior dessa jornada. Como Jung esclareceu, visitas ao inconsciente criativo refrescam o espírito e nos põem em contato com nossos sentimentos, com o desenvolvimento psíquico e com a intuição. O espírito precisa de um período de dormência, de inatividade no mundo exterior para se restaurar. Essa é uma questão importante para o arquétipo de Peixes, Netuno e da 12ª Casa, a casa da solidão. O tempo passado no inconsciente – no estado onírico, em meditação, no estado de visão pós-morte, ou apenas fechados em nosso quarto lendo, escrevendo, trabalhando sozinhos – proporciona paz de espírito e revitaliza nosso lado criativo. Quando a estação do cultivo do vinho terminava, a descida de Dionísio aos infernos significava a seus fiéis que ele desaparecia para realizar algum de seus trabalhos mais importantes, a fim de ter condições de lhes trazer bênçãos mais abundantes como resultado de seu mergulho nas águas da vida (o "outro lado") quando retornasse no mês de fevereiro/março. A própria Terra descansa no inverno, como fazia Dionísio. Então, quando as primeiras flores surgiam milagrosamente por entre a neve que derretia e as mulheres que lhe prestavam culto o invocavam, ele repentinamente aparecia nas regiões de cultura do vinho em Creta, na Grécia ou no Oriente Próximo.

Walter F. Otto, em *Dionysius, Myth and Cult*, menciona várias vezes a imanência, a *presença* do Dionísio Ressuscitado, manifestada pelos cantos alegres dos seus seguidores e pelos hinos órficos. De modo particular, como descreveu Karolyi Kerényi com base no estudo da arte grega, os rostos das mulheres arrebatadas em êxtase por sua aparição não refletem êxtase alcoólico, mas plenitude e alegria interior. Diferentes regiões do país do vinho celebravam os rituais de Dionísio de acordo com seus calendários locais, mas as celebrações Antestérias, ao despertar pelas amas-secas do infante divino, em geral, ocorriam no final de fevereiro e, de acordo com Kerényi, não depois de março, período que corresponderia ao signo astrológico de Peixes.

Em várias regiões, ele fazia seu aparecimento anual por mar, como no hino de Homero; chegava em um navio pirata, depois de ter transformado os pilotos em golfinhos. As mulheres atenienses dirigiam-se a um porto próximo para receber o navio, posto sobre rodas, e em uma longa procissão o levavam por muitos quilômetros até a cidade. Todos os símbolos de Dionísio eram levados no cortejo – a hera, a planta que florescia no inverno, crescendo primeiro em direção à sombra e depois, invertendo de posição, desenvolvendo-se em direção à luz do Sol para produzir seus frutos; o falo esculpido em madeira de sua figueira sagrada, para indicar a vida renovada, a fertilidade e a produtividade da nova estação; a máscara do mundo inferior, o oposto do falo, que representava a morte e o outro lado, e muitos instrumentos musicais. As mulheres então preparavam seus rituais secretos, os quais compreendiam um serviço de comunhão e a mistura da água e do vinho.

No interior, os homens celebravam a festa de Dionísio de modo diferente. A versão deles era mundana. Eles brindavam uns com os outros até ficarem bêbados, cantavam canções e tinham um divertimento rústico. Alguns se vestiam como mulheres e esgueiravam-se furtivamente até Atenas, tentando juntar-se às mulheres e descobrir o que faziam nos Ministérios Sagrados. O costume de se vestirem como mulheres também se relaciona à representação do mito de Dionísio, em que as amas o vestiam como menininha para protegê-lo da vingança de Hera. Este tema aparece também em "As Bacantes". Dionísio, irritado com o Rei Penteu (cujo nome significa "cheio de sofrimento"), de Tebas, que se recusou a honrar a memória de Sêmele, ou a reconhecer a divindade de Dionísio, veste o rei com uma roupa de mulher e o conduz aos ritos sagrados. Em seguida, coloca-o na copa de uma árvore, faz mira com o galho e o lança no meio do grupo de mulheres. Penteu é então despedaçado pelas próprias parentas, incluindo sua mãe. Em um sentido, as roupas femininas parecem significar receptividade ao divino e submissão de nossa vontade à do Deus ou da Deusa. Esse é o tema da história do Jardim do Getsêmani: rendição da vontade humana à divina. Na maioria das religiões, a alma é feminina e receptiva ao espírito de Deus. Penteu recusou-se a se submeter ao Deus (Dionísio) e como consequência foi esquartejado por seu próprio lado feminino: sua mãe.

O culto a Dionísio também envolvia, pelo menos em Atenas, um Casamento Divino entre a rainha da cidade e o Deus ressurgido. Na véspera desse evento, meninas eram empurradas no ar, em balanços, para tão perto do céu quanto fosse possível. Às vezes, seus irmãozinhos invejosos as imitavam e eram também empurrados. Kerényi descreve as preparações para o Casamento Divino com base em uma pintura de parede, mas os artistas eram proibidos de retratar o casamento real, pois fazia parte do culto secreto. Simbolicamente, a rainha da cidade era Ariadne, ou a alma humana receptiva, e a divindade era Dionísio, o Deus Salvador. A presença ou imanência de Dionísio era fortemente sentida em toda a cidade na véspera do Casamento Sagrado. No nível mundano, para aqueles que não eram religiosos, era também uma celebração de esperança em um ano novo próspero para a viticultura.

Como Walter F. Otto demonstrou muito bem, o simbolismo de todo o mito e culto a Dionísio é sempre dual, o que reflete a dualidade de Peixes. Dionísio é uma Criança Divina com amas-secas ou um jovem adulto em um navio pirata. Nos vasos do mundo inferior, ele é um velho barbudo, um guia para os mortos. Seu falo representa a vida, e, entretanto, na mesma procissão, sua máscara significa a morte. Como as uvas colhidas, ele morre no lagar do vinho e ressurge a cada ano com vigor renovado. Devido à sua resistência obstinada, Penteu foi mutilado. Porém, para os que se aproximam de Dionísio com fé, para os que se entregam à sua graça, como Ariadne de Creta (veja Touro, Capítulo 2), Dionísio oferece conforto e êxtase. Dionísio é realmente o deus dos extremos emocionais – agonia e êxtase, sofrimento (Penteu) e bem-aventurança. Ele oferece prosperidade e sucesso neste mundo e também felicidade depois da morte (o mundo inferior). E se veste como menino e como menina, reunindo o Masculino e o Feminino. Por ter nascido duas vezes, Dionísio concentra em si a natureza do homem e a natureza de Deus. Até mesmo o simbolismo do vinho pode ser tomado em dois níveis: como dom de sabedoria, o Cálice bem-aventurado de Omar Khayyam (veja Capítulo 11), ou como a energia letárgica, ébria, da consciência inferior. Plutarco explicou que os gregos brindavam um juramento com vinho porque "no vinho está a verdade" (*in vino veritas*), embora conhecessem muito bem seus efeitos negativos, como abrir a boca para revelar segredos.

A Era de Peixes começa com o culto de Dionísio e no mesmo solo em que o Deus era venerado (Tiro e regiões circunvizinhas), Cristo pregou muitas lições semelhantes – humildade, resignação, submissão à graça e à vontade de Deus, receptividade, amor ao divino. Cristo até mesmo se serviu de símbolos vitícolas dionisianos em suas parábolas. "Eu sou a vinha, vós, os galhos." O tema do dualismo desenvolvido durante a Era de Peixes com o culto de Dionísio aparece ainda mais nitidamente no cristianismo. Em *Aion*, C. G. Jung dedica inúmeras páginas à temática do bem e do mal na história do cristianismo. Ele menciona que vários zodíacos usavam somente um peixe para representar Peixes antes do advento do cristianismo, quando os dois peixes nadando em direções opostas se tornaram populares na arte cristã. Diz Jung que os teólogos viam o mal apenas como a ausência do bem (*privatio bono*). O trabalho de reconciliação, ou pelo menos de compreensão da dualidade do bem e do mal, é um ponto essencial para nós que neste momento nos encontramos no final da Era de Peixes.

Tenho pensado com frequência na dualidade do bem e do mal, da luz e da sombra, observando clientes piscianos pendulando de um lado para outro, entre extremos de comportamento em diferentes períodos da vida: do alcoolismo à religiosidade ascética, da promiscuidade ao *ashram* que exige o celibato absoluto, do uso abusivo de drogas ao exagero de substâncias alopáticas e, às vezes, de recaída. Netuno/Baco/Dionísio não é uma regência de moderação, mas sim de grandes alterações de ânimo. O mar da vida é também o mar da emoção. Muitos piscianos são levados pela corrente. Poucos, porém, sabem intuitivamente quando nadar contra a corrente, quando buscar um ambiente purificador, cercar-se de pessoas de pensamento positivo e sintonizar com o significado mais elevado de Netuno.

Para os signos duais e mutáveis, o ambiente é sempre muito importante, porque são tipos impressionáveis.

Observamos a dualidade na vida de pessoas de Peixes ao longo de vários anos, tempo em que oscilam, como as donzelas atenienses, da terra ao céu e do céu à terra. Mas, em um período de tempo curto, em um determinado mês qualquer, penso que os piscianos se beneficiariam ao observarem as oscilações de seu estado de espírito. A vida para eles se assemelha a um rito dionisíaco de agonia e êxtase, de alegria e sofrimento. Uma amiga pisciana, por exemplo, me telefona para suspender nosso almoço cada vez que ocorre uma calamidade em algum lugar do mundo e que ela fica sabendo pelo noticiário de televisão:

"Não consigo ir a um restaurante e desfrutar do bom e do melhor quando pessoas são soterradas em um terremoto na Cidade do México, morrem de fome na Etiópia ou perdem tudo nas enchentes em Bangladesh. Simplesmente não consigo. Ver toda essa tristeza me deixa incapaz de engolir a comida."

"Bem, por que você não entra em contato com alguma organização de defesa civil? Talvez eles possam informar para onde enviar uma contribuição que possa aliviar um pouco essa tristeza."

"Não sei. Talvez eu faça isso. De qualquer modo, não posso ir hoje."

Três semanas depois, a mesma pisciana me liga novamente me convidando para almoçar para contar sobre suas últimas compras. "Estou tão excitada! Quero que você veja minha jaqueta de camurça nova. Limpei minha poupança e a comprei sem pensar. Acho que é porque hoje estou de bem com a vida. Quatrocentos e cinquenta dólares é bastante dinheiro para gastar em algo que nem mesmo é camurça verdadeira, mas ela é leve e confortável. Sinto-me bem nela e a adoro."

Sempre preciso de alguns instantes para absorver o fato de que se trata da mesma mulher que há três semanas não podia gastar cinco dólares em uma salada para si mesma. Hoje ela está feliz gastando US$ 450 em uma jaqueta! (Os homens sob o signo de Peixes têm essa mesma alteração em sua disposição de ânimo.)

Um homem frugal casado com uma pisciana com um Netuno forte (angular) me disse que ela era extravagante. "Aos sábados, quando a apanho com todos aqueles pacotes, observo uma porção de pessoas extravagantes movendo-se entre a multidão ou relaxando na praça. Os livros de astrologia de minha mulher geralmente descrevem Peixes como místico, psíquico ou religioso. O que aconteceu com minha mulher?".

Se esse homem conferisse os pacotes, veria que muitas das coisas compradas são para os outros. Na orgia de compras, o dionisíaco fanático pelo cartão de crédito compra alguns artigos caros para si mesmo e então se lembra das necessidades dos outros. Peixes é o mais propenso dos signos a comprar primeiro para os outros e depois para si mesmo. Porque Vênus está exaltada neste, os piscianos podem ter predileções dispendiosas, mas Vênus também busca valor ou sentido para seu dinheiro. (Veja Capítulo 2, Touro, sobre Vênus.) Peixes, como um signo dual paradoxal, é também capaz de economizar para *grandes* projetos, como decorar a casa ou colecionar arte quando está interessado. Ciclos de poupança ascética são, em geral, seguidos por orgias de gastos ou, às vezes, temporariamente interrompidos por um festival de compras quando a loja favorita promove uma liquidação total.

Mas existe algum pisciano que seja totalmente egoísta, um consumidor materialista que se coloca sempre em primeiro lugar? Sim, há pessoas egoístas em todos os signos. Mas o pisciano se sente culpado quando gasta consigo mesmo quando há tantas pessoas passando necessidade, e cedo ou tarde cansará do vazio resultante da acumulação de bens para uso e conforto pessoal. Na seção esotérica deste capítulo, será estabelecido um contraste entre a Busca do Paraíso Terrestre e a Busca do Castelo da Paz. O Paraíso Terrestre é, com frequência, uma fase importante do processo de crescimento de Peixes, mas tende a se dissolver na faixa dos cinquenta e sessenta anos, décadas em que os relacionamentos, de modo especial, atravessam algumas mudanças.

Um sonho importante para a maioria dos meus clientes de Peixes e de Netuno é instalar o Paraíso Terrestre. Esses clientes tendem a construir paredes em volta do jardim do paraíso e trincheiras seguras dentro dele para proteger a si mesmos e a seus entes queridos da pressão das emoções, das vibrações e das energias depressivas que flutuam no mar da vida, para além dos portões. O topo da montanha é muitas vezes um local ideal para o lar do paraíso terrestre. Mas terra seca é também um conceito importante. A terra elevada e seca é a preferida em mitos e contos de fada. (Em astrologia, no lado oposto a cada signo de Água temos um signos de Terra que representa a realidade ou o "estar com os pés no chão" – a polaridade a ser integrada.) Para Peixes, é particularmente difícil encontrar a identidade pessoal se está sempre mergulhando nas vibrações dos outros. O lar paraíso terrestre é, assim, um refúgio bonito e confortável para si mesmo, para a família e para os convidados, a quem Peixes dedica uma hospitalidade pródiga. Os lares de muitos piscianos, delicadamente ajardinados e mobiliados, são como os jardins do paraíso no mito. Muitas vezes penso no poema de Coleridge sobre Xanadu quando visito meus amigos piscianos:

Em Xanadu ordenou Kubla Khan
Um majestoso domo de prazer erigir:
Onde Alph, o rio sagrado,
Por entre grutas impossíveis de medir
Para um mar sombreado porfiava em fluir.

Dez milhas de terra fértil
Com muros e torres circundou:
No interior, jardins reluzentes com riachos sinuosos
Onde florescem árvores de incenso perfumadas
E florestas antigas como as colinas elevadas
Pela verdura das folhagens enlaçadas.

Uma donzela com saltério
Certa vez em visão eu vi:
Era uma virgem abissínia,
Que tocava em seu saltério,
Uma canção do Monte Abora.
Pudesse eu reviver em mim.
Sua sinfonia e canção
Por deleite tão profundo seria enlevado,
Que com música alta e alongada
Poderia edificar aquele domo no ar,
Aquele domo fulgurante! Aquelas grutas de gelo!
E todos que a ouvissem poderiam ver
e todos gritariam, Cuidado, Cuidado!

Seus olhos flamejantes, seus cabelos esvoaçantes!
Tecem um círculo à sua volta três vezes,
E fecham os teus olhos com temor santo,
Pois ele com orvalho de mel se alimentou
E do leite do Paraíso tomou.

Esse poema, supostamente escrito sob a influência de dois gramas de cocaína (quão dionisíaco!), descreve o tipo de jardim encantado que muitos piscianos construíram. A atmosfera é netuniana, de outro mundo, dualista. Por um lado, há grande beleza; por outro, um senso de perigo implícito, porque um círculo mágico está desenhado em volta dele, à semelhança das mandalas orientais, desenhadas em forma de círculo para proteger o centro, para excluir os maus espíritos. A donzela com o saltério, uma espécie de harpa, é uma figura mágica, do mundo inferior, que evoca um estado de espírito. As cavernas também são dionisíacas. Dionísio se escondia com frequência nelas quando jovem para fugir de Hera. O lugar recende a magia. É seguro para os que o compreendem e para os que são convidados a entrar. Trata-se de um lugar de refúgio, fora do oceano (o inconsciente), mas, ainda assim, apesar de ser uma abóbada aérea (consciente), é cheio de mistério. Pode-se quase ver Afrodite elevando-se do mar e entrando nessa adorável abóbada de prazeres.

A astrologia simboliza o trazer à tona os conteúdos do inconsciente, o criar a partir de nosso mar interior, pela emergência dos signos de Água à Terra, a um lugar agradável cheio de ar e de Sol, como o Jardim de Xanadu. (Na jornada de vida de Escorpião, a Águia eleva a Serpente das águas lodosas no Ar, ou faz sua sabedoria se manifestar no mundo consciente, racional.) Peixes tenta fazer isso construindo seus aéreos e amplos, mas ao mesmo tempo misteriosos, jardins plenos de deleite, consciente de que a donzela com o saltério pode se insinuar a qualquer momento e de que os círculos encantados, as orações e as invocações são necessários contra seu canto de sereia, que pode induzir um membro da família ao perigo. É preciso que tenhamos raízes firmes, que tenhamos nosso jardim doméstico para criar a partir dele.

Tenho visto que quanto mais carente o pisciano se sentiu na infância, mais exuberante e maravilhoso é o paraíso que tenta construir como adulto. Peixes agarra-se a seus sonhos e fantasias e usa sua imaginação para enfeitá-los. Por fim, esboça os recursos de que necessita para manifestá-los na Terra. As crianças que tiveram uma infância semelhante à de Dionísio – crianças que se sentiram abandonadas, solitárias, a quem os adultos não deram a atenção que deveriam ter dado, tendem a construir castelos portentosos. Elas enchem o cofre com ações, bonificações, apólices de seguro, cadernetas de poupança para os dias de privação, e cercam-se de objetos belos e valiosos. Essas crianças merecem. Qualquer pessoa que entre em seu castelo pode ver isso.

Uma cliente, uma septuagenária que faleceu depois de uma carreira de sucesso na indústria do entretenimento, falou-me de sua infância pobre em Hollywood durante a Grande Depressão. "Algumas pessoas da indústria cinematográfica continuavam fortes mesmo no início dos anos 1930. Meu pai tinha conseguido proporcionar a minhas irmãs mais velhas e a meu irmão várias aulas particulares. Ele tinha mais dinheiro quando os filhos eram pequenos. Quando nasci, porém, ele estava desempregado. Eu invejava as crianças à minha volta e meus irmãos e irmãs. Eles não eram nem de perto tão atraentes e hábeis quanto eu, e, todavia, a vida parecia lhes oferecer todas as vantagens que faltavam a mim. Eu me sentia realmente carente. Quando frequentava o Colégio de Hollywood, uma determinada garota que parecia muito simples chegava todos os dias na limusine de seu pai, tinha todas as roupas elegantes que queria e também recebia a admiração dos professores. Seu pai era importante, famoso, e ainda ganhava muito dinheiro, mesmo naqueles dias, enquanto nós mal sobrevivíamos. A garota tinha todas as aulas particulares que desejasse – dança, teatro, maquilagem, consultoria de modas. Eu simplesmente a odiava. Acho que o que eu realmente queria era o pai dela, alguém igual a ele, que me desse segurança e cuidasse de mim. Assim, me casei cedo e muitas vezes. Homens influentes, bem relacionados, cuidaram de mim. E eu aproveitei. Sabia que era atraente e talentosa. Ainda assim, havia em mim um vazio." Nunca soube se era meu próprio talento ou a ajuda dos meus maridos que estava por trás do meu sucesso. Ainda não tenho fé suficiente em mim mesma. Precisei de bastante tempo para me sentir segura.

Então dei início a uma obra de caridade para ajudar outras crianças com talentos que não tinham meios para desenvolvê-los. Sentia-me culpada pelos outros terem tão pouco enquanto eu tinha tanto. Senti-me melhor. Mas ainda me sentia muito como a personagem de *Flashdance*, a bailarina que trabalhava em discotecas e dizia que não podia esperar para subir ao palco, formar uma unidade com a música e com o movimento e desaparecer. Agir é assim – um modo de desaparecer tornando-se outro. Daí, mais tarde, sem maquilagem, você se olha no espelho e se pergunta: Quem é você? A vida é tão estranha que dei uma volta completa e tive oportunidade de ajudar aquela outra menina (aquela da limusine do Colégio) depois da longa enfermidade de seu marido. Senti-me bem melhor depois disso. A vida é uma espécie de cinema."

Essa mulher tinha uma magnífica abóbada de prazer, mas nos últimos anos de sua vida ela a usava para meditação e consultas para obras de caridade. Ela tinha se afastado, se desapegado da garotinha carente que costumava ser e das posses de que necessitara para se sentir segura. Por muitas décadas, ela balançou como um pêndulo da insegurança à segurança, da falta de confiança à fé.

A progressão em Áries, com suas energias positivas, autoconfiança e vitalidade, é um forte apoio para Peixes. O próprio corpo parece mais forte nesses anos. A pessoa pode competir, enfrentar o mundo exterior e ter sucesso. Desses trinta anos de progressão nasce a fé em si mesmo. Essa é a dádiva suprema de Áries. Áries também fortalece a coragem de Peixes de dizer não e não se sentir culpado – e a coragem de não cultivar a dependência. Os outros não crescerão se fizermos toda a tarefa interior que lhes compete. Esse ciclo traz a coragem para se resignar somente àquilo que, como um Áries em progressão, você não pode mudar na vida e em si mesmo. Peixes aprende a se render à vontade de Deus, como Cristo no Jardim Getsêmani, mas não necessariamente à vontade das outras pessoas, a todas as loucuras do meio que o cerca. Com frequência, Peixes segue o caminho do mínimo esforço, passivamente, mas a ativa progressão em Áries traz uma mudança de hábitos, de modo que Peixes não suporta mais o absurdo do mundo exterior e se recusa a continuar sendo um capacho.

Em Touro, a tendência é que o paraíso material esteja seguro, uma vez que em Áries a pessoa está muito ocupada trabalhando ou competindo, sem condições de colher os frutos do sucesso. Vênus rege a progressão em Touro, realçando o encanto e o magnetismo de Peixes. As pessoas são atraídas para Peixes, desejando ajudá-lo a ser bem-sucedido, expressando sua gratidão e admiração. Touro, como um signo de Vênus, fortalece os relacionamentos.

Assim, nos trinta anos da progressão em Touro, Peixes instala-se no jardim do paraíso terrestre e o define como um lugar seguro para as pessoas que ama. Ligações kármicas de outras encarnações são trabalhadas nessa fase com mais alegria, porque a vida não é tão febril. Peixes tem, com frequência, uma sensação de familiaridade *déjà-vu* com o cônjuge, com os filhos, com os parentes por afinidade, sobrinhos, sobrinhas e netos. Muitas dessas almas têm estado à sua volta durante várias encarnações. Peixes espontaneamente cuida ou se sacrifica pelos filhos e pelos netos, muitas vezes à custa de grandes aborrecimentos pessoais na fase taurina, porque Vênus é uma regente apaixonada. Tenho observado pessoas sob o signo de Peixes acolhendo seus netos, mesmo sendo obrigadas a deixar de lado seus próprios interesses criativos ou a reorganizar sua agenda. Tenho-as visto cruzar o país para ajudar filhos ou sobrinhos em dificuldade. É muito diferente do ciclo de Áries ou de Gêmeos (últimos anos)!

Repetidamente, nas leituras, Peixes pergunta: "Por que atraí essa pessoa – nora, sogra, ou este filho?". Simbolicamente, como o último signo do Zodíaco e a última Casa (12), consciente ou inconscientemente Peixes trabalha para consumir seu karma restante; em geral, os piscianos têm resíduos de vidas passadas para limpar. Convém lembrar que Dionísio nasceu da coxa de seu pai – a coxa do onisciente e onipresente Zeus. Acreditamos que os piscianos acumularam sabedoria em vidas passadas, de modo que, como Dionísio, sabem como se adaptar a situações desafiadores e de pessoas difíceis. Tenho reconhecido essa sabedoria em ação no caso de clientes com uma quadratura em T culminante na 12ª Casa. Trânsitos ativando pontos da quadratura em T abrem para eles a Caixa de Pandora de situações passadas não resolvidas; mas eles, de algum modo, reúnem a fé, a fortaleza e a sabedoria necessárias para lidar com as situações. É como se Deus soubesse exatamente quanto podemos gerir em cada período de vida. A graça de Deus e a força da alma humana são admiráveis de se ver.

Assim, embora às vezes possamos ser tentados a pensar: "As pessoas de Peixes são consumidoras materialistas"; ou "Piscianos são poetas aéreos, delicados; almas excessivamente sensíveis para competir no mundo real"; ou "Piscianos são dionisíacos, dados ao vinho, às mulheres e ao canto, fracos e vacilantes em suas tomadas de decisão"; ou "Piscianos são volúveis; nunca se sabe em que estado de espírito se vai encontrá-los..."; ou "Piscianos são tipos exagerados, explosivos...", também precisamos compreender que eles agem movidos pelo coração e não pela cabeça. Muitos estão realizando um trabalho valoroso nesta encarnação, em especial na área do relacionamento humano. Seu trabalho interior nem sempre é visível para nós, mas é bastante visível ao Divino e àqueles que se beneficiam de seu amor altruísta.

Quando o templo do corpo terreno se dissolver ao final do período de tempo que nos foi estipulado aqui, não terá nenhuma importância se concretizamos ou não nossas metas mundanas da 10ª Casa, se obtivemos ou não nome e fama, sucesso material ou *status* social. Os outros esquecerão tudo isso em pouquíssimo tempo. O que é de valor serão nossos esforços em nos relacionarmos com as outras pessoas. A exaltação de Vênus refere-se ao valor do relacionamento. Fomos bons, compreensivos e perdoamos os que nos trataram mal? Fomos bons para com aqueles que, nas palavras de um cliente pisciano, "desde o primeiro dia em que nos encontramos pareciam agir como se eu lhes devesse algo"? (Talvez, em um caso como esse, algo era devido de uma vida passada.)

Mestres da Era de Peixes, de Dionísio a Buda e a Cristo, pregaram todos um evangelho de sacrifício e amor altruísta. Dionísio salvou sua mãe e Ariadne; Cristo redimiu os pecadores. Os budistas Mahayana têm o ideal do *Bodhisattva*, que jura voltar à Terra até que cada folha de grama seja libertada. Ambos, Cristo e Buda, contaram a parábola do filho pródigo, sobre a necessidade de misericórdia e de perdão mesmo no caso de pessoas indignas e não merecedoras desses sentimentos. Ambos ensinaram a compaixão através de versões similares do Sermão da Montanha – que devemos procurar ajudar os outros sem nos tornarmos inflados e sem desenvolver o complexo de Messias. "Porque os primeiros serão os últimos, e os últimos, serão os primeiros" no castelo *real* que está além do paraíso terrestre. Edward Edinger expressou isso muito bem quando disse, em *Ego e Arquétipo*, que a mensagem das Bem-Aventuranças é de que "a bênção recairá sobre a personalidade não inflada" (p. 84). A humildade é essencial ao ensinamento da Era de Peixes – obediência aos mandamentos, ao Mestre, fé, graça e redenção, submissão e resignação à Vontade Divina. Todas essas verdades são encontradas nas revelações dos mestres da Era de Peixes.

A compaixão e o perdão piscianos fazem parte do Pai-Nosso e todo o Novo Testamento está permeado por recomendações para "voltar a outra face", "perdoar nosso próximo 70 vezes 7" (isto é, ao Infinito), e "Ama o Senhor teu Deus com todo o teu coração, com toda a tua mente, com toda a tua força, com toda a tua vontade, e ao teu próximo como a ti mesmo pelo amor de Deus." Isso precisa ser enfatizado porque Peixes, como signo absolutista, tem tendência a ver o mundo em termos de certo e errado e, ao fazer juízos morais, a eliminar o filho pródigo do rebanho familiar. A afronta moral poderia parecer a abordagem adequada no calor do momento, mas depois de dez anos sem falar com o parente ou com o ex-cônjuge, Peixes pode fazer uma reavaliação. O filho rebelde muito provavelmente ainda é um pecador; eliminá-lo não curaria sua ilusão. Talvez isso até demonstrasse que falta caridade às pessoas religiosas. Com certeza, não era intenção de Cristo nem de Buda dar essa impressão. (O Bom Pastor, por exemplo, deixaria as 99 ovelhas e iria em busca da única ovelha perdida.)

Peixes assemelha-se a Câncer, outro signo de Água, quando se trata de curar antigas feridas e de esquecer velhas lembranças. "[Suspiro] Ele magoou meus sentimentos no passado. Como posso perdoá-lo agora? Ele me feriu até a alma. Pobre de mim, tão insegura que era naquela época..." Mas, não mais. Se Peixes cresceu, talvez a outra pessoa tenha crescido também. Não há necessidade de trazer a pessoa de volta para sua vida diária, mas é importante para Peixes renunciar a antigos ressentimentos.

Muitos ex-cônjuges piscianos, e também parentes distantes, comentam ao longo dos anos: "Lamento ter sido cortado das relações com meus primos (ou com meus filhos). Eu teria mantido contato, mas X (o nativo de Peixes) ficaria insistindo para que eu voltasse à igreja dela, ou para que me afastasse de meus amigos da banda só porque de vez em quando eles bebem um pouco. Isso é chantagem emocional". Em muitos casos, essa atitude de Peixes priva os filhos das visitas do pai e, à medida que crescem, ficam ressentidos com a mãe por ter o pai afastado, ou pelas coisas negativas que fala sobre eles. Para pessoas sensíveis, esses são tópicos trabalhosos. Mas manter relacionamentos tão harmoniosos quanto possível é parte do karma do arquétipo de Peixes. Planetas em Peixes e Netuno angular têm um papel harmonizador e mediador na família. É importante desempenhá-lo de forma positiva.

Outro tópico é o que se refere a abandonar as lembranças negativas, ou pelo menos tomar o máximo de cuidado para não projetá-las sobre as crianças. Uma estudante de astrologia de Áries, ela mesma uma avó, contou a seguinte história:

"Eu estava sentada na sala, folheando uma revista. Mamãe tomava seu chá na poltrona próxima. De repente, ela disse: 'Estava justamente pensando naquela vez que você me desapontou tão profundamente'.

'Oh, estava?', perguntei, marcando o lugar da revista com o dedo, 'e qual foi essa vez?'

Dando um suspiro, mamãe respondeu: 'A vez em que você tirou aquele B em matemática na escola, lembra? A filha da vizinha tirou A e eu fiquei muito constrangida!'

'Oh, sim, mamãe', eu disse, reabrindo a revista, 'mas não é interessante falarmos sobre isso hoje, quando eu já sou avó, e você é bisavó?'".

Enquanto os alunos pensavam sobre a história, a ariana deu uma gargalhada e concluiu: "Que bom que sou de um signo de Fogo. Esses delírios de algumas mães para fazerem seus filhos se sentirem culpados não me atingem. Minha irmã canceriana, porém, muito sensível, os internaliza. Lamento por ela. É difícil para sua autoestima pensar que é uma decepção para alguém que ela tanto ama".

Antes de deixar o ciclo da progressão em Touro e o estudo da exaltação da Vênus em Peixes, temos dois assuntos sobre os quais devemos ponderar no final da Era de Peixes. C. G. Jung levantou um deles em *Aion*, quando diz que Afrodite em exaltação é "sensual, lasciva e fútil" (p. 112). Astrólogos que observaram esse posicionamento no mapa concluíram que através dessa sensualidade o cliente se torna progressivamente preguiçoso e volúvel, ao mesmo tempo que acredita ser superespiritualizado. É perigoso usar o magnetismo dessa exaltação, o feitiço do fascínio e da sedução; o cliente fica preso ao nível mundano, o nível da personalidade, e não progride no desenvolvimento da alma. Ele se iluda enquanto os outros dizem: "Como ele é instável! Tenho pena da família desse aí! Como pode ser tão superficial?".

Como exemplo, eu gostaria de citar três comentários que tenho ouvido seguidamente de clientes com Vênus em Peixes:

"Sei que meu amante é casado, mas sua mulher é tão insolente! É claro como a luz do dia que ela está acabando com ele emocional e financeiramente, e eu vou ter de salvá-lo". (Complexo de Messias.)

Ou: "Não pedi à minha 'namorada' que abandonasse o marido. Acredito no amor livre. Não compreendo por que seu marido é tão antiquado e inflexível sobre esse assunto. Por que precisamos viver nossa história em segredo? Por que não podemos ambos compartilhar o amor dela?".

Ou: "Acabei de ler este livro de Nova Era. Ele explica que eu e minha alma gêmea recém-descoberta fomos casados no antigo Egito e por isso *eu* o conheci antes de sua esposa atual; por esse motivo, não há nenhuma objeção a que fiquemos novamente juntos nesta vida. Tenho certeza de que posso convencê-lo disso. Sou muito mais atraente do que ela.".

Não estou falando apenas de pessoas com Vênus exaltada do mundo do entretenimento, ou de políticos cercados de fãs, embora Vênus em Peixes seja uma posição frequente nesses casos, já que o magnetismo as torna universalmente populares, mas sobre o homem ou mulher comuns com uma Vênus inflada agindo no nível mundano.

Em *Flight of The World Gander*, Joseph Campbell diz que a mandala de valores está se dissolvendo à nossa volta. As autoridades da Antiga Era não são mais respeitadas; os Dez Mandamentos são lembrados aos domingos, mas o comportamento real das pessoas indica que não são mais levados a sério. Nós, que somos orientadores por profissão, há muito percebemos isso. As velhas inibições piscianas, o medo e a culpa, não mais mantêm a maioria das pessoas obediente. De acordo com Campbell, uma coisa é certa: são poucos os que ainda acreditam realmente na doutrina do inferno eterno. Isso não é ruim, em absoluto; agora as pessoas podem se aproximar de Deus motivadas mais pelo amor e desejo de servir do que pelo medo ou pela culpa.

A liberdade, valor supremo de Urano/Aquário, veio para ficar. No mundo ocidental, pelo menos, as pessoas estão mais corajosas e têm menos medo de seguir seu próprio caminho, sua própria consciência, e assumem a responsabilidade por seus próprios erros. Mas há um perigo: a despersonalização uraniana do amor pode se tornar indiferença aos sentimentos dos outros; a liberdade corre o risco de ser erroneamente interpretada como permissão para ferir os outros – os antiquados, tacanhos, possessivos, insignificantes monogâmicos, por exemplo. Quando uma cliente com Vênus em Peixes que usa um vocabulário espiritualizado mas vive uma vida mundana diz: "Ontem encontrei minha alma gêmea. Ele é casado, mas...", examino minuciosamente o mapa e encontro Netuno, esse grande enganador, o regente mundano de Peixes. Às vezes, ele está posicionado no Eixo da Hereditariedade (próximo ao Nadir ou ao Zênite) e a pessoa é muito carente emocionalmente, e talvez esteja fora de contato com sua função sentimento, vivendo na imaginação romântica. Pode ser que, na infância, houve a perda de um dos pais (em geral o pai) por morte, divórcio, alcoolismo, fanatismo religioso (com Netuno na 10ª Casa – o pai pode nunca ter estado em casa, pois estava salvando o mundo) ou reclusão, em uma espécie de escapismo. Porque o pai de algum modo não estava presente em corpo, mente ou espírito, Vênus em Peixes vive na imaginação, buscando desesperadamente seus ideais e atraindo companheiros irreais, companheiros que, como os pais ausentes, em certo sentido não estão aí para eles. Vênus em Peixes quer viver do prazer, onde a vida é fácil e não há responsabilidades.

Para ter acesso a pessoas com esse posicionamento procuro retirar a pessoa da Água (fantasia) e conduzi-la à Terra (senso de realidade) ou ao Ar (objetividade). Tudo depende do elemento mais forte no mapa da pessoa. Com frequência, com Netuno na 4ª Casa digo: "Você protege muito seu ambiente familiar, não?".

"Absolutamente", é a resposta mais comum, pois a pessoa é sensível às vibrações que a cercam e deseja um lar pacífico, amoroso.

"Hum! Como você se sentiria se alguém tentasse destruir seu belo castelo, ou se o magoasse em seu lar, onde você é mais sensível e mais vulnerável? Pense em sua infância, em como você se sentia em casa. Esta sua nova alma gêmea... ele tem filhos pequenos?". O amor universal seguramente se estende para além do casal, para os demais envolvidos na situação. Xanadu, no poema de Coleridge, tem seus perigos ocultos, inconscientes – suas cavernas escuras e também suas áreas banhadas pelo Sol. É sempre bom indicar alguns desses aspectos.

Felizmente, quando Vênus exaltada ou o Sol em Peixes entra na progressão em Touro, algumas dessas inquietações dualistas se aquietam e o inconsciente fica mais à vontade com uma vida menos complicada. A aspiração pelo mistério e pelo romance, que em muitos casos levou à duplicidade, tende a se dissipar. A pessoa está mais velha. A sensualidade arrefece e pessoas mais jovens, atraentes e sedutoras estão surgindo. As virtudes taurinas – lealdade, constância, devoção – são mais atraentes. Muitas vezes, a pessoa cujo planeta em progressão em Touro faz um sextil com o planeta natal em Peixes fará comentários como: "Agora entendo realmente os tipos possessivos e ciumentos que queriam se agarrar a um amor somente. Cresci ligado ao meu companheiro e não sei o que farei se ele morrer primeiro. Este é o tipo de ligação de que sempre fugi e que agora me pegou".

Em *Astrologia Esotérica*, Alice Bailey diz que Vênus é exaltada em um signo dual (Peixes) e é o regente esotérico de outro (Gêmeos). Seu trabalho é harmonizar, equilibrar, reconciliar a dualidade através de relacionamentos. Às vezes, o pisciano mundano procura alcançar esse equilíbrio tendo dois relacionamentos românticos ao mesmo tempo, dois amores de uma só vez. Mas o pisciano esotérico – aquele em quem a alma passou a orientar a personalidade – coloca o amor a Deus acima de tudo.

Poucas pessoas com Vênus em Peixes que estão apegadas ao nível mundano são felizes em sua vida pessoal, pelo menos por muito tempo. Em épocas de férias, por exemplo, seguidas vezes recebo chamadas telefônicas suicidas de pessoas nativas de Peixes desesperadas. Elas se trancam em seu apartamento e choram enquanto pensam em seu amante casado se divertindo em um jantar familiar em algum lugar. Para Peixes, esse é o Nadir emocional, uma autêntica agonia dionisíaca. Elas percorrem o apartamento com o olhar e contemplam todos os momentos e presentes caros que em sua carência emocional confundiram com sinais de amor. Se aprenderem com esses momentos de Nadir a olhar através da cortina de fumaça de Netuno e perceber que o amor verdadeiro não é livre nem pode ser comprado, elas poderão se libertar da vida fantasiosa – dos finais de semana em Xanadu com o príncipe ou a princesa. Há piscianos, porém, que preferem a fantasia à realidade: passam boa parte do tempo imaginando o companheiro perfeito em vez de trabalhar para se transformarem em um bom companheiro para alguém. É importante continuar com a terapia, por mais doloroso que o espelho possa ser. Há que se ter, também, mais fé no Divino e menos no mundo material, o qual, como dizem os sábios das florestas da Índia, é a verdadeira ilusão.

A realidade, então, não é o Castelo de Xanadu da imaginação, mas o Castelo Interior da paz interior, sobre o qual Santa Teresa de Ávila escreveu no século XVI. A estrada que conduz a este castelo é a verdadeira estrada do romance, do romance divino entre Deus e a alma humana.

Chegamos agora à integração da polaridade de Virgem/Peixes, ou à integração do eixo da solidão (12ª Casa) e do serviço (6ª Casa). Visto que a própria jornada de vida de Santa Teresa de Ávila foi marcada pela oposição entre dois planetas femininos (Vênus e a Lua) nesta polaridade, os que são buscadores e que têm planetas nesse eixo podem tirar grande proveito com a leitura de seu livro *O Castelo Interior ou Moradas*. Santa Teresa apresenta muitas informações esotéricas sobre assuntos de Virgem/Peixes: doença e hipocondria, paz e ansiedade, melancolia (ou "secura"); como distinguir uma visão real de uma visão imaginária; se as pessoas que necessitam de solidão para meditar devem ou não abandonar atos de caridade (serviço). Ela discute também se é interessante que doentes obedeçam a um conselheiro espiritual que pensa que tentativas para se concentrar e orar são danosas à saúde; como sentir-se calmo e em paz, em vez de confuso, na tomada de decisões, e até como decisões de negócios são favorecidas para aqueles que estão realmente em sintonia com Deus. (Como administradora, Santa Teresa tomava muitas decisões pela Ordem.) Trata-se de livro prático porque aborda muitas questões de Virgem/Peixes que aborrecem clientes e amigos com planetas nessa polaridade. E são tratadas por alguém que de fato viveu e trabalhou com elas e sobre elas.

Ansiedade, saúde (mental e física), mundano *versus* espiritual – farei como Cristo mandou, "abandonar tudo e segui-lo"? Tentarei viver como "os lírios do campo"? São perguntas que alguns clientes da polaridade Virgem/Peixes se fazem. Outros dizem: "Não tenho energia". Mesmo com seu Sol em Áries, que associamos à vitalidade, Santa Teresa enfrentou momentos terríveis de saúde. Ela recomenda a coragem como uma virtude importante no caminho para a sétima morada no interior do castelo. Este é outro ponto importante. Sempre me percebo procurando elementos de Fogo (coragem) no mapa de um cliente no eixo Virgem/Peixes.

As sete moradas do castelo assemelham-se aos sete chakras da tradição oriental. Ela chega até a analisar o estado de apneia não como algo com o que a pessoa deva se alarmar. Cada uma das seis primeiras moradas tem uma porta fechada e um guardião, conhecido através de nossos sonhos e pelos ensinamentos de Jung. Os guardiões de Santa Teresa são as faculdades, os sentidos, a mente, a imaginação e os sentimentos. Deus mora na sétima sala, no centro do círculo. Não há uma porta real entre a sexta e a sétima câmaras. As almas que chegam ao sétimo centro querem apenas fazer a vontade de Deus. Como mentes e vontades que se renderam e que têm como única aspiração agradar a Deus, elas descobriram que Ele, em troca, também quer fazê-las felizes. Deus dissolve todos os seus medos, provê suas necessidades e o romance divino termina com um final feliz – a união da Alma e do Espírito.

Shirley MacLaine também nasceu com a oposição Lua/Vênus no eixo Virgem/Peixes. Diferentemente de Santa Teresa, Shirley é uma taurina com um estilo de vida extrovertido. Na Antiga Era, Santa Teresa viveu enclausurada enquanto a Inquisição esquadrinhava seus livros para encontrar alguma heresia. Na cúspide da Nova Era, Shirley tem acesso livre e total à mídia. Ela documentou sua busca em uma série de livros que constituem um estudo sobre as realizações de Vênus em Peixes em todos os níveis – artístico, psíquico, romântico e espiritual.

A comunicação, sobretudo a escrita, é definitivamente uma boa maneira de integrar a polaridade Virgem/Peixes. Pessoas com planetas na 12ª Casa têm medo de expor suas ideias, pois temem as críticas; assim, manter um diário é um meio excelente para essas pessoas desenvolverem Mercúrio, o planeta da autoexpressão. Se os planetas da 12ª Casa têm liberdade de se expressar no papel, provavelmente terão mais confiança ao se comunicarem em público. Tenho muitos clientes escritores, bem como a médiuns e analistas junguianos de sonhos com planetas na 12ª Casa. Eles dão rédea solta à intuição, à imaginação e à natureza fantasiosa nessas áreas. O trabalho é terapêutico não apenas para eles, mas outras pessoas também são inspiradas, entretidas e até mesmo curadas pela liberação da energia psíquica da 12ª Casa.

O que acontece se um netuniano imaginativo não desenvolve Mercúrio, regente de Virgem, através da escrita, ou através da comunicação? Há certo perigo nisso. Alice Bailey, em *Astrologia Esotérica*, fala do médium de energia inferior. Trata-se de um pisciano que não tem energias de Virgem, que nunca desenvolveu a mente (Mercúrio) e que, além disso, pode ter alguns planetas em Câncer. É uma pessoa aberta ou receptiva, um médium natural. Mas esse tipo de pessoa é um pisciano negativo, sempre prevendo tristezas e desgraças, antecipando maus presságios em todo lugar, assustando as pessoas em vez de incentivá-las. Em geral, orientam as pessoas sobre o que evitar no nível material ou como atrair usando o magnetismo, mas dispõem de poderes limitados de telepatia e de clariaudiência. São impressionáveis, mas sem discernimento. Não sabem interpretar o que veem. Muitos se sentem controlados pelo ambiente e têm pena de si mesmos. É importante que Peixes conserve a espada da discriminação afiada, que tenha consciência da negatividade do ambiente e que lute contra os obstáculos da vida quando necessário.

Mercúrio também tem a ver com fatos e com detalhes que muitos clientes de Peixes consideram "irrelevantes". Mas *são mesmo*? Uma mãe pisciana contou-me que estava preocupada com a filha virginiana de nove anos, de mente circunspecta, concreta e literal. "Ela está sempre me fazendo listas e prendendo-as na geladeira com ímãs", disse a pisciana. "Gostaria que relaxasse e aprendesse a parar e sentir o perfume das flores. Certa manhã, eu estava preparando lanches para todos e aconteceu de jogar fora um pote de mostarda vazio. Quando eu passava pela janela, um raio de Sol incidiu sobre ele formando uma imagem muito bonita no ar. Então chamei minha filha virginiana: 'Venha depressa e olhe isto. É como uma bela janela de vidro colorido.'"

"Oh, mamãe", ela disse, balançando a cabeça. Caminhou até a geladeira e escreveu 'mostarda' na lista do mercado. "Você poderia fazer o favor de parar de sonhar e lembrar de colocar na lista as coisas que terminam? Caso contrário, nós cinco vamos ter sanduíches secos para o almoço amanhã."

Tive de rir porque o comportamento da sua pequena nativa de Virgem era tudo o que ela havia dito – concreto, literal, terrivelmente mundano. Entretanto, os fatos realmente *têm* um lugar. Lembro-se também de fatos como um antídoto contra o pensamento absolutista. Uma mulher com muitos planetas em Peixes disse uma vez: "Por que os virginianos têm sempre que ser tão críticos – fazer o papel de advogados do diabo? Isso é chato. Uma virginiana me irritou muito hoje no trabalho. Eu estava na lanchonete falando sobre meu último namorado quando ela entrou.

'Quantas vezes *este* se casou?', ela perguntou.

'Er, quatro', eu disse.

'Quatro. Bem, ele terminou sua análise? Está empregado?'

'Ele me explicou. Sua primeira esposa morreu, e as outras foram tentativas de encontrar alguém tão perfeito quanto a primeira. Ele abandonou a análise porque era muito caro, e ele *está* empregado.'

'Bem, você disse que pagou o jantar na última vez que saíram...'

'Ele apenas esqueceu sua carteira. De qualquer modo, não sei por que estou dando explicações a você. Você é sempre tão negativa.'

"Essa virginiana me disse que se admirava de como eu podia ser tão esperta nos negócios – sem considerar os detalhes excessivos – e tão confusa em minha vida pessoal." Isso também é uma função da dualidade de Peixes.

Peixes quer acreditar em um relacionamento novo; quer agir com base na fé e na intuição em sua relação com os outros; pode tentar ser eficiente nos negócios, mas não quer ser eficiente no romance. Na verdade, mesmo nos negócios, muitos piscianos atribuem seu sucesso ao interesse subjetivo e pessoal que dedicam a cada cliente. "Cada cliente é um amigo – alguém com quem muito me preocupo, ou pelo menos é assim que me parece." A pessoa de polaridade Virgem é estrategista, lógica e analítica, tanto em suas atividades profissionais como em sua vida pessoal. Tende a não sofrer as baixas emocionais como Peixes, mas também não experimenta as alegrias dionisíacas.

Virgem, para não ferir Peixes – pois considera Peixes um coitado, um crente sofredor – como signo da polaridade, pode desempenhar o papel de advogado do diabo. Virgem espera ajudar Peixes a ver o novo companheiro romântico mais claramente, antes que se apaixone novamente. É quase sempre tarde, porém. Peixes se apaixona muito rápiod. A perspectiva de Virgem é a da oração Vedanta: "Guia-nos, ó Senhor, do Irreal para o Real". Virgem torna as coisas claras para Peixes.

Além da precisão detalhada, da discriminação, da lógica e da estratégia, que contribuição Mercúrio pode dar a Peixes? Um sentido de serviço consciente. Peixes pode desempenhar (cheirar as flores) bem, ser criativo, artístico, imaginativo, mas com frequência de um modo idealista, não compreendendo realmente o que deve ser feito. Peixes vê a tarefa global de um modo vago, de uma perspectiva geral. Virgem é realista, prático, segue a rotina da fase A à B, e daí à C, e, geralmente, chega à solução não por meio de um procedimento intuitivo, mas trabalhando. Enquanto observa Virgem lendo o manual de instrução, Peixes talvez pense: "Acho que vou sair no meu barco sábado, se o tempo estiver bom", ou "Acho que vou parar no *shopping center* a caminho de casa". Embora Peixes/Netuno odeie profundamente cursos de estatística ou de contabilidade eles ajudam no desenvolvimento das habilidades de pensamento.

Peixes e Virgem podem andar juntos como idealismo prático ou serviço compassivo. Ambos são signos mutáveis, impressionáveis, o que indica que ambos se adaptam às "necessidades do pobre diabo", estabelecendo programas de ação e alterando-os imediatamente no primeiro caso especial que aparecer. Isso é melhor quando a pessoa com muitos planetas Virgem e/ou Peixes ou na 6ª e/ou 12ª Casas não guarda nenhum ressentimento. Porém, com o passar dos anos, ela tende a se sentir vítima ou mártir, o próprio necessitado supremo. Peixes, por exemplo, pergunta: "E os meus projetos criativos? Passo tanto de meu tempo apoiando minha família, meus amigos, alunos e clientes, mas e eu? Com todo esse serviço abnegado não sobra tempo para mim". "Gostaria de ter condições de mandar meus filhos para o mesmo acampamento para onde meus pacientes e clientes mandam os seus, mas não posso. O que me deixa mais maluco é que muitas dessas pessoas me devem bastante dinheiro."

Ou: "Eu realmente gostaria de participar dessa viagem de peregrinação à Ásia, mas não tenho dinheiro. Por que todas essas pessoas a quem presto serviço têm condições e eu não?".

Geralmente, Virgem e Peixes (ou Casas 6 e 12) manifestam sua intenção de traçar alguns planos e de se manter fiel a eles – nada de prestações a pagar, novas taxas de serviço depois do horário comercial, taxas sobre compromissos cancelados etc. Mas, eles se mantém fiel a essas diretrizes? Não. Cada pessoa que apresenta uma justificativa diferente é considerada um caso especial, merecendo ser tratada como exceção.

Ocorre também o forte desejo de Virgem e Peixes de serem necessários. "Eu não quis ser indiferente com ninguém que precisasse de ajuda; estou aqui para servir." A mesma pessoa continua: "O que me deixa chateado é que os anos vão passando e não consigo avançar com o romance que estou escrevendo. Meus poemas ainda não foram revisados... Minha tese continua pela metade...". Não, essas coisas não acontecem por si mesmas; é preciso utilizar os planetas fixos do mapa. "Segunda-feira é o dia que reservo para meus próprios projetos; por isso, não vou ao escritório." É importante propor-se e agir de acordo, principalmente quando as pessoas consideram seus propósitos uma excentricidade e ficam pressionando.

Se Peixes, especialmente, se sente prejudicado, explorado, enganado, é melhor usar o Fogo ou a fixidez presentes no mapa para estimulá-lo a se afirmar, em vez de continuar amargurado, desapontado ou cada vez mais apático e negativo. Muitos que se julgam adiantados espiritualmente perderam de certo modo a visão de Deus como Aquele-que-Faz. É impressionante como seu nível de energia se eleva quando eles entram novamente em contato com essa realidade.

Abordaremos agora uma questão interessante apresentada, indiretamente, por Liz Greene em *A Astrologia do Destino*, "Peixes". Alguns de vocês que estão lendo este capítulo devem estar se perguntando: "Muito bem, e eu? Tenho uma alma de poeta, uma natureza artística e aqui me encontro, preso ao mundano, trabalhando das 7 da manhã às 5h30 da tarde com um título pomposo de Virgem".

Tenho muitos clientes de Peixes que se ajustam a essa descrição. Pessoas com um grande trígono em Água, por exemplo, estariam muito bem se estivéssemos vivendo hoje na época da Renascença e não no século XXI. Seriam músicos da corte, pintores de retratos de grão-duques, arquitetos e escultores do palácio real. Mas os grão-duques foram substituídos por agências de governo burocráticas, que preferem patrocinar cientistas que tenham possibilidade de descobrir a cura do câncer, de aperfeiçoar uma bomba, de projetar novos órgãos artificiais ou de inventar microchips ainda menores. Em resumo, são os uranianos que estão em voga e não os netunianos. Esperamos que, no fim, os curadores psíquicos tenham uma qualidade de vida decente; porém, enquanto isso não acontece, muitos piscianos estão amarrados à polaridade de Virgem, a outra extremidade do eixo de serviço.

Em *A Astrologia do Destino*, Liz Greene pergunta por que os piscianos dão a impressão de ser tão racionais. Por que não expor sua intuição e seu sentimento ao mundo? Uma razão possível é que é muito difícil manipular financeiramente esses talentos em nossa época. E Peixes gosta de ter seu conforto; não é um signo que fique passando fome em um cubículo enquanto todos ao seu redor passam bem. Pelo menos, não por muito tempo. Peixes é tanto o peixe materialista como o peixe psíquico-espiritual – ligados por uma corda de prata. O glifo dos dois peixes unindo o Céu e a Terra indica a necessidade de manter o corpo e a alma unidos, no plano terrestre, e de fazer aquela visita eventual ao *shopping center*.

Os signos mutáveis são beneficiados nas áreas da comunicação e de relacionamento com as pessoas. Peixes tem uma aptidão intuitiva de ler nas entrelinhas, de responder à pergunta que não foi formulada mas que está no ar nas reuniões da comissão. Piscianos naturalmente se colocam à disposição para cuidar. Meus clientes nativos de Peixes são encontrados em trabalhos semelhantes aos das pessoas de Virgem – tarefas de serviço da 6ª e da 12ª Casa, hospitais, escolas, clínicas, presídios, agências de serviço social, vários tipos de terapia de transformação, além de, especialmente, qualquer atividade que exija estimulação psicológica e espiritual. Chegando para uma leitura astrológica entre os trinta e quarenta anos, entretanto, em geral comentam: "Minha profissão é tediosa, enfadonha. O ambiente é frio e sem graça. Existem tantas regras que não consigo aplicar minhas próprias ideias, minhas intuições, minha dedicação amorosa. Gostaria de fazer alguma coisa mais criativa". Esses clientes odeiam a rotina, os relatórios e as pressões burocráticas. E se recusam a usar a máscara de Virgem por mais tempo.

As mulheres piscianas parecem ter mais facilidade de lidar com essa situação, pois há coisas que podem fazer para sair do racional, o santuário especializado de Virgem. Podem, por exemplo, dedicar-se a vendas, um trabalho de comunicação voltado para as pessoas, e obter um desconto de 50% na loja favorita. Podem estudar história da arte, a cerimônia japonesa da preparação do chá, e outras coisas de seu interesse. Elas tendem a considerar seu trabalho uma renda familiar suplementar mesmo quando ganham quase tanto quanto seus maridos e podem por isso ter mais facilidade para passar a usá-lo do que os homens piscianos, que, em geral, se sentem culpados ao exercer uma função que não paga tão bem quanto o trabalho de Virgem, que odeiam.

Muitos piscianos passam a desenvolver um trabalho mais criativo aos quarenta ou cinquenta anos. A maioria deles, se pressionados, reconhecerão que foram beneficiados por passar pelo ciclo fastidioso do trabalho de Virgem no mundo profissional ou dos negócios. Viver no mundo real do tempo, do espaço e solucionar problemas usando o pensamento os trouxe para fora do inconsciente aquoso e os colocou sobre a terra seca (Terra Virgem). Até suas agendas se tornaram mais organizadas depois de trabalhar para outras pessoas.

Uma pisciana me telefonou animada no dia que deixou seu trabalho agitado no jornal. Seu filho mais novo havia saído de casa e ela tinha ido à garagem buscar sua velha máquina de escrever manual.

"Mantenha-me atualizada a respeito de tudo o que acontecer, sim?", disse eu, mais excitada do que ela.

Depois de um mês ela ligou. "Sabe de uma coisa? Estive escrevendo de oito a doze páginas por dia. Tenho de admitir que você estava certa quando disse que a quantidade de tarefa no jornal era boa para mim, embora naquela época eu tenha ficado irritada com você por ter dito isso. Eu queria que você me incentivasse a voltar a assistir novelas e a ler romances em casa. Naqueles dias, quando fazia o trabalho do jornal em casa, de vez em quando ficava olhando para a folha em branco por um momento, me assustava, e telefonava para uma amiga. Depois, saía com outra amiga para almoçar ou tomar café.

Naquele trabalho eu estava acostumada com prazos apertados – comprimindo minhas ideias em pequenos espaços entre as colunas dos outros jornalistas no último minuto; defendendo minha matéria com todas as minhas forças contra um chefe insensível e revisando o parágrafo apenas uma vez porque dispunha de apenas alguns minutos. Antes de trabalhar no jornal, eu pensava que escrever era como aprendi na faculdade, mas não tinha professor em casa para me pautar o assunto e controlar o tempo, então não fiz nada. Agora, penso na escrita como um trabalho e digo a mim mesma de manhã: 'Você pode fazer uma pausa e tomar seu café depois de terminar quatro páginas', como fazia no jornal. E não tenho mais medo de crítica ou de rejeição; definitivamente me tornei mais forte. E aqueles companheiros de trabalho insuportáveis estão se tornando personagens do romance. Onde mais eu poderia encontrar pessoas como eles se tivesse abandonado o emprego e ido para casa com o rabo entre as pernas?"

Onde, de fato? O ciclo de Virgem é cansativo para os piscianos sem planetas neste signo ou sem planetas na 6ª Casa, mas ter paciência definitivamente ajuda a elaborar um personagem. Por outro lado, se você é de Peixes e tem três ou quatro planetas em Virgem em oposição ao signo solar, seu trabalho mundano lhe parece perfeitamente natural, e mesmo criativo. Você tem mais caminhos em Virgem do que em Peixes. Isso também se aplica a piscianos bancários, corretores ou agentes de seguros; a tendência dele é ter a polaridade Virgem/Peixes no eixo do dinheiro — 2ª e 8ª Casas.

A integração da polaridade Virgem, portanto, nem sempre é a escolha consciente de Peixes, mas pode acontecer de forma inconsciente por meio do trabalho, especialmente através da interação com colegas de serviço e das pressões inerentes à rotina. É bastante semelhante à progressão de Peixes para Touro. No ciclo de Touro ocorre uma acomodação; posses e pessoas são acumuladas. Então, repentinamente, em meio à estabilidade, acontecem mudanças no mundo exterior. Os filhos crescem e vão embora ou o parceiro é transferido para outra cidade, e Peixes é desenraizado exatamente quando tudo vai indo bem. Às vezes, ocorre a perda do companheiro pela morte ou pelo divórcio. Então, Peixes pode se sentir como Dionísio perseguido por Hera e levar todos que o cercam à loucura. Ou pode agir como o golfinho da história, que queria se deitar-se ao lado do amigo morto e morrer.

Qual é o propósito cósmico que está por trás da etapa pisciana da jornada da alma, o cruzamento do mar noturno? Nessa fase, somos engolidos por forças e circunstâncias fora do controle, como Jonas sentiu quando foi engolido pela baleia, ou como Hiawatha sentiu quando o grande peixe Mishe-Nahme engoliu sua canoa, ele próprio e tudo o mais:

> Em sua fúria, lançou-se para o alto.
> Como um raio arremessou-se à luz do Sol.
> Escancarou suas grandes mandíbulas e tragou
> A ambos, canoa e Hiawatha.
> Para as profundezas daquela caverna escura
> Precipitou-se de cabeça Hiawatha.
> Como um tronco num rio tenebroso
> Se lança e se projeta nas corredeiras,
> Assim encontrou a si mesmo na escuridão profunda.
>
> Tateou ao redor com impotente espanto
> Até sentir um grande coração batendo,

> Palpitando naquela escuridão absoluta.
>
> Em sua raiva golpeou
> Com seu punho o coração de Nahma.
> Sentiu o poderoso rei dos peixes
> Estremecimento em cada nervo e fibra...
> Atravessada então colocou Hiawatha
> Sua canoa de bétula por segurança,
>
> Para que das fauces de Nahma,
> No tumulto e confusão,
> Não fosse arremessado para fora e perecesse.

Depois de cortar o apego com as pessoas, lugares e posses, Peixes se depara com a desconhecida cortesia de Plutão, o regente esotérico do signo. O grande peixe ou a baleia de Jonas, a onda que engolfa Peixes em seus sonhos, a perda da pessoa amada, da cidade querida, das posses amadas, tudo isso é símbolo do trabalho de Plutão dissolvendo o cordão que mantém o peixe espiritual preso à matéria. A baleia ou a inundação em nossos sonhos é o processo de transformação, o processo de Plutão.

Se Peixes já desenvolveu sua intuição e, através das ações da graça e da fé, já se sintonizou com sua alma, é mais fácil para o ego abandonar os apegos mundanos e acreditar que dessa experiência dolorosa se desenvolverá o crescimento espiritual. Peixes será atraído para mais perto do Divino. Será mais fácil parar de fazer, de agir e de realizar nos antigos moldes conhecidos no mundo exterior da matéria e se recolher nas águas da psique. Se Peixes tentar nadar contra a corrente desses planetas de recolhimento, Netuno e Plutão em trânsito, encontrará apenas confusão interior, desorientação no tempo e no espaço e sentimentos de medo relativos à sensação da falta de objetivo durante esta fase.

Quando vejo clientes que tiveram a terra seca inundada, que perderam sua orientação e que sentem estarem sendo arrastados pela correnteza, procuro lembrá-los da real fortaleza interior que possuem. Sol em Peixes e Peixes no ascendente e a personalidade com planetas da 12ª Casa, quando em contato com seu centro interior, são capazes de dispor de mais recursos do que a maioria de nós. Essa é uma existência em que podem entrar em contato com o infinito, descendo para o interior de suas próprias almas. (A sabedoria das existências é armazenada na 12ª

Casa.) Piscianos que meditam, que rezam o rosário ou que praticam alguma outra técnica devocional com regularidade se deram conta de relances de percepção intuitiva, e têm condições de conhecer o tesouro que pode ser encontrado no mundo interior.

Em *Gilgamesh*, o herói retirou das águas o elixir da imortalidade e o entregou à humanidade. Mas uma serpente (Plutão) o roubou novamente porque a humanidade não estava preparada para dispor dele. Na tradição hebraica, ao chegar à margem oposta, Jonas emergiu do ventre da baleia com sua pérola da iluminação e daí por diante foi capaz de compartilhar vislumbres intuitivos proféticos com outros. Hiawatha também surgiu das águas com um tesouro, um óleo de peixe que podia acalmar as águas turbulentas em suas futuras descidas aos infernos.

Estamos diante de uma mensagem importante. Sempre há uma serpente nesses jardins paradisíacos semitas. Com muita frequência, Sol ou ascendente em Peixes, ou o cliente com um *stellium* na 12ª Casa aparecem para uma leitura manifestando raiva e desagrado com relação a essa situação. "Quando tudo estava correndo perfeitamente, bem quando o paisagista tinha terminado o trabalho em nossa nova residência, ficamos sabendo que seríamos transferidos para a Arábia Saudita." A serpente tinha novamente aparecido no meio do jardim do paraíso. Entretanto, sem a serpente no jardim não haveria nenhuma história. Imagine Milton, por exemplo, escrevendo O *Paraíso Perdido* sem a serpente, a personagem principal. Adão e Eva provavelmente continuariam vivendo uma vida sem graça e criando seus descendentes. Sem a serpente não haveria pecado e sem o pecado não haveria nenhuma necessidade de um Messias, nenhuma necessidade de Cristo com sua mensagem do amor divino universal da Era de Peixes.

Teria o cliente de Peixes condições de aprender no jardim do paraíso que acabou de ser remodelado mais do que com a experiência na Arábia Saudita (com o exílio na solidão do deserto, a polaridade oposta do Paraíso)? Provavelmente não, porque o destino (Plutão, o regente espiritual) decidiu que é tempo de mudar. A serpente aparece como uma precursora da transformação. Mas não é fácil. Não se trata de seguir resignadamente o caminho do menor esforço, que, muitas vezes, é o caminho que Peixes toma. A transformação implica uma mudança de atitude – a necessidade de trabalhar sobre si mesmo. Mas a baleia de Jonas, ou o exílio no deserto, é como a ponte transcendente para o Castelo do Graal onde se encontra o tesouro. É necessário coragem para ser engolido pelo desconhecido, cruzar a ponte, transcender a personalidade e seus desejos – o desejo de manter o *status quo* como forma de paz passageira do pisciano comum.

No final da década de 1980, Plutão e Netuno transitaram pelos primeiros graus de Terra e Água, e por isso sua influência de recolhimento operou de modo especial sobre as pessoas dos decanatos iniciais de Peixes para levá-las a águas mais profundas, para lembrar a todos nós que este mundo é apenas passageiro e que o apego a ele pode facilmente ser dissolvido. Além disso, esses regentes de Peixes apontam para verdades mais profundas, verdades eternas nas profundezas do oceano cósmico.

O astrólogo ou o terapeuta será beneficiado se puder identificar os talentos ocultos (Netuno/Plutão) no mapa no momento em que o cliente iniciar sua jornada no mar noturno, especialmente se ele acabou de sofrer uma perda pessoal, pois a psique precisará de tempo para se recuperar. Qualquer que seja a forma externa que o trabalho interior assuma – terapia junguiana, arte, um diário, meditação – algo produtivo emergirá se for encontrado um canal positivo para a energia introspectiva. O astrólogo pode ajudar o cliente a lembrar de um sonho que não recebeu atenção ou que foi negligenciado desde a infância ou desde o início da juventude. Netuno em progressão fazendo aspecto a um planeta pessoal, especialmente ao Sol ou à Lua natais, podem fornecer pistas importantes. Também podem indicar o caminho a casa de Peixes e a casa de Escorpião, regidas por Plutão, o planeta esotérico que ajuda Netuno a transformar a psique.

Durante esses ciclos, se o cliente reservar parte do seu tempo para ouvir a Alma, para prestar atenção a Deus, grande será seu proveito; em geral, porém, confundimos meditação com "contar carneirinhos" e achamos que ouvir o Espírito em meditação é fazer pedidos a Deus. Em *Os Trabalhos de Hércules*, "Peixes", Alice Bailey é categórica com relação a isso. Netuno não tem nada a ver com apatia ou com se sentir bem durante a meditação, mas com a relação íntima em ouvir e agir segundo o que Deus quer que façamos no mundo exterior – agir do interior (o Centro Espiritual) para o exterior. Precisamos renunciar às energias de Hermes, como planejamento, elaboração de estratégias e intelectualização, e nos voltar para a perspectiva de Héstia. O cliente com Vênus em Peixes ou com Sol em Peixes que já saciou suas necessidades emocionais no jardim do paraíso terrestre geralmente está pronto, em um ciclo de Netuno, a procurar o castelo interior de Héstia, a deusa da serenidade.

Em *As Deusas e a Mulher*, Jean Shinoda-Bolen descreve a função de Héstia, deusa do lar. Ela representa a dona de casa, a mediadora, o elo da família. Héstia tinha uma certeza intuitiva interior que não brota da mente, mas que flui do coração. Ela não precisa lembrar fatos e detalhes ou seguir uma agenda, mas compraz-se com tarefas contemplativas que não implicam compromisso de tempo, como dobrar a roupa lavada, fazer arranjos de flores, preparar a mesa como se fosse para uma ceia ritual. Ela não precisa atuar no tempo e no espaço. Ela faz da casa um santuário aprazível e sereno. É também uma deusa universal, pois as noivas prestes a constituir seu próprio lar tinham o cuidado de levá-la consigo no dia do casamento, conduzindo uma chama da lareira da casa dos pais para a casa onde iriam morar. Além disso, os colonizadores que saíam da Grécia e se dirigiam à Itália e a lugares ainda mais distantes levavam consigo o fogo da lareira como sinal de seu vínculo com a cultura familiar. Héstia era uma catalisadora internacional. Apesar disso, porém, segundo Jean Shinoda-Bolen, ela preferia ficar anônima, oculta. Ela ficou afastada, distanciada dos mexericos e intrigas dos Deuses do Olimpo, não se envolveu no resultado da Guerra de Troia. Quando chegou o tempo de Dionísio, Deus da Nova Era, assumir seu lugar no Monte Olimpo, Héstia humildemente cedeu-lhe o lugar sem nenhum alvoroço.

A impressão que se tem é que Héstia é a alma em nosso interior, nosso centro, a centelha de fogo da lareira. Embora o fogo de Héstia fornecesse calor e luz à família grega; embora fosse uma deusa familiar, compassiva e alentadora, ela permanecia autocontida, satisfeita no interior de si mesma. Sua felicidade não dependia da conduta dos outros ou de que seus desejos fossem satisfeitos no mundo exterior: ela usufruía de uma serenidade interior, de um estado interior de paz, uma sabedoria que nada nem ninguém podia perturbar. Héstia representa o amor divino universal, impessoal, altruísta, e por isso tem todas as condições de ser o símbolo do Peixes espiritual.

Meus clientes parecem estar procurando Héstia nos trânsitos de Netuno. Eles querem ficar em casa e cuidar da lareira. Uma resposta comum dada pelos que conhecem as obras de Jung é: "A psique não está mais colaborando com o que estou fazendo no mundo exterior. Estou recolhendo minhas economias, deixando meu trabalho e entrando em análise. O mundo interior me acena. É tempo da jornada do mar noturno". Vários clientes com *stelliums* na 12ª Casa já se recolheram em clínicas de saúde mental para se acostumarem com Netuno. (A 12ª Casa é a casa do confinamento.) Outros, buscadores espirituais, me disseram: "O mundo material não tem valor para mim. Quem precisa dele? Estou indo a um *ashram*" ou "Estou me mudando para a Índia".

Outra resposta comum para as pessoas que não estão familiarizadas com Jung, com yoga ou com algum outro método de introspecção e de desenvolvimento da consciência é se deixar levar pela corrente. A rendição não é consciente; elas

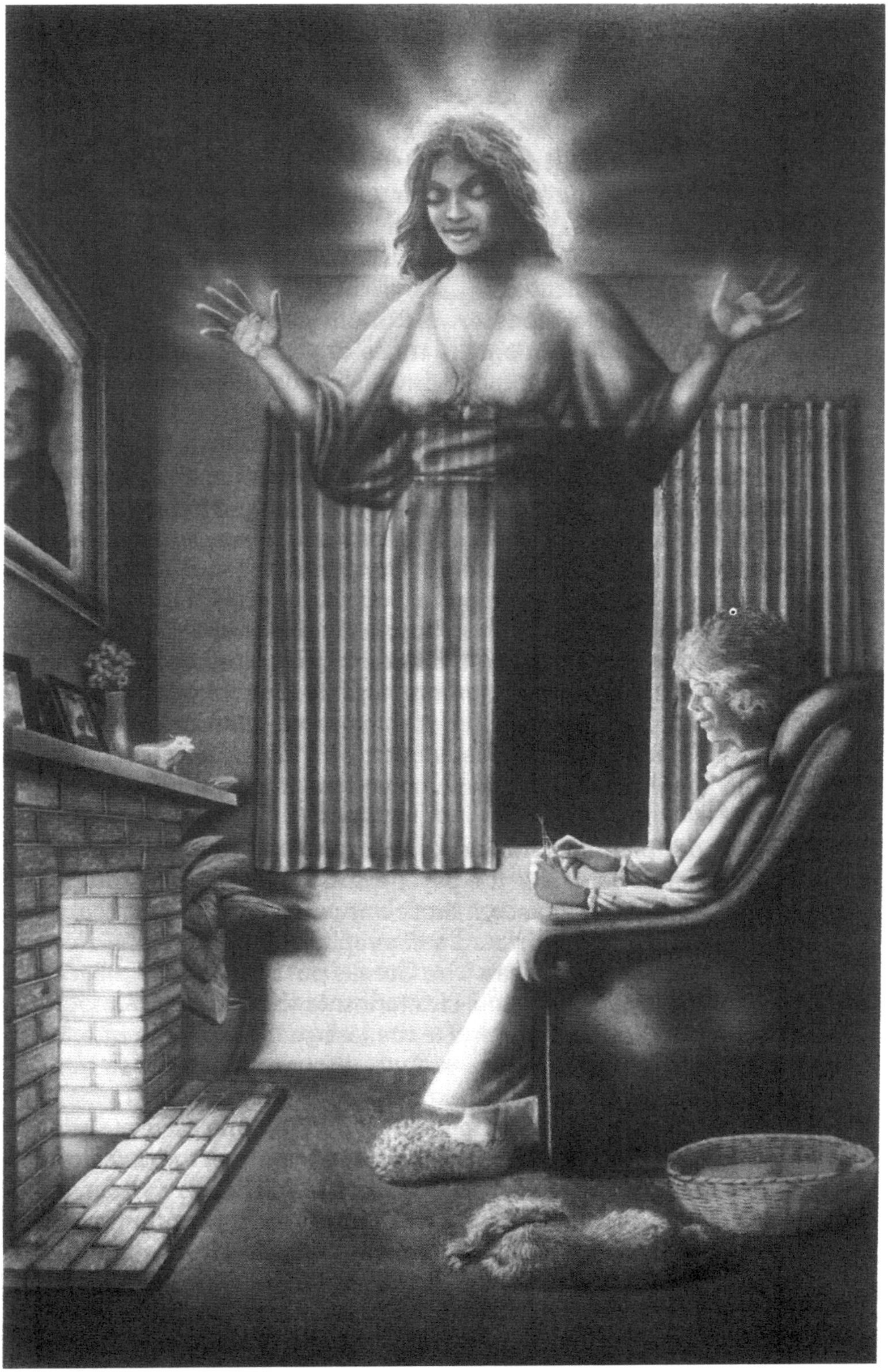

vegetam diante da TV com a comida de ontem e bebidas alcoólicas, usam drogas vão ao trabalho de ressaca. Pessoas de todos os níveis de consciência chegam à leitura se sentindo confusas, especialmente se Netuno se move para um ângulo do mapa ou se transita por um planeta pessoal. O livro de Tracy Marks, *A Astrologia da Autodescoberta*,* tem uma parte muito interessante sobre essa confusão. Não vou ser repetitiva transcrevendo sua informação aqui. Ela faz boas reflexões sobre a necessidade que a psique tem de repousar em tempos estressantes. E a televisão, naturalmente, não é de todo ruim; ela pode ser a forma mais mitigada do escapismo netuniano, porém... pode viciar.

Minha própria clientela é composta, em sua maioria, por personalidades motivadas. Refiro-me não somente aos desejosos de sucesso material, mas também aos espiritualmente motivados. "Preciso entrar no Castelo Interior durante esta existência." Esse tipo de personalidade apreende a verdade de Netuno com dificuldade, porque a mensagem deste planeta é: "Relaxe. Deixe as coisas acontecerem e reserve um lugar para Deus. Resigne-se à ideia de que talvez você não chegue lá nesta vida, pare de lutar tanto; talvez, então, você consiga chegar lá". É difícil para os ocidentais de nossa época ouvirem a mensagem de fé e de resignação de Netuno. Embora as religiões mais importantes ensinem a prática da sintonia com a vontade de Deus – fé, devoção e submissão –, estamos de certo modo muito ocupados para ouvir essa vontade até que os trânsitos de Netuno cheguem e nós estejamos em uma dimensão diferente; quando nossos esforços no tempo e no espaço não funcionam mais, nos lembramos da fé. "Ah, sim. Estou tentando muito. Estou correndo pela floresta encantada procurando o Castelo do Graal, mas ele é invisível. Se me sentasse quieto por um tempo e simplificasse minha agenda, talvez a névoa desaparecesse e eu pudesse vê-lo!"

Quando nosso modo de planejar e de pensar segundo os padrões mentais de Hermes fracassam, tentamos obter respostas da psique e da intuição (Netuno/Peixes). Então, passamos a aceitar essas respostas como tão práticas quanto as que o intelecto oferecia, porém mais úteis no ciclo de Netuno do que as ideias de Hermes. Os gregos colocavam Hermes (o pilar ou a coluna) fora de casa e Héstia dentro dela. Ambos eram necessários, mas a mente racional é o último guardião que deve ser vencido antes do castelo interior. Teresa de Ávila discute essa necessidade de transcender o guardião mental durante o ciclo de Netuno.

---

* Publicado pela Editora Pensamento, São Paulo, 1989. (fora de catálogo)

O cliente confuso que aparece no ciclo de Netuno pode não ser um buscador espiritual, mas precisamos responder às perguntas que seu nível de consciência apresenta, e não tentar convertê-lo à nossa filosofia contra a sua vontade. Em geral, menciono que uma nova dimensão da personalidade está surgindo, que a energia está se recolhendo para algum propósito criativo, em vez de dizer a um cético que a alma está se manifestando. Quase sempre, pergunto: "Há alguma coisa que você sempre quis fazer mas não se organizou para levá-la a efeito? Um passatempo relaxante ao qual poderia se dedicar? Seu filho já tem idade suficiente para conduzir os negócios da família e você já comprovou ser um homem bem-sucedido – por que não tomar uma nova direção? Faria muito mais bem a você do que todo esse álcool, que é prejudicial à saúde". Se os indicadores da astrologia médica apontarem para o fígado, faço referência a isso nesse momento da sessão.

Se o astrólogo age desse modo, possivelmente a esposa do cliente pode entrar em contato: "O que você sugeriu a meu marido? Ele deu responsabilidades ao nosso filho de 40 anos e comprou um iate. Estou furiosa com você. Eu detesto água". Ou: "Ele comprou vários pincéis, tinta, tela e alugou um apartamento à beira-mar. Faz 25 anos que não pinta, desde os tempos de colégio". Portanto, corremos riscos quando incentivamos pessoas nos trânsitos de Netuno. Mas Netuno *tem relação* com o correr riscos e com o abrir-se a novas dimensões interiores. Existem diferentes modos de entrar em contato com a psique. C. G. Jung demonstrou a utilidade da arte para a união com o Self em seus trabalhos sobre as mandalas.

Mulheres profissionalmente ativas que não estão em contato com a função sentimento também passam por mudanças durante os trânsitos de Netuno. O romantismo pode aparecer pela primeira vez perto dos 40 anos (Netuno em quadratura com Netuno), quando Netuno faz trígono com o Sol em Capricórnio ou quando a Lua faz sextil com planetas em Escorpião. "O que está acontecendo comigo? Não me preocupo mais com minha carreira. Eu poderia me casar com essa pessoa mesmo sendo ela uma dona de casa. (Uma Héstia.) Essa é uma mudança assustadora. Ela pensa que está perdendo o juízo, pois não é seu hábito submeter-se à emoção, deixar-se guiar por seus sentimentos e confiar neles. Ela sempre teve tudo "sob controle". Profissionais de Escorpião e Escorpião no ascendente e pessoas com *stelliums* na 10ª Casa tendem a passar por mudanças semelhantes durante os trânsitos de Netuno. Uma das lições de Netuno é compreender como aproveitar a vida de forma mais adequada e com menor controle, mas, geralmente, esses indivíduos têm uma natureza perfeccionista e temem cometer erros. Não compreendem a preguiça, o romantismo ou mesmo o não sentir nada. Netuno de repente os inunda com sentimentos de todos os tipos. Pessoas energéticas com uma base metafísica compreenderão que a Alma está progredindo, mas o vice-presidente (ou outro administrador de carreira) de Capricórnio pode ter dificuldade e até mesmo se assustar com essa informação.

Durante os trânsitos de Netuno, mulheres administradoras nascidas sob Capricórnio ou sob Escorpião costumam aparecer para leitura; em outras épocas seriam céticas com relação à astrologia ou não teriam nenhum interesse. Com Netuno em trânsito, elas se percebem evitando reuniões de fim de tarde e sendo atraídas por "coisas estranhas" e ocultas como astrologia, e procuram esclarecimentos. É bom sondar a base metafísica dessas pessoas e, depois de estimar seu grau de abertura, sugerir alguns livros sobre a jornada interior. Se os sonhos forem assustadores, ou pelo menos vívidos, a análise junguiana é uma boa opção, sem dúvida. É bom dispor de uma listagem de analistas aptos a trabalharem com essas profissionais dinâmicas durante o ciclo de grande mudança.

Cheguei à conclusão de que as pessoas compulsivamente viciadas em trabalho são também compulsivas em outras áreas de vida. Se os anos de Netuno não transcorrem de uma maneira espiritual, criativa e introspectiva, podem ser vividos no alcoolismo, mesmo para alguém muito controlado até o momento. Quando observo um cliente compulsivo que de repente se recolhe, passando o tempo sozinho em casa e evitando o resto do mundo, minha reação a essa tendência dionisíaca é dizer: "Você sabe, faltam dois anos para acabar esse trânsito. Se você continuar comendo e bebendo desse jeito durante esse tempo e se ficar aí sentado em vez de praticar exercícios, vai se arrepender nos próximos anos. Você talvez tenha que assistir às reuniões do AA para se recuperar. Por que não ficar em casa fazendo decoração em vez de se empanturrar? Em alguns anos, sua sensação será de realização; toda sua casa estará redecorada. Seu sentido de cor e disposição está muito bom no momento".

Personalidades ativas com profissões estruturadas da área da saúde podem encontrar uma trégua sob os trânsitos de Netuno, participando de *workshops* rápidos sobre cristais e saúde, leitura da aura, frenologia etc. Isso tem boas condições de acontecer se os planetas da 12ª Casa são afetados por trânsitos. As pessoas com planetas em Peixes e na 12ª Casa podem querer terminar o projeto literário que ficou na gaveta por anos. A jornada do mar noturno dispõe de muitas opções que podem não ter sido levadas a sério em nenhum outro momento de sua vida – se estiverem psicologicamente preparadas para correr alguns riscos e se tiverem coragem suficiente para realizar a descida.

Muitos piscianos reconhecem que há pérolas de sabedoria no oceano cósmico do inconsciente e que gostariam de mergulhar para resgatá-las, como Gilgamesh (ou Hiawatha, que desceu várias vezes), mas têm medo de perder a razão e de não conseguir voltar ao estado de consciência desperto. O inconsciente é a polaridade extrema da mente racional, seu complemento natural, como Héstia complementa Hermes na mitologia grega. Piscianos agem no dia a dia de trabalho quase exclusivamente a partir da polaridade Hermes/Virgem – isto é, os que não estão nas profissões de Peixes, como os artistas, músicos, promotores de entretenimento, donas de casa de tempo integral. Eles têm uma aspiração secreta a se demorar no mundo tranquilo, simples, não competitivo de Héstia, mas vivem na polaridade Hermes a maior parte do seu dia.

Um funcionário de um hospital com Sol em Peixes disse: "Acho que estou ficando maluco. Não consigo lembrar de fatos e de detalhes. As horas passam e eu não sei o que aconteceu. De repente, não tenho vontade de sair da cama de manhã e ir trabalhar. Este não sou eu, de jeito nenhum. Sempre sigo meu esquema. Quando isso vai terminar?". A desorientação no tempo, no espaço e na memória irá continuar por algum tempo, porém.

No Livro VI da *Ilíada*, Homero se refere ao "demente Dionísio" e aos seus delirantes seguidores. Aristóteles falou da tênue linha divisória entre a genialidade e a loucura. Em seu livro *Dionysos*, Karl Kerényi menciona que as pessoas que desceram às profundezas do inconsciente para trabalhar criativamente muitas vezes têm um olhar desvairado, não diferente do olhar abstrato das mulheres na arte de Dionísio. Elas estão em um estado alterado de consciência. Não é de admirar, portanto, que os piscianos que vivem na polaridade racional de Virgem sintam medo da loucura quando seus planetas regentes, Netuno e Plutão, lhes acenam para iniciar a Jornada do Mar Noturno no ventre da baleia de Jonas, por meio de um mar infinito e não mapeado.

Em *Símbolos da Transformação*, Carl Jung fala da necessidade que a mente consciente tem de fazer seu caminho de volta ao mundo material depois de sua incursão ao inconsciente. Astrologicamente, isso faz bastante sentido porque Plutão, Senhor dos Infernos, dissolveu o cordão que une os dois peixes, o material e o espiritual. Assim, Peixes está livre para nadar em seu próprio ambiente, tornando-se enlevado, extático. (Isso se aplica no caso de Peixes considerar o ambiente tanto criativo quando espiritual.) Portanto, muitas vezes, ele não está nada feliz por retornar ao que chamamos de mundo real da matéria.

Jung descreve seu próprio retorno da jornada do mar noturno nos três capítulos finais de *Memórias, Sonhos, Reflexões*. Ele flutuou sobre a Índia e sobre o Oriente Médio e teve muitas visões maravilhosas. Também se aproximou de um templo, mas lhe disseram que ele não podia ficar lá, porque tinha sido decidido que seu trabalho ainda não terminara. Ele deveria voltar à Terra, a seu corpo físico. A ideia de retornar não o deixou contente. A maioria dos heróis luta para retornar ao estado de consciência desperta. Na mitologia, eles acendem um fogo no ventre escuro da criatura do mar, lançando luz sobre o inconsciente e iluminando-o. Ou, como Hiawatha, golpeiam o coração do Grande Peixe. Este os expele para a terra, e eles retornam com suas percepções intuitivas. Entretanto, realizar viagens ao mundo bem-aventurado do inconsciente enfraquece o desejo de retornar, porque há alegria, beleza, paz, luz, sabedoria e descanso no outro lado.

Na tradição yogue, a personalidade, quando presa ao êxtase da alma, vê a si mesma como uma onda no oceano da vida e deseja se dissolver nele para sempre. Nos seus escritos iniciais, Jung rejeitava a filosofia oriental da extinção do ego como algo que tocaria o coração de um ocidental (ou, seguramente, de um Leão, interessado acima de tudo na individualidade). Suas visões são recontadas com detalhes em *Memórias, Sonhos, Reflexões*, publicado postumamente. Nos capítulos finais dessa obra autobiográfica, Jung analisa o nadar na corrente da vida e o perder todo o medo da morte. Baseado em suas próprias experiências do pós-vida e de Deus, ele está tão certo quanto os yogues da Índia de que a consciência nunca morre.

A permanência de Jung no hospital havia começado com um ferimento no pé (Peixes) seguido de um ataque cardíaco. Quando despertou de suas experiências do pós-vida, estava furioso com seu médico por salvá-lo. Jung sentia falta do outro mundo, onde ele e os outros não sofriam limitações, e conversavam simplesmente intercambiando pensamentos. Jung entrava todas as noites em êxtase e todas as manhãs acordava em sua cama de hospital, sem ter nenhum interesse pelo que acontecia do lado de fora de sua janela, neste mundo. Desagradava-lhe ter de se ajustar a um "mundo compartimentalizado", em que pessoas "parecidas com caixas" se agitam, cada uma cuidando dos seus afazeres. Ele não conseguia fazer com que o médico por quem tivera um grande respeito o ouvisse. Jung havia visto o corpo sutil do médico no outro lado e sabia que, se ele não descansasse e não cuidasse mais de si mesmo, em breve morreria. O médico, de fato, morreu antes de Jung, que se recuperou e entrou em um dos seus ciclos mais produtivos de produção escrita.

Em seu estado de recolhimento, com seu interesse por este mundo desaparecendo, Jung parecia estar em um estado mental semelhante ao de Hiawatha quando fez sua última descida consciente aos infernos, além do horizonte, no pôr do sol do pós-vida. Antes de partir, Hiawatha disse à mãe, Nokomis, a Grande Mãe das Águas Eternas:

> Estou indo, ó Nokomis,
> A uma longa e distante jornada,
> Aos portais do pôr do sol,
> Às regiões da casa do vento,
> Do Vento do Nordeste, Keewaydin.
>
> Um longo rasto de esplendor,
> Correnteza abaixo, como um rio caudaloso,
> Para o oeste, para o oeste, Hiawatha
> Navegou para o ardente pôr de sol,
> Navegou para vapores purpúreos,
> Navegou para o lusco-fusco do anoitecer.
> Assim partiu Hiawatha,
> Hiawatha, o Bem-amado,
> Na glória do pôr do sol,
> Nas névoas purpúreas do anoitecer,
> Para as regiões da casa do vento,
> Do Vento do Noroeste, Keewaydin,
> Para as Ilhas dos bem-aventurados,
> Para o reino de Ponemah,
> Para a terra da Vida Futura.

Questionário

Como o arquétipo de Peixes se expressa? Embora se destine especialmente aos que têm o Sol em Peixes ou Peixes no ascendente, qualquer pessoa pode aplicar este questionário à casa em que seu Netuno está localizado ou à que tem Peixes (ou Peixes interceptado) na cúspide. As respostas indicarão até que ponto o leitor está em sintonia com o compassivo Netuno/Dionísio.

1. Em uma conversa, muitas vezes respondo mais ao que uma pessoa está pensando ou sentindo do que ao que está de fato dizendo:
   a. Na maioria das vezes.
   b. Algumas vezes.
   c. Quase nunca.

2. Entre meus pontos fortes incluiria a empatia, a sensibilidade e a generosidade. Essas características se aplicam a mim:
   a. 80% das vezes.
   b. 50% das vezes.
   c. 25% das vezes ou menos.

3. Prefiro me relacionar com pessoas que são:
   a. Refinadas e ricas.
   b. Bondosas e deferentes.
   c. Inteligentes e bem informadas.

4. Algumas pessoas me consideram hipersensível – sempre com os sentimentos feridos. Percebo-me como:
   a. Bastante sensível a críticas.
   b. Moderadamente sensível a críticas.

5. Quando estou de bom humor fico assim:
   a. O dia todo.
   b. Durante algumas horas.
   c. Não fico nesse estado.

6. Meu maior medo é:
   a. Que meus piores medos se realizem.
   b. Que alguém de minha família fique ferido.
   c. Que eu fracasse em atingir meus objetivos.

7. O maior obstáculo a meu sucesso provém:
   a. De eu me sentir culpado.
   b. Da complacência.
   c. De uma atenção excessiva aos detalhes.

8. Depois de sacrificar meus próprios projetos criativos para ajudar os outros, sinto-me ressentido:
   a. A maioria das vezes.
   b. Algumas vezes.

9. Quando estou deprimido, minha energia e vitalidade também ficam baixas:
   a. 80% das vezes, ou mais.
   b. Em torno de 50% das vezes.
   c. 25% das vezes ou menos.

10. Quando minha intuição me diz para agir, eu a sigo:
    a. A maioria das vezes.
    b. Algumas vezes.
    c. Quase nunca.

Os que assinalaram cinco ou mais respostas (a) estão em contato estreito com Netuno, o planeta do inconsciente. Embora seja sensível, intuitivo e compassivo, você pode estar seguindo o caminho do mínimo esforço. É importante desenvolver o controle consciente dos estados interiores e dos sentimentos para ter saúde e vitalidade. Se respondeu (a) à pergunta (3), você pode ser um pisciano materialista que está compensando sua infância carente ao buscar Júpiter em seu sentido mundano de abundância. Os que marcaram cinco ou mais respostas (c) estão se movendo na direção da extremidade polar (Virgem) no nível instintivo. Seu

Netuno não está se manifestando. A sintonia com ele é desenvolvida por meio de atividades criativas como música, artes, literatura, meditação e visualização.

Onde se encontra o ponto de equilíbrio entre Peixes e Virgem? Como Peixes integra o fato e a lógica? A fantasia e a realidade? A imaginação criativa e a rotina disciplinada? A fé e o discernimento? Embora diga respeito de modo particular a pessoas com Sol em Peixes, Peixes no ascendente ou Netuno proeminente por posição de casa, todos temos Netuno e Mercúrio em algum lugar de nossos mapas. Muitos temos planetas na 6ª Casa ou na 12ª. Para todos nós, a polaridade de Peixes a Virgem implica a habilidade de ir do intuitivo ao concreto.

1. Se perguntarem ao meu cônjuge, ele dirá que sou:
   a. Desorganizado e intuitivo.
   b. Intuitivo e organizado.
   c. Organizado, mas não intuitivo.

2. Quando entro no supermercado:
   a. Levo o que parece bom para mim.
   b. Levo o que está na lista de compras e alguma coisa extra.
   c. Levo somente o que está na lista.

3. Em relação aos projetos de trabalho, sou:
   a. Um artista.
   b. Um técnico e um artista.
   c. Um técnico.

4. Em minhas relações, sou:
   a. Nutritivo.
   b. Amoroso e realista.
   c. Realista.

5. Meus colegas de trabalho provavelmente me consideram:
   a. Vago em relação aos detalhes.
   b. Competente em análise e síntese.
   c. Analítico.

Os que marcaram três ou mais respostas (b) estão desenvolvendo um bom trabalho na integração da polaridade Peixes/Virgem. Os que têm três ou mais respostas (c) precisam trabalhar mais conscientemente no desenvolvimento de Netuno natal em seu mapa. Os que têm três ou mais respostas (a) podem estar fora de equilíbrio na outra direção (Mercúrio fraco ou pouco desenvolvido). Estude ambos os planetas no mapa astral. Existe algum aspecto entre eles? Qual é mais forte por posição de casa ou signo? Um ou outro está retrógrado, interceptado, em queda ou em detrimento? Aspectos relativos ao planeta mais fraco podem indicar o modo de integração.

O que significa ser um pisciano esotérico? Como Peixes integra Plutão, seu regente esotérico, na personalidade? Todo Peixes tem tanto Netuno quanto Plutão em algum lugar de seu mapa. Netuno e Plutão operando em harmonia ajudarão a alma a se manifestar para tomar conta da personalidade. Agindo em conjunto, esses dois planetas exteriores trabalham para dissolver os apegos a pessoas, a lugares e a posses, a liberar a Alma submissa dos grilhões da Matéria.

1. Para mim, resignação significa:
    a. Submissão à vontade de Deus.
    b. Aceitação do que não se pode mudar.
    c. Expectativa do pior.

2. Tenho uma fé firme:
    a. Em Deus e em mim mesmo.
    b. Em Deus.
    c. Nem em Deus nem em mim mesmo; sou um fatalista.

3. Lido com meus medos e com minhas inibições interiores praticando:
    a. Meditação, orações, assertividade e/ou participando de celebrações religiosas.
    b. Pensamento positivo sempre que a negatividade se manifesta ao meu redor.
    c. Francamente, quero me esconder debaixo da cama.

4. Quando se trata de ter controle sobre minhas preocupações e ansiedades, posso honestamente dizer que:
   a. Faço isso bem. Estou bem menos perturbado do que costumava estar.
   b. Tenho feito certo progresso e continuo trabalhando sobre mim.
   c. Poderia dizer que houve certo progresso, mas não o suficiente.

5. Mudanças drásticas (morte de uma pessoa amada, divórcio, transferência de lugar de trabalho, perda de posses) me afetam profundamente:
   a. Mas depois de um tempo consigo entender o lado positivo que se manifestou.
   b. E acho difícil me ajustar, mas, depois de certo tempo, volto a viver e a fazer o melhor possível com o que tenho.
   c. A ponto de que tudo o que quero é fugir.

Os que assinalaram três ou mais respostas (a) estão em contato com o regente esotérico. No nível esotérico, a função de Plutão é libertar Peixes do apego durante a jornada do mar noturno. Os que marcaram três ou mais respostas (b) estão trabalhando sobre si mesmos, mas precisam continuar. Purificar lembranças/ressentimentos passados é de vital importância durante a jornada do mar noturno de Plutão. Analistas junguianos podem proporcionar uma ajuda eficiente, objetiva e profissional durante esse processo. Os que marcaram três ou mais respostas (c), de fato, precisam compreender conscientemente a energia de Plutão em seu mapa. Plutão favorece o contato com os recursos interiores em tempo de crise, ajuda a enfrentar os medos e a transcendê-los. Embora você possa considerar Plutão um planeta maléfico, seus objetivos prioritários são a transformação e a transcendência. Esse planeta favorece a compreensão de que a mudança é inevitável e de que a resistência alonga o processo de cura psíquica que ele está procurando desenvolver.

Referências Bibliográficas

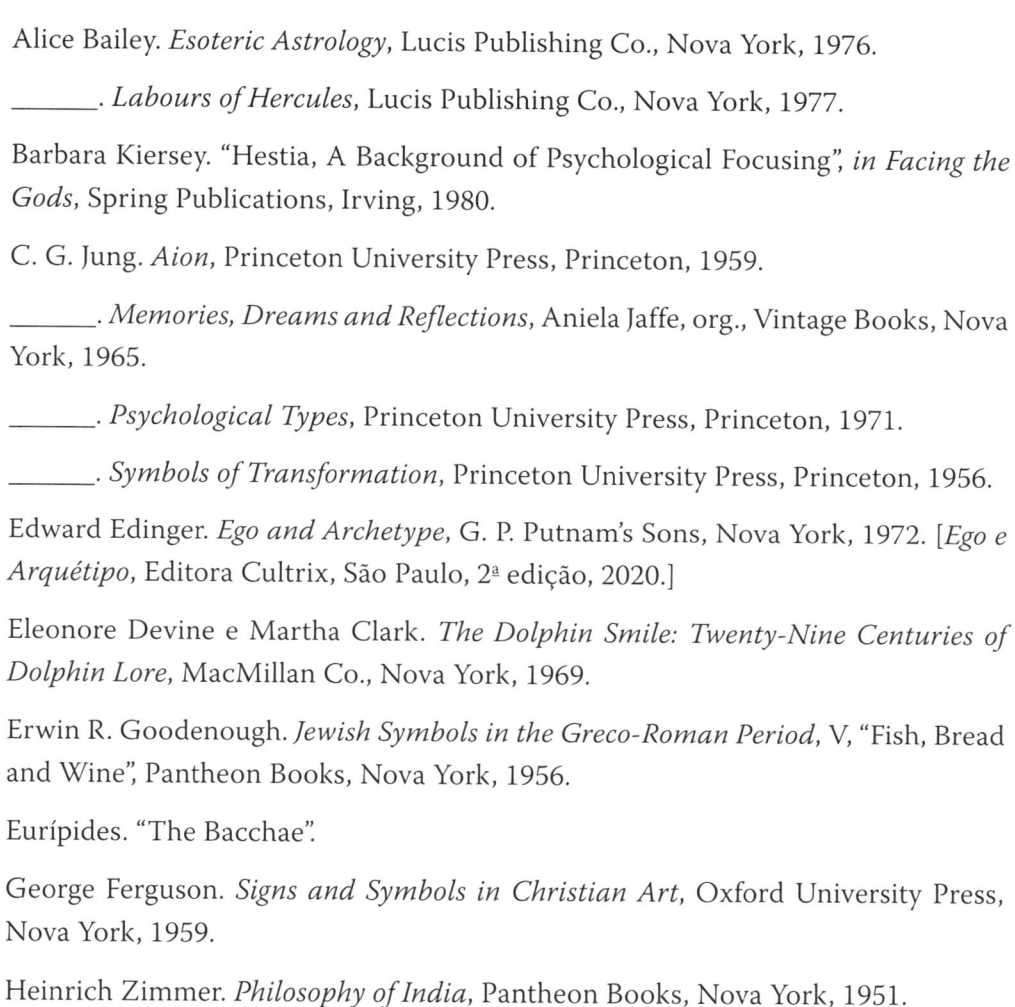

Alice Bailey. *Esoteric Astrology*, Lucis Publishing Co., Nova York, 1976.

_____. *Labours of Hercules*, Lucis Publishing Co., Nova York, 1977.

Barbara Kiersey. "Hestia, A Background of Psychological Focusing", *in Facing the Gods*, Spring Publications, Irving, 1980.

C. G. Jung. *Aion*, Princeton University Press, Princeton, 1959.

_____. *Memories, Dreams and Reflections*, Aniela Jaffe, org., Vintage Books, Nova York, 1965.

_____. *Psychological Types*, Princeton University Press, Princeton, 1971.

_____. *Symbols of Transformation*, Princeton University Press, Princeton, 1956.

Edward Edinger. *Ego and Archetype*, G. P. Putnam's Sons, Nova York, 1972. [*Ego e Arquétipo*, Editora Cultrix, São Paulo, 2ª edição, 2020.]

Eleonore Devine e Martha Clark. *The Dolphin Smile: Twenty-Nine Centuries of Dolphin Lore*, MacMillan Co., Nova York, 1969.

Erwin R. Goodenough. *Jewish Symbols in the Greco-Roman Period*, V, "Fish, Bread and Wine", Pantheon Books, Nova York, 1956.

Eurípides. "The Bacchae".

George Ferguson. *Signs and Symbols in Christian Art*, Oxford University Press, Nova York, 1959.

Heinrich Zimmer. *Philosophy of India*, Pantheon Books, Nova York, 1951.

Isabel Hickey. *Astrology: A Cosmic Science*, Altieri Press, Bridgeport, 1970.

James Hillman. "Dionysius in Jung's Writings", *in Facing the Gods*, Spring Publications, Irving, 1980. [*Encarando os Deuses*, Editora Pensamento, São Paulo, 1992.] (fora de catálogo)

Jean Shinoda-Bolen M. D. *Goddesses in Everywoman*, "Hestia", Harper and Row, Nova York, 1984.

John Armstrong. *The Paradise Myth*, Oxford University Press, Nova York, 1969.

Joseph Campbell. *Flight of the Wild Gander*, Viking Press, Nova York, 1951.

Karolyi Kerényi. *Dionysos*, Routledge and Kegan Paul, Londres, 1976.

Liz Greene. *Astrology of Fate*, "Pisces", Samuel Weiser Inc., York Beach, 1984. [*A Astrologia do Destino*, Editora Pensamento, São Paulo, 1989.] (fora de catálogo)

Nelson Gluek. *Deities and Dolphins, The Story of the Nabataeans*, Farrar, Straus and Giroux, Nova York, 1965.

Sri Daya Mata. *Only Love*, Self-Realization Fellowship Press, Los Angeles, 1976.

Teresa de Ávila. *The Interior Castle*, Kieran Kavanaugh, O. C. O., trad. Paulist Press, Nova York, 1979.

Tracy Marks. *The 12th House*, Sagitarius Rising, Arlington, 1977.

_____. *The Astrology of Self-Discovery*, C. R. C. S., Rena, 1950. [*A Astrologia da Autodescoberta*, Editora Pensamento, São Paulo, 1989.] (fora de catálogo)

Walter F. Otto. *Dionysus, Myth and Cult*, Indiana University Press, Indiana, 1965.

Glossário

Água: Entre os quatro elementos, é o unificador que provê sentimento e emoção, empatia e simpatia. As casas análogas ao elemento Água são a 4ª, a 8ª e a 12ª, também chamadas de casas psíquicas. A Água abarca a intuição psíquica. Os signos de Água – Câncer, Escorpião e Peixes – sentem profundamente e auxiliam na formação de um ambiente empático que nutre e sustenta os que estão ao seu redor. Compaixão em excesso resulta em perda de energia. Nesse caso, ciclos de recolhimento para personalidades mais sensíveis e com maior quantidade de Água no mapa são necessários.

Angular: Diz que é angular o planeta ou a casa em um dos quatro pontos cardinais do mapa (ascendente, Descendente, Meio do Céu e Fundo do Céu.). É um ponto dinâmico, carregado de intensa energia. Percebemos nossa energia angular quando fluímos com energias não angulares.

Ar: Elemento associado ao pensamento, à comunicação, ao idealismo mental, à curiosidade científica, à atitude de viver com satisfação e ao um senso de humor. Karmicamente, o elemento Ar está vinculado ao relacionamento humano; cada signo de Ar e cada casa de Ar (3ª ,7ª , 11ª) tem ligação com um tipo de relacionamento – (3) com os irmãos, (7) com o casamento e as parcerias de negócios, (11) com os amigos e as organizações. O Ar é o idealismo sem os pés no chão. Pessoas com muita ênfase em Ar tendem à atitude *puer/puella* de Jung. Os signos e casas de Ar são catalisadores ou elos, unindo pessoas a ideias, a conceitos e a outras pessoas.

Área do Zênite: Casas 9 e 10 do mapa natal, também chamada de Meio do Céu. Planetas natais nessas casas tendem a ser ambiciosos. Trânsitos por essa área propiciam grandes sucessos a uma pessoa esforçada e aplicada. O cônjuge tende a se sentir negligenciado durante esses trânsitos.

Arquétipo: Modelo, protótipo. Na filosofia de Platão, a ideia original a partir da qual foram modeladas todas as coisas materiais existentes. A ideia arquetípica deve existir como um modelo; nenhuma coisa substancial pode existir sem ela. (Ver na Introdução o uso moderno que C. G. Jung fez do termo arquétipo.)

Aspecto: Relação geométrica entre os planetas (ou entre planetas e ângulos); diálogo psicológico entre os planetas (ou entre planetas e ângulos). São aspectos tensos, desarmônicos, ou uma aflição – nos textos mais antigos – a quadratura (90 graus) e a oposição (180 graus). A quadratura possui uma energia interior forte e frustrante, que impele a pessoa a agir; já a oposição é sentida como uma pressão do mundo exterior, muitas vezes como uma confrontação. Os aspectos mais importantes de natureza harmônica são o triângulo equilátero, de fluxo livre, o trígono (120 graus); muitas vezes um talento de uma vida passada que pode ser um passatempo relaxante nesta vida; e o aspecto da "oportunidade da sorte", o sextil (60 graus). A conjunção ocorre quando dois planetas ou um planeta e um ângulo estão a aproximadamente 7 graus um do outro; esse posicionamento ajuda o nativo a direcionar sua energia. De acordo com a natureza dos planetas (ou dos planetas e ângulos), a conjunção pode ser harmônica ou desarmônica. Existem ainda outros aspectos de menor importância não mencionados neste livro.

Cardinal: Uma das três modalidades ou qualidades. Conhecidas em textos hindus como *rajas* ou a energia inicial dinâmica que dá vida a novos projetos e tem o poder ou a autoridade de conduzir outros, de dar direção, assim como os pontos cardeais da bússola orientam o viajante. Cada estação e cada quadrante começa com um signo cardinal. Os signos cardinais são: Áries, Câncer, Libra e Capricórnio.

Casas angulares: Casas que seguem imediatamente aos ângulos ou pontos cardinais do mapa (1ª, 4ª, 7ª e 10ª Casas). Cada casa angular dá início a um novo quadrante.

Cúspide: O vértice. Ponto intermediário entre um signo e outro. Uma pessoa com Sol a 29 graus de Touro está na cúspide de Gêmeos. Os intuitivos sensíveis ao movimento da Lua em progressão podem senti-la cruzar uma cúspide. A partir disso, podem usar sua própria experiência para escolher o sistema de casa que melhor funciona para eles.

Detrimento: A posição em que um planeta se encontra quando está em oposição ao signo que rege. Por exemplo: a Lua rege Câncer e está em detrimento em Capricórnio. O detrimento é uma posição fraca porque o planeta não tem afinidade com o signo em que está colocado, mas em certos casos os detrimentos levam a um controle mais consciente da energia do planeta. Pessoas com a Lua em Capricórnio podem ser melancólicas e não inclinadas a dar e receber nutrição (o ponto forte da Lua), mas controlam melhor a vida (conscientemente) do que as pessoas com Lua em Câncer, que agem emocionalmente com base em sentimentos inconscientes. Vênus em detrimento tem um controle consciente semelhante; o magnetismo do planeta, porém, parece diminuído até certo ponto. Um planeta de pensamento em detrimento em um signo impulsivo e ativo (Mercúrio em Sagitário) ou em um signo inconsciente e intuitivo (Mercúrio em Peixes) não opera normalmente; ele perde um pouco de objetividade e precisão. Mas, se tem aspectos favoráveis, planetas em detrimento podem funcionar de forma mais harmônica.

Eclíptica: O caminho aparente do Sol ao redor da Terra. O plano da eclíptica contém 12 signos. De acordo com a filosofia de Platão, as almas que vêm à Terra para renascer precisam passar por algum ponto da eclíptica – um dos 12 signos.

Eixo: (Veja diagrama nas pp. 21 e 22, "Casas do Zodíaco por Elemento e Palavra-Chave" e "As Seis Polaridades".) Existem seis eixos que passam pela roda do mapa, ou seis polaridades a serem integradas. São: eu/o outro (1ª e 7ª Casas), valores/recursos dos outros (2ª e 8ª Casas, comunicação/transporte e viagens (3ª e 9ª Casas), eixo da hereditariedade (4ª e 10ª Casas), criatividade pessoal/voluntariado comunitário (5ª e 11ª Casas), serviço/solidão (6ª e 12ª Casas). A natureza dos planetas nesses eixos indica a abordagem à integração da personalidade ou o equilíbrio de opostos.

Eixo da comunicação: A 3ª e 9ª Casas envolvem a aprendizagem, as viagens, o tempo e o equilíbrio de energia entre parentes próximos (irmãos) e parentes distantes (não sanguíneos, netos, bisnetos etc.). Aprendemos e/ou ensinamos perto de casa, na vizinhança (3ª Casa) ou por intermédio de viagens distantes, publicação de nossas ideias, estudos fora da cidade, no estrangeiro (9ª Casa)? Desenvolvemos e expandimos nosso conceito de divino com adultos (9ª Casa) ou estamos presos aos conceitos educacionais da infância e da juventude (3ª Casa)?

Eixo da hereditariedade: 4ª e 10ª Casas. Por meio de seu diálogo com os demais elementos do mapa, os planetas dessas casas descrevem as impressões da infância que contribuíram para alta ou baixa autoestima. Por exemplo, Vênus e Júpiter na 4ª Casa, com aspectos harmônicos, geralmente significam um lar feliz e pais éticos, contribuindo para uma boa autoestima. Saturno em conjunção com a Lua na 4ª Casa, com aspectos tensos, geralmente significa ausência de pai ou mãe e falta de segurança financeira e/ou emocional (baixa autoestima). Netuno na 4ª Casa, aflito, pode significar um pai (mãe) que não se realizou artística ou espiritualmente.

Eixo dos valores e dos recursos dos outros: 2ª e 8ª Casas. Representa a integração da personalidade pelo aprendizado do modo de conciliar os interesses do Self e do parceiro nas áreas sexual e financeira. O acordo e a partilha são uma expressão superior enquanto a retaliação é uma expressão inferior desse eixo.

Elementos: Na astrologia ocidental, as quatro substâncias fundamentais necessárias à vida física – Fogo, Ar, Terra e Água. A integração da polaridade ocorre nos elementos; na extremidade oposta de cada signo de Ar está seu oposto, um signo de Fogo. Ar/Fogo implica a integração pensar/fazer. Na extremidade oposta de cada signo de Terra está seu oposto polar, um signo de Água. A integração Terra/Água envolve um equilíbrio de estrutura, de realidade e de responsabilidade com os sentimentos que fluem livremente, com uma imaginação fluida e com a intuição psíquica. Pessoas com ausência de um dos quatro elementos podem aprender atraindo para perto de si pessoas com planetas naquele elemento.

Exaltação: Localização de um planeta em um signo que lhe propicia um tipo particular de magnetismo; existe uma afinidade entre o signo e a natureza do planeta. E importante conscientizar-se do modo como esse magnetismo opera e da mensagem que o planeta exaltado envia. Por exemplo, Vênus em Peixes – vítima? messias? (Veja outros exemplos na Introdução.)

Fixo: Uma das três modalidades ou qualidades. Os signos fixos são Touro, Leão, Escorpião e Aquário; e as Casas são a 2ª, 5ª, 8ª e 11ª. Os signos e as casas fixos estabilizam, fixam, o trabalho começado nos signos/casas cardinais precedentes. São signos dinâmicos, perseverantes, fortemente magnéticos, férteis em recursos e leais aos amigos e aos seus princípios. São também rígidos e resistentes à mudança; por isso, estão associados a *tamas* (inércia) na astrologia hindu.

Fogo: Elemento que dá vida aos outros elementos e aquece com entusiasmo, inspiração, dinamismo, autoconfiança impetuosidade e, às vezes, violência. Com 50% ou mais planetas em signos/casas de Fogo, o mapa indica um herói impaciente e inquieto em sua busca, um pioneiro que pode carecer de sensibilidade e/ou de base sólida.

Grande trígono: Em geral, ocorre em um dos quatro elementos, envolvendo três ou mais planetas distanciados por volta de 120 graus um do outro. Exemplo: um planeta em Touro, um em Virgem e outro em Capricórnio. Uma pessoa com um Grande Trígono em Terra pode ter sucesso financeiro nesta existência sem precisar se esforçar tanto. Uma pessoa com um Grande Trígono de Ar pode ter uma comunicação excelente e aprender com facilidade. Alguém com um Grande Trígono em Água tem condições de atrair emocionalmente pessoas que lhe apoiem. Uma pessoa com um Grande Trígono em Fogo está inclinada a gostar de esportes, aventuras, viagens, trabalho fora de casa. Mas esta pode ser uma estrutura inerte se a pessoa com o Grande Trígono não se sente desafiada a trabalhar com ele nesta existência.

Interceptado: Um signo que está inteiramente contido em uma casa e que não marca nenhuma cúspide. Signos interceptados cobrem todo o eixo da polaridade. Assim, se Touro está interceptado na 3ª Casa, por exemplo, Escorpião também estará interceptado na 9ª Casa. Os signos interceptados operam no inconsciente; um mapa com vários planetas em signos interceptados terá um inconsciente criativo intenso se tiver condições de acessá-lo. O acesso ocorre com frequência quando a pessoa é removida do ambiente de nascimento e dispõe de tempo e das ativações por trânsito ou progressão para entrar em contato com o(s) planeta(s) interceptado(s).

Meio do Céu: A cúspide da 10ª Casa, derivada da posição do Sol ao meio-dia local. Antes dos 45 anos, o signo do Meio do Céu representa ambição e aspirações, impulso para a honra e reconhecimento, *status* e prestígio. Os planetas próximos ao Meio do Céu descrevem o pai ou a mãe que ajudou a estabelecer essas aspirações.

(Veja Eixo da Hereditariedade.) Os trânsitos pelo Meio do Céu são importantes não apenas para os acontecimentos ligados à carreira, mas também para o desenvolvimento da personalidade. Os trânsitos formam quadraturas com o eixo do Ascendente/Descendente e opõem-se ao Nadir (ou Fundo do Céu). Depois dos 45 anos, a cúspide da 11ª Casa torna-se tão importante quanto o Meio do Céu para um Buscador Consciente.

Modalidade: Também chamada modo ou qualidade. Como os elementos, a modalidade também é uma categoria importante em astrologia. Existem três tipos de energias de modalidade. Eles se referem aos modos de ser, agir e reagir, e se classificam em modo Cardinal, Fixo e Mutável. Os aspectos tensos ou desarmônicos (quadraturas e oposições) geralmente ocorrem nas modalidades. A Grande Cruz ou a quadratura em T nas modalidades com energia angular aguda nos impelem ao desenvolvimento e à mudança.

Mutável: Uma das três modalidades. É uma energia flexível e adaptável que propicia à personalidade a habilidade de chegar a um acordo. A mutabilidade auxilia a comunicação e é uma modalidade ponderada, promovendo o desenvolvimento e o aprendizado; por isso, na Índia, está associada a *Sattwa* (sabedoria). Diz-se que ela faz cintilar a Cardinalidade e ativa a fixidez. O excesso de Mutabilidade em um mapa pode ter como consequência uma personalidade fraca, que teoriza constantemente, desperdiçando energia e não concluindo projetos. Os signos mutáveis são Gêmeos, Virgem, Sagitário e Peixes; e as Casas são a 3ª, 6ª, 9ª e 12ª.

Nadir: O ponto inferior do mapa (em oposição ao Zênite), chamado também de Fundo do Céu, tanto em termos físicos quanto emocionais. O sentimento de inferioridade acompanha os trânsitos lentos desde o final da 3ª Casa até o ponto intermediário da 4ª Casa.

Planetas angulares: Planetas na 1ª, 4ª, 7ª e 10ª Casas ou próximos a essas cúspides angulares, mas na 3ª, 6ª, 9ª e 12ª Casas.

Planetas passivos: Na astrologia de Ptolomeu, Lua e Vênus eram considerados planetas passivos. Os alquimistas e astrólogos medievais consideravam os planetas em signos de Terra e de Água (signos femininos) como passivos/receptivos, em equilíbrio com Fogo/Ar, masculinos e ativos.

Planetas transaturninos: São os planetas localizados além da órbita de Saturno: Urano, Netuno e Plutão. Eles são mais exteriores e mais lentos de todo o Sistema Solar. Por isso, prolongam nossa vida para produzir uma impressão *real*!

Polaridade: (Veja pp. 21 e 22.) Cada um dos seis eixos da roda do mapa, consistindo de duas casas ou signos – um *continuum* de Terra/Água ou Ar/Fogo a ser colocado na perspectiva de equilíbrio. O Self encontra o mundo exterior ou a Alma encontra o Espírito ao longo desses eixos.

Progressões (secundárias): Cálculo do movimento simbólico de cada planeta natal ao longo do tempo, representando o desenvolvimento da personalidade no decorrer dos anos, à medida que seu potencial se desvela. Planetas em progressão formam aspectos com planetas natais, com ângulos natais, e um com outro. O Sol é o Self criativo; a Lua são sentimentos, emoções, desenvolvimento psíquico; o Ascendente é corpo etc. (Para uma discussão do Sol em progressão, ver Introdução.)

Quadrante: Cada um dos quatro quartos do mapa, definido pelas cúspides das quatro casas angulares. Cada quadrante abrange três casas. Os trânsitos pelos quadrantes ativam a Casas 1 a 3, ou o desenvolvimento da personalidade independente; as Casas 4 a 6, ou o lar, os filhos, as habilidades e os serviços; as Casas 7 a 9, ou a associação, os investimentos conjuntos e publicidade; e as Casas 10 a 12 ou desenvolvimento da alma e/ou influência pública.

Quadratura em T: Dois planetas em oposição um ao outro com um terceiro em um ponto intermediário entre ambos. As quadraturas em T, geralmente, se encontram nas modalidades. Provavelmente se constituem no aspecto mais dinâmico e movimentado da astrologia. Quando os desejos e as ambições esmorecem na meia-idade, a quadratura em T se torna uma estrutura vigorosa para abrir novas perspectivas e para promover a integração da personalidade.

Queda: Um planeta que se encontra no signo oposto ao seu signo de exaltação está em seu signo de queda. Sua natureza não está em sincronicidade com a natureza do signo em que está posicionado. Vênus, por exemplo, é um planeta aberto e sociável na exaltação (no bondoso Peixes). Em queda (em Virgem), Vênus se torna tacanho, mesquinho ou inseguro e até corrupto, se afligido por aspectos. Pode ajudar os outros (Virgem), mas se ressente porque eles parecem não se dar conta de que ele também precisa de muita ajuda. Alguns astrólogos hindus consideram os planetas em queda indicadores de dívidas passadas, que devem ser pagas.

Regente: Senhor do signo em textos mais antigos. O planeta dedicado a um signo com base em sua afinidade ou familiaridade com as qualidades desse signo. (Ver Regente Mundano e a lista da Introdução.)

Regente esotérico: Regente da alma, em oposição ao regente mundano ou regente da personalidade. A sintonia consciente com o regente esotérico nos permite transcender nossas limitações instintivas e nossa desunião com nossos semelhantes; também permite que a energia criativa do cosmos flua por meio de nós livremente, sem obstrução do ego. (Ver listagem dos regentes esotéricos na Introdução.)

Regente mundano: Planeta associado aos impulsos inconscientes e instintivos do signo; os impulsos da personalidade do ego quando ela procura compor a autoestima e/ou obter o reconhecimento por intermédio do signo e de seu regente, organizar uma *persona* e manifestar seus desejos terrenos como um Self individual sem consciência do Self ou do Espírito. (Ver também regente esotérico, acima, e a lista de regentes mundanos na Introdução.)

Retrógrado: Termo usado para um planeta que, da Terra, parece ir para trás em sua órbita do Zodíaco. Para planetas relacionados com contratos de negócio, indica morosidade e confusão. Para planetas de viagens, o movimento retrógrado pode representar mudanças de datas e horários ou atrasos. Esse movimento é útil para pôr a correspondência em dia, reler as apólices de seguro, manter a limpeza da casa etc. Os planetas *natais* retrógrados são lentos no agir e menos conscientes do que os planetas diretos.

Signo em elevação (Ascendente): A constelação que se levanta e surge no horizonte, no lugar natal, no momento do nascimento. O grau do signo em elevação refletirá o momento exato do nascimento. O signo ascendente é importante porque está associado ao nosso padrão de ação e reação e à nossa atitude, que se aprofunda mais do que a *persona* (a aparência, o maneirismo e a impressão que causamos aos outros). O signo ascendente está também ligado à saúde do corpo.

Signos receptivos: Os signos Yin, mas tranquilos, de Terra e de Água. São mais introspectivos e menos extrovertidos.

Terra: O elemento de suporte que dá forma e estabilidade a todos os outros elementos. A Terra modela e manifesta, de forma concreta, a centelha divina do fogo. Ela é sólida, alicerçada. Os signos de Terra (Touro, Virgem e Capricórnio) atuam como recipientes para os que estão ao seu redor, do mesmo modo que a Terra contém os outros elementos. A Terra é o elemento "pesado"; pessoas com 50% ou mais de planetas em Terra podem passar por ciclos de depressão, a menos que o Ar também esteja presente, como o ascendente em Ar, por exemplo.

Trânsito: A passagem de um planeta por um signo do Zodíaco, sobre um ângulo do mapa ou sobre um planeta natal.

Trânsitos angulares ou Progressões: Movimento de qualquer planeta, Nodo etc. sobre a cúspide de uma casa angular, coincidindo com um novo quadrante do mapa. Sugere que a pessoa focalize sua atenção nesse quadrante.

Vazio: Ausência de um elemento no mapa, com a consequente necessidade de compensá-lo.

Impresso por :

Graphium
gráfica e editora

Tel.:11 2769-9056